JN310630

アルビレックス新潟11年史

雪国に花開いたサッカー文化。
クラブやサポーターはもちろん、県民一人一人が、この新たな動きの立役者となった。
そしてそれは、この国において未曾有の出来事だった。

決して華々しいスタートではなかった。
しかし11年の歳月と人々の熱意が、アルビレックス新潟を
この地になくてはならない存在へと育てあげた。

だからこそ言える———
新潟と共に歩み、絶えず進化し続けることが、アルビレックス新潟に課せられた使命だと。

新潟の地に宿る全ての
それがアルビレ
ALBIREO
GOAL
4 1ST 0
8 2ND 0
EXT
PK
12 TOTAL 0
CORONA

力をエネルギーに変える
ックス新潟の戦い方
亀田製菓
2002
NIIGATA
18
Alkan
23

アルビレックス新潟11年史　目次

～11th memorial book～

CONTENTS

アルビレックス新潟の創立十一周年を迎えるにあたり、新潟県、ホームタウンである新潟市、聖籠町、サッカー協会、株主、スポンサー、そしていつもスタジアムをオレンジ色に染め、時には熱く時には温かく声援をおくって下さるサポーターの皆様に、心より厚く御礼申し上げます。

アルビレックス新潟は、ワールドカップの新潟県への招致活動の中、プロチームを育てる目的で、北信越リーグで戦っていた新潟イレブンを母体に誕生しました。同時にチームを支援する後援会が組織されました。96年のクラブ法人化の年には、北信越リーグで優勝したものの、JFL昇格をかけた全国地域リーグ決勝大会は敗退。翌97年にその雪辱を果たすことができ、JFLへの昇格を決めました。JリーグがJ1とJ2の二部制になった99年J2に参入、5年目の03年にJ2優勝を果たし、04年からはJ1の舞台で戦っております。

アマチュアのチームからスタートし、J1で戦えるチームに育てていただいた、バルコム監督、永井監督、反町監督、鈴木監督。そして十一年の歴史の中で、多くのサポーターに夢と感動を与えてくれた選手の皆さんには感謝の気持ちでいっぱいです。

クラブの経営状態は、順風満帆というわけにはいきませんでした。設立から3年間は大幅な赤字を累積し、98年度末には債務超過寸前という状況でした。しかし99年に黒字化して以降は現在まで黒字が続いております。窮地を救ってくれたのは、後援会組織からの財政支援であり、2001年に完成した東北電力ビッグスワンスタジアムに、毎試合応援に来てくださるサポーターの皆様でした。クラブハウスや練習グラウンド、選手寮の建設の際には、多くの募金を頂戴しました。地域と密着し多くの方々に支えられてきたわけですが、Jリーグの掲げる百年構想の一つのあり方を示したクラブとしての誇りを抱いております。

アルビレックス新潟は、地域のアイデンティティの確認に資する存在足りえるべく今後も努力してまいります。トップチームは「最後まであきらめず」全力で戦う姿勢を忘れずにタイトル獲得を目指してまいります。また若年層の選手育成につきましては、Jリーグ・アカデミー育成センター新潟を中心に、ジュニア、ジュニアユース、ユースなどの下部組織をさらに充実させる方針です。新潟に育てていただいたご恩返しの意味でも、将来的にはトップチームの半数以上がユース出身の選手で編成できるよう育成部門を強化します。

また、スポーツがさらに浸透してゆくために、新潟アルビレックスBB（バスケットボール）、新潟アルビレックスBC（野球）、新潟アルビレックスRC（陸上競技）、チームアルビレックス新潟（スキー、スノーボード）、アルビレックスチアリーダーズと連携し、スポーツの普及活動にも力を注ぎます。

我々は地元に根付いたクラブとして、新潟に元気を与えることができるよう様々な活動に取り組んでゆく所存です。皆様におかれましては、今後とも益々のご支援とご鞭撻をいただきたくお願い申し上げます。

株式会社アルビレックス新潟

代表取締役会長　池田　弘

（社）日本プロサッカーリーグ チェアマン

鬼武 健二

Kenji ONITAKE

―ご挨拶―

アルビレックス新潟のクラブ設立11周年を心からお祝い申し上げます。

「10年ひと昔」と人は言いますが、この間におけるアルビレックスの歩みを振り返るとき、私は大いなる尊敬の念を抱かずにはいられません。プロスポーツ不毛の地と言われた北信越地域において、オレンジのレプリカを着た老若男女のサポーターがビッグスワンに集い、声を大にして「新潟」の名前を連呼する。そんな光景を誰が想像したでしょうか。1999年にJリーグに参入したアルビレックスが2002年以降、Ｊ１・Ｊ２の全クラブの中で、最も多い入場者を集め続けてきたことは驚嘆すべきことだと思います。Ｊリーグは2007年シーズンの開幕にあたり、2010年までに年間入場者総数を1100万人にする「イレブンミリオン」を目標に掲げましたが、その宣言にあたり、私たちの背中を押してくれたのはアルビレックスのようなクラブの存在でした。

アルビレックスの素晴らしさはそんな「量」だけにとどまりません。聖籠町のスポーツ施設を中心にスキー、バスケット、ランニングクラブ、チアリーダーズなどサッカー以外の競技の振興にも取り組んできました。それはまさにＪリーグが「百年構想」で描く「総合スポーツクラブ」そのもの。その姿は近年、全国のあちこちで増えているＪリーグ入りを目指すチームや団体の範となるものです。人々との交流を通じて地域に深く根ざし、愛されるクラブとして育っているアルビレックスには、今後も引き続きクラブづくりのモデルとなるような活動を推進してほしいと思います。

「これまでの10年」でハード面の整備や経営の安定など、第一ステージとしての基盤づくりは整ったように見えます。「これからの10年」に向けてアルビレックスにはさらなる飛躍を遂げてほしいと期待しています。その点で注目すべきはＪリーグ・アカデミー育成センター新潟を中心に下部組織を充実させ、地域のサッカー普及にも力を入れていることです。成果は一朝一夕で表れるものではないでしょうが、近い将来、Ｊリーグや日本代表へ個性溢れる選手が数多く輩出されることでしょう。チームがさらに強くなることでファンやサポーターは魅了され、スタジアムの熱狂も増していく――。

「Ｊリーグ百年構想」にゴールはありません。親から子供へ、地域から地域へ。人々の記憶とともに、アルビレックスの個性と魅力が次代に語り継がれ、新潟のスポーツ文化が醸成されていくことを願っています。

鈴木 淳

**アルビレックス新潟が新しいステップに踏み出した2006年から、指揮を執っている鈴木淳監督。
クラブは1996年の創設から、10年を費やして強固な土台を作り上げてきた。
J1昇格、J1定着、練習環境などの整備…。熱いサポーターが集い、飛躍の下地は整ってきている。
そして、11年目の06年からは鈴木監督のもと、今までの土台の上に理想を構築するための奮闘を始めている。
強いチームになるために、真のビッグクラブになるために、闘いの場を一段上に移行させている。
新たな段階に入った新潟で、2年目を迎える鈴木監督に話を聞いた。**

Jun SUZUKI

A Manager of ALBIREX NIIGATA 2006—

——ちょっと大げさな表現になるかもしれませんが、新潟で監督をすることの使命感、というようなものを持っていますか？

私ができることはすごく限られているし、そんなに力があるわけではありません。ただアルビレックス新潟は、ビッグクラブになる要素があると思います。新潟という、この土地を含めて。ですから、そういうクラブになって欲しいし、それに向けてできることがあれば、やっていきたいと思っています。私は現場の監督ですので、選手をしっかり指導していい選手にする。そして、いい選手でいいチームを作って、強いチームになっていくということが私の使命だと思うし、また仕事だと考えています。

——新潟がビッグクラブになる要素とは、例えばどこだと思いますか？

まずはトレーニング環境。素晴らしいピッチがあって、人工芝もあって、クラブハウスがある。それからレストランもある。ウエートトレーニングの施設もありますし、そういったところは、選手が伸びるための環境が非常に整っているということです。それから、2点目はサポーターですね。熱く、ただ熱いだけではなくて、きちんとした良識も兼ね備えている。そのサポーターがスタジアムに毎試合たくさん詰め掛けてくれます。サポーターの熱さというものも、ビッグクラブになるために必要な要素になると思います。

SAPPORO
三宝グループ
新潟
SAPP

サポーターとともに いいゲームを作り上げることに 喜びを感じています

——ただ、下の年代からの選手育成は、まだこれからだと思いますが。

正直いって、今の段階では新潟という土地がサッカーにおいて、あるいは育成のところで、多くの選手が出てくるということにはなっていないと思います。しかし、これから出てくるだけの環境はあると思うんですよね。それは指導者も含めて。だから、そういった意味で、これからはアルビレックス新潟に多くの選手が入ってくるようになったり、アルビレックスのコーチが地域のチームと連携を取って地域の選手たちを育てていく。そのようなことが可能な地域だと思っています。それがビッグクラブになるための3点目の要素になってくるのではないかと思います。あとはクラブのビジョンですね。ここまで来るのに、一つ一つ積み上げてきたクラブですので、これからもいろいろなものを積み上げてくだけの力が、クラブに備わっていると考えています。

——ビッグクラブになるための要素として2番目に挙げた大勢のサポーターが応援する中で、指揮を執ることへのプレッシャー、あるいは喜びはありますか？

正直いって、非常に楽しませていただいています。そして、私が楽しむだけじゃなくて、選手たちも楽しんでいると思います。もちろん、一方ではプレッシャーもありますし、勝たなくてはいけない。そういうことはありますけれど、サポーターとともに戦っていいゲーム、そしてサポーターと一緒になっていい試合、勝ちゲームを作り上げる。それができることに喜びを感じています。ほかのクラブでは味わうことのできない体験だと思っています。

——新潟の監督として2年目になります。1年目のテーマは「アグレッシブ」でしたが、2年目の今季、それにつけ加えるコンセプトはありますか？

より攻撃的にやっていく、ということです。昨年やってきたことをベースに新しいメンバーを加えて、そこに新しい要素がでてきて、チームの力をさらに上積みしていく。基本的にはアグレッシブに攻撃する、アグレッシブに守備をする。怖がらないでどんどん攻撃する、怖がらないで前から奪っていく。そういうゲームをしたい。昨年は失点が多かったのでメンタル面、戦術面を含めて修正をしていかなくてはならない。そしてやはり、アグレッシブであるとともにチャンスをより多く演出できるような、それがゴールに結びつくような、攻撃をしていきたいと思っています。

——新潟で指揮を執るためにテーマにしていることはありますか？

自分らしくやっていきたいなと思っています。自分らしさというものが、どういうものかは分からないのですけれど…。ピッチの内外でやれることをやっていく。そう思いながらやっています。

〔2007年1月18日 アルビレックス新潟クラブハウスにて収録〕

【監督在任期間】2006年—

【プロフィール】鈴木　淳（すずきじゅん）

1961年８月17日生まれ。宮城県出身。筑波大卒。大学卒業後にフジタ工業（現湘南）でプレー。代表歴は日本ユース代表（79年）、日本代表（85年）。フジタに在籍しながら東海大大学院修士課程を修了（88年）した。01年に日本サッカー協会公認S級指導者ライセンスを取得。同協会の専属コーチとしてU—14日本選抜監督、U—17日本代表監督を歴任。U—15、U—16、U—22代表コーチも歴任した。04年からは2年間、Ｊ２山形の監督として指揮を執る（リーグ通算35勝23敗30分）。06年に新潟の監督に就任。初年度のリーグ戦成績は12勝16敗6分。

新時代への一歩を踏み出す

J1を戦う4年目のシーズン。06年を迎えて、チームには大きな変化があった。01年の監督就任以来、5年間に渡って采配を振るった反町康治氏が退任。新たな指揮官として、04年、05年にモンテディオ山形を率いてJ2で好成績を残した鈴木淳氏を迎えた。

同時に、戦力の底上げも成された。すでにJリーグで実績のあるシルビーニョ(仙台)、永田充(柏)、矢野貴章(柏)など即戦力を獲得。新任の鈴木監督のもと、確かな実力を持つ選手たちを加えて、新時代への一歩を踏み出そうとしていた。

クラブが掲げた目標は、7位。現在のJリーグは各チームの実力が接近している。混戦のなか、どんな要素が影響して順位が決まっていくのか。単純にチーム力だけで判断するのではなく、各クラブを取り巻くいろいろな要素を分析して、最終的に導き出した目標が7位だった。では、なぜ7位だったのか?

ここ数年のJリーグは、毎年のように5、6チームが優勝争いを繰り広げている。そして、その下でまた5、6チームがBクラスの争いを繰り広げている。7位という目標には、Bクラスの上位という真意があった。

しかし、監督交代や少数精鋭だった選手補強を懸念し、シーズン前には期待を寄せる声がある一方で、不安視する声も聞かれた。「反町カラーが強かったので、鈴木監督はやりづらいのではないか」「選手たちが戸惑うのでは」「05年の12位を考えると、J1残留こそが目標では……」という意見である。

結果的に、こうした懸念はまったくの杞憂に終わった。鈴木監督が目指したのは、目標に向かってただ自分にできる最高の仕事をすること。そこには、周囲が心配するプレッシャーなどまったく存在しなかった。

「人にはできることと、できないことがあります。私は自分ができることを、新潟でやるだけです。確かに、このチームには"反町カラー"があります。だからといって、その影響でやりづらいとか、難しいと考えたことはありません。プレッシャーを感じたことはないです。なにも、これまで新潟が培ってきた"カラー"を変えようとは思いません。いまの新潟で、私ができることをとにかく全力でやるだけです」(鈴木淳監督)

クラブとしての確固たる考え

06年にチームが取り組んだこと。一つの節目となる10年を過ぎて、次なるステップのためにどういう方向性へ進んだか。そこには、クラブとしての確固たる考えがあった。

「ここ数年を考えると、経験豊富な選手を獲得し、彼らに引っ張られる形で成長してきました。他クラブに比べて、選手たちの平均年齢が高かったんです。今後は、この部分を変えていきたい。在籍する選手の平均年齢を引き下げていきたい。それが、06年からの取り組みになります。練習や実戦を通じて、これから上を目指すチーム。選手補強に関しても、"伸びしろのある選手"というのがポイントになります。こうしたクラブの基本的な考えは鈴木監督に伝えていますし、十分に話し合っています」(神田勝夫・強化部長)。

クラブの期待に応えるべく、選手たちも春先のキャンプから奮起。過去に培ってきたサッカーを最大限に生かす鈴木監督の指導のもと、すべての選手が切磋琢磨し、チームとしてまとまっていった。永田充の戦線離脱(グアムキャンプで右ヒザを損傷)というアクシデントはあったが、迎えた川崎フロンターレとの開幕戦に新加入のシルビーニョ、矢野貴章、中野洋司が先発出場するなど、『新生・アルビレックス新潟』に相応しい顔ぶれでシーズンに突入した。

2006 アルビレックス新潟 年表

1 JAN	●鈴木淳監督　就任 ●鳴尾直軌レディース監督　就任 ●木寺浩一、丸山良明、桑原裕義、高橋直樹、末岡龍二、新井健二、山田将司、中島ファラン一生　契約満了 ●三田光が期限付き移籍から復帰 ●アンデルソン・リマ、萩村滋則、菊地直哉が所属元に復帰 ●山口素弘が横浜FCへ完全移籍 ●森田浩史が大宮アルディージャへ完全移籍 ●上野優作がサンフレッチェ広島へ期限付き移籍 ●田中秀哉、吉澤正悟がALBIREX NIIGATA・Sへ期限付き移籍 ●尾崎瑛一郎のALBIREX NIIGATA・Sへの期限付き移籍を延長 ●栗原明洋、酒井悠基、中村幸聖がALBIREX NIIGATA・Sより復帰 ●田中亜土夢、中野洋司、矢野貴章、永田充、岡山哲也（完全）、大谷昌司（完全）、シルビーニョ　加入 ●中原貴之が期限付き移籍加入
2 FEB	●新潟聖籠スポーツセンター内に選手寮が完成 ●第1回サポーターカンファレンス開催 ●アルビレックス新潟オフィシャルモバイルサイト　開設 ●六車拓也　加入
3 MAR	●2006Jリーグディビジョン1 開幕
4 APR	●鈴木慎吾、海本慶治、海本幸治郎が招待シート設立
5 MAY	●アルビレックス新潟ジュニアユース NIKE PREMIER CUP JAPAN 2006で全国ベスト4に進出 ●2006モックなでしこリーグディビジョン2 開幕
6 JUN	●海本幸治郎が東京ヴェルディ1969へ移籍 ●内田潤が加入、松下年宏が期限付き移籍加入 ●後援会アルビレッジ施設整備募金ステンレスプレート完成 ●大谷昌司がJAPANサッカーカレッジへ移籍
7 JUL	●ユースチームが日本クラブユースサッカー選手権大会出場 ●アルビレックス新潟・ペンパルス　サポーターソングベストCD『Life is Beautiful』発売
8 AUG	●ワールドチャレンジマッチ　セビリアFC戦　開催 ●「チーム・マイナス6%」に協力 ●サポーターズCD　第5弾「Birth」発売 ●アジアカップ予選　日本vsイエメン　が新潟スタジアムに招致される
9 SEP	●宮沢克行がモンテディオ山形へ移籍 ●サッカースクール亀田校　開設 ●選手会が『新潟県中越大震災チャリティーオークション』の売上金を被災地域へ寄贈
10 OCT	●河原和寿、田中亜土夢　U−19日本代表　AFCユース選手権のメンバーに選出
11 NOV	●代表取締役会長　池田弘　藍綬褒章を受章 ●レディースが2006モックなでしこリーグディビジョン2を優勝（16勝3分2敗）で終え、翌年のディビジョン1昇格を決定 ●千葉和彦　日中韓友好親善試合U−21日本代表メンバーに選出 ●スポンサーmsnの協力のもとメールマガジン配信開始
12 DEC	●2006Jリーグディビジョン1を14位（12勝6分16敗）で終える ●第86回天皇杯　5回戦敗退（コンサドーレ札幌）

ところが、この川崎フロンターレ戦に0－6の大敗を喫し、痛烈に出鼻をくじかれてしまう。しかし過去を振り返れば、J1に昇格以来、04年、05年と開幕戦にはいずれも敗戦を喫している。この時期はまだ新潟県内に雪が残っており、海外キャンプを終えても地元に帰ることができない。帰国後、今度は国内でキャンプを行い、開幕戦にはキャンプ地から直接乗り込まなければならない。こうしたスケジュールを組まなければならない雪国ゆえの劣勢が、開幕戦3連敗につながっているのかもしれない。この部分は、今後にしっかりと改善しなければならないだろう。

開幕戦に敗れた後、ビッグスワンで戦う2節でしっかりと勝ち点を奪う。これもまたJ1昇格以来続いている流れで、06年もホーム開幕戦でFC東京を2－0で下している。

「大敗を喫したけれど、川崎との開幕戦はそんなに悪い内容ではなかった。主導権を握ってる時間があるなか、精度の高いカウンターを食らって失点を重ねてしまった。気持ちを切り替える意味で、2節に向けてもう一度確認したんです。自分たちのサッカーを信じて、貫いていこうと」（矢野貴章）

90分間、最後まで足を止めず走り続ける。その先にこそ、勝利がある。アルビレックス新潟はそうやって戦い続けてきた。監督、選手の顔ぶれが変わっても、このスタイルに変わりはなかった。各選手が積極的にボールを追いかけ、最後まで勝負を諦めない。自分たちのスタイルを追求することで、ドイツ・ワールドカップによる中断を迎えた頃（12節終了時点）には、6勝2分け4敗。勝ち点20で6位という好位置につけていた。

新時代を築いていく「若い息吹」の台頭

着々と勝ち点を積み重ねるなか、次代を支える若い選手たちも活躍を続けていた。中野洋司、矢野貴章は先発出場を続け、田中亜土夢、河原和寿も存在をアピールする。彼らの力が強烈に示されたのが、7節の甲府戦（アウェー）だった。

矢野貴章が移籍後初ゴールをマークしたのを皮切りに、鈴木慎吾の追加点に続いて田中亜土夢がプロ初ゴールをゲット。さらには、交代出場でJ1初出場を飾った河原和寿が、ファーストタッチでやはり初ゴールを決めた。フレッシュな選手たちの活躍で4－0の快勝を収めたこの試合は、アルビレックス新潟の近未来を想像させる象徴的な試合となった。

ワールドカップによる中断が明けても、鈴木監督に率いられた選手たちは必死の戦いを続けた。千葉和彦、松下年宏などが頭角を現わし、チーム内の競争力を高める。終盤戦に3連敗を喫し、最後は14位でシーズンを終了したが、常に目標としていたBクラスのなかで戦い続けた。7位となった名古屋グランパスとは、勝ち点6差。この差を埋めることが、07年への課題として持ち越された。

「まだまだ試合に出ていないボクが言うのも何ですが、常に『アルビレックス新潟』を支えていこうという気持ちでプレーしてます。ボクに限らず、みんな同じ気持ちです。正直、いまは外国籍選手があってのアルビという印象があると思います。若い世代が引っ張って、外国籍選手がいなくても戦えるぐらいの状況になるのが理想です」（河原和寿）

今後に新時代を築いていく若い選手たちが、確実に育ってきている。順位こそ前年より下げたが、力強い息吹が感じられた06年だった。

2006Jリーグディビジョン1　最終成績

順位	チーム	勝点	試合	勝	引分	敗	得点	失点	得失差
1位	浦和レッズ	72	34	22	6	6	67	28	+39
2位	川崎フロンターレ	67	34	20	7	7	84	55	+29
3位	ガンバ大阪	66	34	20	6	8	80	48	+32
4位	清水エスパルス	60	34	18	6	10	60	41	+19
5位	ジュビロ磐田	58	34	17	7	10	68	51	+17
6位	鹿島アントラーズ	58	34	18	4	12	62	53	+9
7位	名古屋グランパスエイト	48	34	13	9	12	51	49	+2
8位	大分トリニータ	47	34	13	8	13	47	45	+2
9位	横浜F・マリノス	45	34	13	6	15	49	43	+6
10位	サンフレッチェ広島	45	34	13	6	15	50	56	-6
11位	ジェフユナイテッド千葉	44	34	13	5	16	57	58	-1
12位	大宮アルディージャ	44	34	13	5	16	43	55	-12
13位	FC東京	43	34	13	4	17	56	65	-9
14位	アルビレックス新潟	42	34	12	6	16	46	65	-19
15位	ヴァンフォーレ甲府	42	34	12	6	16	42	64	-22
16位	アビスパ福岡	27	34	5	12	17	32	56	-24
17位	セレッソ大阪	27	34	6	9	19	44	70	-26
18位	京都パープルサンガ	22	34	4	10	20	38	74	-36

2006 Members

監督　鈴木　淳

1	北野　貴之	GK
2	三田　光	DF
3	千葉　和彦	MF
4	鈴木　健太郎	DF
5	梅山　修	DF
6	永田　充	DF
7	青野　大介	MF
8	シルビーニョ	MF
9	ファビーニョ	MF
10	エジミウソン	FW
11	矢野　貴章	FW
13	宮沢　克行	MF
14	中原　貴之	FW
15	本間　勲	MF
16	寺川　能人	MF
17	内田　潤	DF
17	海本　幸治郎	MF
18	鈴木　慎吾	MF
19	海本　慶治	DF
20	岡山　哲也	MF
21	野澤　洋輔	GK
23	大谷　昌司	MF
24	中村　幸聖	FW
25	栗原　明洋	MF
26	中野　洋司	DF
27	河原　和寿	FW
28	船越　優蔵	FW
29	喜多　靖	DF
30	諏訪　雄大	GK
31	藤井　大輔	DF
32	田中　亜土夢	MF
33	酒井　悠基	DF
34	六車　拓也	MF
35	松下　年宏	MF

ヘッドコーチ　江尻　篤彦
コーチ　平岡　宏章
アシスタントコーチ　川本　歩央
GKコーチ　ジェルソン
フィジカルコーチ　フラビオ

2006 Basic Formation

アルビレックス新潟 11年史記念対談

チーム誕生から12年目を迎えたアルビレックス新潟。
「サッカー不毛の地」新潟にプロチームが誕生した経緯や、
ワールドカップがチームにもたらしたもの、
昇格から今日までの歩みなどを、
黎明期を知る3人に縦横無尽に語ってもらった。

■出席者

澤村哲郎　(社)新潟県サッカー協会会長
三宮博己　新潟県職業能力開発協会専務理事
元 2002FIFAワールドカップ新潟県推進委員会事務局長
池田　弘　(株)アルビレックス新潟代表取締役会長

司会進行■

須山　司　株式会社テレビ新潟放送網

Tetsuro SAWAMURA

Hiromi SANGU

Hiromu IKEDA

アルビレックスの活躍は、県民にとても大きな喜びや希望、勇気や自信を与えてくれますね。

澤村哲郎

新潟にとって「アルビレックス新潟」とは?

須山　今日はお忙しいところをお集まりいただき、ありがとうございます。新潟のサッカー界とアルビレックス新潟の核となってご活躍いただきました皆様に、これまでを振り返り、また今後を展望するお話を伺いたいと思います。早速、今の新潟のサッカーの盛り上がりとアルビレックスの活躍をどんな風にご覧になっているかを、澤村先生のほうからお話いただけますか。

澤村　アルビレックス新潟の活躍は、県民にとても大きな喜びや希望、勇気や自信を与えてくれますね。新潟の昔のサッカーを知っているので、当時からは考えられないほど嬉しいことです。新潟県の活性化につながったし、県としての自信をつけられてきたんじゃないかと思います。明るいムードになってきましたしね。新潟県のイメージは、アルビレックスができたことで変わったんではなかろうか。いろんな意味において感動的なことだと私は思っています。

三宮　アルビレックス新潟というプロスポーツの誕生で、今までになかった郷土意識が新潟に生まれたと思います。これまで県内では昭和39年の国体、63年のアジア卓球、平成に入ってからの環日本海駅伝など大きなスポーツイベントがありましたが、スポーツイベントが終わった後の遺産はありませんでした。2002年のワールドカップの熱狂はクラブに受け継がれた素晴らしい遺産と言えるでしょう。地域の連帯感や日常生活の潤滑油的役割としての面も見逃せませんね。

池田　ワールドカップという一大イベントをアジアへ引っ張ってこようと思った方々、そして新潟で開催しようなんていうとてつもないことを言い出した新潟県サッカー協会の方々が出発点ですよね。そして地域密着のスポーツクラブを作ろうというJリーグの思想。その仕組みがあったからこそ、アルビレックス新潟がある。やはりワールドカップが大きな起爆剤だったといえるでしょう。

ワールドカップが新潟にやってくるまで

須山　それでは、新潟のサッカー界における大きな転機となったワールドカップ開催についてお聞きしましょう。可能な限りの裏話も含め、新潟がワールドカップの開催地として手を挙げることになった背景を澤村先生からお願いします。

澤村　1990年か91年ごろだったでしょうか、日本サッカー協会がワールドカップ招致を表明したころ、市内に「ワールドカップを新潟に呼ぼうじゃないか」という思いをもった人たちでグループを作ったんですよ。その話が新潟県サッカー協会に伝わって検討委員会ができたという流れですね。

池田　市民の自発的な集まりがスタートだったんですか。

澤村　そうなんです。到底実現するとは思えない夢物語を語っていたわけですが、熱気はありました。私は、ワールドカップを82年のスペイン大会から見ていました。こんな大きな大会を新潟で開けたらと思っていたんですよ。

三宮　91年ごろ、ワールドカップを誘致したいと手を挙げた都道府県サッカー協会は40くらい。日本サッカー協会が招致活動費2億5千万円を求めたら自治体の賛同が得られず、ほとんどが手を下ろしてしまい、新潟県を含めて15の自治体が残りました。新潟県議会が全会一致で招致を議決したのが92年6月議会、8月25日に招致委員会設立総会を開きました。その後、金子（清）知事が辞職されて10月の選挙で平山（征夫）さんが知事になりました。

須山　県でも大変なご苦労があったでしょうね。

三宮　ワールドカップのすごさを分かっていなかった時代です。新潟と最後まで争った名古屋市は、中日ドラゴンズのナゴヤドームで開催したいと主張していました。

須山　決選投票で名古屋を破り、新潟開催が決定したのが96年12月ですね。澤村先生は北信越の理事としてその会議に参加されていましたが。

澤村　名古屋にはJ1の名古屋グランパスエイトがありますし、トヨタカップを主催するトヨタがある。新潟と比較したら名古屋に決まるのは当然でしょうね。あらかじめ、市民のサッカー熱や盛り上がり、ワールドカップの認知度などのデータが出されているんですが、新潟は最下位に近かった。国内開催地に名乗りを上げた15都市のうち、最初に6都市が決まりました。新潟が属する北信越東海ブロックからは静岡が選ばれている。このブロックからはもう選ばれませんよ。そういう前提で会議が行われたんです。

池田　新聞や週刊誌の下馬評でも名古屋有利とだけで、新潟に決まるなんてひとつも書いてなかったですね。地域性を考えて6ブロックからすでに選ばれていたわけです。新潟の場合は、北信越東海ブロックから静岡が選ばれたから、この地域から他はありませんよ、こういうところからスタートしたわけです。だから、ほぼ駄目だと思っていましたね。地域性の中で語られると。よほど新潟が燃えているとか、プラスアルファがあればいいけど、ありませんでした。調査においても、Jリーグのチームがあって、燃えているかという点でも。もともとサッカーの不毛の地に近い土地であったし。まさか新潟のサッカーがなんていう時代だから。

三宮　下馬評、週刊誌などみんなそう書いてありましたね。新潟に決まるなんてひとつも書いてなかった。

澤村　2時間ぐらい会議をやっても名古屋有利は変わりません。でも県民、市民からの期待もありますから、最後に意見を言わせてもらったんです。「ワールドカップはオリンピックと違って複数都市で開催される大会。何とか恵まれない地域でも開催してほしい」とね。すると途中である理事が「あなたは理事

2002年6月1日、W杯国内開幕戦となったアイルランド－カメルーン戦が、ビッグスワンで行われた。

なんだから、日本全体を見通す観点で話をしてほしい。あなたの話を聞いていると、どうしても新潟で開催しろと聞こえてしまう」と発言するので、それで「大変失礼しました。では言い直します」と謝って続けさせてもらったんです。

須山　どんなことを話されたんですか。

澤村　ワールドカップは地域性、バランスというものが第一、開催都市が日本海側にないのはおかしいと。東北や北海道や北信越は政治経済文化の面で非常に恵まれない地域なので、こういう機会に光を当ててほしいと申し上げました。ここまで言っても駄目ならしょうがないと思いましたよ。ところがその後、私の意見に賛成してくれる理事が何人も出まして、ムードが一転しましたね。あれは嬉しかったなあ。

三宮　その頃、県のある三役から連絡があり、新潟の可能性についての情報収集を頼まれました。新潟は当落線上にあるという情報を得て、知事はじめ三役と教育長に情報を送りましたよ。広島が辞退してくれたことも大きかったと思います。

須山　池田会長はこの流れをどんな思いで見つめていましたか。

池田　プロリーグを目指すクラブがなければ相手にされないということで、最低条件を揃えるクラブを一生懸命に作ろうと。併せて県内各地に後援会を作って機運を盛り上げるという大きな仕事がありました。澤村先生が頑張っていたころは、県民の方にサッカークラブを理解してもらう、成功させるということに力を注いでいました。

アルビレオから アルビレックスへ

須山　こうしてワールドカップ新潟開催が決まりました。現在の隆盛につながるまでのご苦労はいかがだったでしょう。

池田　開催地に決まった仙台や札幌などのクラブには、市や県が出資したり、補助金も出していました。そんな中、新潟は第三セクターに懲りたこともあって出資してもらえず、ワールドカップ誘致のための予算の一部を出していただいていたんですね。つまり、この地域にJリーグのクラブを作ろうという気持ちでの予算ではないわけです。96年に誘致が決まると、もう補助金を出す理由がないから予算を引き上げると言われました。そこで、サッカー観戦に向かう途中の知事を捕まえて路上で説得したんです。

須山　有名な逸話になっていますね。1時間も立ち話をしたとか。

池田　場所は陸上競技場の正門前です。ワールドカップを呼ぶために作ったクラブをすぐにつぶすわけにはいかない。新潟にとって大事なことだから考え直してくれと話しました。地域にサッカークラブがあることがどんなに素晴らしいかを話し、存続するための尽力をお願いしたんです。通りがかったサポーターたちは不審そうな顔で眺めていましたよ。

三宮　その前に県では外国人スポーツ指導者招聘の事業を立ち上げ、澤村さんと一緒に上京して、当時ヴェルディ川崎のヘッドコーチのバルコムさんを本県のサッカー指導者として招き、新潟イレブンの監督にも就任していただきました。その後、98年にバルコムさんと県との契約が切れ、永井（良和）監督の報酬をアルビレックス新潟が支払うことになった。そんな経緯があったんですね。池田会長と平山さんが話したのは8月だったと思いますが、すぐ知事から「何か考えられないか」という指示がありました。そこで9月の補正予算でワールドカップ開催準備委員会の経費で、ワールドカップとアルビレックスのタイアップ事業という形で補助金をつけました。ワールドカップの機運醸成のためにアルビレックス新潟の盛り上がりが不可欠という理論付けで、ワールドカップとアルビレックスを抱き合わせたわけです。ワールドカップが終わった今も、県と新潟市は支援を続けています。

池田　県の関係者から当初は「ワールドカップが終わったら補助金はゼロだよ」と条件が出ました。それはそうですよね。とりあえず生き延びなければ駄目なので、そこまで頑張りながら体制を整えようと思うしかありませんでした。

代表サポーターの応援を見て、新潟のサポーターもびっくりしたんじゃないでしょうかね。

三宮博己

澤村　本来のプロのクラブはそうじゃないよね。地域に根ざしたクラブは、行政と企業と住民が一体となったなかで作るべき。そのときは方法がなかったとしても、別な意味の資金援助という形で支援はあったはずですよね。練習場の提供やサッカー教室の開催、いろんなところに選手を派遣したり。そういうところから予算付けするのが本来の姿でしょう。

池田　そんな考えは当時の新潟にはなかったんですよ。ヨーロッパの都市では百年も前からそういうことをやってきているのに。アメリカでも地域住民の気持ちを結集するためのチームという位置付けがあり、スタジアムに補助金を出してプロのチームを誘致したりしています。そのあたりは残念ですね。

法人化とビッグスワンでのこけら落とし

須山　話は前後しますが、クラブはワールドカップ新潟開催決定の前に法人化をされています。法人化にあたってもご苦労は多かったのでしょうか。

池田　Jリーグを目指すクラブがなければワールドカップ開催は無理というのは事実なので、法人化に関してはおおむねご理解をいただくことができました。

須山　アルビレオではなく、他の県からサッカーチームを呼ぼうという議論があったと聞いています。これは本当なんでしょうか。

サッカーでのこけら落としとなった、京都パープルサンガ戦。白熱した好ゲームだったが、延長の末敗れた。（2001年5月19日）

澤村　話はありましたよ。実際に2チームから、買わないかという。これは池田さんにお願いする前後に実際あった話です。

須山　苦しい中でも、自前のチームを育てたんですね。

池田　地域リーグでもなかなか勝てない。切ない話だけど、地域リーグからJ2に上げてほしいとお願いに行こうかと思いましたよ。幸い、開催1年前の秋口にJ2リーグへの参加が決まったので、みっともないことをしなくて済みましたが。

澤村　タイミングがよかったんですよね。そういう苦労があったから今のチームがあるんですよね。今は華々しくなっていますけど、苦労したあのころの原点を忘れないことが大事だと、私は思います。

須山　その通りですね。さて、2001年3月には新潟スタジアム・ビッグスワンが竣工。4月に県がミレニアムイベントを開催し、アルビレックス新潟は5月に京都パープルサンガとサッカーのこけら落としがありました。

池田　新潟ではサッカーを見たことがない人がほとんど。面白いスポーツだと分かってもらうためには見てもらわなきゃということで、三宮さんに協力していただいて京都パープルサンガ戦が開催できました。実に3万1964人もの人たちが見にきてくれました。

須山　4万人のスタジアムをどう使うのかという不安はありませんでしたか。

池田　不安というより、県はホームスタジアムとして使わせるつもりではなかったようですね。僕らはホームとして使いたかったけど、アルビレックス新潟がこんな大きなスタジアムを使えるわけないだろうと。

三宮　ワールドカップ3試合が終わったらどうするんだという声はありましたね。2層目なんかいらないのではないか、収容人員は2万ぐらいで十分ではないかという意見など。県民でも不安に思う方はいっぱいいたと思います。でも、こけら落としの1カ月後にはコンフェデレーションズカップ3試合があったでしょう。すごいゲームを3試合、日本戦も2回やった。日本代表サポーターの応援を見て、あれで新潟のサポーターもびっくりしたんじゃないでしょうかね。あれからクラブの応援が変わりましたよね。ゴール裏に、どんどんオレンジ色が増えていったという感じですね。

池田　あの年は7月に2万人くらいの試合を2、3回やって、夏休みになだれ込んでいきましたね。夏休みには小中学生に招待券を配布してスタジアムが満員になり、反町（康治）前監督の努力もあって負け知らずの状態になっていったんです。例えば無料でも4万人近くが入ると、グッズや飲食の副次効果は3、4千人の入場料と同じくらいの収益になります。そういうことも考え、招待券の配布を積極的にやっていきました。

澤村　ワールドカップを開催したスタジアムは全国にありますが、あの熱気を維持するのは難しい。池田さんのような仕掛けがなかったら賑わいはない

アルビレックスというサッカーチームは日本一になるべきだし、ならなければいけないと感じています。

池田　弘

ですよ。サッカーは知らないけど、招待券をもらって来てみたらすごかった。この雰囲気がたまらなくなっちゃったわけですよ。大事なのは最初のきっかけ、アルビレックス新潟がやってくれたことは非常によかったと私は思いますよ。

三宮　池田さんの発想は素晴らしいと思う。近江商人の「三方よし」という言葉があるじゃないですか。「売り手よし、買い手よし、世間よし」っていう。それと同じように、やり方、仕掛けは「県民よし、企業よし、行政よし」ですよ。

池田　それしか方法なかったんですよ。

澤村　タイミングが実によかったですよね。ワールドカップでサッカーの楽しみを1カ月も流して新潟でも開いて。県民には次にアルビレックス新潟が見せてくれる。すべてのタイミングがものすごくよかったと思いますね。

これからのアルビレックスは

須山　お話をうかがっていると、ワールドカップが新潟にもたらしたものの大きさを感じますね。

三宮　イングランドとデンマークが試合をした6月15日の朝、NHKBSの海外ニュースを見ていたら日本地図が出て、次に新潟が大きく出たんです。あんなことは初めてじゃないでしょうかね。ワールドカップの翌年、欧州サッカー連盟の協議会がポルトガルのリスボンで開かれ、日韓開催自治体の代表として講演に行ってきました。新潟から来ましたと言うと、欧州のサッカー関係者がみんな新潟を知ってるんですよ。せっかくこういうイベントをやったんですから、ワールドカップをやった新潟県をもっと世界に向けてPRするべきだと思いますね。国際交流に関するパンフレットには、ワールドカップの開催をした新潟を大々的に載せることが海外への発信にもつながると思います。

須山　澤村先生は会議で発言を止められたそうですが、新潟の今の状況を見て日本サッカー協会も驚いているんじゃないでしょうか。

澤村　もちろん驚いているでしょう。まさかこんなになるとは、日本協会でも夢にも思わなかった状況のはず。アルビレックス新潟は今、Jを目指すクラブチームのモデルケースになっているんですよ。クラブを作るなら新潟に学べと注目されています。大企業がそれほど多くない中で、どうしてこんなにお客さんが入るのか。みんなそれを学びたいわけですよ。ワールドカップの素晴らしい遺産ですよね。

池田　Jリーグの理念である、サッカーを核に多様なスポーツを通して地域を活性化するという意味では、他のスポーツの活性化、地域の活性化に役立っていると思いますね。その意味でも、アルビレックス新潟というサッカークラブは日本一になるべきだし、ならなければいけないと感じています。

須山　日本一の夢はこれからですが、ワールドカップの次の年にJ1昇格した瞬間はどんなお気持ちでしたか。

池田　チームと選手だけではなく、フロント、サポーター、サッカー協会のすべてがいろんな経験をして、いい意味で大人になった年に昇格できたことがよかったと思います。1年遅れたという意見もありますが、いろいろなものが整備された充実した年だったから上がれたんですね。優勝昇格パレードには湧き出るように市民が集まり、チームを祝ってくれました。

須山　そのときの興奮や感動が今に続いていると思います。改めてこれからクラブの方向、新潟のサッカー、スポーツというものがどういう形を目指してい

くべきかということを、お聞かせください。

澤村　スポーツ文化という言葉がありますが、スポーツは、いろんな面で役に立つと思っています。人づくり、まちづくりにもスポーツは大切。アルビレックス新潟には、そういう面での役割をぜひとも果たしてもらいたいと思います。スポーツを通した感動をもっと与えてくれることで、地域の活性化にさらに努めていただきたいと思っています。新潟が自信を持って発信できるのはアルビレックス新潟ですよ。昔は胸を張って発信できるものがそう多くなかった。今はそれを持っているだけでも素晴らしいことです。これからも県民に自信と勇気、希望と夢を与え続けてほしい。健康で明るい社会を作ることが我々の願いだから、その一翼を担う立場になってもらいたいと思ってます。

三宮　ビッグスワンでの最初の試合に3万人以上も入り、その後も入場者は1万人も増えましたが、その時は一時的な流行だと思いました。しかし、4万人の観衆は今でも続いています。そういう意味では、今のアルビレックスは、流行から伝統作りに入っている段階だと思っています。海外チームのような本物の伝統を、これから築いてもらいたいですね。サッカーを核としてバスケットや陸上やウィンタースポーツのチームが生まれ、これからは野球へと広がりを見せていきますが、まさにヨーロッパ型のスポーツクラブ作りを今やっておられる。2年後には国体が開催されますが、ポスト国体のスポーツ政策のようなものがないと単なる一過性のイベントで終わってしまいます。アマチュアスポーツもアルビレックスを模範として、国体が終わった後も開催地市町村にスポーツをとおした地域づくりという遺産が根付くようになってほしいと思っています。そういう意味では新潟のスポーツの先駆的な役割を果たしていただいているわけですから、ぜひこれからは真の伝統作りにまい進していただきたいですね。

池田　アルビレックス新潟は「見るスポーツ」という文化を、初めて新潟に導入しました。そこから今はするスポーツ、楽しむスポーツへと広がっています。このような流れから感じたのは、スポーツが人間づくりの根幹、大事な柱の一つであるということ。新潟の県民作りの一つのコアとして、老若男女が楽しめるスポーツ、Jリーグが目的とするスポーツクラブを県内各地に作りたいですね。地域作りの根幹にスポーツがあり、住んでいてよかったと思われる街は、世界に発信できる力を持っていると思います。今後とも新潟という地域の活性化、地域のイメージアップのためのクラブとして存在できたらと思います。

須山　これから益々の発展を祈りつつ、座談会をお開きにしたいとも思います。今日はどうもありがとうございました。

平成18年11月19日（日）　新潟スタジアムにて収録

■文・構成　大橋純子

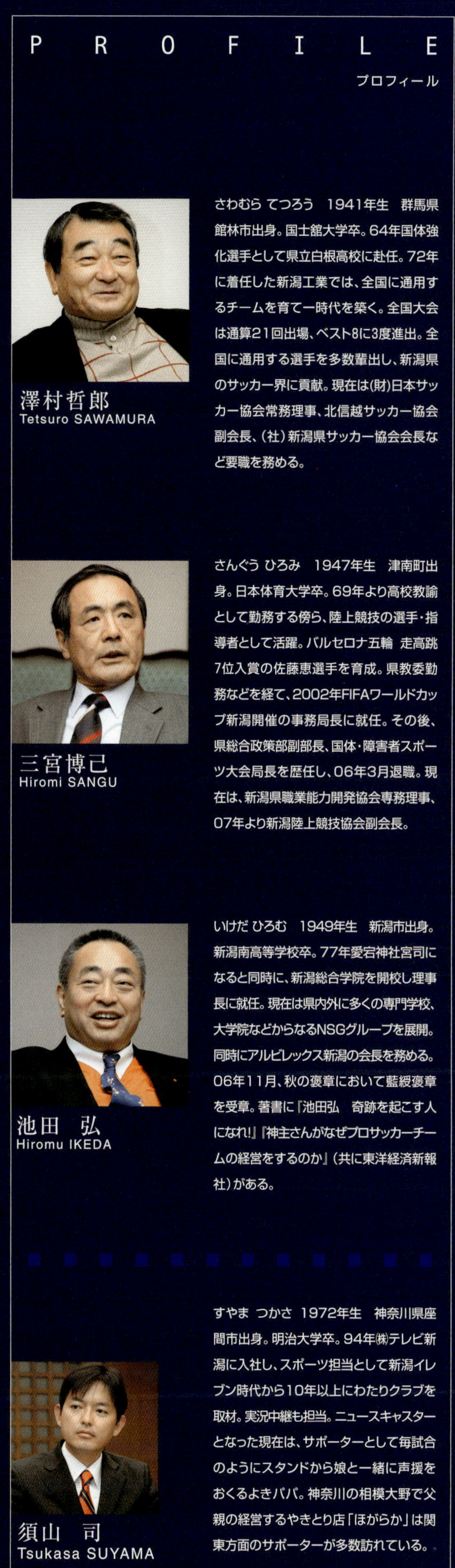

P R O F I L E

プロフィール

澤村哲郎
Tetsuro SAWAMURA

さわむら てつろう　1941年生　群馬県館林市出身。国士舘大学卒。64年国体強化選手として県立白根高校に赴任。72年に着任した新潟工業では、全国に通用するチームを育て一時代を築く。全国大会は通算21回出場、ベスト8に3度進出。全国に通用する選手を多数輩出し、新潟県のサッカー界に貢献。現在は(財)日本サッカー協会常務理事、北信越サッカー協会副会長、(社)新潟県サッカー協会会長など要職を務める。

三宮博己
Hiromi SANGU

さんぐう ひろみ　1947年生　津南町出身。日本体育大学卒。69年より高校教諭として勤務する傍ら、陸上競技の選手・指導者として活躍。バルセロナ五輪 走高跳7位入賞の佐藤恵選手を育成。県教委勤務などを経て、2002年FIFAワールドカップ新潟開催の事務局長に就任。その後、県総合政策部副部長、国体・障害者スポーツ大会局長を歴任し、06年3月退職。現在は、新潟県職業能力開発協会専務理事、07年より新潟陸上競技協会副会長。

池田　弘
Hiromu IKEDA

いけだ ひろむ　1949年生　新潟市出身。新潟南高等学校卒。77年愛宕神社宮司になると同時に、新潟総合学院を開校し理事長に就任。現在は県内外に多くの専門学校、大学院などからなるNSGグループを展開。同時にアルビレックス新潟の会長を務める。06年11月、秋の褒章において藍綬褒章を受章。著書に『池田弘　奇跡を起こす人になれ!』『神主さんがなぜプロサッカーチームの経営をするのか』(共に東洋経済新報社)がある。

須山　司
Tsukasa SUYAMA

すやま つかさ　1972年生　神奈川県座間市出身。明治大学卒。94年㈱テレビ新潟に入社し、スポーツ担当として新潟イレブン時代から10年以上にわたりクラブを取材。実況中継も担当。ニュースキャスターとなった現在は、サポーターとして毎試合のようにスタンドから娘と一緒に声援をおくるよきパパ。神奈川の相模大野で父親の経営するやきとり店「ほがらか」は関東方面のサポーターが多数訪れている。

（財）日本サッカー協会　キャプテン

川淵三郎

Saburo KAWABUCHI

―ごあいさつ―

サッカー不毛の地といわれた新潟でこれほどサッカーが人気のスポーツとして愛され、支持されるようになると、一体誰が想像したでしょうか。

きっかけとなったのは、2002FIFAワールドカップ。4万人収容の屋根付きスタジアム「ビッグスワン」ができ、そこがワールドカップの会場に選ばれたことでした。当初、ワールドカップ開催地に名乗りを上げていた広島ビッグアーチが屋根をつけなかったことで落選。かわって新潟が選ばれたという偶然のドラマが、この街を大きく変貌させました。日本海を背景に、白鳥が羽を広げたような美しいスタジアムは、新潟の人々に大きな夢と誇りを与えたことでしょう。

Ｊリーグ百年構想を深く理解し、ホームタウンに愛されるクラブづくりに邁進した関係者の努力がクラブの成功をもたらしたことは、サッカーファンならずとも多くの人々が知るところです。Ｊリーグの集客や地域活動など、先輩Ｊクラブが考えもつかなかった新機軸を打ち出し、Ｊリーグ加盟後わずか５年目にしてホームゲームの観客数は100万人を超え、Ｊリーグトップの集客を誇るまでになりました。試合日、親子連れやお孫さんを連れたおじいさん、おばあさんがスタジアムに向かう光景は、Ｊリーグが描いてきた理想のホームタウン像そのもの。勝っても負けても、懸命に戦った選手に惜しみない拍手と声援を送る新潟の人々の温かさは、アウェイチームのサポーターをも感動させる、まさに日本が誇るべきクラブといえます。2002年には女子のサッカーチームを創設。2003年には若手選手の育成・強化に目的にアルビレックス新潟・Ｓを編成してシンガポールリーグに参入、アジアサッカーの活性化にも寄与しています。サッカー以外にもプロのバスケットボールチームやスノーボードチームと一体感のある密接な協力関係を築き、地域活動としては、ゲートボールやランニングクラブなど、子どもから高齢者まで楽しめる数々のイベントを開催してスポーツを通じた地域交流を図っています。

現在、Ｊリーグ加入を目標に活動しているチームは、全国に40～50あるといわれていますが、アルビレックスのクラブ運営やマーケティング手法、スポーツを通じた地域交流は、Ｊリーグを目指すチームにとって大きな希望と具体的なヒントを与えてくれるものと思っています。

新潟聖籠スポーツセンターアルビレッジも、連日、様々なスポーツイベントが行われ、地域のスポーツの拠点として賑わっています。コミュニティのつながりが希薄になり、引きこもりやいじめなどが社会問題となっている昨今、スポーツは重要性を増し、新潟においてもアルビレックスの存在は、益々かけがいのないものになっていくでしょう。

最後になりましたが、アルビレックス新潟を支援して下さる地域の皆さん、自治体、企業、そして尽力された関係者の皆様に心から敬意を表するとともに、今後もホームタウンの人々と手を携えながら、コミュニティの核として、人々に夢と希望を与え続けてほしいと願っています。

ALBIREX NIIGATA
激動の歴史を顧みる

この11年で新潟は変わった。サッカーが新潟を変えた。

「スポーツ不毛の地」と呼ばれた新潟に生まれた、ひとつの息吹。
小さくとも不屈の魂を秘めたその息吹は、やがて一陣の熱風となって、この地を覆った。

この11年で、新潟は大きく変わった。サッカーが新潟を変えた。

11年という歳月は、クラブチームの歴史としては極めて浅い。
しかしそこに詰め込まれた人々の思いは、
確実に、未来へと語り継がれるべきものである。

HISTORY OF ALBIREX NIIGATA 1996-2005

INTERVIEW

□Frans van BALKOM

□Yoshikazu NAGAI

□Yasuharu SORIMACHI

新潟県にスポーツ文化を根付かせたい

新潟県にスポーツ文化を根付かせたい。サッカーを通じて、新潟県を活性化したい。02年ワールドカップを開催することができれば、県内が盛り上がるのは間違いない。ワールドカップ招致を実現するためには、どうしたらいいか？　まずはプロのサッカークラブを設立する必要があった。

しかし、確固たる信念を持ってスタートしたプロジェクトだったが、出足は鈍かった。アルビレオ新潟として94年、95年の北信越リーグに臨むも、いずれも3位でシーズンを終える。当面の目標であるJFL入りを達成できず、95年の北信越リーグが終わったときには、深刻な局面を迎えていた。

「最終節が終わり、富山県から帰ってくるバスのなかで、私と池田（池田弘・現アルビレックス新潟代表取締役会長）、澤村さん（澤村哲郎氏 現新潟県サッカー協会会長）で話し合いました。2年続けてチームもJFLに昇格できなかった。もうやめるか、それとも続けるかという選択でした」（中野幸夫・現アルビレックス新潟代表取締役社長）

経営陣がここで『やめる』という決断を下していたら、新潟県のスポーツ事情は昔と変わらないままだった。ワールドカップ招致も夢と終わっていただろう。ところが、実際はまったく違う方向へとベクトルが動いた。

「やるのだったら、徹底的にやる。選手を苦しませない環境を作る。チームが発展できる組織を作ると決めました」（池田弘）

クラブの足元、骨格を固めるために。同時に、Jリーグの参加条件を満たすために、母体組織を法人化することが決意される。96年4月5日――。当初は30企業・団体から出資を募り、資本金2億9500万円で株式会社アルビレオ新潟が設立されたのである。

「95年夏ごろに準備室が設けられ、同年12月27日に設立準備委員会の会議で、法人化することが決まりました。私は新潟イレブンでプレーしてたし、プロクラブを作る動きがあるなら、ぜひ参加したかった。なので、『私も参加したい』と中野に声を掛けたんです」（田村貢・現アルビレックス新潟常務取締役）

「県内で行われていた異業種交流会を通じて、池田の活動を知りました。私もサッカーをやっていたので、スポーツを通じてのコミュニティー作りには関心があり、『スポーツクラブはビジネスとして成り立つ』と考えていました。なので、前職を辞めて準備室に入れてもらいました」（小山直久・現アルビレックス新潟取締役第2企画部長）

95年から96年にかけて、大きなうねりが新潟県に起きていた。プロサッカークラブの設立を受けて、志を同じくする者たちがアルビレオ新潟に集まってきていたのである。

プロ化へのさまざまな障害

経営と同時進行で行わなければならないのが、チーム強化だった。しかし、93年に開幕したJリーグは隆盛を極めており、経験のある選手を補強することは金銭的に不可能だった。プロ契約を結ぶのは、一部の日本人選手と外国籍選手だけ。日本人選手のほとんどはアマチュアで、週3回、4回の練習にも仕事が終わったあとでかけつけていた。

「当時、北信越リーグのライバルは富山県のアローズ北陸とYKKだった。どちらも社会人チームで、彼らは仕事が終わると会社のグラウンドで14時、15時から練習をしていた。対してウチは、仕事とサッカーの二重生活の選手が多く、決められた練習場もなかった。週3回か4回、夕方になると仕事を終えた選手たちが集まって練習してる状況でした」（若杉透・現アルビレックス新潟取締役育成統括部長）

夜間照明のない練習場では、車のヘッドライトを灯してボールを蹴った。ロッカーのない練習場では、車のなかで着替えをした。

1996 アルビレックス新潟 年表

1 JAN	
2 FEB	●株式会社アルビレオ新潟設立準備委員会　開催
3 MAR	●東海遠征を実施
4 APR	●株式会社アルビレオ新潟　法人設立 【資本金2億9,500万円(30企業·団体)】 ●古保健次、松田和也、ロメロ、マース　加入 ●第22回北信越リーグ　開幕 ●第1号となるクラブ会報誌 「オフィシャルサポーターズマガジン　アルビレオ·アシスト」創刊準備号を発行 ●「アルビレオ新潟F.Cファンクラブ」を設置 ●古保健次が1日郵便局長に就任 ●バルコム監督がキリンのCMに出演
5 MAY	●FIFA理事会にて2002年ワールドカップの「日韓共同開催」に決定
6 JUN	●2002年ワールドカップ日本招致委員会総会開催
7 JUL	●クラブ史上初の応援バスツアー(北信越リーグYKK戦)を実施 ●第22回北信越リーグを優勝(8勝1分)で終える
8 AUG	●商標の関係からクラブ名称の変更を決定 ●ロメロが帰国 ●2002年ワールドカップ新潟県開催準備委員会　第1回新潟県常任委員会　開催
9 SEP	●クラブ名称のネーミング検討委員会を設置(9月〜) ●パトリック、ロイ　加入 ●天皇杯新潟県予選　優勝 ●全国社会人サッカー選手権　北信越大会優勝
10 OCT	●2002年ワールドカップ　日韓共催記念親善試合 ●アルビレオ新潟vs国民銀行(KOL)
11 NOV	●浜野征哉、濱田祥裕、葛野昌宏、原祐俊、玉田真人、木村良、平岡宏章、鈴木洋平、垣内友二　加入 ●第32回全国社会人サッカー選手権　2回戦敗退 ●第76回天皇杯　1回戦敗退(福岡大)
12 DEC	●2002年ワールドカップ日本国内開催地決定 新潟が開催地に決定 ●開催地決定集会を古町通七番町で実施 ●全国地域リーグ決勝大会に向け、香港遠征を実施

当然のこととして、選手には不満があった。経験のある外国籍選手は、『グラウンドとは芝生のことだ！』と怒ることもあったという。そんな選手たちを説得したのが、94年の就任から3年目を迎えたバルコム監督だった。

「練習環境について、バルコムさんは寛容でした。チーム事情を理解し、選手たちを引っ張ってくれた。自ら練習場を探してきてくれたこともありましたよ」（中野幸夫）

統率力のある指揮官のもと戦ったチームは、練習環境のハンデにも負けず、北信越リーグで白星を重ねていった。シーズンの途中にあったライバルとの直接対決、アローズ北陸との戦いでは新潟市陸上競技場に約4000人が来場し、選手を後押しした。

そんななか、チームはついに北信越リーグに優勝を果たす（7月）。さらには天皇杯の新潟県予選も突破し（9月）、立て続けに全国社会人サッカー選手権の北信越大会にも優勝を飾った（9月）。天皇杯（1回戦敗退）、全国社会人サッカー（2回戦敗退）ともに全国大会では力が及ばなかったものの、北信越リーグのカベを破れなかった94年、95年とは明らかに違った。残された大会は、最大の目標であるJFL昇格がかかる、全国地域リーグの決勝大会だった。

「当時、決勝大会は年明けの1月に開催されていました。準備がしたくても、新潟県では雪が降っててグラウンドが使えません。どうやって準備をするか？　対策を考えた結果、練習場所、対戦相手を求めて、香港遠征を行うことにしたんです」（若杉爾・現アルビレックス新潟取締役第1企画部長）

地域リーグに属するクラブが、海外遠征を行う。もちろん、異例のことだった。しかし、JFL昇格のためには、1月の決勝大会に勝たなければならなかった。そのためには、新潟県を飛び出して調整する必要があった。96年12月から97年1月にかけて香港遠征を行い、来るべき決戦に備えたのである。

待ち受けた厳しい現実

全国地域リーグの決勝大会では、関東代表のプリマハム土浦（現水戸ホーリーホック）、東北代表のソニー仙台と予選リーグを戦った。3チームの中から、決勝リーグに進出できるのはわずかに1チーム。JFLに昇格するには、決勝リーグ（4チーム）で2位以内に入らなければならなかった。

初戦の相手はソニー仙台。万全の準備をして臨んだアルビレオ新潟は、5－0の勝利を収めた。1チームしか勝ち抜けない予選リーグを突破するには、続くプリマハム土浦にも勝たなければならなかった。しかし・・・。

53分に先制点を奪われたものの、60分に追いつき、すぐに同点とする。その後、試合はこう着状態に突入。延長戦も含めて、120分を戦った結果は1－1。勝敗の行方は、PK戦へとゆだねられた。

「ちょっと、信じられない光景だった・・・」

このPK戦をしみじみと振り返るのは、若杉爾である。両チームともに譲らず、5人ずつが蹴っても決着はつかず。サドンデスに突入し、ようやく勝敗が決したとき、ピッチには無情な光景が広がっていた。死闘のすえに敗者となったのは、崩れ落ちたのは、アルビレオ新潟の選手たちだった。

PK6－7――。

プロクラブとしての初年度は、苦い結果に終わった。シーズンの最後の最後に、厳しい現実を突きつけられた1年だった。

第22回北信越サッカーリーグ最終成績

順位	チーム	勝点	試合	勝	引分	敗	得点	失点	得失差
1位	アルビレオ新潟	25	9	8	1	0	49	5	+44
2位	アローズ北陸	25	9	8	1	0	37	4	+33
3位	YKK	19	9	6	1	2	22	11	+11
4位	ルネス学園金沢F.C	12	9	4	0	5	14	17	-3
5位	山雅サッカークラブ	11	9	3	2	4	9	19	-10
6位	金沢サッカークラブ	10	9	3	1	5	15	29	-14
7位	福井教員	9	9	3	0	6	9	24	-15
8位	F.C上田ジェンシャン	8	9	1	5	3	14	19	-5
9位	テイヘンズF.C	8	9	2	2	5	12	25	-13
10位	マッキーF.C	1	9	0	1	8	4	32	-28

1996 Members

監督　フランス・ファン・バルコム

1　小林　哲也　GK
2　成海　優　DF
2　濱田　祥裕　DF
3　ロメロ　MF
4　中野　一彦　DF
4　平岡　宏章　DF
5　宮島　伸好　DF
5　葛野　昌宏　DF
6　近　彰彦　DF
7　マイケル　MF
8　神田　勝利　MF
9　渡辺　聡　FW
9　ロイ　MF
10　マース　FW
11　長島　敦久　FW
11　原　祐俊　FW
12　木村　隆二　FW
12　パトリック　FW
13　八十　祐治　MF
14　松田　和也　DF
15　関根　伸人　DF
16　垣内　友二　MF
16　杉山　学　FW
17　佐藤　嘉寛　DF
18　古俣　健次　MF
19　丸山　富洋　MF
20　野上　毅　DF
20　木村　良　FW
21　藤田　敬三　FW
22　木野　陽　MF
22　鈴木　洋平　DF
23　小原　信也　MF
24　奥山　達之　DF
25　韮沢　政紀　GK
25　浜野　征哉　GK
26　河野　雅樹　GK
27　杉山　雄一　MF
28　池田　誠　MF
29　佐藤　大介　MF
30　玉田　真人　GK

総監督　若杉　透
コーチ　有田　一矢

1996 Basic Formation

「アルビレックス新潟」としての出発

97年を迎えると、アルビレオの名称がすでに商標登録されていたため、県民投票によって新たなクラブ名が募集された。最終候補として残ったのは、『アルビレックス』『オラッタ』『シスネーテス』の3つ。この中から『アルビレックス』が選ばれ、現在の名称、アルビレックス新潟となった。

また、この年は99年からはじまるJリーグ2部（J2）の入会申請を受け付ける年であり、クラブ関係者は試行錯誤して準備を進めていた。しかし、クラブ、地域行政、市民の三位一体を考えると、まだ確固たる気構えが整っていなかったのも事実だった。

あるとき、JリーグによるJ2加盟申請クラブのヒアリングが行われたことがあった。出席が求められたのは、クラブの代表者と地域行政の首長クラスの人物である。ホームタウンの市長の出席が望ましかったが、それはかなわなかった。なぜなら、96年12月にはすでに02年ワールドカップの招致が決定していた。アルビレックス新潟は誘致活動の一環とした立ち上げられた一面もある。さらには、96年はJFL入りを果たせず、経営的にも約1億8千万円の赤字になっていた。招致が実現したなら、もうプロサッカークラブは必要ないのでは… という意見もあったのである。

しかし、プロジェクトはまだスタートを切ったばかりだった。ワールドカップの招致が決定したことで、市民の関心を得られやすい状況にあった。市民、あるいは行政、地元企業に向けて、アルビレックス新潟をどうやってアピールしていくか？　決して揺らぐことのない、明確なクラブ・コンセプトが広報・宣伝活動の基礎になっていた。

「会社を設立したときに、田村と方針を決めたのです。『人づくり、まちづくり、豊かなスポーツ文化の創造』がコンセプトであると。地元に誇りを持ってチャレンジする。まさに『新潟からの挑戦』がテーマで、当時は電話に出るときも『新潟からの挑戦 アルビレックス新潟です』と言っていましたよ」（小山直久）

もちろん、はじめの反応は冷たかった。パソコンを購入するときには、怪しい会社だと思われてローンを組むこともできなかった。領収書の宛名を頼むときも、何度も言い直さなければならなかった。そんななか、J2加盟申請に向けて、会議を繰り返しつつ資料を作り、同時に行政、企業を説得していった。

「申請資料の作成や会議の招集など私が主にやっていましたが、当初は行政との連携がうまくいかなくて、Jリーグの関係者から『田村さん、新潟は本当に大丈夫なの?』と指摘される状況でした」（田村貢）

しかし、寸暇を惜しんだ活動の末、ゆっくりではあるが県内での知名度を獲得し、クラブとしての体制も整えていった。97年5月にはJ2加盟申請書を提出。あとは、承認されるかどうかだった。

届いた朗報　J2参入承認される

フロントがこうした動きをみせるなか、チームは北信越リーグを戦っていた。選手を取り巻く環境に大きな変化はなく、相変わらず複数の練習グラウンドを行き来していた。それでも、4年目に突入したバルコム監督のもと、外国籍選手を中心に戦って常に上位を死守。7月のアローズ北陸戦では、フロントが一大イベントを行った。多くの人に見てもらうべく招待券を配布。もともと無料の試合ではあったが、会場周辺の住宅に一軒一軒手配りして試合の周知を徹底した。その結果、新潟市陸上競技場には9千人の観客が詰め掛けた。もちろん、この数字は地域リーグの観客動員記録としていまも残されている。選手もその大声援に応え、全勝で北信越リーグを2年連続優勝。ふたたび翌年1月に開催される全国地域リーグの決勝大会へ挑むことになったのである。

1997 アルビレックス新潟 年表

1 JAN
- 第3回ネーミング検討委員会 開催 最終の3候補は、『アルビレックス』・『オラッタ』・『シスネーテス』となり、名称決定を県民投票に委ねる
- 第20回全国地域リーグ決勝大会 予選リーグ敗退

2 FEB

3 MAR
- 日・朝親善サッカー大会 在日朝鮮蹴球団戦
- 太田裕和 加入

4 APR
- クラブ名称を「アルビレックス新潟」に改称
- 第23回北信越サッカーリーグ 開幕
- 神田勝利 退団

5 MAY
- Jリーグディビジョン2への入会を申請
- 岡田秀市、菊地修 加入

6 JUN
- 第1回Jリーグ加盟協議会 開催
- 初の地区後援会 中条地区アルビレックス新潟後援会発足

7 JUL
- 第23回北信越サッカーリーグを優勝(9戦全勝)で終える
- ロイ、マース、パトリック 退団
- 松田和也、八十祐治 退団
- キャッチフレーズ決定。「新潟発 世界に向けて キックオフ」

8 AUG

9 SEP
- 天皇杯新潟県予選 優勝
- ニートン、イグナス 加入

10 OCT
- しろね地区アルビレックス新潟後援会 発足
- 「ワールドカップ新潟フェア'97」開催
- 2002年ワールドカップ日韓共催記念親善試合 アルビレックス新潟vs韓一生命(KOL)

11 NOV
- 第33回全国社会人サッカー選手権大会 3位
- 水越潤 加入
- 新潟スタジアム起工式
- 日本代表が1998FIFAワールドカップフランス大会への出場決定

12 DEC
- 日本サッカー協会よりアルビレックス新潟が、99年からのJ2リーグ参加承認を得る
- 天皇杯2回戦の応援ツアーを実施
- 第77回天皇杯 2回戦敗退(本田技研)
- 財団法人2002年ワールドカップサッカー大会日本組織委員会(JAWOC)設立

決戦大会に向けて準備を進めていた12月には、Jリーグから朗報が届いた。J2加盟申請が承認され、99年からのJ2参入が決定したのである。法人化して2年、行政、企業、市民への浸透度はまだまだで、経営的にも苦しかった。しかし、02年にワールドカップを開催する事実や、確かなクラブ・コンセプトに基づく中・長期的な事業計画があった。新潟県が持つ可能性、アルビレックス新潟が示した発展性が評価され、JFL昇格をかけた全国地域リーグの決勝大会を前に、J2への参入がすでに決まっていたのである。

無論、だからといって決勝大会をおざなりにはできなかった。J2で戦う実力があると証明するためにも、何としてもJFL昇格を決めなければならなかった。ところが、1月開催という時期的なハンデが、雪国のクラブにはどうしても重かった。

「2年目の決勝大会の前には、年明けにJヴィレッジ（福島県）で10日間ぐらいの合宿を行いました。しかし、仕上げの練習試合の日に、ちょうど大雪が降って準備ができなかったんです。さらには、外国籍選手のニートンが紅白戦で鼻骨を折るなど、決して万全の状態ではありませんでした」（若杉爾）

昨年の屈辱を晴らす　自力でJFL昇格決定

迎えた決勝大会。予選リーグの対戦相手は、東海代表の日立清水と中国代表の三菱石油水島。決勝リーグに進出するには、3チームの中で1位にならなければならない。ひとつの敗戦が命取りになることは、前年度のPK戦負けで痛いほど分かっていた。

だからこそ、日立清水との初戦が1－1に終わり、またしてもPK戦に突入したときには、アルビレックス新潟の関係者は誰もが1年前の悔しい光景を思い出していた。

「もうダメかなという試合でした。また負けるのかと思いましたよ。2試合のうち1試合でも落としたら、もう次に進めない。なんともいえない気持ちで見てましたよ。そんな中、選手たちがよくやってくれた。勝利が決まったときは、それはもう、嬉しかった。一緒に見ていた池田は、ボロボロと泣いてましたよ」（中野幸夫）

PK4－3――。

勝敗が決したとき、1年前とは対照的に選手たちは歓喜に包まれていた。

勢いに乗ったアルビレックス新潟は、続く三菱石油水島戦に5－0の勝利を収め、決勝リーグに進出した。ソニー仙台（東北代表）、横河電機（現横河武蔵野FC／関東代表）、教育研究社FC（関西代表）と対戦した決勝リーグでは、初戦のソニー仙台戦を落としてしまう。しかし、予選リーグから決勝大会の間に負傷欠場していたニートンが復活するなど、チームは確実に調子をあげていた。

「予選リーグが岡山県の美作で行われ、決勝リーグは鹿児島県の鴨池でした。鹿児島の知り合いに連絡を入れて、鴨池のピッチコンディションを調べるなど、入念な準備をしました。対戦相手もスカウティングして、選手に学習させていました」（若杉透）

自分たちの力を発揮すれば、必ず勝てる。そう信じて戦った選手たちは、横河電機、教育研究社に立て続けに勝利した。4チーム中2位となり、JFL昇格を決めてみせた。

「お金を集めて、戦える戦力は揃っていた。（97年の決勝大会で）失敗していたら、もうダメだったかもしれない」（若杉透）

「96年に負けたときは、『もう後がない』と思っていた。それがもう一度挑戦できた。97年は『今度こそ』という使命感、責任感を持って活動した1年間でした」（中野幸夫）

運営組織、事業計画が評価され、いち早く99年に開幕するJ2への参加が決まっていた。JFL昇格を決め、チームとしてもJ2で戦うに相応しい実力を持っていると、証明することができた。

第23回北信越サッカーリーグ最終成績

順位	チーム	勝点	試合	勝	引分	敗	得点	失点	得失差
1位	アルビレックス新潟	27	9	9	0	0	37	4	+33
2位	アローズ北陸	22	9	7	1	1	35	5	+30
3位	YKK	19	9	6	1	2	26	5	+21
4位	長野エルザ	12	9	4	0	5	13	21	-8
5位	テイヘンズ	11	9	3	2	4	14	16	-2
6位	上田ジェンシャン	10	9	3	1	5	15	19	-4
7位	福井教員	7	9	1	4	4	11	21	-10
8位	山雅サッカークラブ	7	9	2	1	6	11	23	-12
9位	ルネス学園金沢F.C	7	9	2	1	6	13	31	-18
10位	金沢サッカークラブ	7	9	2	1	6	9	39	-30

1997 Members

監督　フランス・ファン・バルコム

1	浜野　征哉	GK	14	松田　和也	DF	26	水越　潤	MF
2	濱田　祥裕	DF	14	イグナス	FW	27	岡田　秀市	MF
3	平岡　宏章	DF	15	池田　誠	MF			
4	葛野　昌宏	DF	16	原　祐俊	FW	コーチ	有田　一矢	
5	垣内　友二	MF	17	佐藤　嘉寛	DF			
6	近　彰彦	DF	18	古俣　健次	MF			
7	マイケル	MF	19	丸山　富洋	MF			
8	神田　勝利	MF	20	木村　良	FW			
8	太田　裕和	FW	20	小林　高道	MF			
9	ロイ	MF	21	藤田　敬三	FW			
10	マース	FW	22	玉田　真人	GK			
11	杉山　学	FW	23	鈴木　洋平	DF			
12	パトリック	FW	24	奥山　達之	DF			
12	ニートン	FW	25	菊地　修	GK			
13	八十　祐治	MF	26	月城　征一	DF			

1997 Basic Formation

フランス ファン バルコム

**新潟県の外国人スポーツ指導者招聘事業の第一号だったバルコム監督は、
アルビレックスの前身・新潟イレブンを94年から指導していた。
当初はアマチュアチームだったが、96年のプロ化とともにアルビレオ新潟の初代監督に就任。
地域リーグに所属する新潟を、V川崎（現東京V）のヘッドコーチとして培った経験を生かして強化してきた。
98年1月の全国地域リーグ決勝大会で2位に入り、同年4月からのJFLに昇格。
母国であるオランダへ帰る日までの4年間“サッカー不毛の地”新潟に種をまき続けた。**

Frans van BALKOM

A Manager of
ALBIREX NIIGATA
1996-1997

——来県した当時、選手の質はどうだったのでしょうか？

私が来県した当時の選手たちのレベルは、決して高いものではありませんでした。アマチュアサッカーであったということもあり、毎日厳しい練習をするのはとても難しいことでした。しかし、お金が支払われていなかったにも関わらず、とても熱心に練習に取り組む、素晴らしい選手たちでした。十分なグラウンドやトレーニング施設がない悪条件の中でも、選手たちはサッカーに対して意欲的でどんどん上達したので、私は気持ちよく彼らを指導することができましたし、とてもサッカーを愛する選手たちでした。もちろんレベルも質も、日本の他の地域に比べて高くはありませんでしたが…。やはり十分な練習施設がなかったというのが問題で、当初は周囲からの支援も十分ではないとも感じていました。

——練習施設の話が出ましたが、当時の新潟の練習環境について、どのように感じていたのでしょうか？

練習環境は、日本の他の都市と比べて、とても程度の低いものでした。練習するための芝生のグラウンドもなく、練習施設も整っていませんでした。しかし、選手たちはあまり気にせず、また私もそれほど気にしていませんでした。もちろん、練習に適した施設がないという環境に慣れるまでには時間がかかりましたが、それでもやはり、私にとって大きな挑戦であり、とても楽しいものでした。

ALBIREO
NIIGA

私がチーム構築の一部を担えたことを、とても嬉しく思う

――新潟を去られてから、アルビレックス新潟や新潟の情報は、バルコムさんの耳に伝わっていましたか？

アルビレックスの情報については、新聞で知ったり、オランダにユースの選手が来た際には、いろいろな情報を得ることができ、試合の様子も知ることができたので、状況は把握していました。時々、新潟の方がオランダに来てくださると、その方々からいろいろと聞いたりもしました。もちろん、新潟にいる人々とも連絡を取り合っていましたので、正確な情報が入っていました。

――JFL以降の新潟の歩みについて感想を。

もちろん、現在の状況は、以前とはまったく違います。とても素晴らしいことだと思いますし、また、私たちがその基盤を築くことができたということに対して、とても嬉しく思っています。レベルの低いアマチュアチームを立ち上げ、10年かけて素晴らしいスタジアムと施設を持つ、日本の強豪に挑むことができるクラブを築きあげた。今の新潟の状況を、私が新潟にいた当時は誰一人として想像していなかったと思います。とくに、今の状況を作り上げるために尽力した池田会長には、すべての人が感謝していることと思います。彼がいなかったら、この状況を作り上げるのは難しかったでしょう。そして、中野社長に関しても、最初に会った時から、この人は、このクラブにはなくてはならない人だと思っていました。中野社長と選手たちの今後の成功を心から願っています。また、この10年間を振り返ってみると、新潟でアルビレックスに関わっている人たちにとって、素晴らしい成果だと言えると思います。

――観客数も飛躍的に増えました。スタジアムを訪れるたくさんのサポーターについて、どうお考えですか？

今では、4万人の観客を動員するチームになりました。しかし、それを持続するのは大変なことだと思います。どのクラブにとっても同じことが言えますが、最初のうちは多くの人がクラブをサポートしてくれますが、勝つことができるチームでなければ、そのサポートを持続させることは難しいと思います。徐々に観客の人数が減ることもあるかも知れません。それでも、2万5000人の観客を毎試合動員できれば、十分評価できると思います。なぜなら、4万人というのはとても多く、それを持続するのはとても大変なことだからです。

――そんな現在の状況は、バルコムさんがまいた種が育った結果であると言えます。そのことについてはどうですか？

私たちがすべてを1から始め、私がチーム構築の一部を担えたことを、とても嬉しく思っています。しかしそれは、私が一人で成し遂げたことではなく、私はその一部を担っただけであり、みんなで成し遂げたことです。クラブ設立当時にいた人々、選手たちのことを忘れてはいけません。なぜなら、彼らが今の状況の基礎を作ったからです。本当に、その一部を担えたことを、とても嬉しく思います。

――話はちょっと広がりますが、日本サッカーについての感想を。

日本サッカーは、過去20年間で飛躍的に進歩しました。それはJリーグのおかげだと思います。実際に日本は、06年ドイツ・ワールドカップ出場を決めました。それはとても重要なことだと思います。06年のワールドカップでは全力を尽くし、とてもよくやったと思います。ただ、攻撃をゴールに結び付けることができなかったため、勝つことができませんでした。

――では、日本が世界で勝つためには？

日本はもう少し辛抱強くフィジカル面、技術面、戦術面を強化しなければなりません。日本の問題点は、ヨーロッパ諸国や、特にアフリカ諸国に対して、フィジカル面が劣っているということです。その状態でワールドカップに臨まなければならないので、その分、技術面をより強化しなければならないと思います。その点で、多くの改善が必要です。攻撃をゴールに結び付けるまでのプレーがまだ未熟で、日本が目指す世界の強豪チームに比べても劣っています。しかし、それも改善されつつあり、いずれ良くなると思います。それでも、すぐにワールドカップで優勝できると思ってはいけません。過去30年間、世界の強豪チームの1つとして数えられてきたオランダでさえも、ワールドカップで優勝したことはありません。およそ200カ国の内、わずか6カ国しかワールドカップの優勝経験がないのです。ワールドカップには、世界中から強豪チームが参加するということを忘れてはいけません。

——オランダに帰国後は、どんなことをされてきて、今は何をされているのでしょうか？

オランダ帰国後は、ベルギー、イギリス、そしてオランダでも監督をしていました。オランダでアマチュアリーグのクラブ、そしてベルギー、イギリスで、プロクラブの監督をしました。現在は子どもたちにサッカーを教え、世界中を旅行しています。

——当時、指揮をとっていた選手たちへメッセージをお願いします。

あの素晴らしいチームで私が当時一緒に働いていた人々、またその当時の選手たち、そしてオランダ人選手たちのことを考えると、その頃にリーグ優勝できなかったことを、少し残念に思います。それでも、私たちのチームは忘れることができない、素晴らしいチームでした。今でも彼らのことは忘れられません。

——最後にアルビレックス新潟と新潟の今後に向けたメッセージをお願いします。

アルビレックス新潟は素晴らしい成果を挙げてきました。そして現在は、トップリーグで戦っています。もちろん、どのクラブもJリーグで優勝したいと思っているでしょうし、アルビレックスも早く優勝したいと思っていることでしょう。

しかし、優勝できるクラブというのは、Jリーグで13年間頑張ってきたクラブだと思います。日本リーグの経験もなくＪ1でまだ3年しか経験のないアルビレックスは、もう少し辛抱しないといけませんし、Jリーグ優勝のためにまだまだやらなければならないことがたくさんあると思います。

もう少し辛抱強く頑張れるようであれば、地元出身選手の育成に力をいれるべきだと思います。新潟にプロのサッカークラブがあるにも関わらず、新潟出身の選手がJリーグに数えるほどしかいないというのはおかしいと思います。それでは少なすぎて1チームも作ることができません。高いお金を払って外国人選手や日本代表クラスの選手を何人も獲得するのは難しいと思うので、もっと若手選手の育成をすべきだと思います。そうすれば、さらに素晴らしいクラブになるでしょう。アルビレックス新潟の活躍と新潟の発展を心から願っています。

〔2006年６月19日　オランダ　リンブルグ州にて収録〕

かつて新潟に所属した選手たちがオランダに集結。写真左からロメロ、マース、パトリック。

【監督在任期間】1996年-1998年
【プロフィール】フランス・ファン・バルコム
Frans van BALKOM（フランス ファン バルコム）1940年10月23日生まれ。オランダ出身。1972-1975年読売クラブ監督。Ｊリーグ開幕の93年にはヴェルディ川崎のヘッドコーチとして日本一に貢献。94年、新潟県の外国人スポーツ指導者招聘事業で来県。アルビレックスの前身、新潟イレブンを指導した。96年には、アルビレオ新潟の初代監督に就任。98年１月には、全国地域リーグ決勝大会を勝ち抜き、JFL昇格を達成した。

HISTORY OF ALBIREX NIIGATA

1998

永井監督のもとＪＦＬの舞台に挑む

96年、97年に北信越リーグを連覇。97年には全国地域リーグの決勝大会で2位となり、ついにJFL昇格を決めた。当初の予定（北信越リーグ、JFLを1年ずつで通過し、最短コースでJリーグに昇格）どおりにはいかなかったものの、チームの実力は確実にアップしていた。まだアマチュアとプロが混在する状態だったが、少なくともJFL昇格を決めるだけの実力は身につけていた。

しかし、現実は厳しかった。

より上の環境、JFLやJ2で戦い続ける実力は、まだまだ備わっていなかった。

法人化され、組織としては“プロ”になっても、選手たちの多くは仕事とサッカーを両立しており、完全なるプロクラブにはなっていなかった。練習環境もプロと呼べるものではなく、ときにカチカチの土のグラウンドでボールを蹴らなければならなかった。新潟市赤塚にある土のグラウンドを、多くの関係者がいまも苦い思い出として記憶している。

「サラリーマンとサッカー選手。二重生活の選手たちは、どうしても辛かったんです。チームの中にコンディションが整ってない選手がいると、チーム全体の安定感がなくなってしまう。ある週に素晴らしい戦いをみせても、翌週にはダメになる。まだまだ、チームが整備されていませんでした。いま振り返れば、JFLやJ２で戦うポテンシャルはありませんでした」（若杉透）

「その頃はまだ、仕事をしながらプレーしてる選手がいました。チームが上を目指して練習量が増えてくると、仕事との兼ね合いがつかなくなってきます。JFLに昇格すると、アマチュアの選手たちがだんだんついてこれなくなってきたんです。能力だけの問題ではなく、JFLで戦うには難しい選手が出てきました」（中野幸夫）

バルコム監督が勇退し、新たに監督に迎えたのは、Jリーグ（ジェフ千葉）、JFL（福島FC）などで監督経験があった永井良和氏。経験豊富な指揮官のもと、J2への足掛かりをつかむべく臨んだ98年JFLだったが、成績は振るわなかった。全30試合を戦い、12勝18敗39得点47失点。16チーム中11位という不本意な結果だった。

「永井さんの意見は厳しかった。『地域選抜のようだ』と言われました。ポテンシャルとしては、96年～97年にかけて永井さんが監督を務めていた福島FC（97年に財政悪化から消滅）より低かったです」（若杉透）

クラブ消滅の危機　累積赤字６億を超す

チームと同じように、フロントもJFLで戦うことに苦戦していた。初めての有料興行であり、運営面に変化が生じていた。チケットのもぎり、会場設営のスタッフ、警備員など人手が必要であり、一試合ごとに50人、60人を集めなければならなかった。しかし、最初にボランティアを募ったとき、応募があったのは20名ほどだった（現在は80～100名のボランティアが試合運営に尽力している）。

「人手を確保するのが大変でした。高校生や専門学校生に声を掛けて、ようやく必要な人数を集めていました」（若杉爾）

他チームをみれば、試合運営は外部の会社に任せていた。しかし、当時のアルビレックス新潟には業務を委託する資金力がなく、自分たちで運営するしかなかった。96年、97年はいずれも赤字決算であり、できる限りのコストダウンを計らなければならなかった。

しかし、98年の収支もまた、約1億9千万円の赤字だった。この時点で、3年間を通じての累積赤字は6億円を超えていた。

チームの現状をみれば、その後にJ2で戦う実力がないのは明

1998 アルビレックス新潟 年表

1 JAN	●地域リーグ決勝大会の応援ツアー ●第21回全国地域リーグ決勝大会を2位で終えJFLへの昇格が決定
2 FEB	●JFL昇格祝賀パーティー ●バルコム監督　勇退 ●永井良和監督　就任
3 MAR	●ニートンがベンフィカ·リスボンへ移籍 ●木寺浩一　加入 ●ホームゲームのボランティアスタッフ募集を開始
4 APR	●南魚沼地区アルビレックス新潟後援会　発足 ●新井地区アルビレックス新潟後援会　設立 ●新津地区アルビレックス新潟後援会　発足 ●第7回JFL開幕 ●アルビレックス新潟ユース設立 東博樹が初代監督に就任
5 MAY	●新発田地区アルビレックス新潟後援会　発足 ●2002年ワールドカップ　新潟県開催準備委員会総会　開催
6 JUN	●黒川地区アルビレックス新潟後援会　発足 ●村上·岩船地区アルビレックス新潟後援会　発足 ●長岡地区アルビレックス新潟後援会　発足 ●初のイヤーブック(現在のハンドブック)「1998アルビレックス新潟オフィシャルイヤーブック」を発行 ●1998FIFAワールドカップフランス大会開催 新潟ジョイポリスでワールドカップフランス大会のパブリックビューイング
7 JUL	●北蒲原郡南部郷地区アルビレックス新潟後援会　発足 ●チャレンジマッチ'98 NIIGATA　ヴェルディ川崎戦を開催
8 AUG	●東蒲原地区アルビレックス新潟後援会　発足
9 SEP	●アルビレックス新潟ユースがセレクションを実施 ●JFLオールスターに平岡宏章、マイケルが選出
10 OCT	●糸魚川·西頸城地区アルビレックス新潟後援会　発足
11 NOV	●第7回JFLを11位(12勝18敗)で終える ●選手の大幅な入れ替えに伴い、サポーター・マスメディアを対象とした説明会を実施 ●2002年ワールドカップ日韓共同開催記念親善試合 ソウル市役所vsアルビレックス新潟
12 DEC	●選手·激励慰労会　開催 ●第78回天皇杯　3回戦敗退(浦和レッズ)

らかだった。経営状態をみても、3年間で資本金をほぼ食いつぶしてしまっていた。クラブとしては消滅の危機であり、何らかの手を打たなければならなかった。

必然として、98年のシーズンオフには厳しい選択がなされた。在籍していた26名中、17名の選手と契約を更新しなかったのである。JFLで1年間を戦った結果、翌年からのJ2を見据えて導き出した答えだった。限られた予算内でチーム力をアップさせるには、避けては通れない決断だった。

「それまでの会社経営において、私は人を解雇したことなどありませんでした。17名の選手には、断腸の思いでクラブを去ってもらったのです。マスコミからは『人切り・池田』などと言われましたが、なにも好き好んで行ったわけではありません。本当に辛い選択だったのです」（池田弘）

「ちょうど横浜フリューゲルスが無くなったときであり、同じように新聞に取り上げられました。クラブの内情としては、翌99年も赤字になったらやめるしかありませんでした。そうした事情もあり、選手の入れ替えを行ったのです。もはや人件費以外は使ってない状態でしたから、人件費を削るしかなかったのです。1人分の経費で、2人と契約する必要がありました」（田村貢）

クラブとしての足元固め　逆境がクラブを骨太に

この頃、クラブでは約10名のスタッフが働いていたが、給料をもらっていたのは5名～6名だけ。ボランティアがいないと成り立たない状態で、一人一人がいくつもの仕事を兼務していた。それでも、翌シーズンからJ2を戦うことを考えれば、戦力をアップさせなければならない。幸い、Jリーグは開幕当初の盛り上がりが一段落し、選手の報酬が適正な価格に落ち着いてきていた。選手を入れ替えることは可能になっていた。

もちろん、マスコミで『大量リストラ』『17名を解雇』と報道されたときは、サポーターも納得できなかった。しかし、マスコミやサポーターを集めて、クラブの考えを伝える『説明会』を開催することで理解を求めた。お互いにコミュニケーションを取ることで、相互理解を深めていったのである。

支出を抑える一方で、収入を増やす努力も行われた。多忙な新潟県知事をアポなしでつかまえ、池田社長（当時）が路上で1時間近く話し合いを持ったのはこのときである。直接的な出資にはつながらなかったものの、クラブの考えをきちっと伝えることができた。地域支援スポンサーという形で新潟県から協力を得ている。

クラブの足元を固めるべく、97年に発足していた後援会の拡大も同時進行で行われた。新潟県内をくまなくまわり、個人1万円、法人3万円という無理のない金額でのバックアップを募っていく。アルビレックス新潟は、企業の持ち物でも、個人の持ち物でもない。親会社や一企業ではなく、みんなが支えるクラブで、サポーターの助けがなければ存在していけない。地域に根ざしたクラブになるべく、全県下に後援会の支部を広げていった。

経営面も成績面も、苦戦を強いられた。98年は試行錯誤が続いた1年だった。しかし、結果としてクラブの足場を固めることにつながった。逆境が人を強くするように、消滅の危機が、クラブを骨太にしていったのである。

第7回ジャパン・フットボールリーグ（JFL）最終成績

順位	チーム	勝点	試合	勝	引分	敗	得点	失点	得失差
1位	東京ガス	69	30	24(3)	0	6	67	17	+50
2位	川崎フロンターレ	68	30	23(1)	0	7	72	24	+48
3位	モンテディオ山形	64	30	22(2)	0	8	69	38	+31
4位	ヴァンフォーレ甲府	59	30	21(5)	1	8	74	40	+34
5位	本田技研	54	30	19(3)	0	11	57	45	+12
6位	大分フットボールクラブ	45	30	15(1)	1	14	51	51	0
7位	ブランメル仙台	43	30	15(5)	3	12	55	53	+2
8位	サガン鳥栖	39	30	14(3)	0	16	40	55	-15
9位	大塚製薬	38	30	13(2)	1	16	58	48	+10
10位	デンソー	38	30	13(2)	1	16	48	59	-11
11位	アルビレックス新潟	34	30	12(2)	0	18	39	47	-8
12位	大宮アルディージャ	31	30	11(2)	0	19	51	56	-5
13位	ソニー仙台	23	30	8(1)	0	22	42	71	-29
14位	水戸ホーリーホック	23	30	8(1)	0	22	37	69	-32
15位	国士舘大学	21	30	8(3)	0	22	42	76	-34
16位	ジャトコ	18	30	7(3)	0	23	44	97	-53

※( )内はVゴール勝ち

1998 Members

監督 永井 良和

1 浜野 征哉 GK
2 濱田 祥裕 DF
3 平岡 宏章 DF
4 葛野 昌宏 DF
5 垣内 友二 MF
6 近 彰彦 DF
7 マイケル MF
8 太田 裕和 FW
11 杉山 学 FW
12 岡田 秀市 MF
13 水越 潤 MF
14 イグナス FW
15 池田 誠 MF
16 原 祐俊 FW
17 奥山 達之 DF
18 古俣 健次 MF
19 藤田 敬三 FW
20 小林 高道 MF
21 藤田 慎一 DF
22 菊地 修 GK
23 鈴木 洋平 DF
24 中野 圭一郎 DF
25 田畑 輝樹 DF
26 兼子 一樹 FW
27 木寺 浩一 GK
28 森岡 健二 GK

コーチ 有田 一矢
フィジカルコーチ 中村 圭介

1998 Basic Formation

開幕7連勝　第1クールで首位に立つ

北信越リーグ、JFLを経て、99年からはいよいよJ2での戦いを迎えた。プロとアマチュアの混在チームから、闘うプロ集団へ。転換を図るべく、シーズン前には大幅な選手補強が行われた。Jリーグ経験者を獲得することで、戦力のアップがなされた。

鈴木慎吾、セルジオ、リカルド、高橋直樹、吉原慎也、鳴尾直軌、木澤正徳、秋葉忠宏、瀬戸春樹、島田周輔など即戦力が数多く獲得され、永井監督のもと新たなチームとしてスタートを切った。ちなみに、鈴木、島田は横河電機からの獲得であり、98年1月の全国地域リーグの決勝大会で戦ったときに両名のプレーをみたことが獲得につながっている。

「横河電機と対戦したときに、鈴木慎吾と島田周輔に苦しめられました。そこで、『あの2人はいい選手だから、獲得しよう』となったのです」（若杉爾）

多くの選手が入れ替わり、新たに生まれ変わったチームは開幕当初から素晴らしい戦いをみせた。特に、セルジオ、瀬戸、秋葉を中心とする守備は堅く、開幕からの3試合をいずれも1－0で乗り切る堅守をみせた。守備の安定は、チーム全体に安定感をもたらす。僅差の攻防をモノにし、開幕から白星を積み重ねたことで、チームは勢いに乗った。そのまま開幕7連勝を飾り、第1クール（1～9節）を首位で通過した。

「スタッフも含めて、全員がJFLを経験していました。そこに経験豊富な選手たちが加わり、自分たちにどれだけの力があるか、冷静にチームの分析ができていました。他チームとの力関係も考慮し、永井監督がチームに合った戦術をうまく落とし込んでくれた。良い準備ができていたのです」（若杉透）

とはいえ、そう簡単に勝てるほどJ2は甘くなかった。第2クールがはじまると、勢いは失われた。10～18節を3勝6敗と大きく負け越し、徐々に順位を落としていく。それでも、J1昇格の目標を見失うことなく、チームは必死の戦いを続けた。常に上位をキープし、最後まで昇格争いに加わっていた。「次も勝てる。また次も勝てるという雰囲気があった」とは若杉透である。

J2開幕年は4位でフィニッシュ

この年のJ1昇格争いは、大混戦となっていた。川崎フロンターレ、FC東京、大分トリニータなどがライバルで、アルビレックス新潟には最終節の一つ前（35節）まで昇格の可能性があった。しかし、終盤戦を迎えてチームは硬くなり、緊張感のある試合を続けていた。33節サガン鳥栖戦、34節大分トリニータ戦はいずれも延長戦に突入。延長Vゴールで勝利を収めていたが、勝ち点2ずつを積み重ねることしかできなかった。

さらには、35節のモンテディオ山形戦も90分間を終えて2－2となり、みたび延長戦に突入する。ここでも延長Vゴールで勝利を収めたが、失った勝ち点のほうが大きかった。最終節を目前にして、昇格の可能性が消滅した。

20勝2分け14敗。勝ち点58。2位でJ1昇格を決めたFC東京とは勝ち点6差の4位。終盤戦になって勝ち点を伸ばせなかったが、クラブの運営規模、チームの実力を客観的に判断すれば、十分に納得できる成績だった。逆に、ここで昇格を決めていても、経営的、戦力的に、J1ではまだ戦えなかったかもしれない。

「正直、思ったよりもやれているなという印象でした。守って勝つスタイルがはっきりしてて、チームに迷いがなかったんです。だけど、個人的にはJ1の舞台は夢のまた夢でした。昇格争いには絡みましたが、試合をみてると他チームとの力関係がよく

1999 アルビレックス新潟 年表

1 JAN	●ヒガ・リカルド、吉原慎也、筒井紀章、鳴尾直軌　加入
2 FEB	●木澤正徳、秋葉忠宏、瀬戸春樹、鈴木慎吾、島田周輔　加入 ●高橋直樹　加入
3 MAR	●資本金を5億6,200万円に増資（166企業・団体） ●1999Jリーグディビジョン2 開幕
4 APR	●J2リーグ戦で開幕7連勝を記録 ●瀬戸春樹 賃貸マンション「オルザス新潟」のCMに出演 ●JAWOC（財団法人2002年ワールドカップサッカー大会日本組織委員会）新潟支部設置
5 MAY	●新潟市美咲町にアルビレックス新潟サッカースクールを開校 ●長谷川太一　加入 ●J2リーグ戦で応援バスツアーを実施　（5月～11月）
6 JUN	●中蒲原地区アルビレックス新潟後援会　発足 ●見附嵐南地区アルビレックス新潟後援会　発足 ●ラルフ・シプリアンGKコーチ　就任
7 JUL	●栃尾地区アルビレックス新潟後援会　発足 ●99Jリーグエキサイティングマッチ　ジュビロ磐田戦　開催
8 AUG	●西蒲原地区アルビレックス新潟後援会　発足 ●五泉地区アルビレックス新潟後援会　発足
9 SEP	●クラブマスコットを発表、名称を一般公募 ●式田高義　加入 ●東頸城地区アルビレックス新潟後援会　発足 ●ワールドカップ新潟開催フェア　実施
10 OCT	●加茂・田上地区アルビレックス新潟後援会　発足 ●燕地区アルビレックス新潟後援会　発足
11 NOV	●1999Jリーグディビジョン2を4位（20勝2分14敗）で終える
12 DEC	●上越地区アルビレックス新潟後援会　発足 ●豊栄地区アルビレックス新潟後援会　発足 ●三条・下田地区アルビレックス新潟後援会　発足 ●本社事務所を新潟市美咲町へ移転 ●資本金を6億6000万円に増資（171企業・団体） ●クラブ史上初の単年度黒字を計上 ●第79回天皇杯　3回戦敗退（浦和レッズ）

試合観戦を呼び掛けるチラシを配布する柴選手（10月13日）

分かりました。ホームとアウェーでは、ちょっと違うチームになっていました。現実はまだまだ厳しいと考えていました。『いつJ1に上がれるだろう』という感じでした」（若杉爾）

現実問題として、選手たちを取り巻く環境は相変わらず厳しかった。この年の平均観客動員は4211人。集客のために、フロントだけでなく、選手たちも協力し、駅前や繁華街で試合観戦を呼び掛けるビラを配るなど、手作業でのサポーター獲得に努めた。社員は朝6時起きで新潟駅に集合し、通勤時間帯を狙って観戦を呼び掛けることもあった。また、ワールドカップ関連のイベントがあれば、選手を派遣して『アルビレックス新潟』をアピールした。選手の仕事場は、ピッチだけではなかった。

最も頭を悩ませていたのが、やはり練習場の確保だった。芝生のピッチを持つ新潟市陸上競技場で練習できればいいが、当然ながらクラブの持ち物ではなく、先約が入っていれば使用できなかった。市の担当者から「アルビレックスさんに優先的に貸すわけにはいかない」と言われたこともあった。J2開幕を迎えても、メインの練習場は赤塚の土のグラウンド。ときに新潟県庁の横の空き地や、公園で練習をすることも。サッカー場ではないので、当然ゴールはなく……。

そんな中、4位を勝ち取ったのである。昇格は逃したが、満足していい成績だった。

赤字体質からの脱却　単年度収支で黒字を計上

選手たちの戦いと平行して、ピッチの外ではクラブの認知度を高めるべく、社員による必死の広報・宣伝活動が続けられた。

「私たちの活動に対して、徐々に輪が広がっていきました。『チームが強くないと、有名な選手がいないとダメだよ』と言われたときもありました。しかし、みんなで楽しめるスタジアムを作りましょうと訴えていったのです。『みんなで一緒に作るアルビレックス』をウリにしていました」（小山直久）

J2の開幕は、人々の注目を集める絶好の機会だった。地元テレビ、ラジオなどに積極的に売り込みをかけ、クラブの話題を取り上げてもらう。ノッてくる担当者がいれば、そうでない者もいた。それでも、『共に作り上げるアルビレックス』を訴えることで、賛同者を増やしていった。4211人という平均観客動員はこの年のJ2の平均を下回っているが、全10チーム中4番目の数字だった。急激な進歩はみられなかったが、前年のJFL時代よりも確実に集客は増えていた。

スポンサー収入、入場料収入、Jリーグからの分配金、放映権料など、J2が開幕したことで99年の収入は前年度に比べて倍増となった。後援会組織の拡大も継続され、クラブの基盤が着々と築かれていた。結果として、過去3年の赤字から脱し、この年は約250万円の黒字を計上している。

「99年でクラブ運営の最低ラインがある程度はみえました。あとは、収入に応じてどれだけ選手を補強できるかでした」（田村貢）

初のJ2でチームが好成績を残し、運営面では黒字となった。Jリーグで戦っていく感触、流れがつかめた99年だった。

1999Jリーグディビジョン2 最終成績

順位	チーム	勝点	試合	勝	引分	敗	得点	失点	得失差
1位	川崎フロンターレ	73	36	25(5)	3	8	69	34	+35
2位	FC東京	64	36	21(2)	3	12	51	35	+16
3位	大分トリニータ	63	36	21(3)	3	12	62	42	+20
4位	アルビレックス新潟	58	36	20(4)	2	14	46	40	+6
5位	コンサドーレ札幌	55	36	17(2)	6	13	54	35	+19
6位	大宮アルディージャ	51	36	18(4)	1	17	47	44	+3
7位	モンテディオ山形	48	36	15(1)	4	17	47	53	-6
8位	サガン鳥栖	37	36	12(1)	2	22	52	64	-12
9位	ベガルタ仙台	31	36	10(3)	4	22	30	58	-28
10位	ヴァンフォーレ甲府	18	36	5(1)	4	27	32	85	-53

※( )内はVゴール勝ち

1999 Members

監督 永井 良和

No.	名前	Pos.
1	木寺 浩一	GK
2	木澤 正徳	DF
3	セルジオ	DF
4	柴 暢彦	DF
5	藤田 慎一	DF
6	水越 潤	MF
7	瀬戸 春樹	MF
8	筒井 紀章	MF
9	リカルド	MF
10	サウロ	FW
11	鳴尾 直軌	FW
12	中野 圭一郎	DF
13	田畑 輝樹	DF
14	高橋 直樹	DF
15	池田 誠	MF
16	小林 高道	MF
17	鈴木 慎吾	FW
18	島田 周輔	MF
19	河原塚 毅	FW
20	吉原 慎也	GK
21	恒松 伴典	GK
22	秋葉 忠宏	MF
23	長谷川 太一	MF
24	式田 高義	MF

コーチ 若杉 透
GKコーチ シブリアン
フィジカルコーチ 中村 圭介

1999 Basic Formation

HISTORY OF ALBIREX NIIGATA

2000

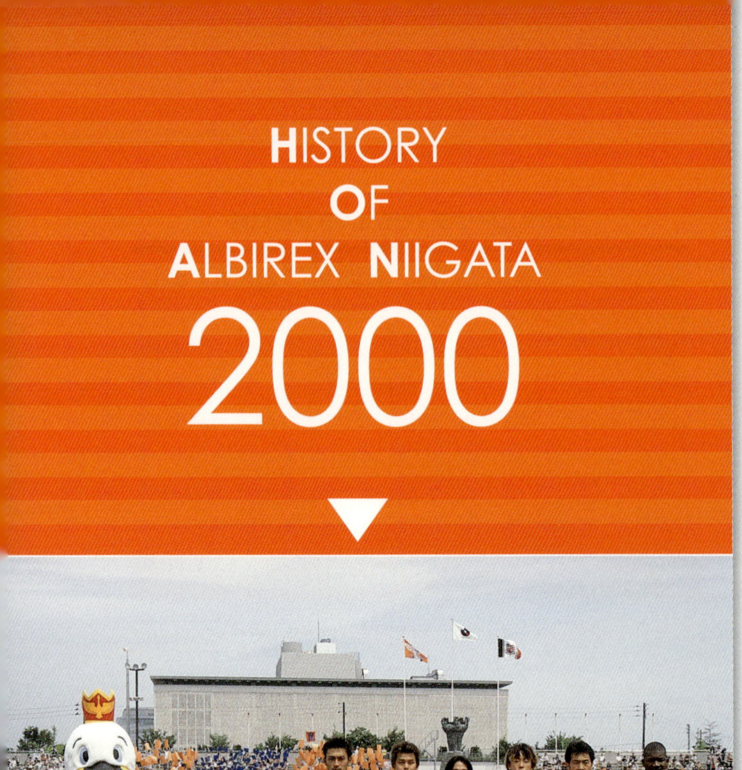

足場固めの1年 プロサッカークラブの体裁を整える

99年に続き、神田勝夫、寺川能人、服部浩紀などJリーグでの経験が豊富な選手を数多く獲得。一方、サウロ、リカルドの両外国人、瀬戸春樹、島田周輔などがチームを去った。選手の入れ替えとともに、00年の春先にはいろいろな動きがあった。

2月にはプロバスケットチームの『新潟アルビレックス』と名称を共有することが決定。3月には白鳥をモチーフとしたマスコットの愛称が『アルビくん』に決まった。また、『ファンクラブ』から『サポーターズクラブ』への改称も行われている。サポーターの支援があってクラブが成り立っている。ならば、『サポーターズクラブ』と呼ぶのが相応しい。そう判断しての名称変更だった。

シーズン中にもクラブの"足場固め"は着々と行われた。8月にはオフィシャルショップ、オフィシャルサイトがそれぞれオープン。徐々に、プロサッカークラブとしての体裁が整えられていった。

チームに目を移せば、永井監督がより攻撃的なサッカーに変化させていった年だった。主力選手のケガもあり、2年目のJ2はスタートダッシュに失敗した。初年度こそ守って勝つサッカーが通用したものの、対戦相手も研究を重ねてくる。大宮との開幕戦に1－2で敗れると、続く鳥栖戦にも1－2で敗戦を喫する。結局、第1クール（1～11節）を終えて3勝7敗（3勝のうち2勝は延長Vゴール）。前年度から2チーム増えて11チームで争うなか、10位というスタートだった。

「新潟にJリーグを目指すクラブができたのは嬉しかったし、驚きでした。しかし、正直、レベルはまだまだ低かったです。J1とのギャップが大きく、やらなければいけないことがいっぱいありました」（神田勝夫・現強化部長）

新潟工業高サッカー部出身。セレッソ大阪や横浜F・マリノスで活躍し、この年から加入した神田は冷静な視点でチームをみていた。選手にとっては、何よりもサッカーに集中できる環境が整っていないのがストレスだった。

00年に発売されたサッカー専門誌のJ2ガイドには、各チームの練習場が紹介されている。アルビレックス新潟の項目をみると、太夫浜球技場、新潟県スポーツ公園、鳥屋野球技場、新潟市陸上競技場、厚生年金スポーツセンターの5つが紹介されている。参加11チームのなかで、もちろんもっとも多い。日によって練習場が変わる"ジプシー生活"のなか、リーグ戦だけで年間44試合を戦う。選手から環境改善を訴える声が出るのも当然だった。

「場所によって練習時間に制限があるし、雨が降ると使えないときもありました。一試合一試合に真剣に取り組まなければいけないのに、練習をすることで気持ちが沈んでしまう。『クラブは本当に勝ちたいのだろうか』と不安を抱く選手もいました。チームとしての一体感が失われ、それが試合に出てしまったことがありました」（神田勝夫）

良い準備ができて、チームの歯車がかみ合ったときは高いレベルのサッカーをみせた。18節の浦和戦（ホームゲーム）では相手が攻撃的に仕掛けてくる裏を突き、次々に得点チャンスを作り出した。終わってみれば、6点を奪うゴールラッシュで6－1と快勝。続く19節（大分戦／○3－2）、20節（山形戦／○4－0）にも大量得点を奪い、ポテンシャルの高さを示した。しかし、一定したパフォーマンスを維持することができない。このときも直後の試合からバランスを崩してしまう。21節からの5試合に1勝4敗と負け越し、アッという間に貯金を使い果たしてしまった。

連勝があれば、連敗もある。勝ったり、負けたりを繰り返し、なかなか下位を抜け出すことができなかった。最後までJ1昇格を争った前年度から一転して、常に上位から遠いところでの戦いを続けていた。

2000 アルビレックス新潟 年表

1 JAN	●サウロ、リカルド、島田周輔、田畑輝樹、池田誠、河原塚毅、恒松伴典、藤田慎一、筒井紀章 契約満了 ●木寺浩一、小林高道 一日通信司令官に就任 ●木寺浩一が新潟県警のポスターに出演 ●神田勝夫、ナシメント、本間勲、堂森勝利、野澤洋輔、服部裕紀、井上公平、マルコ、寺川能人 加入
2 FEB	●黒川地区アルビレックス新潟後援会 発足 ●プロバスケットボールチーム「新潟アルビレックス」と名称を共有
3 MAR	●十日町地区アルビレックス新潟後援会 発足 ●佐渡地区アルビレックス新潟後援会 発足 ●中頸城地区アルビレックス新潟後援会 発足 ●クラブマスコットの名称が「アルビくん」に決定 ●アルビレックス新潟ファンクラブを「アルビレックス新潟サポーターズクラブ」と改称 ●2000Jリーグディビジョン2 開幕
4 APR	●木澤正徳が「きーさんシート」を設置 サポーターを招待 ●アルビレックス新潟サッカースクール 駅南校 開校
5 MAY	●小千谷地区アルビレックス新潟後援会 発足 ●FIFAインスペクションで新潟スタジアムを視察
6 JUN	●北魚沼地区アルビレックス新潟後援会 発足 ●中魚沼地区アルビレックス新潟後援会 発足 ●服部浩紀 アビスパ福岡へ移籍 ●深澤仁博 期限付き移籍加入
7 JUL	●柏崎·刈羽地区アルビレックス新潟後援会 発足 ●応援ソング「シャイニングハート」がCD発売
8 AUG	●三島·古志地区アルビレックス新潟後援会 発足 ●まなびプラザ·プラーカ新潟がオフィシャルショップに ●アルビレックス新潟オフィシャルウェブサイト 開設
9 SEP	●第20回新潟市障害者大運動会に参加 ●2002FIFAワールドカップの試合日程決定。日本開幕戦が新潟に決定
10 OCT	●和光ベンディングが『ドリンクを飲んでアルビレックスを応援しよう運動』を実施 ●2000Jリーグディビジョン2を7位(15勝5分20敗)で終える
11 NOV	●FIFAワールドカップに向け、日韓サッカージャーナリスト会議が新潟で開催される ●第80回天皇杯 3回戦敗退(ヴェルディ川崎)
12 DEC	●永井良和監督 勇退

「選手が入れ替わっても、チームが急激に変わることはありません。逆に苦労することが多かったです。できる限りの補強はしていましたが、正直なところ永井監督の要求には応えられていませんでした」（若杉透）

ナビスコカップは1回戦、天皇杯も3回戦で敗退した。44試合と長丁場のJ2では、シーズン序盤に最下位も経験した。いわば、辛く、長い1年間だった。出された結果は、15勝5分け20敗――。前年度の4位から順位を落とし、7位でシーズンを終えた。

失敗から学び、負けても存続できるクラブ経営へ

成績の低下は、観客動員にも影響を与えた。この年の平均観客動員は、4007人。広報・宣伝活動によって県内におけるクラブの認知度は確実に高まっていた。さらには、後援会、サポーターズクラブともに会員数が増えていた。しかし集客には結びつかず、平均観客動員は前年度を下回ることとなった。

J2開幕元年にして、最後まで昇格争いに絡んだ前年に対して、開幕当初から黒星が続き、順位も下位に低迷していた。ピッチで披露されるパフォーマンスも、良いときと悪いときがあった。商品＝チームに魅力がなければ、お客さんは集まらない。観客の足がスタジアムから遠のいても、仕方がなかった。

成績とともに、観客動員が下降。もしここで経営面にも問題が発生していたら、再び存続の危機を迎えていただろう。しかし、成績や観客動員に左右されることなく、2年続けての黒字（約900万円）となった。

「クラブを立ち上げたときから、何度も失敗を重ねてきました。北信越リーグでは2年間勝てなかったし、全国地域リーグの決勝大会でも一度は失敗しています。そこから学んだのは、負け続けても存続できるクラブ経営です。負けても応援してもらえるチームにならないとダメなんです」（池田弘）

クラブ設立当初の経営が苦しい時代に、精力を尽くして県内をまわり、スポンサー、後援会の規模拡大に努めてきた。そうすることで、成績の影響を受けて仮に数社が翌年のスポンサードを固辞しても、大きなダメージを受けない体制が作られていた。無論、観客動員は多いほうがよかった。しかし、平均4007人でも黒字にすることができた。

シーズン終了を受けて、永井監督との3年契約が終了。強化部長を務める若杉透は、次なる監督の条件として、誕生したばかりで将来性があるアルビレックス新潟と共に戦うことができる人物。共に挑戦できる人物を探していた。リストアップされたのが、スペイン留学から帰国し、指導者ライセンスの取得に励む反町康治氏だった。

具体的な交渉がはじまったのが、00年12月のこと。両者による話し合いは何度も行われた。クラブの方針、目指す方向性などについて、お互いに意見を交わす。そして、一つの結論が導き出された。

「若杉さんから『うちは若い力でやりたいので、ぜひお願いしたい』と言われた。最初は迷ったけど、なかなかある話ではない。クラブの姿勢を聞くうちに、挑戦してみようという気持ちになった」（反町康治氏）

かくして、新たな指揮官が誕生した。翌年からは、反町監督のもと戦うことになった。

2000Jリーグディビジョン2 最終成績

順位	チーム	勝点	試合	勝	引分	敗	得点	失点	得失差
1位	コンサドーレ札幌	94	40	31(4)	5	4	71	22	+49
2位	浦和レッズ	82	40	28(5)	3	9	82	40	+42
3位	大分トリニータ	81	40	26(0)	3	11	80	38	+42
4位	大宮アルディージャ	68	40	23(2)	1	16	55	49	+6
5位	ベガルタ仙台	55	40	19(4)	2	19	60	69	-9
6位	サガン鳥栖	48	40	15(2)	5	20	41	52	-11
7位	アルビレックス新潟	46	40	15(4)	5	20	54	63	-9
8位	湘南ベルマーレ	43	40	15(3)	1	24	59	71	-12
9位	水戸ホーリーホック	43	40	15(6)	4	21	37	61	-24
10位	モンテディオ山形	33	40	11(2)	2	27	40	61	-21
11位	ヴァンフォーレ甲府	18	40	5(0)	3	32	31	84	-53

※( )内はVゴール勝ち

2000 Members

監督 永井 良和

1 吉原 慎也 GK
2 木澤 正徳 DF
3 セルジオ DF
4 柴 暢彦 DF
5 神田 勝夫 DF
6 秋葉 忠宏 MF
7 堂森 勝利 MF
8 ナシメント FW
9 服部 浩紀 FW
10 マルコ MF
11 鳴尾 直軌 FW
12 中野 圭一郎 DF
13 寺川 能人 MF
14 高橋 直樹 DF
15 本間 勲 MF
16 小林 高道 MF
17 鈴木 慎吾 FW
18 式田 高義 MF
19 井上 公平 DF
20 木寺 浩一 GK
21 野澤 洋輔 GK
22 長谷川 太一 MF
23 深澤 仁博 FW

コーチ 平岡 宏章
コーチ アウタイル
GKコーチ ジェルソン

2000 Basic Formation

永井 良和

97年にＪ2リーグ参入が決定し、98年のJFLから段階的な強化を図ろうとしたアルビレックス新潟は、節目を実績のある指導者に託した。白羽の矢を立てたのは、Ｊリーグが開幕した93年に市原（現千葉）の監督を務めていた永井良和監督だった。98年から00年までの在任3年間でJFL（98年）、Ｊ2元年（99年）と重要なシーズンを担ってきた。Ｊ2が新設された99年には開幕7連勝。一時は首位を独走して、新潟の名を一躍全国にとどろかせた。クラブとチームが名実ともに真のプロ集団への脱皮を図っていた時期に奮闘した永井監督に当時を振り返ってもらった。

Yoshikazu NAGAI

A Manager of ALBIREX NIIGATA 1998-2000

――新潟がＪＦＬに昇格した98年に監督に就任しましたが、その経緯からお聞かせください。

確か、池田社長（現会長）とＪリーグの事務所で会いました。僕がちょうど福島（ＦＣ）を離れて1年間、放電（笑）していたときで、97年はまったくフリーでした。そんなときに木之元（興三）さんから「アルビレックスの社長と1回、会ってみろ」と言われたんです。どうして僕のところに話が来たのかは定かではないのですが、たぶん澤村（哲郎）先生（現新潟県サッカー協会会長）と木之元さんの関係からだと推察しています。そのときに「どういう条件だったらいい、ということを出してくれ」と言われ、僕は条件を書いたＦＡＸを送った記憶があるんですけれど…。

――新潟に初めて来たときの印象は、どんなものだったのでしょうか？ すでに陣容が固まっていたチームに就任したわけですが。

プロとして結構、実績のある選手はいました。ベテランもいたし、本当に若い選手もいた。バランスの取れた陣容でした。マイケルとイグナスという外国人選手もいましたしね。ヴェルディのコーチをなさっていたバルコムさんが、監督としてかなり高度な戦術をやっていたな、という…。ただ、まず新潟に来て感じたのは、まだまだアマチュアというイメージが強くて、外国人選手もまだ本当のプロという感じを受けませんでした。1年目はアマチュアとプロが半々、という印象でした。

URAWA

地元の人たちに
本当に愛されるクラブになってほしい

――どんなところにプロらしさが見えなかったのでしょう?

練習に取り組む姿勢でナアナアになってしまうところが出ていました。試合では「絶対に勝つんだ」という勝負の厳しさもなかったし、日々のトレーニングの中で選手がなれ合ってしまっている。そういうところが出ていました。

――そんな中でJFLをどう戦い、どんなチームを作ろうとしたのでしょうか。

チームは出来上がっていたわけなので、それをベースにして、翌年(J2)に向けてどうやって改善していかなければならないのか、ということをやっていきました。選手をひと通り使ってみたり、この選手はこの場面ではどうなのか、などを見る1年でした。やりようがない、というのも確かにあったのですけれどね。というのもチーム内の個々の選手に差があってバックアップの選手が物足りない。あまり多くを要求するのは難しい、という感じでした。

――1年目を踏まえて、新設されるJ2に参入する前には自ら選手獲得に奔走されていましたね?

まず攻守のバランスを取るためにはチームの核が欲しい。当然ストライカー、センターバック、できれば中盤も…。それを外国人選手に頼ろうということで、まずはブラジルまで選手を獲りに行きました。99年の1月10日過ぎだったと思いますけれど、サウロとセルジオを獲得してきました。ちょうどサイドバックもいなかったので、木澤(正徳)とも話をしましたよ、新潟で。彼とは古河(電工)でコーチと選手、ジェフ(現千葉)でも一緒(監督と選手)にやっていた。そのときは横浜FC(当時JFL)の奥寺(康彦)さんも木澤が欲しいと獲得に動いていたんですけれど…。あとは横浜フリューゲルスが解散したので横浜のグラウンドまで見に行って、ゼネラルマネージャーだった木村文治さんと話をしました。「あの選手とあの選手」と3人くらい名前を挙げてもらって、富山県出身の瀬戸(春樹)が「新潟に来てもいい」というので獲りました。後はクラブで獲得した鳴尾(直軌)や(鈴木)慎吾などでチームを構成しました。

――J2開幕前の選手の平均年齢は22.81歳。若返りを図りながらどんな戦術を採ったのでしょうか?

チームをガラリと変えて、何年後かに向けて始めた方がいいと…。そして、あの当時のJ2の力だと、まともに戦ってもなかなか勝機は見出せない、という認識からまず入りました。FC東京とか、川崎Fとか、札幌とか強いチームがありましたからね。前半はガッチリ守って後半勝負、ということを1年間を通してやりました。

Yoshikazu
NAGAI
A Manager of ALBIREX NIIGATA 1998-2000

――それが開幕7連勝。その快進撃は地方のクラブが全国区になるほど話題になりましたけれど。

スポーツ紙なんか前面に出ましたよね。確か、試合で鳥栖に行ったときだったと思うのですけれど、ホテルの支配人の「すごいですね。新潟。1面に出てましたよ」って。スポーツ紙ですから、ちょっと皮肉った内容の記事だったんですけれど…。あのときは瀬戸と秋葉（忠宏）のダブルボランチが効いていたと思うんです。非常にバランスが取れていた。秋葉は守備的。瀬戸は攻撃、そして守備もできるという…。

後は、鳴尾や慎吾の頑張り。当時は、本当に頑張る選手が多かった。特に守備において。また、頑張る選手がいないと無理だった。最後まで諦めない、という選手がいないとJ２の中では這い上がれなかったんですよ。

――ハングリーさもあった？

若い連中の中には、例えば所属クラブがなくなったとか、J１でダメだったとか、今の状況から、もうひと花咲かせたいという気持ちを持っている選手がいましたよね。慎吾はそういう選手だった。鳴尾はどこでも頑張る、という感じだったと思いますけれど。やんちゃ小僧の木澤は、そういう若い選手たちに結構、慕われていた。ユニホームを投げたり、退場したりと、違う監督の下だったら「追放」されると思うほどのやんちゃぶりだったけれど、気配りしながら若い選手の面倒を見ていた。サウロとセルジオも何だかんだいってもプロ。ブラジルでは本当に末端のプロで、1流でも2流でもなかったけれど、厳しさとかプロ意識を持っていた。そういうのは若い選手にいい影響を与えてくれたと思います。ある面では「勝手過ぎる」というものもありましたけれど…。

――練習場が毎日のように変わり、ケガ人が続出すると紅白戦もできない選手層だったのですけれど、当時の苦労話があったら教えてください。

JFL時代の1年目だけでしたね。グラウンドがなくて練習がままならない、というのは。99年（の途中から）は太夫浜（球技場）も使えるようになったし。木澤らは最初「何

だ」と練習環境に不満をもらしていたけれど「何だ、じゃない。早く環境に慣れろ」と。どこで練習しても同じだ、ということは選手に言い聞かせてきました。そんなに多く選手を抱えていたわけではないので、けが人が多く出て11対11の紅白戦ができなくなっても、それは別に問題はなかった。同じ狙いで練習方法を変えれば解決できることですから。

――Ｊ２元年の99年は最終的に４位。手応えは？

もしかしたら、というのもあったんですよね。僕はまあまあの成績だと思っていました。終わってみれば、満足とはいかなかったけれど、何より選手たちが頑張ってくれたな、という感じでした。

3年目は勝負の年と決めていた

――そして、新潟で3年目、最後のシーズンである2000年を迎えるわけですけれど…。

もう3年目だったので「勝負の年」と定めていました。僕の中では「その後はない」と。もうＪ1に上がらなければならないということで、こっちから仕掛けていくサッカーを目指しました。攻撃的なサッカーをやらなければＪ1に上がっても無理なんだ、ということですよね。だからJ2で戦っていく中でも、相手の良さを消していくのではなく、自分たちのサッカーで行く、ということを通しました。もう1ランク上げなければいけない、ということで神田（勝夫）（現強化部長）とか服部（浩紀=00年6月、福岡に移籍）とか、実績のある選手も入れました。勝負する時期としては早すぎたかも知れませんけれど、別に後悔も何にもしていない。

――しかし、00年は99年と打って変わって開幕ダッシュに失敗（開幕7戦で1勝6敗）した、という印象があります。

コンディションの持っていき方がまずかった、ということを覚えています。寒いところ（新潟）から急に暖かいところ（宮崎キャンプ）に行って、開幕が近いということもあって、走り込み不足のところを追い込むように走り込んでしまった。それで神田ら多くのけが人が出てしまったんです。服部も前のシーズンは、あまり試合に出ていないから調子が戻るまでに時間がかかった。開幕戦で対戦した大宮（1−2）にも相性が悪かった（99、00年は1勝7敗）。99年を考えるとリーグ戦はやっぱり開幕戦が大事だなと…。それに神田をどこで使えばいいのか、定まらないということもありました。サイドバックがいいのか、ボランチでいいのか、トップに入れる方がいいのか。ずいぶん悩んで毎試合、ポジションを変えていた。1ランクレベルを上げたことで、チーム全体のバランスが取れなくなったというか…。99年のような役割分担をはっきりさせず、コンディションが整う前にシーズンを迎えた、というのが00年の反省点でした。もちろん全然、後悔はしていないんですよ。先ほども言ったように。

――00年を語るときにホームの浦和戦（第18節6-1、第36節4-2）の快勝は外せないんですが、特別なことをやったのでしょうか？

あのときは4-5-1という形だったけれど、それは前からやっていたこと。できれば中盤でボールを奪って、ということで後は粘りだけ。後半からガンガン行け、というサッカーがまんまとハマッたという…。ただ1戦目は浦和の永井（雄一郎）が早い時間（前半22分）に退場したということだったけれど…。ああいう強い相手にはリラックスした方が勝ち。そういう面ではうまい具合にマネジメントできたと思います。

――新潟の3年間で思い出に残っていることは、どんなことですか？

中野さん（現代表取締役社長）や田村さん（現常務取締役）との「夜のミーティング」でいろいろ語り合ったことでしょ

うか…（笑）。それまで監督をやっていて、フロントの人たちと何回もそういうところでねぎらいを受ける、ということがなかったので。クラブとの一体感というか、フロントや周りの人たちが応援してくれているということが実感として伝わってきました。「夜のミーティング」で行った店の人とか、その店で知り合った方とは、今でも交流がありますし…。新潟の人々の温かさを感じました。それと00年の最終戦（対札幌）の後も感動しました。胴上げをしてくれたんですからね。後は、選手を獲得しにいくときに若杉（透）さん（強化部長=当時）から「まじめで、うまくて、安い選手を」と言われたこと。これが一番、辛かった（笑）。

——最後に新潟に対して今、思うことがあれば、お願いします。

今、ぼくは浦和レッズ（レディース監督）にお世話になっているのですけれど、本当にビッグなクラブなんですよ。例えばイベントを開けば、子供からシニアまで、女性も子供から年配の人まで本当に多くの人たちが集まってくる。地域の人たちとのかかわり方はやっぱりすごい。（下部組織から）いい選手を育てていくということは当然、大事です。強くなっていけば、選手の獲得もいい方向に変わってくるだろうし…。それでもやっぱり、まずは地元の人たちに本当に愛されるクラブになって欲しい。僕が新潟にいた頃に工事をしていたスタジアム（ビッグスワン）が満杯になるとは思わなかった。ですから、ここまでは順調にきている。そしていつかは愛され方で、強さで、浦和を追い越してほしい。

〔2006年10月16日 レッズランドハウス（さいたま市）にて収録〕

【監督在任期間】 1998年-2000年
【プロフィール】 **永井良和（ながいよしかず）**

1952年4月16日生まれ。埼玉県浦和市（現さいたま市）出身。浦和南高卒。高校卒業後に古河電工（現ジェフ千葉）でプレー。日本代表としても活躍した。監督としての経歴は、日本ユース代表監督（89-91）、ジェフユナイテッド市原（92-93）、福島ＦＣ（96）、アルビレックス新潟（98-00）、横浜FC（01）、浦和レッズレディース（06〜）。なお、日本テレビ系列で放送された「赤き血のイレブン」の主人公のモデルとしても有名。

反町監督のもと、真の“闘う集団”へ

反町監督のチーム作りは、選手の能力を見極めることからはじまった。監督就任のオファーを受けたときは、すでにシーズンが終了していた。そのため、アルビレックス新潟の試合を観戦できなかった。まずは、選手たちの実力を把握することからはじめられた。

「目標を立てる前に、まずは現実を知る必要がありました。そのため、合宿の最初からフィジカルトレーニングをするとともに、試合形式の練習をして選手のクオリティーを確認しました。合宿がはじまって一週間ぐらいで紅白戦をやりましたよ」（反町康治氏）

練習を通じて、選手個々の技術レベルが高いことを知ることができた。しかし同時に、改善が必要な点もあった。選手たちから、J2で満足している様子を感じたという。来るべき新シーズンに向かって、いかに気持ちを奮い立たせるか。選手たちのモチベーションを引き出すか。指揮官の一つの言葉が、チームに方向性を与えることになった。

「どうやらJ2で満足している気配があったので、あえて選手たちに言いました。『君たちには十分に能力がある。J1に昇格する力がある』と。すると、選手たちの目の色が変わりました。ホントに、パッと変わったのです。具体的な目標を決めたのは、そのときです。『J1昇格』という目標が、選手を奮い立たせる唯一の手段でした」（反町康治氏）

目標は定まった。しかし、前年度の成績は7位である。黒崎久志を獲得するなど、チーム内にはJリーグ経験者が多かったが、チームとしては改善の余地があった。J1昇格のためには、真に“闘う集団”にならなければならなかった。そのためにはまず、長丁場のJ2を戦い抜くベース（基礎）をしっかりと作り上げる必要があった。

反町監督が取り組んだのは、4つのポイントについてだった。1）グループとしての状況判断力をアップさせる。2）個人の判断基準をはっきりさせる。3）攻撃から守備に移る動き。4）守備から攻撃へ移る動きを整理する。この4つのポイントを徹底的に強化し、チームのスタイルを作り上げていった。

とはいえ、すぐに答えは出なかった。シーズンが開幕すると、前年同様に苦しい戦いが続いた。序盤の6試合を終えて1勝2分け3敗。完全にスタートダッシュに失敗していた。

「時間がなくて、第1クールは成績が良くありませんでした。基礎作りの段階では、私自身も勉強させてもらいました。選手には感謝しています。一生懸命に私の教えを理解し、プレーしてくれました」（反町康治氏）

クラブ史に残る大一番　京都パープルサンガ戦

新監督に率いられ、着々とチーム作りを進めるなか、5月19日にはクラブ史に残る一戦を迎えた。京都パープルサンガを迎えてのホームゲームは、県内にはじめて完成した大規模スタジアム、新潟スタジアム・ビッグスワン（現東北電力ビッグスワンスタジアム）で行われる最初の試合だった。

クラブの関係者は、記念すべき一戦に向けて大勝負をかけていた。「4万人を収容できるスタジアムなのだから、4万人を集める」（池田弘）という考えのもと、ビッグスワン満員計画を決行。県内の小・中学校、自治会、スポンサーなどを通じて無料招待券を配り、集客に努めた。

「無料で配ったといっても、ただバラまいたわけではありません。観戦可能かどうかを最初に聞き、その後にチケットとの引換券を送りました。サッカーに興味のある方、ホントに観戦したい方にチケットが行き届くシステムを考えたのです」（若杉爾）

通常、無料配布したチケットで来場があるのは、配った枚数

2001 アルビレックス新潟 年表

1 JAN	●木澤正徳、堂森勝利、式田高義、マルコ　契約満了 ●吉原慎也、ナシメントが所属元に復帰 ●万代シティにワールドカップオフィシャルライセンスショップがオープン ●黒崎久志、リンドマール、ソウザ、西ヶ谷隆之、前田信弘、大西昌之、氏原良二、生方繁、新井健二、武田直隆　加入 ●岡田朝彦ユース監督　就任
2 FEB	●反町康治監督　就任 ●2002FIFAワールドカップのチケット第一次販売開始
3 MAR	●新潟市9地区の後援会設立、合同設立総会·懇親会を開催 ●2001Jリーグディビジョン2　開幕 ●新潟スタジアム竣工
4 APR	●2002年ワールドカップ新潟県開催準備委員会が2002年FIFAワールドカップ新潟県推進委員会に改称 ●新潟スタジアムでこけら落としのイベントが開催される
5 MAY	●サポーター有志がビッグフラッグ作成募金を開始 ●新潟スタジアムでサッカーのこけら落としとなる京都パープルサンガ戦を開催(3万1964人) ●リンドマール、ソウザ　退団 ●小林悟　加入 ●コンフェデレーションズカップが新潟で開催される(日本代表、カナダ代表、カメルーン代表が来県)
6 JUN	●マルキーニョ　加入
7 JUL	●新潟スタジアムで開催されるホームゲームへの招待事業を開始 ●青少年非行防止キャンペーンに協力、パレードに参加 ●アンドラジーニャ　加入
8 AUG	
9 SEP	●小林高道がJA全農にいがた「こしいぶき」のCMに出演 ●黒崎久志が「エコアーデ弁天橋」のCMに出演
10 OCT	●サポーターズクラブ会員を対象にJoinサッカースクールを開催
11 NOV	●ビッグフラッグが完成 ●京都パープルサンガ戦でJ2リーグ戦における入場者数の新記録を樹立(4万2011人) ●氏原良二がU-20日本代表候補に選出 ●新潟県サッカー協会 会長、アルビレックス新潟後援会 会長真島一男氏が逝去　【馬場潤一郎氏が会長に就任】 ●アルビレックスチアリーダーズがデビュー ●2001Jリーグディビジョン2を4位(26勝4分14敗)で終える
12 DEC	●第81回天皇杯　4回戦敗退(ガンバ大阪) ●2002FIFAワールドカップ組み合わせ抽選

の10%から20%だとされている。当初、クラブ関係者はだいたい2万人の観衆を見込んでいた。ところが……。

結果は、誰もが驚いた3万1964人——。

サッカーへの興味、アルビレックス新潟への興味、ビッグスワンへの興味。目的は何であれ、予想していなかった大観衆がビッグスワンに詰め掛けた。真新しいスタジアムに、大勢のサポーター。そして、首位に立つ京都パープルサンガとの一戦。この状況に、選手たちが燃えないはずがなかった。

両者が激しくぶつかり合う一戦は、壮絶な点の取り合いとなった。黒崎久志のゴールで2度に渡ってリードを奪うも、いずれも追いつかれ、ついには逆転されてしまう。しかし、サポーターからの圧倒的な声援を受けて戦う選手たちは、最後まで諦めなかった。ロスタイムになって氏原良二が同点弾をゲットし、スタジアムに熱狂をもたらした。

健闘も虚しく、延長戦後半にPKを決められ、最終的には敗戦となった。しかし、この試合はビッグスワンに訪れたサポーターを魅了するに十分だった。大勢のサポーターが選手たちを後押しする。すると、選手たちが素晴らしい戦いをみせる。必然として、スタジアムが盛り上がる。人々の関心を集める場所や話題は、すぐにマスコミに取り上げられる。記事やニュースを見聞きした人たちが、スタジアムを訪れる。ビッグスワンを中心に、大きな波が生まれようとしていた。

「(ビッグスワンの)こけら落としは良く覚えている。想像を越えた驚きだった。大きな波が来るはじまりだった」(池田弘)

「01年は大きなターニングポイントでした。(こけら落としで)首位だった京都と接戦を演じ、その後、徐々にチームも調子が上がっていきました。注目度も上がり、ビッグスワンもサポーターで埋まっていきました」(田村貢)

アルビレックス新潟の試合に加えて、7月にはFIFAコンフェデレーションズカップが開催され、多くの観衆が日本代表の試合を実際に観戦する機会に恵まれた。ビッグスワンに行けば、サッカーの面白さ、"非日常"を味わえる。スポーツを通じて、地域を元気にする。これこそが、『人づくり、まちづくり、豊かなスポーツ文化の創造』という、クラブコンセプトにつながっているのだ。

サポーターの期待に応えるべく、ピッチでは選手たちが懸命なプレーを続けた。第3クール(33節)を終えて、首位と勝ち点10差の6位。J1昇格を狙える順位につけていた。その後、37節から40節にかけて4連勝し、順位は一気に3位まで上がる。続く41節の対戦相手は、首位の京都パープルサンガ。会場はビッグスワン。11月3日、盛り上がりは最高潮に達していた。雨が降る悪天候にも関わらず、4万2011人がスタジアムに詰め掛けた。

しかし、試合はまたも点の取り合いになり、2－2で延長戦に突入する。そして、こけら落としと同じく、またも延長Vゴールで敗れてしまった。ショックは大きく、気持ちを切り替えられずに臨んだ42節の山形戦にも延長戦で敗れ、J1昇格の可能性が失われた。

「まだ選手層が薄かったし、自分なりの采配も満足できるほど整理できていなかった。逆に、よくやった1年でした」(反町康治氏)

26勝4分け14敗——。J1に昇格した2位のベガルタ仙台とは勝ち点5差、4位でシーズンを終えた。最後までJ1昇格を争ったが、まだまだ力不足を感じた1年でもあった。

2001Jリーグディビジョン2 最終成績

順位	チーム	勝点	試合	勝	引分	敗	得点	失点	得失差
1位	京都パープルサンガ	84	44	28(5)	5	11	79	48	+31
2位	ベガルタ仙台	83	44	27(3)	5	12	78	56	+22
3位	モンテディオ山形	80	44	27(7)	6	11	61	39	+22
4位	アルビレックス新潟	78	44	26(4)	4	14	79	47	+32
5位	大宮アルディージャ	78	44	26(6)	6	12	73	43	+30
6位	大分トリニータ	78	44	25(1)	4	15	75	52	+23
7位	川崎フロンターレ	60	44	20(3)	3	21	69	60	+9
8位	湘南ベルマーレ	60	44	20(4)	4	20	64	61	+3
9位	横浜FC	43	44	15(3)	1	28	58	81	-23
10位	サガン鳥栖	32	44	10(2)	4	30	45	82	-37
11位	水戸ホーリーホック	25	44	8(3)	4	32	41	93	-52
12位	ヴァンフォーレ甲府	25	44	8(1)	2	34	38	98	-60

※( )内はVゴール勝ち

2001 Members

監督 反町 康治
1 木寺 浩一 GK
2 中野 圭一郎 DF
3 セルジオ DF
4 柴 暢彦 DF
5 神田 勝夫 DF
6 秋葉 忠宏 MF
7 寺川 能人 MF
8 ソウザ MF
8 マルキーニョ MF
9 鈴木 慎吾 FW
10 リンドマール FW
10 アンドラジーニャ FW
11 黒崎 久志 FW
12 武田 直隆 DF
13 新井 健二 DF
14 高橋 直樹 DF
15 本間 勲 MF
16 小林 高道 MF
17 大西 昌之 MF
18 西ヶ谷 隆之 MF
19 井上 公平 DF
20 前田 信弘 GK
21 野澤 洋輔 GK
22 長谷川 太一 MF
23 深澤 仁博 FW
24 氏原 良二 FW
25 生方 繁 MF
26 小林 悟 DF

コーチ 平岡 宏章
フィジカルコーチ コスタ
GKコーチ ジェルソン

2001 Basic Formation

地元のシンボルとしてのアルビレックス新潟

新潟スタジアムビッグスワンの完成もあり、01年の平均観客動員は1万6659人に達していた。この数字は、J2の平均はもちろん、J1の平均観客動員も超えていた。集客力では、J1、J2を合わせたなかでもトップクラス。ところが、それ以外の部分ではまだまだJ1で戦うには足りない部分があった。

「ピッチの上だけで監督業をやっていればいいわけではなかった」（反町康治氏）

練習場を確保するため、新潟県知事、新潟市長を表敬訪問する。ビッグスワンに関しても、『使わせてください』と監督自ら頭を下げなければならなかった。チームを強くするためには、ピッチの上で指導するだけでなく、さまざまなマネージメントが必要だった。

選手たちの食事管理にはじまり、移動の手段や、服装について。さらには、試合の前日は必ず全員で宿泊するなど。すべては、試合で全力を尽くすため。反町監督がリクエストを出し、クラブができる限りそれに応える。フロントと反町監督が定期的に意見をかわすことで、改善しなければならないことに一つ一つ取り組んでいった。

そんななか、船越優蔵、ベット、宮沢克行、丸山良明、三田光、安英学など多くの新戦力を補強。春先には沖縄県で始動し、静岡県で２次キャンプを実施。さらには福島県（Jヴィレッジ）で３次キャンプを行い、シーズン開幕を迎えた。

雪で覆われた新潟県を離れて、長期的な遠征をするなかチームを作り上げる。このハンデはどうしようもなく、シーズン序盤戦に影響を与えてしまう。水戸との開幕戦、第２節の横浜FC戦に連勝したものの、ホーム開幕戦となった第３節の大分戦に敗れると、そこから第８節まで勝利がなかった。第１クールを終えた段階で５位（第11節終了時）、首位の大分トリニータとは勝ち点10差がついていた。

ところが、「選手一人一人のやることが明確になってきていた」とは神田勝夫で、チームは徐々に安定感を増していった。第９節から第19節にかけて、一つの引き分けを挟んで10連勝を達成。この間に02年日韓ワールドカップ開催による中断期間があったが、勢いは衰えなかった。このときに記録した８連勝（９～16節）が、いまでもチームの連勝記録になっている。勝ち点を積み重ねるごとに、順位も上がっていった。第２クールを終えた段階で２位（第22節終了時点）、首位を走る大分トリニータとは勝ち点７差だった。

迎えた第24節（８月10日）は、３位セレッソ大阪との上位決戦だった。夏休み、お盆と重なり、この試合には当時のJ２史上最多となる４万2211人が詰め掛けた。結果は引き分けだったが、もはや単なる“ブーム”ではなかった。02年日韓ワールドカップが終わっても、サッカーに対する人々の関心は薄れなかった。一過性の盛り上がりではなく、地域のなかに、人々のなかに、地元のシンボルとしてアルビレックス新潟が存在した。

７月にはスポンサーの亀田製菓から『勝ちの種』が発売された。売上の一部がクラブへの支援金となる初の商品で、サポーターから支持された。

亀田製菓にはサポーターとの結びつきを深めた一つのエピソードがある。前年の秋口、ユニフォームスポンサーを撤退するという噂がサポーターの間に広がった。結局は亀田製菓がスポンサー継続を発表することで、事態は収束したが、サポーターの反応は早かった。あるものは亀田製菓へ継続を依頼する手紙やメールを送った。スタジアムでチームの応援ではなく“スポンサーの応援コール”が生まれたのもこのときである。

「かめーだせーか！　かめーだせーか！」

2002 アルビレックス新潟 年表

1 JAN	●中野圭一郎、井上公平、西ヶ谷隆之、小林高道、長谷川太一、武田直隆、大西昌之、アンドラジーニャ、生方繁　契約満了 ●鈴木慎吾が京都パープルサンガへ期限付き移籍 ●黒崎久志が大宮アルディージャへ移籍 ●末岡龍二、長谷川太郎、片渕浩一郎、鏑木亨、船越優蔵、浜口友希、ベット、宮沢克行、安英学、三田光、上野剛一、山形辰徳、千葉真也、丸山良明、軽部雅也、荒井忍、川口正人、沼尻健太、深澤仁博(完全)　加入
2 FEB	●クロアチア代表チームが当間高原リゾート(十日町市)をキャンプ地に決定 ●アルビレックス新潟後援会が『アルビレックス新潟激励会』を開催
3 MAR	●新潟信用金庫で「J1昇格定期預金　オレンジウェーブ」の取扱開始(以後、毎年タイアップ預金が続けられた)される ●2002Jリーグディビジョン2　開幕 ●Jサテライトリーグに参加 ●マルクス　加入 ●本間勲がC・Aブラガンチーノ(ブラジル)へ短期留学 ●「とことんアルビ!」がTeNY(テレビ新潟放送網)で放送開始 ●加藤譲ユース監督　就任
4 APR	●アルビレックス新潟レディースが発足　牛浜真が初代監督に就任 ●三田光がU-21日本代表に選出 ●2002FIFAワールドカップ開催に向けたシミュレーションが実施される
5 MAY	●アルビレックス新潟首都圏地区後援会　設立 ●アルビレックス新潟サッカースクール聖籠校　開校 ●クロアチア代表チームと当間高原リゾートで練習試合 ●国際親善試合　ウルグアイ代表戦中止 ●2002FIFAワールドカップ開幕
6 JUN	●2002FIFAワールドカップ アイルランドVSカメルーン戦、クロアチアVSメキシコ戦、デンマークVSイングランド戦が新潟で開催される
7 JUL	●亀田製菓から「Albirex勝ちの種」が発売される ●クラブマスコット「アルビくん」が「スワンちゃん」と結婚 ●サポーター有志がサポーターズCD　第1弾『FEEEVER!!』を制作
8 AUG	●セレッソ大阪戦でJ2リーグ戦における入場者数の新記録を更新(4万2211人) ●大橋正博、城定信次　期限付き加入
9 SEP	●J1昇格祈願パス(ハーフシーズンチケット)を販売 ●安英学が朝鮮民主主義人民共和国の代表に選出 ●JAWOC新潟支部解散 ●2002FIFAワールドカップ新潟開催成功を祝う会が開催される
10 OCT	●新潟日報社が「競技場をオレンジに染めよう」企画を実施
11 NOV	
12 DEC	●2002Jリーグディビジョン2を3位(23勝13分8敗)で終える ●第82回天皇杯　3回戦敗退(サンフレッチェ広島) ●初の年鑑となるオフィシャルイヤーブック『熱戦の軌跡』を発売

試合会場で“亀田製菓コール”を行うことで、感謝の意を表わしたのである。また、『勝ちの種』にはこんな逸話もある。

「一袋100円の商品を、ダンボールごと購入するサポーターがいました。はじめてスタジアムを訪れたサポーターに、『今日はオレが君に買ってあげたけど、次からは君がこれを買ってクラブを支えてくれ。それがクラブを強くするのだから……』と言って配っていたのです」（小山直久）

サポーターが支えるのは、クラブだけではない。クラブのスポンサーをもサポートしている。サポーター、スポンサー、クラブ。ときにお互いにコミュニケーションを取りながら、協力しあって発展を続けていく。ここにも、多くの企業、人々に支えられているアルビレックス新潟の真骨頂がある。

スタジアムに詰め掛ける大勢のサポーターに支えられ、チームは順調に勝ち点を重ねていった。第3クールを終えて、第4クールに突入しても勢いは衰えず。第34節を終えると、ついに首位に立った。続く第35節にも勝利を収め、いよいよJ1昇格が現実となってくる。しかし、真の戦いはその後に待ち受けていた。

セレッソ大阪戦に完敗　J1昇格を逸す

「シーズンの終盤戦を迎えると、精神的に追い詰められてくる。相手チームも、『こいつらには負けないぞ』という気持ちで挑んでくる。簡単には勝てなかった」（反町康治氏）

第36節のヴァンフォーレ甲府戦に引き分けて首位の座を明け渡すと、続く37節にも引き分けてしまう。第38節の横浜FC戦には5－0で快勝したものの、その後の4試合で勝利を逃し（3分け1敗）、いよいよ追い詰められていく。第43節は昇格をかけた直接対決、セレッソ大阪とのアウェーゲームだった。

「最後のセレッソとの戦いでは、底力の差を見せつけられた。力を出し切っても、勝てない現実があった」（神田勝夫）

「試合が終わったあと、反町監督は立ち上がることができなかった。それだけショックが大きい敗戦だった」（中野幸夫）

アルビレックス新潟0－3セレッソ大阪。完敗だった。勝ったセレッソ大阪はJ1昇格を決め、負けたアルビレックス新潟は昇格の可能性を逸した。現実を直視すれば、両チームの間にはまだ埋めがたい実力差があった。

前年、クラブと反町監督は2年契約を結んでおり、この時点で続投が決定していなかった。指揮官のなかには、昇格を逃した責任を感じる気持ちがあった。辞めるという選択肢が頭のなかを巡っていた。「そのまま続けるか、辞めるかを考えた」とは反町康治氏である。

揺れる指揮官の気持ちに答えを出したのは、サポーターだった。J1昇格の可能性がなくなった最終節、新潟市陸上競技場での水戸ホーリーホック戦に、02年同会場最多となる1万4413人の観衆が詰め掛ける。そして、続投を願う“反町コール”が行われた。

「クラブからは『続けてほしい』と言われていた。だけど、すぐには何も考えられなかった。ただ、落し物があると思った。このまま辞めていいのかと思った。サポーターも『続けてくれ』と言っている。通常、監督は『辞めろ』と言われるのに、『辞めるな』と言ってくれている。こんな幸せな監督は滅多にいない。だんだんとモチベーションが上がっていき、続投を決めたんです」（反町康治氏）

2年続けて昇格争いに絡むも、あと一歩が及ばなかった。しかし、機は熟していた。雪国に、もうすぐ春が訪れようとしていた。

2002Jリーグディビジョン2 最終成績

順位	チーム	勝点	試合	勝	引分	敗	得点	失点	得失差
1位	大分トリニータ	94	44	28	10	6	67	34	+33
2位	セレッソ大阪	87	44	25	12	7	93	53	+40
3位	アルビレックス新潟	82	44	23	13	8	75	47	+28
4位	川崎フロンターレ	80	44	23	11	10	71	53	+18
5位	湘南ベルマーレ	64	44	16	16	12	46	43	+3
6位	大宮アルディージャ	59	44	14	17	13	52	42	+10
7位	ヴァンフォーレ甲府	58	44	16	10	18	51	55	-4
8位	アビスパ福岡	42	44	10	12	22	58	69	-11
9位	サガン鳥栖	41	44	9	14	21	41	64	-23
10位	水戸ホーリーホック	40	44	11	7	26	45	73	-28
11位	モンテディオ山形	35	44	6	17	21	29	57	-28
12位	横浜FC	35	44	8	11	25	43	81	-38

2002 Members

監督 反町 康治

1 木寺 浩一 GK
2 丸山 良明 DF
3 セルジオ DF
4 柴 暢彦 DF
5 神田 勝夫 DF
6 秋葉 忠宏 MF
7 寺川 能人 MF
8 ベット MF
10 マルクス FW
11 氏原 良二 FW
12 宮沢 克行 MF
13 新井 健二 DF
14 高橋 直樹 DF
15 本間 勲 MF
16 末岡 龍二 FW
17 安 英学 MF
18 軽部 雅也 DF
19 三田 光 DF
20 前田 信弘 GK
21 野澤 洋輔 GK
22 長谷川 太郎 MF
23 深澤 仁博 FW
24 片渕 浩一郎 FW
25 鏑木 亨 FW
26 小林 悟 DF
27 荒井 忍 DF
28 船越 優蔵 FW
29 川口 正人 DF
30 大橋 正博 MF
31 上野 剛一 MF
32 山形 辰徳 MF
33 千葉 真也 MF
34 浜口 友希 FW
35 沼尻 健太 DF
36 城定 信次 DF

アシスタントコーチ 平岡 宏章
アシスタントコーチ 古邊 考功
GKコーチ ジェルソン
フィジカルコーチ エルシオ

2002 Basic Formation

HISTORY OF ALBIREX NIIGATA 2003

初の海外キャンプ ブラジルのパラナエンセで実施

01年が4位。02年が3位。年々、順位を上げたことで、03年はシーズン前から『今年こそ』という雰囲気が漂っていた。山口素弘、上野優作、ファビーニョ、アンデルソンなど、戦力補強も積極的に行われた。

「選手の目の色が明らかに違っていた。シーズンの最初から、『今年こそやってやるぞ』という気持ちを感じた。フロントサイドも本気の姿勢をみせていた」（反町康治氏）

「目指す目標がはっきり浸透し、山口素弘など代表経験がある選手もいた。良い刺激を受けながら、チームとして開幕に向けてうまく準備することができた」（神田勝夫）

春先の合宿は新潟県を遠く離れ、ブラジルのパラナエンセで実施。グラウンドに併設されたクラブハウスの施設に宿泊し、暖かい気候のもと、静かな環境でチーム作りが進められた。新戦力を加えて、じっくりとチーム作りが行われたのである。

また、練習環境の改善に向けて、後援会によってクラブハウス、専用グラウンドの建設資金の募集もはじめられた。J1昇格を目指して、あらゆる事柄が動きはじめていた。

新シーズンにかける意気込みは、サポーターも同じだった。第1節の大宮アルディージャ戦はアウェー。この試合に大挙して押し寄せ、アウェー側スタンドをオレンジに染めてみせた。立ち上がりこそ相手の勢いに押されて先制点を許したものの、徐々にペースを握っていく。大声援にも後押しされ、次々にゴールをマーク。終わってみれば、4－1の逆転勝利。「開幕戦の勝利は大きかった。良いシーズンの入り方ができた」（神田勝夫）という願ってもないスタートとなった。

第4クールまで首位をキープ 追われる立場で終盤戦へ

第2節のアビスパ福岡戦にも勝利を収め、チームは早々と首位に立った。しかし、この時点ではまだ真の力を発揮できていなかった。ブラジルで合宿を行ったことで、シーズン当初はJリーグのスピード、激しさに慣れていなかった。第3節、第4節に連敗を喫するなど、その後は結果を出せず。第1クールを終えて3位（第11節終了時）。首位のサンフレッチェ広島とは、勝ち点12の差がついていた。

しかし、過去の経験から監督、選手たちは慌てなかった。全44試合で争われるJ2は、夏場をいかに乗り切るかが重要になる。さらには、シーズン終盤に必ずヤマ場が訪れる。そう信じて、第2クール、第3クールを自分たちのペースで戦い続けた。着実に白星を積み重ねたチームは、第24節にはサンフレッチェ広島に変わって首位に浮上する。その後も勢いは衰えず、第4クールに突入しても首位をキープ。過去2年間とは違い、追われる立場としてシーズン終盤に突入していった。

ところが、案の定というべきか、やはり試練が待ち受けていた。第35節のサンフレッチェ広島とのアウェーゲームに0－1で敗れると、白星、黒星が交互に続き、下から追いかけてくるチームに付け入るスキを与えてしまう。とくに、アウェーで勝てなくなり、第35節以降はホームでしか勝てなかった。サンフレッチェ広島戦も含めて5試合あったアウェーゲームには、1分け4敗で負け越している。

「イヤなムードになりそうなところを、山口素弘がうまくコントロールしていた。選手同士の食事会を開いて、うまく気持ちの切り替えを行っていた」（反町康治氏）

「広島にアウェーで負けましたが、前年度の最終戦でセレッソ大阪に負けたような力の差は感じませんでした。日頃の練習を信じて戦えば、絶対に昇格できる。そう思ってたので、アウェーで勝てなくてもチームの雰囲気は良かったと思います」（神田勝夫）

2003 アルビレックス新潟 年表

1 JAN	●城定信次、大橋正博、氏原良二が所属元のクラブへ復帰 ●セルジオ、小林悟、柴暢彦、荒井忍、沼尻健太、川口正人、ベット、上野剛一、千葉真也、片渕浩一郎、鏑木亨、浜口友希、長谷川太郎　契約満了 ●寺川能人が大分トリニータへ移籍 ●杉山弘一、栗原圭介、山口素弘、ファビーニョ、上野優作、北野貴之、森田浩史、西原幹人、尾崎瑛一郎、中島ファラン一生、山田将司、水木勇人　加入 ●田中泰裕がユースチームから昇格(クラブ史上初)
2 FEB	●アンデルソン　加入 ●初の海外キャンプとなるブラジルキャンプを実施
3 MAR	●2003リーグディビジョン2　開幕 ●Jリーグ参加後のホームゲーム入場者数が100万人を突破 ●新潟ケンベイが「こしいぶき　米(マイ)アルビレックス」を発売 ●2002年FIFAワールドカップ新潟県推進委員会解散
4 APR	●聖籠地区アルビレックス新潟後援会　発足 ●菊水酒造が「ふなぐちアルビレックス缶」を発売
5 MAY	
6 JUN	
7 JUL	●鈴木健太郎　期限付き移籍加入、和久井秀俊　加入 ●新潟県警の防犯ポスターに神田勝夫、山口素弘、三田光、野澤洋輔、深澤仁博が出演
8 AUG	●サポーターズCD第2弾『Localism』が制作される ●熱田眞　期限付き移籍加入 ●アルビレックス新潟レディースが北信越女子サッカーリーグで優勝
9 SEP	
10 OCT	●資本金を7億1275万円に増資(170企業・団体) ●北蒲原郡聖籠町にクラブハウスが完成 ●ALBIREX NIIGATA・SのSリーグ(シンガポール)参加を発表 ●ペンパルズとサポーターによるコラボレーションCDが発売 ●アルビレックス新潟後援会が『クラブハウス・専用グラウンド建設募金』を実施
11 NOV	●聖籠町をホームタウンに追加申請、Jリーグの承認を得る ●2003Jリーグディビジョン2の最終節(大宮アルディージャ戦)で優勝(27勝7分10敗)J1昇格を決定 ●Jリーグ年間入場者数の新記録を樹立(66万7477人) ●Jリーグディビジョン2優勝パレードを実施 ●新潟県知事表彰を受賞 ●亀田製菓が「フレッシュパック柿の種　アルビレックス」発売 ●新潟伊勢丹、新潟三越、新潟ジョーシンで昇格記念セールを実施 ●ローソンが「アルビレックス新潟キャンペーン」を実施
12 DEC	●ビーズインターナショナルとペンパルズがコラボレーションTシャツを販売 ●新潟信用金庫がJ1昇格記念定期預金「チャンピオンフラッグ」の取扱を開始 ●2003JリーグアウォーズでJoin賞(チェアマン特別賞)を受賞 ●アルビレックス新潟レディースが2004年からのL・リーグ2部参加承認を得る ●第53回日本スポーツ賞(読売新聞社)を受賞 ●第83回天皇杯　4回戦敗退(ジュビロ磐田)

アウェーで勝てなくても、ホームで勝てばいい。終盤戦を迎えると、ビッグスワンには毎試合のように4万人近い観衆が詰め掛けた。サポーターに背中を押されるように、ホームで戦う選手たちは確実に勝利を収めていく。最終節の一つ前、第43節を迎えて首位をキープ。勝利を収めれば、昇格が決定した。

しかし、アビスパ福岡とのアウェーゲームに1－2で敗れ、首位の座から転落。同節に勝利したサンフレッチェ広島に、2位からの逆転昇格を決められてしまう。さらには、3位には勝ち点3差で川崎フロンターレが迫っていた。最終節の結果次第では、3年連続でJ1昇格を逃すことにもなる。第44節の大宮アルディージャ戦は、かつて感じたことのない、大きなプレッシャーがかかる試合となった。

2003年11月23日　ついに悲願のJ１昇格

4万2223人。J1昇格をかけた大宮アルディージャ戦には、クラブ史上最多の観衆が詰め掛けた。一種異様な雰囲気のなか試合がキックオフされると、選手たちは立ち上がりから積極的にゴールを狙った。10分には上野優作が先制点をマークし、スタジアムに歓喜をもたらす。その後の時間帯は、長く、本当にゆっくりと感じられた。

緊迫感が漂うなか、刻一刻と運命の瞬間が迫ってくる。そして、ついにその時が訪れた。松村和彦レフェリーが、試合終了を告げるホイッスルを高らかに鳴らす――。

2003年11月23日。新潟イレブンと新潟蹴友会の合併から10年。クラブを法人化してから8年。J2参戦5年目にして、ついにJ1昇格が決定した。サンフレッチェ広島が敗れ、同時に逆転でのJ２優勝も決定した。

「嬉しいというより、ホッとした。喜ぶのも忘れて、肩の荷が下りた感じがした。サポーターには悔しい経験をした過去の記憶があったと思う。J2優勝も決まったのだから、大変な喜びだったと思う」（反町康治氏）

「ファビーニョやアンデルソンは最初の頃、日本人選手の能力を信じていなかった。それが、共に戦うことで全員が一体となり良いチームになっていた。ブラジル人選手にも達成感があったのだと思う。昇格が決定したときは、涙を流して喜んでいた」（中野幸夫）

クラブ創設からJ1昇格まで、幾多の挫折があった。当初の計画どおりに進まず、消滅の危機に陥ったこともあった。そのたびに支えとなったのが、サポーターに代表される地元の力だった。念願のJ1昇格を決めたこの年、ビッグスワンでのホームゲームには無敗を誇った（15戦10勝5分け）。スタジアムを埋める満員のサポーターがいなければ、J1昇格は達成されなかった。

「ようやくここまで到達できた……。それはもう、感慨深かった」（池田弘）

街中にオレンジのユニホームを着た人々が溢れ、お店に入ればサッカー談議に花が咲いている。それまでスポーツ、サッカーに興味がなかった人も、アルビレックス新潟をきっかけにスタジアムに足を運ぶようになった。

領収書の名前を間違えられたのは、わずか数年前のことだった。それが、確かな認知度を得て、人々に支えられ、J1昇格という恩返しをすることができた。ようやく、大きな目標をクリアすることできた。

しかし、立ち止まるわけにはいかなかった。次なる戦いの舞台は、いよいよJ1だった。

2003Jリーグディビジョン2 最終成績

順位	チーム	勝点	試合	勝	引分	敗	得点	失点	得失差
1位	アルビレックス新潟	88	44	27	7	10	80	40	+40
2位	サンフレッチェ広島	86	44	25	11	8	65	35	+30
3位	川崎フロンターレ	85	44	24	13	7	88	47	+41
4位	アビスパ福岡	71	44	21	8	15	67	62	+5
5位	ヴァンフォーレ甲府	69	44	19	12	13	58	46	+12
6位	大宮アルディージャ	61	44	18	7	19	52	61	-9
7位	水戸ホーリーホック	56	44	15	11	18	37	41	-4
8位	モンテディオ山形	55	44	15	10	19	52	60	-8
9位	コンサドーレ札幌	52	44	13	13	18	57	56	+1
10位	湘南ベルマーレ	44	44	11	11	22	33	53	-20
11位	横浜FC	42	44	10	12	22	49	88	-39
12位	サガン鳥栖	20	44	3	11	30	40	89	-49

2003 Members

監督 反町 康治

1	木寺 浩一	GK	16	末岡 龍二	FW	31	水木 勇人	MF
2	丸山 良明	DF	17	安 英学	MF	32	山形 辰徳	MF
3	アンデルソン	DF	18	軽部 雅也	DF	33	ジェイウソン	FW
4	杉山 弘一	DF	19	三田 光	DF	34	和久井 秀俊	MF
5	神田 勝夫	DF	20	前田 信弘	GK	35	鈴木 健太郎	DF
6	秋葉 忠宏	MF	21	野澤 洋輔	GK	36	熱田 眞	MF
7	栗原 圭介	MF	22	北野 貴之	GK			
8	山口 素弘	MF	23	深澤 仁博	FW			
9	ファビーニョ	MF	24	森田 浩史	FW			
10	マルクス	FW	25	西原 幹人	MF			
11	上野 優作	FW	26	尾崎 瑛一郎	MF			
12	宮沢 克行	MF	27	中島ファラン一生	FW			
13	新井 健二	DF	28	船越 優蔵	FW			
14	高橋 直樹	DF	29	山田 将司	FW			
15	本間 勲	MF	30	田中 泰裕	FW			

コーチ 平岡 宏章
コーチ 古邊 考功
アシスタントコーチ 川本 歩央
GKコーチ ジェルソン
フィジカルコーチ エルシオ

2003 Basic Formation

PLAY BACK

～2003年11月23日～

8年の歩み　ここに結実
J2優勝、そしてJ1昇格
おとぎ話・第1章が完結したあの日を振り返る

THANKS
FOR
GREAT SUPPORTERS
adidas
亀田製菓
朱鷺メッセ
Albirex
NIIGATA
健二
いい味出てるぞ!
健太郎
昇格物語

Ｊ１残留に向けての事前準備 強い精神力を養う

念願のJ1昇格を決め、一つの目標を達成した。しかし、時の流れは早く、安堵するのもつかの間、すぐに新しいシーズンに向けての準備が進められた。

鈴木慎吾、寺川能人がそれぞれ京都、大分から復帰。さらには、梅山修、喜多靖、桑原裕義など、J1での経験が豊富な選手たちが補強された。逆に、新井健二、末岡龍二など若い選手たちは、実戦経験を積むべくシンガポールリーグに参戦するALBIREX NIIGATA・Sに期限付きで移籍となった。

新しく加わる選手がいれば、ユニホームを脱ぐ選手もいる。新潟工業高出身で00年に加入した神田勝夫は、J1昇格を見届けて引退を決意し、現役生活にピリオドを打っている。

「身体の状態を考えたら、本当なら03年までプレーすることはできなかった。"新潟"がボクを頑張らせ、プレーを続けさせてくれたのです。もう一度J1でプレーしたい気持ちはありましたが、安堵感、達成感があり、一つの区切りでした。強化部長就任の話もあり、引退を決意しました」（神田勝夫）

新たに神田勝夫を強化部長に据え、チームは開幕に向けて2年連続となるブラジルキャンプを実施。反町康治監督のもと、J1で戦えるチームを作り上げていった。とはいえ、客観的にみれば苦しい戦いを強いられるのは明白だった。現実的な目標は、まずはJ1残留を決めることだった。

「初めてのJ1なので、開幕前から厳しい戦いになることを予想していた。残留争いに絡むことは覚悟していた。そのつもりでチーム作りを進めていました」（反町康治氏）

シーズン前にもっとも警戒していたのが、連敗することだった。負けが続くと、不安や疑問が生まれ、チーム状態が悪くなる。トンネルを抜け出せず、ズルズルと順位を下げてしまう可能性がある。そうならないためにも、1年間を戦い抜く身体を作るとともに、精神面を鍛えておく必要があった。

「シーズン前の準備段階から、フィジカルとともにメンタルを鍛えることで、苦しいときにも頑張れる精神力を養っていました。そのため、1年目（04年）は選手に限らず、フロントも含めて全員に『最後まで諦めない』という気持ちがありました」（反町康治氏）

1stステージが開幕すると、やはり苦戦が続いた。03年はホームで黒星がなかったが、逆に04年の1stステージでは一つも白星がなく、勝ち点を伸ばせなかった。15試合を終えて3勝5分け7敗の勝ち点14。全16チームのなかで、14位という折り返しだった。

決して芳しい成績ではなかったが、苦戦を覚悟し、強い精神力を養っていたことで、チームが迷走することはなかった。逆に、苦戦したなかにも一筋の光明を見出していた。

白星なく迎えた第3節の柏レイソル戦は、敵地での戦いだった。雨が降るなか行われた一戦は、後半立ち上がりに1点を奪われる苦しい展開に。試合はそのまま進み、ロスタイムに突入する。J1初白星はまたもお預けかと思われた。しかし、チームには『最後まで諦めない』という強い気持ちがあった。鈴木慎吾、エジミウソンが立て続けにゴールを奪い、2－1で逆転勝利を収めたのである。

試合終了のホイッスルが鳴るまで、各選手が足を止めずに走り続ける。その先にこそ勝利がある。自分たちの"スタイル"を信じて戦うことで、もっとも警戒していた連敗を喫することがなかったのである（リーグ戦の6節、7節に敗れているが、合間に行われたナビスコ杯には勝利している）。

「1stステージを戦うなかで、相手との実力差を見極めていきました。J1残留を果たすために、何が必要かを考えていきました。結果として、守っていてはダメだった。攻撃的に戦うために、2ndステージに向けて戦力補強を行いました」（神田勝夫）

2004 アルビレックス新潟 年表

1 JAN	●杉山弘一、神田勝夫、軽部雅也、西原幹人、水木勇人、マルクス契約満了 ●熱田眞が京都パープルサンガに復帰 ●寺川能人、鈴木健太郎(完全)、阿部敏之、梅山修、喜多靖、桑原裕義、栗原明洋、酒井悠基　加入 ●鈴木慎吾が京都パープルサンガから復帰 ●新井健二、末岡龍二がALBIREX NIIGATA·Sへ期限付き移籍 ●ファエルユース監督　就任
2 FEB	●エジミウソン　加入
3 MAR	●ローソンから『アルビレックス新潟弁当』が発売 ●新潟信用金庫「ドリームステージ2004」の取扱開始 ●2004 Jリーグディビジョン1 1stステージ開幕
4 APR	●クラブハウス隣にオレンジ·カフェがオープン ●第12回スポニチ文化芸術大賞「優秀賞」を受賞 ●アルビレックス新潟サッカースクール寺尾校　開校
5 MAY	●関西地区アルビレックス新潟後援会　設立 ●平間智和　加入 ●2004Jリーグディビジョン1　1stステージを14位(3勝5分7敗)で終える
6 JUN	●2004L·リーグ2部開幕 ●サッカースクール新発田校　開校
7 JUL	●アンデルソンとの契約を解除 ●オゼアス　加入 ●松尾直人　期限付き移籍加入 ●ホベルト　加入 ●宮沢克行(モンテディオ山形)、森田浩史(大宮アルディージャ)が期限付き移籍 ●新潟·福島豪雨災害の被災者に義援金を贈呈 ●JOMOオールスターサッカー2004が新潟スタジアムで開催　反町康治監督、上野優作、山口素弘、野澤洋輔が選出される ●ワールドチャレンジマッチ ボカ·ジュニアーズ戦 開催　神田勝夫の引退セレモニーを実施 ●オフィシャルソング、サポーターズCD第3弾『BUBBLEGUM』が発売
8 AUG	●郡山地区アルビレックス新潟後援会　発足 ●ワールドチャレンジマッチ　ヴァレンシアCF戦　開催 ●2004 Jリーグディビジョン1 2ndステージ開幕
9 SEP	
10 OCT	●新潟県中越地震発生 ●『がんばろう!新潟』新潟県中越地震復旧支援アルビレックス本部を設置 ●第84回天皇杯　4回戦敗退(湘南ベルマーレ) ●反町監督·スタッフ、選手が、中越地震の被災地域を訪問
11 NOV	●2004Jリーグディビジョン1　2ndステージを7位(7勝2分6敗)で終える　年間順位10位 ●Jリーグディビジョン1における年間入場者数の新記録を樹立(56万5336人) ●レディースが2004　L·リーグ2部を2位(12勝3敗)で終える
12 DEC	●2004Jリーグアウォーズで2年連続となるJoin賞を受賞 ●新潟県中越地震復興支援チャリティーマッチ　がんばれ新潟!ジーコジャパンドリームチームvsアルビレックス新潟 を新潟スタジアムで開催

「J1は個々のレベルが高く、J2に比べて攻撃にかける人数が多かった。15試合の短期決戦なのでリズムも大事になってくる。1stステージで学んだことを踏まえて、新たに獲得した選手を加えて十日町で合宿を行ったのです。これがすごく良かった。戦術を確認することができ、フィジカルをもう一度鍛えることができたのです」（反町康治氏）

攻撃力を高めるべく、オゼアスを獲得。十日町で合宿を行い、チーム状態を整えて2ndステージへ突入した。すると、効果は結果となって表われた。粘りのある戦いを続け、第6節のサンフレッチェ広島戦ではついにホーム初勝利を収めた。これをきっかけに勢いに乗り、チームは4連勝を達成する。目標だったJ1残留を決めただけでなく、第9節を終えて優勝も狙える3位につけていた。

ところが――。

新潟県中越地震が発生 クラブも復興支援を協力

第10節（ジュビロ磐田戦）を翌日に控えた10月23日、新潟県中越地震が発生する。地元を襲った災害に、チームは動揺を隠せなかった。

「磐田戦（アウェー）はサッカーができる精神状態ではありませんでした。みんな家族が心配で、気が気ではなかった。プレーするのがムリな精神状態でした」（反町康治氏）

心の安定はしばらく得られなかった。磐田戦から3連敗するなど、成績にも影響が生じた。しかし、復興に努める人々に勇気を与えるためにも、『アルビレックス新潟』が頑張らなければならなかった。クラブ内に『がんばろう新潟！新潟県中越地震復旧支援アルビレックス新潟本部』を設立し、募金活動や被災地域への訪問を行うなど、復興支援に努めた。

一時は『国へ帰りたい』と言っていた外国籍選手たちも気持ちを強く持ち、必死のプレーを続けた。11月20日には、約1カ月ぶりとなるビッグスワンでのホームゲームを迎える。第13節のFC東京戦。さまざまな思いが交錯するなか、選手たちはピッチで躍動した。立ち上がりから積極的なプレーをみせ、次々にゴールを襲う。エジミウソン（2得点）、上野優作、松尾直人がゴールネットを揺らし、4－2の快勝で人々に笑顔をもたらしたのである。

4連勝のあと3連敗するなど浮き沈みがあるなか、7勝2分け6敗と勝ち越し、終わってみれば2ndステージは7位となった。年間順位は10位。十分に納得できる成績だった。

そして、シーズン終了後もサッカーを通じての復興支援は続けられた。12月4日には新潟県中越地震復興支援チャリティーマッチとして、旧山古志村の子どもたち全員を招待し、アルビレックス新潟対ジーコジャパンドリームチームの試合が行われた。試合前日には参加選手全員が被災地を訪問し、被災者の方々を激励してまわる場面もあった。

地元の人々の支援によってクラブが存在している。ならば、人々が苦しいときはクラブが救いにならなければいけない。人づくり、まちづくり、豊かなスポーツ文化の創造をコンセプトに、新潟県を活性化すべく、元気にするべく活動を続けてきた。被災者の方々に、クラブとして何ができるか。J1初挑戦、苦戦、連勝、残留決定、中越地震、連敗、復興支援……。あらゆることを経験した04年は、濃密で忘れられない1年となった。

2004 Jリーグ ディビジョン1 年間順位表

順位	チーム	勝点	試合	勝	引分	敗	得点	失点	得失差
1位	横浜F・マリノス	59	30	17	8	5	47	30	+17
2位	浦和レッズ	62	30	19	5	6	70	39	+31
3位	ガンバ大阪	51	30	15	6	9	69	48	+21
4位	ジェフユナイテッド市原	50	30	13	11	6	55	45	+10
5位	ジュビロ磐田	48	30	14	6	10	54	44	+10
6位	鹿島アントラーズ	48	30	14	6	10	41	31	+10
7位	名古屋グランパスエイト	44	30	12	8	10	49	43	+6
8位	FC東京	41	30	10	11	9	40	41	-1
9位	東京ヴェルディ1969	39	30	11	6	13	43	46	-3
10位	アルビレックス新潟	37	30	10	7	13	47	58	-11
11位	ヴィッセル神戸	36	30	9	9	12	50	55	-5
12位	サンフレッチェ広島	31	30	6	13	11	36	42	-6
13位	大分トリニータ	30	30	8	6	16	35	56	-21
14位	清水エスパルス	29	30	7	8	15	37	53	-16
15位	セレッソ大阪	26	30	6	8	16	42	64	-22
16位	柏レイソル	25	30	5	10	15	29	49	-20

2004 Members

監督 反町 康治

1 木寺 浩一 GK
2 丸山 良明 DF
3 アンデルソン DF
4 鈴木 健太郎 DF
5 梅山 修 DF
6 秋葉 忠宏 MF
7 栗原 圭介 MF
8 山口 素弘 MF
9 ファビーニョ MF
10 エジミウソン FW
11 上野 優作 FW
13 阿部 敏之 MF
14 高橋 直樹 DF
15 本間 勲 MF
16 寺川 能人 MF
17 安 英学 MF
18 鈴木 慎吾 MF
19 三田 光 DF
20 桑原 裕義 MF
21 野澤 洋輔 GK
22 北野 貴之 GK
23 深澤 仁博 FW
24 森田 浩史 FW
25 宮沢 克行 MF
26 栗原 明洋 MF
27 酒井 悠基 DF
28 船越 優蔵 FW
29 喜多 靖 DF
31 ホベルト FW
32 平間 智和 MF
33 松尾 直人 DF
34 オゼアス FW

コーチ 平岡 宏章
コーチ 古邊 考功
アシスタントコーチ 川本 歩央
GKコーチ ジェルソン
フィジカルコーチ フラビオ

2004 Basic Formation

スポーツを通じて新潟県を活性化したい

北信越リーグを戦っていた新潟イレブンを母体に、新潟蹴友会から8名の主力を加えて誕生したアルビレオ新潟（94年当時）。96年には組織が法人化され、プロサッカークラブとしてのスタートを切った。その後、10年の間にはさまざまな出来事があった。

北信越リーグで優勝するのに3年かかり、全国地域リーグの決勝大会でも一度は悔し涙を流した。初めて挑んだJFLでは実力差をみせつけられ、翌年から参戦するJ2に向けて大きな不安を抱かされた。

96年、97年、98年と3年続けて赤字になるなど、経営的にも苦しかった。一時は存続の危機さえあった。「もう辞めたほうがいいのでは」という声もあった。しかし、どれだけ苦しくても、スポーツを通じて新潟県を活性化したい。サッカーを通じて、人々が集うコミニティーを作りたいという気持ちに変化はなかった。逆境はむしろ、「必ず成功させる」というモチベーションを高める材料となった。

砂浜や松林でランニングを行い、足腰を鍛えたことがあった。カチカチの土のグラウンド、サッカーゴールのないグラウンドで練習することもあった。しかし、監督、選手たちは与えられた環境のなか、必死の戦いを続けた。同時に、ピッチの外ではクラブの足元を固める活動が続けられた。後援会組織の拡大、地元企業、行政への懸命な働き掛けにより、幅広い支援網が引かれ、成績や世間の景気に左右されない経営状態が作り上げられた。

03年には聖籠町にクラブハウスが、04年には立派な練習グラウンドも完成した。建設には新潟県、新潟市、聖籠町やサッカー協会、アルビレックス新潟の資金と後援会からの募金などが充てられている。人々の支援があって、ようやく練習場をさまよい歩くジプシー生活から抜け出したのである。

10年という歳月は、クラブを確実に成長させた。初めてJ1に挑んだ04年には、新潟県中越地震があった。もし、この地震が数年前に起きていたなら、『アルビレックス新潟』として何ができただろうか？　現実は震災に負けずに活動を続け、サッカーを通じて復興に努める人々に少なからず勇気を抱いてもらうことができた。被災者の方々に笑顔をもたらすことができた。その背景には、苦労を積み重ねた10年の歴史が存在した。

他チームに誇れるクラブハウス、練習場が完成し、たくさんのサポーターをビッグスワンに集めてJ1で戦っている。突発的な出来事にも対応できる経営的な体力も身につけている。だからといって現状に満足していたら、ここで成長が止まってしまう。

「安心感はまったくありません。むしろ、危機感があります。急成長してきたので、これからが難しいです。クラブとして、もっと成長しなければいけません」（田村貢）

「アルビレックス新潟はいま、ビッグクラブになるための過渡期にいます。サポーター、スタジアム、クラブハウスが完成した環境面については、すでにビッグクラブに近いものがあります」（反町康治氏）

05年を振り返れば、前年に大きな災害があった。人々を落胆させないためにも、『アルビレックス新潟』がしっかりした戦いをみせる必要があった。「新潟県がおかれた社会背景を考えると、05年にチームが不安定になることは避けなければならなかった」とは反町康治氏で、過渡期にあるチームからこのタイミングで離れるのは得策ではないと判断。監督を続投することとなった。

そんななか、さらにレベルアップするためにどんな要素に取り組んだか。重要視されたのが、下部組織の強化である。Jリーグの他チームをみれば、毎年のように下部組織からトップチームに優秀な選手を昇格させている。海外のビッグクラブをみても、

2005 アルビレックス新潟 年表

1 JAN	●秋葉忠宏、栗原圭介、阿部敏之、深澤仁博、ホベルト、平間智和、オゼアス　契約満了 ●安英学が名古屋グランパスエイトへ移籍 ●松尾直人がヴィッセル神戸へ復帰 ●宮沢克行、末岡龍二が期限付き移籍から復帰 ●海本幸治郎、海本慶治、中村幸聖、青野大介、河原和寿、諏訪雄大、藤井大輔、田中秀哉、吉澤正悟　加入 ●萩村滋則、アンデルソン・リマ、岡山哲也、大谷昌司　期限付き移籍加入 ●アルビレックス新潟ジュニアユースを設立 ●片渕浩一郎ユース監督　就任
2 FEB	●アルビレックス新潟レディースU-18を設立
3 MAR	●2005Jリーグディビジョン1　開幕 ●ホームゲームの飲食売店でリユースカップの使用を開始 ●アルビレックス新潟がJリーグ・アカデミーの育成センターとして認定される
4 APR	●第22回新潟県経済振興賞を受賞
5 MAY	●サッカースクール白根校、アルビレッジ校　開校 ●キリンカップサッカー　日本代表vsペルー代表　が新潟スタジアムに招致される
6 JUN	●中村幸聖がALBIREX NIIGATA・Sへ期限付き移籍 ●ネット　加入 ●2005L・リーグ2部　開幕
7 JUL	●ワールドチャレンジマッチ　大連実徳戦　開催 ●TSUTAYAカップ　なでしこジャパンvsアルビレックス新潟レディース　小林幸子　中越大震災復興支援チャリティーマッチ　開催 ●新潟県サッカー協会・監督・スタッフ・選手による寄付で「新潟まつり」花火大会に参加
8 AUG	●山口素弘が横浜FCへ期限付き移籍 ●菊地直哉が期限付き移籍加入 ●千葉和彦、マルセウ　加入 ●サポーターズCD　第4弾　『GRAMOROUS』　発売
9 SEP	
10 OCT	
11 NOV	●レディースが2005L・リーグ2部を2位（13勝2分3敗）で終える
12 DEC	●2005Jリーグディビジョン1を12位（11勝9分14敗）で終える ●Jリーグディビジョン1における年間入場者数の記録を更新（68万1945人） ●第85回天皇杯　5回戦敗退（ジュビロ磐田） ●反町康治監督　勇退 ●牛浜真レディース監督　勇退

やはり下部組織が充実している。長期的な視野でみれば、自前で選手を育てるのは重要なことだ。

「ユース、ジュニアユースの強化は、トップチームと同じくらい大事」(神田勝夫)

「下部組織を強化しなければ、スモールクラブに落ち着いてしまう」(反町康治氏)

05年までに下部組織からトップに昇格した選手は、田中泰裕(03年)ただ一人。この現状を打開すべく、ユース、ジュニアユースの強化に力を注ぎ、レベルアップを図っていった。聖籠町にクラブハウスが完成した04年を起点に、10年間を見越した下部組織の強化プロジェクトが立てられ、各カテゴリーの強化がスタート。その結果、ユース所属の長谷部彩翔がU-16日本代表に選出されるなど、効果が表われてきている。

同時に、入団1年目の高卒ルーキーである河原和寿、クラブ史上、初の強化指定選手、田中亜土夢がU-18日本代表に選出されるなど、若い世代の台頭がみられた。田中亜土夢はJリーグ第33節、第34節に出場し、プロデビューも飾った。若い選手たちの成長は、そのままクラブの成長につながる。経験豊富な選手たちが開拓した道を、若い選手たちが歩み始めているのだ。

どんなときも前を向いて進む 何があっても常に前進

「過去を振り返れば、時代ごとに目標を設定して、一つ一つクリアしてきた。そしていまがある。大事なのは、どんなときも前を向いて進むこと。何があっても常に前進すること。立ち止まらずに、アクションを起こすことが大事なんです」(池田弘)

下部組織の強化を進める一方で、トップチームはJ1で前年同様に苦戦を続けた。17位と18位がJ2へ自動降格、16位になっても入れ替え戦を戦わなければならないなか、中位から下の順位を行ったりきたりし、J1残留を決めることがなかなかできなかった。安堵したのは、第32節のこと。残り2試合となって、ようやくJ1残留が確定している。

チームを支えたのは、やはりビッグスワンを埋める大勢のサポーターだった。アウェーでは4勝4分け9敗と負け越したが、ホームでは7勝5分け5敗と勝ち越している。サポーターから熱狂的な後押しを受けて戦うビッグスワンでは、負けるわけにはいかない。ホームでの強さが数字に表われた1年だった。

それは、勝敗だけでなく、観客動員にもつながった。05年の平均観客動員は、4万0114人。Jリーグで1チームの入場者数の年間平均が4万人を超えたのは、初めてのことだった。

「地元のパワーがあったからこそ、ここまで成長できた。お客さんがスタジアムに来てくれなければ、いまの『アルビレックス新潟』はなかった。大勢の人々に支えられている。これがすべてだと思います」(中野幸夫)

「いまも『共に作り上げる新潟』という気持ちがあります。同じことを変わらずにやっているのが、同志を増やすことにつながっているのかもしれません」(小山直久)

「根本的なことを言えば、クラブはサポーターに支えられています。ボランティアさんに支えられている部分も大きいです。『いろいろな人々に支えられている』というのが、うちのキーワードです。本当に感謝しています」(田村貢)

クラブの歴史は、まだ10数年が刻まれたに過ぎない。今後に訪れる未来のほうが、ずっと長い。そして、10年、20年……100年が経過しても、絶対に変わらないことがある。それは、多くの人々の支えによって『アルビレックス新潟』が存在しているということだ。

2005 Jリーグ ディビジョン1

順位	チーム	勝点	試合	勝	引分	敗	得点	失点	得失差
1位	ガンバ大阪	60	34	18	6	10	82	58	+24
2位	浦和レッズ	59	34	17	8	9	65	37	+28
3位	鹿島アントラーズ	59	34	16	11	7	61	39	+22
4位	ジェフユナイテッド千葉	59	34	16	11	7	56	42	+14
5位	セレッソ大阪	59	34	16	11	7	48	40	+8
6位	ジュビロ磐田	51	34	14	9	11	51	41	+10
7位	サンフレッチェ広島	50	34	13	11	10	50	42	+8
8位	川崎フロンターレ	50	34	15	5	14	54	47	+7
9位	横浜F・マリノス	48	34	12	12	10	41	40	+1
10位	FC東京	47	34	11	14	9	43	40	+3
11位	大分トリニータ	43	34	12	7	15	44	43	+1
12位	アルビレックス新潟	42	34	11	9	14	47	62	-15
13位	大宮アルディージャ	41	34	12	5	17	39	50	-11
14位	名古屋グランパスエイト	39	34	10	9	15	43	49	-6
15位	清水エスパルス	39	34	9	12	13	40	49	-9
16位	柏レイソル	35	34	8	11	15	39	54	-15
17位	東京ヴェルディ1969	30	34	6	12	16	40	73	-33
18位	ヴィッセル神戸	21	34	4	9	21	30	67	-37

2005 Members

監督 反町 康治

1 木寺 浩一 GK
2 丸山 良明 DF
3 萩村 滋則 DF
4 鈴木 健太郎 DF
5 梅山 修 DF
6 桑原 裕義 MF
7 アンデルソン リマ DF
8 山口 素弘 MF
9 ファビーニョ MF
10 エジミウソン FW
11 上野 優作 FW
13 宮沢 克行 MF
14 高橋 直樹 DF
15 本間 勲 MF
16 寺川 能人 MF
17 海本 幸治郎 DF
18 鈴木 慎吾 MF
19 海本 慶治 DF
20 岡山 哲也 MF
21 野澤 洋輔 GK
22 北野 貴之 GK
23 末岡 龍二 FW
24 中村 幸聖 FW
25 青野 大介 MF
26 大谷 昌司 MF
27 河原 和寿 FW
28 船越 優蔵 FW
29 喜多 靖 DF
30 諏訪 雄大 GK
31 藤井 大輔 DF
32 田中 秀哉 DF
33 吉澤 正悟 MF
34 ネット FW
35 田中 亜土夢 MF
36 菊地 直哉 DF
37 千葉 和彦 MF
39 マルセウ FW

ヘッドコーチ 江尻 篤彦
コーチ 平岡 宏章
コーチ 古邊 考功
アシスタントコーチ 川本 歩央
GKコーチ ジェルソン
フィジカルコーチ フラビオ

2005 Basic Formation

反町 康治

**新潟の歴史に大きな足跡を残したのが反町康治監督だ。
専用の練習場もなかったＪ２のクラブをＪ１に押し上げ、Ｊ屈指の観客動員を誇るチームに変貌させた。
S級ライセンスを取得したばかりで、新潟がプロ初采配だった若き指揮官は、若いクラブを急激に飛躍させた。
指揮を執っていた01年から05年までの5年間は、クラブが急成長を遂げた時期だった。
就任3年目の03年に悲願のＪ１昇格。
その後の2年間でＪ１定着。次の目標となるビッグクラブへの道筋を示した。**

Yasuharu SORIMACHI

A Manager of ALBIREX NIIGATA 2001-2005

――新潟での5年間の監督生活を振り返っていただきたいのですが、まずは新潟の指導者としての5年間で貫いてきたスタンス、信念があったら教えてください。

信念というものは、もちろんありました。やっぱり…。サッカーに対するひた向きな姿勢というものは、絶対なくしちゃいけないと思っていました。それは情熱。U-21(日本代表)でも同じことを言っているけれど、情熱は必要。情熱が人を動かす、ということです。

――指導していた期間はクラブとして変化が激しかったと思いますが、どう感じていましたか？

急速に発展した感じはありますね。自分のいた5年間で。練習環境、サッカーを取り巻く環境を含めて、いろいろな部分で。それは自分が率先してやってきたことではなくて、サポーターが変えてきた部分もあるし、クラブ自体が変わるためにみんなが努力してきた訳で…。実際に私はピッチ上の表現にこだわってやってきただけなんですけれど。

――新潟の5年間は反町さんにとってどんな意味を持ちますか？

それは分からない。それは自分が死ぬ前に考えるべきことだと思います。ちょっと言い方がオシム（日本代表監督）っぽくなってきているね(笑)。影響を受けてますね(笑)。ただ、自分に与えられた使命とか、責任というものに対しては

信念… サッカーに対するひた向きな姿勢というものは絶対になくしちゃいけないと思っていました

一生懸命、努力してやってきたつもりではいます。5年間の推移を見てもらえば、分かってもらえると思いますけれど。もちろん、自分ひとりでやってきたことではないですが。指導者としてキャリアのスタートだったし、充実した5年間だったと言っていいと思います。

――では、その5年間の始まりから。監督のオファーを受けた頃から聞かせてください。

00年11月に当時の強化部長だった若杉(透)さんから打診されました。若杉さんは日本サッカー協会で指導者養成の仕事をやっていて、私は北信越のトレセンコーチだったので顔見知りでした。当時は、テレビ（CS放送）で海外サッカーの解説をやりながら、S級ライセンスを取得している最中でした。年齢も若かったし、現場（プロ）の経験はありませんでした。当然、すぐに二つ返事で「ハイ」という訳にはいかなかった。いろいろ考えなければならないことが多かったですから。

――結局、引き受けられた要因は？

もともとはトップレベルの現場よりも、もうちょっと若年層の世代を指導したい、という思いがありました。しかし、よく考えてみるとオファーなんて滅多にある話じゃない。当然、結果が問われ、内容が問われる。サッカーでメシを食っている選手との対峙ですから、責任を持ってやらなければならない。お客さんだってお金を払って見に来てくれる。ひとつのチームを受け持つことは大変だと認識していました。そう考えても、やり甲斐はあるかな、というふうに思いました。

――S級ライセンス取得(01年1月18日に認定)のためにスペイン(バレンシア)へ01年1月1日に出発して、帰国した翌日の23日にはもうチームが始動と、慌ただしい中でのスタートになりました。

なかなかハードでシビアでした。監督のオファーがきた00年の11月はもう、J2リーグは終わりの頃ですから新潟のゲームもほとんど見ていない。引き受けたときには外国人選手の獲得もすでに決まっていた。そうした中でスタートせざるを得ない、という形でした。しかし逆に、先入観を持ってやるよりサラな状態でやった方がいい、という思いもあった。最初の印象は全体的に選手たちのポテンシャルは悪くはない、というものでした。ただ、戦う集団だったのか、上位を狙う集団だったか、という部分が最初は足りなかった

と思います。だから、やっていく中でどうしても必要な選手、というのはクラブ側にリクエストしていった。例えば黒崎(久志)であったりとか。クラブは要望を受け入れてくれて、黒崎もチームの柱として頑張ってくれたと思いますね。

――始動日は周囲が雪で覆われた駅南フットサルコートでした。

雪男ですから(笑)。雪にはいつもいじめられた。1次キャンプのJヴィレッジ(福島)では雪(前日までに3年ぶりの10センチの積雪)で、初日はピッチが使えなかった。その後の福岡(3次キャンプ＝宗像市)で合宿したときも雪が降っていた。雪を避けて行ったのに降られちゃった。

しかし、そういうことを分かっていて監督を引き受けてますから。そういう状況の中で、いかにクリエーティブにできるか、というのが大事だった。ただ、自分の描いていたプラン通りには進まない、というのを最初に認識させられたところはありましたね。

――初采配となった鳥栖戦(1―1のドロー)で01年は開幕しました。

試合が終わった後にすごい熱が出て。新潟に戻ってからこばり病院で点滴を打ちました。ちょうどtotoが始まったときで、対象のゲームは土曜日でほとんど終わっていた。日曜のゲームで注目度の高い試合になってしまった、ということもありました。また、自分のイメージの中で“これは、

いけるかな”と思っていたんだけれど、チームの現実を見てしまった、というところがありました。

――それでも、1年目からJ1昇格へ期待を抱かせる成績でした。

その年は明らかにたくさんのサポーターが、そうした方向にもっていったと言えると思います。翌年のFIFAワールドカップ日韓大会開催だとか、それに伴うビッグスワンの完成だとか。プラスの要素が大きかった。例えばビッグスワンのこけら落とし(第12節、対京都3－4の延長Vゴール負け)から始まって、それからたくさんのお客さんに興味を持っていただいて、応援してもらった。それが選手たちを戦う集団にしていった、という部分が当然あります。こけら落としのゲームはインパクトを残したかも知れない。記憶に残るゲームだと思います。いろいろな意味で熱くなるゲームだった。残念ながら負けましたけれど、ロスタイムに氏原(良二)が点(3－3の同点)を取ってくれた。その頃から新潟らしい粘り強さというものが出てきた。

――こけら落としには3万1964人が集まりました。監督としても期するものがあったのでは？

すごく責任を感じましたね。今までの3千、4千という人数が10倍に膨れ上がったわけですから。しかも、そのうち何割かはアルビレックスを応援するというよりも、どんなスタジアムが出来たのか、という観点で見にきた人たちでした。だから「もう1回見たい」という印象を与えるサッカーを意識しなければならなかった。当然、サッカーはゲームですから全部勝つわけにはいかないし、そんなチームもない。たとえ、負けたとしても、また次も応援したくなるようなチームを目指さなければいけないと思いました。

ビッグスワンのこけら落としゲームは記憶に残るゲームだと思います。いろいろな意味で熱くなるゲームだった

――観客も増え好成績を収めながら、一方で専用の練習場がなく、場所を転々とするという現実もありました。

練習場がないといってもコンクリートの上で練習しているわけでも、土の上でやっているわけでもない。ちゃんとした芝生が用意されている中でやっていましたから。グラウンドにゴールがない、という所はありましたけれど…。しかし、それを上手く利用してトレーニングするのが大事であって、創造性を持ちながらやっていくしかなかった。例えば車を運転していて、ナイター設備があれば車から降りて近くまで見に行ったりとか、いいグラウンドはないかと常に探していましたけれどね。

――ゴールのないグラウンドでは、どのような練習が可能だったのでしょうか？

中盤のトレーニングはできます。68メートルの幅があって縦40メートルのスペースがあれば全部できますよ。中盤のトレーニングは…。フィジカルトレーニングも当然、ゴールがなくても問題ない。1週間のトレーニングプランを練習場に合わせて設定していました。やりたいことができない、という面は多少ありましたけれど、逆に色々と勉強になった。当時はそう思わなかったけれど、今となっては面白い体験だった。今は水戸（J2）にいるマルキーニョ（01年途中加入）が「あの頃がサッカーをやっていて、一番楽しかった」と言っていたということを、この前人づてに聞いたんだけれど、やっぱり嬉しかったですね。

――当時、監督は自身を何でもこなさなければならない「中小企業の社長」に例えていましたけれど、チーム強化以外にどんなことをやってきたのでしょうか？

どこの監督でも同じことだと思いますけれど、現場の側面から見て必要なことをクラブ側に進言していく。それだけです。サテライトリーグ参加、育成の面を考えると当然、スタッフの人数を増やさなければならない。経営に関しては一切、口出しするつもりはありませんでしたが、現場で必要なことは要望として出していきました。

――当時「J２は選手の再生と育成。そして結果」と言っていましたが、J２時代の新潟の選手はどうだったのでしょうか？

新潟の場合は、他のチームでチャンスをもらえなかった選手が来ていた。ここでダメだったらスパイクを脱がなくてはならない。そういう考えの強い選手がいたし、逆にそういう選手だったからこそ、しゃにむに頑張ってくれたと感じています。だからマネージメントもしやすかった。育成という部分は残念ながら、いい方向に持っていけなかったと思いますけれど。

――02年はどんなシーズンでしたか？

チームに力強さ、というものが少しついてきたかなと思った年ですね。マルクスも、いい活躍をしたと思います。いろいろとケンカもしたけれど…(笑)。

――02年と言えば昇格が消えた第43節C大阪戦（0―3）。05年の退任会見では印象深いゲームとして挙げていましたが、ゲーム後の会見では「J２で一番いいサッカーをやっていたのは新潟だ」という発言をしています。

そう思ってやっていなければ、監督なんか務まらないです。そう思わなければ自分を否定することにもなる。残念ながらいい形でシーズンを終えられなかったけれど、ある意味良かったと思っています。その時に負けていて。その年に昇格していたら、今はまだJ2にいるかも知れないし…。何となく、ですけれどね。苦労した分だけ、やっぱりお釣りはたくさんくる、ということだと思います。

――その時に辞意を示唆してサポーターが慰留のための署名運動を起こしました。どう感じましたか？

もともと2年契約でしたからね。辞任する、というより辞めさせられると感じていました。自分としてはケジメをつけなければならなかった。私もプロですから。クラブとしても掲げていた目標を達成できなかったんだから、そういう方向に持っていくのは当然。だから、署名運動で慰留の声が挙がったことは個人的に嬉しかった。それに、自分自身まだやり残したものがあるとも正直感じていました。

**たとえ負けたとしても、また次も応援したくなるような
チームを目指さなければいけない**

――それでも03年の指揮を執って、優勝とＪ１昇格を獲得しました。開幕戦はアウェーの大宮戦でしたけれど…。

あの時は盛り上がりました。最初から。確か、マサ（深澤仁博）も点を入れて4−1の逆転で勝っている。（同点ゴールを決めた）アンデルソンが来たばかり（来日8日目）で体調が悪いと言っていたんだけど、出したんですよ。

――終盤の第4クールはハラハラさせられました。

辛かったですね。本当に眠れない日が続いた、という感じだった。あのときは実は、ホームの甲府戦（第40節、2−0）が鬼門だと思っていた。監督には、そういうものがある。勝負どころというものですね。あそこで勝ったのが大きいと思っています。先制点はセットプレーから（上野）優作が決めた。その後の札幌戦（第41節、2−2）も興奮したことを覚えています。秋葉（忠宏）からの長いボールを森田（浩史）が落として優作が決めて（89分に）追いついた。あの試合も新潟らしかった（笑）。ゲームはほとんど覚えている。特に最後の方はよく覚えていますよ。Ｊ2もＪ1も…。第4クールは眠れなかったと言ったけれど、監督というものは説明のできないプレッシャーが常にある。（監督に）なって見れば分かりますよ。

――昇格したＪ１では２シーズンとも“残留”というのがテーマになっていましたが、やはりそうせざるを得なかったのでしょうか？

それは、普通のスタンスだと思います。サポーターだって、誰だって、Ｊ1に上がって即、優勝なんて考えられないでしょうし…。各国を見てもカイザースラウテルン（ドイツ・ブンデスリーガ）が２部から上がって即優勝（97−98年シーズン）したことがあるけれど、それ以外はほとんどない。そのときの監督はオットーレーハーゲル（現ギリシャ代表監督）だったんですけれど。当然、厳しい戦いになることは分かっていました。その中で目標を間違わないことが重要だった。新潟にはしっかりとした目標があった。簡単に言えば、それはＪ1に残留すること、イコールＪ1に定着すること。そういうことをベースに置いて戦わなければならなかった。

——新潟県中越地震（04年）など、在任中はいろいろなことがありました。地震のときは被災地域を訪問していましたね。

自分たちができることをやろうということで、まずスタッフが被災地域を訪問した。実際、行ってみるとニュース報道にはない、いろいろなものが見えたと感じましたね。クラブの協力もあってアルビレックスのグッズをたくさん持っていったんですけれども、そのグッズを単純に欲しいというよりも、生活必需品として欲しいんですよね。一番最初になくなったのはタオルとフリースだった。残念ながら地震とか水害とか、新潟にいたときには、あまり明るいニュースがなかった。そうした中でサッカーで明るいニュースを提供したい、そういう気持ちは十分持っていたつもりです。

——新潟で最後の采配となった05年の天皇杯（5回戦）の磐田戦（1—2）後の記者会見の途中で男泣き。冷静な監督だと思っていたメディアは驚いてましたが？

やっぱり感動しました。もしあれがシーズン途中だったとしても、試合に勝っていたとしても、同じ感情になって泣いていたかも知れない。かなり強い姿勢で選手たちと対峙していましたし、それを一生懸命、受け止めてくれて、

やってくれた選手に感謝しています。（磐田戦は）緊張感を持って真摯に取り組んだんだけれど、結果が伴わなくて…。別に辞めるから感情的になった訳でも何でもありません。だって本当にいい試合だったでしょう？ 1人少ない（57分に海本慶治が警告2枚で退場）状態で戦っていましたから、我々は。それでも追いついて（0－1で迎えた89分に上野優作が同点シュート）。みんな、しゃにむに頑張ったし。集大成という言葉はちょっと違うかも知れませんれど、ずっと

やってきて、最後になってしまったけれど、新潟らしい魂を持った試合をしてくれた。それが、あんなかたちで負けてしまったことが、選手たちの気持ちを考えると、辛かった。

——そして今、外から眺めたアルビレックス新潟をどう思われますか？

たとえばアントラーズとか、マリノスとか、そういうビッグクラブに近づいているな、という感じはしています。環境を含め、Ｊ1の中でのクラブのポジションを含めてですね。

——今後10年の提言を？

今はＪ1にある程度定着してきて、地域の特性を生かしながらいい形で回っている。素晴らしいことだと思います。ただ、現状に満足しないこと。それに尽きると思います。今、お客さんがたくさん入っているからといって、それに胡坐をかいていてはいけない、ということ。そのために何をやるかはもう、私が口を挟む事柄ではありませんが。

〔2006年8月17日　ホテルオークラ新潟にて収録〕

【監督在任期間】2001年 - 2005年
【プロフィール】反町 康治（そりまち やすはる）

1964年3月8日生まれ。埼玉県浦和市（現さいたま市）出身。清水東高－慶応大卒。87年に全日空（旧横浜F）に入団。ポジションはＭＦ。Ｊリーグ開幕の93年には全日空からの出向社員選手として横浜Ｆでプレー。94年の平塚（現湘南）移籍とともにプロ契約。日本代表としては国際Ａマッチに4試合出場。指導者のＣ級ライセンス取得は97年で、現役Ｊリーガーの取得第一号。アルビレックス新潟監督（01-05）を経て、現在は北京五輪サッカー日本代表監督とオシム監督率いる日本代表のコーチを兼務する。

アルビレックス新潟 黎明史

大きな希望と強い信念を持つ男たちの不断の努力により、産声を上げた市民クラブ・アルビレオ新潟。やがて県内を興奮の坩堝へ巻き込むこととなるサッカークラブの誕生を探った。

“スポーツ不毛の地”からのチャレンジ

1990年、日本サッカー協会は国際サッカー連盟に2002年ワールドカップの開催地として立候補する旨を伝えている。国内の各地域に開催都市への立候補が募られたのが、翌年の91年だった。新潟県でこの一連の動きに反応したのが、当時新潟県サッカー協会で理事長を務めていた澤村哲郎氏だった。

「(ワールドカップ開催は)チャンスだと思いました。もし開催できれば、必ず街が活気づく。だけど、内心では『ムリかな』という気持ちもありました。(新潟県は)スポーツ不毛の地と呼ばれてましたからね。だから、最初は冗談っぽく言ったんです。『新潟県で開催できたらいいなぁ』という感じで」。

ところが、澤村氏の懸念とは逆に、話はどんどんと進んでいった。なぜなら、当時の新潟県知事・金子清氏は二つの目標を掲げていた。新潟県が環日本海の拠点都市になることと、国際都市に脱皮することである。ワールドカップが開催できれば、『新潟県』を世界に知ってもらえる。92年6月、新潟県議会で行われたワールドカップ招致決議は、全会一致で可決されることとなった。

いざ招致活動を進めるとなったときに、新潟県には一つの大きな問題があった。他の立候補都市にJFLやJリーグに加盟するクラブが存在するのに対して、新潟県にはなかった。招致活動を戦い抜くためには、Jリーグを目指すチームが必要だったのである。

しかし、もしゼロからチームを立ち上げると、新潟県3部リーグからのスタートになる。Jリーグ昇格まで最短でも6年がかかる計算で、時間がかかり過ぎて招致活動の助けにならない。短期間でJリーグを目指す方法はないのか? 県内には北信越リーグを戦う新潟イレブンが存在した。また、そのライバルとして新潟県1部リーグに属する新潟蹴友会が存在した。新潟イレブンを母体に、新潟蹴友会から主力を移籍させて新たなチームでJリーグを目指す。北信越リーグからスタートすれば、最短3年でJリーグ昇格が可能になる。招致を目指す関係者たちは、二つのクラブを合併させてJリーグを目指す案を導き出したのである。

アルビレオ新潟の誕生

新潟イレブンは新潟明訓高のOBが母体のチーム。新潟蹴友会は新潟工高のOBが中心のチームである。新潟イレブンの説得には監督を務めていた若杉透(現アルビレックス新潟取締役育成統括部長)があたり、新潟工高の説得には澤村哲郎氏があたったが、もともとライバル関係にある両者を説得するのは簡単ではなかった。「蹴友会をつくったのは私だったので、なぜ自らの手で解体するんだ。チームはどうするんだと言わ

ALBIREO NIIGATA NEWS!

ALBIREO NIIGATA NEWS!

はばたけJへ!

「アルビレオ新聞ニュース」はアシストプレス誕生以前のクラブ広報誌

激動の幕開け

れました」（澤村哲郎氏）

「なぜイレブンの名前を潰すんだ。お前は反逆児だと言われました」（若杉透）

それでも、ワールドカップ招致のためにはJリーグを目指すチームが必要で、将来的には地域を活性化させることになると、懸命の説得が続けられた。その結果、新潟蹴友会から8名を移籍させて、新たなチームを結成して94年の北信越リーグを戦うこととなった。アルビレオ新潟（当時）の誕生である。

新チームが誕生すると、新潟県サッカー協会はすぐに強化指定チームに認定。新潟県が定める優秀指導者招聘事業に基づき、かつて読売クラブを指揮した経験があるバルコム氏を新たな監督として招聘した。

県内の2強を合併させ、外国人指導者も招いた。3年後のJリーグ昇格に向けて、94年の北信越リーグには満を持して臨んだはずだった。ところが、結果は前年度と同じ3位。翌95年には3名の外国籍選手を加えて臨んだが、結果はやはり3位だった……。

クラブを創設するときも、創設してからも苦労、苦難が続いた。しかし、ワールドカップ招致を実現し、地域を活性化させるという最初に掲げられたコンセプトのもと、懸命な戦いを続けた。そうすることで、その後の逆境にも負けない、強い信念をクラブとして身につけていったのである。

夢のJへ

アルビレオ新潟 プロ化決定

2月に組織替え

資本金5億円 30社に出資呼び掛け

本県初のプロチームが誕生する!。JFL（ジャパン・フットボールリーグ）入りを目指すアルビレオ新潟FCが、プロ化へ向けて動き出した。来年二月、県内企業約三十社を設立発起人に資本金五億円の株式会社として旗揚げ、プロ選手の補強など強化を進める。先の全国社会人大会で準優勝した勢いを加速させ、JFL昇格、将来のJリーグ入りへ大きく踏み出す。

県サッカー協会、既存の後援会などから成る法人化検討委員会の委託を受けた池田弘・新潟総合学院理事長らが中心となって県内企業に出資を働きかけ、現在約十五社が発起人となることを内諾している。さらに十五社ほどに呼びかけているほか、広く県内企業から協賛を募る。

出資額は発起人が一社平均一千万円、協賛が百万―五百万円程度を見込んでいる。また、個人出資については後援会を受け皿にしたい考えだ。

今月下旬の後援会理事会で承認を得られれば、来年一月の発起人会を経て二月に設立総会を開き、プロ球団としてスタートする。

これを受けてチーム改造も急ピッチに進められている。外国人選手三人、Jリーグ経験者など即戦力プロ選手四人のほか有力選手の補強を予定。続投が決まったバルコム監督のもと、新たにジュビロ磐田のジュニアコーチ有田一矢（新潟工高出）をコーチに迎える。

プロ化の背景にあるのは四年後をめどに、プロとアマをはっきり色分けするという日本サッカー協会の方針。

プロとアマが共存するJFLを発展的に解消し、Jリーグをプロ球団による二部制にする案が浮上している。

来季からJリーグは16チーム。これにブランメル仙台など準加盟3チーム、プロ化を模索しているチームを含めると、新たにJリーグに加入できるチーム数は限られてくる。そのため、アルビレオもプロ化を急がざるを得ない状況となった。

アルビレオ新潟FC法人設立準備室の中野幸夫室長は「新潟が手を挙げるのは今しかない。県民のチームにするため、全県の企業により多くの支援をお願いしたい」と話している。

新潟日報 1995年12月13日付朝刊

《1994年・新潟イレブンメンバー》

◆監　督／若杉　透
◆コーチ／フランス・ファン・バルコム

No.	Pos	氏名	No.	Pos	氏名	No.	Pos	氏名
1	GK	河合昭博	13	MF	渡辺　聡	27	DF	河島裕之
2	DF	富井信之	14	MF	松本　健	28	MF	奥山達之
3	DF	長谷川伸之	15	DF	山田　武	29	DF	野上　毅
4	DF	阿部裕樹	16	MF	関根伸人	30	MF	宮本文博
5	DF	成海　優	17	DF	宮島伸好	31	FW	松平光央
6	MF	渡辺　晃	18	FW	木村隆二	33	MF	古俣淳一
7	MF	佐々木　勇	20	MF	田村　貢	34	DF	野本直宏
8	DF	小林利昭	21	GK	東海林秀明	37	DF	鷲尾治康
9	MF	中野一彦	22	GK	小池和彦	38	GK	平松孝幸
10	FW	内藤義孝	24	FW	長島敦久	39	MF	倉田宣昭
11	FW	佐藤恵一	25	MF	堀川貴康	41	DF	伊藤政夫
12	GK	山崎　純	26	GK	韮沢政紀			

《1995年・アルビレオ新潟メンバー》

◆総監督／若杉　透　◆監　督／フランス・ファン・バルコム
◆コーチ／河合昭博　◆コーチ／東海林秀明

No.	Pos	氏名	No.	Pos	氏名	No.	Pos	氏名
1	GK	韮沢政紀	13	MF	佐々木　勇	25	DF	長谷川伸之
2	DF	成海　優	14	MF	松本　健	26	MF	藤田敬三
3	DF	ロッサム	15	DF	関根伸人	27	GK	小林哲也
4	DF	中野一彦	16	MF	三浦　大	28	GK	境　宏太
5	DF	宮島伸好	17	MF	三浦　歩	29	GK	山崎　純
6	DF	近　彰彦	18	MF	渡辺　晃	30	GK	田崎洋介
7	MF	マイケル	19	DF	富井信之			
8	MF	神田勝利	20	DF	野上　毅			
9	FW	渡辺　聡	21	FW	倉田宣昭			
10	FW	チャト	22	FW	堀川貴康			
11	FW	長島敦久	23	FW	松平光央			
12	FW	木村隆二	24	MF	奥山達之			

※94・95年とも、リーグ開幕時の登録メンバー。

“アルビレオ新潟”と“アルビレックス新潟” 

チーム名 誕生ヒストリー

“アルビ!”“アルビレックス!!”言葉を覚えたての幼児からおじいちゃん、おばあちゃんまで
すべての新潟県民が愛着をもって呼び掛けるチーム名。
その変遷をたどることなしに、チームの歴史を語ることはできない。
“新潟イレブン”から始まり、“アルビレオ新潟”を経て
現在の“アルビレックス新潟”に至る歴史をひもといてみよう。

新潟イレブン ▸▸▸ アルビレオ新潟 ▸▸▸ アルビレックス新潟

アルビレックス新潟の前身であった新潟イレブンサッカークラブが誕生したのは1955年。この地元アマチュアチームがプロ化を目指すため、まず必要だったのが相応なチーム名だった。Jリーグ入りを見据え、94年にチーム名とチームカラー、キャラクターを一般公募。結果、当時中学生だった大滝祥生さんが応募した「アルビレオ」が選ばれた。「アルビレオ」は白鳥座のくちばしにあたる星の名で、ブルーとオレンジに輝く二重星。ブルーは日本海を、オレンジは日本海に沈む夕日をイメージしていることからチームカラーはオレンジとブルーに。さらに新潟に飛来する白鳥をクラブマスコットに決定。こうして「アルビレオ新潟」が誕生した。

96年、3年後に予定されていたJリーグ2部制に向けて加盟準備をしていた段階で、商標登録の問題が浮上した。Jリーグが提示する「チーム名称については18種類の商標類（国際分類）に登録済みか登録可能なものでなければならない」という参加条件がチームの前に立ちはだかった。「アルビレオ」は洋服や文房具、かばん類など11種類の商品分類ですでに8社が登録されていたのだ。県民に浸透してきた「アルビレオ」の名を使い続けるため、それらの企業との交渉を続けたが、譲り受けることができずやむなく名称変更を決定。

サポーターズクラブと後援会会員を対象とした公募を行い、平山前県知事、長谷川前新潟市長、県サッカー協会役員など約30名から成るネーミング検討委員会で協議を重ね、「アルビレックス」「オラッタ」「シスネーテス」の3案に絞り込んだ。さらに96年12月～97年1月に県民投票を行った結果、「オラッタ」との僅差で「アルビレックス」がトップに。名付け親である小黒雅人さんは「“アルビレオ”がとても好きだったので、そのイメージを残しつつ、語呂のよさで「X」をつけてみました。本当の名付け親は、“アルビレックス”に投票してくれたすべての人たちだと思っています」と語る。

「レックス」はラテン語で「王」の意味。“アルビレックス”はサッカー界の王者に向かってはばたくという、新チーム名にふさわしい意味を持つこととなった。

かくして97年4月、“アルビレックス新潟”としての歴史が始まった。

名付け親から見た
アルビレックス

「この13年間の成長には正直びっくりです」

アルビレオ新潟の名付け親
大滝（おおたき） 祥生（さちお）さん

公募を知った当時は中学生で、家族みんなでチーム名を考えました。新潟のシンボルとして白鳥が浮かび、星座に興味があったので白鳥座の星をひとつずつ調べていたら、くちばしの部分が「アルビレオ」でした。しかも青とオレンジの二重星だったので、チームカラーにもしやすいと思ったんです。決定の電話を受けたときは驚きましたが、結構いけるかなと自信もあったので、「やっぱり」という気持ちもありましたね（笑）。

高校卒業後新潟を離れましたが、たまに帰ってきて感じるのは、チームが町に浸透しているということですね。若い人たちがデートスポット的に、ファミリーがレジャースポットとしてホームゲームを観戦している。これってすごいことだと思います。自分が名付け親だということを忘れるくらい、今ではアルビレックスというチームは新潟にとって大きな存在になっていますね。これからのチームに期待したいのは、やはり順位的なものです。同い年で小学校時代から知っている本間選手をはじめ地元選手の活躍で、結果を残してほしいですね。

1994年11月28日、新潟イレブン後援会設立発起人総会が開催された。写真右から3人目が、大滝祥生さん

新潟イレブン改名の一般公募で最終選考に残った12案（1994年）

- ブランカーサ新潟（白）
- プエリオ新潟（ライトグレー）
- 新潟アルビレオ（オレンジと青）
- トゥリバーノ新潟（赤、白、黄色）
- 新潟バンブリーズ（ライトグレー）
- デュエル新潟（青と稲穂色）
- 新潟トレジャーズ（紅、シルバー）
- ジュラーセ新潟（黒）
- ブランカ新潟（白）
- オンセアロス（黄色と水色）
- 新潟ブレンヂ（青とオレンジ）
- 新潟ブリッズ（白）
- FC新潟えちご屋
- ナイス新潟

※カッコ内はチームカラー

チーム名&マスコットの変遷

1955年 ●「新潟イレブンサッカークラブ」として創部。

1994年 ●チーム名を一般公募により「アルビレオ新潟FC」と改名。
チームカラーはオレンジとブルー、キャラクターは白鳥に決定。

1996年 9月 ●チーム名変更を決定。
10月 ●サポータ―ズクラブ、後援会会員を対象に新チーム名公募開始。
11月 ●第1回ネーミング検討委員会により新チーム名候補が10案に絞り込まれる。
12月 ●第2回ネーミング検討委員会により新チーム名候補が3案に絞り込まれる。

1997年 4月 ●県民投票により、チーム名を「アルビレックス新潟」と改名。

1999年 9月 ●クラブマスコット発表。

2000年 3月 ●公募によりクラブマスコットのネーミング決定。
『アルビくん』ホーム開幕戦でデビュー。

2002年 7月 ●アルビくんがスワンちゃんと結婚。

アルビレオ新潟改名 新ネーミング県民投票結果(1997年)

◆ 投票総数 **18,401通**

1位 アルビレックス 8,726票
アルビ(アルビレオ)+レックス(王者)

2位 オラッタ 8,271票
俺たち(私たち)のチーム

3位 シスネーテス 1,183票
シスネ(スペイン語で白鳥)+ヒネーテ(スペイン語で騎士)

新潟らしくていいね! ユニークチーム名大集合(1996年公募)

- ゴンダサーサ新潟〈笹団子をひっくり返してみました〉
- カガッポイ新潟〈新潟の方言で「まぶしい」〉
- ライスノー新潟〈ライス+スノー〉
- じょんのび〜な新潟〈「じょんのび」=のびのびとおおらかに〉
- 新潟イヨボヤーラ〈鮭=イヨボヤ。大海原へ出て行くエネルギー〉
- ヒャークライス新潟〈百の米=米百俵〉
- 新潟コメッツ〈新潟=米のイメージ〉
- マルダキーユ新潟F.C〈ゆきだるまを反対から読んで〉
- 新潟ホワイトタイガ〈雪(ホワイト)+大河(信濃川)〉

第1回 ネーミング検討委員会で絞り込まれた10案 (1996年)

なるほど!
いろんな意味が
あるんだね

❶ **アルビオーレ**(ALBIORE)
アルビ(アルビレオ)+オーレ(声援)。アルビレオをもっと応援しよう!

❷ **アルビスター**(ALBISTAR)
アルビ(アルビレオ)+スター(星)。アルビレオが真の星になるように。

❸ **アルビレックス**(ALBIREX)
アルビ(アルビレオ)+レックス(王者)。さらに強くなったアルビレオ。

❹ **アリュート**(ARYUTO)
アルビ(アルビレオ)+柳都(RYUTO)。新潟市の象徴、柳都を含ませて。

❺ **グランデリオ**(GRANDERIO)
スペイン語で「大河」。信濃川と阿賀野川という新潟の2つの大河から。

❻ **ビシャモンテ**(BISHAMONTE)
上杉謙信が生まれ変わりと信じ、軍旗としていた毘沙門天の名を借りて。

❼ **リバッツ**(RIVATS)
RIVER(S)。二つの大河を合わせて。

❽ **オラッタ**(ORATTA)
新潟弁で「俺たち」。「俺たち(私たち)のチーム」の思いをこめて。

❾ **ガット**(GATTO)
新潟弁で「すごく、とても」。「すごいチーム」になってほしい。

❿ **マイセッシュ**(MAISESHU)
「米」「雪」「酒」を訓読みに。新潟が誇るチームになってほしい。

アルビレックス新潟 チームロゴ&フラッグ案(1997年)

●白鳥座に光る、アルビレオの星の輝きをイメージ。翼を広げるように左右にボリュームをもたせることで、安定感のある力強さを表現。

●小文字のみで組むことで、白鳥の優雅さと飛翔したときのスピード感を表現。Xを強調することで白鳥座のクロスの意味合いを込めた。

●スマートで、かつ心身ともに卓越した力強さをイメージ。シャープなエッジにより攻撃的で機敏な動きを主張。上へ向かって伸びていくイメージ。

新潟県知事

泉田 裕彦

Hirohiko IZUMIDA

―ごあいさつ―

クラブ創設12年目（サポーターズイヤー）を記念し、これまでの歴史を振り返る「アルビレックス新潟11年史」の発刊に当たり一言お祝いを申し上げます。

1996（平成８）年にアルビレックス新潟が誕生してから、早いものでもう11年が経ちました。ワールドカップの新潟招致をきっかけに誕生したアルビレックス新潟が、今や多くの県民に愛される地元のチームとしてすっかり定着したことをとてもうれしく思っております。

アルビレックス新潟は、約４万人もの大観衆が毎試合スタジアムを埋め、Ｊリーグ屈指の観客動員数を誇ることから、Ｊリーグが掲げる「地域密着」という理念を体現するチームとして常に全国の注目を集め、これからＪリーグへの加盟を目指す地方のクラブにとっての成功モデルとして高く評価されていると聞いております。一昔前には「サッカー不毛の地」ともいわれた新潟ですが、そのころの状況を思い起こしますとまさに隔世の感があります。

さて、現在のアルビレックス新潟の隆盛を考える上で忘れてならないのは、やはり新潟スタジアム（現名称：東北電力ビッグスワンスタジアム）の完成と、2002 FIFAワールドカップ日韓大会の新潟開催ではないでしょうか。夢と感動に満ちたスタジアムを舞台に繰り広げられる世界レベルのサッカーに触れることで、多くの方々がサッカーというスポーツの持つ楽しさや素晴らしさに魅了されました。そのことが、県民の皆様の間に「みるスポーツ」という新しいスポーツ文化を定着させることになった大きな要因であると思っております。

県民との関わりという点からは、２つのことが思い出されます。

１つ目は、2003（平成15）年のＪリーグ２部優勝・１部昇格です。このことは、「地方でもやればできる」という自信と誇り、そして大きな夢と感動を県民にもたらしてくれました。スタジアムでサポーターのみなさんが叫ぶように、まさに「俺たちの誇り新潟」になった瞬間でもありました。

２つ目は、2004（平成16）年10月23日に中越大震災が発生した直後のことです。当時の反町監督を始め選手・スタッフの方々が率先して被災地に駆けつけ、防寒具など救援物資の搬入や被災地での学校訪問・サッカー教室開催等により、被災された方々を激励し勇気付けていただくなど様々な支援をいただきました。その後も、「がんばろう新潟！」のワッペンを付けて戦うアルビレックス新潟の選手たちに、多くの県民が励まされたものでした。

最後になりますが、12年目のサポーターズイヤーにふさわしい「闘え！新潟」という今シーズンのチーム・スローガンは、原点に立ち返り、新潟らしく「ひた向きに、最後まで」戦うというチームの決意表明と受け取りました。アルビレックス新潟には日本一熱いサポーターがついております。今年もまた、多くの県民を感動させる熱い試合を期待するとともに、これからも多くの県民から愛されるチームとして、地域との結びつきを一層深めていっていただきたいと思います。

新潟県中越地震
復興支援チャリティーマッチ

がんばれ新潟!

チャリティーマッチで被災者に勇気を! ビッグスワンからの復興支援

2004年10月23日に発生し、県内各地に未曾有の被害をもたらした新潟県中越地震。復興に励む人々に向けて、サッカー界として何かできないだろうか。当時、日本代表監督を務めていたジーコ氏と、日本サッカー協会の川淵三郎キャプテン。両者が話し合う中、復興を支援するチャリティーマッチを開催する計画が持ち上がった。

「被災者の方々のために、私自身で何かできることはないかと考えました。しかし具体的なアイデアがなかなか浮かばなかったため、川淵キャプテンへ電話をかけていろいろと話し合ったのです」(ジーコ氏)「選手自身から、『ぜひ行きたい』という声が上がった。参加できることを意気に感じてくれる選手ばかりだった」(川淵三郎氏)

こうして実現したのが、12月4日にビッグスワンで行われたアルビレックス新潟対ジーコジャパンドリームチームによる『新潟県中越地震復興支援チャリティーマッチ・がんばれ新潟!』だった。

ジーコジャパンには総勢18名の現役選手が参加。試合前日には3つのグループに分かれ、それぞれ被災地を訪問。人々に元気、勇気を与えるべく、和やかなムードのなか触れ合いが持たれた。さらには、試合当日には長岡市、小千谷市、魚沼市などの小学5、6年生282人を対象に、永島昭浩氏、井原正巳氏、武田修宏氏、黒崎久志氏、ビスマルク氏によるサッカー教室も開催されている。

スターの競演に一喜一憂した夢の時間

試合には旧山古志村の子どもたち全員が招待された。そして、満員の観衆が見守るなか両チームの選手たちが一進一退の攻防を繰り広げた。地域のシンボルであるアルビレックス新潟と、キラ星のごとくスター選手が集ったジーコジャパンドリームチームの競演に、誰もが興奮し一喜一憂した。この時ばかりは、心を躍らせる90分間を過ごすことができた。

参加した監督、選手たちも、試合後には充実感から、一様に笑顔をみせていた。「今日に限らず、(復興支援への協力を)続けていきたい」(反町康治監督)「被災した方々に、自分たちのプレーで勇気を与えたかった」(秋田豊選手)「いい試合でした。被災者の方々には今後も頑張ってほしい」(楢﨑正剛選手)「昨日の被災地訪問ではボクたちが勇気をもらいました。だから、今日は何としても勇気を与えたかった」(駒野友一選手)「新潟は本当にいいチームだと思う。お客さんが喜んでくれる試合ができました」(山口素弘選手)「こういった試合が実現して、嬉しく思います。いつもよりも楽しんでもらおうと思ってプレーしました」(野澤洋輔選手)

ジーコ氏の発案に多くの人々が賛同し、チャリティーマッチ、被災地訪問、サッカー教室など、サッカーを通じた復興支援活動が2日間に渡って行われた。日頃、大勢の人々から支えられて存在するアルビレックス新潟の存在意義を、強く確認できた2日間だった。

アルビレックス新潟 × 国際マッチ・親善試合の歴史

新潟発!世界に向けてキックオフ

ときに国際親善の一環として　また、ワールドカップ機運醸成の担い手として
そして、世界のサッカーを肌で感じる場を提供するため
この１１年間でアルビレックス新潟は世界各国のクラブと対戦した。
"サッカー"という共通言語で
世界の国々と交流した、国際マッチの歴史を紐解いた。

日韓親善

アルビレオ 強豪と互角

国民銀行戦ドロー

前半2分、FWパトリックが左サイドからシュートを放つが、得点ならず ＝新潟市陸上競技場

新潟日報　1996年10月27日付朝刊

1996年10月26日
2002ワールドカップ フレンドリーマッチ
アルビレオ新潟3－3国民銀行

2002FIFAワールドカップを新潟に招致することは、アルビレオ新潟が誕生した当初の目的の一つだった。招致の一環として行われた親善試合ではあったが、当時の韓国実業団でNO.1の呼び声が高かった国民銀行との一戦は、JFL昇格をかけて臨む全国地域リーグ決勝大会を前の試金石としても捉えられていた。

1997年10月25日
2002年FIFA ワールドカップ 日韓共同開催 フレンドリーマッチ
アルビレックス新潟2－3韓一生命

前年12月に、新潟がFIFAワールドカップの開催地に決定したことを受け、日韓親善をアピールする役割をアルビレックス新潟が担った試合。アフリカ人FWイグナスの新潟デビュー戦で、合流間もない時期にもかかわらず2ゴールという結果で実力を証明した。

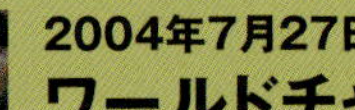

2004年7月27日
ワールドチャレンジマッチ2004
アルビレックス新潟2－1ボカ・ジュニアーズ

J1リーグ1stステージ終了後、南米屈指の強豪であるボカ・ジュニアーズを迎えた試合は、まさに世界に挑戦する試合となった。高いモチベーションで臨んだ新潟は、FW船越がアルゼンチン代表GKアボンダンシエリを破り決勝ゴールを奪っている。同試合は、前シーズンをもって現役を退いた神田勝夫(現強化部長)の引退試合としても位置づけられた。神田は終了間際に交代出場し、熱いメッセージをビッグスワンのサポーターに残しピッチを後にした。

2004年8月1日
ワールドチャレンジマッチ2004
アルビレックス新潟5－2バレンシアCF

ボカ・ジュニアーズ戦に続いて新潟が挑戦したのは、スペインリーグの覇者バレンシア。アルゼンチン代表MFアイマールは負傷のため出場しなかったが、他のメンバーもハイレベルな技術を披露した。だが、それを上回るインパクトを残したのはアルビレックス新潟。安の鮮烈なミドルシュートをはじめ、大量5得点を挙げてスペインの雄を粉砕した。

2005年7月28日
新潟市合併記念国際親善マッチ
アルビレックス新潟2－2大連実徳足球倶楽部

新潟市の合併を記念した試合は、スポーツの普及・振興、日本と中国両国民の相互理解と親善・友好を目的として開催された。対戦相手は中国・Cリーグの強豪にして、アジアレベルでも実績豊富な大連実徳。激しく技を競いあった試合は2－2の引き分けに終わり、試合終了後は両チームの選手たちがお互いの健闘を称えあった。

2006年8月4日
ワールドチャレンジマッチ セビリアFC JAPAN TOUR 2006
アルビレックス新潟0－6セビリアFC

05年にUEFAカップのタイトルを獲得したスペインの古豪セビリアFCが来日。久々の新潟市陸上競技場でのナイトゲームで、アルビレックス新潟はそのパワーとスピードに圧倒された。新潟の選手が不甲斐ないわけではないことは、セビリアの帰国後の戦跡を見ても明らかだ。欧州スーパーカップではあのバルセロナを撃破し、UEFAカップは2連覇。06-07シーズンのスペインリーグでも最後まで優勝争いを演じている。

アルビレックス新潟

選手強化・育成の変遷

「サッカー不毛の地」と呼ばれた新潟。
他県と比較しても決してサッカーが盛んではなかった地域でJリーグ入りを目指したアルビレックス新潟。
トップチームが厳しい環境で苦闘を続ける一方、地元選手の育成、若手選手の強化というテーマもクラブには課せられていた。
その取り組みは、一朝一夕にして成果が上がるものではないが、着実に進歩を遂げている。
クラブ発足からの11年間、アルビレックス新潟が「不毛の地」にどのように「種」をまいてきたのかを振り返った。

下部組織の躍進
～不毛の地に種をまく～

1998年4月、翌年からのJ2リーグ参加を控えたこの年、東博樹を初代監督に迎えたアルビレックス新潟ユースが産声を上げた。地元クラブチーム出身の選手が中心の若きオレンジ軍団は、他クラブのユースはもちろん県内の高校サッカー部を相手に苦戦を強いられた。だが、育成部門のスタッフたちは決して焦ることなく、原石たちを丹念に磨き続けた。今では他県の子どもたちが、ビッグスワンでのプレーを夢見てクラブの門を叩くようになっている。2004年には直属のジュニアユースが立ち上がり、普及事業とトップチームまでをつなぐ道が整備された。地道な努力の成果は競技力向上につながり、長谷部彩翔、酒井高穂をはじめ下部組織からは各年代別の日本代表選手が7～8名選出されている。ユース出身の日本代表選手。クラブチームとして、一つの理想形になる日もそう遠くないはずだ。

JAPANサッカーカレッジとの提携
～アマチュア育成組織の意義～

下部組織とともに選手の育成面でアルビレックス新潟を支えているのが、サッカー専門学校JAPANサッカーカレッジの存在だ。同校とは、アマチュア育成組織としての提携がなされ、所属する選手たちはユースと同様に、準公式戦であるJサテライトリーグに出場可能な環境が整えられている。また、同校のチームは、かつてのアルビレックス新潟と同様に、北信越リーグからJFL昇格を果たすことが目標。シビアな戦いを経て日々成長する選手たちを、サテライトリーグや練習試合でチェックし、連携を図ることはクラブの育成の地盤をより強固なものにしている。

ALBIREX NIIGATA・S
～世界へ広がる白鳥の翼～

2003年、シンガポールサッカー協会の要請に応え、アルビレックス新潟の兄弟クラブとも言える『ALBIREX NIIGATA・S』の設立とSリーグ（シンガポール）参加が発表された。当時、日本のサッカー界で画期的な試みとして、驚きをもって迎えられた。同クラブへ、創設以来、トップチームの若手選手が次々に期限付き移籍を果たし、厳しい環境でのトレーニング、ハードなリーグ戦での実戦経験を積むことで大きく成長を遂げている。また、JAPANサッカーカレッジに所属する選手も、インターンシップとして登録選手となりプロリーグを体験することで、技術・意識を高めて選手としてステップアップを果たしている。

クラブ所属の若手選手の成長、アマチュア育成組織であるJAPANサッカーカレッジの選手の成長は、アルビレックス新潟にとって大きなメリットをもたらしてきた。また、04年に同クラブの指揮をとった、大橋浩司氏のなでしこジャパン（日本女子代表）監督就任に代表されるように、チームスタッフが実戦を経験する場としても成果を上げている。下部組織、JAPANサッカーカレッジによって見出され、育成された才能あふれる選手たち。ALBIREX NIIGATA・Sとの協力関係は、その選手たちが実戦を経験し、よりたくましく強化される場として、アルビレックス新潟に無限の可能性を与えている。また、近年では同クラブでプレーした選手が、デンマーク（中島ファラン一生、橋本卓）やスロベニア（和久井秀俊）のプロリーグに移籍を果たしたり、他のJクラブ（山形辰徳、柴村直弥）やSリーグのチーム（末岡龍二、新井健二、村上範和）で活躍をしたりするなど、選手にとっても飛躍のチャンスを得られる場となっている。

The Impressive Players of

ALBIREX NIIGATA 1996—2006

ピッチ上の主役たち

アルビレックス新潟の11年の歴史は、
ピッチの上において結果を出してきた
選手たちの歴史でもある。
韋駄天さながらのドリブルで
ピッチを駆け抜けた名選手。
地味ながらも黙々と
結果を出し続けたプレーヤー。
おなじみのパフォーマンスでサポーターを
歓喜の渦に巻き込んだあの千両役者。
そんな印象に残るプレーヤーたちを、
ピッチの外からアルビレックス新潟を
追い続けてきた3名のジャーナリストに
語ってもらった。

●1996—1998
矢崎 弘一 *Koichi YAZAKI*
スポーツニッポン新潟支局

●1999—2003
涌井 幹雄 *Mikio WAKUI*
ライター

●2004—2006
斎藤慎一郎 *Shinichiro SAITO*
ニューズ・ライン スポーツ担当

DF 中野 一彦
Kazuhiko NAKANO　1996

強いリーダーシップでDF陣を統率

アルビレックス新潟の前身はアルビレオ新潟。さらに“前身”だった新潟イレブン時代から活躍していたガッツ溢れるプレーヤーだ。ＤＦの要を担ったのに加え、強いリーダーシップでキャプテンを務めた時期もあった。ＤＦ陣の統率とともに、抜群の体力を最大の持ち味に、マンツーマンにはめっぽう強かった。そんなプレースタイルを象徴した試合が1996年の北信越リーグ第８節のアウェーゲーム。相手は優勝を争う上で最大のライバル・ＹＫＫ(富山)だった。中野は前年まで３年連続得点王に輝いているＹＫＫの得点源・ワギネルを徹底マーク。口の中を切るほどの激しい一戦となったが、決してマークの手を緩めなかった。当時、チームの最年長。新潟イレブン時代から“生え抜き”だった男だからこその責任感がそうさせた。「大きな仕事を任せられましたから。口のケガは新潟へ帰ってきて３針くらい縫いましたね」と当時を振り返った。試合は杉山学が挙げた“虎の子”の１点を守り切り貴重な勝ち点をゲット。優勝に王手をかける劇的な勝利の要因は献身的な中野の守備があったからこそ。試合終了後、思わず天を仰いだ姿が印象的だった。ピッチの外では技術向上のために努力を惜しまなかった。日頃の練習以外でもトレーニングは欠かさない。そんな姿勢が周囲から大きな信頼を得ていた。1997年度のＪＦＬ昇格を見届けずに96年で現役を引退したが“アルビ魂”を注入した熱い男だったのは間違いない。引退後は指導者として新潟イレブンジュニア、同ジュニアユースなどで小中学生に技術を伝授。サッカーに対する情熱はまだまだ冷めてはいない。

DF 成海　優
Masaru NARUMI　1996

アルビレオ新潟の初代キャプテン

アルビレックス新潟の前身・新潟イレブン時代から、1996年にかけて在籍した闘争心溢れたＤＦ。アルビレオ新潟では初代キャプテンを務めるなど、チームの草創期を支えた、負けず嫌いで身体能力より気持ちでプレーするタイプ。どんな試合でもボールに執着し、常に全力を傾けた。当時は自身を含め、アマチュア選手が多かった。練習グラウンドなど、環境的には恵まれない時期だったが、全体練習以外でも若い選手を誘って走りこみや筋トレに取り組むなど、精力的な姿勢が光った。チームが徐々に“プロ化”するのに伴い、外国人選手や元Ｊリーガーらが加入する流れの中で退団したが、自身は新潟蹴友会(当時)で現役を続行した。

もともとは高校の教員。見附を皮切りに新津南などで高校生を現役時代と変わらないスタンスで熱血指導。国体や国際ユース大会時に編成する県高校選抜の監督を務めたこともある。また、昨年は高志を率いて全国選手権大会県大会を初制覇し、チームを晴れ舞台へと導いたのは記憶に新しい。地域リーグ、ＪＦL、Ｊ２、Ｊ１と変遷してきたアルビレックス新潟に対しては今でも強い思い入れがある。「一歩一歩、上がって周りも盛り上がっているのは嬉しいこと。サッカーの内容もよくなってますよね」。OBの一人として感慨深く話す。

今は指導者の立場から「教えている高校生たちの参考になるようなサッカーを。自分たちの練習が終わってから試合やトレーニングを見に行ったりもできる」と後に続く若い選手たちへの“相乗効果”を口にした。

DF 奥山 達之

Tatsuyuki OKUYAMA　1996—1998

テクニックを兼ね備えた大型ディフェンダー

県高校サッカーの名門・東京学館新潟出身。高３の全国選手権大会では船越優蔵(今季から東京Ｖへ移籍)のいた国見と対戦したこともある。卒業後、新潟イレブン入り。アルビレオ新潟時代は、バルコム、永井良和両監督（当時）のもとでプレーした。高校時代はＦＷだったが、身長（1メートル84）と高い身体能力を高く評価したバルコム監督の方針で、長所を生かした方が将来のためとＤＦに転向した。長身ながらテクニックも持ち合わせた大型ＤＦは、状況にによっては容赦なく相手を倒しにいくハードタックルなどガッツ溢れるプレースタイルが身上だった。

印象に残る試合として1997年の全国地域リーグ決勝大会を挙げた。前年の北信越リーグを制して臨んだがプリマハムＦＣ土浦(現Ｊ２水戸)にＰＫ戦の末に惜しくも敗れてＪ

ＦＬ昇格も逃し「あの時の悔しさの方が大きかった」と振り返る。そんな思いをぶつけて翌年には悲願を達成。歓喜を味わった。現役を引退後はそのままクラブに残り、下部組織のスタッフとして力を注いでいる。「教える側になって見方が少し変わった。コミュニケーションを大事にしている」。現在も育成部に籍を起き、ジュニアユース(中学生年代）２年生チームの監督を務めている。学年ごとに持ち上がりの監督で、近い将来は３年生チームの指揮を執る予定だ。若い芽を育て、Ｊ１のステージで戦うトップチームに人材を送り込む重要な役割だけにおのずと力がこもる。「もちろん、そのつもり。ジュニアユースからユースを経てトップへ上がるような選手を」。自身が培った“アルビ魂”を次代へ生かす。

FW マース

Erik Laurens Johannes MAES　1996—1997

得点感覚抜群のゴールハンター

1996年、バルコム元監督がオランダから連れてきた“助っ人”の一人で、決定力を兼ね備えたレフティー。

この年のシーズン前、バルコム元監督は、「前年より攻撃的なチームになる。決定力不足は間違いなく解消される」と期待を寄せていたのがマースだ。本人も「ＪＦLを、そしてＪリーグを狙うために新潟にやって来た」と抱負を語っていた。ズバ抜けたスピードこそないものの、得点感覚にすぐれたゴールハンターで、開幕戦となったマッキーＦＣ戦では“あいさつ代わり”のいきなりの２得点デビュー。初得点シーンはドンピシャのタイミングで頭から飛び込むスーパープレー。思わず跪き、両手を天に突き上げるポーズでその存在を見せつけた。第６節の金沢サッカークラブ戦と第９節の福井教員戦では４得点。この年は全９試合中、６試合でゴールをゲット。通算得点は13得点を数え、チームを北信越リーグ優勝へ導く役割をしっかりと果たした。試合で見せてくれた、ときに金髪を束ねた“ちょんまげヘアー”も懐かしい。どん欲にゴールを狙うピッチでの姿勢とは対照的に、性格はいたってフレンドリー。人なつっこい笑顔はファンも多く、当時のサポーターから親しまれた。２年目の97年も活躍。印象深い外国人選手だったが、ケガのため在籍２年でチームを離れた。マースはサポーターのみならず、さまざまな人たちが親切に接してくれた新潟の地を愛した。

今はオランダ在住だが、遠く離れてもかつて自身が籍を置いたチームが気になる。インターネットでチーム情報を得るなど、Ｊ１に躍進したアルビレックス新潟の動向に注目している。

MF ロメロ

Bernardo Peter Josef ROMERO　1996

中盤に君臨したアルビレオ新潟の司令塔

オランダでのプロ生活10年の経験・実績を引っさげて1996年に新加入。パスセンス溢れる中盤としての期待度に加え、１メートル85の長身を生かしたヘディングも武器で、同期入団のマースとともにチーム躍進の原動力となった。バルコム元監督が得点力アップを掲げて獲得した助っ人は入団直後「いい選手が多くいるグッドチーム」と印象を語った通り、すぐにチームにフィットした。

この年の開幕戦となったマッキーＦＣ戦では１ゴール３アシストの鮮烈デビュー。中でも前半43分にマークした得点はロメロのセンタリングにマースが頭で合わせたもの。

“新外国人コンビ” の存在をサポーターの目に強烈に焼き付けた。この年を象徴する試合は、北信越リーグ第６節の金沢サッカークラブ戦。ロメロがハットトリックを大きく上回る５得点。マースも４得点と大爆発した。結局、リーグ戦全９試合中、10得点をマーク。優勝に大きく貢献した。

ロメロがピッチで見せたプレースタイルは日頃の練習でも不変だった。負けず嫌いな一面から、ボールを奪われると激しく追いかけた姿が印象に残っている。半面、ピッチを離れればフレンドリー。サポーターからの人気が高かったのに加えて、自ら日本の生活や文化に積極的になじもう、慣れようと努力した。

クラブ関係者宅を訪ねた際は、夫人と一緒に着物に興味を示し、袖を通したエピソードもある。家族の事情からシーズン途中で惜しまれつつ新潟を去ったが、在籍していればＪＦＬ昇格がもっと早まったとの声も聞かれた実力者。

紛れもなくアルビレオ新潟を代表する顔の一人だ。

DF 平岡 宏章

Hiroaki HIRAOKA　1996—1998

ロングスローは今や伝説　経験に裏打ちされた実力者

ＪＦＬへの昇格を目指すため、1996年末に新潟に加入した。出身はサッカー王国・静岡。新潟に加入する前はＪＦＬ（当時）コンサドーレ札幌に所属していたが、Ｊリーグ清水エスパルスでも活躍していたＤＦだ。

「Ｊリーグの経験者が必要」。バルコム元監督の方針から白羽の矢が立ち、同郷で清水時代のチームメートだった杉山学が既に在籍していたことも移籍の実現に功を奏した。清水商高、順天大時代には全国制覇。92年のバルセロナ五輪では代表候補になった実力者で、強化ポイントだったＤＦ陣の要として期待を担っての新潟入り。気持ちが強く、長年の経験に裏付けされたクレバーなプレーが身上だったのに加え、ＣＫにも匹敵する“ロングスロー”も大きな武器だった。札幌時代は腰痛に悩まされ、出場機会も少なかったが完治しての新天地に「やれる自信がなかったらサッカーはやめている」と決意を話すとともに「堅実な守備を心掛けたい。負けている時や苦しい時でも冷静に判断し、チームの士気を高めるような声を出していきたい」とベテランらしい抱負を披露していた。その言葉通り、97年の北信越リーグ連覇に貢献したのに加え、翌98年１月には悲願のＪＦＬ昇格の原動力になった。ＪＦＬ元年は全28試合すべてに出場。そのオフに戦力構想から外れたが、そのままコーチに転身。永井良和、反町康治、鈴木淳の、それぞれタイプの異なる３監督に仕えた。コーチ時代に培ったノウハウを生かして今季からはアルビレックス新潟・Ｓ（シンガポール）の監督に就任し、指揮を執る。まだまだ“アルビレックス”に傾ける情熱は旺盛だ。

クラブの草創期を語る上で、この二人を欠かすことはできない。
強烈なキャプテンシーで引っ張った古俣健次とストライカーの称号「11」を背に相手ゴールへ向かった杉山学。
Jリーグ経験者としてクラブに新たな"血"を注いだ二人は、
ほかのメンバーとともにJFL昇格に貢献し、J1という夢への一歩を実現させた立役者だ。

DF 古俣 健次

Kenji KOMATA　1996—1998

強烈なプロ意識でチームをけん引した「闘将」

背番号「18」は紛れもなくチームの顔だった。悲願達成のために「Jリーグ経験者が必要」。バルコム監督（当時）の方針から加入。それまでの豊富な経験と培った実力もさることながら、キャプテンとしてチームをけん引する姿は、特に若手にとって大きな刺激となった。「自分から積極的に何かやろうとしたわけじゃないけど…。ただ自分の背中を見せられるようにとは思っていた」。謙虚に話すが、そのプレースタイルから"闘将"と形容されたのは記憶に新しい。「当時の自分は引退までのカウントダウンの時期だった。ただ新潟出身として何か地元に恩返ししたい思いもあった。(引退するなら)チームをひとつ上のレベルに上げてからと。それがJFL昇格だった」と述懐した。

当時の練習環境は恵まれず、スライディングすればグラウンドに落ちている石などでケガもしばしば。少しでも改善されることを願ってクラブ側へ要請する動きを見せるなどグラウンド外でも"行動する"主将だった。1998年雪の鹿児島で、JFL昇格を果たした時のエピソードがこの人らしい。1勝1敗で迎えた夜。選手だけでミーティングを開いた。呼びかけた言葉は「これまで自分たちがやってきたことをやればいい。あと1試合じゃないか」。前年、プリマハムFC土浦(現J2水戸)にPK戦の末に敗れ、昇格を逃した際には「最後のキッカーはマイケル。俺が"たとえお前が外して負けてもみんなが納得するから"って蹴らせた。本人はイヤがっていたけど」。ともに懐かしそうに明かしてくれた。

現在はテレビやラジオでアルビレックス新潟の試合のサッカー解説のほか小中学生を指導するなど、なおもサッカーに対する情熱を燃やしている。その上で県内の指導者に求めたのは発想の転換。「(天候にかかわらず）練習はグラウンドで。雨や雪で状態が悪いから滑る？だったら（滑らないように）蹴り方を変えればいい。どう工夫するかでしょう」と明快。"闘将魂"は今も脈々と生きている。

FW 杉山　学

Manabu SUGIYAMA　1996—1998

ストライカーの背番号「11」の系譜の源流

華麗なシュートだけがこの人のプレースタイルじゃない。ケガをいとわず、闘争心をムキ出しにして相手ゴール前へ突進するひたむきさ。当時のFW陣を支えた"ゴールハンター"は執念という武器もまとっていた。清水、山形とJリーグとJFLを経験したが『当時は山形をクビになって行くところがなかった。サッカーをやりたくてもチームがないという状況の中で、新潟にこういう（Jリーグ入りを目指す）チームがあると聞いてテストを受けさせてもらった。受かっても落ちても自分にとって最後のクラブになると思った』。加入の経緯を話した。在籍中は数々の名勝負を演出した。中でも本人の印象に残っているのが1998年1月のJFL昇格をかけた全国地域リーグ決勝大会。初戦の横河電機に3－1、続くソニー仙台に3－5のあと、教育研究社に6－3。会場は南国・鹿児島だったが「雪だったし…」。前年の北信越リーグ時代のYKK（富山・7月13日 新潟市鳥屋野球技場）戦も忘れられない一戦だ。「その年はケガでずっと外から見ることが多かったから…。優勝を争う試合で1－0で勝ったし、余計に印象深い」。当時を懐かしそうに思い出すうちに、目の輝きはストライカーになった。

歴史を積み重ねたクラブは今季"闘え新潟"をスローガンに優勝を含めた7位以内を目標に定めている。「ここまでになるとは思わなかった。本当にすごい。特に外から来た人間だからなおさらそう思う」。クラブの成長を喜んだ。出身は静岡だが、新潟を"第2の故郷"と思い、根付いている。現職は新潟経営大サッカー部監督。ときにコーチを伴ってトップチームの練習を見学。また部員を連れて練習試合の相手を務めることもある。4万人サポーターの中でプレーした経験はないが、体に流れる"オレンジ魂"を忘れることはない。クラブへの愛着は今でも強く、立場が変わっても交流を持ち続けている。

（1996－1998　文／矢崎　弘一）

DF 木澤 正徳

Masanori KIZAWA　1999—2000

爆発的な走りで右サイドを駆け上がった闘将

特定の選手のプレーを目当てにスタジアムに足を運ぶ。そんな選手の一人が99、00年の主将を務めた右サイドバックの木澤正徳だ。ホームのサポーターが一番沸いたのは、爆発的な走りで右タッチライン沿いを駆け上がる姿。50メートル５秒８の脚力を駆使して一気に右サイドを押し上がると、そのスピードに沸き、チャンスの期待に沸騰した。激走する距離が長ければ長いほど、大音量の歓声は長く続いた。サイドを深くえぐって放つクロスも正確で、99年にマークした７アシストはチーム最多（00年は６アシスト）。トレードマークは左耳のピアスと茶髪で風貌は若かったが、Ｊ２元年の99年シーズンの開幕前の時点で当時29歳の木澤が最年長だった。

若いメンバーが多かっただけに、チームをけん引する役目を自ら引き受けてきた。「ピッチで鬼軍曹になる」とゲーム中に味方を怒鳴りつけ、鼓舞してきた。熱血プレーの度が過ぎて、在籍２シーズンでもらったイエローカードは通算15枚(警告２枚の退場１回)。ユニホームを通路に叩きつけて、ドローゲーム(99年第22節甲府戦)の悔しさをぶつけたこともある。戦う姿勢を味方に思い出させるための意識的なパフォーマンスという側面もあったが、熱いプレーはサポーターに支持された。「ゲーム中に苦しくなったら俺を見ろ」と、ピッチ上で手本になることを心掛けてきた。当時の監督だった永井良和元監督は「やんちゃ小僧」と苦笑いしながら評価したものだった。

その永井元監督がスタジアムのスタンドを見渡しながら語ったことがある。「ここに集まるお客さんの大半が選手よりも多くの給与を得ている。だから選手に“お客さんに夢を与えろ”と言っても厳しいよ」。当時の選手たちの生活は、決して楽ではなかった。「朝食を抜いたり、コンビニの弁当で済ませる選手もいた」と秋葉忠宏（99～04年）は証言する。そんな中で木澤は、選手の栄養面のケアにも心を配っていた。時折、後輩を誘って食事をご馳走してきた。ゲームで精神の支えになり、一方では生活面も支えてきた。「ここで骨を埋めたい」という願望は果たせなかったが、わずか２年の在籍で確かな足跡を新潟に残した。

FW 鳴尾 直軌

Naoki NARUO　1999—2000

妥協を許さない姿勢で日々成長したストライカー

自らを崖っぷちに追い込んだ。目標をまず口にして、ひたすら実現に向って突き進んだ。「リーグの得点王を意識している」。00年の鳴尾直軌は、頑固なまでにゴールにこだわった。地元情報誌の「県内いい男特集」に掲載されるほどの甘いマスクだったが、内面に甘さは微塵(みじん)もなかった。得点を狙う姿勢を最後まで貫き、Ｊ２得点ランキング３位の17ゴールを量産した。日本人選手としてはトップの成績で、同年のＪ２を代表するストライカーに成長した。７位に低迷したチームの中での奮闘だった。ゴールを生み出しながら一気に駆け抜けた00年が、新潟でのラストシーズンになった。

新潟に加入したＪ２開幕元年の99年は、鈴木慎吾と並んでチームトップタイの８ゴール。リトリートしてからのカウンターが武器だったチームで、守備に追われながらも得点を加算していった。しかし、プレーの評価は決して高くはなかった。一桁のゴール数がＦＷとしての評価を上げるまでに至らなかった。それだけに２年目は、ゴールへなり振り構わず突き進んだ。「この世界は数字だけ。周りを納得させる仕事をしなければだめ」。00年の開幕直後には生まれて初めて髪を茶色に染めた。「気に入っていないが、動きが悪ければ目立つ」という理由で自らの退路を断った。言い訳できない状況を作ってまでも、得点に固執した。

そして、結果を出した。00年のホーム浦和戦（第18、36節）では、２試合ともハットトリックを達成。１シーズンに２度のハットトリックはＪ２初の快挙だった。後半の45分間でハットを達成した第36節浦和戦の３点目は、Ｊ２通算1,000ゴールの記念弾。ロングスローも武器で、得点シーンの起点にもなった。身長174センチながらポストもこなし、ＤＦの裏に抜ける動きも鋭かった。左足ふくらはぎの腓腹筋(ひふくきん)断裂でリーグ戦のラスト３試合を棒に振ったが、数々の記録を残した。日本人トップのゴール数で、目標をある程度クリア。次の目標はもう、Ｊ１に活躍の場を移すことしか残っていなかった。翌01年には磐田に移籍した。

DF セルジオ
SERGIO Ricardo De Jesus Vertello　1999—2002

新潟の最終ラインを支えた「越後の壁」

コンタクトプレーに強いセンターバックとして、新潟の最終ラインを４年間支えた。サポーターが掲げた機知に富んだ横断幕は「セルジオ越後の壁」。攻撃を前で跳ね返すパワーは、桁はずれだった。Ｊ２元年の99年から02年までの在籍年数は、外国人選手としてはファビーニョ（03〜06年）に並んで最長タイだ。当時の永井良和監督が選手獲得のために渡ったブラジルで、２試合分のビデオを見ただけで惚れ込んだ選手。先方のエージェントから推薦された２選手には食指が動かず、獲得が暗礁に乗り上げたときに見つけた選手だった。今から考えれば安易と思われるような方法で獲得した選手ながら、結果的に新潟で最も愛された外国人選手の１人となっていった。

リーグ戦出場127試合は、Ｊ２だけだったとはいえ新潟に所属した外国人選手としてはチーム最多。４シーズンで挙げた通算12ゴールも、ＤＦの選手としては十分過ぎるほどの量産ぶりだった。来日初ゴールは99年の第７節アウェー鳥栖戦（１－０）。Ｊ２開幕７連勝を成し遂げたゴールは新潟の名を、一躍全国区に広めた貴重な得点となった。セットプレーのヘディングシュートにもめっぽう強く、02年は１シーズンで大量６得点。「相手は船越（優蔵＝194センチ）を心配（警戒）しているからチャンスがくる」と当時は話していたが、ＤＦ登録の選手としては同年のＪ２リーグ最多得点だった。ゴールを決めればサポーター以上に全身で喜びを表した。

もっとも、セルジオが新潟在籍４年間で集めたイエローカードは35枚。退場したゲームは合計６回（うち１発退場３回）だった。警告と退場の通算回数は02年当時のＪ２ワースト記録。相手をなぎ倒すような迫力で失点を防ぐために仕方がないファウルもあったが、闘志が沸騰し過ぎると我を忘れるシーンも多かった。しかし、それさえ愛される要因になる不思議な選手だった。「朝食を食べていても、昼食のときも、夕食中も、優勝したいと考えている」と、いつもサッカーから頭は離れなかった。日本で一番最初に大好物になったのは焼きそば。Ｊ１に昇格したのは、元祖麺類好きのブラジル人が新潟を離れた翌年だった。

DF 神田 勝夫
Katsuo KANDA　2000—2003

Ｊ1昇格に大きく貢献した地元の英雄

新潟で引退試合と銘打ったゲームを開いてもらった選手は過去、ただ一人しかいない。それが、00年から03年まで在籍した神田勝夫だ。すでに強化部長としてフロント入りしていた04年に開催されたワールドチャレンジマッチ2004のボカ・ジュニアーズ戦（アルゼンチン＝２－１）。引退試合を兼ねていたゲームの84分に出場し、２万8857人のコールを浴びた。それほど、新潟にとって重要な選手だった。地元出身の選手としては、唯一の日本代表（95年キリンカップ、エクアドル戦）経験者。“地元の英雄”といっても、決して大げさな表現ではない存在だった。「新潟のラモス（瑠偉）になる」と40代まで第一線で活躍した選手に自分自身を重ねて、選手生活最後の４年間を地元クラブのＪ１昇格のために捧げた。

左足から繰り出す正確なフィードとクロス。厳しいアプローチに直面しても、相手を簡単に交わしてしまう落ち着きと技術を持っていた。00年には専門の左サイドバックのほかに左サイドハーフ、センターバック、ボランチ、トップ下、フォワードの６つのポジションを経験。「練習を含めて初めて」という右サイドバックで途中出場したゲームも、01年にはあった。しかし、どのポジションを任されても、渋みのあるベテランの味を見せた。闘志をむき出すタイプでも、雄弁なタイプでもなかったが、不言実行のプレーは若手の手本になっていた。「肉体の衰えは感じている。しかし、そこから逃げない」。自らの限界とも戦っている姿が、サポーターを引きつけた。

01年から05年まで監督を務めていた反町康治氏は、２歳年下の神田を、こう評したことがある。「命を懸けていると思えるほど、アグレッシブになっている」。燃え尽きることを辞さない覚悟でサッカーに打ち込んでいた。左ひざ内側側幅じん帯の損傷で03年のＪ１昇格の瞬間をピッチで迎えられなかったが、ＪＦＬ時代のＣ大阪のＪリーグ昇格（94年にＪＦＬで優勝）に次いで、２度目の昇格の経験をした。現役最後に出場したリーグ戦は03年のＪ２第24節福岡戦。37歳１カ月で打ち立てたチーム最年長出場記録はまだ破られていない。

FW 黒崎 久志

Hisashi KUROSAKI 2001

強烈な右足と柔らかなポストプレーが光った元日本代表

キーパーの木寺浩一（98－05年）が練習中に思わずつぶやいたことがある。「うわぁ。快速だもの」。黒崎久志のシュートに一歩も反応できずに驚き、悔しがりながら発した言葉だ。国際Ａマッチ26試合５得点の元日本代表は強烈な右足シュートを持っていた。ボールにミートさせる瞬間の音は、ひと味違った。しかも、ポスト役になって扱うボールタッチは柔らかく巧み。ＤＦを背負っていても、背後のゴールマウスを常に頭の中にイメージしていた。「視野に入るスタジアムの風景で、ゴールの位置を把握している」。01年は、ほぼ２試合１得点のペースでゴールを量産して、Ｊ２得点ランク３位タイの21得点（出場44試合）。自分が生きて、周囲も生かした。コンビを組んでいた若きＦＷ氏原良二（01、02年）も01年に15得点をマーク。Ｕ－20日本代表候補に選ばれた。

移籍先がなかなか決まらず、黒崎が新潟と契約したのは静岡２次キャンプの前日だった。キャンプの練習オフ日には、静岡から新潟に日帰りで往復して住居を決めてくるなど慌ただしいスタート。ひた向きな練習態度は、あっという間にメンバーの模範となった。「チーム内の競争は大事だが、こっちのレベルにきて競ってほしい」とプレーには、あふれんばかりのプライド。プロ選手として颯爽とした姿も自らに課した。ホームゲームの選手紹介時にオーロラビジョンに映し出される顔写真を、自ら申し出て撮り直したことでも、その一端がうかがえる。疲労の色が濃かった契約直後の顔写真から、シーズン途中の充実していたときの顔に変更した。01年のリーグ全44試合にキーパー以外で出場したのは黒崎一人だけ。ビッグスワンのこけら落としだった第12節京都戦（３－４）では、記念すべき第１号ゴールを放っている。ゴールを決めた後に見せた胸のエンブレムに手で触れるパフォーマンスは、チームに忠誠を誓う意思の表れ。第35節ホーム大分戦で見舞われた右足首ねん挫は医師の初診では全治３週間から１カ月だったが、次節のアウェーゲームにはＰＴを同行して強行出場した。「足が折れても、使えなくなっても出場し続けたい」。鬼気迫る勢いでエースストライカーは01年を駆け抜けた。

FW マルクス

MARCUS Vinicius De Morais 2002—2003

抜群の嗅覚で得点を量産　Ｊ１昇格に導いた千両役者

チャンスのシーンには必ずといっていいほど、マルクスはゴール前に顔を出した。周りを使って最後に自分が生きるのが得意なプレースタイル。一度引いてボールを受け、相手ＤＦを引き出してから空いたスペースに走り込んでいくのが真骨頂だ。マークを一瞬の動きで振り切るスピードも持ち味で、相手ＤＦとの駆け引きは巧みだった。「僕が点を取って、チームが勝って、１位になるのが見える」。新潟に加入した直後の言葉は、決して大口ではなかった。２年連続でＪ２の得点王（02年＝19得点、03年＝32得点）を獲得。03年には３度に渡ってハットトリックを達成している。しかも、３度のハットトリックすべてが４得点。Ｊ２の１試合最多得点タイの大量ゴールだった。「高いレベルの試合で１－０で勝ったときに点を取っているような選手」と当時の監督だった反町康治氏は話していたが「固め取り」でゴールの山を築いてサポーターを歓喜の渦に巻き込んだ。

02年の開幕当初は得点力が不安視されていた。01年のチームから、ゴール数１位と２位の選手がいなくなっていた。21得点をマークした黒崎久志（01年）が抜け、16得点の鈴木慎吾（99～01年、04年～）が京都に期限付き移籍した。そんな状況を打開するために加入したのがマルクスだった。02年シーズンも第３節を過ぎてからチームに合流。「ダメなら俺が責任を取る」と反町氏が自信を持って言い切った通りのゴールゲッターぶりを見せた。新潟でのデビュー戦となった第６節山形戦で同点ヘッドを決めてゴールへの非凡な嗅覚を披露した。

02年の日韓共催Ｗ杯では、母国ブラジルの優勝に感動。得点王になったロナウドの頭髪をまねて、前髪だけを残して周囲を全部刈る“大五郎カット”になった。03年のＪ１昇格をかけた最終大宮戦の前には、気合を入れるために率先して丸刈りになっている。そんな茶目っ気とフォアザチームの精神が同居していた。ゲームで履く特注スパイクには愛娘の名をアルファベットで記すほどの子煩悩ぶり。実績と人気が比例していた。昇格を置き土産に新潟を離れるときには、一部サポーターから残留を請願する署名活動が自然と湧き起こったほどだった。

（1999－2003　文／涌井　幹雄）

――――まずお二人に、新潟に来たばかりの頃の話からお伺いしたいのですが。

【秋葉】 ゴールのないグラウンドに始まって、更衣室なんてもちろん無いし、練習後にシャワーも浴びれない。サポーターがいるのに普通に着替えをしていたんですよ。ゴールがないから、木寺(浩一)さんはパイロンとパイロンの間でセービングしていて、その上に落ちたときに肩を脱臼(右肩亜脱臼)したんですから。練習場を転々とすることは苦にならなかったけれど、グラウンド状態が良くなかったのが一番辛かった。ボコボコだったからボールが来るまでに周囲を見ていられないとか…。練習でスキルアップすることが難しかったのが苦痛だったし「ここでレベルアップできるのか」という不安もあった。直樹は、新潟が最初だろ?

【高橋】 僕の場合は新潟に来る前は大学(福岡大)にいたから、練習環境は別にどうということはなかったですね。ただ寒い季節に外で着替えるのだけは…。

【秋葉】 寒いといえば、最初に新潟に来たときに雪に見舞われてしまった。木澤(正徳)さんと二人で、まずやったことは長靴を買いに行くこと。「これで無敵だぁーッ」と言いながら長靴で雪の上を走って(笑)、ドブにはまって(笑)、スネを擦りむいたこともあった。

【高橋】 後は食事ですよ。当時は、お金を持っている人が出してくれたり、先輩たちがおごってくれた。助かりましたね。1年目の99年は中村(圭介=フィジカルコーチ)さんが栄養価を考えた食材をもとに「くいしん坊」のマスターがメニューにして格安で出してくれた。それも助かった。当時、寮があったら絶対入っていましたね。

――――そんな状況を変えるために、選手会を代表して秋葉さんがクラブに要望書を提出していましたが。

【秋葉】 僕たちはプロとして常に1年で結果を出さなくてはならない。結果が出なければ「来年はないよ」というのがプロですからね。僕たちがプロとして1年1年勝負しているんだから、クラブ側も勝負してくれなくては困ると。結果を出せと言うなら、結果を出すためのものを提供して欲しいと、要望を出したんです。そして、クラブも突っぱねるだけじゃなくて、やれることはやってくれた。その当時に要望したことはもう、すべて揃ったんじゃないですか。グラウンド、クラブハウス、寮があって…。だから今はもう、結果だけを出していけばいい。今なら、結果が出せなくて"もういらない"と言われてもいい(笑)ですよ。何も不自由がない今は、逆に選手たちは甘えないでやってもらいたい。うらやましいですよ。今の新潟の選手が。

――――新潟スタジアムの完成やワールドカップ開催などで、在籍期間中にサポーターも飛躍的に増えました。

【秋葉】 ビッグスワンができる前は、ワールドカップが終わったら「これ、どうするんだろ」と選手同士で話していたくらいでしたよ。新潟の試合を見に来てくれる人は3000人から4000人だったので…。ただ、ビッグワンのこけら落

アルビレックス新潟選手対談 激動編

J2が創設された99年から新潟の一員になった秋葉忠宏(～04年)と高橋直樹(～05年)は、クラブの劇的な変化の中に身を置いてきた。独自の練習場がなかったところからクラブハウスの完成。平均4000人から、40000人に膨らんだサポーター。そしてJ1への昇格。クラブが急成長する過程を、すべて体験してきた。J2元年からJ1昇格までの苦労、驚き、喜びなどを二人に明かしてもらった。

[秋葉×高橋 99～03年時代の新潟を振り返る]

■撮影協力／すし居酒屋 ありがとう　■文・構成／涌井　幹雄

とし(01年第12節京都戦)がいい試合(3―4の延長Vゴール負け)だったから、お客さんも増えていった。

【高橋】 秋さんはJの経験が長いから慣れていたのかも知れないけれど、こけら落としのゲームに3万人も入ったときに「ここは新潟じゃない」と思った。海外の試合をやるんじゃないか、というような雰囲気だった。

【秋葉】 やっぱりサポーターがだんだん入るようになってきた、ということは大きい。普段はできないようなプレーができたり、走れないところでも走れたりした。芸能人は見られているから綺麗になる。そんな感じですよ。そしてホームで負けなくなる。アウェーで負けて帰ってきても「次は負けない」と実際にそう思って戦えましたから。ソリ(反町康治前監督)さんが「一番最初にサポーターがプロになった」と言っていたけれど、本当にそうだった。選手とクラブがだんだんサポーターに追いついてきた感じですね。

――――そして03年に優勝してJ1昇格。二人とも丸刈りで昇格のかかった最終節大宮戦に臨んでいました。

【秋葉】 丸刈りになったのは、その前の福岡戦で昇格を決められなかったからですよ。ショックが大きかったですからね。ウチの嫁を含めて選手の嫁さんたちも(昇格決定を)楽しみにして福岡に来ていたし…。福岡戦の翌日はチームの雰囲気も悪くて「どうしょうか」と直樹、マルクス、(上野)優作さんの4人で食事しながら話し合って「じゃあ頭を刈ろう」と。決めたのは、その場のノリですよ。マルクスは本当にバリカンを持って来るし、食事場所の「くいしん坊」のマスターも「気が変わらないうちに」と新聞紙を敷いてくれた(笑)。

【高橋】 今から思うと、福岡戦で昇格していたら最終戦(大宮に1―0)は感動的なゲームにならなかったと思う。最後に決まったからサポーターも盛り上がって、僕たちも味わったことのない喜びを体験できた。

【秋葉】 43試合やっても決まらず最後の最後に決まる、という劇的なことはJ2ではよくあることですけれど(笑)、選手としてこんな幸せはない。ラグビーでは試合前から選手が泣いていることがあるじゃないですか。ゲーム前はそんな心理状態になっていた。あんな緊張感、なかなか味わえないですよ。

――――今の新潟に要望することはありますか?

【秋葉】 池田さんが言っていた「世界一のクラブを作ろう」には賛同します。練習環境が最高でサポーターがいて…。施設面は良くなったので、今度は選手の待遇を含めて世界一になろうよ、ということになって欲しい。そうすれば、もっといい選手が入って来るだろうと思うんですよ。胡坐をかかずに長期的な視野で努力して欲しい。地域リーグからやってきてJ1に上がったチームで、成功した例なんか少ないんだから。芯をブレさせないように、とフロントにはお願いしたいですね。

船越 優蔵

Yuzo FUNAKOSHI　2002—2006

サポーターから愛され続けた大型センターフォワード

新潟サポーターが、もっとも好んで歌った応援歌の１つが船越優蔵のものだった。Genghis Khanの「DSCHINGHIS KHAN」の替え歌は、自然と大合唱になり、スタジアムを盛り上げた。

ビッグスワンで最後に歌われたのは、2006年の第20節大分戦。船越は後半30分からピッチに入り、シュートを１本はなった。そして次節のアウェーG大阪戦が、新潟での最後の試合になった。194センチ、88キロの体格と、闘志むきだしのプレー。移籍初年の2002年はセンターFWとして抜群の存在感を示した。サポーターに愛されたのは、そこに「復活」というストーリーが加わったからでもあった。

2002年10月、昇格争いが熾烈を極める中、船越は左アキレス腱を断裂した。復帰は翌年６月の第17節鳥栖戦だった。J１昇格２年目の2005年は絶好調だった。第10節川崎戦ではJ１で６年ぶりのゴールも決めた。だが、５月28日のナビスコカップ予選・大宮戦で右アキレス腱を断裂。リハビリが順調に進んでいた10月、治りかけていたが患部が部分断裂を起こした。

チームも自分も好調な時期に起こった度重なる不運。選手生活を断念してもおかしくない状態だった。同時に、そこから這い上がる精神力も見せた。2006年は夏場にチャンスが訪れた第16節から第23節までベンチ入りし、途中出場が４試合。船越は慎重だった。「ベストにはまだ遠いです。結果を出して、内容も伴わないと」。復帰戦だった第16節横浜FM戦、後半31分から途中出場した。終了間際、ゴール正面のこぼれ球をシュートするが得点にはならなかった。「あれを決めるのと決めないのでは、その後が大きく変わるんです」。１年１カ月ぶりのリーグ戦出場で、まずまずの働き。周囲の評価にも納得はしていなかった。本来の自分の姿は誰よりも分かっている。イメージ通りに動かない体がもどかしかった。

2006年の年の瀬、新潟を去る船越を100人ものサポーターが新潟駅で見送った。「新潟での５年間は本当に貴重でした」。真の復活はならなかった。ただ、あきらめずに踏ん張る姿をサポーターは見ていた。

山口 素弘

Motohiro YAMAGUCHI　2003—2005

「新潟のキャプテン」としてチームをけん引

大きな意味を持つ１つのシーンがある。

山口素弘がイエローカードをもらった場面だ。新潟のJ１初戦、2004年３月13日の第１節・F東京戦。前半23分、ハーフウエーライン付近、新潟の左サイドで、F東京・加地亮がボールを持った。山口はスライディングでボールを奪いにいった。勢い余って加地を倒す。

このプレーに対してイエローカードが出された。この試合の最初で、新潟にとってもJ１で初めて記録したイエローカード。「その前まで何回かファウルが続いていたんでね。あそこでカードが出てもいいくらいの気持ちではいましたよ」。ゲーム全体を見れば、当たり前のようにあるワンプレー。ただ、ここに山口のキャプテンシーが表れている。

新潟の雰囲気は硬かった。念願の晴れ舞台。新潟サポーターや周囲の期待の大きさは十分に分かっていた。気負いもあった。その空気をいち早く察知し、手を打ったのが山口だった。「浮き足立っていましたね。セカンドボールへの反応が遅かった。もっと思い切り仕掛けていこうって」。チームの目を覚ますため、覚悟の上でもらったカードだった。

自らが実践して示すのが、「キャプテン山口」のスタイルだった。2003年に名古屋から移籍してきた。フランスW杯代表、国際Aマッチ59試合出場、横浜フリューゲルス、名古屋でキャプテンを歴任。実績、実力ともに申し分ない。チーム全体が敬意を持って迎え入れた。

尊敬が信頼に変わるのに時間はかからなかった。練習では常に全力。サッカーに対して研究を怠らない。「モトさんがあれだけ必死にやっているんだから。ほかの選手が手抜きなんかできないですよ」。秋葉忠宏は言っていた。「ひたむきなチーム」。他クラブから移籍してくる選手は、新潟の印象を決まってこう話す。それをプレーで表現し、チームを引っ張っていたのが山口だった。

2005年８月、山口は当時J２の横浜FCへ期限付き移籍し、新潟を去った。この後、新潟で正式なキャプテンは選出されていない。

キャプテンマークが最も似合う男は今、横浜FCのユニフォームにそれを巻いて、J１のピッチに立っている。

MF ファビーニョ

Fabio Jose Dos Santos（FABINHO） 2003—2006

ひたむきなプレーで誰からも愛された男

最後の最後まで、サポーターの期待に応え続けた。2006年の最終節大宮戦、ファビーニョは終了間際にゴールを決めた。後半17分から途中出場。0対2と劣勢の中、エジミウソン、シルビーニョとつないだボールを左足でしっかりとミートした。その直後、試合終了のホイッスル。これがビックスワンでの最後のプレーになった。

11月にはこのシーズン限りでの契約満了が決まっていた。「僕は新潟のサポーター、すべての関係者を愛している」。その思いにサポーターも応えた。試合後の場内はファビーニョのお別れのセレモニーだった。抱えきれない花束やプレゼントがスタンドから投げ込まれた。手を振り、涙交じりの笑顔で感謝の気持ちを示した。

2003年、大分から移籍。相手に囲まれても臆せずドリブルで突破を狙う。攻撃だけではなく、守備でも労を惜しまずに走った。ラフプレーを仕掛けたことはない。相手の挑発にも乗らなかった。ひたむきでフェアなプレーは際立っていた。それ以上に人間的な魅力に溢れていた。練習後、どんなに悪天候でもファンのサインには笑顔で最後まで応じた。30分以上かかることも珍しくはなかった。オフ、街で写真撮影を求められても、断ることはなかった。不機嫌な表情はみせたことがない。温和で気さくな人柄は、ファンだけではなく、チームメートからも愛されていた。

「新潟は僕の夢をかなえてくれたクラブだった」。17歳のときにブラジルのナウチコ・カピバリベでプロサッカー選手としてスタートした。その後はブラジル、スイスなどのクラブに所属した。どこも小規模の街で、サポーターの数も多くはなかった。大分を経て、新潟に来た。4万人の大観衆に、自分の応援歌。そして大分時代に続くJ2での優勝。「大観衆に囲まれてプレーする。そしてサポーターのために優勝する。どの夢も新潟でかなえることができた」。

ファビーニョが日本を去ったのは、12月10日。新潟駅はもちろん、上越新幹線の停車駅ごとにサポーターが待ち構え、別れを惜しんだ。成田空港の出発ロビーに駆けつけたサポーターも大勢いた。ファビーニョは、搭乗口から機内に乗り込むまで、涙が止まらなかった。

FW 上野 優作

Yusaku UENO 2003—2006 ※2006年は広島に期限付き移籍

「フォア・ザ・チーム」の姿勢で勝利に貢献

「フォア・ザ・チーム」。上野優作のプレーを一言で表現するとき、最も似合うのがこの言葉だ。

攻撃に守備に、果敢にボールを追う。そして的確なポストプレー。自分がつぶれることで、味方が動きやすい状況を作る。フリーになった状態でも、最もゴールに近い方法を常に探していた。

新潟在籍最後のシーズンだった2005年、リーグ戦の上野の得点は2。FWというポジションで見れば、十分な数字とは言えない。ただ、リーグ戦は全34試合に出場した。このシーズン、新潟で唯一の全試合出場だった。「きょうは、優作の貢献度が大きいよ」。新潟が勝ち点を挙げた試合で、当時の反町康治監督はこんなコメントを多く残している。

そんな試合で、上野は必ずしもゴールを決めていたわけではない。たとえば第21節千葉戦（1対1）、第22節大宮戦（4対1）。千葉戦ではボールを持った相手にプレッシャーをかけ、ミスを誘った。大宮戦でアンデルソン・リマ、エジミウソンのゴールの起点になった。「もちろん点は取りたい。でも、それ以上にチームが勝てればね」。FWにとって、最も欲しいのはゴール。上野は自分が直接得点を挙げなくても、そこに絡むプレーをすることに力を注いだ。

筑波大を卒業後、福岡、広島、京都と渡り歩いた。J2京都在籍時の2001年は新潟の宿敵でもあった。第41節、ビッグスワンに当時最多の4万2011人が集まった試合では、同点ゴールを奪って新潟の昇格をほぼ絶望的にした。ビッグスワンのこけら落としだった第12節では2得点を挙げている。当時はどちらかというと自分で勝負するプレーが多かった。2003年、新潟に移籍後、ポストプレーが多くなった。そして運動量も多くなった。「このチームで生き残るには、このチームに貢献するにはどうすればいいかと考えたとき、僕ができるのはとにかく動くことだった。ポストプレーもその前からしていたけど、確かに増えました」。昇格当時、こんな言葉を残している。

チームのために。それは自分を犠牲にすることではない。役割をはっきりさせて自分を高めること。在籍3シーズン、上野はそんな意味をプレーで示していた。

DF アンデルソン・リマ

ANDERSON LIMA Veiga　2005

誰もが驚嘆したワールドクラスのフリーキック

決まって見られる光景だった。

全体練習が終わると、クラブハウスのピッチ脇、ゴールマウスの裏の一角にあたる見学用スペースにファンが集まる。何人かの選手が居残って自主トレを始めたころだ。諏訪雄大、北野貴之、木寺浩一、そして野澤洋輔。ゴールキーパーたちが代わる代わるマウスの前に立って、フリーキックを受ける。ボールが来るたびに横っ飛び、あるいはバーに向かって高くジャンプし、倒れるように地面に落ちる。その後は、たいてい苦笑いをした。

キッカーはアンデルソン・リマ。鋭く曲がり落ちるフリーキックはスピード抜群だった。マウスを外れたボールがピッチと見学用スペースを仕切るネットに突き刺さったときは、ほとんどのファンが思わず声を出して身を伏せた。「ワールドクラスだよ」。当時の反町康治監督は、リマのフリーキックを的確な表現で評価した。

2005年、ワールドクラスのフリーキックが2度、ビッグスワンを沸かせた。最初は第4節大宮戦。1対2とリードされた69分に途中出場した。81分に同点のフリーキックを決めた。2度目は第10節川崎F戦。「僕の選手生活で最も感動的な試合だった」。リマはこの試合を振り返った。

1対1で迎えた81分、鈴木慎吾に代わって途中出場。同時に、フリーキックを蹴ることに。4万1422人と超満員のビッグスワンには、ボールをセットする前から「リマ!」のコールが響き渡った。試合を左右するキックを前に、リマは微動だにせず集中した。そして右足で捕らえたボールはスライドしながらマウスに突き刺さった。「あの試合は忘れられない。決まった瞬間、頭の中が真っ白だった」。

サンカエターノから移籍した当初、日本のサッカーに適応できずに苦しんだ。大学生との練習試合に出場したこともある。居残ってフリーキックの練習もした。元ブラジル代表のプライドを捨て、必死に取り組んだ。それも「素晴らしい新潟のサポーターを喜ばせるため」だった。

このシーズンで、リマは新潟を退団。サンカエターノに復帰した。自ら望んで異例の退団の会見を開いた。その席上、新潟での思い出を口にしながら涙を流した。

MF 岡山 哲也

Tetsuya OKAYAMA　2005—2006

常にベストを尽くす姿勢は若手のお手本

「新潟に名を残したい。『新潟には岡山という選手がいた』と思い出されるような」。その言葉通りに、岡山哲也はアルビレックス新潟の歴史の1ページに名を刻んだ。

2006年10月14日、第27節京都戦、岡山は86分に田中亜土夢に代わってピッチに入った。Jリーグ通算300試合出場の瞬間だった。1993年のサントリーシリーズ第8節V川崎戦でデビュー。史上21人目の快挙だった。試合後、チームメートとともにスタンドにあいさつをすると、サポーターから祝福の声が掛けられた。スタンドからオレンジ色に包装された花束がサポーターから手渡された。照れ笑いしながら、大事に両腕に抱いた。

新潟に移籍してきた歴代の選手の中でも、トップクラスの実力と知名度を誇った。Jリーグ開幕前の1992年に中京高校から名古屋に入団。アーセン・ベンゲル監督に才能を見出され、4年目からレギュラーに定着。ゴール前での俊敏な動きと、豊富な運動量でチームの中心選手として君臨した。「ミスター・グランパス」。サポーターからはそう呼ばれて親しまれた。

2005年に新潟に期限付きで移籍。初めての移籍はチャレンジだった。新しい土地で、歴史の浅いチームの力になる。意気込みがあった。だが、新潟に在籍した2005、2006年の2シーズンは実力を出し切ったとはいえなかった。リーグ戦の出場は2年で28試合。公式戦の得点は2006年のナビスコカップ予選・千葉戦での1点のみ。300試合目の京都戦も、出場時間はロスタイムも含めてわずか6分ほどだった。

新旧交代のはざま。出番は思った以上に訪れなかった。それでも「短時間でも力を出し切る。それが僕の仕事」。与えられた条件、環境の中でベストを尽くす。余力を残さない。その姿勢は若手に影響を与えた。「僕の手本は岡山さん」。河原和寿は岡山の退団が決まると、背番号20を譲り受けた。そしてU-20日本代表としてブレークした。

15年間のJリーガー生活を終え、2007年2月にアルビレックス新潟・シンガポールに移籍した。「同じ『新潟』がつく。これも縁です。このチームに自分の持つ何かを残せればね」。新天地で新たな歴史作りに励んでいる。

（2004-2006　文／斎藤慎一郎）

――――今年、何歳になりますか
【寺川】 33歳です。
【鈴木】 今年、29歳になりました。
――――お互い変わったなぁと思いますか
【鈴木】 寺さんは全然、顔は若いというか、雰囲気的に。
【寺川】 あんま気にしてないけどな、年はな。
――――二人共一度新潟を離れて再びチームに戻ってきた時、変化を感じましたか
【寺川】 すごく大きかった。
【鈴木】 今が10だとしたら昔はゼロでしたよね。
【寺川】 そうやな。まぁゼロは言い過ぎかもしれないが、ゼロに近かったな。
【鈴木】 部活動に近かったです。部活動の方が部室があっていいなって思うぐらい。部室もなかったし。着替えの最中に「サイン下さい」って(笑)。
――――責任や役割という部分では
【寺川】 期待されていたのは分かっていたし、やらなあかんっていうのが分かっていたけど。まぁ俺の場合は、帰ってきた年は全然あかんかったから、何とも言えなえいですけどね。
【鈴木】 僕の場合は寺さんと違ってJ1の経験が浅いんで、勢いというか、やるしかないって。今後続けていくためにはね。まだ経験が少なかったんで、周りが期待しているとか考えないでいた。その分逆にうまくできましたけどね。
――――その時の気持ちと、現在の気持ちは違う
【鈴木】 周りの見方が変わってくるんじゃないですか、多分。僕自身は1年ごとには変わらないけど、周りが「やって当たり前」とか「これぐらいできるだろう」という目で見るんで、やっぱり、もっと質を思っている以上に上げてプレーしないと満足しないのかなって。それは監督、選手、スタッフ含めてそうだと思いますけど。
【寺川】 うーん…、こういう言い方が合っているかは分からんけど。実際、年齢重ねてきたっていうのもあるけど、別に何にも考えなくていいというかすごく力が自分自身抜けているというか。プロやから周りから色々あるだろうと言われるけど、全然特に。去年も今年もリラックスできているというか。
――――良い意味でマイペース
【寺川】 そうですね。
【鈴木】 まぁ普段からマイペースですからね(笑)。
【寺川】 なんかよくこう、30歳を越えて本当の意味でサッカーが分かってくるみたいなことを耳にするんだけど、僕もその言葉が分かってきたなって。よくリラックスできているなという気がしますけどね。
――――新潟だから経験できていることはありますか
【鈴木】 J2に加盟した当初の環境を、経験している選手は少数だと思うので、そういう経験をしたことは強みでもあるんじゃないかって。これ以上悪い環境はないだろうと思っていたんで(苦笑)。遠征に行ってもグラウンドが取れなかったり、野球場の芝生でトレーニングしたことも実際あった。そういう中でも仕方がないかって思うんで、適応能力はあると思う。
【寺川】 慣れちゃったよな。
【鈴木】 そういうのは多分ある。言い訳にはしないっていうのは常々言っていたし、新潟では。

アルビレックス新潟選手対談 飛翔編

寺川能人、鈴木慎吾は新潟の中でも、特別なキャリアがある。J2時代に主力として活躍し、その後一時期、チームを離れた。そしてJ1昇格後に復帰した。寺川は2003年、J1の大分へ移籍、鈴木は2002、3年とJ1京都へ期限付き移籍し、ともに2004年に新潟に戻った。J1で武者修行した形の二人にとって、新潟で戦う意味は深いものがある。

[鈴木×寺川が語る過去・現在・未来]

■撮影協力／楼蘭　■文・構成／斎藤慎一郎

【寺川】 ずっとトップのクラブでやれれば、そういう経験は別に望んですることもないかもしれないが、僕らトップでやってきたわけじゃないからそういう経験は生きるんじゃないかなって。
【鈴木】 いざというとき、たとえば最初からずっとトップで現役を終えたとき、そういうことを経験していないことが後で何かにぶつかるというか、今の僕らはそういうことを経験しているから、何かあったときに対応できると思う。
――――当時に比べると今の状態から入った選手は恵まれていると思う
【鈴木】 恵まれていますよ、絶対。
――――昔を知っている意地みたいなものはある
【鈴木】 ないといったら嘘になるような気がしますね。
【寺川】 今は誰や? 野澤と慎吾と勲、4人か。だから、そんな前の話をしても皆、分からないでしょ。
――――自分たちがチームの歴史を刻んできたという思いはある
【寺川】 それはありますよね、やっぱり。長くいるわけだからね。
【鈴木】 (寺さんは)キャプテンとかもやっていますしね。
【寺川】 居たくてもずっと居られない人もいるだろうし…
――――今の新潟は居心地がいい
【寺川】 長く居るっていうのが一番大きいけど、雰囲気は良いと思いますよ。
【鈴木】 うん、寺さんとは同じ感じがあると思うんですよ。新潟って場所の雰囲気が好きっていうのもあるし、お客さんというのもあるし、チームとしてもすごく好きだし。新潟でまだまだ頑張らないとなぁって。新潟のために頑張らないとっていうのはありますよね。
【寺川】 うん…
――――2007年をどんなシーズンにしたいですか
【寺川】 やっぱり本当に、シーズンを通して上に絡みながら、プレッシャーを感じながらやりたいですね。落ちるプレッシャーじゃなくて、上位に絡んで上のプレッシャーを感じながらやりたいと思いますけどね。できないことじゃないと思うし。
【鈴木】 同じですね。上位に絡んでやる試合と、下からの刺激というのはどうしても内容的に変わってきちゃうし、やっぱり上の刺激を受けた方が、多分成長できると思う。チームとしても個人的にも。そういう環境に身を置くためには、自分も頑張らなきゃだしチームも頑張ることが大事なので、その状況に持っていくために頑張るんだと。
――――人生において「アルビレックス新潟にいた歳月」とは、将来どんなものになると思いますか
【寺川】 海外みたいに、自分の名前があるスタジアムになっている。
【鈴木】 寺スタジアム?(笑)。
【寺川】 「寺スタ」な。…ないか。
【鈴木】 「寺スタ」の方がある。「慎吾スタ」はないですよね。言いにくい…
【寺川】 「慎吾・鈴木スタジアム」ね。
【鈴木】 フルネームですか?(笑)
【寺川】 まぁそれは冗談ですけどね。
【鈴木】 でもアルビの話になった時、その選手の名前が一つでもでるような。
【寺川】 何年経ってもな。

1996 — 2006

PLAYERS' FILE ★★★★★★★★★★★★

アルビレックス新潟
歴 代 選 手 名 鑑

1996—2006 ALBIREX NIIGATA PLAYERS

【あ ››› お】

▶▶▶

●ポジション／MF
●生年月日／1979年9月19日生
●出身地／愛媛県
●所属チーム／愛媛FCユース－関西学院大－ガンバ大阪－ヴィッセル神戸

青野大介
Daisuke AONO

関西学院大時代から高い評価を受けた左利きのMF。プロ入り後はケガに泣かされたが、ヴィッセル神戸を退団した後、トライアウトを経て05年に新潟入り。開幕戦に左サイドバックで出場し、Jリーグ初出場を果たす。

年度	リーグ戦		カップ戦		天皇杯	
	出場	得点	出場	得点	出場	得点
1996						
1997						
1998						
1999						
2000						
2001						
2002						
2003						
2004						
2005	16	0	0	0	0	0
2006	0	0	1	0	0	0

秋葉忠宏
Tadahiro AKIBA

●ポジション／MF
●生年月日／1975年10月13日生
●出身地／千葉県
●所属チーム／市立船橋高－ジェフユナイテッド市原－アビスパ福岡－セレッソ大阪

99年、新潟のJリーグ参入とともにチームに加入。以後、チームの中心として6シーズンに渡り活躍した。アトランタ五輪代表やJ1で蓄積された豊富な経験を生かして、ゲームの流れを読み、ピンチの芽を摘んだ。明るい性格でロッカーを盛り上げる役割も務め、01年には反町監督率いるチームのキャプテンに任命される。その後も昇格に挑むチームを常に先頭に立って引っ張り続け、03年にはJ2優勝を達成。新潟で204試合に出場。サポーターの応援歌で歌われた通り、「新潟の顔」としてクラブに果たした貢献度は絶大である。

年度	リーグ戦		カップ戦		天皇杯	
	出場	得点	出場	得点	出場	得点
1996						
1997						
1998						
1999	35	0	2	0	3	0
2000	32	1	2	0	3	0
2001	43	0	2	0	0	0
2002	41	1	-	-	3	0
2003	39	0	-	-	4	0
2004	14	0	5	0	0	0
2005						
2006						

●ポジション／MF
●生年月日／1976年9月16日生
●出身地／東京都
●所属チーム／本町田FC－帝京高－国士舘大－京都パープルサンガ

熱田 眞
Makoto ATSUTA

03年のシーズン途中に京都から期限付き移籍加入。右サイドのスペシャリストとして、チーム内の競争を活性化させた。リーグ戦出場は1試合にとどまったが、出場した鳥栖戦では、京都時代の盟友・上野の同点ゴールをアシスト。翌年京都に復帰。

年度	リーグ戦		カップ戦		天皇杯	
	出場	得点	出場	得点	出場	得点
1996						
1997						
1998						
1999						
2000						
2001						
2002						
2003	1	0	-	-	2	0
2004						
2005						
2006						

●ポジション／MF
●生年月日／1974年8月1日生
●出身地／埼玉県
●所属チーム／帝京高－筑波大－鹿島アントラーズ－CFZ・ド・リオ／ブラジル－鹿島アントラーズ－浦和レッズ－ベガルタ仙台

阿部敏之
Toshiyuki ABE

国内屈指のテクニシャンとして名を馳せ、04年に仙台から新潟に加入。左足から繰り出すパスやフリーキックは、天才だけが持つセンスを感じさせた。だが、度重なるケガに泣かされ、新潟ではナビスコカップ3試合の出場にとどまった。

年度	リーグ戦		カップ戦		天皇杯	
	出場	得点	出場	得点	出場	得点
1996						
1997						
1998						
1999						
2000						
2001						
2002						
2003						
2004	0	0	3	0	0	0
2005						
2006						

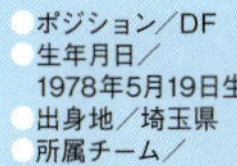

●ポジション／DF
●生年月日／1978年5月19日生
●出身地／埼玉県
●所属チーム／常磐高－立正大

新井健二
Kenji ARAI

立正大から01年に新加入。新人ながら20試合に出場し、守備の中軸として活躍した。04年には期限付き移籍でシンガポールリーグに挑戦し、高い評価を受ける。06年には同国の強豪SAFに完全移籍し、Sリーグを代表するDFとなった。

年度	リーグ戦		カップ戦		天皇杯	
	出場	得点	出場	得点	出場	得点
1996						
1997						
1998						
1999						
2000						
2001	20	0	2	0	2	0
2002	2	0	-	-	1	0
2003	4	0	-	-	1	0
2004						
2005						
2006						

●ポジション／DF
●生年月日／1983年10月24日生
●出身地／栃木県
●所属チーム／矢板中央高

荒井 忍
Shinobu ARAI

02年に矢板中央高から新人として加入。右サイドバックやストッパーの即戦力として、チーム内の競争に挑んだが、公式戦出場を果たすことはできなかった。03年に当時、関東社会人リーグに所属していたザスパ草津に移籍。

年度	リーグ戦		カップ戦		天皇杯	
	出場	得点	出場	得点	出場	得点
1996						
1997						
1998						
1999						
2000						
2001						
2002	0	0	-	-	0	0
2003						
2004						
2005						
2006						

●ポジション／DF
●生年月日／1972年12月22日生
●出身地／ブラジル
●所属チーム／

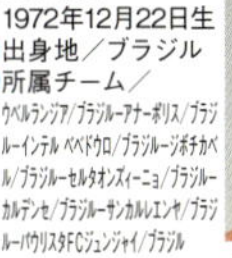

ウベルランジア／ブラジル－アナーポリス／ブラジル－インテル ベベドウロ／ブラジル－ジボチカベル／ブラジル－セルタオンズィーニョ／ブラジル－カルデンセ／ブラジル－サンカルレエンセ／ブラジル－パウリスタFCジュンジャイ／ブラジル

アンデルソン
ANDERSON Luis Da Silva

03年に加入した大型センターバック。ベテランらしい順応性を見せ、すぐにチームに適応した。打点の高いヘディングは守備だけでなく、03年開幕の大宮戦で挙げたシーズン初ゴールをはじめ、重要な場面での得点源としても威力を発揮した。

年度	リーグ戦		カップ戦		天皇杯	
	出場	得点	出場	得点	出場	得点
1996						
1997						
1998						
1999						
2000						
2001						
2002						
2003	39	2	-	-	2	2
2004	12	0	3	0	0	0
2005						
2006						

アンデルソン リマ
ANDERSON LIMA Veiga

●ポジション／DF
●生年月日／1973年3月18日生
●出身地／ブラジル
●所属チーム／ジュベントス／ブラジル－グアラーニ／ブラジル－サントス／ブラジル－サンパウロ／ブラジル－グレミオ／ブラジル－サンカエターノ／ブラジル

ブラジル代表キャップを持つ右サイドバック。ブラジル国内でも屈指の評価を受けた右足のプレースキックで、新潟に数多くの歓喜をもたらした。加入直後は日本のサッカーに順応できず苦しんだが、交代直後のFKで2得点を挙げるなど、潜在能力の高さを証明した。特に、05年川崎戦で見せた一撃はスピード、変化、コースともにワールドクラスのシュートだった。同年末に保有権を持つサンカエターノに戻ることを決断するが、退団会見で見せた熱い涙は、彼が新潟を愛し、愛された証明でもあった。

年度	リーグ戦		カップ戦		天皇杯	
	出場	得点	出場	得点	出場	得点
1996						
1997						
1998						
1999						
2000						
2001						
2002						
2003						
2004						
2005	30	8	5	0	1	0
2006						

●ポジション／FW
●生年月日／1974年9月13日生
●出身地／ブラジル
●所属チーム／

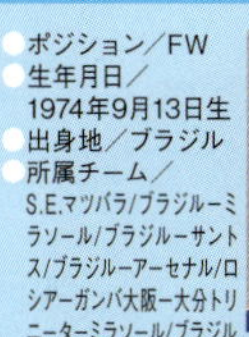

S.E.マツバラ／ブラジル－ミラソール／ブラジル－サントス／ブラジル－アーセナル／ロシア－ガンバ大阪－大分トリニーター－ミラソール／ブラジル

アンドラジーニャ
Edi Carlos Dias Marcal (ANDRADINA)

G大阪を皮切りに大分、新潟、札幌と渡り歩いた左利きのストライカー。01年途中から加入、強烈な左足のシュートは、反町監督に「チケット(購入)に値する選手」と評された。翌02年は大分に移籍し、18ゴールを挙げJ1昇格の原動力となる。

年度	リーグ戦		カップ戦		天皇杯	
	出場	得点	出場	得点	出場	得点
1996						
1997						
1998						
1999						
2000						
2001	18	6	-	-	0	0
2002						
2003						
2004						
2005						
2006						

安 英学
AN Yong Hak

●ポジション／MF
●生年月日／1978年10月25日生
●出身地／東京都
●所属チーム／都立上野高－立正大

02年に立正大から新加入。新井健二の1年後輩にあたる。恵まれた体軀と、驚異的な運動量で加入して間もなく中軸選手の一人に。サポーターや地元とのつながりを大切にする姿勢も手伝い、新潟の人々から大いに愛された。02年終盤の川崎戦で見せた30メートルを超すミドルシュートや、03年負傷からの復帰後に横浜FC戦で見せたヘディングシュートなどインパクトの強いゴールも多い。祖国である北朝鮮代表として戦うことを選択し、ワールドカップ予選に出場。05年に名古屋に移籍したが、今なお新潟の人々から懐かしまれる選手の一人。

年度	リーグ戦		カップ戦		天皇杯	
	出場	得点	出場	得点	出場	得点
1996						
1997						
1998						
1999						
2000						
2001						
2002	39	3	-	-	2	2
2003	29	1	-	-	0	0
2004	26	3	4	0	1	0
2005						
2006						

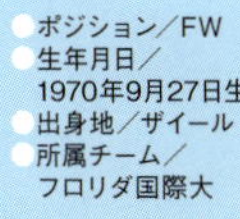

●ポジション／FW
●生年月日／1970年9月27日生
●出身地／ザイール
●所属チーム／フロリダ国際大

イグナス
IGNACE Moleka Nzoko

97年のシーズン途中に加入したザイール出身の助っ人。柔軟なボールコントロールや、身体能力に裏打ちされた、独特の間合いから放たれるシュートはアルビレックス新潟の大きな武器だった。「黒豹」の異名そのままにスピード溢れるドリブル突破で、98年のJFL時代はチーム最多の8得点をマークした。

年度	リーグ戦		カップ戦		天皇杯	
	出場	得点	出場	得点	出場	得点
1996						
1997	-	-	-	-	2	1
1998	20	8	-	-	3	3
1999						
2000						
2001						
2002						
2003						
2004						
2005						
2006						

●ポジション／MF
●生年月日／1977年7月8日生
●出身地／新潟県
●所属チーム／東京学館新潟高－アップルスポーツカレッジ

池田 誠
Makoto IKEDA

柔軟なボールタッチで巧みなパスを供給する左利きのMF。スルーパスなど、アイデアに富んだプレーが認められ、練習生からスタートしプロ契約を結んだ。4年間チームに在籍し、リーグ戦11試合に出場、1得点。

年度	リーグ戦		カップ戦		天皇杯	
	出場	得点	出場	得点	出場	得点
1996	2	0	-	-	1	0
1997	4	0	-	-	2	0
1998	3	1	-	-	1	0
1999	2	0	1	0	0	0
2000						
2001						
2002						
2003						
2004						
2005						
2006						

- ポジション／DF
- 生年月日／1978年10月5日生
- 出身地／大阪府
- 所属チーム／ジェフユナイテッド市原ユース－ジェフユナイテッド市原

井上公平
Kohei INOUE

運動量に優れた右サイドバックで、00年に市原から加入した。木澤が退団した翌年にはスターティングメンバーに定着。右サイドMF寺川とのコンビで、チャンスを量産した。翌年、JFLの佐川急便東京に移籍。

年度	リーグ戦		カップ戦		天皇杯	
	出場	得点	出場	得点	出場	得点
1996						
1997						
1998						
1999						
2000	20	0	0	0	0	0
2001	35	0	2	0	3	0
2002						
2003						
2004						
2005						
2006						

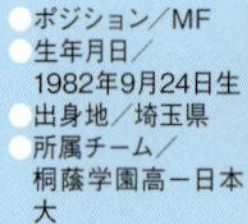
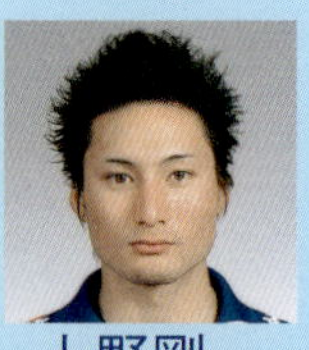

- ポジション／MF
- 生年月日／1982年9月24日生
- 出身地／埼玉県
- 所属チーム／桐蔭学園高－日本大

上野剛一
Goichi UENO

02年に日本大を中退して新加入。左サイドMFの定位置を目指したが、公式戦出場の機会はなかった。同年から新潟が参戦したJサテライトリーグでは、ボランチ、左サイドハーフで出場し、グループ優勝に貢献している。

年度	リーグ戦		カップ戦		天皇杯	
	出場	得点	出場	得点	出場	得点
1996						
1997						
1998						
1999						
2000						
2001						
2002	0	0	-	-	0	0
2003						
2004						
2005						
2006						

上野優作
Yusaku UENO

- ポジション／FW
- 生年月日／1973年11月1日生
- 出身地／栃木県
- 所属チーム／真岡高－筑波大－アビスパ福岡－サンフレッチェ広島－京都パープルサンガ

抜群の勝負強さを誇るストライカー。01年は京都に在籍し、ビッグスワンでの新潟戦では、勝負を決定付けるゴールを2度に渡って決めている。03年に新潟に加わると、終盤戦で貴重なゴールを連発。最終節ではJ1昇格を決めるゴールを、その右足から生み出している。チームプレーにも優れ、前線から相手ボールを追い掛けまわした。04年以降J1での戦いでは、エジミウソンのサポート役としての役割を果たし全試合に出場。新潟で開催されたオールスターにも選出された。決してあきらめることのない、新潟のひたむきさを象徴する選手。

年度	リーグ戦		カップ戦		天皇杯	
	出場	得点	出場	得点	出場	得点
1996						
1997						
1998						
1999						
2000						
2001						
2002						
2003	41	13	-	-	3	0
2004	30	5	6	0	1	1
2005	34	2	3	0	1	1
2006						

- ポジション／FW
- 生年月日／1981年5月10日生
- 出身地／岐阜県
- 所属チーム／名古屋グランパスエイトユース－名古屋グランパスエイト

氏原良二
Ryoji UJIHARA

01年、02年に名古屋から期限付き移籍した。恵まれた体軀に加え、速さ、高さ、上手さの3拍子が揃った選手で、01年は黒崎とのコンビで15ゴールを叩きだした。端正なマスクと、実直な性格でサポーターからも愛されたが、03年に名古屋に復帰。

年度	リーグ戦		カップ戦		天皇杯	
	出場	得点	出場	得点	出場	得点
1996						
1997						
1998						
1999						
2000						
2001	41	15	2	0	3	3
2002	34	5	-	-	3	0
2003						
2004						
2005						
2006						

- ポジション／DF
- 生年月日／1977年10月14日生
- 出身地／兵庫県
- 所属チーム／桐蔭学園高－駒澤大－鹿島アントラーズ

内田 潤
Jun UCHIDA

06年シーズン途中に鹿島アントラーズより移籍。高い守備能力と足元の技術を兼備するDF。堅実かつソツがないプレーで、左右両方のサイドバックをこなす。06年第27節京都戦では、タイミングのいい攻め上がりから移籍後初ゴールを挙げた。

年度	リーグ戦		カップ戦		天皇杯	
	出場	得点	出場	得点	出場	得点
1996						
1997						
1998						
1999						
2000						
2001						
2002						
2003						
2004						
2005						
2006	14	1	-	-	2	0

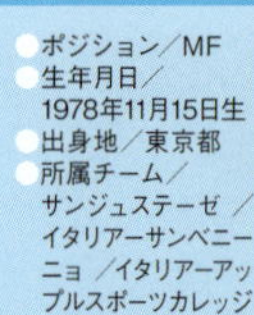

- ポジション／MF
- 生年月日／1978年11月15日生
- 出身地／東京都
- 所属チーム／サンジュステーゼ／イタリアーサンベニーニョ／イタリアーアップルスポーツカレッジ

生方 繁
Shigeru UBUKATA

イタリア・セリエCに挑戦後、01年に新潟に加入。J2リーグ戦出場は果たせなかったが、決してあきらめることなく戦う姿勢を持ち、闘志溢れるプレーと精度の高いプレースキックでポジション争いに挑みつづけた。02年にザスパ草津へ移籍。

年度	リーグ戦		カップ戦		天皇杯	
	出場	得点	出場	得点	出場	得点
1996						
1997						
1998						
1999						
2000						
2001	0	0	0	0	1	0
2002						
2003						
2004						
2005						
2006						

梅山 修
Osamu UMEYAMA

- ポジション／DF
- 生年月日／1973年8月16日生
- 出身地／埼玉県
- 所属チーム／浦和学院高－NKK－藤枝ブルックス－福岡ブルックス－アビスパ福岡－東京ガス－FC東京－ヴェルディ川崎－FC東京－湘南ベルマーレ

04年、J1へ初挑戦する新潟に加入。「右サイドバックのスペシャリスト」(反町康治監督)として迎え入れられたが、豊富な経験で右サイドはもちろん、左サイドも自在にこなした。加入後はツボを押さえたいぶし銀のプレーを見せて、J1残留を目指すクラブに大きく貢献。プレッシャーがかかる試合であるほど、その力を発揮している。決して自分のプレーやチームとしてのパフォーマンスに満足せず、常に上のレベルを求めて練習・試合に臨む姿勢は、若手選手にとってのかがみといえるだろう。

年度	リーグ戦		カップ戦		天皇杯	
	出場	得点	出場	得点	出場	得点
1996						
1997						
1998						
1999						
2000						
2001						
2002						
2003						
2004	7	0	4	0	0	0
2005	15	0	0	0	1	0
2006	24	0	3	0	0	0

エジミウソン
EDMILSON Dos Santos Silva

- ポジション／FW
- 生年月日／1982年9月15日生
- 出身地／ブラジル
- 所属チーム／パルメイラス／ブラジル

J1に挑む04年、パルメイラスから獲得したブラジル人ストライカー。柔軟なドリブルと卓越したボディーバランス、右足の正確なシュートを兼備する。独力でゴールを奪うだけの才能を持ちながら、周囲を生かす術も心得た選手。攻守の切り替えが速い日本のサッカーにもすぐさま順応し、加入以来3年連続で2桁得点を挙げている。協調性の高い性格は、ディフェンス面にもあらわれ、反町・鈴木の両監督から守備面での貢献を讃えられることも少なくない。

年度	リーグ戦		カップ戦		天皇杯	
	出場	得点	出場	得点	出場	得点
1996						
1997						
1998						
1999						
2000						
2001						
2002						
2003						
2004	29	15	5	4	1	0
2005	33	18	6	4	1	0
2006	25	10	1	2	2	1

- ポジション／FW
- 生年月日／1971年4月10日生
- 出身地／京都府
- 所属チーム／山城高－同志社大－ベルマーレ平塚－コスモ石油四日市－ブレイズ熊本

太田裕和
Hirokazu OTA

ポストプレーとゴール前での迫力のある動きが特徴のFW。97年シーズンにはハットトリックを2度達成するなどリーグ戦8試合で10得点を記録。チームの得点王にも輝いた。JFLに上がった98年はリーグ戦18試合に出場し、2得点。

年度	リーグ戦		カップ戦		天皇杯	
	出場	得点	出場	得点	出場	得点
1996						
1997	8	10	-	-	2	3
1998	18	2	-	-	3	1
1999						
2000						
2001						
2002						
2003						
2004						
2005						
2006						

- ポジション／MF
- 生年月日／1983年4月17日生
- 出身地／群馬県
- 所属チーム／前橋育英高－鹿島アントラーズ

大谷昌司
Masashi OTANI

中盤を幅広くカバーするセンスと、強力な右足の中距離砲を誇るMF。05年に鹿島アントラーズから期限付き移籍、翌年完全移籍を果たすが、出場機会には恵まれなかった。06年シーズン途中にJAPANサッカーカレッジへ移籍。

年度	リーグ戦		カップ戦		天皇杯	
	出場	得点	出場	得点	出場	得点
1996						
1997						
1998						
1999						
2000						
2001						
2002						
2003						
2004						
2005	0	0	0	0	0	0
2006	0	0	0	0	-	-

- ポジション／FW
- 生年月日／1977年7月5日生
- 出身地／北海道
- 所属チーム／室蘭大谷高－愛知学院大－横浜F・マリノス

大西昌之
Masayuki ONISHI

01年に横浜F・マリノスから移籍加入。爆発的なスピードでゴールに迫るシャドーストライカー。反町監督の初陣となった01年開幕戦に、氏原とのコンビでスタメンに抜擢されるも、以後は度重なる負傷で持てる力を出し切れなかった。

年度	リーグ戦		カップ戦		天皇杯	
	出場	得点	出場	得点	出場	得点
1996						
1997						
1998						
1999						
2000						
2001	13	0	1	0	3	1
2002						
2003						
2004						
2005						
2006						

- ポジション／MF
- 生年月日／1981年6月23日生
- 出身地／神奈川県
- 所属チーム／横浜F・マリノスユース－横浜F・マリノス－水戸ホーリーホック－横浜F・マリノス

大橋正博
Masahiro OHASHI

02年のシーズン途中に横浜F・マリノスから期限付き移籍加入。新潟では、ボランチのポジションでプレーした。高度なテクニックとパス精度を生かし、中盤で左右にボールをさばくだけでなく、機を見てゴール前に上がり得点機に絡むプレーを見せた。

年度	リーグ戦		カップ戦		天皇杯	
	出場	得点	出場	得点	出場	得点
1996						
1997						
1998						
1999						
2000						
2001						
2002	4	0	-	-	0	0
2003						
2004						
2005						
2006						

●ポジション／MF
●生年月日／1974年11月29日生
●出身地／東京都
●所属チーム／都立久留米高－東京学芸大

岡田秀市
Shuichi OKADA

97年のシーズン途中に練習生として参加。その後、実力が認められてプロ契約を結んだ。MFとしてゲームの先を読んだクレバーなプレーが特徴。ヘディングも強く、中盤での空中戦を優位に展開。98年のシーズン、22試合に出場を果たした。

年度	リーグ戦		カップ戦		天皇杯	
	出場	得点	出場	得点	出場	得点
1996						
1997	0	0	-	-	2	0
1998	22	0	-	-	0	0
1999						
2000						
2001						
2002						
2003						
2004						
2005						
2006						

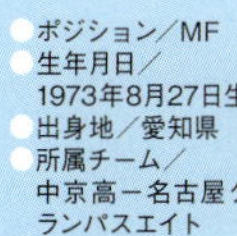

●ポジション／MF
●生年月日／1973年8月27日生
●出身地／愛知県
●所属チーム／中京高－名古屋グランパスエイト

岡山哲也
Tetsuya OKAYAMA

05、12年に渡って在籍した地元・名古屋を離れて新潟入りを決断。攻撃のアクセントとして果たしたピッチ内での貢献はもちろん、ピッチの外でも多くのものを新潟にもたらした。06年には、新潟でJ1通算300試合を達成。

年度	リーグ戦		カップ戦		天皇杯	
	出場	得点	出場	得点	出場	得点
1996						
1997						
1998						
1999						
2000						
2001						
2002						
2003						
2004						
2005	12	0	5	0	1	0
2006	16	0	6	1	0	0

●ポジション／DF
●生年月日／1976年1月30日生
●出身地／新潟県
●所属チーム／東京学館新潟高－アップルスポーツカレッジ

奥山達之
Tatsuyuki OKUYAMA

96年、アルビレオ新潟創設時のメンバーの1人。高さにスピードとテクニックを加えた守備的MF。あるいはストッパーとして活躍。チームに加わってくる経験豊富なプロ選手たちから多くのことを吸収し、現在はジュニアユースの監督として活躍。

年度	リーグ戦		カップ戦		天皇杯	
	出場	得点	出場	得点	出場	得点
1996	5	0	-	-	1	0
1997	1	0	-	-	0	0
1998	1	0	-	-	0	0
1999						
2000						
2001						
2002						
2003						
2004						
2005						
2006						

●ポジション／MF
●生年月日／1984年12月7日生
●出身地／静岡県
●所属チーム／日生学園第二高

尾崎瑛一郎
Eiichiro OZAKI

日生学園第二高から03年に新加入。右サイドハーフ、サイドバックを務めた。ルーキーのレベルを超えた高精度の右足の技術が反町監督の目にとまり、リーグ中盤戦からスタメンに抜擢。クロスボールやプレースキックで得点機を量産した。

年度	リーグ戦		カップ戦		天皇杯	
	出場	得点	出場	得点	出場	得点
1996						
1997						
1998						
1999						
2000						
2001						
2002						
2003	17	0	-	-	0	0
2004						
2005						
2006						

オゼアス
OSEAS Reis Dos Santos

●ポジション／FW
●生年月日／1971年5月14日生
●出身地／ブラジル
●所属チーム／ガリシア/ブラジルーポンテヴェドラ/スペインーガリシア/ブラジルーマルイネンセ/ブラジルーウベルランジア/ブラジルーアトレチコ　パラナエンセ/ブラジルーパルメイラス/ブラジルークルゼイロ/ブラジルーサントス/ブラジルーヴィッセル神戸ーインテルナシオナル/ブラジル

04年セカンドステージを前に、新潟に加入したブラジル人ストライカー。数多くのクラブを渡り歩いてきたブラジル人ストライカーには、J1残留という大きな仕事が託された。ゴール前で見せる驚異的な決定力に加え、強靭な肉体を生かしたポストワークを誇り、新潟の攻撃力を着実にアップさせた。スピードのあるエジミウソン、ファビーニョとの相性もよく、3人で見せる即興的パスワークは多くのサポーターを魅了した。独特のヘアースタイルだけでなく、愛嬌のある性格でさまざまなパフォーマンスを見せたことも、人気者たるゆえんだった。

年度	リーグ戦		カップ戦		天皇杯	
	出場	得点	出場	得点	出場	得点
1996						
1997						
1998						
1999						
2000						
2001						
2002						
2003						
2004	12	4	0	0	0	0
2005						
2006						

●ポジション／MF
●生年月日／1977年5月19日生
●出身地／神奈川県
●所属チーム／ヴェルディユース

小原信也
Shinya OBARA

ヴェルディの下部組織出身。テクニック、センス共にハイレベルな選手で、96年の加入時はチーム最年少ながら攻撃的MFとして2試合に出場。抜群のボールコントロールとテクニックを披露し、開幕戦では得点を記録した。

年度	リーグ戦		カップ戦		天皇杯	
	出場	得点	出場	得点	出場	得点
1996	2	1	-	-	0	0
1997						
1998						
1999						
2000						
2001						
2002						
2003						
2004						
2005						
2006						

1996—2006 ALBIREX NIIGATA PLAYERS

【か〉〉〉こ】

▶▶▶

海本慶治
Keiji KAIMOTO

●ポジション／DF
●生年月日／1972年11月26日生
●出身地／大阪府
●所属チーム／東海大仰星高－東海大－ヴィッセル神戸－名古屋グランパスエイト

J1で2シーズン目を迎えた05年にアルビレックス新潟が獲得したストッパー。対人プレーに強さを見せるだけでなく、ルーリング能力にも長け、冷静な判断力で最終ラインを統率する。与えられた役割に対し常に誠実に取り組み、黙々とプレーする姿は、多くの若手選手にとって模範となってきた。窮地にあっても動じないクールでクレバーなプレーでチームを支えた。山口素弘の移籍後、出場したほとんどの試合でゲームキャプテンを務めたことも、チーム内における彼の重要性を証明している。

年度	リーグ戦		カップ戦		天皇杯	
	出場	得点	出場	得点	出場	得点
1996						
1997						
1998						
1999						
2000						
2001						
2002						
2003						
2004						
2005	20	1	6	0	1	0
2006	31	1	4	0	1	0

●ポジション／MF
●生年月日／1977年10月14日生
●出身地／大阪府
●所属チーム／東海大仰星高－ガンバ大阪－城南一和／韓国－名古屋グランパスエイト

海本幸治郎
Kojiro KAIMOTO

実兄、海本慶治とともに05年に加入。馬力のある突破力と、無尽蔵のスタミナは日本代表クラスの実力者。新潟在籍時には、なかなか出場機会に恵まれず、その潜在能力のすべてを発揮しきることはできなかった。06シーズン途中に東京ヴェルディ1969に移籍。

年度	リーグ戦		カップ戦		天皇杯	
	出場	得点	出場	得点	出場	得点
1996						
1997						
1998						
1999						
2000						
2001						
2002						
2003						
2004						
2005	6	0	5	0	0	0
2006	5	0	1	0	-	-

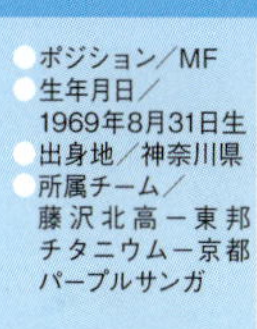

●ポジション／MF
●生年月日／1969年8月31日生
●出身地／神奈川県
●所属チーム／藤沢北高－東邦チタニウム－京都パープルサンガ

垣内友二
Yuji KAKIUCHI

豊富な運動量でピッチを駆け回るパワフルなプレースタイルが魅力のMF。左サイドのスペシャリストながらボランチやサイドバックなど、FWとGK以外はほとんどこなすユーティリティープレーヤーとして活躍。粘り強いディフェンスで相手の攻撃の目を摘んだ。

年度	リーグ戦		カップ戦		天皇杯	
	出場	得点	出場	得点	出場	得点
1996	-	-	-	-	0	0
1997	6	0	-	-	1	0
1998	28	4	-	-	3	0
1999						
2000						
2001						
2002						
2003						
2004						
2005						
2006						

●ポジション／FW
●生年月日／1975年4月29日生
●出身地／佐賀県
●所属チーム／佐賀商業高－東海大－サガン鳥栖

片渕浩一郎
Koichiro KATAFUCHI

02年にサガン鳥栖から移籍加入したストライカー。マルクス、船越、氏原らと激しいポジション争いを演じ、昇格争いに絡み躍進したクラブを支えた。03年に引退後、ユースチームのコーチを経て、06年にユース監督に就任。

年度	リーグ戦		カップ戦		天皇杯	
	出場	得点	出場	得点	出場	得点
1996						
1997						
1998						
1999						
2000						
2001						
2002	3	0	-	-	3	1
2003						
2004						
2005						
2006						

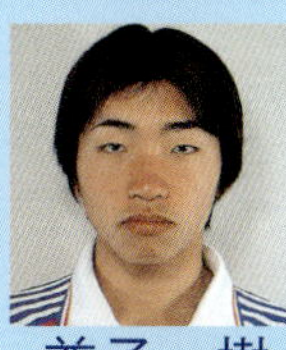

●ポジション／FW
●生年月日／1979年8月27日生
●出身地／長野県
●所属チーム／静岡北高

兼子一樹
Kazuki KANEKO

セレクションに合格して加入したFW。高卒ルーキーながら持ち前のスピードを武器に、豊富な運動量とリズミカルなプレーで右サイドからの突破を得意とした。クラブを離れた後は、静岡FCなどでプレーを続けた。

年度	リーグ戦		カップ戦		天皇杯	
	出場	得点	出場	得点	出場	得点
1996						
1997						
1998	1	0	-	-	0	0
1999						
2000						
2001						
2002						
2003						
2004						
2005						
2006						

●ポジション／FW
●生年月日／1976年4月18日生
●出身地／茨城県
●所属チーム／水戸短大附属高－国士舘大－FC東京

鏑木 享
Toru KABURAGI

「スーパーカブ」としてならしたFC東京から、02年に移籍加入。狭いエリアをものともしないテクニックと、局面を打開するトリッキーなプレーが持ち味のFW。右MFとしても起用されたが、出場機会には恵まれず、03年にクラブを離れている。

年度	リーグ戦		カップ戦		天皇杯	
	出場	得点	出場	得点	出場	得点
1996						
1997						
1998						
1999						
2000						
2001						
2002	5	0	-	-	0	0
2003						
2004						
2005						
2006						

●ポジション／DF
●生年月日／1979年5月13日生
●出身地／千葉県
●所属チーム／市立船橋高－明治大

軽部雅也
Masaya KARUBE

関東大学リーグで活躍した実績を引っさげ、02年に明治大学から新加入したストッパー。丸山良明、セルジオ、高橋直樹らの壁に挑んだが、ポジション奪取はならず、03シーズンの終了とともにクラブを離れることとなった。

年度	リーグ戦		カップ戦		天皇杯	
	出場	得点	出場	得点	出場	得点
1996						
1997						
1998						
1999						
2000						
2001						
2002	0	0	-	-	2	0
2003	0	0	-	-	0	0
2004						
2005						
2006						

●ポジション／DF
●生年月日／1981年6月18日生
●出身地／東京都
●所属チーム／横浜マリノスユース－京都パープルサンガ

川口正人
Masato KAWAGUCHI

スピードのある攻撃的な左サイドバック。02年に京都パープルサンガから期限付き移籍で加入したが、リーグ、天皇杯ともに出番を得ることはできなかった。03年、京都に復帰後、JFLの大塚製薬サッカー部へ移籍。

年度	リーグ戦		カップ戦		天皇杯	
	出場	得点	出場	得点	出場	得点
1996						
1997						
1998						
1999						
2000						
2001						
2002	0	0	-	-	0	0
2003						
2004						
2005						
2006						

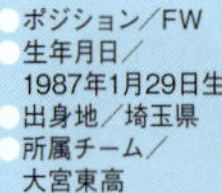

●ポジション／FW
●生年月日／1987年1月29日生
●出身地／埼玉県
●所属チーム／大宮東高

河原和寿
Kazuhisa KAWAHARA

各年代の代表を経験してきた若きストライカー。絶妙な動き出しと、思い切りのいいシュートで、U－19日本代表のアジア予選突破に大きく貢献を果たした。05年は出番がなかったが、06年はリーグ戦に初出場し初得点。大器の片鱗を見せはじめている。

年度	リーグ戦		カップ戦		天皇杯	
	出場	得点	出場	得点	出場	得点
1996						
1997						
1998						
1999						
2000						
2001						
2002						
2003						
2004						
2005	0	0	1	0	1	0
2006	5	1	0	0	1	0

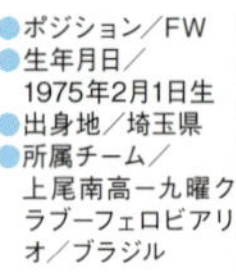

●ポジション／FW
●生年月日／1975年2月1日生
●出身地／埼玉県
●所属チーム／上尾南高－九曜クラブ－フェロビアリオ／ブラジル

河原塚 毅
Takesi KAWAHARAZUKA

50メートル5秒9と抜群のスピードを誇ったFW。スピードを十二分に生かし、相手DFラインの裏への飛び出しを得意とした。在籍した99年はリーグ戦3試合出場にとどまったものの、天皇杯では3試合に出場し、1回戦でゴールをマークした。

年度	リーグ戦		カップ戦		天皇杯	
	出場	得点	出場	得点	出場	得点
1996						
1997						
1998						
1999	3	0	0	0	3	1
2000						
2001						
2002						
2003						
2004						
2005						
2006						

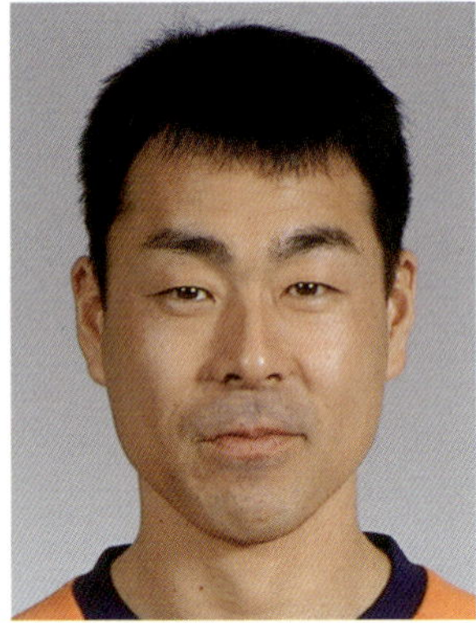

神田勝夫
Katsuo KANDA

●ポジション／DF
●生年月日／1966年6月21日生
●出身地／新潟県
●所属チーム／新潟工業高－東京農大－ＮＫＫ－セレッソ大阪－横浜Ｆ・マリノス

新潟県出身者としては初の日本代表選手。タイミングのいいオーバーラップとパワフルな左足で、ゴール・アシストを量産した。横浜F・マリノスでプレーした後、00年に新潟に加入。現役生活の最後を新潟のJ1昇格に捧げた。新潟での1年目は、本来の左サイドバックだけでなく、ボランチ、攻撃的MF、ときにはFWとしてもプレー。01年以降は、左サイドバックでプレーし昇格争いを演じるチームで重要な役割を担った。負傷のため、J1昇格の瞬間をピッチで迎えることはできなかったが、昇格に果たしたその貢献度は計り知れず。現在は、アルビレックス新潟の強化部長を務める。

年度	リーグ戦		カップ戦		天皇杯	
	出場	得点	出場	得点	出場	得点
1996						
1997						
1998						
1999						
2000	32	3	2	0	3	0
2001	32	0	0	0	4	0
2002	33	2	-	-	1	0
2003	17	0	-	-	0	0
2004						
2005						
2006						

●ポジション／MF
●生年月日／1968年12月26日生
●出身地／新潟県
●所属チーム／新潟工業高－東京農大－NKK－大塚製薬

神田勝利
Katsutoshi KANDA

シャープな身体を駆使、ハードタックルで攻撃の芽を摘み取るMF。中盤のほか、右サイドバックもこなし果敢なオーバーラップは攻撃の起点となった。神田勝夫(現強化部長)は実兄で、神田3兄弟の末っ子として県民の認知度も高かった。

年度	リーグ戦		カップ戦		天皇杯	
	出場	得点	出場	得点	出場	得点
1996	9	0	-	-	1	0
1997	1	0	-	-	0	0
1998						
1999						
2000						
2001						
2002						
2003						
2004						
2005						
2006						

●ポジション／GK
●生年月日／1974年7月11日生
●出身地／新潟県
●所属チーム／新潟西高－亜細亜大

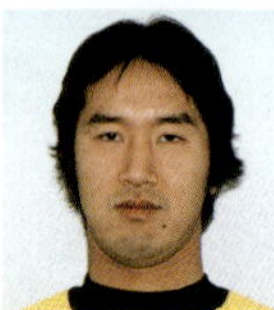

菊地 修
Osamu KIKUCHI

新潟西高卒のゴールキーパー。97年、アルビレックス新潟に加わりトレーニングに励んだ。絶対的な守護神として君臨した浜野征哉の存在によりピッチに立つ機会はほとんどなかったが、バルコム・永井監督の厳しい指導のもと着実に実力を伸ばし、影ながらチームを支えた。

年度	リーグ戦		カップ戦		天皇杯	
	出場	得点	出場	得点	出場	得点
1996						
1997	0	0	-	-	2	0
1998	1	0	-	-	0	0
1999						
2000						
2001						
2002						
2003						
2004						
2005						
2006						

●ポジション／MF
●生年月日／1984年11月24日生
●出身地／静岡県
●所属チーム／清水商業高－ジュビロ磐田

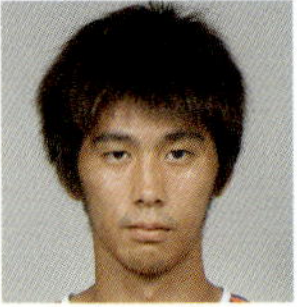

菊地直哉
Naoya KIKUCHI

J1残留がテーマとなった05年の8月にジュビロ磐田から期限付き移籍加入。前評判に違わない技術、戦術理解度の高さでチームにフィットし、大きな貢献を果たした。サイドバック、ボランチ、リベロなど、さまざまなポジションをこなしたことも、彼の能力の高さを証明している。

年度	リーグ戦		カップ戦		天皇杯	
	出場	得点	出場	得点	出場	得点
1996						
1997						
1998						
1999						
2000						
2001						
2002						
2003						
2004						
2005	15	1	-	-	2	0
2006						

木澤正徳
Masanori KIZAWA

●ポジション／DF
●生年月日／1969年6月2日生
●出身地／茨城県
●所属チーム／古河第一高－古河電工－ジェフユナイテッド市原－セレッソ大阪

J２での戦いがスタートした99年、永井良和監督の呼び掛けに応え新潟に加入。当時29歳、開幕時点で最年長だった右サイドバックには、新加入にもかかわらずキャプテンマークが託された。木澤自身もその期待に応え、ピッチでは激しく、ピッチ外では思いやりをもって若手選手たちを導いた。長距離をハイスピードで駆け抜ける走力、正確なクロスとサイドバックとして高い能力を備えていたが、何よりも観る者を引きつけたのは、気迫がほとばしるような熱いプレー。後足を飛ばして右サイドを何度も駆け上がる姿は、サポーターを魅了し絶大なる支持を獲得。00年のシーズン終了後、多くのサポーターに惜しまれつつクラブを去り、水戸へ移籍。今もコーチとして同チームを支えている。

年度	リーグ戦		カップ戦		天皇杯	
	出場	得点	出場	得点	出場	得点
1996						
1997						
1998						
1999	32	2	1	0	3	0
2000	39	0	2	0	3	0
2001						
2002						
2003						
2004						
2005						
2006						

●ポジション／DF
●生年月日／1978年4月25日生
●出身地／大阪府
●所属チーム／近大附属高－ジュビロ磐田－ジェフユナイテッド市原－セレッソ大阪

喜多 靖
Yasushi KITA

新潟がJ1に初挑戦する04年にセレッソ大阪から加入。主に3バックのストッパーとして活躍した。05シーズンに挙げた3得点はいずれも強烈なミドルシュート。06シーズンの終了とともにクラブを去ったが、その鮮やかな弾道は今も多くのサポーターの脳裏に焼き付いている。

年度	リーグ戦		カップ戦		天皇杯	
	出場	得点	出場	得点	出場	得点
1996						
1997						
1998						
1999						
2000						
2001						
2002						
2003						
2004	17	0	1	0	1	0
2005	17	3	5	0	0	0
2006	11	0	1	0	0	0

●ポジション／GK
●生年月日／1982年10月4日生
●出身地／北海道
●所属チーム／北海高-札幌大

北野貴之
Takashi KITANO

札幌大学を中退し、03年に新潟に加入。野澤洋輔、木寺浩一の厚い壁に阻まれ、ゴールマウスを守る機会はなかなか訪れなかったが、06年に開花。24試合に出場し、闘志溢れるプレーと、的確なポジショニングで新潟ゴールの前に立ちふさがった。今後、さらなる飛躍が期待される選手の1人。

年度	リーグ戦		カップ戦		天皇杯	
	出場	得点	出場	得点	出場	得点
1996						
1997						
1998						
1999						
2000						
2001						
2002						
2003	0	0	-	-	0	0
2004	0	0	0	0	0	0
2005	0	0	0	0	0	0
2006	24	0	4	0	2	0

木寺浩一
Koichi KIDERA

●ポジション／GK
●生年月日／1972年4月4日生
●出身地／埼玉県
●所属チーム／武南高－NKK－京都パープルサンガ－本田技研ルミノッソ狭山

98年、本田技研ルミノッソ狭山から加入。ベテランらしい落ち着いたゴールキーピングと、よく通る声で出す的確な指示で、抜群の安定感を誇った。01年からは野澤洋輔の台頭もあり、ゴールマウスに立つ機会はそれほどなかったが、出場した試合では難しい状況のなか、すばらしい守備を見せた。04年、野澤の負傷に伴い32歳にしてJ1初出場。翌05年には、落ち着き払ったセービングで強豪横浜F・マリノス相手に完封勝利をあげて見せるなど、しっかりと起用に応えた。

年度	リーグ戦		カップ戦		天皇杯	
	出場	得点	出場	得点	出場	得点
1996						
1997						
1998	18	0	-	-	0	0
1999	14	0	0	0	0	0
2000	18	0	2	0	3	0
2001	0	0	0	0	0	0
2002	2	0	-	-	1	0
2003	0	0	-	-	1	0
2004	11	0	0	0	0	0
2005	8	0	0	0	1	0
2006						

●ポジション／MF
●生年月日／1976年8月19日生
●出身地／青森県
●所属チーム／三本木農業高－新潟大

木野 陽
Akira KINO

ボールコントロールと戦術理解に長けた若手プレーヤー。青森県の三本木農業から、新潟大学に進み、籍をおきながらアルビレオ新潟でプレー。96年のリーグ戦では2試合の出場を果たした。

年度	リーグ戦		カップ戦		天皇杯	
	出場	得点	出場	得点	出場	得点
1996	2	0	-	-	0	0
1997						
1998						
1999						
2000						
2001						
2002						
2003						
2004						
2005						
2006						

●ポジション／FW
●生年月日／1970年4月30日生
●出身地／新潟県
●所属チーム／新潟工業高－法政大

木村隆二
Ryuji KIMURA

打点の高いヘディング、長いリーチを生かした力強いシュートが武器。185センチの長身FWとして得点を期待された。在籍した96年のリーグ戦では、第7節上田ジェンシャン戦で交代出場を果たした。

年度	リーグ戦		カップ戦		天皇杯	
	出場	得点	出場	得点	出場	得点
1996	1	0	-	-	0	0
1997						
1998						
1999						
2000						
2001						
2002						
2003						
2004						
2005						
2006						

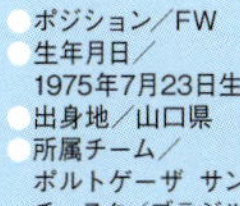

●ポジション／FW
●生年月日／1975年7月23日生
●出身地／山口県
●所属チーム／ポルトゲーザ サンチェスタ／ブラジル

木村 良
Ryo KIMURA

6年間に及ぶブラジル留学を経て、96年のシーズン途中に加入した運動量豊富なFW。スピードを生かしたサイドからのドリブル突破を武器に、チャンスメーカーとしても活躍した。

年度	リーグ戦		カップ戦		天皇杯	
	出場	得点	出場	得点	出場	得点
1996	-	-	-	-	0	0
1997	3	0	-	-	0	0
1998						
1999						
2000						
2001						
2002						
2003						
2004						
2005						
2006						

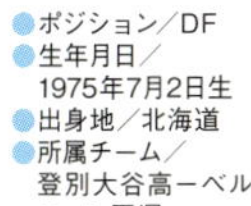

●ポジション／DF
●生年月日／1975年7月2日生
●出身地／北海道
●所属チーム／登別大谷高－ベルマーレ平塚

葛野昌宏
Masahiro KUZUNO

1対1に強く、空中戦を得意とするストッパータイプのDF。しつこいまでのボディーコンタクトで相手FWをマークし、シャットアウト。在籍した3年間では26試合に出場し、2得点をマークするなど、積極的に攻撃にも参加した。

年度	リーグ戦		カップ戦		天皇杯	
	出場	得点	出場	得点	出場	得点
1996	-	-	-	-	0	0
1997	8	1	-	-	2	0
1998	18	1	-	-	2	0
1999						
2000						
2001						
2002						
2003						
2004						
2005						
2006						

●ポジション／MF
●生年月日／1985年5月2日生
●出身地／群馬県
●所属チーム／桐蔭学園高－アルビレックス新潟－アルビレックス新潟・S／シンガポール

栗原明洋
Akihiro KURIHARA

桐蔭学園高から04年に新加入。卓越したドリブルテクニックを誇る選手だったが、05年に期限付き移籍したALBIREX NIIGATA・Sで球際の激しさも身につけて帰ってきた。本来の右サイドハーフに加え、サイドバックでもプレー。だが、定位置獲得はならず、06シーズン終了後にクラブを離れている。

年度	リーグ戦		カップ戦		天皇杯	
	出場	得点	出場	得点	出場	得点
1996						
1997						
1998						
1999						
2000						
2001						
2002						
2003						
2004	0	0	0	0	-	-
2005						
2006	0	0	0	0	0	0

栗原圭介
Keisuke KURIHARA

●ポジション／MF
●生年月日／1973年5月20日生
●出身地／東京都
●所属チーム／桐蔭学園高－駒澤大－ヴェルディ川崎－ベルマーレ平塚－ヴェルディ川崎－サンフレッチェ広島－湘南ベルマーレ

03年のチーム始動直前に加入。右サイドハーフやFWとしてテクニックを生かし、落ち着いたプレーを披露した。加入直後は、コンディションや負傷の影響でなかなか出場機会に恵まれなかったが、決してあきらめることなく黙々とトレーニングを積んだ。その努力は、03年J2の第4クールで報われ、右サイドに定着。昇格へのプレッシャーがかかるなか、決定的な仕事でチームの勝利に貢献していった。ベンチを温めているときでも、不平を言わず、ピッチでしっかりと結果を出す姿勢は多くの選手の模範となるものだった。

年度	リーグ戦		カップ戦		天皇杯	
	出場	得点	出場	得点	出場	得点
1996						
1997						
1998						
1999						
2000						
2001						
2002						
2003	15	0	-	-	4	0
2004	11	0	4	0	1	0
2005						
2006						

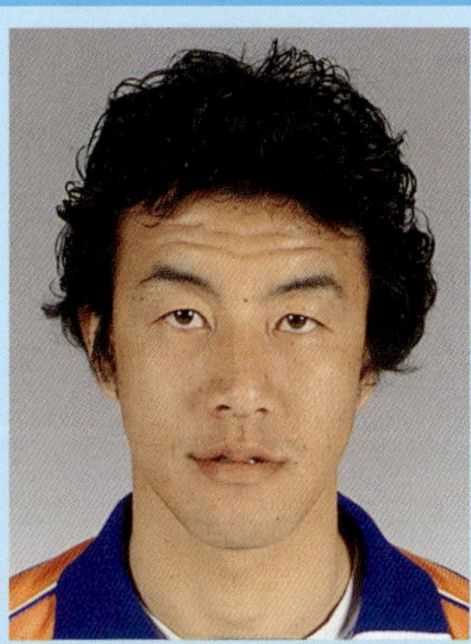

黒崎久志
Hisashi KUROSAKI

●ポジション／FW
●生年月日／1968年5月8日生
●出身地／栃木県
●所属チーム／宇都宮学園高－本田技研－鹿島アントラーズ－京都パープルサンガ－ヴィッセル神戸

01年に就任した反町監督の「前線の核となれるFWを」というリクエストに応え、獲得したセンターフォワード。攻撃の起点となるポストワークと強烈な右足の大砲、ゴール前での決定力で、その期待に十二分に応えた。日本代表を経験したプロ意識は、当時のクラブにおいて貴重なもので、その存在はあらゆる面で新潟のプラスとなった。01年J2第12節の京都パープルサンガ戦では、記念すべきビッグスワン初ゴールを挙げ、そのボールは現在もスタジアムに保管されている。07年にコーチとしてクラブに帰ってきた。

年度	リーグ戦		カップ戦		天皇杯	
	出場	得点	出場	得点	出場	得点
1996						
1997						
1998						
1999						
2000						
2001	44	21	2	0	4	2
2002						
2003						
2004						
2005						
2006						

桑原裕義
Hiroyoshi KUWABARA

●ポジション／MF
●生年月日／1971年10月2日生
●出身地／広島県
●所属チーム／広島工業高－大阪体育大－サンフレッチェ広島

04年、J1に挑むチームにサンフレッチェ広島から期限付き移籍。豊富な運動量とサッカーを知り抜いた冷静なプレーで、最後まで決してあきらめない新潟のサッカーを体現した。05年には完全移籍加入し、チームの中心としてプレー。第19節ガンバ大阪戦では、4－2の勝利の口火を切る先制ゴール。プロ11年目、244試合目でのJ初得点だったというだけでなく、鮮烈な弾道が印象的なミドルシュートだった。チームを2シーズン連続でJ1残留に導き、06年1月に地域リーグのニューウェーブ北九州に加入。

年度	リーグ戦		カップ戦		天皇杯	
	出場	得点	出場	得点	出場	得点
1996						
1997						
1998						
1999						
2000						
2001						
2002						
2003						
2004	24	0	5	0	0	0
2005	22	1	2	0	1	0
2006						

●ポジション／GK
●生年月日／1976年1月1日生
●出身地／山梨県
●所属チーム／機山工業高－国際サッカー専門学院－アセノスポーツクラブ

河野雅樹
Masaki KONO

96年、記念すべきリーグ戦第1節にゴールを守った初代の守護神。積極的な守備が得意な若手GKとして活躍。リーグ戦の後半は小林哲也に正GKの座を譲ったが、お互いよきライバルとして切磋琢磨した。

年度	リーグ戦		カップ戦		天皇杯	
	出場	得点	出場	得点	出場	得点
1996	4	0	-	-	0	0
1997						
1998						
1999						
2000						
2001						
2002						
2003						
2004						
2005						
2006						

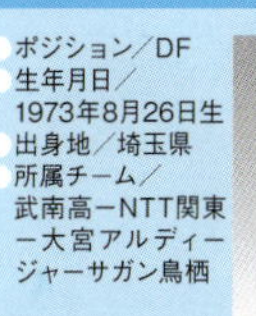

●ポジション／DF
●生年月日／1973年8月26日生
●出身地／埼玉県
●所属チーム／武南高－NTT関東－大宮アルディージャ－サガン鳥栖

小林 悟
Satoru KOBAYASHI

01年J2リーグの途中からチームに加わった右サイドバック。ピッチを何往復もできるスタミナと、繊細なテクニックをあわせ持ち、新潟の躍進に貢献した。物腰の柔らかい性格で、多くのサポーターに惜しまれながら、02年シーズン後にクラブを去っている。

年度	リーグ戦		カップ戦		天皇杯	
	出場	得点	出場	得点	出場	得点
1996						
1997						
1998						
1999						
2000						
2001	13	1	-	-	1	0
2002	39	1	-	-	0	0
2003						
2004						
2005						
2006						

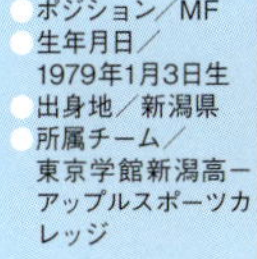

●ポジション／MF
●生年月日／1979年1月3日生
●出身地／新潟県
●所属チーム／東京学館新潟高－アップルスポーツカレッジ

小林高道
Takamichi KOBAYASHI

新潟県出身のMFとして、JFL、J2の新潟を支えたテクニシャン。左足のボールコントロール技術は、チームでも群を抜いていた。02年からJAPANサッカーカレッジでプレーしながら、アルビレックス新潟サッカースクールのコーチに就任。

年度	リーグ戦		カップ戦		天皇杯	
	出場	得点	出場	得点	出場	得点
1996						
1997	0	0	-	-	2	0
1998	14	1	-	-	3	0
1999	4	0	1	0	0	0
2000	3	0	1	0	0	0
2001	4	0	2	0	1	0
2002						
2003						
2004						
2005						
2006						

●ポジション／GK
●生年月日／1972年12月30日生
●出身地／新潟県
●所属チーム／柏崎高－新潟大

小林哲也
Tetsuya KOBAYASHI

96年当時、チーム一の身長(187センチ)を誇った大型GK。恵まれた体格をセービングに生かし、アルビレオのゴールを死守。96年リーグ戦では、5節から連続出場を果たし、すべての試合で完封勝利。北信越リーグ優勝に大いに貢献した。

年度	リーグ戦		カップ戦		天皇杯	
	出場	得点	出場	得点	出場	得点
1996	5	0	-	-	0	0
1997						
1998						
1999						
2000						
2001						
2002						
2003						
2004						
2005						
2006						

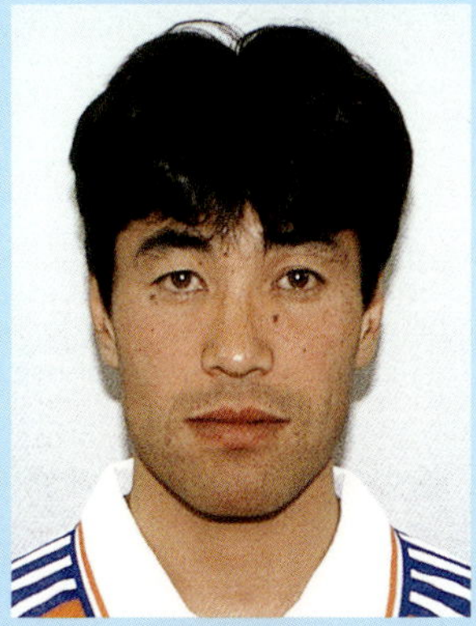

古俣健次
Kenji KOMATA

●ポジション／MF
●生年月日／1964年7月15日生
●出身地／新潟県
●所属チーム／新潟工業高－大阪商大－ヤマハ発動機－ジュビロ磐田

Jリーグ入りを目指すアルビレオ新潟が誕生したとき、ジュビロ磐田からまだ地域リーグだったクラブへ加入。守備能力に長けたボランチや、最終ラインを引き締めるリベロとして活躍しただけでなく、プロサッカー選手のなんたるかを過渡期の選手たちに訴え続けた。Jリーグ加盟決定後も全力でプレーを続け、主将としてチームを引っ張り、全国社会人大会を勝ち抜きJFLへ。99年のJ2リーグ参戦を前にクラブを離れたが、その貢献度は計り知れない。

年度	リーグ戦		カップ戦		天皇杯	
	出場	得点	出場	得点	出場	得点
1996	9	1	-	-	1	0
1997	9	2	-	-	2	0
1998	10	1	-	-	0	0
1999						
2000						
2001						
2002						
2003						
2004						
2005						
2006						

1996—2006 ALBIREX NIIGATA PLAYERS

【さ ››› そ】

▶▶▶

近 彰彦
Akihiko KON

- ポジション／DF
- 生年月日／1968年9月26日生
- 出身地／新潟県
- 所属チーム／新潟西高ー法政大ートヨタ自動車ーPJMフューチャーズ

新潟西高出身。法政大を経て当時日本リーグのトヨタやJFLのPJMフューチャーズでプレー。その経験を生かし94年にアルビレオ新潟に加入。96年から98年までの3年間、アルビレックスの草創期を支えた功労者の一人。長身を生かしたヘディングとクレバーなディフェンスが持ち味だった。DF登録ながら96年の北信越リーグでは7試合に出場し、6得点とオールラウンドプレーヤーとして活躍。また、PKの名手としても知られ、第1節マッキーFC戦での大勝(12-0)は、近のPKが口火を切る形となった。

年度	リーグ戦		カップ戦		天皇杯	
	出場	得点	出場	得点	出場	得点
1996	7	6	-	-	1	0
1997	9	3	-	-	2	0
1998	14	0	-	-	0	0
1999						
2000						
2001						
2002						
2003						
2004						
2005						
2006						

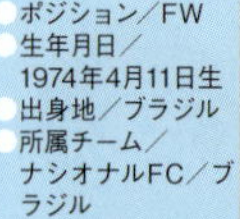

サウロ
SAULO Estevao Da Costa Pimenta

- ポジション／FW
- 生年月日／1974年4月11日生
- 出身地／ブラジル
- 所属チーム／ナシオナルFC／ブラジル

ブラジル人特有の柔軟なボールコントロールから、トリッキーなプレーまで幅広くこなしたストライカー。スピードに緩急をつけたドリブル突破を得意とし、左右から放たれるシュートは強烈だった。在籍時の99年は23試合に出場し、6得点をマークした。

年度	リーグ戦		カップ戦		天皇杯	
	出場	得点	出場	得点	出場	得点
1996						
1997						
1998						
1999	23	6	2	0	2	0
2000						
2001						
2002						
2003						
2004						
2005						
2006						

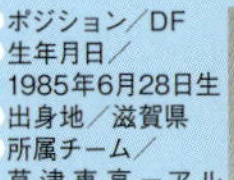

酒井悠基
Yuki SAKAI

- ポジション／DF
- 生年月日／1985年6月28日生
- 出身地／滋賀県
- 所属チーム／草津東高ーアルビレックス新潟ーアルビレックス新潟・S／シンガポール

04年に草津東高から新加入した長身のセンターバック。打点の高いヘディングでポジション獲りに挑んだが、出場機会を得ることはかなわなかった。05年をALBIREX NIIGATA・Sで過ごし、ディフェンスの激しさを増して帰ってきたが、負傷の影響もあり、公式戦の出場は果たせず。06シーズンの終了とともに新潟を離れることになった。

年度	リーグ戦		カップ戦		天皇杯	
	出場	得点	出場	得点	出場	得点
1996						
1997						
1998						
1999						
2000						
2001						
2002						
2003						
2004	0	0	0	0	-	-
2005						
2006	0	0	0	0	0	0

佐藤大介
Daisuke SATO

- ポジション／MF
- 生年月日／1977年12月27日生
- 出身地／東京都
- 所属チーム／横浜フリューゲルスユース

横浜フリューゲルスユース出身のテクニシャン。DF登録だが、本来は中盤で能力を発揮するタイプのプレーヤーだった。北信越リーグを戦うチームの一員として奮闘したが、フィジカルが重視されるカテゴリーにおいて、持ち味を十分に発揮することができなかった。

年度	リーグ戦		カップ戦		天皇杯	
	出場	得点	出場	得点	出場	得点
1996	0	0	-	-	0	0
1997						
1998						
1999						
2000						
2001						
2002						
2003						
2004						
2005						
2006						

佐藤嘉寛
Yoshihiro SATO

- ポジション／DF
- 生年月日／1974年9月20日生
- 出身地／石川県
- 所属チーム／横浜国立大

強靱な身体を生かしたコンタクトプレーが得意なDF。文武両道で、横浜国立大在学中ながらアルビレオ新潟でプレー。期待は大きかったが、在籍した2年間でわずか1試合の出場にとどまった。

年度	リーグ戦		カップ戦		天皇杯	
	出場	得点	出場	得点	出場	得点
1996	0	0	-	-	0	0
1997	1	0	-	-	0	0
1998						
1999						
2000						
2001						
2002						
2003						
2004						
2005						
2006						

ジェイウソン
GEILSON De Carvaslho Soares

- ポジション／FW
- 生年月日／1984年4月10日生
- 出身地／ブラジル
- 所属チーム／ミストFC／ブラジルーミラソール FC／ブラジル

03年の4月にブラジル、サンパウロ州のミラソールFCから期限付き移籍加入したブラジル人FW。パワフルなドリブル突破と左右両足からの強烈なシュートを誇ったが、日本のサッカーに順応しきることは難しかった。J2得点王マルクスの存在もあり、公式戦への出場は2試合にとどまった。

年度	リーグ戦		カップ戦		天皇杯	
	出場	得点	出場	得点	出場	得点
1996						
1997						
1998						
1999						
2000						
2001						
2002						
2003	2	0	-	-	0	0
2004						
2005						
2006						

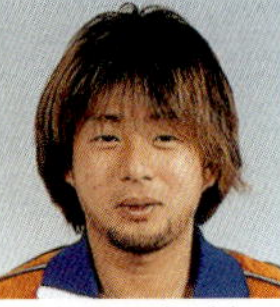

式田高義
Takayoshi SHIKIDA

- ポジション／MF
- 生年月日／1977年11月25日生
- 出身地／千葉県
- 所属チーム／市立船橋高ージェフユナイテッド市原ー中央学院大

99年のシーズン途中にジェフユナイテッド市原から加入したプレーヤー。いきなりチームの中盤の核として12試合に出場し、3得点の活躍。司令塔の役割も果たしチームに貢献した。翌00年も24試合に出場。

年度	リーグ戦		カップ戦		天皇杯	
	出場	得点	出場	得点	出場	得点
1996						
1997						
1998						
1999	12	3	0	0	0	0
2000	24	0	2	1	3	1
2001						
2002						
2003						
2004						
2005						
2006						

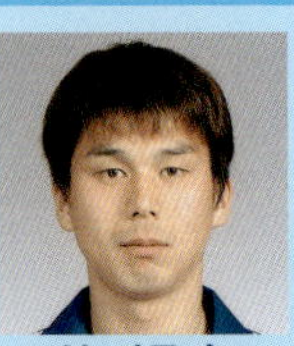

柴 暢彦
Nobuhiro SHIBA

- ポジション／DF
- 生年月日／1974年4月18日生
- 出身地／大阪府
- 所属チーム／鵬翔高ー福岡大ー大分FC

ユニバーシアード代表経験を持つセンターバック。99年アルビレックス新潟に加入。大学の後輩、高橋直樹やセルジオとともに最終ラインを支えた。DFとしては大柄とは言えないが、ヘディングは強力でセットプレー時は攻撃でも活躍。なお、福岡大時代は天皇杯で当時のアルビレオ新潟に勝利した。

年度	リーグ戦		カップ戦		天皇杯	
	出場	得点	出場	得点	出場	得点
1996						
1997						
1998						
1999	33	2	1	0	1	0
2000	25	0	0	0	2	0
2001	7	0	0	0	0	0
2002	0	0	0	0	0	0
2003						
2004						
2005						
2006						

島田周輔
Shusuke SHIMADA

- ポジション／MF
- 生年月日／1976年7月10日生
- 出身地／神奈川県
- 所属チーム／横浜マリノスユースー横浜マリノスー横河電機

99年、鈴木慎吾とともに横河電機から加入。ゴール前へのクロスに対して鋭い反応を見せ、ピンポイントで合わせられる能力を備えたFWだった。ドリブル突破からのシュート、後方からのパスの受け方にも長け、在籍した99年には24試合に出場し、1得点を挙げた。

年度	リーグ戦		カップ戦		天皇杯	
	出場	得点	出場	得点	出場	得点
1996						
1997						
1998						
1999	24	1	0	0	0	0
2000						
2001						
2002						
2003						
2004						
2005						
2006						

城定信次
Shinji JOJO

- ポジション／DF
- 生年月日／1977年8月28日生
- 出身地／東京都
- 所属チーム／市立船橋高ー浦和レッズ

02シーズン終盤に浦和レッズから期限付き移籍加入。左サイドバックのスペシャリストとして期待された。だが、チームにフィットする前にけがに見舞われ、そのままシーズンを終えてしまう。残念ながら、その能力をビッグスワンで発揮することはできなかった。

年度	リーグ戦		カップ戦		天皇杯	
	出場	得点	出場	得点	出場	得点
1996						
1997						
1998						
1999						
2000						
2001						
2002	1	0	-	-	0	0
2003						
2004						
2005						
2006						

シルビーニョ
Silvio Jose Canuto(SILVINHO)

- ポジション／MF
- 生年月日／1977年1月17日生
- 出身地／ブラジル
- 所属チーム／ロンドリーナ／ブラジルーキンセ デ ノベンブロ／ブラジルーグアラニーカンピーナ／ブラジルーアトレチコ パラナエンセ／ブラジルーマトネエンセ／ブラジルーインテルナショナル／ブラジルーベガルタ仙台

06年のチーム始動当日にベガルタ仙台から加入が決定したMF。鈴木淳新監督のもと、文字通り『新生』したチームの大黒柱として迎えられた。高いキープ力を活かして、ボールの収まりどころとなり、左右・前線にボールを配球する。けがによる欠場以外は、すべてスタメンで出場していることも、彼の存在の大きさを証明している。06Jリーグディビジョン1では、最も多くのパスを通した選手として記録されている。

年度	リーグ戦		カップ戦		天皇杯	
	出場	得点	出場	得点	出場	得点
1996						
1997						
1998						
1999						
2000						
2001						
2002						
2003						
2004						
2005						
2006	30	3	5	0	2	0

末岡龍二
Ryuji SUEOKA

- ポジション／FW
- 生年月日／1979年5月22日生
- 出身地／山口県
- 所属チーム／光高ー中京大ーアルビレックス新潟ーアルビレックス新潟・S／シンガポール

03年に中京大から新加入。爆発的なスピードを誇り、サポーターからは「ドラゴン」の愛称で親しまれた。スーパーサブ的な起用に幾度となく応え、J1昇格に貢献した。04年にはSリーグへ期限付き移籍。05年に復帰後、06年には再びシンガポールへ渡り、ゲイランユナイテッドのストライカーとして活躍。

年度	リーグ戦		カップ戦		天皇杯	
	出場	得点	出場	得点	出場	得点
1996						
1997						
1998						
1999						
2000						
2001						
2002	5	0	-	-	2	0
2003	12	1	-	-	3	1
2004						
2005	5	0	0	0	2	0
2006						

杉山弘一
Koichi SUGIYAMA

- ポジション／DF
- 生年月日／1971年10月27日生
- 出身地／大阪府
- 所属チーム／高槻南高ー大阪商大ー浦和レッズーヴェルディ川崎ー東京ヴェルディ1969

東京ヴェルディ1969から03年に加入した、経験豊富な左サイドバック。不運にもけがに苦しめられ、ピッチで活躍する機会は少なかったが、その経験はチーム・クラブにとって大きなプラスとなった。

年度	リーグ戦		カップ戦		天皇杯	
	出場	得点	出場	得点	出場	得点
1996						
1997						
1998						
1999						
2000						
2001						
2002						
2003	6	0	-	-	0	0
2004						
2005						
2006						

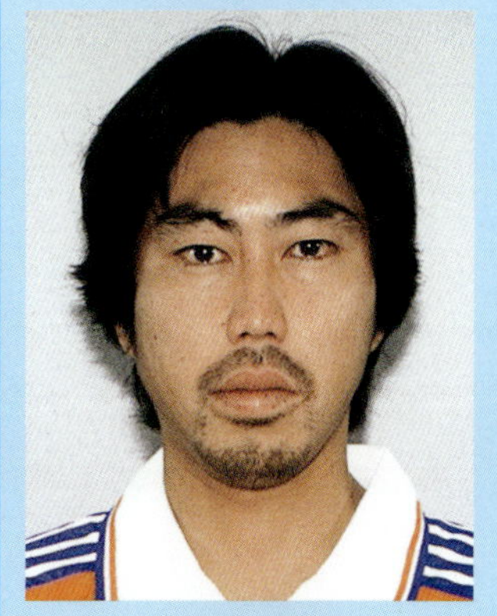

杉山 学
Manabu SUGIYAMA

- ポジション／FW
- 生年月日／1968年7月24日生
- 出身地／静岡県
- 所属チーム／静岡北高ー国士舘大ー清水エスパルスーNEC山形

矢野、上野、氏原、黒崎、鳴尾。新潟のエースストライカーが名を連ねる11番の系譜。そこをたどると杉山にたどり着く。清水エスパルスで活躍したストライカーは、96年地域リーグを戦っていたアルビレオ新潟に加入。厳しい練習環境にあっても、ピッチの上ではプロの何たるかを示し続けた。度重なる負傷に見舞われながらも決してあきらめず、試合に出れば魂をゆさぶるゴールを決める。杉山の示した道は、11年経った今も新潟のチームカラーとして根付いている。98年に現役を引退。サッカースクールをはじめ、普及カテゴリーの指導者を務めたのち、新潟のサッカーを底上げしようと大学サッカーの指導者に挑戦。現在は、新潟経営大学サッカー部の指揮を執る。

年度	リーグ戦		カップ戦		天皇杯	
	出場	得点	出場	得点	出場	得点
1996	7	8	-	-	1	1
1997	0	0	-	-	2	0
1998	25	1	-	-	1	0
1999						
2000						
2001						
2002						
2003						
2004						
2005						
2006						

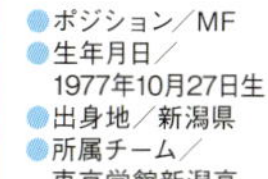

杉山雄一
Yuichi SUGIYAMA

- ポジション／MF
- 生年月日／1977年10月27日生
- 出身地／新潟県
- 所属チーム／東京学館新潟高

東京学館新潟を卒業して、アルビレオ新潟の門を叩いた技巧派MF。1つの敗戦も許されない北信越リーグを戦うチームで、ベテラン選手たちの前になかなか出番をつかめなかった。だが、決して腐ることなく黙々と技術の研鑽に励んだ。

年度	リーグ戦		カップ戦		天皇杯	
	出場	得点	出場	得点	出場	得点
1996	0	0	-	-	0	0
1997						
1998						
1999						
2000						
2001						
2002						
2003						
2004						
2005						
2006						

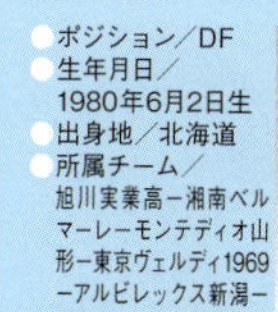

鈴木健太郎
Kentaro SUZUKI

- ポジション／DF
- 生年月日／1980年6月2日生
- 出身地／北海道
- 所属チーム／旭川実業高ー湘南ベルマーレーモンテディオ山形ー東京ヴェルディ1969ーアルビレックス新潟ー東京ヴェルディ1969

J1昇格レースが佳境に差しかかった03年の8月に、東京Vから期限付き移籍加入。超攻撃的なサイドバックとして、左サイドを活性化させた。寡黙ながら闘志溢れるプレーと、努力を惜しまぬ姿でサポーターから愛された。07年シーズン、ヴァンフォーレ甲府へ移籍。

年度	リーグ戦		カップ戦		天皇杯	
	出場	得点	出場	得点	出場	得点
1996						
1997						
1998						
1999						
2000						
2001						
2002						
2003	17	1	-	-	2	0
2004	8	0	3	0	1	0
2005	7	0	2	0	0	0
2006	0	0	4	0	0	0

鈴木慎吾
Shingo SUZUKI

- ポジション／MF
- 生年月日／1978年3月20日生
- 出身地／埼玉県
- 所属チーム／浦和レッズー横河電機ーアルビレックス新潟ー京都パープルサンガ

新潟とともに成長を続けるレフティー。新潟がJ2に挑戦する99年、横河電機から加入。加入当初はFWとしてプレー。途中出場も多かったが、思い切りの良いプレーでゴールを重ねていった。01年に就任した反町監督により、左サイドハーフにコンバート。縦への突破力、鋭い左足のキック、中央に入っての得点力を遺憾なく発揮し、躍進の原動力となった。惜しくも昇格を逃すが、その活躍が認められJ1へ昇格した京都へ期限付き移籍。04年、J1に昇格した新潟に復帰した。以後、新潟を代表する選手の一人としてプレー。06シーズンは、34試合すべての試合に出場し、9得点。その成長はとどまるところを知らない。

年度	リーグ戦		カップ戦		天皇杯	
	出場	得点	出場	得点	出場	得点
1996						
1997						
1998						
1999	30	8	2	0	3	0
2000	40	11	2	0	3	3
2001	42	16	2	0	3	0
2002						
2003						
2004	30	5	5	2	1	0
2005	29	4	6	0	1	0
2006	34	9	5	1	2	0

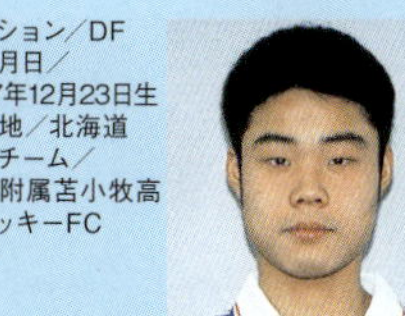

鈴木洋平
Yohei SUZUKI

- ポジション／DF
- 生年月日／1977年12月23日生
- 出身地／北海道
- 所属チーム／駒大附属苫小牧高ーマッキーFC

DFとしては175センチと小柄だが、優れた身体能力と打点の高いヘディングを武器に、センターバックのほか、MFとしてもプレー。右サイドからの攻撃参加も得意とした。

年度	リーグ戦		カップ戦		天皇杯	
	出場	得点	出場	得点	出場	得点
1996	-	-	-	-	0	0
1997	1	0	-	-	0	0
1998	7	0	-	-	2	0
1999						
2000						
2001						
2002						
2003						
2004						
2005						
2006						

諏訪雄大
Yudai SUWA

- ポジション／GK
- 生年月日／1986年5月5日生
- 出身地／千葉県
- 所属チーム／柏レイソルユース

柏レイソルユースから05年に新加入した、大型ゴールキーパー。長身を生かした空中戦の強さにも期待がかかるが、特筆すべきは左足の精度。攻撃の起点として、十分な役割を果たす。野澤、北野の壁に挑み、日々成長を続けている。

年度	リーグ戦		カップ戦		天皇杯	
	出場	得点	出場	得点	出場	得点
1996						
1997						
1998						
1999						
2000						
2001						
2002						
2003						
2004						
2005	0	0	0	0	0	0
2006	0	0	0	0	0	0

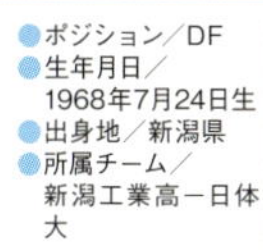

関根伸人
Nobuto SEKINE

- ポジション／DF
- 生年月日／1968年7月24日生
- 出身地／新潟県
- 所属チーム／新潟工業高ー日体大

50メートル走5秒8の俊足を生かし、積極果敢なオーバーラップと正確なフィードが持ち味のDF。蹴友会時代はFWとして活躍。中盤でのプレーもできるユーティリティープレーヤーだった。現役を退いた後も、さまざまな形でクラブを支えてくれている。

年度	リーグ戦		カップ戦		天皇杯	
	出場	得点	出場	得点	出場	得点
1996	0	0	-	-	0	0
1997						
1998						
1999						
2000						
2001						
2002						
2003						
2004						
2005						
2006						

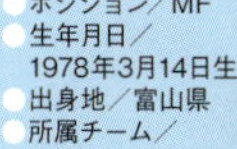

瀬戸春樹
Haruki SETO

- ポジション／MF
- 生年月日／1978年3月14日生
- 出身地／富山県
- 所属チーム／水橋高ー横浜フリューゲルス

横浜フリューゲルスの解散に伴い99年、アルビレックス新潟に加入。秋葉とともにダブルボランチを形成し、破竹の7連勝を記録したチームの中心として活躍。インターセプトしたボールをすばやい判断で攻撃に転じることのできるプレーヤーは、甘いマスクで女性サポーターからも人気があった。

年度	リーグ戦		カップ戦		天皇杯	
	出場	得点	出場	得点	出場	得点
1996						
1997						
1998						
1999	36	5	2	0	3	0
2000						
2001						
2002						
2003						
2004						
2005						
2006						

セルジオ
SERGIO Ricardo De Jesus Vertello

- ポジション／DF
- 生年月日／1975年9月19日生
- 出身地／ブラジル
- 所属チーム／ジュベントス／ブラジル

「セルジオ越後の壁」とサポーターに愛されたブラジル人DFは、99年に新潟の地を踏んだ。持ち味である高さと強さを発揮し、新潟の最終ラインに芯を通した。ピッチの外では物静かな青年だったが、ひとたびホイッスルが鳴れば、闘志をむき出しにしてボールに、相手選手に喰らいついていった。ピッチ上での闘争心が災いし、カードを受ける場面も目立ったが、それを補って余りある勝利と歓喜を新潟サポーターにもたらした。ハードマークはもちろん、セットプレーからのゴールでも大きく新潟の躍進に貢献。残念ながら昇格を決めるシーズンとなった03年を前にクラブを離れることとなったが、闘志を前面に押し出した魂のプレーは、今も新潟サポーターの目に焼き付いているはずだ。

年度	リーグ戦		カップ戦		天皇杯	
	出場	得点	出場	得点	出場	得点
1996						
1997						
1998						
1999	24	1	2	0	2	0
2000	29	1	2	0	3	0
2001	35	4	2	0	3	0
2002	39	6	-	-	0	0
2003						
2004						
2005						
2006						

ソウザ
Sergio Roberto Pereira De SOUZA

- ポジション／MF
- 生年月日／1977年5月29日生
- 出身地／ブラジル
- 所属チーム／ドムボコスFC／ブラジルーフラメンゴ／ブラジルーボタフォゴ／ブラジルーセレスFC／ブラジルーサンクリスターボ／ブラジルーバハダチジュガ／ブラジルートンボス／ブラジルーソシエダ サンタマリア／ブラジル

01年にクラブに加わったブラジル人MF。正確なパスと、激しいプレーで中盤の底を引き締める役割が期待された。だが、母国と異なる環境になかなかなじめず、その力を発揮することができなかった。同年の6月にブラジルへ帰国している。

年度	リーグ戦		カップ戦		天皇杯	
	出場	得点	出場	得点	出場	得点
1996						
1997						
1998						
1999						
2000						
2001	0	0	0	0	-	-
2002						
2003						
2004						
2005						
2006						

1996—2006 ALBIREX NIIGATA PLAYERS

【た ››› と】

▶▶▶

高橋直樹
Naoki TAKAHASHI

- ポジション／DF
- 生年月日／1976年8月8日生
- 出身地／福岡県
- 所属チーム／東海大第五高ー福岡大

新潟を象徴する選手の一人。98年に練習生として加入し、中心選手へと成長を遂げた。地道な努力を惜しまず、サポーター一人一人に接する姿勢は、すべての選手の模範となるべきものだった。それほど上背はないが、空中戦に抜群の強さを誇り、Jリーグのセンター FWたちを封じ込めた。常にポジションを約束されていたわけではなかったが、決して腐らず、ここぞというときには必ずクラブの力となってきたプレーヤー。04年の清水戦では豪快な左足ボレーでJ1初ゴールも記録。05年に現役を引退。現在は、サッカースクールのコーチとして後進の育成にあたっている。

年度	リーグ戦		カップ戦		天皇杯	
	出場	得点	出場	得点	出場	得点
1996						
1997						
1998						
1999	20	1	0	0	3	1
2000	35	0	2	0	3	0
2001	40	1	2	0	4	0
2002	14	1	-	-	1	0
2003	6	0	-	-	3	0
2004	6	1	3	0	0	0
2005	20	0	4	0	1	0
2006						

●ポジション／DF
●生年月日／1978年7月13日生
●出身地／静岡県
●所属チーム／清水東高－筑波大

武田直隆
Naotaka TAKEDA

01年に筑波大から新加入。センターバックや右サイドバックとしてプレーした。加入当初はプロの壁に阻まれたが、前向きにトレーニングに取り組み、着実に成長遂げていった。残念ながら公式戦の出場は01年第40節のサガン鳥栖戦のみ。シーズン終了後にクラブを去っている。

年度	リーグ戦 出場	得点	カップ戦 出場	得点	天皇杯 出場	得点
1996						
1997						
1998						
1999						
2000						
2001	1	0	0	0	0	0
2002						
2003						
2004						
2005						
2006						

田中亜土夢
Atomu TANAKA

●ポジション／MF
●生年月日／1987年10月4日生
●出身地／新潟県
●所属チーム／前橋育英高

新潟の未来を背負うMF。05年、前橋育英高在籍時に特別指定選手となり、オレンジのユニフォームを着てJ1のピッチに立った。ワンタッチプレーの精度が極めて高く、機動力を生かして密集地帯をすり抜ける。小柄ではあるが闘争心も旺盛で、体ごとぶつかっていくようなディフェンスを見せる。06年に正式に新加入すると、攻撃の切り札として起用された。公式戦で2得点をあげただけでなく、連敗の危機に瀕したチームにあってトップ下として先発し、効果的な働きを見せたことも印象に残る。

年度	リーグ戦 出場	得点	カップ戦 出場	得点	天皇杯 出場	得点
1996						
1997						
1998						
1999						
2000						
2001						
2002						
2003						
2004						
2005	2	0	0	0	0	0
2006	22	1	4	1	1	0

●ポジション／DF
●生年月日／1986年6月25日生
●出身地／岡山県
●所属チーム／作陽高－アルビレックス新潟－アルビレックス新潟・S／シンガポール

田中秀哉
Hideya TANAKA

05年に作陽高から加入したレフティー。主にサイドバック、サイドハーフを務め、左足から鋭いクロスをゴール前に送り込む。06年はシンガポールリーグへ武者修行に出て、たくましさを増して帰ってきた。

年度	リーグ戦 出場	得点	カップ戦 出場	得点	天皇杯 出場	得点
1996						
1997						
1998						
1999						
2000						
2001						
2002						
2003						
2004						
2005	0	0	0	0	0	0
2006						

●ポジション／FW
●生年月日／1984年8月2日生
●出身地／新潟県
●所属チーム／新潟イレブンJrユースーアルビレックス新潟ユース

田中泰裕
Yasuhiro TANAKA

新潟で史上初となるユースからの昇格選手。ディフェンスラインの裏へ果敢に飛び出し、思い切りの良いシュートを放つストライカー。果敢にポジション争いに挑むが、残念ながら天皇杯1試合の出場にとどまった。03シーズン終了とともにクラブを離れ、単身ブラジルに渡ってプレーを続けた。

年度	リーグ戦 出場	得点	カップ戦 出場	得点	天皇杯 出場	得点
1996						
1997						
1998						
1999						
2000						
2001						
2002						
2003	0	0	-	-	1	0
2004						
2005						
2006						

●ポジション／DF
●生年月日／1979年4月16日生
●出身地／鹿児島県
●所属チーム／鹿児島実業高

田畑輝樹
Teruki TABATA

アルビレックス新潟がJFLに挑む98年に新加入。サッカーの名門、鹿児島実業高出身のDF。ディフェンスの選手としてはそれほど体格に恵まれていたわけではないが、気の利いたプレーや適切なカバーリングで新潟の最終ラインを支えた。99年にクラブを離れ、かりゆしFCでプレーした。

年度	リーグ戦 出場	得点	カップ戦 出場	得点	天皇杯 出場	得点
1996						
1997						
1998	16	0	-	-	3	0
1999	2	0	1	0	0	0
2000						
2001						
2002						
2003						
2004						
2005						
2006						

●ポジション／GK
●生年月日／1976年8月25日生
●出身地／埼玉県
●所属チーム／大宮東高－サンフレッチェ広島

玉田真人
Masato TAMADA

96年のシーズン途中にサンフレッチェ広島から加入。186センチの長身を生かしたプレーで空中戦には定評があった。退団後は、ルミノッソ狭山などでプレーを続けた。

年度	リーグ戦 出場	得点	カップ戦 出場	得点	天皇杯 出場	得点
1996	-	-	-	-	0	0
1997	1	0	-	-	0	0
1998						
1999						
2000						
2001						
2002						
2003						
2004						
2005						
2006						

●ポジション／MF
●生年月日／1985年6月21日生
●出身地／北海道
●所属チーム／日生学園第二高－AGOVVアプルドーレーン／オランダ－ドートレヒト／オランダ

千葉和彦
Kazuhiko CHIBA

日生第二高を卒業後、単身オランダへ渡りプレーした異色の経歴を持つ。05シーズンのリーグ中断期間に新潟に加入。06年に就任した鈴木監督がセンターバックにコンバートすると、持ち味を発揮、U-21日本代表に招集されるまでに。今後もさらなる成長が期待される一人だ。

年度	リーグ戦 出場	得点	カップ戦 出場	得点	天皇杯 出場	得点
1996						
1997						
1998						
1999						
2000						
2001						
2002						
2003						
2004						
2005	0	0	-	-	0	0
2006	14	0	2	0	2	0

●ポジション／MF
●生年月日／1983年5月3日生
●出身地／宮城県
●所属チーム／仙台育英高

千葉真也
Shinya CHIBA

02年に仙台育英高から新加入したMF。広い視野とゲームメークのセンスを併せ持ち、センターMFの位置でプレー。同年のJ2リーグ鳥栖戦に途中出場し、非凡な才覚の一端を披露した。だが、安、秋葉らの壁は厚く、レギュラーポジションを奪うことはかなわず、シーズン終了とともにクラブを離れている。

年度	リーグ戦 出場	得点	カップ戦 出場	得点	天皇杯 出場	得点
1996						
1997						
1998						
1999						
2000						
2001						
2002	1	0	-	-	0	0
2003						
2004						
2005						
2006						

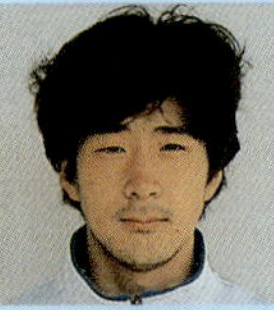

●ポジション／DF
●生年月日／1974年6月30日生
●出身地／福井県
●所属チーム／国士舘大

月城征一
Seiichi TSUKISHIRO

国士舘大出身のDF。ディフェンスの選手としては大柄ではなかったが、タイトなマークを武器にポジション獲得に挑んだ。JFL昇格を目標とするチームにあって平岡宏章や葛野昌宏らの壁は厚く、出場機会には恵まれなかった。

年度	リーグ戦 出場	得点	カップ戦 出場	得点	天皇杯 出場	得点
1996						
1997	0	0	-	-	0	0
1998						
1999						
2000						
2001						
2002						
2003						
2004						
2005						
2006						

ポジション／MF
生年月日／1976年8月15日生
出身地／神奈川県
所属チーム／日産ユース－横浜マリノスー大塚製薬

筒井紀章
Noriaki TSUTSUI

華麗なボールコントロールとパスワークに非凡な才能を発揮したMF。ボールを受けてからパスを出すまでの一連の動作は実にしなやか。在籍した99年はリーグ戦20試合に出場。現在は徳島ヴォルティスの古参選手として活躍。

年度	リーグ戦 出場	得点	カップ戦 出場	得点	天皇杯 出場	得点
1996						
1997						
1998						
1999	20	0	2	0	1	0
2000						
2001						
2002						
2003						
2004						
2005						
2006						

●ポジション／GK
●生年月日／1976年7月16日生
●出身地／鹿児島県
●所属チーム／鹿児島実業高－福岡大

恒松伴典
Tomonori TSUNEMATSU

99年、大学卒業後に加入した188センチの長身GK。高さを生かしたプレーでハイボールには抜群の強さを発揮。96年の天皇杯1回戦では高橋直樹、柴幡彦とともに福岡大の選手としてアルビレオ新潟と対戦。延長戦でも決着が着かず、PK戦にもつれ込みアルビレオに勝利した。

年度	リーグ戦 出場	得点	カップ戦 出場	得点	天皇杯 出場	得点
1996						
1997						
1998						
1999	2	0	0	0	0	0
2000						
2001						
2002						
2003						
2004						
2005						
2006						

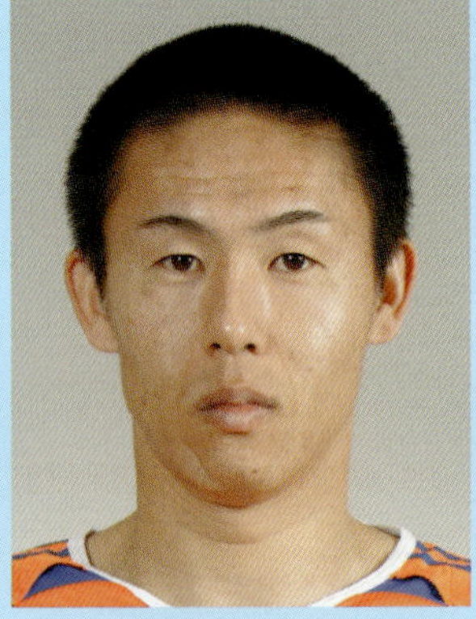

寺川能人
Yoshito TERAKAWA

●ポジション／MF
●生年月日／1974年9月6日生
●出身地／兵庫県
●所属チーム／神戸FC－滝川第二高－横浜マリノス－ジェフユナイテッド市原－アルビレックス新潟－大分トリニータ

新潟の歴史上、最大級の貢献を果たした選手の一人。00年に永井監督率いるチームに加入すると、ボランチのポジションでプレー。翌年就任した反町監督に右サイドハーフのポジションを与えられると、持ち前のスタミナを活かした活躍を見せる。左の鈴木慎とならび新潟のサイドアタックの代名詞となった。02年は昇格を目指すチームを主将として引っ張り、鬼気迫るプレーで多くのサポーターに感動を呼んだ。03年、J1で再挑戦するという夢を果たすため大分に移籍し、中心選手として活躍。だが、04年新潟からのラブコールを受けて、帰還を決断。クラブを愛しサポーターからも愛される男は、06年も中心選手としてチームをけん引した。

年度	リーグ戦 出場	得点	カップ戦 出場	得点	天皇杯 出場	得点
1996						
1997						
1998						
1999						
2000	36	3	1	0	3	0
2001	42	11	1	0	4	0
2002	42	9			3	1
2003						
2004	27	0	4	0	1	1
2005	31	0	5	1	2	1
2006	33	1	5	0	2	0

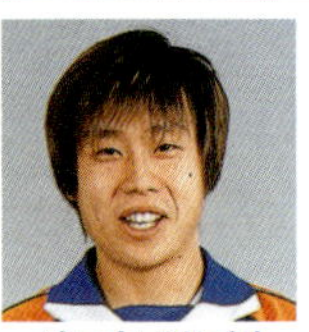

●ポジション／MF
●生年月日／1976年6月29日生
●出身地／兵庫県
●所属チーム／セレッソ大阪ユースーセレッソ大阪

堂森勝利
Katsutoshi DOMORI

00年にセレッソ大阪から加入。ボールを持った時のプレーには絶対の自信があり、前後左右に多彩なパスを供給した。柔らかいボールタッチでゲームメーク、スルーパスを得意としたプレーヤー。

年度	リーグ戦 出場	得点	カップ戦 出場	得点	天皇杯 出場	得点
1996						
1997						
1998						
1999						
2000	24	1	2	0	3	0
2001						
2002						
2003						
2004						
2005						
2006						

1996—2006 ALBIREX NIIGATA PLAYERS

【な〉〉〉の】

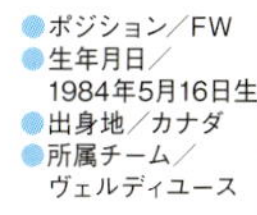

中島ファラン一生

Issey Nakajima FARRAN

- ポジション／FW
- 生年月日／1984年5月16日生
- 出身地／カナダ
- 所属チーム／ヴェルディユース

03年にヴェルディユースから新加入。卓越したボールコントロールと、鋭い右足のシュートを武器にポジション獲りに挑んだ。04年にはシンガポールリーグに期限付き移籍、同リーグでの活躍が認められ、06年にデンマーク1部のヴェイレBKに移籍。同年11月にカナダ代表として招集されるまでに成長を遂げている。

年度	リーグ戦		カップ戦		天皇杯	
	出場	得点	出場	得点	出場	得点
1996						
1997						
1998						
1999						
2000						
2001						
2002						
2003	0	0	-	-	0	0
2004						
2005						
2006						

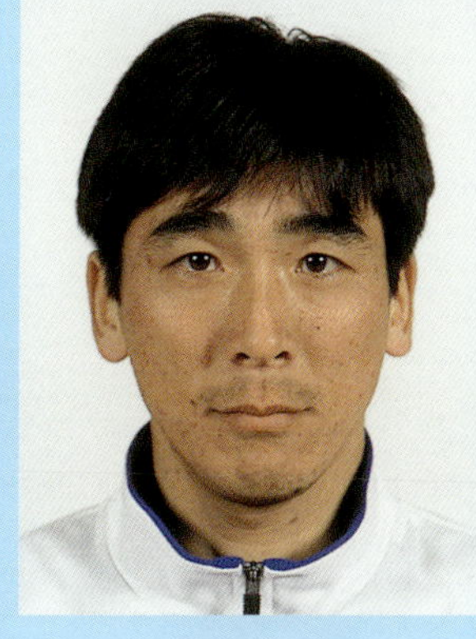

中野一彦

Kazuhiko NAKANO

- ポジション／DF
- 生年月日／1963年9月8日生
- 出身地／新潟県
- 所属チーム／北越商業高

アルビレオ新潟の前身である、新潟イレブンサッカークラブから活躍したDF。マンマークに抜群の強さを誇ったことに加え、リーダーシップを発揮して最終ラインを統率し、キャプテンも務めている。特筆すべきは、ピッチ外でのサッカーに取り組む姿勢だった。通常の練習に加え、自らにトレーニングを課すなど、技術の向上に対して不断の努力を続けていた。プロ化に向けてスタートを切ったアルビレオ新潟において、すでにプロとしての姿勢、魂をもっていた選手。96年シーズン後に引退。小中学生の指導者としてその熱い魂を伝え続けた。

年度	リーグ戦		カップ戦		天皇杯	
	出場	得点	出場	得点	出場	得点
1996	5	0	-	-	0	0
1997						
1998						
1999						
2000						
2001						
2002						
2003						
2004						
2005						
2006						

中野圭一郎

Keiichiro NAKANO

- ポジション／DF
- 生年月日／1976年3月29日生
- 出身地／香川県
- 所属チーム／高松商業高ー鹿屋体育大

鹿屋体育大から98年に新加入。JFL、J2で戦う新潟の左サイドを支えた。積極果敢なオーバーラップと、温かい人柄でサポーターの信望も厚かった。03年に引退後は、JAPANサッカーカレッジの選手としてプレー。サッカースクールのコーチを経て現在は、アルビレックス新潟ジュニアユースの監督を務める。

年度	リーグ戦		カップ戦		天皇杯	
	出場	得点	出場	得点	出場	得点
1996						
1997						
1998	26	1	-	-	3	0
1999	29	0	2	0	2	0
2000	35	0	2	0	3	0
2001	2	0	0	0	0	0
2002						
2003						
2004						
2005						
2006						

中野洋司

Hiroshi NAKANO

- ポジション／DF
- 生年月日／1983年10月23日生
- 出身地／佐賀県
- 所属チーム／佐賀北高ー筑波大

06年に筑波大から加入したDF。ルーキーながら高い統率力を発揮し、4バックのセンターとして活躍。高い敏捷性で、J1の高速FWたちを封じ込めた。左サイドバックもこなし、06年終盤は4バックの左でプレー。今後の成長に期待がかかる。

年度	リーグ戦		カップ戦		天皇杯	
	出場	得点	出場	得点	出場	得点
1996						
1997						
1998						
1999						
2000						
2001						
2002						
2003						
2004						
2005						
2006	25	0	6	0	2	0

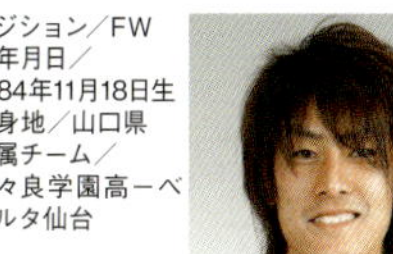

中原貴之

Takayuki NAKAHARA

- ポジション／FW
- 生年月日／1984年11月18日生
- 出身地／山口県
- 所属チーム／多々良学園高ーベガルタ仙台

高校時代から、名を馳せたストライカー。足でも頭でもゴールが奪え、ポストワークもこなす総合力の高いFW。06年にベガルタ仙台から期限付き移籍。同年のガンバ大阪戦の鮮烈なゴールが印象に残る。熱いプレースタイルはサポーターからも愛されたが、移籍元の強い意向もあり、07シーズンに仙台に復帰。

年度	リーグ戦		カップ戦		天皇杯	
	出場	得点	出場	得点	出場	得点
1996						
1997						
1998						
1999						
2000						
2001						
2002						
2003						
2004						
2005						
2006	15	2	5	1	0	0

中村幸聖

Kosei NAKAMURA

- ポジション／FW
- 生年月日／1981年4月5日生
- 出身地／熊本県
- 所属チーム／大津高ー鹿島アントラーズーモンテディオ山形ーアルビレックス新潟ーアルビレックス新潟・S／シンガポール

思い切り良くゴールに向かって動き出すプレーが持ち味のストライカー。05年に山形から加入するが、なかなか試合出場の機会には恵まれなかった。期限付きで移籍したALBIREX NIIGATA・Sでは、ゴールを量産しクラブの勝利に貢献している。07年に現役を引退。古巣である鹿島のジュニアコーチとして新たな人生を歩み始めた。

年度	リーグ戦		カップ戦		天皇杯	
	出場	得点	出場	得点	出場	得点
1996						
1997						
1998						
1999						
2000						
2001						
2002						
2003						
2004						
2005	0	0	0	0	-	-
2006	0	0	0	0	0	0

長島敦久

Atsuhisa NAGASHIMA

- ポジション／FW
- 生年月日／1971年4月12日生
- 出身地／新潟県
- 所属チーム／新潟工業高ー東京農大

巧みなボールタッチと俊敏な動きを生かし、相手ゴールを脅かすFW。上背はないが50メートル走6秒0の俊足を生かし、ウイングや2列目を主戦場とした。96年の北信越リーグでは貴重なバックアッパーとして5試合に出場した。

年度	リーグ戦		カップ戦		天皇杯	
	出場	得点	出場	得点	出場	得点
1996	5	0	-	-	1	0
1997						
1998						
1999						
2000						
2001						
2002						
2003						
2004						
2005						
2006						

永田 充

Mitsuru NAGATA

- ポジション／DF
- 生年月日／1983年4月6日生
- 出身地／静岡県
- 所属チーム／静岡学園高ー柏レイソル

06年に柏レイソルから加入。柏時代にはA代表に招集されたほどの実力の持ち主。カバーリング能力に長け、最後尾からチームを統率する力にも優れる。加入直後のキャンプで左ひざを負傷し、1年間公式戦に出場することができなかった。07シーズンは、自身の復活をかけ高いモチベーションで臨む。

年度	リーグ戦		カップ戦		天皇杯	
	出場	得点	出場	得点	出場	得点
1996						
1997						
1998						
1999						
2000						
2001						
2002						
2003						
2004						
2005						
2006	0	0	0	0	0	0

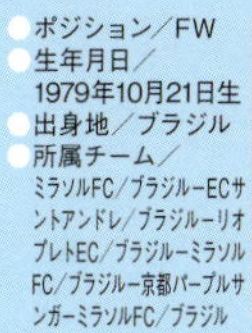

ナシメント

Marcos Antonio Garcia NASCIMENTO

- ポジション／FW
- 生年月日／1979年10月21日生
- 出身地／ブラジル
- 所属チーム／ミラソルFC／ブラジルーECサントアンドレ／ブラジルーリオブレトEC／ブラジルーミラソルFC／ブラジルー京都パープルサンガーミラソルFC／ブラジル

ドリブルが得意でシュート感覚に優れたストライカー。2列目もこなすなど、ボールを持った際のテクニックも巧みだった。在籍した00年にはリーグ戦31試合に出場し、10得点をマークした。

年度	リーグ戦		カップ戦		天皇杯	
	出場	得点	出場	得点	出場	得点
1996						
1997						
1998						
1999						
2000	31	10	2	0	3	4
2001						
2002						
2003						
2004						
2005						
2006						

鳴尾直軌

Naoki NARUO

- ポジション／FW
- 生年月日／1974年10月5日生
- 出身地／岩手県
- 所属チーム／盛岡市立高ー岩手大ーモンテディオ山形ーソニー仙台

新潟を代表するストライカーの一人。00年の17ゴールは、リーグ3位で日本人得点王。特に強敵・浦和レッズ戦の出来は出色で、2試合でハットトリックを達成した姿は強く印象に残るものとなった。だが真骨頂は豊富な運動量。前線からのプレスで後方の守備を助け、ピッチを所狭しと走り回り、攻撃の起点としての役割を果たした。得点力とともに、FWとしての技術を高水準で備える鳴尾の活躍は強豪ジュビロ磐田の目にとまり、00年シーズン後に移籍。活躍の場をJ1へと移した。現役引退後は新潟に普及コーチとして復帰。昨年からアルビレックス新潟レディースの指揮を執り、新たな挑戦をスタート。現役時代同様にハードワークするチームを作り上げ、06年に2部優勝を達成した。

年度	リーグ戦		カップ戦		天皇杯	
	出場	得点	出場	得点	出場	得点
1996						
1997						
1998						
1999	36	8	2	0	3	0
2000	36	17	2	0	1	0
2001						
2002						
2003						
2004						
2005						
2006						

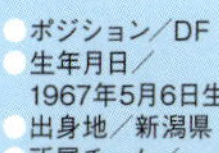

成海 優

Masaru NARUMI

- ポジション／DF
- 生年月日／1967年5月6日生
- 出身地／新潟県
- 所属チーム／新潟西高ー筑波大

闘志あふれるプレーと状況判断に優れたカバーリングが持ち味のDF。センターバックや右のサイドバックをこなした。95年には主将を務めるなどした。現役引退後は指導者に専念し、06年には高志高を全国へと導いた。

年度	リーグ戦		カップ戦		天皇杯	
	出場	得点	出場	得点	出場	得点
1996	0	0	-	-	0	0
1997						
1998						
1999						
2000						
2001						
2002						
2003						
2004						
2005						
2006						

ニートン

Gibson NEATHAN Wade

- ポジション／FW
- 生年月日／1970年5月14日生
- 出身地／ジンバブエ
- 所属チーム／ボカラトンフロリダ大ーIFK Norrkoping

空中戦に抜群の強さを発揮、ポストプレーも得意としたFW。97年のシーズン途中に加入し、全国地域リーグ決勝大会では鼻骨骨折をおして出場するなど、ガッツあふれるプレーが光った。最終戦ではJFL昇格を決定付けるゴールを挙げた。JFL昇格を置き土産に、翌年はポルトガルの1部リーグ、名門ベンフィカリスボンへと移籍した。

年度	リーグ戦		カップ戦		天皇杯	
	出場	得点	出場	得点	出場	得点
1996						
1997	-	-	-	-	1	0
1998						
1999						
2000						
2001						
2002						
2003						
2004						
2005						
2006						

●ポジション／MF
●生年月日／1973年5月12日生
●出身地／静岡県
●所属チーム／清水商業高－筑波大－名古屋グランパスエイトーアビスパ福岡－ヴェルディ川崎－ジェフユナイテッド市原

西ヶ谷隆之
Takayuki NISHIGAYA

01年、反町康治監督の就任とともに新加入。シーズン序盤は中盤の底で、守備力に秀でたボランチとして活躍した。途中加入したマルキーニョがボランチに入ると、神田勝夫が負傷離脱した左サイドバックでプレー。ユーティリティー性を発揮し、新潟の躍進に貢献した。

年度	リーグ戦		カップ戦		天皇杯	
	出場	得点	出場	得点	出場	得点
1996						
1997						
1998						
1999						
2000						
2001	37	0	2	0	0	0
2002						
2003						
2004						
2005						
2006						

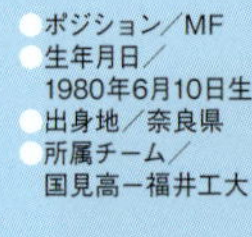

●ポジション／MF
●生年月日／1980年6月10日生
●出身地／奈良県
●所属チーム／国見高－福井工大

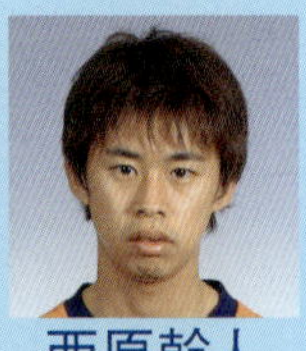

西原幹人
Mikito NISHIHARA

国見高から福井工業大を経て、03年に新潟に加入。切れ味鋭い動きとドリブル突破を武器に、右MFのポジション争いに挑んだが、深澤仁博や栗原圭介といった壁に阻まれ、公式戦への出場はかなわなかった。04年にYKK APサッカー部に移籍。

年度	リーグ戦		カップ戦		天皇杯	
	出場	得点	出場	得点	出場	得点
1996						
1997						
1998						
1999						
2000						
2001						
2002						
2003	0	0	-	-	0	0
2004						
2005						
2006						

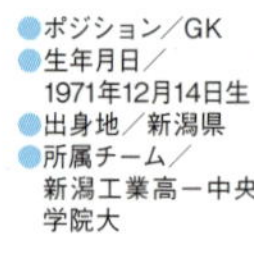

●ポジション／GK
●生年月日／1971年12月14日生
●出身地／新潟県
●所属チーム／新潟工業高－中央学院大

韮沢政紀
Masanori NIRASAWA

身体能力が高く、瞬発性に優れたGK。新潟工業時代はインターハイでベスト8に入るなど、輝かしい実績を持つ。1対1に強く新潟イレブン時代から活躍。現在もグランセナ新潟でプレーを続けている。

年度	リーグ戦		カップ戦		天皇杯	
	出場	得点	出場	得点	出場	得点
1996	0	0	-	-	0	0
1997						
1998						
1999						
2000						
2001						
2002						
2003						
2004						
2005						
2006						

●ポジション／DF
●生年月日／1980年5月6日生
●出身地／神奈川県
●所属チーム／藤沢翔陵高－アップルスポーツカレッジ

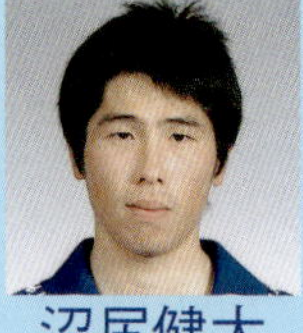

沼尻健太
Kenta NUMAJIRI

02年にアップルスポーツカレッジから加入したDF。主にストッパーや右サイドバックとしてプレーした。公式戦に出場することはなかったが、ひたむきな姿勢で練習に取り組み、この年から参戦したJサテライトリーグで優勝を果たす原動力となった。

年度	リーグ戦		カップ戦		天皇杯	
	出場	得点	出場	得点	出場	得点
1996						
1997						
1998						
1999						
2000						
2001						
2002	0	0	-	-	0	0
2003						
2004						
2005						
2006						

●ポジション／FW
●生年月日／1985年10月29日生
●出身地／ブラジル
●所属チーム／バイーア／ブラジル－サンカエターノ／ブラジルーバイーア／ブラジル

ネット
Antonio Carlos Da Silva NETO

05年6月にバイーア(ブラジル)から加入した、ブラジル人ストライカー。U－20ブラジル代表に選出された実力を持つが、環境の変化に戸惑い、その力を発揮することができなかった。翌年、移籍元のバイーアへ復帰した。

年度	リーグ戦		カップ戦		天皇杯	
	出場	得点	出場	得点	出場	得点
1996						
1997						
1998						
1999						
2000						
2001						
2002						
2003						
2004						
2005	1	0	-	-	0	0
2006						

●ポジション／DF
●生年月日／1975年9月26日生
●出身地／新潟県
●所属チーム／東京学館新潟高－アップルスポーツカレッジ

野上 毅
Tsuyoshi NOGAMI

沈着冷静で柔軟なボールコントロール能力のあるDF。左サイドバックが主戦場でオーバーラップを得意とした。新潟イレブンの時代から若手としてチームに所属し、JFLを目指すチームを盛り立てた。

年度	リーグ戦		カップ戦		天皇杯	
	出場	得点	出場	得点	出場	得点
1996	0	0	-	-	0	0
1997						
1998						
1999						
2000						
2001						
2002						
2003						
2004						
2005						
2006						

野澤洋輔
Yosuke NOZAWA

●ポジション／GK
●生年月日／1979年11月9日生
●出身地／静岡県
●所属チーム／清水エスパルスユースー清水エスパルス

98年に清水エスパルスでプロとしてのキャリアをスタートさせ、00年に新潟へ移籍。01年に反町康治監督に正GKに抜擢されると、抜群の反応力と身体能力でビッグセーブを連発。以後、新潟のゴールマウスを守り続け、03年にはJ2優勝、J1昇格の途上に大きな貢献を果たした。持ち前の明るい性格に加え、細やかな気遣いができる選手で、サポーターから絶大な人気と信頼を得ている。地元開催となった04年のオールスターを皮切りに、3年連続でオールスターに選出されている。アルビレックス新潟を象徴する選手の一人として、これからもサポーターに記憶されることだろう。

年度	リーグ戦		カップ戦		天皇杯	
	出場	得点	出場	得点	出場	得点
1996						
1997						
1998						
1999						
2000	0	0	0	0	0	0
2001	44	0	1	0	2	0
2002	43	0	-	-	1	0
2003	44	0	-	-	2	0
2004	19	0	6	0	1	0
2005	26	0	6	0	1	0
2006	10	0	2	0	0	0

1996—2006 ALBIREX NIIGATA PLAYERS

【は 〉〉〉ほ】

▶▶▶

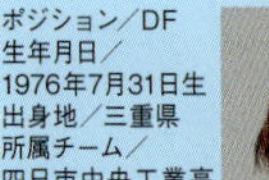

●ポジション／DF
●生年月日／1976年7月31日生
●出身地／三重県
●所属チーム／四日市中央工業高－筑波大－柏レイソル－京都パープルサンガ

萩村滋則
Shigenori HAGIMURA

05年に京都パープルサンガから期限付き移籍加入。最終ラインの前で守備をするボランチや、3バックの一角としてプレー。守備能力の高さと正確なパスで、クラブのJ1残留に貢献した。惜しまれながらも、06年に京都へ復帰。その後、東京ヴェルディ1969へ完全移籍している。

年度	リーグ戦		カップ戦		天皇杯	
	出場	得点	出場	得点	出場	得点
1996						
1997						
1998						
1999						
2000						
2001						
2002						
2003						
2004						
2005	28	0	6	0	2	0
2006						

●ポジション／MF
●生年月日／1981年2月26日生
●出身地／富山県
●所属チーム／水橋高

長谷川太一
Taichi HASEGAWA

00年に富山県の水橋高から加入したMF。卓越したテクニックで攻撃を組み立てるプレーメーカー。トップ下やボランチでプレーし、J1昇格の途上にあったクラブを支えた。02年にクラブを離れ、その後大学へ進学している。

年度	リーグ戦		カップ戦		天皇杯	
	出場	得点	出場	得点	出場	得点
1996						
1997						
1998						
1999	3	0	0	0	0	0
2000	1	0	0	0	0	0
2001	5	0	1	0	2	1
2002						
2003						
2004						
2005						
2006						

●ポジション／FW
●生年月日／1979年8月17日生
●出身地／東京都
●所属チーム／柏レイソルユースー柏レイソル

長谷川太郎
Taro HASEGAWA

02年に柏レイソルから加入したアタッカー。抜群のスピードに精度の高いシュートを併せ持った選手。サイドハーフやFWのスーパーサブとして起用されたが、その実力を発揮し切れなかった。03年に移籍した甲府で才能が一気に開花。攻撃の中核として活躍を続けている。

年度	リーグ戦		カップ戦		天皇杯	
	出場	得点	出場	得点	出場	得点
1996						
1997						
1998						
1999						
2000						
2001						
2002	12	0	-	-	1	0
2003						
2004						
2005						
2006						

●ポジション／FW
●生年月日／1971年8月30日生
●出身地／群馬県
●所属チーム／前橋商業高－筑波大－横浜フリューゲルス－川崎フロンターレ－清水エスパルス

服部浩紀
Hiroki HATTORI

高校時代から名を馳せたFWで00年に清水エスパルスから加入した。スピードに乗ったパワフルかつ強引な突破と、高さを生かしたヘディングが魅力のストライカー。ベテランとしてリーダー的役割も期待されたが、シーズン途中でアビスパ福岡に移籍した。

年度	リーグ戦		カップ戦		天皇杯	
	出場	得点	出場	得点	出場	得点
1996						
1997						
1998						
1999						
2000	17	2	1	0	-	-
2001						
2002						
2003						
2004						
2005						
2006						

●ポジション／FW
●生年月日／1972年12月31日生
●出身地／オランダ
●所属チーム／ローダ JC／オランダ－SVK／オランダ－RKONS／オランダ

パトリック
Daijkstra PATRICK Johannes Ilario Maria

96年のシーズン途中から加入したオランダ人FW。192センチの長身を生かしたゴール前での迫力あるプレーが特徴で、ポディーコンタクトにも強靱さを発揮。97年にはリーグ戦8試合に出場、7得点をマークしリーグ戦の連覇に貢献した。

年度	リーグ戦		カップ戦		天皇杯	
	出場	得点	出場	得点	出場	得点
1996	0	0	-	-	0	0
1997	8	7	-	-	-	-
1998						
1999						
2000						
2001						
2002						
2003						
2004						
2005						
2006						

●ポジション／FW
●生年月日／1982年11月30日生
●出身地／静岡県
●所属チーム／東海大翔洋高－アップルスポーツカレッジ

浜口友希
Yuki HAMAGUCHI

02年にアップルスポーツカレッジから加入したストライカー。打点の高いヘディングを生かし、ゴール前での空中戦を得意としたが、負傷などの影響もあり公式戦の舞台で力を発揮する機会を得ることはできなかった。

年度	リーグ戦		カップ戦		天皇杯	
	出場	得点	出場	得点	出場	得点
1996						
1997						
1998						
1999						
2000						
2001						
2002	0	0	-	-	0	0
2003						
2004						
2005						
2006						

●ポジション／DF
●生年月日／1972年6月5日生
●出身地／福岡県
●所属チーム／東海大第五高－大阪商大－福岡ブルックスー三菱化学黒崎

濱田祥裕
Yoshihiro HAMADA

俊足と抜群のキック力を誇った左サイドバック。50メートル5秒9の俊足を生かしたオーバーラップでチャンスを演出したほか、粘り強いディフェンスで幾度となくピンチを救った。チーム随一のキック力を誇り、驚異的なサイドチェンジにも定評があった。

年度	リーグ戦		カップ戦		天皇杯	
	出場	得点	出場	得点	出場	得点
1996	-	-	-	-	0	0
1997	7	0	-	-	0	0
1998	9	0	-	-	0	0
1999						
2000						
2001						
2002						
2003						
2004						
2005						
2006						

浜野征哉
Yukiya HAMANO

- ポジション／GK
- 生年月日／1972年9月28日生
- 出身地／神奈川県
- 所属チーム／桐光学園高－ジュビロ磐田

96年のシーズン後半にジュビロ磐田から加入した守護神。身長175センチとGKとしては小柄ながら、常に高いモチベーションとガッツあふれるプレーでチームを鼓舞し続けた。97年のシーズンには正GKとしてゴールマウスに鍵をかけ、北信越リーグの連覇に貢献。97北信越リーグMVPに輝いた。現状に満足することなく、常に努力する姿はまさにプロ。そのサッカーに対するひたむきな姿勢は当時のチームメートに大きな影響を与えた。現在はFC東京のゴールキーパーコーチとして活躍。

年度	リーグ戦		カップ戦		天皇杯	
	出場	得点	出場	得点	出場	得点
1996	-	-	-	-	1	0
1997	8	0	-	-	0	0
1998	13	0	-	-	3	0
1999						
2000						
2001						
2002						
2003						
2004						
2005						
2006						

- ポジション／FW
- 生年月日／1975年6月16日生
- 出身地／千葉県
- 所属チーム／習志野高－ジェフユナイテッド市原

原 祐俊
Masatoshi HARA

96年のシーズン後半にジェフ市原から加入したFW。体を張ったプレーや持ち前のスピードを生かし、長髪を振り乱して精力的に動き回る姿は印象的だった。97年には全国地域リーグ決勝大会で活躍し、JFL昇格に大きく貢献。相手DFを背にした時のクレバーなプレーも光った。

年度	リーグ戦		カップ戦		天皇杯	
	出場	得点	出場	得点	出場	得点
1996	-	-	-	-	0	0
1997	7	3	-	-	0	0
1998	25	7	-	-	3	1
1999						
2000						
2001						
2002						
2003						
2004						
2005						
2006						

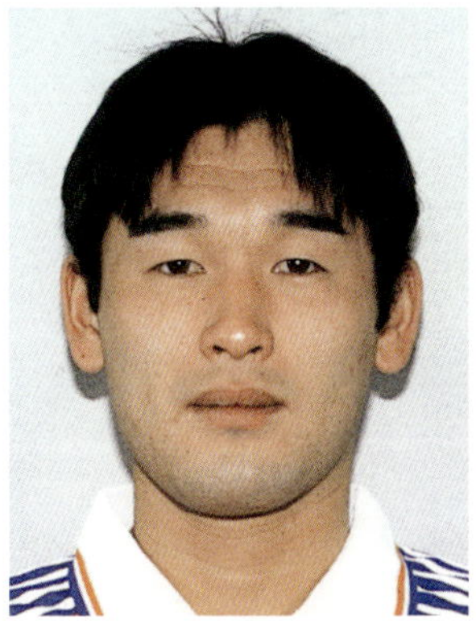

平岡宏章
Hiroaki HIRAOKA

- ポジション／DF
- 生年月日／1969年9月2日生
- 出身地／静岡県
- 所属チーム／清水商業高－順天堂大－清水エスパルス－コンサドーレ札幌

96年の年末、アルビレオ新潟に加入したDF。清水商業高、順天堂大、清水エスパルスで培った豊富な経験を新潟の若手選手たちに伝えることも期待された。正確な左足のフィード、経験に裏づけられたディフェンスに加え、驚異的な飛距離をたたき出すロングスローで攻撃面でも貢献。97年の北信越リーグ優勝、そして98年のＪＦＬ昇格を達成したチームを力強くけん引した。99年に現役を退き、新潟で指導者に挑戦する道へ。普及・育成のコーチを経て永井監督のコーチについたのを皮切りに、反町監督のもとでＪ1昇格に貢献。鈴木監督体制においても、選手と監督をつなぐ役割を果たした。そして、07年シーズンはアルビレックス新潟・Sを指揮し、監督として新たな挑戦をはじめている。

年度	リーグ戦		カップ戦		天皇杯	
	出場	得点	出場	得点	出場	得点
1996	-	-	-	-	0	0
1997	8	0	-	-	2	1
1998	30	0	-	-	3	0
1999						
2000						
2001						
2002						
2003						
2004						
2005						
2006						

- ポジション／MF
- 生年月日／1977年6月30日生
- 出身地／宮城県
- 所属チーム／東北高－横浜マリノス－モンテディオ山形－ベガルタ仙台－横浜F・マリノス－コンサドーレ札幌

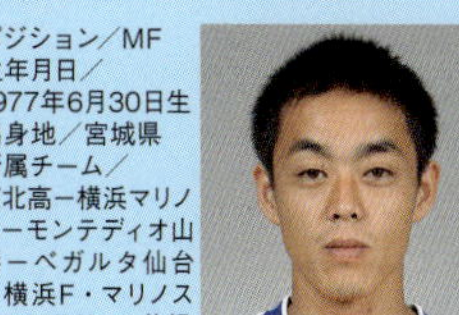

平間智和
Tomokazu HIRAMA

04年6月に途中加入した攻撃的MF。ドリブルテクニックに秀で、サイドハーフやFWとしてプレーした。公式戦での活躍の場には恵まれなかったが、ひたむきにトレーニングに励み、チーム内の競争を活性化させた。

年度	リーグ戦		カップ戦		天皇杯	
	出場	得点	出場	得点	出場	得点
1996						
1997						
1998						
1999						
2000						
2001						
2002						
2003						
2004	1	0	0	0	0	0
2005						
2006						

ファビーニョ
Fabio Jose Dos Santos (FABINHO)

- ポジション／MF
- 生年月日／1973年6月26日生
- 出身地／ブラジル
- 所属チーム／クラブ ナウチコ カピバリベ／ブラジル－エスポルテ クラブ ビトリア／ブラジル－ジョインビーレ エスポルテ クラブ／ブラジル－FCバセル／スイス－ジョインビーレ エスポルテ クラブ／ブラジル－コリチーバFC／ブラジル－大分トリニータ

03年に大分トリニータから加入して以来、06年にクラブを離れるまで、多くのゴールと感動を新潟にもたらしたブラジル人レフティー。馬力のあるドリブルで、カウンターアタックの先陣を切って走る姿は常にサポーターに期待を抱かせた。マルクス、オゼアス、エジミウソンといったブラジル人FWとのコンビも抜群で、相手クラブの脅威の的となった。日本を、新潟を愛し、献身的なプレーを続け、反町康治監督をして「ファビーニョは日本人」と評させた。柔和かつ心優しい性格で、誰もが彼との別れを惜しんだ。

年度	リーグ戦		カップ戦		天皇杯	
	出場	得点	出場	得点	出場	得点
1996						
1997						
1998						
1999						
2000						
2001						
2002						
2003	28	9	-	-	3	0
2004	27	9	4	0	0	0
2005	26	8	5	2	2	0
2006	23	4	4	0	2	1

深澤仁博
Masahiro FUKAZAWA

- ポジション／FW
- 生年月日／1977年7月12日生
- 出身地／静岡県
- 所属チーム／静岡学園高－横浜マリノス－リバープレート／アルゼンチン－横浜F・マリノス

00年に横浜F・マリノスから期限付き移籍加入したドリブラー。翌年、期限付き移籍を延長し、02年には完全移籍加入。左右両サイドをこなし、俊敏なフェイントとドリブルで多くのゴールチャンスを生み出した。02年9月の大分戦、起死回生の同点ゴールを鮮やかなボレーで決めるなど、ここ一番でのゴールが印象に残る選手。03年は寺川能人の後を受け、主に右サイドハーフでプレー。J1昇格に大きな貢献を果たした。05年には、ユナイテッド・サッカー・リーグ1部のモントリオール・インパクト（カナダ）に加入。07年はバンコク大の一員としてACLに出場するなど、彼の挑戦に終わりはない。

年度	リーグ戦		カップ戦		天皇杯	
	出場	得点	出場	得点	出場	得点
1996						
1997						
1998						
1999						
2000	13	1	0	0	2	0
2001	41	1	2	0	4	0
2002	39	3	-	-	3	1
2003	41	1	-	-	4	0
2004	7	1	1	0	0	0
2005						
2006						

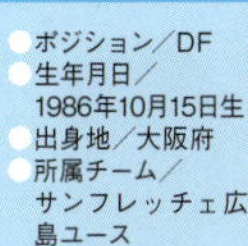

- ポジション／DF
- 生年月日／1986年10月15日生
- 出身地／大阪府
- 所属チーム／サンフレッチェ広島ユース

藤井大輔
Daisuke FUJII

05年に広島ユースから加入したストッパー。強さと機動力、負けん気を兼ね備え、マンマークには絶対的な強さを見せる。同年のJ1リーグ、横浜F・マリノス戦でデビューを果たし、1点差を守りきる局面で大役を果たした。07年に出場機会を求めて、ザスパ草津へ期限付き移籍。

年度	リーグ戦		カップ戦		天皇杯	
	出場	得点	出場	得点	出場	得点
1996						
1997						
1998						
1999						
2000						
2001						
2002						
2003						
2004						
2005	5	0	0	0	2	0
2006	6	0	4	0	0	0

- ポジション／FW
- 生年月日／1976年9月1日生
- 出身地／新潟県
- 所属チーム／新潟西高

藤田敬三
Keizo FUJITA

体力、技術、戦術共に成長を遂げたFW。持ち味の運動量を生かし、在籍した3年間ではリーグ戦15試合に出場し、2得点を挙げた。97年のリーグ戦終盤、優勝を左右する大一番YKK戦で、ヘディングシュートを決めたシーンは、今では語り草になるほど。98年のシーズンは中盤での仕事もこなした。

年度	リーグ戦		カップ戦		天皇杯	
	出場	得点	出場	得点	出場	得点
1996	3	1	-	-	1	0
1997	8	1	-	-	1	0
1998	4	0	-	-	0	0
1999						
2000						
2001						
2002						
2003						
2004						
2005						
2006						

- ポジション／DF
- 生年月日／1973年4月10日生
- 出身地／大阪府
- 所属チーム／北陽高－近大－富士通川崎－川崎フロンターレ

藤田慎一
Shinichi FUJITA

98年に川崎フロンターレから加入した左利きのDF。ボディーコンタクトに優れ、果敢に前に出て相手のボールをインターセプト。左サイドのほか、時にはセンターバックをもこなした。経験に裏打ちされた落ち着いたプレーでチームからの信頼も厚かった。

年度	リーグ戦		カップ戦		天皇杯	
	出場	得点	出場	得点	出場	得点
1996						
1997						
1998	29	1	-	-	3	1
1999	12	0	2	0	1	0
2000						
2001						
2002						
2003						
2004						
2005						
2006						

船越優蔵
Yuzo FUNAKOSHI

- ポジション／FW
- 生年月日／1977年6月12日生
- 出身地／兵庫県
- 所属チーム／国見高ーガンバ大阪ーFCテルスタ／オランダーガンバ大阪ーベルマーレ平塚ー湘南ベルマーレー大分トリニータ

02年に大分トリニータから加入すると、持ち前の高さを生かし、前線の攻撃の起点として活躍。だが、昇格争いの最中、10月の大分戦で左足のアキレス腱を断裂。チームも昇格を逃し、苦難のときを過ごす。厳しいリハビリをこなし、03年6月に戦線復帰を果たすと、チームを救うゴールを連発。上野、マルクスらとともに、昇格へ向かうチームをけん引した。しかし、05年5月、再び悲劇に襲われた。今度は右足のアキレス腱断裂。強靭な精神力で翌年復活を果たすが、残念ながら公式戦で活躍する機会には恵まれなかった。07年、多くのサポーターに惜しまれながら、東京ヴェルディ1969へ移籍している。

年度	リーグ戦		カップ戦		天皇杯	
	出場	得点	出場	得点	出場	得点
1996						
1997						
1998						
1999						
2000						
2001						
2002	34	7	-	-	0	0
2003	22	4	-	-	3	1
2004	4	0	3	0	1	0
2005	7	1	2	0	0	0
2006	4	0	0	0	0	0

- ポジション／MF
- 生年月日／1973年3月16日生
- 出身地／ブラジル
- 所属チーム／

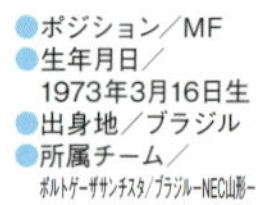

ポルトゲーザサンチスタ/ブラジルーNEC山形ーポルトゲーザサンチスタ/ブラジルーインテルナショナルデリメイラ/ブラジルーロンドリーナEC/ブラジルーバルバレンセFC/ブラジルーSEガマ/ブラジルーリオブランコFC/ブラジルーベレネンセスFC/ポルトガルーSEガマ/ブラジル

ベット
Valberto Amorim Dos Santos(BETO)

02年に加入したブラジル人MF。左サイドハーフとしてプレーし、中央へ入り込んで得点機を作った。ゴール前の勝負強さと、同胞マルクスとのコンビネーションで、ゴールを積み重ねていった。03年1月にウニオン・バルバレンセ(ブラジル)へ移籍している。

年度	リーグ戦		カップ戦		天皇杯	
	出場	得点	出場	得点	出場	得点
1996						
1997						
1998						
1999						
2000						
2001						
2002	29	11	-	-	0	0
2003						
2004						
2005						
2006						

- ポジション／FW
- 生年月日／1985年12月19日生
- 出身地／ブラジル
- 所属チーム／インテルナショナル／ブラジルーフィゲレンセ／ブラジル

ホベルト
ROBERTO Cezar Zardin Rodrigues

U−20ブラジル代表の実績を誇る高速ドリブラー。04年に19歳という若さで、新潟に新天地を求めた。だが、攻守の切り替えが速いJリーグのスピードに苦しみ、思うように持ち味の個人技を発揮できなかった。05年にクラブを離れ、帰国している。

年度	リーグ戦		カップ戦		天皇杯	
	出場	得点	出場	得点	出場	得点
1996						
1997						
1998						
1999						
2000						
2001						
2002						
2003						
2004	1	0	2	0	1	0
2005						
2006						

1996—2006 ALBIREX NIIGATA PLAYERS

【ま ››› も】

本間 勲
Isao HOMMA

- ポジション／MF
- 生年月日／1981年4月19日生
- 出身地／新潟県
- 所属チーム／習志野高

00年に加入した、中条町(現胎内市)出身のMF。ルーキーシーズンは永井監督のもと攻撃的MFとして起用され、新人ながらゴールに絡む仕事を重ねた。翌年、反町監督によりボランチにポジションを移し、ブラジル留学などを経てたくましく成長。攻守のバランスに優れたMFとして、出場機会を得ていった。05年には完全に主力として定着。翌年も開幕からスタメン出場し好調を維持していたが、負傷により不本意なシーズンとなった。クラブ生え抜きの古株として、今後はチームを引っ張っていく役割も期待される。

年度	リーグ戦		カップ戦		天皇杯	
	出場	得点	出場	得点	出場	得点
1996						
1997						
1998						
1999						
2000	29	3	1	0	1	0
2001	11	1	0	0	2	0
2002	6	0	-	-	1	1
2003	15	0	-	-	0	0
2004	12	0	2	0	1	0
2005	28	0	3	0	2	0
2006	14	1	1	0	0	0

マース
Erik Laurens Johannes MAES

- ポジション／FW
- 生年月日／1972年5月2日生
- 出身地／オランダ
- 所属チーム／MVVマーストリヒト／オランダ

アルビレオ新潟が96年に迎え入れた外国籍選手は、バルコム監督の出身地であるオランダからやってきたストライカーだった。ずば抜けた得点感覚とシュート技術で、ゴールの山を築き、北信越リーグを席巻した。金髪碧眼のFWは97年にクラブを去るまで、在籍した2年間で数多くの得点と歓喜を新潟サポーターに捧げた。新潟の地を心から愛し、サポーターに愛された外国籍選手は、アルビレックス新潟の歴史において数多く在籍したが、マースはその最初の一人といえるだろう。オランダに戻ってからも、さまざまな手段で新潟の情報を得、その躍進を喜んでいるという。

年度	リーグ戦		カップ戦		天皇杯	
	出場	得点	出場	得点	出場	得点
1996	9	13	-	-	1	0
1997	3	2	-	-	-	-
1998						
1999						
2000						
2001						
2002						
2003						
2004						
2005						
2006						

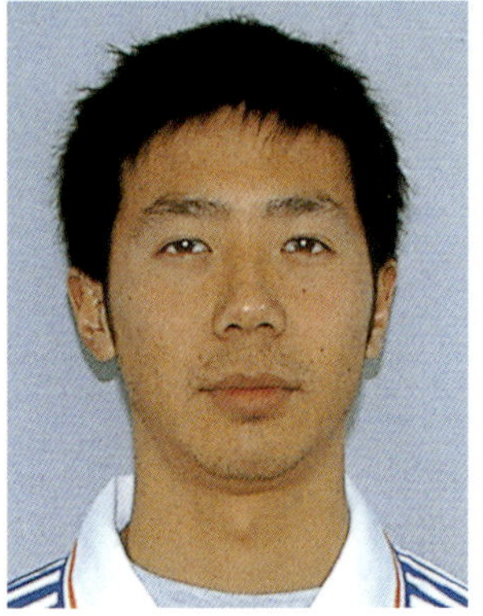

マイケル
MICHAEL Pao

- ポジション／MF
- 生年月日／1973年1月27日生
- 出身地／アメリカ
- 所属チーム／リバーサイド高ーバンダービルト大

アルビレックス新潟を代表する外国籍選手の一人。黎明期のチームを支え、サポーターからの人気も抜群だった。華麗なボールさばきと優れたサッカーセンスで新潟の中盤を支えた攻撃的MFは、97年度の全国地位リーグ決勝大会・決勝リーグでは3ゴール3アシストと大活躍。前年、全国地域リーグ決勝大会でプリマハムにPK負けをした悔しさを見事に晴らし、JFL昇格の立役者となった。98年のJFL時代はFWとして活躍。記念すべきJFLの初得点は、マイケルのヘディングシュートから生まれている。

年度	リーグ戦		カップ戦		天皇杯	
	出場	得点	出場	得点	出場	得点
1996	9	5	-	-	1	1
1997	5	2	-	-	2	2
1998	27	7	-	-	3	1
1999						
2000						
2001						
2002						
2003						
2004						
2005						
2006						

- ポジション／GK
- 生年月日／1973年6月3日生
- 出身地／香川県
- 所属チーム／丸亀高ー同志社大ーヴェルディ川崎ーヴィッセル神戸ー清水エスパルス

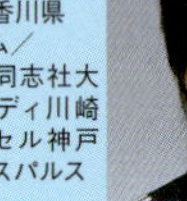

前田信弘
Nobuhiro MAEDA

01年に清水エスパルスから加入したGK。野澤洋輔、木寺浩一とともに正GKの座をめぐって競い合った。当時の反町監督からは、「新潟のGKはJ2で最もレベルが高い、誰が出ても遜色ない」と言わしめた実力者。影ながら新潟の昇格に貢献した。04年には、シンガポールリーグに挑戦。07年からは新潟ユースのGKコーチを務める。

年度	リーグ戦		カップ戦		天皇杯	
	出場	得点	出場	得点	出場	得点
1996						
1997						
1998						
1999						
2000						
2001	0	0	1	0	2	0
2002	0	0	-	-	0	0
2003	0	0	-	-	1	0
2004						
2005						
2006						

- ポジション／DF
- 生年月日／1979年9月10日生
- 出身地／和歌山県
- 所属チーム／近大附属和歌山高ーヴィッセル神戸ーヒムナシア/アルゼンチンーヴィッセル神戸ーセレッソ大阪ーヴィッセル神戸

松尾直人
Naoto MATSUO

04年7月にヴィッセル神戸から期限付き移籍加入したDF。長身に加えてオールラウンドな能力を備え、両サイドバックや3バックのストッパーを難なくこなした。2ndステージ後半戦では、最終ラインに不可欠な存在として活躍、震災後初のホームゲームだったFC東京戦では値千金の勝ち越しゴールを挙げた。シーズン後は神戸に復帰し、FC東京に完全移籍を果たした。

年度	リーグ戦		カップ戦		天皇杯	
	出場	得点	出場	得点	出場	得点
1996						
1997						
1998						
1999						
2000						
2001						
2002						
2003						
2004	11	1	2	0	1	0
2005						
2006						

- ポジション／MF
- 生年月日／1983年10月17日生
- 出身地／鹿児島県
- 所属チーム／鹿児島実業高ーガンバ大阪

松下年宏
Toshihiro MATSUSHITA

06年の6月にガンバ大阪から期限付き移籍加入したMF。無尽蔵ともいえるスタミナと精度の高い右足のキックを備え、中盤の両サイド、ボランチ、両サイドバックなどさまざまなポジションをこなす。05年にJ1を制したクラブから、1年半という長さの期限付き移籍を志願したことは、新潟でのプレーにかける意気込みをあらわしている。

年度	リーグ戦		カップ戦		天皇杯	
	出場	得点	出場	得点	出場	得点
1996						
1997						
1998						
1999						
2000						
2001						
2002						
2003						
2004						
2005						
2006	19	3	-	-	2	0

- ポジション／DF
- 生年月日／1973年8月23日生
- 出身地／大阪府
- 所属チーム／柏原高ーガンバ大阪

松田和也
Kazuya MATSUDA

96年、ガンバ大阪から加入したJリーガー。チーム一の身体能力で、開幕戦から左サイドバックで出場。スピードに乗った切れ味鋭いドリブルで果敢なオーバーラップを繰り返し、攻撃の起点となったほか守備でも貢献。突破力が買われ左のオフェンシブハーフとしても活躍した。

年度	リーグ戦		カップ戦		天皇杯	
	出場	得点	出場	得点	出場	得点
1996	8	0	-	-	1	0
1997	5	0	-	-	-	-
1998						
1999						
2000						
2001						
2002						
2003						
2004						
2005						
2006						

●ポジション／MF
●生年月日／1976年3月7日生
●出身地／ブラジル
●所属チーム／SEマツバラ／ブラジル－モンテディオ山形－SEマツバラ／ブラジル

マルキーニョ
Marcos Bonifacio Da Rocha (MARQUINHO)

リンドマール、ソウザの離脱を受け、01年6月に加入したブラジル人MF。中盤から長短のパスでゲームを組み立てる司令塔タイプの選手で、主に守備的な役割を担った秋葉とのコンビで中盤のセンターを形成した。7月7日の甲府戦以降、1試合を除く26試合に出場し、1得点。01年の躍進における立役者の1人だ。

年度	リーグ戦 出場	リーグ戦 得点	カップ戦 出場	カップ戦 得点	天皇杯 出場	天皇杯 得点
1996						
1997						
1998						
1999						
2000						
2001	26	1	-	-	2	0
2002						
2003						
2004						
2005						
2006						

マルクス
MARCUS Vinicius De Morais

●ポジション／FW
●生年月日／1974年2月25日生
●出身地／ブラジル
●所属チーム／サンジョゼFC/ブラジル－アイモーレFC/ブラジル－ベントゴンサルベスFC/ブラジル－ロスミリオナリオスFC/コロンビアーグアラーニFC/ブラジル－本田技研－リオブランコFC/ブラジル－バイーアFC/ブラジル－アメリカFC/ブラジル

02年～03年の不動のエースストライカー。1.5列目付近からゴール前に侵入し、両足、ヘディングを問わずにあらゆるパターンでゴールを陥れた。02年の開幕後、3月に加入するや持ち前のゴールセンスで得点を量産。19ゴールでJ2得点王に輝いた。ファビーニョ、山口をはじめとする周囲のサポートを得た03年には更に輝きを増す。41試合に出場し32得点という驚異的な決定力を見せて2年連続の得点王を獲得、J1昇格の原動力となった。サポーターから絶対的な支持を得た選手で、サポーターズCDに出演し自らの応援歌を歌うなど、彼もサポーターを深く愛した。惜しまれつつ新潟を離れた後も、川崎、東京Vを渡り歩き日本で活躍。07年は、横浜F・マリノスに加入している。

年度	リーグ戦 出場	リーグ戦 得点	カップ戦 出場	カップ戦 得点	天皇杯 出場	天皇杯 得点
1996						
1997						
1998						
1999						
2000						
2001						
2002	36	19	-	-	3	1
2003	41	32	-	-	0	0
2004						
2005						
2006						

●ポジション／MF
●生年月日／1981年2月28日生
●出身地／ブラジル
●所属チーム／クルゼイロFC/ブラジル－パレリオドセFC/ブラジル－ボルトゲーザFC/ブラジル

マルコ
MARCO Tulio Lopes Silva

パスセンス溢れる中盤のテクニシャン。00年新潟に加入。本間勲、長谷川太一とともに80年代生まれの若手として期待され、10番を背負った。しかし日本の攻守の切り替えの早いサッカーになじめず出場はわずか8試合にとどまった。

年度	リーグ戦 出場	リーグ戦 得点	カップ戦 出場	カップ戦 得点	天皇杯 出場	天皇杯 得点
1996						
1997						
1998						
1999						
2000	8	0	0	0	0	0
2001						
2002						
2003						
2004						
2005						
2006						

●ポジション／FW
●生年月日／1987年8月24日生
●出身地／ブラジル
●所属チーム／フォルタレーザ/ブラジル－バイーア/ブラジル

マルセウ
MARCEL Silva Sacramento

エジミウソン、ファビーニョのバックアップとなる選手として加入した、U－18ブラジル代表の経歴を持つ逸材。パワフルな突破と右足のシュートは、確かな将来性を感じさせるものだった。一方で、日本サッカーのスピードへの順応に戸惑いを見せてもいた。エジミウソン、ファビーニョの両輪に大きな負傷がなかったこともあり、残念ながら出場の機会は訪れなかった。

年度	リーグ戦 出場	リーグ戦 得点	カップ戦 出場	カップ戦 得点	天皇杯 出場	天皇杯 得点
1996						
1997						
1998						
1999						
2000						
2001						
2002						
2003						
2004						
2005	0	0	-	-	0	0
2006						

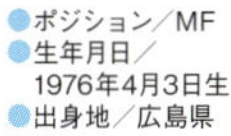

●ポジション／MF
●生年月日／1976年4月3日生
●出身地／広島県
●所属チーム／井口高－東日本サッカーアカデミー

丸山富洋
Fumihiro MARUYAMA

運動量豊富なMFで、若手のホープとして期待された。新潟を離れた後は、ヴォルカ鹿児島などでプレーを続けた。

年度	リーグ戦 出場	リーグ戦 得点	カップ戦 出場	カップ戦 得点	天皇杯 出場	天皇杯 得点
1996	0	0	-	-	0	0
1997	0	0	-	-	0	0
1998						
1999						
2000						
2001						
2002						
2003						
2004						
2005						
2006						

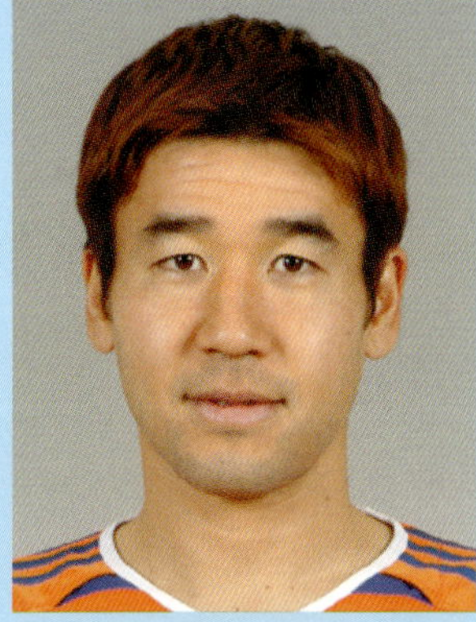

丸山良明
Yoshiaki MARUYAMA

●ポジション／DF
●生年月日／1974年10月12日生
●出身地／東京都
●所属チーム／帝京高－早稲田大－横浜F・マリノス－モンテディオ山形－横浜F・マリノス

ストイックなまでのプロ意識とハードマークで、新潟の最終ラインを支えたストッパー。俊敏性、機動力、危機察知能力を高いレベルで備えた選手で、決して大柄ではなかったが空中戦にも抜群の強さを見せた。能力の高さによる守備だけでなく、最終ラインからの指示でディフェンスを組織し、最後の局面では体を投げ出してシュートを防ぎ続けた。キャリアの多くを負傷で棒にふってきたが、徹底的な体のケアと自己管理でJ1昇格を果たした03シーズンは、フィールドプレーヤーで唯一となる44試合フル出場。身を粉にして闘った3960分は、「サポーターの選ぶMVP」という最大の栄誉で報われた。

年度	リーグ戦 出場	リーグ戦 得点	カップ戦 出場	カップ戦 得点	天皇杯 出場	天皇杯 得点
1996						
1997						
1998						
1999						
2000						
2001						
2002	40	0	-	-	3	0
2003	44	1	-	-	3	0
2004	19	0	1	0	1	0
2005	11	0	2	0	0	0
2006						

●ポジション／MF
●生年月日／1984年11月1日生
●出身地／神奈川県
●所属チーム／光明学園相模原高

水木勇人
Hayato MIZUKI

神奈川県の相模原高（私立）から03年に新加入した左利きのMF。精度の高いプレースキックと、独特の間合いによるボールキープで、プロの世界に果敢に挑戦した。シビアな昇格レースを送ったシーズンにおいて残念ながら出場機会は巡ってこなかったが、常に真摯な姿勢で練習に臨んでいた。04年にクラブを離れ、大学進学という道を選択した。

年度	リーグ戦 出場	リーグ戦 得点	カップ戦 出場	カップ戦 得点	天皇杯 出場	天皇杯 得点
1996						
1997						
1998						
1999						
2000						
2001						
2002						
2003	0	0	-	-	0	0
2004						
2005						
2006						

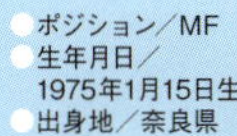

●ポジション／MF
●生年月日／1975年1月15日生
●出身地／奈良県
●所属チーム／天理高－天理大－高田FC

水越 潤
Jun MIZUKOSHI

ゲームメーカーとして献身的なプレーでチームに貢献したMF。フィジカル面にも長けており、持ち味であるドリブルでの突破も魅力の一つだった。在籍した3年間でリーグ戦64試合に出場し、4得点を記録した。

年度	リーグ戦 出場	リーグ戦 得点	カップ戦 出場	カップ戦 得点	天皇杯 出場	天皇杯 得点
1996						
1997	-	-	-	-	0	0
1998	29	2	-	-	3	0
1999	35	2	1	0	3	0
2000						
2001						
2002						
2003						
2004						
2005						
2006						

三田 光
Hikaru MITA

●ポジション／DF
●生年月日／1981年8月1日生
●出身地／東京都
●所属チーム／国学院久我山高－FC東京－アルビレックス新潟－ベガルタ仙台

常に努力を続け、着実に進歩を遂げてきたプレーヤー。FC東京では出場機会に恵まれなかったが、02年に新潟に加わるとすぐさま左サイドバックのレギュラーに定着。激しく、厳しい守備と高精度の右足で反町監督の信頼を勝ち得た。活躍はアテネ五輪を目指す代表チーム入りにもつながり、最終的にアテネ行きの切符を得ることはできなかったが、貴重な経験を三田自身とクラブにもたらした。03年は完全に主軸として35試合に出場し、J1昇格に大きく貢献。第34節の湘南戦ではトップスピードで駆け上がり、芸術的なクロスを上野の頭にあわせている。05年は仙台に期限付き移籍。武者修行から復帰した06年も、堅守で新潟の右サイドを支えつつ、J1初得点も飾っている。

年度	リーグ戦 出場	リーグ戦 得点	カップ戦 出場	カップ戦 得点	天皇杯 出場	天皇杯 得点
1996						
1997						
1998						
1999						
2000						
2001						
2002	30	0	-	-	2	0
2003	35	0	-	-	4	0
2004	10	0	1	0	0	0
2005						
2006	24	1	4	0	1	1

宮沢克行
Katsuyuki MIYAZAWA

●ポジション／MF
●生年月日／1976年9月15日生
●出身地／千葉県
●所属チーム／武南高－明治大－浦和レッズ－アルビレックス新潟－モンテディオ山形

サポーターには真心を込めて接し、ピッチでは常に上を目指し全力を尽くす。真のプロフェッショナルと呼べる選手。日本人離れした軌跡を描きゴールに収まる左足のプレースキックが印象的だが、最大の武器は決してくじけないメンタルにあった。常に強力なライバルとの争いを強いられた、左の攻撃的MFとしてプレー。メンバー落ちを味わうことも1度や2度ではなかったが、決して腐ることなくしっかりと準備を積み重ねることができる選手だった。03年、J1昇格への苦闘が続くなか、第30節でファビーニョが負傷離脱。左MFとして出場した宮沢は6試合で3得点1アシストをマーク。完璧な仕事を見せてクラブの窮地を救った。06年シーズンの途中で山形に完全移籍したが、今も彼を慕うチームメートやサポーターは多い。

年度	リーグ戦 出場	リーグ戦 得点	カップ戦 出場	カップ戦 得点	天皇杯 出場	天皇杯 得点
1996						
1997						
1998						
1999						
2000						
2001						
2002	31	6	-	-	2	2
2003	31	5	-	-	2	0
2004	7	0	1	0	0	0
2005	2	0	1	0	2	0
2006	4	0	5	0	-	-

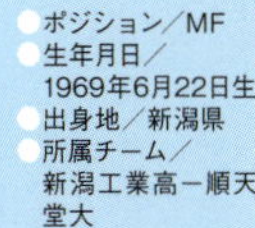

●ポジション／MF
●生年月日／1969年6月22日生
●出身地／新潟県
●所属チーム／新潟工業高－順天堂大

宮島伸好
Nobuyoshi MIYAJIMA

強靱さとインテリジェンス溢れるプレーが共存した守備的MF。DFもこなし、バルコム監督からの信頼も厚かった。在籍した96年の北信越リーグ戦では6試合に出場。リーグ優勝に貢献した。

年度	リーグ戦 出場	リーグ戦 得点	カップ戦 出場	カップ戦 得点	天皇杯 出場	天皇杯 得点
1996	6	0	-	-	0	0
1997						
1998						
1999						
2000						
2001						
2002						
2003						
2004						
2005						
2006						

●ポジション／MF
●生年月日／1984年6月13日生
●出身地／京都府
●所属チーム／京都パープルサンガユース－京都パープルサンガ

六車拓也
Takuya MUGURUMA

06年、シーズン前に実施したグアムキャンプに練習生として合流。質の高いパフォーマンスを見せ、正式契約となった。京都ユース時代から、卓越したテクニックとプレービジョンには定評があり、ユース年代の代表経験も豊富。出場機会を手に入れはじめた7月に左足前十字靭帯損傷の大けがを負うも、懸命のリハビリにより復活した。

年度	リーグ戦 出場	リーグ戦 得点	カップ戦 出場	カップ戦 得点	天皇杯 出場	天皇杯 得点
1996						
1997						
1998						
1999						
2000						
2001						
2002						
2003						
2004						
2005						
2006	2	0	1	0	0	0

●ポジション／GK
●生年月日／
1977年4月18日生
●出身地／長野県
●所属チーム／
箕輪工業高一アップルスポーツカレッジ

森岡健二
Kenji MORIOKA

98年、練習生として参加したGK。その後6月からプロ契約を結んだ。浜野や木寺といった経験豊富な選手の存在もあり、試合出場の機会には恵まれなかった。だが、貴重なバックアッパーとしてチームに貢献した。

年度	リーグ戦		カップ戦		天皇杯	
	出場	得点	出場	得点	出場	得点
1996						
1997						
1998	0	0	-	-	0	0
1999						
2000						
2001						
2002						
2003						
2004						
2005						
2006						

●ポジション／FW
●生年月日／
1978年5月18日生
●出身地／熊本県
●所属チーム／
福岡教育大一サガン鳥栖

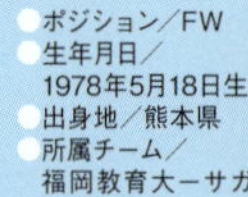

森田浩史
Hiroshi MORITA

高さとゴールセンスを兼ね備えたストライカー。大柄な体軀を生かしながらも、時に柔軟なテクニックで序盤からゴールを量産した。不運にも03年4月の湘南戦で足に負傷を負い、ライバル上野の好調もありポジションを失ってしまった。04年途中に大宮アルディージャへ移籍。同チームのJ1昇格に大きな貢献を果たした。

年度	リーグ戦		カップ戦		天皇杯	
	出場	得点	出場	得点	出場	得点
1996						
1997						
1998						
1999						
2000						
2001						
2002						
2003	12	4	-	-	4	5
2004	3	1	1	1	-	-
2005						
2006						

1996—2006 ALBIREX NIIGATA PLAYERS

【や 〉〉〉よ】

▶▶▶

●ポジション／MF
●生年月日／
1969年10月31日生
●出身地／大阪府
●所属チーム／
茨木高一神戸大一ガンバ大阪一ヴィッセル神戸

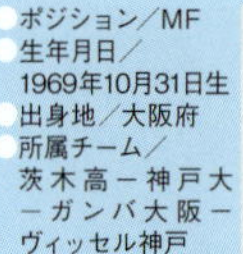

八十祐治
Yuji YASO

G大阪に在籍したJリーガーとして、高度な技術とクレバーさを合わせ持ったMF。中盤から繰り出すパスはセンスが光った。97年の退団後、横河電機に移籍し、鈴木慎吾とともにプレー。現役引退後は働きながら司法試験に挑戦し、05年に見事合格。現在は弁護士として活躍している。

年度	リーグ戦		カップ戦		天皇杯	
	出場	得点	出場	得点	出場	得点
1996	8	2	-	-	1	0
1997	3	0	-	-	-	-
1998						
1999						
2000						
2001						
2002						
2003						
2004						
2005						
2006						

矢野貴章
Kisho YANO

●ポジション／FW
●生年月日／1984年4月5日生
●出身地／静岡県
●所属チーム／浜名高一柏レイソル

恵まれた体格に、ずば抜けたスピードと驚くべき身体能力を兼ね備えたストライカー。06年に柏レイソルから移籍加入すると、開幕スタメンに抜擢され、1年間で急成長を遂げた。意外性に溢れインパクトのあるゴールはもちろんのこと、労をいとわぬ前線からのフォアチェックで、同年に就任した鈴木監督のアグレッシブなサッカーを体現。出場停止の1試合を除く全試合に出場し、文字通り中軸としてプレーした。特に後半戦は、ゴールを量産。07年2月に代表候補合宿のメンバーに選出。3月にはクラブ所属の現役選手としては初めて日の丸を背負った。秘められた潜在能力は計り知れず、これからさらなる成長と躍進が期待される選手の1人だ。

年度	リーグ戦		カップ戦		天皇杯	
	出場	得点	出場	得点	出場	得点
1996						
1997						
1998						
1999						
2000						
2001						
2002						
2003						
2004						
2005						
2006	33	6	6	1	2	1

●ポジション／MF
●生年月日／
1983年10月4日生
●出身地／福岡県
●所属チーム／
東福岡高

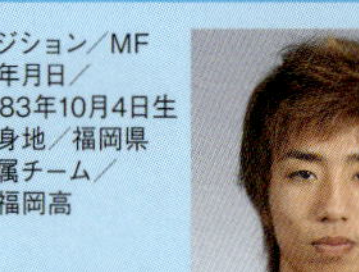

山形辰徳
Tatsunori YAMAGATA

02年に東福岡高から加入すると、ハードな守備と豊富な運動量でサイドバックのポジションで出場機会を得るようになった。03年の昇格に貢献した後は、シンガポールリーグに挑戦。同国での2年のプレーを経て、06年に福岡入り。激しい守備と運動量は、地元のクラブでも高い評価を得ている。

年度	リーグ戦		カップ戦		天皇杯	
	出場	得点	出場	得点	出場	得点
1996						
1997						
1998						
1999						
2000						
2001						
2002	2	0	-	-	3	1
2003	6	1	-	-	1	0
2004						
2005						
2006						

山口素弘
Motohiro YAMAGUCHI

●ポジション／MF
●生年月日／1969年1月29日生
●出身地／群馬県
●所属チーム／前橋育英高一東海大一横浜フリューゲルス一名古屋グランパスエイト

03年、J1昇格を至上命題とする新潟が獲得した「昇格請負人」。その期待を裏切らないプレーを見せ、新潟の歴史にその名を刻んだ。卓越した戦術眼は、中盤を省略しがちなJ2リーグにおいても輝きを放っていた。特に03年のマルクスとのコンビネーションは秀逸で、タイミングのよい縦パスでJ2得点王のゴールを何度もお膳立てしていた。自らも勝負強さを見せ、第29節広島戦では芸術的なスーパーボレーを沈めている。04年も要所を締めるプレーでクラブのJ1残留に多大な貢献を果たし、野澤・上野とともにオールスターにも選出されている。05年途中で、自らのルーツである横浜FCへ移籍。06年には見事優勝で昇格を決め、衰えぬ実力を証明した。

年度	リーグ戦		カップ戦		天皇杯	
	出場	得点	出場	得点	出場	得点
1996						
1997						
1998						
1999						
2000						
2001						
2002						
2003	42	4	-	-	3	0
2004	29	2	5	0	0	0
2005	12	0	3	0	-	-
2006						

●ポジション／FW
●生年月日／
1984年12月6日生
●出身地／大阪府
●所属チーム／
香川西高

山田将司
Shoji YAMADA

03年に香川西高から新加入。ルーキー離れした身体能力を武器にFWのポジション争いに挑んだが、マルクス、上野、船越、森田と並ぶストライカーの層は厚く、出場機会を得ることはかなわなかった。04年にはシンガポールリーグに挑戦し、ボランチでプレーするなど選手としての幅を広げた。

年度	リーグ戦		カップ戦		天皇杯	
	出場	得点	出場	得点	出場	得点
1996						
1997						
1998						
1999						
2000						
2001						
2002						
2003	0	0	-	-	2	0
2004						
2005						
2006						

●ポジション／MF
●生年月日／
1986年7月26日生
●出身地／群馬県
●所属チーム／
前橋育英高一アルビレックス新潟一アルビレックス新潟・S／シンガポール

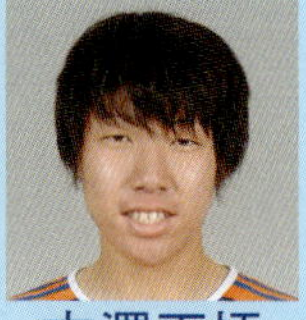

吉澤正悟
Shogo YOSHIZAWA

前橋育英高から05年に加入。トリッキーなドリブルで相手ディフェンスを打ち破るテクニシャン。ゴール前で得点に絡むポジショニングセンスも併せ持つ。06年はシンガポールへ武者修行し、厳しい当たりのなかで戦う術を学んだ。パワーも次第についてきており、今後の飛躍が期待される。

年度	リーグ戦		カップ戦		天皇杯	
	出場	得点	出場	得点	出場	得点
1996						
1997						
1998						
1999						
2000						
2001						
2002						
2003						
2004						
2005	0	0	0	0	0	0
2006						

●ポジション／GK
●生年月日／
1978年4月19日生
●出身地／茨城県
●所属チーム／
日立工業高一横浜マリノス

吉原慎也
Shinya YOSHIHARA

99年に横浜マリノスから期限付き移籍で加入。若手ながら精神面が強く、正確な判断力と積極的な飛び出しで新潟のゴールマウスを死守。ハイボールには絶対の自信をみせた。01年、横浜に復帰。現在は東京Vでプレーしている。

年度	リーグ戦		カップ戦		天皇杯	
	出場	得点	出場	得点	出場	得点
1996						
1997						
1998						
1999	22	0	2	0	3	0
2000	22	0	0	0	0	0
2001						
2002						
2003						
2004						
2005						
2006						

1996—2006 ALBIREX NIIGATA PLAYERS

【ら 〉〉〉ろ】

▶▶▶

●ポジション／MF
●生年月日／
1973年5月4日生
●出身地／ブラジル
●所属チーム／
コリンチャンス／ブラジル一リオブランコ／ブラジル一サンタエレーナ／ブラジル一ECアブカラナドパラナ／ブラジル一矢板クラブ

リカルド
RICARDO Higa

抜群のテクニックを誇った攻撃的MF。2列目から突破してのシュートをはじめ、セットプレーからの正確なキック、卓越したボールコントロールから繰り出されるキラーパスには技術の高さを感じさせた。現在、名古屋オーシャンズ（愛知）のフットサルチームに所属し、フットサル日本代表として活躍。

年度	リーグ戦		カップ戦		天皇杯	
	出場	得点	出場	得点	出場	得点
1996						
1997						
1998						
1999	34	6	2	0	3	2
2000						
2001						
2002						
2003						
2004						
2005						
2006						

●ポジション／FW
●生年月日／
1977年11月20日
●出身地／ブラジル
●所属チーム／
エナポリス／ブラジル一アメリカFC／ブラジル一サンジョゼ／ブラジル一パルメイラス ポルトフェリズ／ブラジル一パルメイラス／ブラジル一イタクァケセテゥバ／ブラジル

リンドマール
LINDOMAR Ferreira De Oliveira

01年に加入したブラジル人アタッカー。体格を利したプレーで、前線の核となることを期待されたが、日本のスピーディーなサッカーに順応することができなかった。黒崎、氏原の2トップが確立されるなか、6月にクラブを離れ祖国へ帰国している。

年度	リーグ戦		カップ戦		天皇杯	
	出場	得点	出場	得点	出場	得点
1996						
1997						
1998						
1999						
2000						
2001	3	0	1	0	-	-
2002						
2003						
2004						
2005						
2006						

1996—2006 ALBIREX NIIGATA PLAYERS

【 わ 】

●ポジション／MF
●生年月日／1971年12月2日生
●出身地／オランダ
●所属チーム／ディプロマ／オランダーオーバーペルテ／ベルギー

ロイ

Josef Maria Catharina Van Den Heuvel(ROY)

96年のリーグ途中から加入したオランダ人MF。非凡なセンスでゲームメークをするほか、前線から終盤まで動き回る献身的なプレーも特徴。また、切れ味鋭いドリブルを武器に97年にはリーグ戦9試合に出場し、2得点をマークした。

年度	リーグ戦		カップ戦		天皇杯	
	出場	得点	出場	得点	出場	得点
1996	-	-	-	-	0	0
1997	9	2	-	-	-	-
1998						
1999						
2000						
2001						
2002						
2003						
2004						
2005						
2006						

ロメロ

Bernardo Peter Josef ROMERO

●ポジション／MF
●生年月日／1969年11月2日生
●出身地／オランダ
●所属チーム／ローダJ.C／オランダ

96年、バルコム監督の母国であるオランダで10年のプロキャリアを誇るMFが、アルビレオ新潟に加入した。桁外れの精度を誇るパスで、新潟の中盤の構成力を飛躍的に高めるとともに、長身を利したヘディングで空中を制圧した。同時期に加入したマースとのコンビは絶妙で、96年の北信越リーグでは10ゴールを挙げて優勝に多大な貢献を果たしている。マースと同じく、新潟を愛し、サポーターからも愛された選手だったが、家族の事情により、無念の帰国。誰もがその実力と人柄を惜しんだ。後年の躍進の土台を作り上げた功労者の一人だ。

年度	リーグ戦		カップ戦		天皇杯	
	出場	得点	出場	得点	出場	得点
1996	9	10	-	-	0	0
1997						
1998						
1999						
2000						
2001						
2002						
2003						
2004						
2005						
2006						

●ポジション／MF
●生年月日／1983年2月12日生
●出身地／栃木県
●所属チーム／鹿沼東高－宇都宮チェルトFC－サントアンドレ／ブラジル

和久井秀俊

Hidetoshi WAKUI

ブラジルでのサッカー留学を経て、03年8月に加入。豊富な運動量と切れ味鋭いドリブルを武器にポジション争いに臨んだが、ファビーニョ、深澤ら好選手がひしめくなか、出場機会は巡ってこなかった。翌年にシンガポールでプレーし、その後はスロベニアのプロリーグへと挑んだ。

年度	リーグ戦		カップ戦		天皇杯	
	出場	得点	出場	得点	出場	得点
1996						
1997						
1998						
1999						
2000						
2001						
2002						
2003	0	0	-	-	0	0
2004						
2005						
2006						

●ポジション／FW
●生年月日／1970年9月16日生
●出身地／新潟県
●所属チーム／新潟西高－玉川大

渡辺 聡

Satoshi WATANABE

読売クラブ(現東京V)の下部組織で育った確かな技術をベースに、パワフルなシュートも兼ね備えたストライカー。在籍した96年の北信越リーグ戦では6試合に出場し、2得点。寡黙な無言実行タイプのFWとして優勝に貢献した。

年度	リーグ戦		カップ戦		天皇杯	
	出場	得点	出場	得点	出場	得点
1996	6	2	-	-	0	0
1997						
1998						
1999						
2000						
2001						
2002						
2003						
2004						
2005						
2006						

★選手の所属チーム・クラブについては、2007年1月1日現在で判明しているチーム・クラブを掲載しています。

新潟市長

篠田　昭

Akira SHINODA

―新潟の誇りアルビレックス―

「新潟市は元気があっていいですね」

首都圏などに行くと、よくこう声を掛けられます。

「本州日本海側で初めての政令指定都市になりましたから」と答えると、恥をかくことになります。ほとんどの方がアルビレックスのことを話題にしているのですから。

ここ数年、新潟の元気をアルビレックスが引き出してくれました。とかくグレーのイメージで見られがちの新潟に、アルビは鮮やかなオレンジカラーを添えてくれました。

ビッグスワンが4万人を超すサポーターのオレンジカラーであふれ、「アイシテル　ニイガタ！」の歌声が響くとき、私も新潟に生まれ住んでいる幸せに包まれます。

これほど多くの市民が一つのことに集中し、想いを共有したことがこれまでの新潟にあったでしょうか。アルビレックスとそのサポーターの皆さんたちは、新しい新潟の可能性を引き出してくれました。

反町監督に率いられ、Ｊ２を制覇してＪ１昇格を決めた日の感激は、その後の西堀でのパレードとともに忘れることができません。

「新潟のおとぎ話」の第一話は完結し、いま新潟は鈴木監督の下、新たな「おとぎ話」の夢を叶える段階に入っています。

「今年こそチャンピオンに」

多くのサポーターはそう願っていると思います。

今年は新潟市が政令市に移行した記念すべき年です。

「政令市になることはサッカーに例えればＪ１に進むようなものです」。私はこれまでこう語ってきました。

最も魅力ある都市が集まっているのが政令市であり、その仲間入りすることは大変うれしいわけですが、政令市になればＪ１がそうであるように、より高いレベルでの厳しい競争が待っています。

行政能力をさらに高め、市民の皆さまとともに魅力ある都市づくりに新潟市も進んでいきます。

新潟市にとってもメモリアルイヤーである２００７年、アルビには新戦力の6人が加わりました。サポーターの声援を追い風にして、アルビにとって輝かしい新たな伝説が生まれることを心から祈っています。

頑張れ！アルビレックス。

聖籠町長

渡邊 廣吉

Hirokichi WATANABE

—地域と共に歩むアルビレックス新潟—

アルビレックス新潟11年史発刊にあたり一言お祝いを申し上げます。

プロサッカーチーム「アルビレオ新潟ＦＣ」を前身として活動を開始されて以来、今日まで常に前向きに日本サッカー界の発展のために活躍されてこられましたことに、心から敬意を表します。更には本県においてスポーツ振興と地域振興に果たされた功績は、県民の想像をはるかに超える多大なものがあったものと感謝しております。その間、関係された皆様のご労苦に改めて敬意と感謝を申し上げます。

さて、社団法人日本プロサッカーリーグ（Ｊリーグ）の百年構想として「スポーツで、もっと、幸せな国へ」をスローガンに掲げられ、地域スポーツの振興のために諸々の活動を行っておられますが、アルビレックス新潟におかれても本県に対して苦労もいとわず積極的な地域振興に努めてこられました。

スポーツの持つ社会的効果は大きなものがあり、論を待たない訳ですが、競技スポーツの振興・健康づくり・地域コミュニティーの活性化・青少年育成・経済の活性化・就労機会の拡大などに好影響を与えております。

私ども聖籠町におきましては、平成15年11月に新潟市と共にアルビレックス新潟のホームタウンとしてＪリーグからご承認をいただきましたが、その後、本町の新潟東港地内にグラウンドやクラブハウスの機能をもった新潟聖籠スポーツセンターが整備されるなど、本町とのお付き合いがより深いものとなっております。

今まで幼稚園や小中学校へ出向いていただき、子ども達と一緒に体を動かしながらスポーツの楽しさを教えていただいたり、夏休みにホームゲームの観戦に親子をご招待いただいたりしております。また、講演会開催の企画に際しては、Ｊリーグ関係者の招へいに積極的な支援をいただき、私ども聖籠町の豊な地域づくりの一翼を担っていただきました。

今後もアルビレックス新潟の皆様が、Ｊリーグ百年構想という将来展望に立った確実な歩みを続けられますと共に、私共県民・企業・行政の三位一体となった協力体制のもと、地域に密着した活動を続けてくださるようお願いを申し上げます。

最後に、今は東北電力ビッグスワンと言われているスタジアムで我がアルビレックス新潟の試合を初めて観戦した時の感動は、私だけでなく総ての人にとって忘れることの出来ない記憶として今も鮮明に脳裏に焼きついているものと思っています。

今後も、県民の皆様に熱気溢れる好プレーをご披露くださるよう重ねてお願いをいたしまして、お祝いのあいさつといたします。

SUPPORTERS
MEMORIAL
ALBUM

1996 — 2006

俺たちの新潟
俺たちの11年

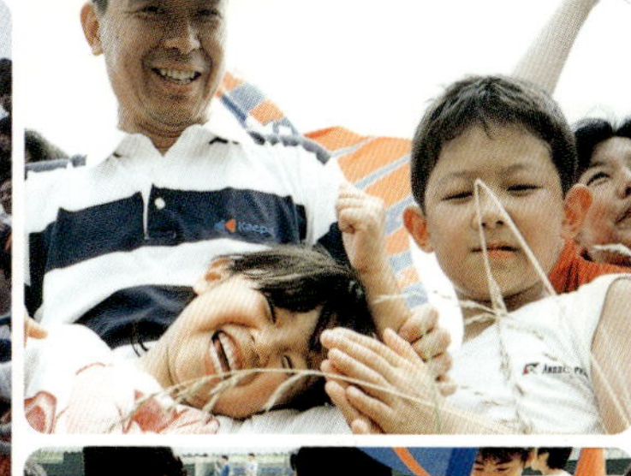

SUPPORTERS
MEMORIAL
ALBUM

1996

[寄稿] 北村英紀さん

北信越サッカーリーグの開幕戦、アルビレオ新潟対マッキーFCの試合は、あまりにも衝撃的だった。アマ時代の穏やかな、漫然とした試合の流れとは全く違う、これがプロのゲームだと感激したものだ。前線で得点王・マースと昇格請負人・杉山が相手ゴールを幾度も破り、両サイドから重戦車・ロメロとスピードスター・マイケルが決定的チャンスを演出、DF陣には中央に近と奥山が高くそびえる。そして、それらの選手達をまとめる闘将・古俣健次が中盤の底に位置し、ゲームを支配する…。まさに圧倒的、今年こそJFL昇格は間違いない、という思いが湧きあがってきたのを憶えている。まぁ、前年のリーグ戦全9試合で総得点が19点のクラブが、開幕1試合だけで12点をあげて圧勝したのだ。期待するなという方が無理だ(笑)。

試合後、横断幕や大旗を片付けてからメインスタンド正面口に向かうと、そこはすでに新潟の選手の帰りを待つサポーターで埋め尽くされていた。強豪Jリーグクラブじゃない、まだ単なる地域リーグのクラブの選手にすぎないのに、それでもたくさんの人達がフラッグを手に、選手達にサインを求めている。何処かよそのクラブの有名選手ではなく、地元のクラブの選手に、だ。かつて新潟でこんな場面を目にした事があっただろうか。今から思えば、ひょっとしたらこれこそが『新潟人が新潟を愛する事を初めて覚えた瞬間』と言ってもいいのではないだろうか。そんな場面に立ち会えた事は、俺の誇りである。

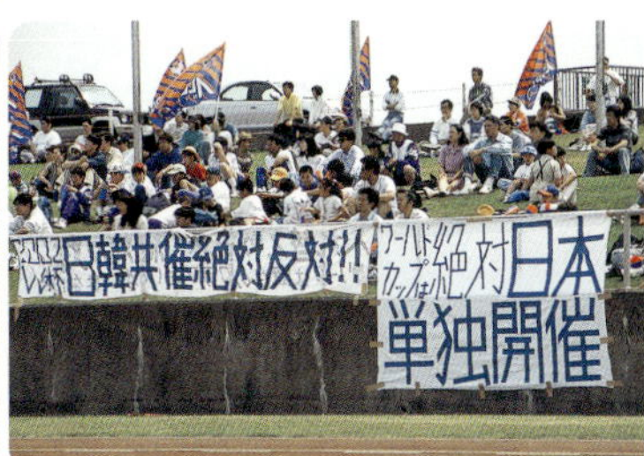

コフィール】**北村　英紀**　新潟市(旧豊栄市)出身。北越高校サッカー部出身。地域リーグ時代から声援を送り続けてきたサポーター。

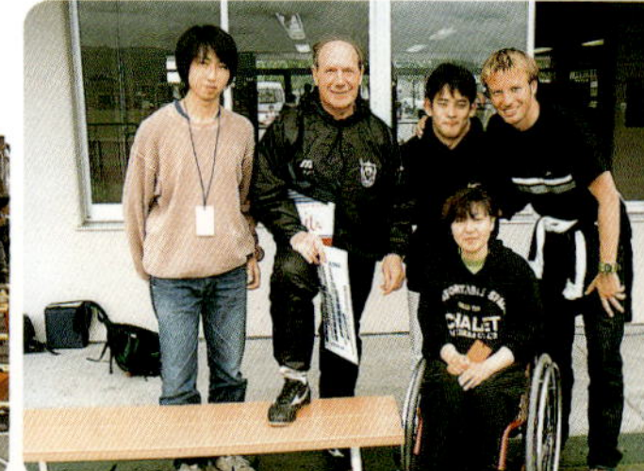

SUPPORTERS
MEMORIAL
ALBUM

1997

［語り］岡田　穂さん

1997年は激動の年だった。アルビレオからアルビレックスへとチーム名を変更。北信越リーグを制し、全国地域リーグ決勝大会へ2度目の挑戦。そしてJFL昇格。日本サッカー協会より99年からのJ2リーグ参加承認を得るなど、目まぐるしくクラブの状況が変化していった時代だ。そこで当時の様子を、95年からチームを応援してきたという岡田穂さんに聞いてみた。「97年ごろは、子どもと犬とドライブがてらといった気分で、陸上競技場や新潟市近郊で行われている試合を見に行ってました。スライディングまでして必死にボール追ってた古俣選手の脇で、犬の散歩してたり…。古俣選手はキャプテンだけに、つねにほかの選手たちにもうひとつ気合を入れる感じのプレーぶりでしたね。私と同じ西高出身の藤田敬三選手も応援していました。YKKとの試合で、彼が決勝点となるヘッディングシュートを決めたときのことは記憶に残っています。チョンマゲポニーテールがトレードマークだったマースも、決めるときは決めてくれた。日系2世のマイケルもいい選手でした。メンバーの入れ替えがあってから加入したイグナスは、黒人独特の間合いの取り方で活躍したね。当時はけっこうワンサイドゲームだったけど、正直お金を取れるようなレベルのサッカーじゃなかった。サポーターも数十人程度でのどかな雰囲気でした。その後、お金を払うようになってからは、さすがにおもしろいサッカーが見られるようになったと感じましたね」。

【プロフィール】岡田　穂　新潟市出身。新潟西高校サッカー部出身。スタジアムオレンジ作戦、ビッグフラッグの制作募金活動、06年より始まったクラブとサポーター
議会・アルビレックスカンファレンスなどの呼び掛け人でもある。

SUPPORTERS
MEMORIAL
ALBUM

1998

［寄稿］山口聡子さん

私が初めてアルビレックスの試合を観戦したのは、当初の記憶では98年ということになっていたのだけれど、よくよく調べてみると、どうもそれは98年以前のことのようで、記憶がかなりこんがらがっている。というわけで、間違いなく行っている98年の鳥栖戦を書くことにしよう。サポなんてとても名乗れない、一観客の思い出話として。

晴れてJFL入りを果たしたチームを応援するために…というのは大ウソで、タダ券をもらって、たまにはサッカーもいいな程度の軽い気持ちで出掛けた5月10日の市陸。その日は天気がよく、汗ばむくらいの陽気。バックスタンドの観客の白っぽい服の色が目に沁みた。少数精鋭（!）のゴール裏が元気一杯だったのを覚えている。アルビレックスで知っていたのは永井監督と元磐田の古俣選手ぐらい。「赤き血のイレブン」で有名な永井さんの監督就任のニュースに驚き、永井さんは本当にあの永井さんなのか？　と、私の目はベンチに吸い寄せられた。果たしてそこに座っていたのは、テレビで何度も拝見した永井監督その人であった。「ああ、ホンモノだ!　ホンモノの永井さんだ!」その感動をどう表現したらよいのか。え？　試合内容?…えーと、負けました。それだけ（殴）。今、私がここまでアルビレックスにかかわるようになるとは、当時は思いもよらなかった。結局その年はJFL11位。学生にも負ける状況に、翌年のJ2参戦に不安一杯のシーズンだった。選手が大きく入れ替わり、鈴木慎吾や鳴尾直軌らが新しいアルビを創り出す、1年前のことである。

【プロフィール】山口　聡子　長岡市生まれ、新潟市育ち。2006年のアウェー磐田戦（0−7）を目の当たりにして、「アルビサポ」としての自分を見つめ直したヘタレサポ。

SUPPORTERS
MEMORIAL
ALBUM

1999

[寄稿]宮尾雅人さん

私が初めてアルビレックスと出会ったのは、99年のJ2リーグ戦、10月2日の川崎フロンターレ戦だった。ボランティアをやっていた友達から券を貰い、初めてアルビレックスの試合を見た。市陸の当時は、今みたいにオレンジ色をまとった人も少なく、なにより人が少ない。観客にオレンジ色のゴミ袋を配っている人もいた。試合は1−4で惨敗…。その年の最多失点試合となり、「ふざけんな、やめちまえー」と野次を飛ばす人や、途中で帰ってしまう人もいた。その日の試合は3,643人の観客を動員したらしいが、選手の息遣い、監督、コーチの指示の声が聞こえるくらい静かなものだった。—その後しばらくして、私は友人の影響で02年にW杯のボランティアを経験することになり、アルビレックスのボランティアとして活動することになりました。

[寄稿] 浅妻　信さん

関西から戻ってきたばかりの僕にとって、地元にプロスポーツチームが出来たのは嬉しかった。チケットを買い、家族で陸上競技場に行った日のことはよく覚えている。ゴール後の歓喜は今と何ら変わらない。すぐに虜になり、スポーツ新聞が無料配布した選手名鑑を片手に、選手の名前と特徴を覚えていった。4位でシーズンを終えた99年のチームだが、今思うと、技術的にも戦術的にもあらゆる面で未熟さが目につく。しかし、それでも、新潟の人々にサッカーの楽しさ、素晴らしさを伝えてくれたのは、紛れもなくこのチームなのだ。ボールを持つと失笑が起きる10番※1がいたなんて、今話して誰が信じようか。技もキレるが、心もキレる。気が乗らないと守備には戻らない。挑発行為で、仙台スタジアムで全員を敵に回し、しかもそれがキャプテン※2だったなんて誰が信じようか。しかし、僕らは彼らを心から愛した。陳腐な表現だが、もう一度生まれ変わっても、最初のチームとして迎えたいのはこのチームである。

(※1·サウロ　※2·木澤)

【プロフィール】**宮尾　雅人**　上越市中郷区在住。2002～2006シーズンを運営ボランティアとして活動する。今春8年ぶりに故郷にUターンし、今後は仕事とサポーターの
を目指し奮闘中。　**浅妻　　信**　新潟市生まれ。2002年にサポーターズCD「FEEVER!!」を制作。現在はN2層目が主要な観戦場。msnアルビレックスサイト等で不定期連載中

SUPPORTERS
MEMORIAL
ALBUM

2000

[寄稿] 関正富さん

新潟初のプロのサッカーチームを、応援したい、観戦したいと思いつつ、土日に休めない仕事に就いており、新潟市から離れた場所に住んでいるため、新聞やテレビのニュースで動向を見守っていました。そんな中、2000年の6月10日が休みと重なり、千載一遇のチャンスが巡ってきたのです。この年なかなか順位が上がらないチームに自分の声援を届けたいと思い、当時小3の甥っ子とアルビレックス新潟対浦和レッズ戦を見に行くことにしました。生まれて初めて足を運んだスタジアムは、オレンジと赤にきれいに分かれ、今まで体験したことのない熱気に包まれていました。目の前でプレーする選手たちのダイナミックな動きや闘志あふれる生のプレーに興奮し、新潟のゴールが決まるたびに沸き起こる歓声に身も心も震え、反対に静まり返るレッズサポに不思議な優越感を覚えました。とくに鳴尾選手のハットトリックは感動もので、今でも瞼に焼き付いています。そして勝利の瞬間からスタジアムにこだまする歓喜の声。テレビを見ているだけでは分からない、日常では味わえない空間が、ここにあると知りました。このような感動を地元で体験できることをチームに感謝し、またスタジアムに足を運ぼうと思うようになりました。その後、私はチームが地元でキャンプをしていると聞き、「少しでも力になれれば」との思いからボランティアを始めました。いつも元気をもらっているばかりなので、地元に来るときだけでも何か恩返しができたらと思って続けています。

「アルビよ、明日を頑張るチカラをくれ! そのための努力はおこたらないから!」。

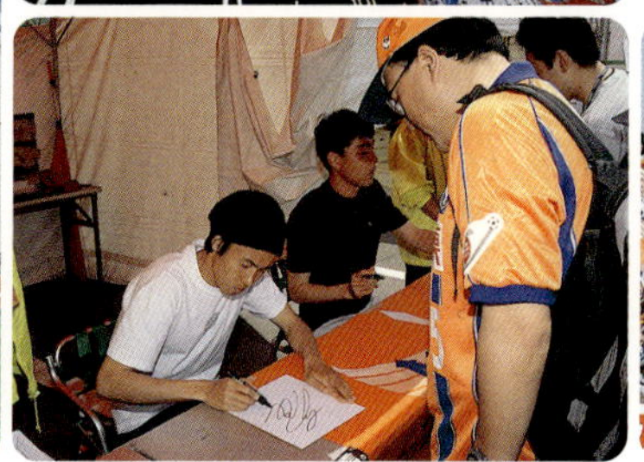

ロフィール】関　正富　十日町市在住。2000年はメインで、01年からはゴール裏で応援している。

SUPPORTERS
MEMORIAL
ALBUM

2001

[寄稿]小野　直樹さん

サッカーと新潟が相思相愛の関係を築いていく中でターニングポイントとなったのが、2001年という年ではないでしょうか。W杯を翌年に控えサッカー人気がにわかに盛り上がった年。とりわけ新潟はビッグスワンの完成、相次いだコンフェデ杯開催と、嵐のような特需を背景にサッカーが大流行になり、観客動員数も急激な上昇カーブを描き始めた年。私もその抗うことのできない潮流にもまれた一人ですが、5月19日、真新しいビッグスワンの威容な雰囲気に3万人が一同感動した、こけら落としの京都戦は忘れることはできません。それまでは多くの県民にとってビッグスワン=さだまさしのイメージでしたが（私は木を植える～♪）、それを見事に払拭したのがこの年就任した反町アルビの美しいカウンターサッカーでした。ワイドに開いてボールを奪ってからの展開が、前線までポンポンポーンてな具合でタッチ数が少なくて早い。ボール保持時間こそ短いけどチャンスはとても多いバレンシアCFのカウンターサッカーを髣髴とさせる、当時の日本ではあまり見なれないサッカーで新鮮でしたね。元日本代表の黒崎さんの安定したポストプレーがピタっとはまり、それを受けるウジの動きは鋭く、寺川はキレキレでJ2では群を抜く天才プレーヤー。その試合は終了間際3−3に追いつきスタジアム全体が逆転勝利の予感でビンビンしていたものの、延長終了直前に悪夢の判定でPKを与えてTheエンド。いろんな意味で堪らない試合でした。最終盤まで絡んだ昇格争いも、肝心の直接対決で連敗し終戦。この年のアルビレックスはとても美しいが肝心なところでおあずけする、サディスティックで最高に魅力的なチームでした。

【プロフィール】**小野　直樹**　新潟市出身。多彩なタレントを発揮して各種サポーター主催イベントの仕掛け人としてマルチな活躍。昨年、愛息が産まれてからアウェー観戦かなかできないのが悩みの種。

SUPPORTERS
MEMORIAL
ALBUM

2002

[寄稿]長谷部妙子さん

東京生まれ東京育ちの私が新潟県人と知り合い、遠距離恋愛をしていた2002年8月。恋人から「横浜でアルビレックスの試合があるんだけど行かない?」と誘われた。いつもアルビレックスの結果に一喜一憂していた恋人。サッカーには全く興味のない私は、嫌々ながら付いて行った。そのアウェー横浜FC戦が私の「アルビ初観戦」。初めて生でサッカーを見る私はルールもよく分からない。でもゴールが決まったときのあの熱狂は、今までに味わったことがないものだった。試合は2−1でアルビレックスの勝利! 試合後もあの興奮が忘れられない。またアルビが見たくてしょうがなくて、ホームや関東のアウェーに行くようになった。そして11月16日、長居でのセレッソ大阪戦。私は一人大阪へ行き、初めてゴール裏へ。選手コールや歌やウジダンスは、周囲の知らない人たちが教えてくれた。手作りのフェイスシールを配っている人もいた。こんなに大勢の人たちが集まって、ただひとつの目的「勝利」のために必死になっている。こんなにも熱い空間に身を置いたことは、今まで一度もなかった。試合は0−3で敗北。昇格の夢は絶たれた。泣きながらの長い長いアルビレックスコール。セレッソサポとのエール交換。この日のことは忘れられない。この時、私は一生アルビレックス新潟を応援し続ける決意をした。ちなみに一緒に観戦した恋人と神田選手は同い年であるにもかかわらず、現役でプレーしていることも、私にとっては大きな驚きだった。(余談ですが翌年の昇格直前に私は恋人と結婚し、新潟県人になりました)。

【プロフィール】長谷部妙子　東京都出身。2003年に結婚して新潟市在住。主人と去年生まれた娘の親子3人でスタジアムに通っています。

SUPPORTERS
MEMORIAL
ALBUM

2003

[寄稿] 平山明美さん

2003年の3月まで、仕事の関係で1年ほどロンドンに住んでいました。それまでサッカーに殆ど興味がなかったのに、イングランドのフットボール熱はそんな素人を簡単に巻き込んでしまいました。ゲームは勿論の事、自分の街のクラブを一生かけて応援している人たちに憧れ、ローカルサポーターになりたい、とさえ思うようになりました。帰国して新潟に戻ったら、イングランドのクラブ同様、熱狂的なサポーターに支えられたクラブが地元にあるとのこと。友人に連れられて、6月に初めてビッグスワンに足を踏み入れます。試合は鳥栖戦。確かその日はけがから復帰した船越選手が途中出場、逆転弾がマルクス選手…という面白い展開で、スタンドはオレンジの服を着た人でいっぱい。イングランドで見た光景、そのまんまだ！　ローカルサポーターになれるかも！　その年の夏頃からぼちぼちとスタジアムに足を運びました。うまくすればJ1昇格の瞬間に立ち会える、との期待もあって第4クールは実にハラハラもの。まるで何年も前から応援してきたかのように昇格を祈り続けました。ホーム最終戦の上野優作選手の魂のゴール！　優勝&昇格決定の瞬間には、涙が出ました。地元にクラブがあるっていいものですよね。

今ではホームもアウェーも足を運ぶ暑苦しいファンになりつつあります。船越選手の2度目のアキレス腱断裂のときは、千羽鶴をいやっちゅうほど折りました。彼は記録よりも記憶に残る選手であり、ゴール裏のサポにとても愛されたローカルヒーローだったと思います。今だから言えることですが、サポーターとは「なりたい」と思ってなるものではなくて、気付いたら「なっている」ものなのですね。

【プロフィール】平山　明美　福島県出身。ゴール裏の片隅で「アイシテルニイガタ」を小声で叫んでいる。今後はもっともっとサッカー&サッカーカルチャーを愛せる人に
たいと思ってます。

SUPPORTERS
MEMORIAL
ALBUM

2004

[語り] 村木正一さん　遠藤　清さん

サポーターの中には、一人でじっくりと観戦する人もいる。2003年からスタジアムに通い始めたという村木正一さんもその一人。「04年は、J1昇格の喜びと（降格への）不安が同居した、抑揚感を常に感じていました。そんな中でもカウンターで攻めた試合は面白かったですね。特に日本人以上に最後までボールを追いかけるファビーニョの姿には心を打たれました」。ここで落ちるわけにはいかないという緊迫感を、サポーターも常に感じていた年だった。

また、多くのサポーターによって作られるスタジアムモザイクが初めてお目見えしたのも04年だった。そこでビッグフラッグの仕掛け人の一人であり、モザイクの企画運営にも携わってきた遠藤清さんに話を聞いた。「バックスタンドに3枚のフラッグが広がるお馴染みの光景は、サポーターが企画･制作したビッグフラッグに、後にスポンサーより2枚のビッグジャージの寄贈を受け、現在の3枚を掲揚するスタイルとなりました。そのフラッグ掲揚を手伝っている関連で、ビッグスワンでのスタジアムモザイクの企画運営をさせていただく機会にも恵まれたんです。オレンジ一色なら簡単だし、僕たちがかかわる必要もありません。ところがそこに図柄や文字を入れようとすると難易度が一気にアップして、実現までの道のりは思った以上に大変でした。そんな中から誕生した初のモザイクは、04年10月の鹿島戦。「NIIGATA○○○○」の目指せ4連勝を表しました。そのメッセージ通りにチームは鹿島に勝ち4連勝。僕たちにとって思い出に残る試合となりました」。

コフィール】村木　正一　新潟市在住。2003年からアルビの一人観戦を始める。ライフスタイルは何事もアルビ優先でスケジュールを組んでいる。
遠藤　清　新潟市在住。ビッグフラッグ・ジャージを広げる際の指揮を執るメンバーの一人。試合のない休日はフットサルチームで活動。（次ページに続く）

SUPPORTERS
MEMORIAL
ALBUM

2005

[語り]野瀬山知巳さん　遠藤　清さん

2005年にUターンした野瀬山知巳さん。04年の開幕戦を皮切りに、関東方面の試合の応援にも行っていたが、本格的に応援し始めたのは新潟に戻ってきてから。「あの年の大雨の中のガンバ戦（第19節）は、記憶に焼き付いています。雷が鳴る中で、4−2で勝った。涙が出るほど嬉しかったですね。木寺選手や菊地選手のように守りで（チームを）支える選手のプレーは見逃せません。川崎戦（第10節）で振り向きざまに蹴ってゴールを決めた船越選手もカッコよかった！　仕事の関係で、行けない試合もあって残念ですが」。

04年に遠藤清さんたちが中心になって、実現させたスタジアムモザイク。より難易度を上げて再び挑戦したのも2005年だった。「04年のモザイク成功に気をよくした僕（遠藤清さん）たちに再び機会が訪れたんです。あれは11月のFC東京戦でした。リーグ終盤、残留争いをするチームに思いを伝えたいと思い"I BELIEVE!"と"オレンジ&ブルーのストライプ"にしたんです。自画自賛ですが、これは大成功でした。昔を知るサポーターから『こんなスタジアム、夢のようだ!』と、最高の褒め言葉をいただきました。04･05年とも、当日パネルを揚げてくれた方々をはじめ、さまざまな人たちの協力によって実現したものです。スタジアムモザイクはビッグフラッグ掲揚と同じく、あくまでも"試合に臨む選手を後押しする"ためのもの。選手がスタンドみんなの気持ちを受けて、勝利をつかんでくれたら最高ですね。これからもビッグフラッグ掲揚とともに、選手もサポーターもワクワクするような、スタジアムモザイクをみんなで実現させていきたいと思っています」

【プロフィール】**野瀬山知巳**　新潟市在住の会社員。趣味はスポーツ観戦。日本代表の試合にも足を運ぶほど。アルビレックスはJ1昇格後より、本格的に応援を始めた。
遠藤　清　2度の骨折を経て、最近年齢に合ったプレーを心掛けるように。「ビッグフラッグ掲揚にご賛同頂ける方は、ぜひ協力お願いします！」。

SUPPORTERS
MEMORIAL
ALBUM

2006

［寄稿］加藤文也くん

ぼくは、週末が来るのが楽しみです。どうしてかというと、遠くで仕事をしているお父さんが家に帰ってくるからです。お父さんは、車で家ぞくをビッグスワンにつれて行ってくれます。だから、ぼくはアルビが大すきになりました。

サッカースクールの日も楽しみです。いまぼくはフォワードです。れん習のさい後にやるしあいはまけられません。お父さんに「今日、3点を決めたよ!」「アルビのせん手みたいなゴールだったよ」と電話するからです。かっこよくゴールをした時は、うれしくてエジミウソンせん手みたいなパフォーマンスをしています。

2006年の春、ぼくの家のにわにサッカー場ができました。お父さんがゴールを作ってくれて、ビッグスワンのしばのたねもまきました。それから、ぼくの家にはたくさんの友だちがあそびに来るようになりました。小学校に入った時は、クラスに知っている人がいなかったので少しさびしかったです。だけどアルビが好きな友だちがたくさんいることがわかりました。休み時間は、いつもサッカーをするようになって、今では友だちがたくさんできて楽しいです。

ぼくは、お父さんが作ってくれたサッカー場で、毎日れん習をしています。これからもたくさんの友だちとれん習をしてじょうずになって、アルビの9番か10番の選手になりたいです。

アルビレックス　がんばれ!!

コフィール】**加藤　史也**　新潟市（旧新津市）出身。反町前監督と同じ3月8日生まれの小学3年生。毎日、弟の駿（4才）と一緒にサッカーをしたり、アルビのMCのまねをして盛り上がっています。

アルビレックス新潟 後援会

クラブとともに 歩んだ13年

チームを物心両面でサポートしたい。こんな思いから誕生したアルビレックス新潟後援会。会員数115人（個人会員93人、法人会員22社）でスタートした小さな後援会は、Jリーグのクラブとしては日本有数の規模に成長した。

黎明期　1994年～

1994年、アルビレオ新潟ＦＣ後援会が設立される。以前よりワールドカップを新潟県に招致するための活動が始まっており、県民チームの強化がスタートしていた。そんな折、設立された後援会の目的は２つ。「物心両面の支援」と「県内におけるサッカー文化の発展とスポーツ振興」だ。

物心両面の支援とは、後援会の会員から集めた会費をチーム強化費の一部とする「財政支援」を指す。後者は後援会主催のサッカー教室などを通し、新潟にサッカー文化を根付かせようというものだ。

その前年の5月にＪリーグが華々しく開幕し、94年には1試合平均観客動員数1万9598人を記録するなど、サッカーはメジャーなプロスポーツとなった。しかし、新潟でのサッカー人気は今ひとつ。95年にはアルビレオ新潟法人設立準備室が立ち上げられるが、県民の関心はさほど集まらなかった。

Ｊリーグには、親会社を持つチームが多い。潤沢な資金による安定したチーム運営、充実した施設でチーム力が上がっていく。

しかし新潟には、1社だけでクラブを支えることができるような大企業がない。そのため、後援会のように地域社会により近い組織、一人一人は小額でも数多く資金を調達する組織が必要だった。

『支援金贈呈式』
ホーム開幕戦では後援会費を財政支援としてチームに寄与するセレモニーが行われる。4万人のサポーターが見守る中、会員の熱い想いがチームに託された。写真は06年開幕戦、馬場会長から中野社長へ支援金が託された贈呈式

アルビレックス新潟後援会　会員数・支援金額の推移

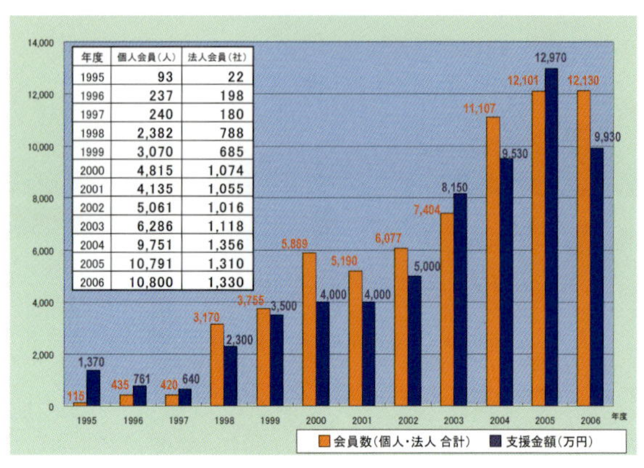

年度	個人会員（人）	法人会員（社）
1995	93	22
1996	237	198
1997	240	180
1998	2,382	788
1999	3,070	685
2000	4,815	1,074
2001	4,135	1,055
2002	5,061	1,016
2003	6,286	1,118
2004	9,751	1,356
2005	10,791	1,310
2006	10,800	1,330

そこで、1社ではなく、多くの地域企業や県民一人一人によって支える後援会組織という発想が生まれたと言えよう。

ここに、「アルビレオ新潟ＦＣ後援会第４回臨時理事会」の資料がある。その中から「後援会のあり方について」と題された個所を引用しよう。前段として、チームを取り巻く状況が記されている。

『アルビレオ新潟ＦＣのプロ化の傾向を強めてきたことにともない、運営母体が法人化されたが、チームの運営資金をまかなうためにはさらに強力な支援が求められている現状にある。このため後援会はいっそうの拡充が必要であり、そのために県内幅広く支援の輪を広げる運動が緊急の課題になっている。』

資金力に乏しいチームが法人化に伴い、県内に広く支援を求めよう、と訴えている。次いで書かれているのは、会員増加と法人会員年会費の減額だ。

『新潟県全域に市町村単位で後援会支部を設ける。（中略）。支部役員より後援会の会員を募っていただく。

法人会員の年会費５万円を３万円に引き下げる。特別賛助会員（年会費30万円）を廃止する。現特別賛助会員については今後広告賛助でご支援をいただくようにお願いしていくが、今年度については前年度を下回らぬよう複数口加入をお願いする。』

特別賛助会員とはスポンサー企業のこと。1社30万円の年会費を廃止し小口の法人会員を複数口加入していただこうという、当時の苦しい台所事情が垣間見える。

 躍進期　1997年～

チーム名が「アルビレオ新潟ＦＣ」から県民投票で「アルビレックス新潟」に変わったのを受け、アルビレオ新潟ＦＣ後援会は97年に「アルビレックス新潟後援会」と改名。北信越リーグのアウェーゲームに際しては後援会が応援ツアーバスを出すなど、地道な努力で後援会員を増やしていった。

とはいっても、現在のように何台もバスを連ねていくことはなく、ほとんどの場合がバス1台。富山や松本などの会場では、熱心なサポーターに混じって声援を送っていたという。そして中条地区を皮切りに、地区後援会の設立が始まる。

前段で述べたように、当初の目標は当時の新潟県下112市町村すべてに地区後援会を置き、ネットワーク化することだった。中条、しろね、南魚沼、新井と地区後援会が次々に設立され、役員の尽力で会員数が激増したのがこの頃だ。

97年度の個人会員は240人、法人会員は180社。それが98年度には個人会員2382人、法人会員788社に。結果的に98年度には、後援会始まって以来最大となる2300万円をチームに支援することができた。

『地区後援会設立』
地区後援会設立総会。サッカーの魅力をもっと多くの方に知ってもらいたい。そんな想いで県内各地を後援会スタッフが駆け回った。写真は99年豊栄地区の設立総会に駆けつけた瀬戸選手と鳴尾選手（現アルビレックス新潟レディース監督）

99年には戦いの場をＪ２リーグに移したアルビレックス新潟。開幕7連勝と波に乗るチームを、後援会もサポートしている。

それまで男性４人のみだった後援会のスタッフに、女性５人が加わったのだ。「サポートスタッフ」の肩書きで活動を始めた女性たち。当初はオレンジ色の揃いのＴシャツ姿から「オレンジギャルズ」などと呼ばれていたが、次第にスーツ姿に身を固め、地区後援会開拓に乗り出していく。

当時を知るあるスタッフは「５人がそれぞれ担当地区を決め、市町村長にアポイントメントを取るところから始まりました。こちらの地区でアルビレックス新潟の後援会を立ち上げたい、ついては役員の人選をお願いしたいとお話させていただくわけですが、そもそもサッカーを見たこともない人が多く、アルビレックスを知らない人も少なくありませんでした。サポートスタッフには大学を卒業したばかりの女性もおりましたので、いろいろ苦労はありましたね」

認知度の低さ、サッカーに対する地域の温度差に苦しみながらも、年10地区ペースで後援会が設立されていく。こうした頑張りに応えるように、チームはＪ２リーグを熱く戦い、99年は4位となった。00年は7位と後退したが、反町康治前監督が就任した01年には26勝4分14敗の4位に。Ｊ1昇格が視野に入った。

アルビレックス新潟後援会　地区後援会

市町村・地域単位で構成される地区後援会が活動の輪を広げています。

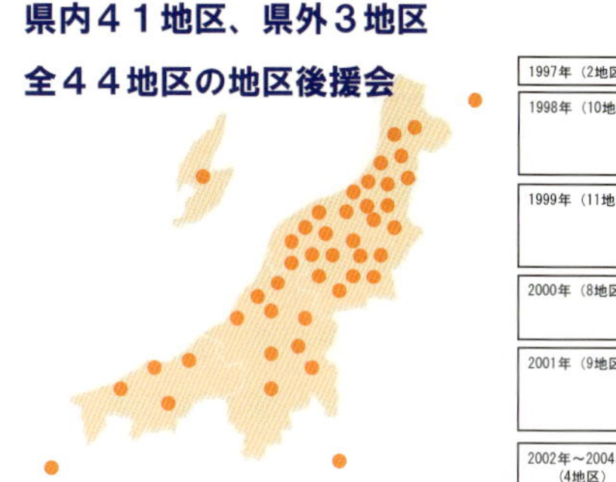

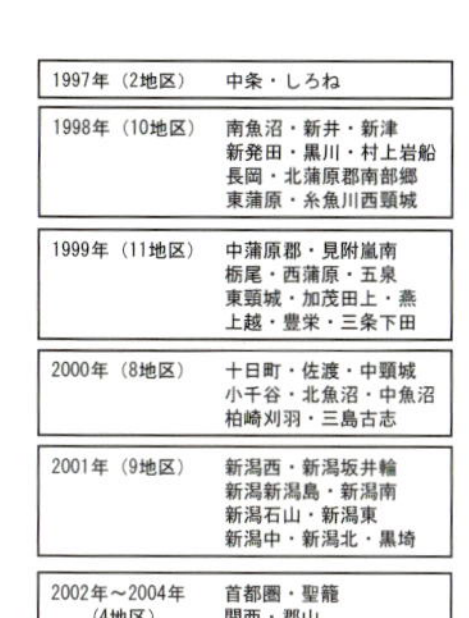

1997年（2地区）	中条・しろね
1998年（10地区）	南魚沼・新井・新津 新発田・黒川・村上岩船 長岡・北蒲原郡南部郷 東蒲原・糸魚川西頸城
1999年（11地区）	中蒲原郡・見附嵐南 栃尾・西蒲原・五泉 東頸城・加茂田上・燕 上越・豊栄・三条下田
2000年（8地区）	十日町・佐渡・中頸城 小千谷・北魚沼・中魚沼 柏崎刈羽・三島古志
2001年（9地区）	新潟西・新潟坂井輪 新潟新潟島・新潟南 新潟石山・新潟東 新潟中・新潟北・黒埼
2002年～2004年（4地区）	首都圏・聖籠 関西・郡山

拡充期Ⅰ　2001年～

ワールドカップ新潟開催の前年、01年に新潟スタジアムビッグスワン（現東北電力ビッグスワンスタジアム）が完成した。それまでのホームスタジアム新潟市陸上競技場と比べると、およそ2倍以上ものキャパシティがある大きな器だ。

「選手を鼓舞するシンボルを作ろう。空席が目立たないよう空いている席に大きなフラッグを掲げよう」と、サポーター有志からビッグフラッグ作成の話が持ち上がる。01年5月にできた「アルビレックスビッグフラッグ作成委員会」ではホームページでビッグフラッグ作成の主旨を説明し、スタジアムで募金活動を始める。協力店に募金箱を置かせてもらい、また郵便振替で募金を受け付けることに。

同時にビッグフラッグのデザイン案も公募された。当時の反町監督と選手も主旨に賛同してくれ、ユニフォームやスパイクなどのオークションも実施されるなど、ビッグフラッグ作成の機運がスタジアムを覆うようになる。

その結果、344万4061円もの資金が集まる。作成されたビッグフ

『ビッグフラッグ』
新潟市役所分館に掲げられたビッグフラッグ。クラブの象徴としてホームのゴール裏にそびえ、サポーターと一体となって選手を鼓舞している

ラッグは01年11月の京都パープルサンガ戦で披露された。

その後も折々にスタジアムで広げられ、またアウェー戦へも運ばれるように。新潟市陸上競技場で開催された試合では市役所分館の壁面に掲げられるなど、チームのシンボルとなっている。

現在、ビッグフラッグ募金の余剰金は後援会が管理しており、その資金でビッグフラッグを広げる際の保険に加入している。

拡充期Ⅱ　2002年～

02年は3位でリーグ戦を終え、昇格が叶わなかった。観客数の伸びはＪ１のクラブをしのぐほどの人気であったが、後援会の会員の伸びは微増にとどまった。03年にはクラブハウス建設募金が行われる。ホームゲームやサテライトゲームの会場で募金活動を行った。目標金額は3000万円。個人3000円、法人1万円の「クラブハウス・専用グラウンド建設サポートパートナー」の募集も行われる。その結果、クラブハウス・専用グラウンド建設サポートパートナー、クラブハウス・専用グラウンド建設募金を合わせ、目標の３０００万円を大きく上回る総額4304万4797円もの募金が寄せられた。昇格を目前にした11月にはクラブハウスが完成し、見学会が開催された。

その後も05年にはアルビレッジ施設整備プロジェクトとして、選手寮の整備、駐車場の拡充、観覧スペースの充実のための募金活動が行われ、選手寮見学も行われている。

『定時総会』
毎年5月の定時総会では、前年度の収支決算・ならびに事業報告が行われ、活動内容を振り返るとともに、今年度の事業計画・予算が設定される。また会員からも多くの意見・要望などが提案され、後援会活動に反映される

飛躍期　2003年～

03年のホーム最終戦で念願のＪ１昇格とＪ２優勝を成し遂げ、Ｊ１も４年目となったアルビレックス新潟。サポーターの数が常に注目されているが、実は後援会組織としてはＪリーグのチームでもトップクラス。支援金額は間違いなくトップだ。

地区後援会活動『開幕戦後援会旗行進』
ホーム開幕戦時には地区後援会旗が集結し、長いシーズンをチームとともに闘う気持ちを高める

シーズン開幕戦、最終戦には各地区後援会の会員が後援会旗を持って場内を一周するイベントがある。胸を張って行進する会員たちの顔は、誇りに輝いていることが分かるだろう。

地区後援会は県内だけではなく、県人会をベースに東京、大阪、郡山でも活動している。分類上は「その他地区」に分けられてしまうが、北海道から沖縄まで全国各地に後援会員がいる。中には「新潟には縁もゆかりもないけれどアルビレックスのサッカーが好き」と、全試合観戦した遠方在住サポーターもいる。

現在の会員だけではない。チームの黎明期に「新潟が元気になるなら」と入会してくれた企業、「サッカーはよくわからないけど新潟が好きだから」と周囲に声を掛けてくれた人、「地元にプロチームができたら素晴らしい」と入会してくれたサッカー経験者。こうした会員一人ひとりの存在が、現在につながる。

後ろ盾となる大企業がないため、運営や強化にかかる資金で苦しんでいるのはアルビレックス新潟だけではない。そのため、市民、県民でチームをサポートしようと後援会運営に「新潟方式」を採るチームが増えている。大企業に依存しないクラブの象徴として、アルビレックス新潟が認知されたとも言える。

Jリーグ有数の観戦者数はもちろん、クラブハウスや専用グラウンドの建設に数千万単位の資金が寄せられたのも、市民クラブ、県民クラブであるという思いが強いためだろう。

このように後援会は、クラブの成長と常にともにあった。『J1も4年目、まだ優勝を狙えるポジションには届いていないが、継続的な財政支援を行うことでチームがより強くなり、タイトルを狙えるクラブになると信じています。また、それが地域貢献へとつながり、新潟の活性化に結びつくはず。いまはまだ目標への通過点。後援会員の輪をもっともっと大きくして、大勢のサポーターの皆さまとともにアルビレックス新潟をつくっていきたい。』と後援会関係者は語っている。

後援会が目標としているのは、スペインのFCバルセロナのような市民スポーツクラブだ。1899年のチーム創設時に「SOCIO」という会員制度を立ち上げたバルセロナ。SOCIO制度とは、会費を払って会員になること＝バルセロナのオーナーになること。現在は世界に約13万人もの会員がおり、サッカーだけではなくバスケットボール、ハンドボールなど10種目のチームスポーツを応援している。地域密着型総合スポーツクラブのお手本のような制度である。

「アルビレックス新潟を世界一のチームに」「世界に誇れるスポーツ文化を持つ“新潟づくり”を」。後援会は今年度、昨年なでしこリーグのディビジョン1に昇格したアルビレックス新潟レディースを応援する人たちのための組織を立ち上げた。物心両面の温かなサポートが、レディースチームにも寄せられるだろう。

地域密着をキーワードに、今後も後援会は活動を展開していく。アルビレックス新潟が世界一のクラブチームになる日まで。

地区後援会活動
『中条サンクスフェスタ』
中条地区後援会で開催されたサンクスフェスタの様子。地元中条出身の本間選手も参加し、選手たちの健闘を称えた

地区後援会活動
『J2優勝J1昇格パレード』
03年11月29日（土）、新潟地方裁判所から新潟三越前まで監督、選手、スタッフとともにパレードに参加。沿道を埋めた4万人の市民から祝福を受け、喜びを分かち合った

地区後援会活動
『首都圏地区激励会』
新潟県外にも、熱烈サポーターは多い。写真は06年首都圏地区激励会の様子。ビッグスワンでのホームゲームに負けないほどの熱気に包まれた

『激励会』
シーズン開幕前には新チームのお披露目を兼ねた「アルビレックス新潟激励会」が開催される。集まった後援会員の前で、監督・選手が新しく始まるシーズンに対する意気込みを表し、参加者からは期待のこもった熱い声援が送られる

地区後援会活動
『上越地区　上杉謙信』
06年ホーム新潟での甲府戦。現代の川中島の戦いにたとえ、上越地区後援会から上杉謙信の軍勢（一義会）がサポーターと共に選手に声援を送った

アルビレックス新潟 後援会会員

インタビュー

INTERVIEW

**生まれたばかりの小さなクラブを、当初から支えてくれたアルビレックス新潟後援会。
現在、各地区で積極的に活動されている方々にお話を聞き、
アルビレックス新潟への思い、今シーズンの期待などを語ってもらった。**

J1での4年目、チーム力と企画力でさらなる飛躍を

アルビレックス新潟後援会 会長

馬場潤一郎さん

後援会会長をお受けしたのは故衆議院議員真島さん（故参議院議員・真島一男）の後ですが、県のサッカー協会としてワールドカップ招致をやり、アルビレオ設立当初からかかわってきました。真島さんも私も高校時代はサッカー部と登山部を掛け持ちしていたなど共通点は多い。そんなご縁で、スムーズにお引き受けしました。

ワールドカップを誘致するに当たってプロチームが必要だ、しかし1年間に2千万から3千万ほど資金が掛かるということで、企業の方に寄付をお願いしました。「3年間だけですよ、その後は自立してくださいね」と念を押され、3年のうちにプロチームを作らなければならなくなった。支援してくださった方には感謝しています。

幸いにして、池田さん達の努力でプロチームは設立されましたが、毎年1億円近い赤字が出て、経営危機に直面しました。そこで後援会を作り、1万人から1万円ずつ会費をちょうだいしようということになりました。こうして後援会組織立ち上げが動き出したのです。

それぞれが役割分担をし、私は県議会に働き掛けました。当時から「新潟県のアルビレックスにしましょう」という強い思いがあったんですね。政治とサッカーは別、と入会を断る方もいましたが、ほとんどの方は入会してくださった。「後援会に入ってもいいけど、会員番号をひと桁にしてほしい」という方もいましたね。ちなみに会員番号1は真島さん、2番目が私です。

議員にはそれぞれ地盤があります。当時は112市町村35の選挙区で、議員の皆さんからそれぞれの選挙区にいる有力者を紹介してもらいました。地区後援会を立ち上げたい、ついては役員をお引き受けいただけないかとお願いをして回りました。遠方の方は水曜と土曜にスタジアムまで送り迎えをし、家族ぐるみでサポーターになってもらうなど、大変な努力があったと聞いています。

今年はJ2からJ1に昇格して4年目を迎えます。苦しいときに頑張ってくれた選手たちがチームを離れるのは、仕方のないことですが寂しい。個人的にファビーニョ選手のファンで、ひたむきな姿にはたくさんの感動をもらいました。メンバーが大幅に入れ替わりましたが、5年後10年後には優勝を狙えるチームになってほしい。それが今の願いです。

これまでアルビレックス新潟は、Jリーグ1の観客動員数や熱心なサポーターの存在、またサッカー不毛の地における奇跡の大成功など、多くの話題がありました。こういった話題や新しい企画を今のうちに考えないと、飽きられてしまいます。産業立地構造の宿命ゆえ広告収入が他のクラブより少ないわけですから、今のうちに次の手を打たなければなりません。

例えば、姉妹都市である中国の黒龍江省ハルビンから選手を招く。活躍したら中国からでも試合を見にきてくれるでしょう。地元出身の選手がスタメンに定着し、将来的にヨーロッパで活躍するようになれば本物でしょう。さらに県内各地に芝のグラウンドができれば、プレシーズンマッチや練習試合を中越や上越の人にも見てもらうことができます。選手と子どもたちが一緒に遊ぶ機会などを設ければ、後援会活動もよりスムーズになるのではないでしょうか。チームの強化とともに、スタッフの企画力にも期待したいですね。

一時は存続を危ぶまれたチームが、今こうしてJ1に定着している。満員のスタジアムで戦うアルビレックス新潟を、真島さんにお見せしたかったですね。

Profile
馬場潤一郎（ばば じゅんいちろう）
長岡工業高校時代はサッカー部、登山部に所属。1975年に県議会議員初当選、2002年より栃尾市長。2001年12月より後援会会長となる。現在は財団法人新潟県体育協会会長、第64回国民体育大会新潟県競技力向上対策本部長などの要職を務める。

星野陸夫さん

私の目の黒いうちにぜひ優勝してほしい

昭和39年の新潟国体に、事務局長として運営にかかわり31歳まで現役のサッカー選手でした。今もオールドキングスター新潟というシニアサッカーチームでプレーしています。昨年は韓国遠征もしたんですよ。

サッカーは生涯スポーツ。アルビレックスの活躍やワールドカップ開催を機に、かつてはサッカー不毛の地といわれた新潟でフットサルやサッカーを楽しむ人が増えてきたことは素直にうれしいですね。満員のビッグスワンを見ると「新潟もやっとここまで来たか」という思いがします。

新潟が本当のサッカー王国になるには、学校のグラウンド開放と校庭の芝生化が求められるでしょうね。ワールドカップ効果で県内にはいいグラウンドができましたが、これがさらに進めばもっと強いチームが出てくると思います。

県のサッカー協会や後援会を通じて、アルビレックスの監督さんとはいろいろなお付き合いをさせていただきました。初代監督のバルコムさんには、県サッカー協会からクルマをプレゼントしました。自動車税は私が立て替えていたことも今ではいい思い出です。バルコムさんの功績は大きいですね。今でも感謝しています。

永井監督とは古河電工のOBも交え痛飲しましたし、反町監督ともよく会いました。慶応大サッカー部OBがビッグスワンに観戦に来た日は、試合後の反町さんを呼び出して古町で飲みまして、最後は慶応大学の塾歌を歌うんです。私はOBではないけれど、（反町さん在任の）５年間ですっかり覚えてしまいました。２年目の鈴木監督にも大いに期待をしています。

今季のアルビレックスに望むのは、昨年より強いチームになること。高望みはしませんが、J１で戦い抜く力を大きく伸ばしてほしい。将来的には、選手の３分の１程度が新潟県出身選手になればいいですね。他のクラブからの誘いがあっても、アルビレックス新潟でプレーしたいと思わせるような強いチームになれば本物。また、新潟の子どもたちが「一生懸命やればプロの選手になれる」という夢を抱くことができるでしょう。さらに言えば、私の目が黒いうちに優勝してもらえたら最高ですね。

Profile
星野陸夫（ほしの　むつお）
1997年５月入会。日本サッカー協会参与。新潟県サッカー協会では、平成元年まで19年間理事長を務める。その後、副会長職を経て現在は顧問。

石川　昇さん

「自分のチーム」という思いはいつもあります

アルビレオ新潟で活躍していた古俣健次さんのご実家が電気工事店を経営していて、以前から仕事仲間だったんです。そんな縁で誘われて入会しました。新潟市の商人塾で勉強していたこともあり、地域スポーツの重要性やスポーツが地域を活性化するケースも知っていました。サッカーにはまったくの素人でしたが、何かできることがあるなら支援したいと思いました。

まずは人集め。市陸（新潟市陸上競技場）を満員にしてあげたかった。クルマにアルビのステッカーを貼り、知り合いに「アルビの試合、見に行かない？」と声かけ。坂井輪地区にはチーム関係者が大勢住んでいて、この地区から盛り上げようという意気込みがありました。

サッカーに詳しくなくても、面白い試合をすれば人は集まる。そう思って、観戦仲間を増やしていきました。印象に残っているのは、やはりJ１昇格の試合。今でも当時の新聞を見たり、上野選手のゴールした瞬間の実況を聞いたりすると、涙が出てきますよ。

新潟市坂井輪地区後援会は、後援会の中でも最大の組織。クラブの試合がある日には各家庭でフラッグを掲げてもらうよう働きかけを行っています。子どもさんの進学や転勤で、古い会員さんが抜けることもありますが、減らさないようにしていきたいですね。昨年はバスツアーを企画し、会員さんに喜んでもらうことができました。私自身、ホームでは指定席で観戦しているので、ゴール裏で応援するのはアウエー試合のみ。熱いサポーターと喜怒哀楽を共にする経験は貴重です。今シーズンはレディースの応援にも力を入れていくつもりです。

会員さんの中には選手とのふれあいを望む方が多いので、これからいろいろ企画してみたい。後援会同士の連携がないので、今季は横のつながりを密にするような活動をしていきたいですね。

後援会は会費を払って、チームを支援する団体です。アルビレックスは「自分のチーム」だと思っていいんです。チームに対してどんどん意見を出してもいい。日本海側では唯一のJ１チームがあることを誇りに思えるような後援会活動を、長く続けていきましょう。

Profile
石川　昇（いしかわ　のぼる）
1996年９月入会。新潟市寺尾で「石川ラジオ店」を営むかたわら、新潟市坂井輪地区・事務局長として活躍中。

三部正歳さん

代表戦より アルビレックスのほうが面白い

後援会に入会した前年の96年くらいから、アルビレオの試合を見るようになりました。アウェーにも足を運び、地域リーグ決勝大会は家族で石岡まで行って観戦。観客が少なくピッチサイドで立って試合を見たこと、マイケルがPKを外して負けたことはよく覚えています。

昇格後の04年は最初J１のスピードについていけず、なかなか勝てなかった。でもだんだんいい試合ができるようになってきましたね。鈴木監督の采配は面白い。大敗するとへこみますが。去年のフクアリでの千葉戦（第30節）みたいな、ものすごくいい試合も見せてくれる。遠いアウエーで負け試合を見てしまっても、遠征は続けますよ。嫌な目にあってもすぐ忘れるのがサポーターだから。負けても選手にブーイングはしません。「応援が足りなくて悪かったね」と思う。年の初めには全試合応援に行こうと思いますし、それは今年も変わりません。

特別な後援会活動はしていないけれど、自分で応援に行く、周囲を誘うのが私流の後援会活動。あの観客の中でプレーしたいと移籍してくる選手がいるわけですから、人を増やしてスタジアムをいい雰囲気にしたいんです。今年は面白くワクワクするような試合をたくさん見たい。弱点だったポジションに即戦力を持ってきた補強もいいと思います。

新潟にはこれといった特徴がなく誇れるものがなかった。でも今はアルビレックス新潟がある。ある意味、田中角栄さんにできなかったことをやってくれました。アルビレックスがあるという理由で新潟に戻ってきた人は多いですよ。隔週で帰省して親孝行している兄弟も知っていますし、Uターンする人の動機にもなっている。

新潟出身の選手をもっと、という声もありますが、私にとっては新潟に住んで、新潟のために戦っている選手はみんな大事。他のチームの選手は応援する気になれませんし代表戦も燃えませんね。アルビレックスの試合のほうがずっと面白い。ただ今年のU－20に河原と亜土夢が選ばれたらカナダに行きますし、来年U－22に千葉が選ばれたら北京にも行きますよ。

Profile
三部正歳（みなべ　まさとし）
1996年５月入会。新潟市の「りゅーと法律税務会計事務所」所長として忙しい毎日を送る。後援会本部・監事。

太田一雄さん

新潟のサッカーを育ててくれた 人たちに感謝しています

私が高校時代に新潟国体が開催されたんですよ。私は中学生のときに体育で初めてサッカーを体験し、新潟高校で２年間、就職後は創設したばかりの県社会人リーグで10年ほどプレーした経験があります。今は休止中ですが、また再開したいと思っています。国体から今日までの流れを見ると、サッカーを取り巻く環境が大きく変わったことを感じます。国体で活躍された選手、北信越リーグのチームをJ１で戦えるチームにしてくれた人たち、すべてに感謝したいですね。ワールドカップの新潟招致が決まったときにボランティアをやりたいと思い、まずはアルビレックスのボランティアに登録しました。試合開始４時間前に集合して場内整備。試合が始まったらスタンドで案内業務。終わるとごみ集めや後片付け。縁の下の力持ちではありますが、役に立ちたいという思いは常にありましたので、充実感がありました。

サポーターの小競り合いがあった2000年の浦和戦は場内で後片付けをしていたので、実際に見てはいないんですよ。後から話は聞きましたけど、大変な騒ぎだったようですね。

この経験を生かし、ワールドカップでもボランティアを務めました。仕事は会場設営やカメラマンのローピング、ボールボーイの補助など。外国人選手は身体が大きく、ボールのスピードが違いました。迫力ある試合を生で体験できた貴重な機会でした。

今は見るほう専門です。今年からNスタンドとペアシートのシーズンパスを持ってますので、家族と一緒に観戦してます。行けないアウェーの試合はテレビ観戦しています。今もボランティアを続けている方とはスタジアムで挨拶を交わし、卒業した仲間とは電話で話したり年賀状のやりとりをしたり。いただいた招待券は会社の人や近所の人にお譲りしているのですが、これをきっかけにハマった人も多いんですよ。

今季の新加入選手は他の選手に遠慮せず、最初からスタメンで行く意欲で頑張ってもらいたい。最初から主軸での活躍を期待します。０－０の試合なら、どんどんシュートを打って勝ちを貪欲に狙ってほしいですね。鈴木監督、今年もよろしくお願いします。

Profile
太田一雄（おおた　かずお）
1998年10月入会。高校、社会人リーグでプレー。ボランティアスタッフとして活動し、現在は新潟市中地区後援会・監査役。

横木修一さん

ビッグスワンからの眺めを新潟の誇りに

クラブ関係者だった友人に誘われて、新潟市陸上競技場でサッカーを見たのが、後援会活動に入るきっかけでした。初めて見たサッカーは、選手の走る足音が聞こえたことが印象的でした。それほど観客が少なくて「新潟でサッカー？」と感じたものです。それでも、大都市のまね事ではなく、新潟のような地方から日本へ、世界へという熱い思いに共感しました。

アルビレックス新潟の試合以外でサッカーの素晴らしさを実感したのは、02年のワールドカップでしたね。チケットの抽選に当たり家族４人で観戦したのですが、ビッグスワンという大きな入れ物がいっぱいになったところに感動しました。今でも家族でワールドカップの思い出話をすると、会話が弾みます。

アルビレックス新潟の試合でも、４万人のサポーターが作り出す雰囲気は素晴らしいと思います。ボールを持った瞬間からサポーターの声が沸きあがり、ゴールの瞬間はスタジアムが大歓声でいっぱいになる。こういうことは、その場所に行かなければ分かりません。ぜひとも多くの人に感動してもらいたいと、会員を増やすための活動をしています。

昨年まで在籍したファビーニョ選手のガッツあふれるプレーが好きでした。今季は最初から優勝を目指す気概を見せてほしい。日本一のタイトルを獲って世界へ羽ばたいてほしいと思います。また、３年後、５年後を見据えた補強で私たちの期待に応えてほしいですね。

周辺の緑化工事の一部を手掛けたこともあり、ビッグスワンとその周辺は好きですね。特に、２層目から眺める鳥屋野潟、新潟の夜景は最高です。夕暮れ時に鳥屋野潟の湖面が光る光景は本当にきれい。サッカーに興味がない人でも、あの景色には感動すると思います。

観客動員をさらに増やすには、試合以外の日に開放してデートコースにするとか、８月の新潟花火を見るとか、とにかく来てもらうこと。周辺の環境やビッグスワンから見た景色など、まずは試合以外の魅力をアピールしたらどうでしょう。普通の日にビッグスワンで景色を眺めて、週末は熱く試合を見る。そんなライフスタイルが生まれたらすてきですね。

Profile
横木修一（よこき　しゅういち）
1996年８月入会。新潟市祖父興野で「横木造園」を経営するかたわら、新潟市南地区後援会・副会長として活躍中。

小野清一郎さん

妻とのデートはいつもサッカーの試合でした

アルビレックスの後援会が白根にできるとき、日本青年会議所の先輩に「話を聞きにこないか」と誘われたことが、アルビレックス新潟との出会い。活動に興味を持ったこと、スポーツによる町づくりという思想に共感を抱いたことがきっかけで、すぐに入会しました。

実はサッカーに興味がなかったのですが、試合を見るうち、また地道な後援会活動を続けるうちに、次第にアルビレックスにのめりこんでいったという感じです。今まで新潟にはこういう興奮はありませんでしたから。

こうした活動に共感を持ってくれる方に話をするうちに支援の輪が広がり、現在は会員数191人、法人15社（07年２月現在）になりました。総会に氏原選手や柴選手が来て、会員と交流を深めたこともいい思い出です。

しろね地区後援会の活動でユニークなものといえば、01年に完成した「アルビくん大凧」でしょう。大凧は白根ならではのもので、当時の真島後援会長がとても喜んでくださいました。初のお披露目はビッグスワンこけら落としの京都パープルサンガ戦。本当はビッグスワン上空に凧を揚げたかったのですが、さすがにそれは断念しました。

昨年は後援会の応援フラッグも作成しました。バスツアーにはこれを持って行きます。フラッグの作成などは会員さんからの募金と、凧フェスティバルinしろねに出店した利益などを充てています。バスツアーでは選手のコメント、対戦相手分析などの入った「旅行のしおり」を手づくりし、車内では選手のサインなどプレゼントもあります。負け試合の帰りはお通夜のようになりますが、これからも企画して、参加者を増やしていきたいですね。

ありがたいことに、しろねの会員さんたちは熱いんです。選手を物心両面で後押ししようとお米や梨を選手にプレゼントし、喜んでいただくことができました。他の地区に住んでいるのに「しろね地区後援会に入りたい」と入会を希望される方もいます。Jリーグ百年構想と同じように、地道な活動で広がっていくことを期待しています。

個人的な話になりますが、６年前に結婚した妻とは試合観戦がデート。今も２人で観戦しています。

Profile
小野清一郎（おの　せいいちろう）
1997年10月入会。「サッカーがきっかけで白根がもっと元気になれば」という思いで活動中。しろね地区後援会・事務局長。

太田英次さん

子供たちが夢を抱ける環境になりました

中学校のOBで作った金津サッカークラブや、新津高校でサッカーをやっていたんです。当時、芝のグラウンドは皆無で、芝のピッチでプレーすることに憧れながら、雑草だらけの場所でもボールを蹴っていました。

そんな時代だったから、プロのサッカー選手になるなんて夢のような話。サッカーで新潟がこんなに盛り上がるとはまったく思っていませんでした。

新潟市と合併する前の新津市では、スポーツや文化を通した町づくりをテーマに掲げており、Jリーグのチームを招致しようという市民活動も起きていました。そんな折、新潟市で活動する新潟イレブンがＪリーグを目指していることを知り、新津市としても足並みを揃えようということになりました。

新潟には大きなスポンサー企業がなく資金的に厳しい。だったら市民が支援しようという後援会の趣旨に賛同。単なるファンクラブではなく、物心両面の支援を通し夢づくり、町づくりにつなげようという活動には、素直に共感できました。

支援には、一人一人の力が必要です。後援会活動は、「まずは試合を見てくれ」と試合に誘うことからスタートしました。新潟イレブンに在籍していた友人がいたため、私自身は何度も試合を見ていましたが、関心のない人を連れて行くのは難しかったですね。

また、平成14年に新津市美術館で日比野克彦さんの個展が開催されました。その際、サッカー好きとして知られる日比野さんと反町監督との対談企画にもかかわりました。そんな縁もあり、反町監督がチームを離れるという噂があったとき、後援会の有志で署名を募り、監督に手渡したこともありました。

Ｊ１に昇格した日は、「夢は実現するものだなあ」と感動しましたね。サッカーをしている子どもたちが「頑張ればJ１のピッチに立てる」という夢を抱ける環境。夢がぐっと身近になったことを感じました。子どもたちに感動の場を与えるという意味でも、アルビレックスが新潟にある意義は大きいと思います。

ここ数年でバスケットボールなど、各種のスポーツクラブが誕生し、今度はさらに野球も盛んになりそうですね。いろいろなスポーツが相乗効果で盛り上がることを期待しています。

Profile
太田英次（おおた　えいじ）
1996年12月入会。「地元出身の選手は、やはり応援しようという気持ちになります」。新津地区後援会・事務局長。

山崎　剛さん

活動を通しチームと後援会の距離を縮めたい

小学校４年生からサッカーを始め、明訓高校サッカー部でもプレー、数年前まで週１回ですが少年サッカーチーム「白根ジャガーズ」のコーチをしていました。明訓サッカー部OBが母体となった新潟イレブンがプロ化した話を聞き、お手伝いできることがあればという気持ちで地区会長を引き受けました。

とはいえ、当時はリアリティーのない話。サッカーはずっと好きでしたから、サッカーのおかれている状況は知っています。メジャースポーツになってほしいという思いは強かったものの、正直なところ後援会やチームがどんな形になるか分かりませんでした。

周囲の人を誘って試合を見に行き、隣でルール説明をしたりしながらサッカー好きを増やしていきました。子どもたちとクラブの距離を縮めたいと、スポーツ少年団を後援会登録できないかと本部に提案したのもこの頃です。

当時は選手自身がチームの広告塔として活動し、後援会総会にも顔を出してくれました。今はチームの負担を考えると、あまり無理なお願いはできませんが、バスツアーや地元の祭りなどを通して、地域の方々とともに心の通う後援会活動を続けています。後援会は物心両面でクラブのサポートをする集まりであるのは当然ですが、チームや選手にもっと後援会活動を理解してもらいたいという思いは常にありますね。サポーターの気持ち、後援会の思いを知ってもらいたいのです。

田植えや稲刈りで試合を見に行けず、ラジオを聴きながら「選手が頑張っているから私たちも頑張れた。元気をもらった」と、丹精込めたお米をチームに贈る人がいます。距離感を縮めたいと、自分から近づくアプローチもあるということです。そんな思いに選手がプレーで応えてくれることを期待します。

大きな声で「にいがた！」と叫ぶチャンスは、アルビレックスができるまでありませんでしたよね。モノやカネに走りがちな昨今、気持ちや心のこもったサポートを続けていきたいと考えています。しろね地区後援会は中条の次にできた歴史ある後援会。地域コミュニティーの一つとしてバスツアーや大凧、パブリックビューイングなども、先頭を切って実施したいと思います。

Profile
山崎　剛（やまざき　たけし）
1997年10月入会。しろね地区会長。レディースの試合を後援会会員に告知して動員につなげるなど、多様な活動を展開中。

アルビレックス新潟と共に

共に創り上げた11年ー

サポーターの熱い声援　選手たちの果敢な挑戦　スポンサー企業のバックアップ
行政の理解と支援　地元メディアの厳しくも温かいまなざし
そして、たゆむことのないクラブの面々。

すべての人たちが今日のアルビレックス新潟を創り上げてきた。
どれか一つが欠けても今日の隆盛はない。
それはパズルのピースのようなもの。

アルビレックス新潟の歴史は
たくさんの人たちの想いに支えられた11年でもある。
共に創り上げてきた人たちの声に耳を傾けてみた・・・

□Tanaka Michiyasu
□Kameda Seika
□Shimizu Hideo
□Minagawa Shinichiro
□MSN
□Asai Noboru
□Niigata Nippo
□Komagata Toshio
□Hayami Yutaka
□Yamaguchi Makie
□Matsumura Michiko
□Komagata Masaaki
□Koike Akira
□Saito Akiro
□Yoshida Takayuki
□Yazaki Koichi
□Saito Shinichiro
□Suzuki Shinichiro・Yuriko
□Morishita Hideya・Nakamura Hirokazu

地元のチームは地域の誇りです

亀田製菓株式会社
代表取締役社長

田中通泰さん

社名ロゴに悩んだ当時の担当者

北信越リーグ時代、アルビレオ新潟と名乗っていた1996年に、初めてユニフォームの背中スポンサーになりました。

当時の担当者から聞いた話によると、社名のロゴを「亀田製菓」と漢字のままにするのか、「KAMEDA」とローマ字表記にするのか、ずいぶん悩んだようです。他のチームのユニフォームを見ると、英文やローマ字表記が多かったですしね。真偽のほどは定かではないのですが、社名ロゴを漢字かローマ字表記かで悩んでいたとき、代理店から「ロゴを入れる期限は明日ですよ」と連絡をいただいたとか。つまり、漢字表記でいこうと決めたのは前日のようです。悩みに悩んで結局は現在の漢字表記になったわけですが、結果的にこれでよかったと思います。

96年から98年までは背中スポンサーでしたがＪ２リーグになった99年から胸スポンサーに。Ｊ１に昇格した今も、ユニフォームスポンサーとしてチームのサポートを続けています。

当社は米菓の製造と販売をメインに、ヘルスケア事業や環境問題への取り組みなどを通し、健康で安全・安心な食を提供する企業です。サッカーという健康的なスポーツを支援できることは、企業のイメージアップにもつながっています。思わぬところで「亀田製菓」という言葉を聞くようになり、影響力の大きさを感じることもあります。

今は受験生の合格を祈願するような商品が巷にあふれていますが、「勝ちの種」は、その先駆けのようなもので、最初はプロ野球チーム応援のために作りました。アルビレックス勝ちの種は、携帯に便利なサイズと、おみやげ用に箱に入ったものの２種類の商品で、売り上げの一部をチームに寄付しています。これからも消費者の方々を「おやっ?」といわせるような話題性、意外性のある商品開発、ワクワク感のある商品で、チームをサポートできたらいいですね。

創業の精神につながる「地域貢献」

地元にプロスポーツがあるなら、それを応援しよう。広告や宣伝のためではなく、地域貢献のために。この思いは「人々に喜びを与えよう」という亀田製菓の創業の精神までさかのぼることができます。

当社は今から50年前に、新潟で誕生した企業です。当時、男たちにはお酒などの気晴らしがありました。しかし女性や子どもたちには楽しみが少ない時代でした。そこで、水あめの製造からスタートし、せんべいなどのお菓子を製造することにより、人々に喜びを与えようという創業の精神が基本にある会社なのです。亀田製菓は新潟に育ててもらった企業。だからこそ、地域貢献を目的にスポンサー企業となり、それが現在も継続しているのです。

当社の経営状態が悪化したとき、それまで協賛していた事業を全面的に見直し、広告宣伝費をカットしなければならない事態に陥りました。でも、アルビレックスのユニフォームスポンサーだけは降りませんでした。アルビレックスを亀田製菓として応援しよう。アルビレックスを介して地域とのつながりを大切にしよう。チームの立ち上げから熱心に応援していた会長をはじめ、社内には熱烈なサポーターが育っていました。チームのスポンサーを続けていこうという思いは、社内からもわきあがっていたのです。

実際、ある年の決算の記者発表をしたところ、いつもの年より報道関係者が多かったんです。いつもは来ない地元のテレビ局も来ていました。そこでは、アルビレックス新潟のユニフォームスポンサーを今後も継続するかに質問が集中しました。その内容が夕方のニュースですぐに報道され、県民の関心の高さを痛感しました。

スタジアムでサポーターの皆さんから「亀田製菓」コールをしていただいたことも忘れられません。困難な時期を乗り越え、スポンサーを続けるという選択をした当社に、サポーターの方たちが何かを感じてくれたのでしょう。気持ちのこもったコールでした。

そういういきさつもあったので、Ｊ１に昇格した試合は嬉しかったですね。スポンサーとしてはもちろん、一サポーターとして観戦しながら涙が出ました。

スポンサーを始めたころは、Ｊ１昇格なんて夢のような話でしたし、ここまで強いチームになったことが本当に嬉しかった。まさに、チーム、サポーター、地域、スポンサー企業みんなで勝ち取ったＪ１昇格でしたね。スポンサーを続けてよかったと思いました。

より進化した支援をしたい

アルビレックス新潟のスポンサーを通して、約2000人の従業員にも、地域貢献をしている誇りが生まれています。開幕戦の大分まで駆けつける熱心なサポーターもおります。クリーンサポーター事業も継続していますが、今ではサポーターの皆さんがスタジアムをきれいにしようという意識が高まりました。ホーム開幕戦に大挙してやって来た浦和レッズのサポーターが、ごみを残さなかったという話も聞きました。クリーンサポーター事業が浸透してきているんですね。

広告宣伝効果と地域貢献を比較するのはおかしな話ですが、ユニフォームスポンサーをしているのは地域貢献が目的。宣伝効果を狙ってスポンサーに手を挙げる企業もあるとは思いますが、当社は最初から地域貢献が目的でした。

クリーンサポーター事業を始めたのは、単にユニフォームスポンサーだけでいいのかという思いからのこと。もう少し進んだ地域貢献ができないだろうかと考え、スタジアムのごみ拾いをボランティアさんと一緒に従業員も始めたのがきっかけです。これがクリーンサポーターという動きにつながり、ごみ袋を持参してくれた方にフェイスペイントのシールをお配りしたのが最初だと聞いています。これが浸透し、ビッグスワンを日本一きれいなスタジアムにしようという思いがサポーターの皆さんに伝わった。そういう意味でも、クラブとサポーターとスポンサーがいい関係を結ぶことができていると思いますね。気持ちの入ったスポンサーと認めていただけたことを嬉しく思います。

また、当社では新入社員研修の最後に、亀田製菓サンクスデーを充てています。スタジアムでサポーターの皆さんに当社の商品をお配りするわけですが、こういった研修を通じて新入社員にも地域貢献を実感してもらう。会社を挙げてアルビレックス新潟というチーム、サポーターと深いつながりが生まれてくるのだと思っています。

一方で、メインスポンサーとしてこれからどういった貢献ができるのかを考える時期でもあります。これからは、貢献のあり方をより進化させていきたい。そのためにも貢献に値する強いチームであり続けてほしいと思いますし、また当社も企業としての存続とともに、価値ある貢献をしていきたいと考えています。

互いに世界へはばたく

アルビレックス新潟からも日本代表が誕生し、今後はアジアや世界も視野に入ってくるでしょう。当社も日本の米菓を世界へ、という意気込みで1989年よりアメリカでの米菓製造販売を皮切りに海外事業がスタートしています。気持ちは、これから世界へとはばたくアルビレックスと同じ。中国の天津で合弁事業をやっている相手先企業には、日本で言うところのＪ１リーグに所属しているサッカーチームがあります。いつか天津でアルビレックスと試合ができればと思っています。

会社内には、“アルビレックス新潟と亀田製菓をつなげたのは俺だ”、“今のように強いチームになったのは俺のおかげだ”と主張する人が少なくないんですよ（笑）。それだけ、自分たち地域のクラブという思いが強いのでしょう。これからも気持ちのこもったサポートを続けていきたいと考えています。

Profile―田中通泰（たなか・みちやす）
亀田製菓株式会社取締役社長。東京都出身。日本長期信用銀行（現新生銀行）では企業金融部長、外国営業部長などで活躍。1998年に亀田製菓へ。取締役ロジスティクス本部副本部長、取締役経営統括本部長、取締役専務執行役員経営統括本部長を経て2006年6月より現職。

亀田製菓株式会社
この8月に設立50周年を迎える、新潟を代表する菓子メーカー。1957年、亀田町農産加工農業協同組合を母体として設立し、1975年には米菓業界で売り上げ日本一を達成。2000年に東証市場第2部に上場。

私たちのアルビレックス新潟

―亀田製菓社員が見た・感じた・応援した、愛すべきアルビ―

お米創造事業部通販担当
残間 正幸さん
総務部総務課
金田 範雄さん
営業本部営業企画部
細田 広子さん
営業本部営業企画部
佐野 和彦さん

選手の胸で跳ねる「亀田製菓」の文字は、亀田社員の誇り

亀田製菓がユニフォームスポンサーになった1996年、社内にはまだ、オレンジ色の炎は少しも揺れていなかったという。97年から広告戦略と販促を担当する部署に配属され、アルビレックス新潟設立当初の窓口として活動した残間さんは言う。

「仕事としてアルビレックスとかかわっていたものの、当時はほとんど試合を見に行くことはありませんでしたね。当時は環日本海駅伝のスポンサーもしていたので、社内でもテレビ中継のある駅伝のほうが関心は高かった。アルビレックスに関しては地域のチームができたので、"頼まれて"支えていこうという感じでした」。

残間 正幸さん

そんな社内に、ある動きが見え始めたのは2002年。総務部でアルビレックス後援会の担当だった金田さんは、その大きなうねりを実感する。

「総務部では01年から、福利厚生の一環としてチケットの販売をしていました。初めの1年は正直、それほど枚数は出ていませんでしたが、02年頃からは扱い枚数が伸びてきて、仕事の片手間ではできないような状態になりました。ちょうどアルビレックスがJ2からJ1への昇格争いをしていた頃で、県民全体で応援しようという気運も盛り上がっていたし、また、新しくできたスタジアムに足を運んでみようという相乗効果もあったのだと思います。私も仕事でアルビにかかわるうちに好きになっていった口ですが、スタジアムの歓声や生の試合の臨場感は本当に衝撃的。子どもだけでなく大人も、あの雰囲気にのめり込む気持ちはよく分かりますね」。

そうして、会社でチケットを買った社員たちはリピーターになる。亀田製菓では社内でチケットが購入できたため、家族や友人、親類の分もまとめて買う社員が多かった。社内では"アルビネットワーク"もでき、観戦に行けない社員へスタジアムから逐一、携帯電話で実況が入った。

2000年から競技場に通うようになった細田さんも、今や熱狂的なサポーターである。04年からはシーズンパスを購入し、ホームでの応援はもとよりアウェー通いにも熱が入る。

「そもそも子どもにサッカーの試合を見せようと思って観戦したのがきっかけですが、社内ボランティアなどにどんどん協力するうちに、『私はアルビレックスの人間？』と思うほどはまってしまった(笑)。とにかくゴール裏の応援が素晴らしくて、実際にその中に入ってみるとすごく楽しくて夢中になりました。アウェーでは、その地域の営業所の方と一緒に観戦してコミュニケーションを取ったり、新潟で留守番している社員サポーターに『今日の鹿島戦は、ものすごい暴風雨の中で行われています！』なんて携帯電話でお知らせしたり(笑)。すると新潟から『絶対勝ってきて』とか『念を送る』なんて、メッセージが入ってくるんです」。

細田 広子さん

大きなスタジアムにオレンジ色のレプリカシャツが埋めつくし、その胸に「亀田製菓」の文字が踊る。その景観も「アルビの試合で感動することの一つ」と、細田さんは誇らしげだ。

さまざまな形での支援、応援。社員の汗は充実の証

03年のＪ1昇格後、残間さんの後任という形でアルビレックスの仕事を引き継いだ佐野さんは、04年に行われたスタンドでのモザイク応援の仕掛け人でもある。

「モザイク応援は、サンクスデーで『何かしようよ』という提案から始まりました。最初はオレンジのボードだけでしたが、次はNiigataの文字を青にしようとか凝ったアイデアが出てきて、アルビレックスが3連勝していた10月の鹿島戦では、白星が3つから4つに変化するオペレーションが考え出されました。サポーター一丸となった応援が功を奏してか、その試合ではみごと鹿島に勝ち、感動のあまりアルビレックス新潟の小山営業部長と握手したのを覚えています。モザイク応援は、パネルの色が変わる段取りなどをサポーターの皆さんがコーディネートし、大勢の観客の協力なくしては成功しなかった。それだけにサポーターの思いが選手に伝わったような気がして、このモザイク応援には特別な思い入れがありますね」。

佐野さんにはもう一つ、ほほ笑ましいエピソードがある。アルビレックスがＪ1に昇格する前年の02年サンクスデー。スタジアムに現れた「ぽたぽた焼き」のおばあちゃんの着ぐるみに、佐野さんが入っていた。

「ぽたぽた焼のおばあちゃんは、アルビくんとスワンちゃんとのコラボレーションという形でビッグスワンに登場しました。本来ならば中に入る人を雇うのですが、休日の

出番だったので我々社員が中に入ることになりました。試合後、私がおばあちゃんの中に入り、ゲートの所でサポーターをお見送りしていると、試合に勝った喜びで皆が抱きついてくるんですよ、男性も女性も。中に私のような男性が入っているともつゆ知らずね(笑)。私の方も、着ぐるみを着ているから抱きつかれたり一緒に記念写真を撮られたりしているのですが、なんだか自分がモテているような気分になった。私はここ2年くらい入っていませんが、おばあちゃんには今でも亀田製菓の社員が入っているんです」。

サンクスデーといえば、以前から亀田製菓が主導で行っていたクリーンサポーター活動に、04年からは新入社員も研修の一環として参加している。「金銭的な支援だけではなく、裏方的な仕事もしていることを新入社員に知ってもらおう」とのことで、試合観戦も兼ねて、商品サンプリング活動と併せて実施している。

佐野 和彦さん

「集合は試合開始の5時間前。他のボランティアの皆さんと一緒にボランティアの心構えやコミュニケーションの取り方などの研修を1時間受け、商品サンプリングをしてから試合を観戦します。当初は気楽な遊び感覚でやって来る新入社員たちですが、5時間前から会場入りしているので、試合が始まるころにはすでにグッタリ(笑)。でも、いざ試合が始まるとプロのプレーを観て気分が高揚してくるのか、試合の途中でレプリカシャツを買ってきて着替えたり、自然と声を出して応援したりして一日楽しく過ごしているようです。昨年は選手入場の際ピッチのセンターサークルに立って、亀田製菓をアピールしたり、会場のオーロラビジョンに自分たちの名前が映し出されたりと、貴重な体験ができていい記念になったと思いますよ」と佐野さん。その日の様子を収めたビデオは7月の辞令交付式で個々に贈られ、あらためていい記念になったという。

とどろくような歓声の中、今日も亀田製菓社員の声が混じる

「仕事として携わっていなかったら、果たしてここまでアルビに夢中になったかな」と、金田さんはしみじみと振り返る。

「仕事ではあるけれど、その中に遊び心が発生することで、夢を持って取り組むことができましたから」── 佐野さん、残間さん、細田さんらも金田さんの言葉にうなずき、口を揃える。「我々は“スポンサー様”というよりも、縁の下の力持ち的な立場での支援から始まりました。それが亀田製菓の企業カラーであり、亀田製菓なりの地域貢献なんです。私たちはアルビレックス新潟が盛り上がり、サポーターの皆さんが亀田製菓のロゴ入りのユニフォームを着て歩いてくださることが、何より嬉しいんですよ」──。

金田 範雄さん

今後のアルビレックス新潟に期待することは？との問いに、細田さんがいの一番で声を上げた。

「毎年のことですが、今期は本当に期待しています！　先日、部署の朝礼の際に、今年は勝ち点55の5位という予想を発表しました(笑)。今年は守備を固めたので、昨年のような大失点で負ける試合はないと思います。まずはホームで勝って、アウェーで引き分け狙いの形でいけたらいい。若手の河原君、田中君も成長してU-20代表に選ばれていますので、大いに期待しています」。

常に上位に絡むようなチームになってくれれば、と期待をかけるのは金田さんと残間さん。「星勘定ばかりするのもつまらないですから、ハラハラしない程度に(笑)、上位に食い込んでほしい。勝てば地域の子どもたちにも夢を与えられるし、観客数が多くなれば選手たちのモチベーションも上がります。また、ユースの世代も頑張っているので、子どもたちへのサッカー指導や講演会などを通して、県内のサッカー人気を更に高めてほしいですね」。

佐野さんも「今の姿のままで、もっと強くなったらいい。他のチームから『アルビレックス新潟に行きたい』と言われるようなチームにね」と、静かながらも熱いエールを送った。

▶▶▶ 幸せな三角関係 ◀◀◀

亀田製菓とアルビレックスと、そしてサポーターの相思相愛

2001年の試合前のことだった。選手たちがウォーミングアップのためにピッチに出てきた訳でもないのに、突如ゴール裏席から大きなコールが沸き起こった。

「かめーだせいかっ ドンっドンっドドドン(太鼓の音) かめーだせいかっ　ドンっドンっドドドン」

それは選手に対する応援ではなく、アルビレックス新潟のスポンサーである亀田製菓を讃えるコールであった。

きっかけは一つの噂だった。亀田製菓がスポンサーを降りたがっているらしい。契約の更新をしないのではないか。そんな話がどこからともなく流れ、サポーターの間に広まっていた。この日の試合前、普段からゴール裏でコールリードをすることが多いサポーターの一人が大勢を前に演説を始めた。

「事の真偽は不明だけれど、亀田製菓がユニホーム胸スポンサーを降りたがっているらしい。苦しいときからアルビレックスを支えてくれた亀田製菓に対して、僕らがどれだけ感謝しているかをきちんと伝えようじゃないか。そしてこれからも僕らとともに闘おうと、メッセージを発しよう」

サポーターからスポンサー企業へと贈られたコールは、こうして生まれたのだった。

アルビレックス新潟の試合日には、スポンサーサンクスデーというイベントが定期的に開催される。他のクラブならば企業の代表者や役員が挨拶をし、自社の宣伝やアピールに費やしそうなものだが、新潟のサンクスデーはかなり異質だ。サポーター一人ひとりと同じく、スポンサー側もまた、どれだけアルビレックス新潟を愛しているのかを表明する場になっている。サンクスデーの企画を考えるのは楽しくも悩ましいとクラブの職員は語る。そしてこうも付け加えてくれた。

「企画について亀田製菓さんからの注文が一つだけあったんですよ。商品の宣伝は一切しなくていい。サポーターが喜んでくれるものを考えてくれ、と」

チームとサポーター、そしてスポンサー。相思相愛の三角関係がここには、ある。

情報が同じなら、新潟にできないことはない

蔦屋書店
トップカルチャー

株式会社トップカルチャー
代表取締役社長
清水秀雄さん

アルビレックス新潟はこれまで、実に多くの人たちに支えられてきた。中でも、黎明期からクラブを支えた人物の一人として、忘れてはならないのが、株式会社トップカルチャーを率いる清水秀雄社長だ。陰に日向にクラブをサポートしてくれた清水社長に、これまでのエピソード、そしてこれからの想いを語っていただいた。

特別賛助会員として資金投入

新潟イレブンとかかわるようになったのは93年頃だと思います。サッカー経験がありサッカーが好き。サッカーを通じた先輩後輩の間柄で、中野社長とも親しくしていました。

仕事柄アメリカに行くことが多かったので、プロバスケットボールの試合をよく見ていました。ディフェンスとオフェンスの切り替わりが早く応援に勢いがある。また、地域のクラブが活躍すれば地元も盛り上がる。こういう地域のスポーツ文化を新潟に持って来られたらと思っていました。当社の事業コンセプトは「日常的エンターテイメントの提供」です。本や音楽のように、サッカーというスポーツ＝エンターテイメントを地域文化として広げていきたいと思っていました。

また、Ｊリーグもよく見に行っていましたね。新潟市陸上競技場にサテライトのプレシーズンマッチを呼んだこともありました。

94年だったでしょうか、外国人指導者として招聘されたバルコムさんが、3人の外国籍選手が必要だと言ったわけです。しかし、クラブにはお金がない。そこで、池田さんと中野さんと僕で3,000万円を出すことになりました。特別賛助会員という名目でしたかね。

最初は３人で均等にという話でしたが、会社の規模でやろうということになり、池田さんが50パーセント、僕が35パーセント、残りを中野さんが出した。この構図が今につながっているというわけです。

池田さんは学校経営の傍らクラブ運営をすることになり、中野さんが専務になった。僕のところは上場を控えていたために経営には携われないけれど、外部から支えていこうという体制ができました。

新潟という地で本当にこのクラブは成功するのだろうか。サッカー経験のない池田さんには不安も大きかったと思います。**でも僕には「情報が同じならどこでサッカーをやろうと変わりはない。新潟が失敗する理由などない」という信念がありました。**

新潟は「サッカー不毛の地」などと言われていたけれど、それは「情報の差」があったから。同じ情報が得られるなら土俵は同じ。負ける理由はない。新潟だから失敗するとはまったく思いませんでしたね。こういう思いを抱くようになったのは、フランチャイズという仕事にずっとかかわってきたからだと思います。TSUTAYAは全国に1,500店舗をフランチャイズしています。東京の店舗のほうが勝つと思うでしょう。でも実際はみんな新潟の店舗を見学に来る。要は信念とやる気の問題なのです。

永井監督のこと、反町監督のこと

98年には地域リーグ決勝を2位で終了しＪＦＬに昇格、2月には永井監督が就任されました。99年には開幕7連勝。正直なところ、このままＪ１に上がったらどうしようかと思っていました。チームのレベルも低かったし、こちらの体制のレベルも低かったということですね。杉山や平岡といった選手には、何とか新潟に残ってもらおうとお願いしましたよ。サッカー王国静岡で生まれ育った彼らの経験や人脈は、今でも新潟で息づいていると思います。

永井さんはとてもよい監督でしたが運がなかった。とにかくお金がないので、

ブラジル人選手のレベルもひどいものでした。よくぞあそこまで戦ってくれたと思います。

お金がなかったといえば、98年の3月だったでしょうか、アルビレックスの社員の給料が払えないかもしれない危機もありました。この年からユニフォームスポンサーにディレクTVがついてくれたのですが、スポンサー料の半額を1日で振り込んでいただいて何とか危機をしのいだこともありました。

反町監督が新潟の監督になったのは、当時息子が所属していた桐蔭学園サッカー部でコーチをしていた縁で、声を掛けたのも一つの要因です。あの頃は今のような専属のスカウトはいなかったので、チームを支える全員がスカウトをやっていこうというような意気込みがありました。あちこちに試合を見に行っては、あの選手はどうだ、あのコーチはどうだなどと情報を交換していました。

その頃の反町さんは指導者としてはまったくの無名でしたね。それでも交渉させていただいたんですが、新潟に行くのは嫌だと断られました。

それでも粘って交渉したら、1年契約では駄目だ、2年契約にしてくれと。そういういきさつがあって、2001年に監督に就任することになりました。

2001年はビッグスワンができ、コンフェデレーションズカップが開催された年。永井さんは運がなかったけど、反町さんは運もよかったし、めぐり合わせもよかった。フロントとサポーターとの信頼関係も厚かった。チームのコンセプトがはっきりしていたので、一丸となってＪ１昇格への機運が高まったのだと思います。

10年後はFIFAクラブワールドカップ出場を

現在は新潟県サッカー協会の副会長をしていますが、2年前までは会員ですらなかったんですよ。その代わり、澤村会長のサポート役として、新潟に来るサッカー関係者の接待役などをしてきました。川淵キャプテン夫妻が新潟にいらっしゃったときは、僕の運転で月岡温泉まで。ホテルの人から運転手と間違われたという笑い話もあります。

アルビレックスの社外取締役としては役員会に出席し、もちろん試合も観戦しています。シーズンパスを12月に販売するのは僕のアイデアです。それまでは試合日程が決まる2月に発売していましたが、12月に先行発売することで、冬のボーナスの何割かをアルビレックス新潟に使っていただくことができます。ユニフォーム販売も同じ。こうやってビジネスの視点をチーム運営に生かすお手伝いをしています。

Ｊ１に昇格して4年目となり、昨季からは鈴木監督が就任しました。サッカーは指導者によるところが大きい。指導者の思い入れが熱いほど、いいチームになります。

GRANSCENA
グランセナ
新潟サッカースタジアム

アルビレックス新潟もスポンサーをしているグランセナ新潟が4月にオープン。
スポーツの文化を広げたいという共通の理念がそこにはある。

ＪＦＡ（日本サッカー協会）ではサッカーファミリーを提唱しています。アルビレックスの試合はプロがやる「見るサッカー」。では、自分でもボールを蹴ってみようという「するサッカー」の底辺を広げたいと、アマチュアのサッカー教室運営を始めました。サッカーはボール1個あれば世界中どこでも通用する素晴らしいスポーツです。ジュニア、ユース、レディースの底辺を広げて、生涯を通してサッカーを楽しめる土壌を作りたいという思いがあります。

アルビレックス新潟の10年後を想像してみましょうか。世界に通用する選手はきっと出てくると思います。新潟から世界的な名選手が生まれないということはありませんよ。中田英寿だって山梨の出身ですからね。

バルコムさんがヴェルディの選手をほしがった頃は、新潟にＪ１の名選手が来るなんて誰も想像していなかった。ところが今は、新潟にいた選手がヴェルディで活躍している。そういう時代が確実に来ているんです。

もちろん10年後には、世代別の日本代表にも何人かは名を連ねているでしょうし、FIFAクラブワールドカップにも出場しているかもしれない。夢を大きく持って、これからのアルビレックス新潟を見つめていきたいと思います。

Profile―清水秀雄（しみず・ひでお）
1986年12月に株式会社トップカルチャーを設立。カルチュア・コンビニエンス・クラブ株式会社TSUTAYAフランチャイザー、アルビレックス新潟および新潟スポーツプロモーション社外取締役として活躍。

株式会社トップカルチャー
書籍、文具、CD、DVD販売およびレンタル業として全国に約1,500店舗を展開するTSUTAYAグループの最大手フランチャイジー。2000年4月に店頭上場、02年10月東証二部上場、05年4月東証一部上場。

始めは自分への褒美のつもりだったんです

B's INT'L

株式会社ビーズインターナショナル
代表取締役社長
皆川伸一郎さん

スポンサーになったきっかけは弟の提案

背中のスポンサーになった最初のきっかけは、一緒に会社を経営している弟からの提案でした。サッカーの土壌がない新潟にプロチームが誕生し、J2最初の年に4位になったことがメディアに取り上げられた。新潟出身としてなにかバックアップすることができないだろうかと話を持ち込んできたんです。すぐに新潟で会社を経営しているいとこに相談し、クラブの担当者を紹介してもらったのが経緯です。

2000年からユニホームの背中のスポンサーになったのですが、最初の年はB's INTERNATIONALと、会社名をそのまま全部入れました。ところが長すぎて収まりが悪く、文字が小さくなって観客席からは読めない。これではまずいと翌年の01年からB'sINT'Lと略しました。その後、会社名そのものよりブランド名を広めたいと思い、03年からは「styles」と変更しました。

スポンサーとして00年から04年まで5年間のお付き合いになりました。でも本当は最初の一年だけで降りるつもりだったんです。僕が会社を設立したのが1990年。2000年はちょうど10周年になる記念の年だったこともあり、ここまで頑張って会社を成長させてきた自分への褒美というか、人生一度だけの遊びの気持ちがあったんです。ところが一年間サポートをするうちに、別の感情が芽生えてきた。生まれ育った新潟に貢献している充実感とでも言うのでしょうか。僕の会社の名が入ったユニホームに向かって故郷の人たちが熱狂し、その熱がどんどん膨らんでいく。それはまるで、何もない町に徐々に店ができていくような手応えと喜びでした。同時に、「会社が良い業績を続けていけばこの状態を続けていくことができるんだな」と、僕自身が仕事を頑張る動機にもなった。その後も、スポンサーを続けていると、チームの上昇ムードに乗って、僕自身も運気が上向いていくのを感じた。これはいいチャンスなんだなと思いましたね。03年にアディダスがユニホームサプライヤーになった頃からは、仕事に直結した効果を出せるかなと感じるようにもなりました。

クラブ応援しながらも、東京から見る一人のサッカーファンとしては冷静な部分もありました。新潟でサッカーシーンが盛り上がり、J1昇格を目標に掲げ好成績を出している様子を見ながらも、正直なところ01年はおろか02年も僕はまだ昇格すべきではないと思っていました。今J1に上がってもすぐに降格するだろう。もっと力を付けてから昇格すべきだと。だからこそ、03年はここで昇格しなきゃ嘘だろうと、そのくらいに思っていました。03年の開幕戦は服装だけでなく、頭の毛から眉毛まで染めて全身すべてオレンジ色で応援に駆けつけました。周りからはずいぶんと驚かれましたけれどね。なぜそこまでしたかと言えば、僕は宣伝効果だけを狙ってスポンサーになっているんじゃない。本当にアルビレックス新潟が好きで応援しているということを示したかったんです。

新潟の人にはどん欲にチャレンジしてほしい

将来のアルビレックスについて、当然ですが優勝に絡めるクラブになってほしい。それも、どこか他のクラブから選手を引っ張ってくるのでなく、自分たちの土地で育った選手が自分たちのクラブでプレーして結果を出す。それが最高に嬉しいですよね。ぜひそうなってもらいたいです。

僕の今までの経験からですが、新潟出身であることを伝えると『まじめによく働く人が多いですね』という評価をされることが多いです。まだ僕のことを良く知らないのに、新潟出身というだけでまず高評価をしてもらえる。これは他県出身者に比べてものすごく優位であると思っています。新潟の人には県外でも県内でもいいから、自信を持ってどん欲にチャレンジしてもらいたいですね。

Profile―皆川伸一郎（みながわ・しんいちろう）株式会社ビーズインターナショナル代表取締役社長。新潟県新発田市出身。大学卒業後いくつかの職種を経て1990年有限会社ビーズインターナショナルを設立。97年株式会社に組織変更。アパレルビジネスを幅広く手掛ける若き青年実業家。

株式会社ビーズインターナショナル
20代前後のファッション志向の高い男女向けて、最新のファッションを提供しているアパレル会社。ファッション衣料の輸入・製造・卸売りをはじめ、店舗運営・通信販売など多角的な事業を展開している。

地域の誇りと世界の誇りが出会うユニフォーム ～つながる想いがチカラになる～

**マイクロソフト株式会社
オンラインサービス事業部**

執行役 オンラインサービス事業部
事業部長
笹本 裕さん（左）

オンラインサービス事業部
MSNメディアネットワーク
エグゼクティブプロデューサー
儲 俊祥さん（右）

アルビレックス新潟のユニフォーム、その胸には「亀田製菓」のロゴが躍る。背中には、ネットの世界で人と人をつなげるグローバル企業マイクロソフト社「msn」のロゴが輝く。地域の誇りと世界の誇りが出会うユニフォームをまとうのは、アルビレックス新潟にとっての大きな喜びである。

グレートサポーターに惚れ込んでいます。

マイクロソフト株式会社
オンラインサービス事業部
高橋 整さん／長谷川徳生さん／幸田一成さん／クリストファー・ヌーフェルドさん／神川亜矢さん

オンラインサービス事業部、いわゆる「msn」には多くのスタッフがいて、みんなで集まることのできるチャンスはそんなに多くないんですよ。だからスタジアムでスタッフが揃って熱狂するだけでもすごく楽しいですね。外国人スタッフは「アメリカのプロスポーツとはまた違う、人間が作る応援の力」を感じてくれています。ホームはもちろん、アウェーにもかかわらず、すごい人数のサポーターの皆さんが駆けつけるのを見て、チームはもちろん、グレートサポーターにずっと惚れてます。

msnのblog（spaces）やHotmail（アルビメール）がサポーターの皆さんのコミュニケーションに役立っているという話をお聞きするのも嬉しい。「blogを通して観戦仲間ができた、アウェーバスで一緒に応援に行く友達ができた」という話をお聞きするたびに、つながる想いがチカラになってるんだなあって、実感します。そんな交流のきっかけ作りを、これからも続けていきたいですね。

アルビレックス新潟からは、人の力はとてつもない夢をかなえることを学びました。つながる想いを届け、新潟の情報を日本や世界に伝えるというのも、僕たちmsnの使命だと感じています。ローカルクラブのニュースが世界中を駆け巡るようになるのが、msnがメディアとして果たすべきこと。その仲間でいられること、チームやサポーターとつながる想いを届けたいと、いつも思っています。

マイクロソフト株式会社
オンラインサービス事業部
コンピュータ、ソフトウェアに関する分野で世界的な影響力と規模を誇る企業。オンラインサービス事業部は、そのなかでもインターネットにおいてHotmailなどさまざまなサービスを提供している。

「m・s・n!」コールに感激しました。

塚本良江さん

アルビレックス新潟と出会ったのは2004年の暮れ、msnの事業部長だった時です。スタッフから「お年寄りから子どもまで幅広い年齢層のサポーターがスタジアムに詰め掛けるチーム」と話を聞いていました。

msnの仕事はインターネットを使ったさまざまなコミュニケーションを実現することです。サポーター同士、家族や友達、そしてチームの方々、そんな多くの人がアルビレックス新潟を中心に作られている世界、その世界をどんどん大きくしていくことのお手伝いができたならという思いがめぐりました。その時、中野社長からは「私たちはサッカーチームを作っているのではなく、地域そのものを作ってるんです」とのお話をいただきました。人の可能性を集めてつないで未来へ託す。msnのビジョンとまったく同じだな、この出会いをカタチにしようと、スポンサーになることを決めました。

初めての観戦は05年のホーム開幕戦。サポーターの皆さんから「msnコール」をいただいたことは、今でも感激がよみがえります。それからは試合結果のニュースにスタッフで一喜一憂したり、みんなで応援に駆けつけたり。社内で共通の話題で集うことで、普段と違ったスタッフの一面が見えたり、新しい企画がさまざまな部署の垣根を越えて出てきたり、まさに元気になったという感じでした。

サンクスデーの前は、学園祭の準備をしているようでした。サポーターの皆さんに楽しんでもらうのはもちろん、「アルビレックス新潟のために！」と頑張るスタッフにも最高の1日になりました。私もスタッフみんなに乗せられて、恥ずかしかったけれど応援歌を歌いました。

アルビレックス新潟との出会いは、本当に運命的なもの。またあのスタジアムへ出掛け、人の力、応援の波に包まれて一緒に「がんばれ！」って叫びたいですね。

新潟米のパワーで今年も勝利を

新潟米

JA全農にいがた
事業改革推進部　企画課　課長
浅井　昇さん

工夫を凝らしたイベントを企画していきたい

ＪＡ全農にいがたとアルビレックス新潟とのかかわりは、2003年の秋にさかのぼります。ちょうどＪ２からＪ１への戦いを繰り広げていた時期ですね。アルビレックス新潟からスポンサーになりませんかと声を掛けていただきました。

ご存知の通り、新潟は農業県です。本会は新潟の農業、そして地域に根ざした団体であり、仕事以外に地域貢献することはできないだろうかと常に思っていたところでした。新潟でＪ１に挑戦するチームを応援することも、立派な地域貢献ではないか。そう考えてスポンサーをお引き受けした次第です。

ユニフォームの袖にどんな文字を入れるか。「ＪＡ全農にいがた」という団体名よりも、私たちの主力商品である「新潟米」にしようということになりました。コシヒカリに代表される「新潟米」を全国に宣伝させていただくことは、おいしい米を作ってくださる農家の皆さんを宣伝するということにほかなりません。そのような思いから、「新潟米」というロゴを入れることになりました。おかげさまで評判がよく、「新潟米のマークだけを売ってくれないか」というお問い合わせもいただいています。[*1]

ただ、袖スポンサーになっただけではなくイベントも企画してきました。新潟市陸上競技場では、親子100組を招いてライスセミナーとサッカー教室を開催しました。成長期にお米をたくさん食べていただきたいと思い、アルビレックスの選手にも協力していただきました。このようなイベントは今後も続けていきたいですね。ＪＡらしく、農業体験とサッカースクールを組み合わせたものができないか、検討中です。

また、野澤選手やサポーターの皆さんに協力いただきテレビCMも作りました。これはコンセプト作りにかなり時間をかけ、気合いを入れて作ったものです。

サンクスデーは1回目（04年）が中越地震で中止、2回目（05年）はグッズを配布し、3回目（06年）となった昨年は、先着3万人に新潟コシヒカリのおにぎりをプレゼントしました。先着3万人としたのは、その日に調達できる上限の数。コシヒカリは冷たくてもおいしいお米です。本場の味は、遠く福岡から来られたサポーターの皆さんにも喜んでもらえました。

この日は特設ブースで旬のおけさ柿の試食、県内農産物が当たるプレゼント抽選も行いました。準備は大変でしたが、おにぎりの物流面などではローソンさんにも協力していただき、大きな手応えを感じました。本会らしいサンクスデーになったと思っています。

次世代を担う子どもたちに食の大切さを伝えたい

今シーズンは、キャンプ前にコシヒカリ300キロと新潟和牛30キロの差し入れをさせていただきました。静岡キャンプでも新潟と同じ味、同じご飯で力を発揮してほしいと考えたからです。これが少しでも選手の力になれば嬉しいことです。

アルビレックス新潟のスポンサーとしての活動を通じて、次世代を担う子どもたちに、食の大切さや農業の大切さを伝えていきたい。「食育」を通じて地域貢献を行いながら、今後もチームを応援していきたいと考えています。

私自身、サッカーへの関心はそれほど高くなかったのですが、仕事やサポートを通じて興味や関心が湧いてきました。選手は全員を応援していますが、鈴木選手、北野選手、矢野選手、千葉選手など、一度でもイベントに参加してもらった選手、顔を合わせたことのある選手には特に頑張ってもらいたいですね。今シーズンは点を取られても下を向かないチームになってほしいと応援しています。

Profile―浅井　昇（あさい・のぼる）
1984年入会。当時の名称は新潟県経済農業協同組合連合会。2001年に全農と合併。2004年にスポンサーとなったＪＡ全農にいがたの窓口としてイベント企画などを担当。

JA全農にいがた
県内のJA（農業協同組合）を会員とする連合会。事業内容は、農畜産物の販売（販売事業）、農業生産資材や生活用品のJA向け供給（購買事業）など。主力商品の「新潟米」は、お米のトップブランドとして全国に流通している。

*1　JA全農にいがたではマークの販売はしておりません

地域密着メディアとしてチームを応援

新潟日報

新潟日報社

新潟県内の3軒に2軒が購読する県民紙として、地域に密着したメディアとして愛される新潟日報。J2最終年の2003年からパンツ左裾部分に社名を入れるユニホームスポンサーとなった。アルビレックス新潟の細かな報道に力を入れ、オレンジ軍団を後押ししている。

法人化にあたりチーム作りに出資

北信越リーグ時代、アルビレオ新潟が法人化してプロチームを作ることになり、地元の企業が出資金を出し合った。新潟日報社も一般企業と同じ立場で出資した。これまでもアマチュアスポーツをバックアップしてきたが、プロスポーツを本格的に支援したのは、このときが初めてだった。

W杯新潟開催へ向けた一丸となっての招致活動、ビッグスワン完成が、新潟のサッカー界を大きく変えた。その中心にアルビレックス新潟があった。

世界のスーパースターがプレーしたビッグスワンという夢の舞台。湖畔の風を受け満員のスタジアムで応援する楽しさ。サッカーが街に賑わいを呼び込んだ。オレンジのユニホームを着たサポーターがスタジアムを埋め、オラがチームを応援する人が増えていった。

しかし、J1昇格への道は遠かった。反町康治監督の熱血指揮でも夢は叶わない。「次に昇格を逃したら辞任してしまうだろう」。02年のシーズンが終わると、新潟日報はユニホームスポンサーへ名乗り出た。地域一帯となって支援するため、新聞の題字と同じ筆文字のロゴを入れ、2003年のシーズンを迎えた。

アルビレックス新潟のクラブ経営のコンセプトは地域密着。新潟日報も「地域とともに」を合い言葉に歩んできた新聞。「地域密着」をキーワードに両社のスクラムが一層固くなった。ユニホームスポンサーになったのを契機に、朝夕刊の紙面はもちろん、ホームページでも「新潟日報はアルビレックス新潟のユニホームスポンサーです」を前面に出した支援が始まる。この年、リーグ戦が終盤に入り、昇格争いが激しくなると、連日の新聞報道も熱を帯びていった。そして悲願の昇格達成。歓喜を高らかに告げた昇格号外は、各所で奪い合いになるほどだったという。

記事と写真を生かしたサンクスデー企画

新潟日報にとってアルビレックスのスポンサーとなった果実は大きかった。サッカーを通してスタジアム内外で読者との交流が広がった。NICふれあいサッカースクールの開催やサンクスデーでのパネル展や写真展、拡大紙面の掲出…。読者との接点が生まれた。参加した販売店スタッフも自信をもって地域とコミュニケーションが深まると喜んだ。また、試合会場で配布するタブロイド版のマッチデープログラムは好評を博している。県外からも送ってくれと言われるほど人気がある。スタジアムで捨てられることなく大事そうに持ち帰るサポーターが多い。

一年間を通して、選手の情報、練習の様子などきめ細かな情報を伝える新潟日報。試合当日の紙面は冷静な試合分析と熱いドラマで埋め尽くされる。アルビレックス新潟の活躍とともに歩む、その姿勢はこれからも変わらない。

フランスW杯取材で大きな成果を得ました

新潟日報社
君　千秋さん

98年にワールドカップ取材でフランスのナント市を訪れ、大きな大会を開催する裏側を興味深く見る機会を得ました。その縁で、ビッグスワンで開催されたコンフェデレーションズカップでは広報を担当。大変でしたが面白い経験ができました。

ユニホームスポンサーになるときは、社長に「今までスポンサーのついていない部分になるチャンス。J1昇格が視野に入った今こそ、一歩進んだ応援をしましょう」と申し上げました。とはいえ、本当に昇格できるのかと周囲からはよく聞かれました。だから、ホーム最終戦でJ1昇格を決めたときは、安堵の思いでいっぱい。今も携帯電話の待ち受け画面は、昇格を喜ぶ選手たちの姿です。

日本では代表戦は満員になるけれど、地元チームの試合にはそれほど観客が集まらないところが多いですよね。海外では地元チームのチケットが完売、代表戦のチケットは二の次なんです。ホームゲームのチケットが完売するのは新潟と浦和くらい。これは地域密着のクラブ経営を続けてきた賜でしょうね。

新潟日報社
1942年、上下越の3紙が統合して生まれた。発行部数50万部。中越地震復興や拉致報道などに力を入れる。県内6つの地域版は定評があり、読者との交流、地域文化の育成に貢献している。

ニイガタとはアルビの事であります！

株式会社ローソン 東北ローソン支社
南東北運営部新潟
ディストリクト
ディストリクトオペレーションマネジャー

駒形 俊夫さん

2003年からスポンサー契約を結び、全県のローソンを挙げてアルビレックスを応援しています。チームカラーを配したオレンジローソンやビッグスワンNゲート店、チームを応援するお弁当やランチパックの販売などを展開しています。

年1回のローソンサンクスデーでは県内各地のローソンスタッフと一緒にピッチに立ち、メッセージを述べるチャンスをいただいています。スタッフは自費でビッグスワンまでやってきて、あの空間を共有します。毎回とても緊張しますが、ゴール裏サポーターの皆さんからローソンコールをいただくのがとてもうれしく、いつも目頭が熱くなってしまいます。おかげさまでこのローソンサンクスデーは、03年「マチのほっとステーション大賞」を受賞しました。

06年のローソンサンクスデーで、僕は「ここで戦うサムライ達は、最後の瞬間まで決して諦める事はありません。私達も今まで以上に気合いと根性と魂込めた、炎の大声援を送ろうではありませんか！」と申し上げました。選手は常に一生懸命です。結果だけを見て右往左往するのではなく、常日頃の選手の頑張りを思い、おらがチームを盛り上げていく気持ちを忘れたくありません。

また「忘れないで欲しいんです。ニイガタから元気を発信するという事を。思い出して欲しいんです。3年前、我々の熱きサムライ達が成し得た時のニイガタソウルな魂を！ 育んで欲しいんです。私たちがすべてを注ぐ新潟の、サムライソウルな輝きを！」とも申しました。昇格試合のような熱い闘いを、再びスタジアムで見ることができればと思います。

新潟には子どもからお年寄りまでが気持ちを込めて応援する日本一のサポーターがいます。日本代表に選ばれるなど、選手の皆さんの成長も感じられますし、チームも活躍してくれたら、新潟はもっと元気になるでしょう。

今シーズンはローソンを介してアルビレックス新潟やスポーツに触れてもらえるよう、ローソン杯フットサル大会やウォーキングツアーの企画を検討中です。どうか期待してください。

Profile

駒形　俊夫（こまがた　としお）

長岡市出身。1992年に入社。店舗勤務、スーパーバイザーを経て02年に新潟へ。03年よりローソンサンクスデーに登場して人気を博している。

Jリーグ加入に際し、新潟市のサポート体制を説明

新潟市西蒲区長

速水　裕さん

チーム創設からワールドカップ対策室時代まで、サッカーとのかかわりは10年以上になります。北信越リーグを経てJFLでプレーしていたアルビレックスがJリーグ入りを目指していた頃のことです。新潟からの申請を受け、当時のJリーグ常任理事だった木之元興三さんが新潟市を訪れた際、市長と助役が不在だったため、市教育委員会生涯学習部体育課長だった私が対応いたしました。

市陸上競技場、太夫浜のサッカー場を視察し、市のサポート体制についてご説明しました。当時は練習場所にも事欠く状況でしたが、ホームタウンとしてどんな支援ができるかを話し、サッカー教室や後援会などについても説明しました。その結果がJリーグに報告され、第二次ヒアリングはこちらからJリーグへ。Jリーグが要求する条件のほとんどを満たしていたことから、1997年にJ2加入が認められたんです。

その頃は、爆発的な集客を誇ったJリーグ人気に衰えが見え始めていた頃。赤字クラブの存在も問題になっていました。そんなこともあり、市長は「強くするのはクラブの仕事。我々はワールドカップ招致の機運醸成と施設整備でサポートする」と。Jリーグの試合が初めて行われることになり、阿賀野川の野球場から土を5センチつけたまま芝をはがし、職員総出で市陸上競技場のグラウンドを補修したことも、当時の思い出の一つです。

そのような時代を知っているだけに、サッカー人気がこれほどまでに高まり、アルビレックスが今のような人気クラブになるとは想像できませんでしたね。ワールドカップ開催で、新潟も大きく変わりました。世界一流の選手が新潟でプレーしたことによって、アルビレックス人気も一層高まったのでしょう。

地元にプロクラブがあるのは素晴らしいこと。これからも地元を大事にしてくれるチームでいてほしいと思います。バスケットや野球など新潟にプロスポーツクラブが次々に誕生していますが、サッカーだけでもあれだけの人が呼べる。プロスポーツの相乗効果で新潟を盛り上げてほしいですね。

Profile

速水　裕（はやみ　ゆたか）

新潟市（旧巻町）出身。中学、高校、体育大学時代は陸上選手として活躍した。2007年4月1日より新潟市西蒲区長に就任。

プロスポーツの報道に携われるのは幸せなこと

入社2年目の2004年にアルビレックス新潟担当になりました。練習や試合の取材を通し、視聴者にチームの姿を伝えるのが私の仕事です。

04年のホームゲーム開幕戦はBSNが中継した映像を見ながら放送原稿を書き、第3節のアウェー柏戦で、雨の中のJ1初勝利を間近で見ることができました。帰りの車中では、取材クルー4人で盛り上がったことを今でも覚えています。以来、ホームゲームはすべてスタジアムで取材、アウェーもできるだけ行くようにしています。いまだにスタンドで観戦したことがないんですよ。

番記者は私一人なので、聖籠のクラブハウスでの練習の取材は欠かせません。休みの日も行きますし、グアムキャンプも追いかけました。普通のレポートや原稿なら誰にでも書けるけれど、練習を見て選手や監督、スタッフに取材して初めて伝えられるものがある。選手の本音はたわいもない会話の中に出てくることもありますから、これからも日頃の取材を大事にしたいですね。

取材で心掛けていることは、選手の言葉を曲げないこと。20分インタビューしても放送できるのはほんの数分。でも、選手の言葉をそのまま伝えるよう気を付けています。私たちメディアは事実を伝えるのが仕事ですから。

私が担当になって続けている企画が、野澤選手に関するものです。静岡県静岡市出身でエスパルスユース育ちの野澤選手は、清水との対戦で日本平スタジアムのピッチに立つことが夢だったそうです。でもJ1での1年目はケガで木寺選手にポジションを譲り、2年目は敗戦。3年目はスタメンではなくサブ登録で不出場でした。2年目の試合後、「負けたけど気持ちよかった」というコメントをもらうことができました。4年目の今年も彼の姿を追い続けたいと思います。

記者として、プロスポーツの報道に携われるのはとても幸せなこと。地元にたくさんの人が関心を持っているプロチームがある幸せ、伝える立場にいる幸せを感じながら、今年も貴重な体験を重ねていきたいと思います。

BSN報道制作局情報センター記者

山口　牧恵さん

Profile

山口　牧恵（やまぐち まきえ）

新潟市（旧月潟村）出身。放送局のアルバイトを経て2003年入社。1年目は報道記者として活躍し、2年目からアルビレックス担当を務める。

いつかビッグクラブと呼ばれる日がくるように…

進学で東京にいた2001年。コンフェデレーションズカップでテレビに映し出されたビッグスワンのきらびやかな姿に、新潟にもこのような場所ができたのだと驚いた記憶があります。しかし正直に言うと、その頃アルビレックスを意識することはありませんでした。クラブと最初の出会いはNSTに入社した02年。ワールドカップ中断期間中に柏との練習試合を取材してからです。直後の公式戦、アウェーの福岡戦へも取材に行きました。人数こそ少なかったですが、福岡まで駆けつけるサポーターがいたことに驚きました。

J2の頃は新潟サポーターを番組の中心に持ってくるような作り方をしていました。「新潟はこんなに盛り上がっているんですよ」「たくさんのサポーターがスタジアムをオレンジ色に染めているんですよ」という感じです。当時はとにかくサッカーの試合を見てもらおう、スタジアムに足を運んでもらおうというのが先決でしたからね。しかしJ1に昇格してからは試合に重点を移し、サッカーの魅力やゲームの内容をより詳しく知ってもらおうと意識して報道するようになりました。J2時代に比べればサッカーに詳しい人が注目するようになったという理由もありますが、アルビレックス新潟はプロのサッカーチーム。サッカーそのものの魅力を伝えることが新潟をさらに盛り上げるために必要だと思っているからです。とはいえスタジアムに来る観客数が減ったりすると、放送の効果が無かったのか…と少し落ち込みます。

またJ1昇格後は私自身もサッカー解説者の方とお話することでサッカーのいろいろな見方を知ることができました。選手の一つ一つのプレーにどのような意図があるのか、テレビを通じてサポーターの皆さんにも伝えられたらと思います。

アルビレックス新潟というクラブができたことで、私たちは新潟という県を外から見る目を持ったような気がします。選手が新潟という土地を好きになり、チームを離れても遊びに来てくれたりする。新潟のサポーターに魅力を感じて他チームから移籍を決断したりする。そのような状況を目の当たりにして、改めて新潟の魅力を自覚するようになりました。

アルビレックス新潟がいつかビッグクラブと呼ばれる日が来るよう、取材を通して応援していきたいと思います。

NSTアナウンサー

松村　道子さん

Profile

松村　道子（まつむら みちこ）

新潟市出身。2002年NST入社。高校時代はサッカー部のマネージャー。アルビレックスの情報番組「アルビスタジアム」2006年度の担当。

YAMAGUCHI MAKIE　　MATSUMURA MICHIKO

サッカークラブはわが街の誇りなんです

1981年のテレビ新潟開局から、全日本少年サッカーや全国高校サッカー選手権の中継をアナウンサーとして担当してきました。当時は雨が降れば泥んこのグラウンドで、県代表は全国大会で初戦敗退がほとんど。そんな中、全国の強豪高校チームを集めた「サマーサッカー」を支援し、さらに「テレビ新潟杯日本海国際ユースサッカー大会」を主催するなどサッカー中継に力を入れてきました。

93年には事業部に移り9月に新潟市陸上競技場に初のJリーグの公式戦を呼びました。入場券は3時間で完売する大人気でしたが、試合を開催するまでは大変でした。当時の競技場は座席表がなく長いベンチシートを一つ一つ測って座席表を作ったものの、ナイター照明も電光掲示板もない。肝心のグラウンドは凸凹のピッチにまだらな芝…。開催直前に河川敷から芝を移植してもらい、急場しのぎでようやく開催にこぎつけたのです。ところが、Jリーグの運営責任者からは「新潟では二度と試合をやらない」と宣言されてしまうほどひどい芝だったんです。欧州のサッカー事情を取材した経験から「芝は文化だ」という思いは強く、来賓席に当時の県知事や新潟市長、そして県サッカー協会会長に座っていただきスタジアムの必要性を強調しました。その甲斐あって陸上競技場の全面改修が実現。ビッグスワンが完成するまでここが新潟サッカーの舞台となり、関係者の努力で全国一素晴らしい芝と絶賛されるまでになりました。

W杯招致に向け県サッカー協会は、Jリーグ加盟を目指した地元チームの強化に乗り出しました。「W杯が開催できれば、世界の新潟になれる」という思いは強く、クラブ養成部に参加し強化資金を集めるための後援会を立ち上げる仕事を手伝いました。チーム名も公募し「アルビレオ」という名称を選定したのです。このチームが発展し株式会社「アルビレックス新潟」になる際には、テレビ新潟の社長を説得し出資が実現しました。W杯の国内開催地決定では名古屋との決戦となり、国際ユースサッカー開催の実績も高く評価されたと聞きました。

欧州のサッカー文化は百年をかけて発展してきました。新潟のサッカークラブはまだ生まれたばかり。良い時も悪い時もあるでしょう。どんな時でもクラブを支えるのが真のサポーターの力です。サッカークラブはわが街の誇りなのですから。いつか必ず実現する優勝を目指して。

Profile
駒形　正明（こまがた まさあき）
南魚沼市出身。1981年株式会社テレビ新潟放送網入社。アナウンサー、報道部、事業部に勤務、96年環日本海経済研究所出向。98年から事業局に在籍。

株式会社テレビ新潟放送網
事業局長兼事業開発部長
駒形　正明さん

JFL時代はほとんどのアウェーゲームを取材

95年から96年頃、長岡市営陸上競技場で見た北信越リーグの試合がアルビレックス新潟との最初の出会いです。スポーツ担当として、JFLの年はほとんどのアウェーに行きました。その頃の新潟にはプロスポーツがありませんでした。中継や取材でのフラストレーションを感じていたので、W杯の招致を視野に入れ、プロ化を目指すことを知ったときは、成功してくれたらメディアとしても面白くなるだろうと期待していたんです。

でも内心では、本当にどうなるんだろうという思いでしたね。その後、98年に派遣の視察団の一員としてフランスW杯を視察しました。フレンドリーで熱く楽しい街の雰囲気を感じ、こんなムードが本当に新潟にもやってくるんだろうかと思いましたよ。

テレビ朝日の看板番組「ニュースステーション」の「マンデーJ」というコーナーでは、チーム取材に同行しました。川平慈英さんのJ2めぐりですね。当時はスター選手がいなかったため、「赤き血のイレブン」をコンセプトに永井監督を取材したのが最初。永井監督はカメラのないところで本音を出すタイプでしたね。ユニークな取材になったと思います。

その後も「ニュースステーション」では、プロスポーツの土壌がない新潟で、地域密着のクラブ経営をしていることがJリーグ百年構想と合致したためか、J1昇格まで新潟の報道に力を入れてくれました。ローカル番組ではなく、全国放送の人気番組でアルビレックス新潟が大きく取り上げられたことで、新潟の人の反応が多くあったことは嬉しかったですね。

長岡支社長の頃、当時の反町監督一家と長岡花火を一緒に見たことがあります。朝から場所取りをして、まだ新生児だったお嬢さんと奥さんと並んで。少年時代の反町監督は毎年のように長岡花火を見ていたそうで、かなりリラックスして花火を楽しんでいました。

今季は若手の補強がなかったのが残念ですが、チームを引っ張ってくれるベテラン選手の活躍に期待します。気持ちの強い選手が多いので、上位を脅かすような存在になってほしいですね。

Profile
小池　朗（こいけ あきら）
糸魚川市出身。新潟テレビ21入社後、報道スポーツ担当、スポーツ担当デスク、長岡支社長を経て、現在は報道制作センター担当部長。

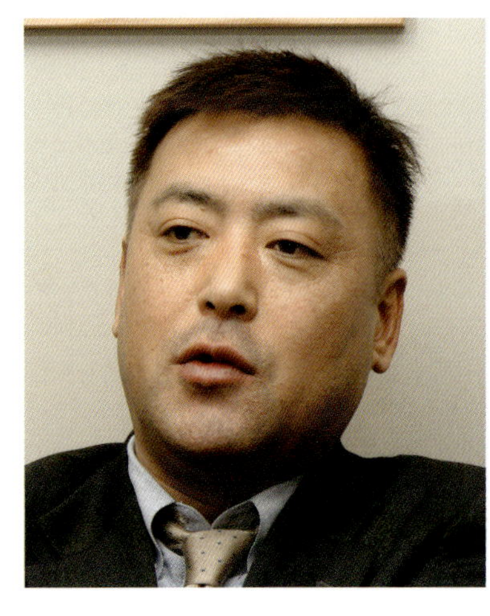

UX　報道制作センター担当部長
小池　朗さん

KOMAGATA MASAAKI　　KOIKE AKIRA

殻を打ち破る時期が来ていると思います

日本放送協会新潟放送局
制作ディレクター
斎藤　亮郎さん

新潟放送局へ来る前年、2003年の秋に鈴木淳監督を取材しているんです。ナショナルトレセンのストライカーキャンプで、鈴木監督はヘッドコーチとして若い世代を指導していました。夜のミーティングで監督が選手たちに「普段からゴールを決める意識でやっているか」「お前たちが決めないと日本のサッカーは強くならないぞ」と熱く語りかけていたことが印象に残っています。

アルビレックス新潟の試合は、04年のセカンドステージから取材。カメラを担いで選手の表情やサポーターを追い、シーズンごとの「きらっと新潟」で特集しています。ホーム初勝利（04年2ndステージ第6節広島戦）で、ファビーニョ選手と鈴木慎吾選手に感じた躍動感。初めてアルビレックスに触れた瞬間でした。勝利した試合もシュートをほとんど打てず大敗した試合も、どれも思い出に残っています。

中継のある日は現場責任者として、キックオフ3時間前から中継車の中にいます。スタジアムの様子をマルチカメラで見て、お客さんのことを想像しながら準備していきます。サポーターの応援から教えられることも多いですね。チームの雰囲気を応援が映し出している特別なチームだと思います。また、情報量はJクラブで最も多いのではないでしょうか。いろんな視点からの観戦記が読めるのも面白いところです。

新潟県民を一つにまとめる力のあるチームなんでしょうね。昨年の最終節、全国放送では優勝決定戦となった浦和vsG大阪の試合を生中継しました。新潟放送局では新潟vs大宮戦を生中継し、優勝決定戦はその後に録画で放送したんです。「なぜ優勝決定戦を生中継しないんだ」というお叱りの声もありましたが、視聴率は新潟戦の試合のほうが高かったんですよ。

J1も4年目になり、クラブとしても難しい時期に来ているのでしょうね。昇格フィーバーは東京から見ていてもインパクトがあったけれど、これからは「昇格時代」を超えるパフォーマンスを見せていかなければならないでしょう。「新潟のチーム」を超えて、本当のサッカークラブになることが求められています。取材させていただく側としても、チームや選手の変化を注意深く見ていくつもりです。

問われているのは、メディアの側の目線だと考えています。

Profile
斎藤　亮郎（さいとう　あきろう）
千葉県船橋市出身。東京、静岡勤務を経て2004年7月に新潟放送局へ。「おはよう日本」「きらっと新潟」やスポーツ中継などを担当。

地域FMにしかできない伝え方を模索中です

FMしばた　パーソナリティ
吉田　貴幸さん

私が通っていた中学校にはサッカー部がそもそもなかったのですが、陸上部に入りながらもよくボールを蹴って遊んでいました。そんな延長からか、アルビレオ新潟の時代から個人的に試合をよく見に行っていましたね。試合を観戦するうちに、これを仕事に結びつけたいと思うようになりました。当時、私は公務員だったのですが、子どもの頃からラジオに興味があったのでエフエムしばた開局とほぼ同時に前職を辞め入社。不況で仕事が見つかりにくい時期でしたから、周囲からはかなりあきれられました。

一番の思い出の試合は97年、鳥屋野球技場でのＹＫＫ戦。北信越リーグ優勝を左右する大事な試合でした。スコアレスで迎えた後半、藤田敬三選手がフリーの状態で放ったヘディングシュートが決勝点となって勝利しました。あの時のシーン、ボールの軌跡は、ピッチから数メートルの近さのスタンドの盛り上がりとともに今でも鮮明に覚えていますね。

永井監督の時代ですが、新潟市陸上競技場の試合でMCを担当したこともありますよ。当時はMC担当者が固定されていなくて、県内のいろいろな放送局のアナウンサーが持ち回りで担当していました。今、満員のビッグスワンで担当しますかと言われても、おそらく受けないでしょう。私が担当していた頃と今ではMCの役割も違いますし、4万人と呼吸を合わせたコールなどはやはり馴染みのMCでないと難しいですよね。

ほかのマスメディアとは違い、コミュニティFMは人材も資金も乏しいですし、ラジオは音声だけでしか伝えることができませんから情報の限度もあります。だからこそ、試合後の監督会見をほぼ全編放送するなど自分たちにしかできないことを常に考えています。アルビレックス新潟がこれだけ大きくなった今、トップチームの報道は、私たちの手をあまり必要としていない気もしています。我々がやらなければならないのは、アルビレックス新潟というクラブが影響を及ぼした地域の盛り上がりを伝えること。たとえばビッグスワンに通うようになって芽生えてきた、スポーツを楽しもうという機運を、今後も高めていきたいですね。

Profile
吉田　貴幸（よしだ　たかゆき）
新発田市（旧加治川村）出身。1998年エフエムしばた入社。ＮＰＯ法人「Alliance2002」にも参加。

チームの成長をずっと追いかけてきました

スポーツニッポン新聞社
新潟支局キャップ
矢崎　弘一さん

1993年頃、スポーツニッポンで社会人サッカーを取り上げることになったんです。小学校から高校まで一緒だった若杉爾さん（現アルビレックス新潟第1企画部長）に電話して聞いたら、新潟イレブンがあると教えられて、東京学館の体育館で練習しているチームを取材したのが最初。みんな仕事を持ちながら夜に練習し、公式戦に出て北信越リーグの優勝を目指していた頃です。社会人リーグが春先に始まることも知らなかった。その後、担当となってからはホームはもちろんアウェーも全部追いかけました。YKKとアローズ北陸、それと新潟が三強といわれていた時代ですね。

その後、イレブンを母体に新潟蹴友会を合体させて新潟を象徴するチームを作る構想が出ました。プロにならなくてもいいという選手もいたし、Jリーグで活躍した選手や外国人が加入すれば試合に出られなくなる選手もいる。選手の中にもいろいろな反応がありました。

当時のチームを支えていたのは古俣健次さんと杉山学さん。キャプテンの古俣さんはどんな試合のあとも必ず立ち止まってコメントをくれる人でした。一度だけ「今日は何もありません。すみません」といって立ち去った試合がありました。よほど悔しかったのでしょう、今でもよく覚えています。杉山さんはストライカーとして近寄りがたいオーラを出していた。この2人の存在は大きかったですね。修羅場をくぐった人はすごいといつも感じていました。

その頃から熱心に試合を追いかけるサポーターは少数ながらいましたね。アウェーに行きたいので、シーズン日程を早く掲載してくれという声もありました。それだけに、初めてビッグスワンで試合を観戦したとき、4万人サポーターのコール、選手紹介、サポートソングと大声援に鳥肌が立ちましたよ。

今は主に野球を担当しており、J1に昇格した年からはクラブを取材するチャンスが減っています。いい試合をして上位に勝ったりする姿と、連敗したり下位に取りこぼしたりする姿、どっちが本当のアルビなの？　と感じることもありますね。チーム創成期に携わる機会をもらった身としては、常に中位から上位にいてほしいし、優勝争いに加わるチームになってほしい。4年目の活躍を期待しています。

Profile
矢崎　弘一（やざき こういち）
新潟市出身。スポーツ記者歴20数年のキャリアを持つ。1993～97年、03年はサッカー担当、現在はスポーツニッポン新潟支局でキャップとして活躍。

深みのある取材で読者の声に応えたい

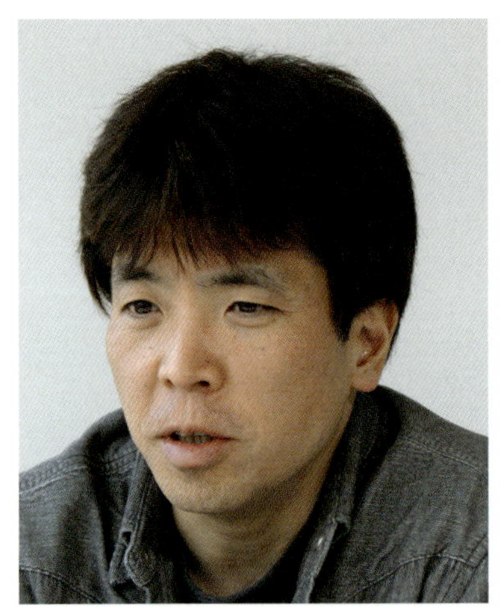

株式会社ニューズ・ライン 編集部
スポーツ担当
斎藤　慎一郎さん

スポーツ記者時代からアルビレックス新潟の取材はしていましたが、ほぼ全試合に行くようになったのはweek！に移ってからですね。week！をはじめ、シーズン前に出す“オフィシャルガイドブック”、シーズン終了後に出す“オフィシャルブック総集編”に加え、昨年からスタジアム限定販売の“プレビュー”を発行しています。練習がある日は取材に行くし、携帯サイトの更新もあるので、会社にいるより聖籠のクラブハウスにいる時間のほうが長いですね。

刊行物の編集方針は、選手にスポットを当てた写真とインタビュー記事です。幸い、新潟の選手は外国人選手も含め、みんないいパーソナリティーで取材しやすい。反町前監督、鈴木監督もお世辞抜きに名監督だと思うし、人間的にも素晴らしい。チームが強くなる理由が分かります。

思い出に残る試合はいくつもあります。昇格前のアウェー札幌戦で上野が挙げた同点ゴールのシーンや、昇格した年のアウェー神戸戦で山口が先制点を入れたときの歓喜の表情とか。忘れられないのは、中越地震翌日のアウェー磐田戦で、磐田のサポーターが出してくれた励ましの横断幕や、やはりアウェーのG大阪戦で子どもたちが募金活動してくれた光景は、素直にありがたいなと思いました。

刊行物が増えてくると、読者の目もシビアになります。「こういう記事を書いてほしい」という声には、もっと深みのある取材をしなければと思いますね。スポーツに勝ち負けはあるけれど、明確なルール違反を除けば、何が正しくて何が間違いというものはない。だからこそ、負けた試合でも客観的な視点から伝えたいんです。試合に入り込んでしまうと、見えなくなる部分は出てきます。例えば3－0で勝っていた試合で追い付かれたとしたら、選手のプレーや監督の采配を責めるのではなく、なぜ追い付かれたのかを書く。僕はこういうスタンスで書いていきたいと思います。

これからやりたいのは個人的にはアマチュアスポーツの取材。国体を控え、アマチュアスポーツも面白くなってきました。プライベートでサッカー観戦をしたことは一度もないので、高校サッカー選手権の全国大会決勝で、新潟県代表が戦う姿をスタンドから観戦してみたい。新潟県代表が優勝し、そこからアルビレックスに加入する選手が出てきたら最高ですね。

Profile
斎藤　慎一郎（さいとう しんいちろう）
日刊スポーツ新潟編集局から2002年にニューズ・ライン入社。week！編集長を経て現職。スポーツライターとしてJ's GOALなどの各メディアでも活躍中。

■ YAZAKI KOICHI　　■ SAITO SHINICHIRO

私たちが選手から元気をもらっているんです

はっきりと覚えてはいないのですが、JFLかJ2加入直後くらいでしょうか、食事の面倒を見てくれないかとクラブからお願いがありました。当時の選手たちはコンビニ弁当で食事を済ませていたような状況で、これではよくないということでの依頼でした。私たちはアルビレックス新潟がいったいどんなチームなのかも分からなかったのですけれどね。

商売抜きというか、ときには出前注文も断って選手の食事を作っていました。スポーツ選手なので当然食べる量も多いのですが、どれだけ食べても千円という約束です。ところが生まれたばかりのプロクラブ。給料が少なかったようでその千円が払えなかったりする。若手の兄貴的な存在だった木澤選手がよく立替えていました。その点では今の選手たちは本当に恵まれていると思います。大きなクラブになったんですね。

一番の思い出はなんといっても2003年、昇格目前だった43節アウエー福岡戦に負けたことの反省と、最終節への気合い入れも込めて選手たちが頭を丸めた場に居合わせたこと。最初に一緒に食事をしていた選手の奥さん方が言い出し、マルクスが乗り気になって次々にバリカンで坊主刈り。私（新一郎さん）も一緒に頭を丸めました。

昇格を決めた日は結婚式に呼ばれていたので県外にいました。試合を終えた選手たちが夜、お店に来てくれたようですが当然閉まっています。真っ暗なお店の前で途方にくれたと後から聞きました。でも後日もう一度お店に来てくれて、みんなで胴上げしてくれたんですよ。本当にいい思い出です。

今は寮が完成したので状況は変わりましたが、昔は悩みを相談しによく来ていました。彼女のこと。結婚のこと。サッカーのこと。私たちはサッカーのことはほとんど知りません。適切なアドバイスはできませんが、ときには朝まで悩みを聞いていたこともあります。移籍したり、サッカーを諦めたりして新潟を離れても、時々お店に遊びに来てくれるのはうれしいですね。私たちはすてきな息子がいっぱいできました。本当に彼らには感謝しています。

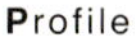

Profile

鈴木　新一郎・百合子（すずき　しんいちろう・ゆりこ）

新潟市寺尾の食堂「くいしん坊」を営み、選手の食事の面倒を見てきた。今でもご夫婦を慕って遊びにくる選手は多い。

「食いしん坊」

鈴木　新一郎・百合子さん

「新潟の魅力を相手にも伝えたい」スタジアムMCを務めるNAMARAの2人

森下　英矢

NAMARAがスタジアムMCを始めたのは2001年から。当時はナイトゲームのMCが終るとその足でバイト先のカラオケ店へ行っていました。４万人の前でしゃべるのは駆け出し芸人として貴重な体験。一番の思い出は03年、試合後のインタビューで山口選手に「新潟、最高！」と言わせた瞬間。実はあのとき同じような質問を二度聞いてしまったんです。おそらく返答に困り、勢いで叫んだ一言なんでしょうけれどね（笑）。J２の時はまったく意識しなかったのですが、J１に昇格してからは「自分も日本一のスタジアムMCになろう」と思うようになりました。チームが日本のトップリーグに参加しているのだから、MC担当の僕も日本一を目指さなければもったいないだろうと強く思います。スタジアムで感じる新潟らしさとは「笑顔と熱狂」がうまく両立していること。笑顔があるからこそ僕らがやる意味があると思います。小中学校とサッカーをやって来たので、新潟でボールを蹴る人が増えてきたことが何よりうれしいですね。

中村　博和

初めてMCをやった後「ヘタだ」という内容のメールが事務所に来たんです。あれは落ち込みましたね。今は自己紹介を最初に入れていますが03年くらいまではしていませんでした。名乗るようになってイベントにも呼んでいただけるようになりましたから、芸人としてスタジアムMCをやれたことは大きな転機だったと思います。記憶に残っているのは昇格が決まった03年の最終節大宮戦。ピリピリしたスタジアムの空気が、試合終了のホイッスルが鳴った瞬間一変した。まるで夢の中にいるような気分でした。新潟の試合はいろいろな年齢層のお客さんが来ますから、ハイテンションでしゃべるとか英語をまくし立てるとか、音楽DJのような話し方はしないように意識しています。試合内容がそのままスタジアムの雰囲気に反映されるのが新潟の特徴。劣勢の時こそ盛り上げろという意見も分かるけれど、素直にシュンとしちゃうのもいいのかなと思います。飾らない新潟の雰囲気を相手サポーターにも伝えたいですね。

Profile

森下　英矢（もりした　ひでや）

1981年1月22日生まれ。新潟市出身。1997年にNAMARA所属。

中村　博和（なかむら　ひろかず）

1979年6月2日生まれ。新発田市（旧紫雲寺町）出身。1997年にNAMARA所属。98年 お笑いコンビ「きぬがさ」結成。

NAMARA芸人

森下　英矢さん
中村　博和さん

新潟の地に根付いた サッカー文化

クラブにとって、トップチームの成長とともに大切なのが、底辺拡大を目的とした普及活動だ。アルビレオ新潟設立当初から11年間、W杯開催も手伝って県内のサッカー人口は急激に増加した。アルビレックス新潟の普及活動を振り返り、これからのクラブの使命を考える。

他チームを経験した選手が普及活動をけん引

いまやおなじみとなったアルビレックス新潟スタッフによるサッカー教室。そのスタートは1996年。アルビレオ新潟誕生と時を同じくする。初年から指導に携わってきたアルビレックス新潟の岡田朝彦Jリーグアカデミー 育成センター長は「チーム自体もまだ地域リーグのサッカーチームという段階で、知名度もない時期から普及活動を始めたというのは、Jクラブの中でも先んじていたと思います。普及レベルでは当初からJ1クラスでしたね。八十選手や杉山（学）選手、平岡選手ら、J1クラブを経験した選手たちが積極的に取り組んでくれました。彼らは地域やサポーターの大切さを実感していましたから」と当時を振り返る。

1996年7月安田高校で開催された最初のサッカー教室には25名の選手全員が参加。これが普及活動の幕開けとなった

2002年に発足した「Jリーグアカデミー」では、当初育成センターとして認定されていたのは鹿島、FC東京、横浜FM、磐田、名古屋、G大阪、広島の7クラブだった。新潟が認定されたのは2005年。しかし認定前から、さまざまな形の普及活動が行われていた。

96年にスタートしたサッカー教室は、行政や団体、企業など、多くの主催者との二人三脚で年を追うごとに充実していった。98年からは新潟県サッカー協会主催のトレセン事業が組み込まれるなど、強化の一環も担っている。一方で、県内各地の祭りやイベント会場で開催され、チームの認知度を高め、サッカーというスポーツの楽しさに出合える場を提供してきた。99年からは新潟県の「ゆめづくり事業」と新潟市の「指導者派遣事業」もスタート。「ゆめづくり事業」ではサッカー教室のほか、著名人を招いて講演会や公開指導なども開催された。幼稚園や保育園への巡回指導は2001年から始まった。当初は年間50回ほどだった巡回も、04年からはアルビレックス新潟レディース選手も指導に加わり、年間100回を超えるまでに発展。巡回指導を受けた園の先生からは「こんなに子どもたちが動けるのだと、びっくりしました」「子どもたちが目を輝かせていました」「広い園庭でのびのびと楽しくできました」などの感想が寄せられている。

□クラブ・地域とのリレーション図

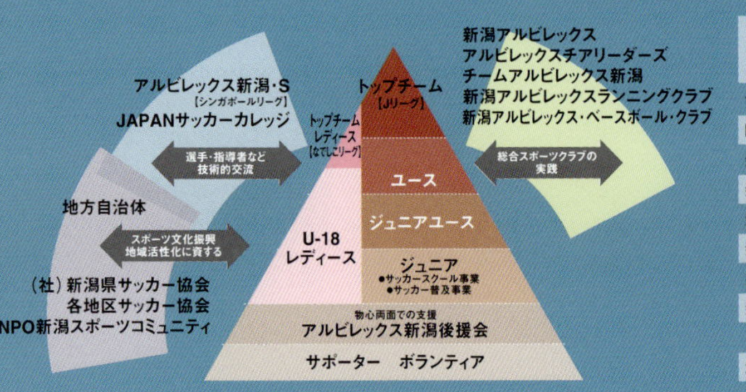

□アルビレックス新潟普及活動の実績（1996〜2006年）

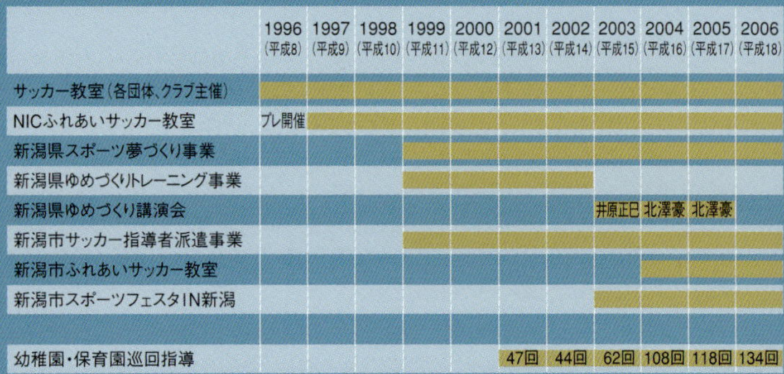

1996（平成8）
1997（平成9）
1998（平成10）
1999（平成11）
2000（平成12）
2001（平成13）
2002（平成14）
2003（平成15）
2004（平成16）
2005（平成17）
2006（平成18）
サッカー教室（各団体、クラブ主催）
NICふれあいサッカー教室
プレ開催
新潟県スポーツ夢づくり事業
新潟県ゆめづくりトレーニング事業
新潟県ゆめづくり講演会
井原正巳
北澤豪
北澤豪
新潟市サッカー指導者派遣事業
新潟市ふれあいサッカー教室
新潟市スポーツフェスタIN新潟
幼稚園・保育園巡回指導
47回
44回
62回
108回
118回
134回

NICと強力スクラムを組み 県内各地でサッカー教室を開催

アルビレックス新潟のサッカー教室を語る上で忘れてはならないのが、NIC新潟日報販売店会（以下NIC）の存在だ。現在も続く「NICふれあいサッカー教室」がスタートしたのは97年6月。スタートを決定付けるきっかけとなったのは前年の12月に県立新潟西高校で地元小学生を対象に開催されたサッカー教室だった。主催は新潟日報会。地元販売店が積極的に子供たちを集め、父母たちからも好評を得た。当時社内の旗揚げ役だった新潟日報販売局宣伝部の立川直人さんにそのきっかけを尋ねた。

「もともと販売店は新聞を配るエリアが固定されており、継続的な地域交流や地域還元がとても重要なことなんです。当時、三条地区の販売店グループが元日本代表選手を招いてサッカースクールを行ったのですが、予算面などの問題が浮上していました。そんなとき社内から『実績はなくても地元チームと共にやったほうがいいのでは』という声が出てきたんです。地域密着という私たちの方向性にも合っていたので、試験的にアルビレオ新潟スタッフによるサッカー教室をやってみることになりました」

君も未来のW杯選手

アルビレックス サッカー教室開幕

山北

Jリーグ入りを目指す本県のプロ球団・アルビレックスの選手が、県内のジュニア選手を直接教える「NICふれあいサッカースクール」が十四日、スタートした。初回の岩船山北町会場には、地元小中学生ら五十人が参加、プロ選手の指導に目を輝かせていた。

二〇〇二年ワールドカップの新潟開催を前に、地域のサッカー熱を高めようと、新潟日報社などが企画した。今年は秋まで、県内二十四カ所で開く。

同町の多目的運動場で開かれたスクールには、岡田朝彦コーチやストライカーの杉山学選手らアルビレックスの四人が参加。新潟日報社の尾島静常務が「全県の若い人にサッカーの面白さをわかってほしい」と開会のあいさつを行った。

まず岡田コーチらが、正確なパスの仕方や空中へボールを上げる技などを披露。「マジックじゃない。君たちもできるよ」と、参加者を励ました。

その後子供たちは、リフティングなどを実際にやってみた。上手にキックできて頭をなでられた子供たちは大喜びだった。

中学生の兄に連れられて参加した八幡小学校五年の大滝勝浩君(一一)は「説明が分かりやすく、ボールを強くけられるようになった」と、息を弾ませていた。

次回のスクールは、二十八日に岩船荒川町の総合運動公園で開かれる。

プロのコーチらの指導に真剣にボールを操る子供たち＝14日、山北町

「NICふれあいサッカー教室」は特に県境地域の販売店が積極的に主催。アルビレックスと日報の、いい意味でのギブ&テイクで発展していった（新潟日報1997年6月15日朝刊）

サッカー教室を始めたばかりで、地域とのかかわり方は手探り状態だったクラブにとって、NICのネットワークはとても貴重なものだった。本格的にスタートした97年だけを見ても山北町から柏崎、上越、佐渡に至るまで、県内隈なく教室を行った。ユニークなところでは、十日町や中里の雪まつり会場で雪上教室も開催。また05年からはアルビレックス新潟レディースのリーグ戦後に同会場で開催することで、女子の参加者も増加してきた。

「戦う集団を作る上で基盤となるのが地域密着です。プロを目指していたチームにとって、目的を共有するNICが前向きに取り組んでくれたことは、普及の根幹を作るうえでとても大きなことでしたね」（前出・岡田）。

2005年からは、レディースの公式戦後にNICふれあいサッカー教室が開催されることも

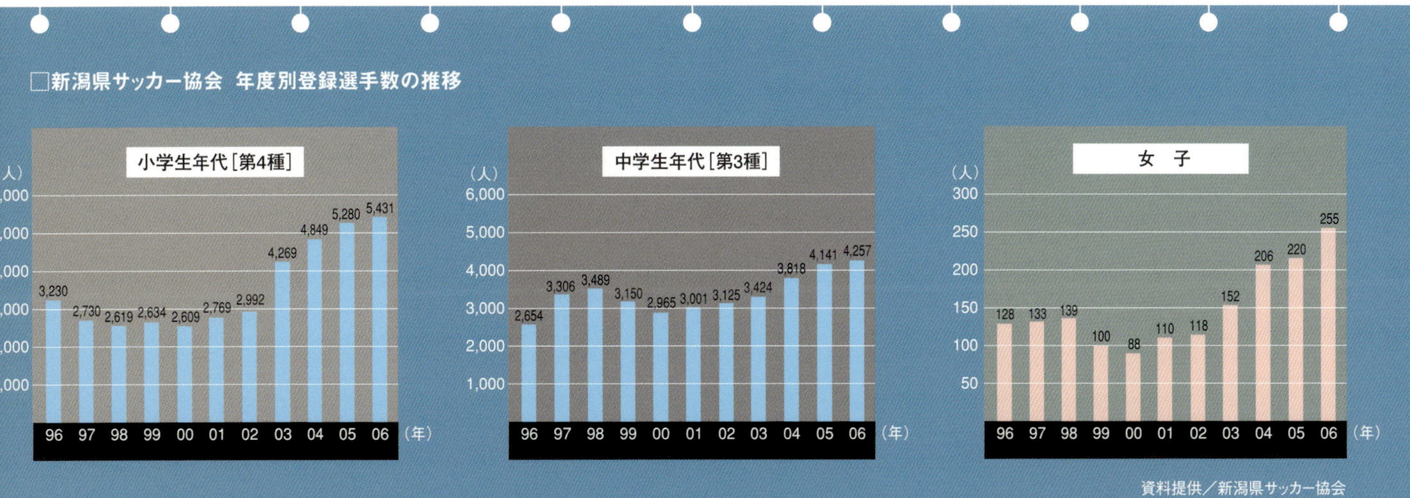

新潟の地に根付いた サッカー文化

サッカー文化の芽生えに拍車をかけた 2002FIFAワールドカップTM

新潟県サッカー協会のデータによれば、W杯が開催された2002年を境に、登録者数が急激に増加した。特に顕著なのが小学生年代（第4種）で、02年に2992人だったのが03年には4269人にまで拡大。中学生年代（第3種）や女子においても過去にない増加が見られた（p163グラフ参照）。

サッカー人口が増加した理由としてまず挙げられるのが環境の整備だ。新潟スタジアム（現東北電力ビッグスワンスタジアム、以下同）を筆頭に、キャンプ地誘致のために既存の競技場が整備され、十日町のクロアチアピッチのような新施設も誕生。ハード面の充実により、W杯開催後も日本代表戦や、Jリーグチームのキャンプが行われ、県民が高いレベルのサッカーにふれる機会も増えた。

「環境面だけでなくソフト面でも大きく変化しました」と岡田氏。「“サッカーを見る目”が変わりましたね。世界のレベルを肌で感じることでギャップを実感し、厳しい目でチームをあと押ししていただけるサポーターが増えました。また、海外で活躍するスーパースターを間近で見ることで、プロとはどんなものなのかを感じ取り、それを現実的な目標に据える子供たちも増えたはずです」。

W杯開催が決まったのは96年12月。開催までの5年半で、チームはアルビレオ新潟からアルビレックス新潟に改名し、J2リーグに参入。W杯本戦前年の11月には新潟スタジアムで4万2011人（対京都戦）のJ2リーグ最多観客動員を達成した。クラブの普及活動とW杯開催の両輪がうまくかみ合ったことで、サッカー文化は新潟の地に急速に浸透していった。

アイルランド、カメルーン、クロアチア、メキシコ、デンマーク、イングランドのサポーターが来県。ワールドカップの開催により、県民はサッカー先進国の文化を肌で感じとった

女子のためのサッカー環境整備は 普及・育成面での最優先課題

Jリーグのクラブの使命として普及とともに重要なのが育成活動だ。アルビレックス新潟では98年にユースチーム、02年にレディース、04年には直属のジュニアユースチーム、05年にはレディースユースを発足させ、下部組織の充実を図ってきた。ユースは全国大会での目立った実績はないが、年代別日本代表に選手が選ばれるなど、着実に成長。ジュニアユースは06年にNIKE PREMIER CUP JAPAN初出場でベスト4に食い込む健闘を見せた。

2年連続準優勝で日本女子サッカーリーグ1部昇格の切符を逃していたレディースは、06年ディビジョン2で悲願の優勝を果たし昇格。日本のトップリーグで戦うことになった。レディースの活躍は県内の女子サッカーにも影響を与えている。「ディビジョン1に昇格したことで、サッカーをやる女の子たちにとって具体的な目標が目の前にできた。これは大きなことですね。ただ現状としては環境面で『サッカーをや

1996	4月	アルビレオ新潟FCとして活動を開始
	7月	県立安田高校創立20周年記念事業として、選手25名全員が参加し、安田高校にて最初のサッカー教室を開催。小中高生約120名が参加
	8月	長岡地域広域行政組合主催のサッカー教室と指導者講習会を、長岡市第2スポーツ広場などを会場に開催
	12月	県立新潟西高校室内体育館にて、新潟日報社販売部主催のサッカー教室を初めて開催。内野地域の小学生約100名が参加
	12月	2002FIFAワールドカップTMの新潟開催決定
1997	4月	チーム名をアルビレックス新潟に改名
	6月	山北町多目的運動場にて第1回NICふれあいサッカースクールを開催。小中高生約60名が参加
	12月	日本サッカー協会とJリーグより1999年からのJ2リーグ参加承認を得る
1998	2月	JFL昇格決定
	3月	JFL開幕
	4月	アルビレックス新潟ユースチームの活動スタート
	11月	新潟県サッカー協会技術委員会主催でジュニアユース下越地区トレセンメンバーを対象にサッカー教室を開催。トレセンメンバー対象教室の第1回となる
1999	3月	J2リーグ開幕
	4月	新潟市サッカー指導者派遣事業スタート
	5月	アルビレックス新潟サッカースクールを美咲町に開校すると同時にフットサルコートを市民に開放
	7月	新潟県ゆめづくりコーチ招聘事業スタート。第1回は内野中グランドにて中学生45名が参加
	10月	万代シテイバスセンターにて、2002FIFAワールドカップ新潟開催準備委員会主催のサッカー教室を開催。約200名が参加
	10月	新潟県ゆめづくりトレーニング事業スタート。長岡市市民体育館にラモス・瑠偉氏、春風亭正朝氏を招き、講演とサッカー教室を実施。参加者約1400名
2000	2月	新潟県ゆめづくりトレーニング事業として、アルビレックス新潟選手と育成コーチによるサッカー教室と神田勝夫選手講演会を開催。会場はリージョンプラザ上越。約800名が参加
	10月	新潟県ゆめづくりトレーニング事業として、川口信男選手を指導者に招き、燕市民体育館を会場に講演会とサッカー教室を開催。参加者は約700名
2001	2月	新潟県ゆめづくりトレーニング事業として、大橋浩司氏を指導者に招き、県立長岡高校体育館と新潟市西総合スポーツセンター体育館を会場に講演会とサッカー教室を開催。参加者は約500名。
	5月	新潟スタジアムビッグスワンで初のJリーグの試合となるアルビレックス新潟対京都パープルサンガ戦を開催。観客動員3万1964人
	5～6月	FIFAコンフェデレーションズカップ2001開催
	10月	幼稚園、保育園巡回指導開始。第1回は白山保育園(新潟市)にて27名を指導
	11月	J2リーグ最多観客動員を記録（4万2011人）対京都戦
	12月	新潟県ゆめづくりトレーニング事業として、マリーニョ氏を招き、新発田市カルチャーセンター体育館を会場にサッカー教室を開催。約600名が参加
2002	3月	新潟県ゆめづくりトレーニング事業として、加茂周氏を招き、十日町クロステン・総合体育館にて講演会を開催。約300名が参加

りたくてもやれない』女の子は多いと思います。彼女たちがストレスを感じずにやれる場を作ることは、最優先課題。女子の指導者も養成しなければなりません。女子も、男子同様に夢を担ってほしい。もしかしたら男子よりも世界に近いかもしれませんからね」と岡田氏は女子サッカーの普及と育成への思いを語った。

これからの課題は、年代を超えたスポーツ普及活動

「普及という仕事は結果が出にくいものなんです」と岡田氏。「やり続けていくことで、次世代へつながっていく。いわば見えない将来に向けての土壌開拓。開花の形もさまざまだと思います。プロクラブの指導者としては、今かかわっている子どもたちに、将来夢を与える側になってほしい。プロ選手や代表選手になるということだけでなく、次世代に夢を与えられる大人になってほしいですね」。成果が見えにくい中でも、中学時代にアルビレックス新潟のスクールに在籍していた田中亜土夢選手がトップチームで活躍し、U−20日本代表に選出されるなど、実績が表れ始めているのは確かだ。

2007年2月に開催された「NICふれあい健康教室」はアルビレックス新潟レディースが指導にあたった。世代と種目の壁を超えた普及活動が始まっている

2006年11月3日、なでしこ2部リーグに優勝、遠く滋賀までかけつけた多くのサポーターの前でディビジョン1昇格を決めたアルビレックス新潟レディース

サッカーを通して子どもたちにスポーツの喜びを伝えてきた普及活動の中に、ここ数年さまざまな年代を対象とした、サッカー以外のスポーツ教室も加わってきた。Jリーグが支援している地域スポーツ振興の一環で、バスケットボールの新潟アルビレックスBBや新潟アルビレックスランニングクラブ、チームアルビレックス新潟などと連携をとりながら教室を開催。「さらには高齢者や団塊の世代を対象としたスクールもやっていきたいですね。ボールを使った健康づくりや、高齢者が寝たきりにならずに元気に過ごすための体力づくりなど。それが仲間作りの場になり、地域の活性化につながっていく。これこそがクラブが目指す地域密着の普及活動だと思います」(岡田)。

	4月	アルビレックス新潟レディース発足
	6月	2002FIFAワールドカップ™開催。6月1日新潟スタジアムにて日本会場開幕戦アイルランド対カメルーン戦が行われる
	6月	3日、新潟スタジアムにて2002FIFAワールドカップ™1次リーグ、クロアチア対メキシコ戦が行われる
	6月	新潟スタジアムにて2002FIFAワールドカップ™決勝トーナメント、デンマーク対イングランド戦が行われる
	8月	新潟県ゆめづくりトレーニング事業として、加茂周氏を招き、新潟スタジアムにて講演会を開催。約250名が参加
	12月	新潟県ゆめづくりトレーニング事業として、水沼貴史氏を招き、柏崎市総合体育館にて講演会とサッカー教室を開催。約320名が参加
	12月	新潟県ゆめづくりトレーニング事業として、柱谷哲二氏を招き、三条市総合体育館にて講演会とサッカー教室を開催。約300名が参加
2003	6月	第1回新潟市スポーツフェスタin新潟を開催
	8月	アルビレックス新潟レディース北信越女子リーグ優勝
	10月	聖籠町にクラブハウス完成
	11月	レディースサッカースクールスタート
	11月	新潟県ゆめづくり講演会として、井原正巳氏を招き、長岡市民体育館にて講演会とサッカー教室を開催。約450名が参加
	11月	J2リーグ優勝、J1リーグ昇格決定。年間観客動員数新記録を達成(66万7477人)
	12月	アルビレックス新潟レディースL・リーグ2部に正式加盟
2004	4月	クラブ直属のジュニアユースチーム発足
	5月	サッカースクール新発田校開校で全5校に
	6月	成人男子対象のサッカースクールスタート
	11月	新潟県ゆめづくり講演会として、北澤豪氏を招き、三条市総合体育館にて講演会とサッカー教室を開催。約450名が参加
	11月	J1リーグ年間観客動員数新記録を達成(56万5336人)
2005	3月	クラブがJリーグ・アカデミー育成センターに認定される
	4月	アルビレックス新潟レディースユース(U−18)本格始動
	4〜10月	新潟アルビレックス選手を指導者に迎え、園児から一般を対象に県内各地でバスケットボールクリニックを開催
	5月	アルビレックス新潟サッカースクール白根校、アルビレッジ校開校
	5月	小学生以上対象のゲートボール教室をエフスリーフットサルコート(新潟市)などで開催
	9月	一般参加のウォーキング教室を新潟市白根カルチャーセンター周辺で開催
	10月	新潟県ゆめづくり講演会として、北澤豪氏を招き、見附市総合体育館にて講演会とサッカー教室を開催。約350名が参加
2006	3月	小中高生対象のスキー教室、アルビレックス・ジュニアレーシングクリニックを妙高市(旧新井市)で開催
	5月	アルビレックス新潟ジュニアユース、NIKE PREMIER CUP JAPAN 2006初出場でベスト4に
	9月	アルビレックス新潟サッカースクール亀田校開校で全8校に
	11月	アルビレックス新潟レディースなでしこリーグ2部で優勝、1部昇格決定

（社）新潟県サッカー協会会長

澤村 哲郎

Tetsuro SAWAMURA

―アルビレックス新潟11年史 発刊に寄せて―

この度は、「アルビレックス新潟11年史」の発刊おめでとうございます。

サッカーのアルビレックス新潟のこれまでの活躍の姿をまとめたこの1冊は、きっと読者の皆さんから喜んでいただけるものと思います。

さて、アルビレックス新潟は今年でクラブ創設12年目になりますが、あらためて時の経つ早さに驚くばかりです。当時のことを振り返りますと創設した頃の数々の出来事が懐かしく思い出されます。

W杯を新潟県に誘致し実現するためには、Ｊリーグのクラブを立ち上げるとともに県内のサッカー機運を盛り上げる必要がありました。Ｊクラブを立ち上げるには相当なエネルギーが必要であり、それは大変な苦労が伴ったことを覚えております。

Ｊクラブを最短で実現するためには、当時北信越リーグで活躍していた新潟イレブンを母体にして、プロ化を進めること意外は考えられず、理解を得ることにしました。しかし、長い歴史と伝統あるチームだけに、役員・選手ともプロ化には反対者が多く、頭を悩ます日々でありました。

チームとの話し合いを続けるなか、私どもの将来の構想を力強く訴えてきましたが、話し合いを重ねるごとに理解を得ることができ、プロ化への第一歩が実現しました。

幸い、新潟総合学院理事長の池田弘氏からチームの代表者に就任していただきましたが、それは大変な決断であり、頭の下がる思いでありました。

その後、後援会作りのために、時に池田氏と、時に故真島一男新潟県サッカー協会会長とともに県下各地をまわり、大きな夢とサッカー文化を語り、組織作りに奮闘したことなどは忘れられません。

今や日本を代表する地域に根ざしたクラブに成長し、多くの県民に活力とともに夢と感動を与え、「まちづくり」「人づくり」に大きな役割を果たしております。

さらに発展し、確かなスポーツ文化として定着すべく一層の活躍を期待しております。

今後とも、新潟県サッカー協会はアルビレックス新潟とともに歩み、県内のサッカー振興につとめていきたいと考えています。そして「いつでも」「どこでも」「だれでも」サッカーが楽しめる環境づくりを目指すとともにサッカーを通して青少年の健全育成、また中高年の健康づくりを推進、明るく豊かな社会づくりに貢献していきたいと思います。

重ねて、アルビレックス新潟の更なる発展を心から祈念申し上げお祝いの言葉といたします。

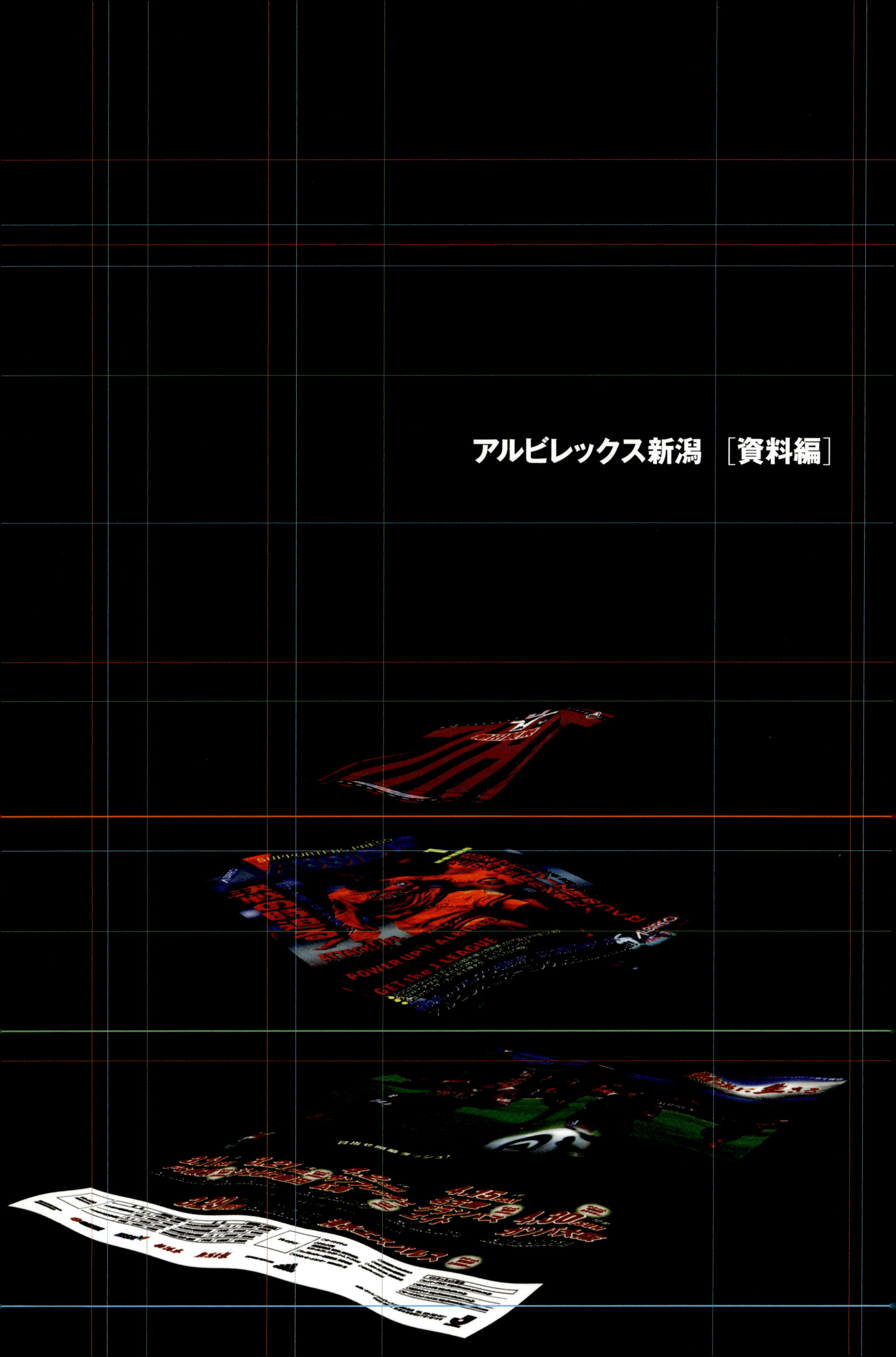

アルビレックス新潟［資料編］

アルビレックス新潟

ユニフォームの変遷

クラブカラーのオレンジとブルーを基調とした
歴代のユニフォームは時代とともに進化を続けている。
1996〜98年ミズノ、99〜02年カッパ、
そして03年からアディダスジャパンと
サプライヤーが変わった年は
デザインも大幅に変更されてきた。
その時代のユニフォームは活躍した選手の姿と重なり
多くのサポーターの記憶の中にとどまっている。
ピッチで躍動した
歴代ユニフォームの変遷を辿ってみた。

1996

記念すべきアルビレオ新潟最初のユニフォーム。サプライヤーはミズノ。胸のスポンサーは「CORONA」、袖には「蔦屋書店」。背中には「亀田製菓」。オレンジのシャツには星型の透かしが入り、パンツはオレンジにブルーラインが2本とシンプルなデザインが特徴。

HOME　AWAY

1997

「アルビレオ」から「アルビレックス」へ名称が変更。肩にラインが入り、透かしの柄が、エンブレムになった。パンツはブルーにオレンジと白のサイドラインの入ったものに。アウエー用は上下とも白で、ラインの色も上下反転している。

HOME　AWAY

1998

JFLへステージアップ。前年度と同じモデルだが、胸スポンサーロゴが「DIREC TV」に変更。右袖には2年に及ぶ激闘の末、勝ち取ったJFLのワッペンが輝く。

HOME　AWAY

1999

J2への参加とともに、心機一転ユニフォームを変更し、サプライヤーとしてカッパがバックアップ。オレンジに太いブルーのストライプ柄とデザインが大幅に変更された。スポンサーも胸が「亀田製菓」、背中は「蔦屋書店」、袖には「2002年ワールドカップサッカー・新潟県招致委員会」。開幕7連勝を飾り、このユニフォームが一躍全国区に。アウエー用は白地で、袖のアクセントにはオレンジのライン。

HOME　AWAY

2000

前年度と同モデル。スポンサーは背中が「B's INTERNATIONAL」に変わり、胸の「亀田製菓」の色がアウエー用と共に変更された。以後、亀田製菓のロゴ表記は同一のものが用いられ、サポーターに長く親しまれている。

HOME　AWAY

2001

前年度モデルの肩にカッパのロゴラインを入れマイナーチェンジ。また背中の「B's INTERNATIONAL」のスポンサーロゴが「B's INT'L」に変更された。反町康治監督が就任したシーズンのモデルは、以後のJ2リーグにおける躍進の象徴として記憶に刻まれることになった。

HOME　AWAY

2002

前年度と同モデル。スポンサーも同様。
翌年にまで続くホーム無敗記録をスタートさせた年のユニフォーム。新潟市陸上競技場で、ビッグスワンでオレンジとブルーのストライプが躍動した。細かい部分としては、アウエー用パンツのカッパのロゴ色だけが変更。

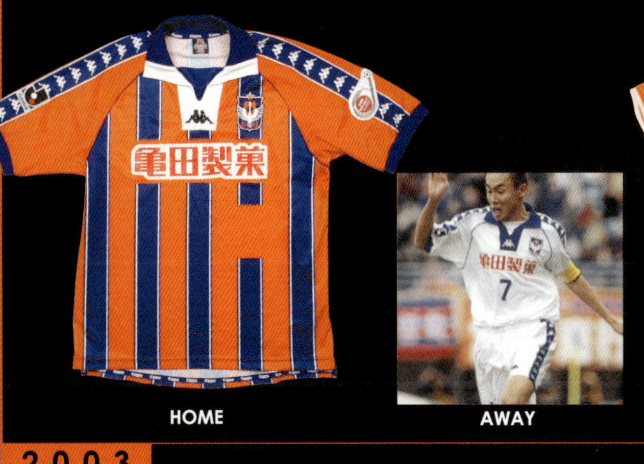

HOME　AWAY

2003

サプライヤーがアディダスジャパンに。オレンジを基調としたデザインにフルモデルチェンジ、今までの襟付きのタイプから襟なしのタイプになった。スポンサーも背中の「B's INT'L」の表示が「styles」に変更。袖には「朱鷺メッセ」、ブルーにオレンジのサイドラインの入ったパンツには「新潟日報」が新たに加わりJ2優勝、J1昇格を決めたメモリアルモデルとなった。

HOME　AWAY

2004

J1初挑戦となった2004年は、J1でのサバイバルレースに加え、水害や震災、さまざまな困難と戦ったという意味でも記憶に残るモデル。前年度と同モデル。
袖のスポンサーロゴが「新潟米」に変更されている。

HOME　AWAY

2005

羽ばたく白鳥の翼をイメージした白をアクセントに加えて、マイナーチェンジを施している。この年から背中に「msn」のスポンサーロゴが加わった。04年に引き続き右袖のJリーグマークの上には新潟中越地震の復興を祈る「がんばろう新潟!」のワッペンが取りつけられている。

HOME　AWAY

2006

前年度モデルを継承。素材はマイクロピケ・マイクロメッシュという吸汗速乾性に優れたもの。機能面でもインナーとユニフォームを一体化させた画期的なコンセプトを採用している。

HOME　AWAY

1
SUPPORTERS PRESS
ASSIST
アルビレオ新潟F.Cを応援する夢と情熱のサポータースマガジン
1996 アルビレオ選手名鑑
1996
Jをめざせ!!
シーズン開幕!!
アルビレオ・ファンクラブ会員募集中!!
いっしょに行こうJFL!!
2
3
4
5
WE ARE THE CHAMPION!
優勝
6
7
8
9
10
始動。
11
GO AHEAD!!
12
勝利への疾走。
13
MAES
14
優勝
15
16
DF Wall
17
Fly to the Next Stage.
18
最終決戦。絶対に勝つ。
19
ASSIST PRESS
AlbireX
OFFICIAL SUPPORTERS MAGAZINE
JFLへ。
VICTORY
20
ALBIREX 1998
JFL KICK OFF!!
21
22
打ち砕け
23
夏の陣。
24
飛躍の夏 新潟再燃す。
25
黒豹
26
27
DIRECTV
28
J2
1999 元年
29
J2開幕。
30
J2開幕3連勝
31
ANYBODY CAN'T STOP ALBIREX
32
闘志再燃
33
試練の夏。
34
35
FINAL BATTLE
J2 CLIMAX!
36
37
J LEAGUE DIVISION2 FINISHED
38
WE ARE ALBIREX
39
開幕前進。
40
昇格へのプロローグ
41
上昇の兆しは見えた
42
Ready to Fly
43
上昇気流だ!
44
新潟秋の陣
45
J2 2000
46
J2 2000 FINAL ROUND
47
J2 2000 FINISHED
48
J.LEAGUE DIVISION 2001 COMING SOON

アルビレックス新潟のオフィシャルサポーターズマガジン「アシストプレス」。1996年4月の創刊準備号から06年12月号まで88冊が発刊されている。表紙を辿っていくだけで、クラブの歴史が見えてくる。また、地域リーグ、JFL時代は情報媒体も少なく、試合経過や選手名鑑などクラブの変遷を知る上でも貴重な資料にもなっている。

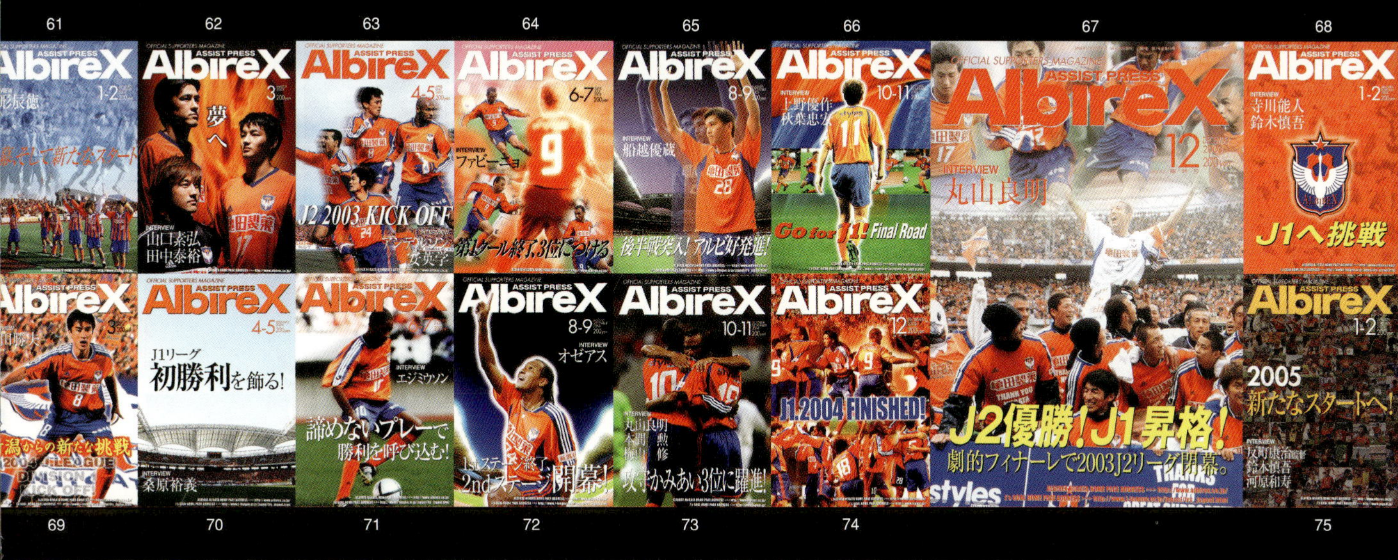

アルビレックス新潟

パブリシティ活動

ポスター

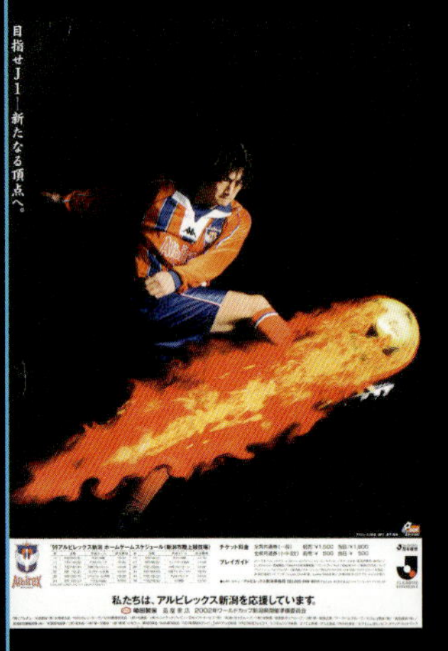

1999年

2000年

2001年

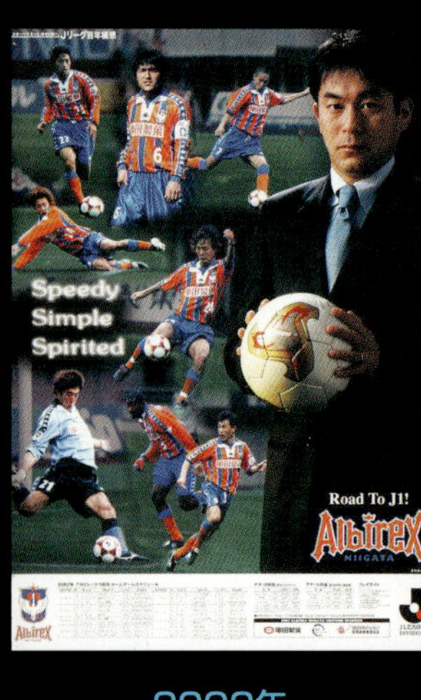

2002年

2002年

2003年

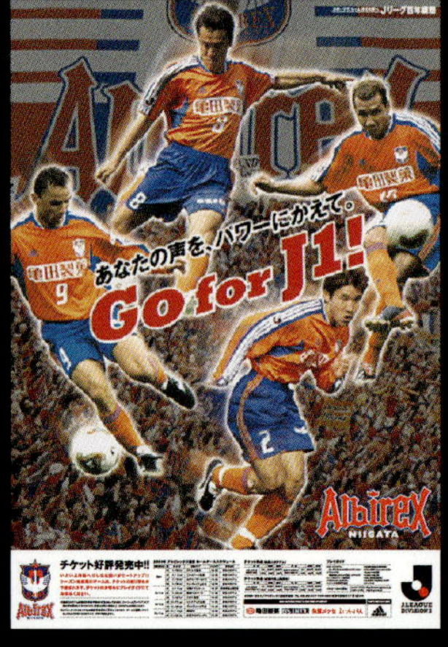

2003年

2003年

2003年
防犯ポスター

2004年
イラストレーター
北田稔氏の
動物ポスター

2004年

2005年

2006年

Jリーグが掲げる「Jリーグ百年構想」である地域に根ざしたスポーツクラブを核としたスポーツ文化の振興活動を推進してきた。サッカー「不毛の地」にそれを具現化した新潟は一躍時代の寵児として脚光を浴びた。「新潟現象」といわれるように成功のモデルケースとして今後の進展にも注目が集まっている。しかし、それは一朝一夕で成し遂げられたものではない。集客のために自らチラシを手配りした選手たち、後援会立ち上げのため東奔西走したスタッフ、試合会場のゴミを黙々と拾うボランティアなど、選手やスタッフ、サポーターのみならず、行政や地域の人たちもそれぞれの立場で地道な努力を積み重ねてきた結果である。認知度を高める、観客増を図るためのさまざまなパブリシティ活動。その一翼を担ってきたのがポスター。砂漠に水を撒くようなものだったが、少しずつ確実に大地を潤していった。それはやがて大きく結実し、数々の名誉ある賞を受けるまでになった。

主な受賞歴

2003年11月	J2リーグ優勝
	新潟県知事表彰
12月	第53回日本スポーツ賞（読売新聞社）
	JリーグアウォーズJoin賞（チェアマン特別賞）
2004年 4月	第12回スポニチ文化芸術大賞「優秀賞」
12月	JリーグアウォーズJoin賞（チェアマン特別賞）
2005年 4月	第22回新潟県経済振興賞

2003年
J2リーグ優勝杯

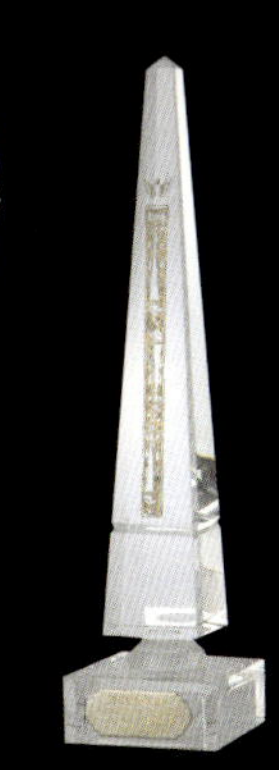

新潟県知事表彰
クリスタルオブジェ

「Jリーグアウォーズ Join賞」
別名チェアマン特別賞。Jリーグトップの入場者数を記録し、リーグ全体の盛り上げに多大な貢献を果たしたとして、03・04年に連続受賞。

「スポニチ文化芸術大賞」
スポーツニッポン社主催、多彩なジャンルで活躍する人、団体、作品を表彰。地域と密着したチームづくりで躍進を遂げ、J1昇格。地方の時代を象徴する存在に共感するとして「優秀賞」を受賞。この時のグランプリは演出家の故久世光彦氏、女優の小泉今日子さんも優秀賞に輝いた。

「日本スポーツ賞」
スポーツ全48競技団体から推薦された優秀選手、チームを表彰。1試合あたりの平均入場者数がJクラブとして史上初めて3万人を突破するなど、地域振興も含めてJリーグの「理想モデル」としての活動が高く評価され、競技団体別最優秀チームとしてサッカー部門で表彰された。ちなみにオリンピックイヤーのこの年グランプリは水泳の北島康介選手。

新潟日報で振り返る アルビレックス新潟の歩み

県サッカー協会 本格クラブチーム構想

目指せJリーグ

ジュニアから育成

94年スタート 夢実現10年後

県サッカー協会はJリーグ時代に対応するため、将来的にはプロを目指すクラブチームづくりに動き出す。同協会が県、新潟市とともに進めている二〇〇二年ワールドカップ（W杯）誘致活動の中でも、W杯の「遺産」活用の方策の一つとして本格的なクラブチーム結成の必要性が叫ばれてきた。「仮にW杯がなかったとしても、地域に密着し一貫した指導体制確立、強化のためのクラブづくりは時代の流れ。乗り遅れるわけにはいかない」と同協会は意気込んでいる。

構想では、現在北信越リーグで活躍するクラブチーム「新潟イレブン」を母体に強化を重ね、九七年までに現在の日本リーグ二部に当たるJ2リーグ加入を目指す。二〇〇一年までにその上のJ1リーグ入りし、二〇〇四年完全プロ化、Jリーグ参画を果たす。

J2までは県サッカー協会と新潟市サッカー協会でつくる運営委員会でクラブを運営、J1加入後協力企業から出資を得て株式会社組織にする。クラブの組織は十八歳以上の代表チームとファームチーム、それに小学校三、四年生から年代別に分けたジュニア、ユースチームからなり、男子は6、女子は4チーム。ファームチーム未満はスクール（会員制）だ。

同協会は来年五月までに検討委員会を設置し、九四年に募集、活動を開始する考え。

クラブチームづくりには資金面での企業からの支援、練習施設整備など自治体の協力が不可欠。さらに、学校スポーツの枠組みを飛び出す形になるため学校の理解が必要だ。「各方面とよく話し合い、意識改革を図っていきたい」と沢村哲郎理事長は話している。

クラブチーム設立の方向はこのほど開いた同協会理事会で、W杯をにらむ事業推進体制整備の一つとして確認した。W杯誘致に当たっては、大会後の施設の有効利用の具体策を求めるムードが日本サッカー協会サイドに強く、これに対する回答の意味合いもある。

1992年12月12日朝刊

アルビレオ白星発進

金沢に3−0 渡辺聡が連続ゴール

北信越サッカーリーグ

アルビレオ新潟 3（3−0、0−0）0 金沢サッカー
山雅ク（長野） 2−1 西友ク（富山）
北陸電力（富山） 4−2 ルネス学園（石川）
テイヘンズFC（石川） 4−2 マッキーFC（石川）
YKK（富山） 7−0 福井教員

第二十一回北信越サッカーリーグは九日、サンスポーツランド新津など4会場で開幕。新潟イレブンから生まれ変わったアルビレオ新潟FCはFW渡辺聡の連続ゴールなどで金沢サッカーを3−0で下し、幸先の良いスタートを切った。

前半15分、渡辺がDF二人をかわして右45度から先制ゴール。4分後にもMF藤田敬三のクロスボールを左から決めた。28分にはPKで加点し、前半で試合を決定付けた。

第2節は十六日、アルビレオは富山市五福スポーツ広場で西友ク（富山）と対戦する。

前半 全開 後半 息切れ 快勝にもなお課題

組織力アップの成果と課題。アルビレオ新潟FCの開幕戦は「前半（3−0）と後半では別のチームみたい」（渡辺聡）と両面が浮き彫りになった。

前半19分の2点目は、防御ラインを上げたDF陣が起点となったもの。素早くパスをつなぎ狙い通りの攻撃で、選手たちがバルコム監督の意図を理解してきていることを示した。

ところが運動量が落ちた後半は一変。中盤の役割分担があいまいになり、パスがつながらない。JFLの大塚製薬から新加入した神田勝利は「だれが良い悪いじゃなくて、確認しなくてはならないことが多い」と快勝にもすっきりしない表情を見せた。

若杉透総監督は「これからの話し合いが大切。お互いに考えていることをぶつけあっていきたい」と話していた。

アルビレオ新潟−金沢サッカー　前半19分、渡辺聡（左から2人目）が2点目を決める＝サンスポーツランド新津

エースの座「渡さぬ！」 渡辺聡

エースストライカーの渡辺聡が前半2ゴールと気を吐いた。もう一歩でハットトリックだったが「それよりも、FWとしてチームが勝つために仕事をすることだけを考えていた」と控えめだ。

バルコム監督が指揮を執ってから、チームの雰囲気も変わってきた。競争が激しくなったという。来月からはロッサムら外国人選手が加わりエースといえどもうかうかしていられない。

「外国人選手の技術を吸収してプレーの質を高めたいが、ポジションは渡さないように頑張ります」と渡辺。開幕早々から頼もしい言葉が返ってきた。

1995年4月10日朝刊

新潟イレブンが名称変更

J新星へ「アルビレオ」

後援会発足

チームスタッフと後援会が一体となり、プロ化へ向けて第一歩を踏み出した新生アルビレオ新潟FC＝新潟市内のホテル

本県にプロを目指すサッカーチームが誕生した。「アルビレオ新潟FC」。県トップクラブチーム「新潟イレブン」が後援会設立とともに生まれ変わり、企業と市民のサポートを得て、将来のJFL入りへ向けて本格的に強化を進める。

二十八日、新潟市内のホテルで新潟イレブン後援会設立発起人総会（中田久蔵代表）が開かれ、出席した県内企業三十五社の代表が後援会設立とチーム名の改称を了承。正式な後援会（真島一男会長）として年間二千万円の資金調達を目標に、アルビレオの支援体制を固めた。

同後援会では資金をアルビレオの強化、PRに充てる予定。これまで選手が自己負担していた用具費、合宿・遠征費等が援助されることになった。

またファンクラブ結成に向けて来月四日、天皇杯全日本サッカー選手権大会が行われる新潟市陸上競技場などで、広く市民に支援を呼び掛けていく。

新しいチーム名の「アルビレオ」は、はくちょう座のくちばしの位置にある二重星。色はブルーとオレンジで、日本海と夕日にぴったり。これがチームカラーになる。公募された百三十一点のなかから選ばれたもので命名者の大滝祥生君（新潟五十嵐中）は「新潟にハクチョウが飛んでくることからひらめいた。アルビレオに強くなってほしい」と話していた。

1994年11月29日朝刊

押せ押せゴール 開幕12得点

マイケル、杉山ハット

北信越リーグ

第二十二回北信越サッカーリーグは七日、4会場で開幕戦5試合を行い、プロ第1戦となったアルビレオ新潟FCは新潟市陸上競技場でマッキーFC（石川）に12−0で圧勝、さい先のいいスタートを切った。昨年優勝のYKK（富山）は県リーグから昇格の上田ジェンシャン（長野）と引き分けた。

アルビレオは前半8分にPKで先制すると、同14分には杉山が加点、前半終了間際にもダメ押しの2点を挙げた。後半も攻撃の手を緩めず、FW杉山学、MFマイケルがハットトリックを達成するなどで計12得点。守ってもGK河野の好セーブなどでマッキーにゴールを許さなかった。

アルビレオ新潟 1勝（3） 12（8−0、4−0）0 マッキーFC 1敗（0）
▽得点者【新】杉山3、マイケル3、近2（PK1）、マース2、小原、ロメロ
上田ジェンシャン 1分け（1） 2（2−1、0−1）2 YKK 1分け（1）
アローズ北陸 1勝（3） 4（3−0、1−0）0 金沢サッカー 1敗（0）
テイヘンズ 1分け（1） 1（0−1、1−0）1 山雅クラブ 1分け（1）
ルネス学園 1勝（3） 1（0−0、1−0）0 福井教員 1敗（0）

新天地で手ごたえ

○…「こんな最高の開幕はない」と、ハットトリックを達成した杉山学。静岡出身、Jリーグの清水エスパルスで戦った経験を持つ二十七歳のベテランは新天地でのスタートに確かな手ごたえをつかんだ様子だった。

毎年、開幕の時期はケガで泣かされた杉山。今年も左足首の故障を抱えている。そんな中でも、後半12分でベンチに下がるまで、ロメロらの左からのセンタリングをゴールにねじ込み、自分の存在を強烈にアピールした。

チームについては、前半のもたつきに触れ「パスの精度が低い。次に向けてしっかりしないと痛い目に遭う」と厳しい言葉を吐く。1試合で必ず1点は取る、ときっぱり言い切る姿がプロ選手としてのプライドを表していた。

プロの面目 アルビレオ圧勝

アルビレオ新潟−マッキーFC　前半14分、ゴール正面の混戦から杉山のシュートが決まり2点目。大量点への口火を切る＝新潟市陸上競技場

オランダコンビ 息飲む華麗なプレー

地元でのプロ初戦。アルビレオには絶対に負けられない試合だった。立ち上がり8分にマースがPKをもらい、14分には杉山が混戦からのこぼれ球を決め2点をリードしたが、再三のシュートチャンスを逃すなど、選手たちの硬さは抜けなかった。

だが、そんな空気を一気に変えたのがマース、ロメロのオランダからの新戦力だった。43分、左サイドに流れたボールをロメロが粘り強く追い、低いセンタリング。これをゴール前に走り込んだマースがダイビングヘッドで決めた。スタンドが一瞬息をのみ、若杉透総監督も「スーパープレー」と絶賛した3点目がプロのあかしだった。

後半はシュート練習さながらおもしろいようにゴールネットを揺らした。昨年までは決定力不足に泣くことが多かっただけに、若杉総監督から「（強豪の）アローズ北陸戦に貯金しておきたいほどだね」とのジョークも飛び出すほどだった。

3アシスト1ゴールと大活躍のロメロは、この二カ月の厳しい練習の成果が出たことを喜びながらも「上へ行くためのファーストステップに過ぎない」と涼しい顔。サインをもらう子供たちに囲まれたこの日の人気ナンバー1は、勝って当たり前といった表情で引き揚げていった。

1996年4月8日朝刊

アルビ満願

JFL昇格

教育研究社を圧倒

執念の6ゴール

アルビレックス－教育研究社 後半10分、アルビレックスのFWイグナスのパスをMFマイケルが決め同点に追いつく＝鹿児島市鴨池陸上競技場

地域リーグ決勝大会

サッカーの第二十一回全国地域リーグ決勝大会の決勝リーグ最終日は二十五日、鹿児島市の鴨池陸上競技場で2試合を行った。アルビレックス新潟は教育研究社を6－3で下し、最終成績を2勝1敗（勝ち点6）の2位で、優勝したソニー仙台とともに来季からのJFL昇格を決めた。

前日の1敗で後のないアルビレックスは、先制しながら教育研究社のカウンター攻撃に苦しみ、1点を追いかける苦しい展開となった。しかし後半10分、MFマイケルがこの日2得点目となる同点シュートを決め息を吹き返し、同23分にFWイグナスが逆転弾を決めた。

アルビレックス新潟（6） 6（1－2／5－1）3 教育研究社（0）

ソニー仙台（8） 0（0－0／0－0）0 横河電機（4） （PK4－3）

【得点者】マイケル2、イグナス、ニートン、杉山2（ア）長田、島居、久保井（教）

【評】すでに昇格の可能性が消えていた教育研究社に一時は逆転を許したアルビレックスだが、後半動きの衰えた相手を攻めたて大量得点した。

アルビレックスは前半11分、センターサークル付近でインターセプトしたMFマイケルが約40メートルを独走し先制。だが、同14分、同36分にカウンターで逆転を許して、速い球出しの相手にペースを握られた。

後半、風上に立ったアルビレックスは10分、FWイグナス－マイケルと短いパスをつなげ同点。20分すぎからプレスが効きはじめ攻勢に転じ、同23分に右サイドのマイケルから中央のイグナスと渡って逆転した。同27分FWニートン、2分後、9分後に交代したばかりのFW杉山が連続ゴールを挙げ突き放した。

はい上がった「挫折者集団」

二度続いた長い笛は、新潟にJFLチームが誕生したことを告げるものだった。この日2得点のFW杉山はグラウンドに突っ伏し、DF平岡は戦線離脱したGK浜野を呼び込み抱き合った。それぞれが、二年越しの歓喜に酔った。

チームのほとんどは県外出身者で、元Jリーガーも多い。だが、公式戦経験者は古俣ら数えるほど。何かしら問題を抱え「お払い箱」になった選手の集団がアルビレックスだ。

「うちは挫折の固まり」と若杉透チーム統括部長も話す。「でも練習環境の悪い中、目標を持ってここまで継続できた。今は、はい上がれる強さがある」と目を潤ませた。元磐田の浜野は「見返したいという気持ちがあった。自分のためにも、去っていった仲間のためにも勝ちたかった」と感無量の面持ちで話す。

だが、本当のプロの厳しさは、これからが始まりだ。昨年昇格のジャトコ、水戸が今季15、16位。一昨年昇格の大分、デンソーも12、13位と低迷している。ゲームメーカー不在や決勝リーグ3試合で9失点の守備陣の不安定さ。JFLを戦い抜くには不安材料は山ほどある。

来季の体制は一週間ほどのオフ後の契約更改で決まるが、「昇格一、二年は勝負にならないかも。未来を見据えてやりたい」と若杉部長はフロント側の立場で話す。しかし、杉山はイレブンの気持ちを代弁するように「本当に頑張れた。この経験はでかい。JFLは通過点にすぎないつもりで、爆発したい」と意気込んだ。

責任果たしほっ

○…二年前、有田コーチとともに磐田から移籍、チームをけん引してきた主将のMF古俣は、スパイクをサポーターに放り投げ「疲れた。まず休みたい」。予選リーグから苦しい戦いが続いた。直前のJヴィレッジの合宿で腰を痛め、走れない。それでも「負担を減らそうと、みんなが面倒見てくれた。出たからには、責任を果たさねばならなかった」と走り続けた。

昨年「この力では昇格しても通用しない」と話した主将。その思いは一年たった今も変わらぬが「一人ひとりの頑張りがここで実って良かった。今回は上がる時だったかな。ベンチにも入れずに手伝ってくれたチームメートのためにも」と感謝の言葉を口にした。

1998年1月26日朝刊

JFL昇格

全国リーグ2位確定 アルビレックス新潟

悲願のJFL昇格を果たし、喜びに沸くアルビレックスの選手たち＝25日、鹿児島市鴨池陸上競技場

サッカーのアルビレックス新潟は二十五日、鹿児島市の鴨池陸上競技場で行われていた全国地域リーグ決勝大会決勝リーグ最終日に、教育研究社を6－3で破り、通算成績を2勝1敗の勝ち点6で2位となり、日本フットボールリーグ（JFL）昇格を決めた。（関連記事19面に）

アルビレックスは前身の新潟イレブンを母体に、一九九四年十一月にアルビレオ新潟としてJFL入りに向けスタート、九六年四月に法人化し、新潟市をホームタウンとしたプロ球団となった。

昨年春にアルビレックスと名称変更、北信越リーグ、全国地域リーグ決勝大会を勝ち抜いて念願のJFL昇格を果たした。九九年にJFLを解消してJリーグの下部リーグとなるJ2への参加もすでに決定している。

JFLは四月五日に開幕、アルビレックスは前年2位の東京ガスとアウエーで対戦する。ホームでの初戦は同十二日、前年3位の川崎フロンターレ戦となる。

1998年1月26日朝刊

アルビレックス7連勝

鳥栖に1－0

鳥栖－新潟 前半12分にヘディングシュートを決めたDFセルジオ（中央）＝佐賀県鳥栖スタジアム

Jリーグ二部（J2）は二十五日、第7節第2日の4試合を宮城県仙台スタジアムほかで行った。

首位のアルビレックス新潟は佐賀県鳥栖スタジアムで前節まで5位のサガン鳥栖と対戦、1－0で辛勝し、開幕7連勝となった。

新潟は前半12分、MFリカルドの左コーナーキックからDFセルジオが頭で合わせ、先制。その後は鳥栖の反撃に遭い、防戦一方となったが、最後まで得点を許さず、1点を守り切った。

新潟の第8節は二十八日、ホームの新潟市陸上競技場で午後六時からベガルタ仙台と対戦する。

①新潟 7勝（20） 1（1－0／0－0）0 鳥栖⑦ 3勝4敗（8） （観衆 2674人）

▽得点者【新】セルジオ（1）

J2勝敗表（第7節最終日）

	試	勝	分	敗	点	得	失	差
①新潟	7	7	0	0	20	14	2	12
②大分	7	5	1	1	16	11	9	2
③東京	7	3	2	2	11	10	6	4
④山形	7	4	0	3	11	13	10	3
⑤大宮	7	3	0	4	9	15	12	3
⑥川崎F	7	3	1	3	9	9	7	2
⑦鳥栖	7	3	0	4	8	12	11	1
⑧札幌	7	2	1	4	7	8	11	－3
⑨仙台	7	2	1	4	6	8	14	－6
⑩甲府	7	0	0	7	0	5	23	－18

【新潟】			【鳥栖】	
0	吉原	GK	高崎	0
0	木沢	DF	川前	1
2	セルジオ	DF	佐藤陽	0
0	柴	DF	森保	1
0	中野	DF	小林	2
2	瀬戸	MF	井原	0
0	秋葉	MF	北内	1
0	リカルド	MF	中村	2
0	水越	MF	古賀	0
1	サウロ	FW	佐藤真	1
0	鳴尾	FW	竹元	0

▽交代
【鳥】佐藤大1（中村）高木2（北内）杉0（佐藤真）
【新】河原塚0（サウロ）鈴木0（水越）藤田0（柴）

精彩欠くも堅守で辛勝

「勝てたのがラッキーだった」。開幕からの連勝を7に伸ばしたアルビレックス新潟。だがこの日はサガン鳥栖に苦戦し、永井監督も辛勝にひと安心といったところだった。

前半早々にセットプレーからDFセルジオが先取点を入れたが、その後は守り一辺倒。攻守のバランスよく、出足も早い鳥栖に押し込まれた。「いつやられてもおかしくない局面が多かった」（永井監督）。詰めの部分で相手の決定力不足に助けられたが、鳥栖の楚輪監督が「連勝しているチームのような威圧感はなかった」と言うように、新潟は動きに精彩を欠いていた。

だがここ一番での堅守は秀逸。永井監督も「今日の試合が象徴しているように、選手が守備で頑張っている」と称賛する。ここまでの全7試合のうち、5試合はいずれも1－0の勝利。アウエーでの戦いや格上との戦いでは、攻め込まれながらも粘り強く守り、後半は運をも味方につけて、きわどく勝ちを拾っている。

「うちはとにかく全員で守って、全員で攻撃するだけです」。この後は試合日程が詰まっており、連戦が続くが、指揮官のいう全員サッカーで、さらなる連勝を狙う。

1999年4月26日朝刊

17人に戦力外通告

全選手の3分の2 若返りへ大ナタ

永井監督続投

サッカーのアルビレックス新潟は二日、監督、選手の契約更改を発表した。今春就任の永井良和監督は来年度の続投が正式に決定。選手では全二十六人のうち、球団創設以来最高となる大量十七人に戦力外通告し、契約を更新しないことを決めた。

球団が異例の大量解雇に踏み切ったのは、来年のJリーグ二部（J2）入りを見据えた強化と、チームの若返りを図ったところが大きい。今季戦ってきたJFLの成績（16チーム中11位）を踏まえると、J2での苦戦は必至で、「三年後にはJ1を目指せるチームを」と計画している球団側も危機感を募らせていた。また現在の主力選手には二十代後半の選手が多く、これからチームを育てる意味でも若返りが必要だった。

若杉透チーム統轄部長は「（練習場所など）ひどい環境の中、JFL昇格に貢献してもらい、選手たちは一生懸命働いてくれた。だが先に動いていく事業なので、厳しい選択をとらせていただいた」と説明。新戦力の人選については今月末から本格化する見込みだ。

マイケル、イグナスの両外国人選手、そしてスタッフの契約更改は十一月末に発表。解雇される十七人の契約は、十二月三十一日で満了する。

戦力外通告をされた選手は次のとおり。

▽GK 菊地修 浜野征哉 森岡健二▽DF 奥山達之 葛野昌宏 近彰彦 鈴木洋平 浜田祥裕 平岡宏章▽MF 岡田秀市 垣内友二 古俣健次 藤田敬三▽FW 太田裕和 兼子一樹 杉山学 原祐俊

強化図らなければ

永井良和監督の話 早々に来季のJ2へ向けて、さらにチームの強化を図らなければならない。

J2へ試練 アルビレックス

決定力不足が慢性化

得点数はリーグ15位 スタミナ強化も課題

4連勝を決めた第14節の本田技研戦。FWイグナス（中央）ら選手の動きもよく、攻守の歯車がかみ合っていた＝8月2日・新潟市陸上競技場

Jリーグの一、二部制導入に伴い、今回が最後のシーズンとなったジャパンフットボールリーグ（JFL）。今春、地域リーグから昇格したアルビレックス新潟は、最初で最後のJFLを11位（12勝18敗・勝ち点34）で終えた。来年にはJ2（Jリーグ二部）入りが控えるアルビレックス。その今季の戦いぶりを振り返った。

まず11位という成績。昇格初年のチームは、地域リーグとのレベルの差を見せつけられ、低迷するケースが多い。昨年昇格した2チームは、ジャトコが15位、水戸ホーリーホックに至っては開幕から14連敗で最下位の16位と振るわなかった。それを考えれば、健闘といえる。4連勝した第14節では最高位の7位まで浮上。上位チームの山形、本田技研、甲府からも白星を奪った。だが、Jリーグ準会員の2チーム（川崎フロンターレ、ブランメル仙台）を含め、来年J2入りが決定している9チームだけで順位を見ると、新潟の下には大宮アルディージャ（12位）しかいない。

次に戦術。30試合で一貫していたことは、守備の重視だった。「しっかり守ってから、カウンター攻撃」という戦術が、永井良和監督の基本的なスタンスだった。個々の能力で劣るなら、組織でしっかり守って失点を抑え、好守の切り替えを早くし、カウンターで勝機を見いだす。それが狙いだった。ホーム初戦の東京ガス戦では作戦が奏功、相手監督に「守りの意識がはっきりしていてやりづらかった」と言わしめた。全失点の47は16チーム中、6番目に少なく、ある程度の評価ができる。

一方で〝二つの力不足〟が目立った。体力と決定力の不足だ。開幕当初の体力不足は、中盤の押し上げを鈍らせ、組織が機能することを妨げた。そのため、W杯開催の中断期間を使い、選手たちはスタミナ強化に励んだ。その成果は再開後の4連勝に表れ、以後、体力不足が顕著に目立つことは減った。

だが決定力不足は、シーズンを通してほぼ慢性化。「決めるときに、決めなければ」という永井監督のコメントが幾度となく聞かれた。夏場に点取り屋のFWイグナスを欠いたのは痛かったが、全得点の39はリーグ15位とかなり低い。しかも、10得点以上挙げた選手が一人もいないのは、全チームを見渡しても新潟だけ。絶対的なストライカーがいなかったと言える。

最後に集客について。今季の一試合平均入場者数は約三千四百人。期待に沸いたホーム初戦の東京ガス戦では、一万一千百三十六人を記録。この数は、最終節・仙台－鳥栖戦（仙台スタジアム）に次ぐ2番目の多さだった。だが、成績が落ちてきて迎えたホーム最終戦では、四千人弱。やはり地元の球団でもお金を出して見る気にはなれないということだ。田村貢総務部長は「目標は一試合平均四千から五千人。やはり、ホームで負けない試合を心掛けなくては」と話す。

球団は二日に選手の大量解雇を発表した。チームの約三分の二が放出されるという異例の事態だ。だが、今季のJFLでの戦いを見ていると、現有戦力では限界を感じる。J2では荷が重い。J1を目指すチームであれば、やはり仕方のないところだ。来季はほぼ総入れ替えの新戦力で臨むことになる。地元ファンを引きつける強さとプレーに期待したい。

アルビレックス全成績

第1節A	新潟●0－2○川崎F
第2節H	新潟●1－2○東京ガス
第3節A	新潟●1－2○国士大
第4節H	新潟○2－1●ソニー
第5節H	新潟○2－1●水戸
第6節A	新潟○2－1●ジャトコ
第7節H	新潟●0－2○デンソー
第8節A	新潟●1－2○大分
第9節H	新潟●1－2○鳥栖
第10節A	新潟●0－2○大宮
第11節A	新潟○2－0●仙台
第12節A	新潟○2－1●大塚
第13節H	新潟○3－1●甲府
第14節H	新潟○5－1●本田技研
第15節A	新潟●0－1○山形
第16節H	新潟●0－2○川崎F
第17節H	新潟○2－1●ジャトコ
第18節A	新潟●0－3○デンソー
第19節H	新潟●0－1○大分
第20節A	新潟●0－1○鳥栖
第21節H	新潟●1－2○大宮
第22節H	新潟●2－3○仙台
第23節H	新潟○2－1●大塚
第24節A	新潟●1－4○甲府
第25節A	新潟●1－2○水戸
第26節A	新潟○2－1●ソニー
第27節H	新潟○2－0●国士大
第28節A	新潟●1－3○本田技研
第29節H	新潟○2－0●山形
第30節A	新潟●1－2○東京ガス

（表のHはホーム、Aはアウエー。川崎Fは川崎フロンターレ、仙台はブランメル仙台、ソニーはソニー仙台）

1998年11月3日朝刊

鳴尾がハット6－1
2ヵ月半ぶりホーム勝利
新潟、浦和を撃沈

新潟―浦和　後半36分、MF鳴尾がハットトリックにつながる自身の2点目をゴール。3―0とする＝新潟市陸上競技場

Jリーグ二部（J2）第18節第1日（10日・札幌厚別公園競技場ほか＝4試合）アルビレックス新潟はホームの新潟市陸上競技場で浦和レッズと対戦。MF鳴尾直軌がチーム初のハットトリックを達成するなど今季最多得点となる6点を挙げ、大勝した。

新潟は今季5勝目。ホーム戦での勝利は三月二十六日（第3節、ヴァンフォーレ甲府）以来二カ月半ぶり。

新潟は前半17分、鳴尾のシュートで先制すると、前半だけで4得点。後半にも2点を加え、浦和を寄せ付けなかった。

首位の浦和レッズは、大分トリニータに2―1で延長Vゴール勝ちしたコンサドーレ札幌に勝ち点38で並ばれたが、得失点差で辛くもトップの座を守った。

札幌は延長前半9分に播戸がVゴールして3位の大分を退け、9連勝。

4位の大宮アルディージャは湘南ベルマーレに4―1で快勝し、3連勝となった。

新潟は第19節の十七日午後六時から、アウエーの大分市陸上競技場で大分トリニータと戦う。

②新潟（1勝1敗）（観衆 11662人）
新潟 5勝1分10敗（14）　6（4―0、2―1）1　浦和 13勝3敗（38）
▽得点者【新】鳴尾3（7）服部（2）寺川（1）鈴木（4）【浦】西野（1）

②大宮（大宮2勝）（観衆 4175人）
大宮 11勝1分5敗（33）　4（1―0、3―1）1　湘南 8勝8敗（23）
▽得点者【宮】磯山（3）原崎（4）上村（3）マーク（4）【湘】ビタリー（1）

②鳥栖（水戸1勝1分け）（観衆 2583人）
鳥栖 4勝4分9敗（15）　1（1―1、0―0、延長0―0、0―0）1　水戸 6勝2分8敗（19）
▽得点者【鳥】井原（2）【水】金口（1）

②札幌（札幌1勝1分け）（観衆 12389人）
札幌 13勝1分1敗（38）　2（1―0、0―1、延長1―0）1　大分 11勝1分5敗（34）
▽得点者【札】播戸2（4）【分】ルシアノ（1）

先制点でリズム
努力と辛抱結実

浦和の前線からのプレスに対応するために取った1―5―4のシステムが機能。両サイドのけ上がりからチャンスを量産した。

右サイドのMF本間、DF木沢の連係は絶妙。左のMF鈴木、DF中野も積極的に上がり、トップ下のMF鳴尾、FW服部に供給。ボールを受けてからの処理が遅いことが多かった鳴尾は今回、ダイレクトに打ち、調子を取り戻しつつある服部も、ストライカーとしての期待にこたえた。

永井監督は開口一番「やっとホームで勝ててよかった」と安どして話す。しかし、勝因については「なにか特別なことをしたわけではない」と淡々としていた。

システムは変えたもののゴールに至るまでの内容は、両サイド突破を基本とする今までと変わらない。挙げられるのはFW陣に思い切りよさが見られたことと、先制点を奪いリズムに乗ったこと。だが今回の勝利はひとえに、勝ち負けに左右されない選手、スタッフの変わらぬ努力が結実したものといえる。負けるたびに「我慢の時」と言っていたDF木沢主将の願いもここでいったん、かなった。

試合後、鳴尾はサポーターに「辛抱強く応援してくれてありがとう」のあいさつ。〝辛抱強く〟は選手にも言えることだろう。

【新潟】			【浦和】	
0	木寺	GK	田北	0
0	木沢	DF	山田	0
0	柴	DF	西野	1
0	高橋	DF	ピクン	0
0	中野	DF	内館	0
2	寺川	MF	阿部	0
0	秋葉	MF	石井	0
1	本間	MF	福永	2
5	鈴木	MF	永井	0
7	鳴尾	FW	クビツァ	1
5	服部	FW	福田	1

▽交代
【新】小林0（服部）堂森0（寺川）井上0（秋葉）
【浦】宮沢0（内館）土橋1（阿部）大柴1（クビツァ）

J2勝敗表（10日現在）

	試	勝	分	敗	点	得	失	差
①浦和	16	13	0	3	38	42	16	26
②札幌	15	13	1	1	38	29	7	22
③大分	17	11	1	5	34	35	16	19
④大宮	17	11	1	5	33	28	21	7
⑤湘南	16	8	0	8	23	27	27	0
⑥水戸	16	6	2	8	19	15	19	－4
⑦仙台	16	6	1	9	19	25	30	－5
⑧鳥栖	17	4	4	9	15	11	27	－16
⑨新潟	16	5	1	10	14	21	32	－11
⑩山形	15	4	0	11	12	15	28	－13
⑪甲府	15	1	1	13	4	12	37	－25

【評】新潟が昨年四月の甲府戦以来となる6得点を挙げ快勝した。新潟は前半17分、右からの浮き球をMF鳴尾が直接合わせ先制。22分、浦和のMF永井がレッドカードで退場し数的優位に立つと、24分、FW服部がゴール前のこぼれ球を押し込み2点目。36分に鳴尾がドリブルで持ち込むと、42分にはDF中野の左サイドからのクロスを鳴尾が頭で折り返し、最後はMF寺川が決めた。後半も9分にMF鈴木、44分には鳴尾がハットトリックとなるドリブルシュートを決め突き放した。浦和はパスカットを簡単に許す場面が多く後半に1点を返すにとどまった。

浦和サポーター暴走

○…6失点の大敗に怒った浦和サポーター約三百人が試合後、選手を乗せたバスを取り囲む騒ぎがあった。

興奮したサポーターが、バスをけったり、ペットボトルなどを投げ付けたため、約二十分間出発できない状態が続いた。

警察官や警備員も通常の試合の三倍の三十人、警備のボランティアも七十人を配置していたが、サポーターの〝暴走〟に手が出せない状況だった。

2000年6月11日朝刊

2002年11月17日朝刊

アルビ J1消滅
C大阪に完敗

サッカーJリーグ2部（J2）のアルビレックス新潟は十六日、大阪・長居陸上競技場でセレッソ大阪と対戦し、0―3で敗れた。新潟は最終節1試合を残し、2位のC大阪との勝ち点差が7に開き、1部（J1）昇格の可能性がなくなった。

（関連記事18・27面に）

昇格へは勝つしかない新潟だが前半17分、C大阪のFW大久保に先制点を奪われる苦しい立ち上がり。新潟からの約3000人のサポーターが、逆転を信じて最後まで声援を送ったが、ゴールネットを揺らすことができず、逆に後半2失点して万事休した。

あと一歩でJ1昇格を逃した反町康治監督は「J2で一番いいサッカーをしたのは新潟。胸を張って新潟に帰りたい」と話した。

C大阪に敗れてJ1昇格の可能性が消え、サポーターにあいさつする新潟の選手たち＝16日、大阪・長居陸上競技場

善戦新潟〝開幕戦〟飾れず
黒崎2Gも無念3―4
2位京都にあと一歩

Jリーグ二部（J2）第12節（19日・仙台スタジアムほか＝6試合）仙台が横浜Cに3―0で快勝し、勝ち点を26として、再び単独首位に立った。

アルビレックス新潟はホームの新潟スタジアム（ビッグスワン）で京都サンガと対戦。3―4の延長Vゴールで敗れ、スタジアム初勝利はならなかった。新潟の連勝は4でストップ。順位は7位となった。

新潟は前半19分と28分に黒崎がゴールを決めて試合を優位に進めたものの、後半に逆転を許した。

後半に逆転されたが、44分にFW氏原のヘディングシュートで同点に追い付き延長戦へ。延長後半14分に京都にPKを許して敗れた。

新潟の第13節は二十三日。アウエーの山形県総合運動公園陸上競技場で、モンテディオ山形と対戦する。キックオフは午後七時。

京都は勝ち点を25に伸ばした。

川崎のエメルソンは2試合連続のハットトリックを達成、通算16点で得点ランキングのトップに立った。

【新潟】			【京都】	
0	野沢	GK	平井	0
0	高橋	DF	佐藤	0
1	セルジオ	DF	大獻	2
0	新井	DF	手島	0
2	神田	DF	熱田	10
0	秋葉	MF	朴智星	3
0	西ケ谷	MF	石丸	2
2	寺川	MF	野口	1
2	鈴木	MF	松川	1
4	黒崎	FW	上野優	2
1	深沢	FW	黒部	2

▽交代
【新】大西2（西ケ谷）氏原2（黒崎）井上0（深沢）柴0（秋葉）
【京】安孝錬2（黒部）松井1（安孝錬）長田1（松川）

不可解な判定に泣く

FW黒崎、FW氏原の見事なシュートは、新しいスタジアムのスタンドを大いに沸かした。しかし、一つの判定によってすべて色あせてしまった。

延長後半14分、PKを取られたDF新井は、審判に激しく抗議。2回の警告で退場処分となった。「納得いかないです。勝手に相手が転げただけ。ゴール前で（体を張るのは）当たり前じゃないですか」とまくし立てた。

反町監督も「今までレフェリーについてコメントするつもりはなかった」と前置きし「毅然（きぜん）としていないレフリングで、すべてを失ってしまった。一生懸命プレーをした選手がかわいそう。非常に残念です」と、コメントするのもつらそうだ。

確かに不可解な判定だった。しかし京都に与えたFKは39。新潟の3倍だ。ボールを取りに行く積極的な姿勢の表れともいえるが、個々の力量で勝る京都に対し、ファウルでしか止められなかったというのも事実だ。厳しい判定は伏線があってのことかもしれない。

これで3度目のVゴール負け。ショックが後に引かないか、心配なところだ。

写真＝新潟―京都　前半19分、FW黒崎が京都DFをかわして振り向きざまに先制点のシュート。新潟スタジアム（ビッグスワン）

②新潟ス（京都2勝）（観衆 31964人）
京都 8勝2分2敗（25）　4（1―2、2―1、延長0―0、1―0）3　新潟 5勝3分4敗（18）
▽得点者【京】上野優2（4）熱田（2）大獻（PK）（2）【新】黒崎2（7）氏原（3）

J2勝敗表（19日現在）

	試	勝	分	敗	点	得	失	差
①仙台	12	9	1	2	26	27	14	13
②京都	12	8	2	2	25	28	17	11
③湘南	12	8	1	3	22	24	15	9
④大宮	12	7	3	2	22	22	14	8
⑤大分	12	7	0	5	20	17	13	4
⑥川崎	12	6	0	6	18	27	16	11
⑦新潟	12	5	3	4	18	18	14	4
⑧山形	12	5	4	3	18	17	13	4
⑨横浜C	12	5	1	6	14	15	23	－8
⑩甲府	12	2	0	10	6	10	29	－19
⑪鳥栖	12	0	3	9	3	8	26	－18
⑫水戸	12	0	2	10	2	8	27	－19

②仙台（1勝1敗）（観衆 10476人）
仙台 9勝1分2敗（26）　3（1―0、2―0）0　横浜C 5勝1分6敗（14）
▽得点者【仙】岩本（2）蓮見（1）マルコス（14）

②山形県（1勝1敗）（観衆 1883人）
大宮 7勝3分2敗（22）　2（1―0、0―1、延長1―0）1　山形 5勝4分3敗（18）
▽得点者【宮】上村（1）バルデス（15）【山】松田（1）

②大分陸（大分2勝）（観衆 3841人）
大分 7勝5敗（20）　1（0―0、1―0）0　水戸 2分10敗（2）
▽得点者【分】高松（1）

②平塚（湘南2勝）（観衆 3862人）
湘南 8勝1分3敗（22）　4（2―1、2―0）1　甲府 2勝10敗（6）
▽得点者【湘】栗原（9）中里（1）高田（5）鈴木良（2）【甲】藤田（2）

②等々力（川崎2勝）（観衆 3470人）
川崎 6勝6敗（18）　6（5―0、1―1）1　鳥栖 3分9敗（3）
▽得点者【川】林2（4）渡辺（1）エメルソン3（16）【鳥】矢部（2）

【評】新潟はFW黒崎の個人技などで延長に持ち込み善戦。しかし、個々の技術に勝る京都を破れなかった。新潟は3―4―3の攻撃的なシステムに変更。前半こそ京都DF陣を惑わしたが、後半からは修正された。

黒崎の先制点は、相手DF2人を背負いながら、振り向きざまにシュート。2点目はCKからの見事なヘディングだった。氏原も後ろからのロングボールを見事に決めたが、失点が多すぎた。

延長後半4分に、FW大西がGKと1対1となったが、ゴールを決められなかったのも痛かった。

狙い通り初得点

○…新潟スタジアム（ビッグスワン）初ゴールはやはりFW黒崎だった。「ペナルティーエリア内に入れば、DFが何人いようと関係ない」。前半19分、DF2人を背負ったまま、振り向きざまに強引にシュート。ボールはゴール左隅に吸い込まれた。

「あれはイメージ通りでした」と黒崎。メモリアルゴールを手にした勝負強さについては「今まで、もっと大きな舞台を踏んでいる。経験を生かしてこういう結果が出ているのでしょう」と誇っていた。

2001年5月20日朝刊

アルビ J1昇格

J1昇格とJ2優勝を勝ち取り、喜びを爆発させるアルビレックス新潟の選手たち＝23日、新潟スタジアム

大宮破り Vも決定

強化9年 悲願達成

サッカーJリーグ2部（J2）のアルビレックス新潟は二十三日、新潟スタジアムで大宮を1－0で下し、勝ち点を88としてリーグ優勝を果たすとともに、1部（J1）昇格を決めた。一九九四年十一月、クラブチームの新潟イレブンをアルビレオ新潟FCと改称してJリーグを目指して以来九年で、国内最高リーグのJ1入りを成し遂げた。

（関連記事14・15・30・31面に）

J1昇格をかけた今季最終戦。新潟スタジアムには過去最高の四万二千二百二十三人の観衆が詰めかけ、超満員のスタンドをオレンジ色のアルビカラーで染め上げた。

前半10分、FW上野優作選手が先制のゴールを決めると、大歓声がスタジアムを揺るがした。その後も大宮の反撃に体を張って守る選手たちを、四万人を超すサポーターが勇気を与え続け、大宮にゴールを許さなかった。

新潟は一九九九年、J2が発足するとともに参加。二〇〇一年、反町康治監督が就任し、〇一年は4位、〇二年は3位とJ1昇格争いに絡むまでに力をつけ、反町体制三年目で悲願を達成した。

最終戦で優勝と昇格を決めた反町監督は「（第4クールの不振で）生みの苦しみを味わい、その分喜びもひとしお。応援してくれたサポーターに感謝したい」と、歓喜に満ちたスタンドの声援に応えた。

【アルビレックス新潟】1955年、新潟イレブンとして創部。北信越リーグ時代の94年に県招請コーチのバルコム氏が就任、アルビレオ新潟として強化に乗り出した。96年に法人化。97年アルビレックス新潟に改称し、98年JFL昇格、99年スタートのJ2に参加した。2001年の反町監督就任後、J1昇格争いに加わり、3年目で悲願を達成した。

ホームタウンは新潟市、北蒲聖籠町。チーム名は白鳥座の二重星「アルビレオ」と、ラテン語で王を表す「レックス」を合わせた。

J1で日本一に

平山征夫知事の話　昇格を心からお祝いします。アルビの活躍は県民に感動と勇気を与えてくれた。新潟のサポーターは日本一。チームもJ1で日本一になってほしい。

市民と喜びたい

篠田昭・新潟市長の話　選手、サポーターの皆さん、本当にありがとう。そしておめでとう。皆さんが勝ち取った大きな夢の実現を市民みんなと喜びたいと思います。

2003年11月24日朝刊

J.LEAGUE DIVISION 2

J2最終節は23日、新潟スタジアムなどで6試合を行った。アルビレックス新潟はJ1昇格をかけ6位の大宮と対戦。1－0で下して勝ち点88とし、悲願の昇格を決めた。既に昇格を決めている広島が川崎に敗れたため、新潟の勝ち点が広島の勝ち点86を上回り、新潟のリーグ優勝も決まった。新潟のFWマルクスは今季32得点を挙げ、2年連続得点王となった。

新潟は前半10分、FKからの混戦を抜け出したFW上野が、体を反転させ右足で決めて先制。後半はFWバレーの個人技などから再三ピンチを招いたが、DF陣の体を張った守りでゴールを許さず、リードを守り切った。

川崎は前半23分、中央のFKをMFアウグストが直接左足で決め先制。35分、FWマルセロにPKで振り出しに戻された。後半36分、FW我那覇のゴールで勝ち越したものの、勝ち点1差で昇格はならなかった。

福岡は水戸を1－0で下し4位。甲府は鳥栖と引き分け5位に順位を落とした。

不屈の魂 最後まで

新潟J1昇格

試合終了のホイッスルが鳴った瞬間、すべての重圧から解放された。顔を覆い、ピッチに泣き崩れた選手たち。「苦しいシーズン、我慢、我慢のシーズンだった」。全44試合で最終ラインをコントロールしてきた丸山はこみあげてきた思いを、こらえきれなかった。

試合巧者の広島、破壊力のあるブラジル人がそろう川崎を、新潟は組織的守備で上回った。昇格をかけた大一番も、サイドバックにけが人が続出し、満身創痍（そうい）だった。しかし、後半の大宮の猛攻を、11人全員が集中を切らさず、守って守って、守り抜いた。

相手がペナルティーエリアに入るたびに、次々とタックルを繰り出し、ボールをはじき返した。反町監督は「最後は気持ちのこもっている方に、ボールが転がった」。大宮の清雲監督は「守備がよく整備され、スペースを与えてくれなかった」と、かぶとを脱いだ。

組織力 ライバル上回る

歓喜の瞬間まで残りわずかの時間帯。相手セットプレーの緊迫した場面でも、チームの柱となるベテランが冷静さを失わなかった。

ボランチ秋葉は相手選手と激しくやり合いイエローをもらったが、「荒れると審判はゲームを早く終わらせようとする。もめている間に、うちのFWを戻らせる狙いもあった」。大一番を繰り返すうちに、いつしか、したたかさも身に付けていた。

所属選手全員が手を振りながらスタジアムを1周、90分間声をからし続けたサポーターに、感謝した。しかし、監督、選手とも「きょうは通過点。J1優勝を目指し、ここからが本番だ」と浮かれた様子はない。夢はまだ、序章にしかすぎない。

新潟―大宮　後半に大宮の猛攻を受けたが、新潟はチーム全員でゴール前を死守＝23日、新潟スタジアム

④新潟ス（新潟4勝）

新潟		大宮
27勝7分け10敗（88）	1（1－0／0－0）0	18勝7分け19敗（61）

▽得点者【新】上野（13）
▽観衆　42223人

【新潟】シュート	【新潟】選手		【大宮】選手	【大宮】シュート
0	野沢	GK	安藤	0
0	高橋	DF	斉藤	1
0	アンデルソン	DF	トニーニョ	0
0	丸山	DF	奥野	0
1	鈴木	DF	村田	0
1	山口	MF	氏家	1
0	秋葉	MF	大塚	0
1	栗原	MF	金沢	2
5	ファビーニョ	MF	伊藤	2
4	マルクス	FW	盛田	2
1	上野	FW	バレー	2

▽交代
【新】深沢0（栗原）船越0（マルクス）安英学0（鈴木）
【宮】黒崎0（金沢）磯山0（伊藤）

必死の守りしのぎ切る

【評】勝つか引き分けでJ1昇格が決まる重圧のかかる試合だったが、新潟はピンチを招きつつも序盤に奪った1点を守り切って、昇格を決めた。

新潟は前半10分、ゴール前のマルクスのFKが壁に当たり、混戦となったところを上野がDFをかわして、右足で決めて先制した。新潟はその後も、中盤でのボール支配で大宮を上回ったが、パスに精度を欠き決定機をつくれなかった。

逆に新潟は36分、右サイドを崩され、ゴール前でフリーでのシュートを許したほか、44分にはバレーの個人技から左サイドを崩されるなどピンチを招いたが、必死の守りでしのぎ、1点リードで折り返した。

後半立ち上がり、動きの重い新潟は中盤でリズムをつくれず大宮にペースを握られた。栗原、マルクスらのシュートで勢いをつかみ始めた後半30分すぎから深沢、船越、安を次々に投入し攻勢に。バレーの突破や立て続けのセットプレーに苦しんだが、DF陣の踏ん張りで同点ゴールは許さなかった。

山口が声援に感謝

○…試合終了後、チームリーダーの山口は真っ先にゴール裏のサポーターに駆けていった。その手には「12番目の選手」、サポーターを意味する背番号のないユニホームが高々と掲げられていた。

「サポーターの声援が自分たちの力以上のものを出させてくれた」。何度もサポーターへの感謝の言葉を口にする山口。試合終了後のインタビューでも「新潟、最高」と叫び、喜びを爆発させた。

「44試合を戦い抜いて素晴らしい結果を得ることができた」。J1昇格請負人として新潟に加わったチームリーダーは大仕事を果たし、喜びをかみしめていた。

J2勝敗表（全日程終了）

	試	勝	分	敗	点	得	失	差
①新潟	44	27	7	10	88	80	40	40
②広島	44	25	11	8	86	65	35	30
③川崎	44	24	13	7	85	88	47	41
④福岡	44	21	8	15	71	67	62	5
⑤甲府	44	19	12	13	69	58	46	12
⑥大宮	44	18	7	19	61	52	61	−9
⑦水戸	44	15	11	18	56	37	41	−4
⑧山形	44	15	10	19	55	52	60	−8
⑨札幌	44	13	13	18	52	57	56	1
⑩湘南	44	11	11	22	44	33	53	−20
⑪横浜C	44	10	12	22	42	49	88	−39
⑫鳥栖	44	3	11	30	20	40	89	−49

2003年11月24日朝刊

駆けつけた1万2000人のサポーターを前に、懸命のプレーを見せたアルビレックス新潟の選手たち＝13日、味の素スタジアム

J1開幕
アルビ猛追及ばず

アルビレックス新潟の新たな戦いが始まった。サッカー・Jリーグ1部（J1）の第1ステージが十三日開幕、新潟は東京・味の素スタジアムでF東京と対戦、0―1で敗れ、J1初陣を飾れなかったが、次戦につながる懸命のプレーを見せた。（関連記事22・23・38面に）

スタンドにはオレンジのユニホームを着た1万2000人の新潟サポーターが詰めかけ、F東京サポーターに負けじと大声援でチームをアシストした。

試合は前半25分、F東京の波状攻撃で先制点を奪われた。しかし、後半は運動量の落ちたF東京に対し、堅守から速攻の形を作りスタンドを沸かせたが、J1初ゴールは新潟スタジアムでの次戦・神戸戦（二十日）に持ち越した。反町康治監督は「次こそ、応援に応えるスペクタクルな試合をしたい」と意気込んでいた。

2004年3月14日朝刊

J.LEAGUE DIVISION 1

J1第10節（4日・新潟スタジアムほか＝9試合）アルビレックス新潟は2―1で川崎を逆転で下し、6試合ぶりの白星を挙げた。新潟は3勝4敗3分けの勝ち点12とし14位に浮上した。

新潟は前半36分、FWジュニーニョのゴールで先制を許したが、後半3分、船越のゴールで同点。さらに同39分、アンデルソン・リマがFKを直接決め逆転した。新潟は次節8日、柏の葉公園総合競技場で柏と対戦する。

首位の鹿島は本山が2ゴールを決め、2―0でF東京に快勝し勝ち点を25に伸ばした。名古屋は大分と0―0で引き分け、勝ち点18で2位を守った。

広島は千葉と1―1で引き分けて勝ち点17。大宮は1―0で柏に競り勝って同16とした。

磐田はカレンの勝ち越し点でG大阪に2―1で逆転勝ち。浦和は1―0で神戸を下し、新潟は2―1で川崎を破った。横浜Mと清水、C大阪と東京Vは引き分けた。

J1通算ゴールは9992となり、1万ゴール達成は8日以降に持ち越された。

お待たせ 新潟○

リマ 決勝のFK
逆転で6試合ぶり歓喜
川崎を下す

新潟2―1川崎

【評】新潟は前半に先制点を許したが、後半開始直後に船越のシュートで同点。終盤、代わったアンデルソン・リマがFKを決め、逆転勝ち。前半は鈴木慎の左サイドからの突破などで攻め上がるが、決定的な場面をつくれず。逆に36分、カウンターからのこぼれ球をジュニーニョにけり込まれた。

後半3分、DFを背後にゴール前で本間からのパスを受けた船越が、反転してゴール右隅に同点シュート。18分には青野を投入。鈴木慎をトップ下に置き、船越、エジミウソンにボールを集め攻め立てた。39分、ペナルティーエリア正面で鈴木慎が倒されて得たFKを、送り込まれたリマが直接決め、決勝点を奪った。

①新潟ス

新潟		川崎
3勝3分け4敗（12）	2（0―1 / 2―0）1	4勝2分け4敗（14）

▽得点者【新】船越（1）アンデルソンリマ（3）【川】ジュニーニョ（5）
▽観衆 41422人

【新潟】			【川崎】	
0	野沢	GK	吉原	0
0	萩村	DF	伊藤	0
0	海本慶		鄭容台	0
0	丸山		寺田	0
0	喜多		谷口	1
2	寺川	MF	中村	2
0	本間		長橋	1
2	岡山		アウグスト	1
2	エジミウソン		マルクス	1
3	船越		ジュニーニョ	11
0	鈴木慎	FW	黒津	1

▽交代
【新】青野0（岡山）アンデルソンリマ2（鈴木慎）上野0（エジミウソン）
【川】相馬0（マルクス）都倉0（鄭容台）

3バックの活躍光る

思い切った3バックへの変更が奏功。FWジュニーニョを軸にリーグトップレベルのスピードと破壊力を見せる川崎の攻撃を、最少失点で切り抜けた。

スペースを巧みについてくるジュニーニョに対し「4バックのゾーンでいろんなシーンで前を向かせるよりもマンマークの方がいい」と反町監督。1対1の局地戦は増えるが、DFのマークがはっきりする3バックを選択した。その活躍が光った。

試合前、「ウチのDFはスピードに対する勝負は悪くない」と話していた指揮官。果たしてジュニーニョはスピードにのったドリブル突破を仕掛けてくるが、簡単に飛び込むことはなく、シュートコースを消した。「2トップから変則的な3トップだったが、一人余ってカバーができた」と海本慶は手応えを語る。

5失点の前節から中2日で挑んだことを考えれば上出来の内容。「横浜Mの3バックに値する。丸山が転んでなければゼロで終わったような、集中したいいディフェンスだった」と指揮官も絶賛する。

大宮戦、今節といずれも大敗後に3バックを採用し勝利を収めた。反町監督は「（3バックを）続けていくとは限らない」と語るが即効薬だけにとどめておくのはもったいない。

新潟―川崎　試合終了直前に逆転のＦＫを決め、感激のあまり上着を脱ぎ捨ててエジミウソン（右）と抱き合う新潟のアンデルソン・リマ＝4日、新潟スタジアム

頼みの右足〝世界規格〟 リマ

アンデルソン・リマの〝世界規格〟の右足が、またしてもチームに貴重な勝ち点3をもたらした。「みんなで監督のためにやろうと話していた。気持ちのこもったゲームを勝つことができてよかった」としてやったり。

同点に追いつき、何としても勝ち星が欲しい一戦。後半39分に鈴木慎がもらったゴール正面での絶好のFK。誰もがリマの登場を期待。反町監督も投入を即断、スタジアムは絶叫に近いリマコールに包まれた。

シュートコースは「キーパーの位置を見てすぐ決めた」という。集中力を高め、鋭くけり抜くと、ボールは壁左端の頭上を大きくカーブしながら抜け、ゴール左側に突き刺さった。

リマに少しでも余裕を与えようと、「相手の壁の位置が近い」とクレームをつけて時間を稼いだ海本慶。指揮官も「時間がたてばたつほど、キッカーが有利になる」と言い切る。貴重なアシストとなった。

試合終了のホイッスルとともに、ピッチに崩れ落ちたように見えたリマ。「あれはピッチに感謝したかったんだ」と人なつっこい笑顔を見せた。

Jリーグ勝敗表
（4日現在）

	試	勝	分	敗	点	得	失	差
①鹿島	10	8	1	1	25	19	7	12
②名古屋	10	5	3	2	18	16	11	5
③広島	10	4	5	1	17	17	7	10
④大宮	10	5	1	4	16	15	13	2
⑤C大阪	10	4	3	3	15	11	11	0
⑥川崎	10	4	2	4	14	18	15	3
⑦磐田	10	4	2	4	14	13	13	0
⑧浦和	10	3	4	3	13	14	11	3
⑨千葉	10	3	4	3	13	20	18	2
⑩横浜M	10	3	4	3	13	15	13	2
⑪G大阪	10	3	4	3	13	19	19	0
⑫大分	10	4	1	5	13	12	15	−3
⑬清水	10	2	6	2	12	9	9	0
⑭新潟	10	3	3	4	12	11	21	−10
⑮東京V	10	2	5	3	11	15	18	−3
⑯F東京	10	3	1	6	10	11	15	−4
⑰柏	10	2	3	5	9	9	16	−7
⑱神戸	10	1	2	7	5	9	21	−12

初先発で存在感 岡山

○…今季初先発の岡山がチームを活気づけた。「好きなポジション」というトップ下で、序盤からエンジン全開で走り回り攻守に活躍。前半19分、自陣深くでボールを奪取すると、右サイドの寺川とサイドチェンジで大きなワンツー。ゴールにあと一歩まで迫った。

「自分としてもチームとしても結果も必要だった」と臨んだ試合。得点こそなかったが、鋭いミドルシュートなど随所に能力の高さを見せ、存在感を示した。

船越同点ゴール

○…試合の流れを変える大きな、大きな、同点ゴールを決めた船越。「（入った瞬間は）あまり覚えていない」と言いながらも、「勝利に貢献できてよかった。気持ちいい」と晴れ晴れとした表情を見せた。

J1では、平塚（現湘南）時代の1999年第1ステージ第4節の磐田戦以来、実に6年ぶりで通算2点目。新潟では2002年にアキレスけん断裂の大けがを負った。だが翌シーズンには復帰し、J1昇格に貢献した。

レギュラー争いでも苦しんできた27歳。今季初の先発起用にも、気持ちで負けないことを心がけたという懸命のプレーで指揮官の期待に応えた。

3日後には柏戦を迎える。「チームの状態は悪くない。一喜一憂しないで次も行きたい」と気を引き締めた。

2005年5月5日朝刊

新潟“憂愁”の幕切れ

浦和に完敗　連係の悪さミス誘発

②新潟ス（浦和２勝）

浦和			新潟
17勝８分け９敗（59）	4	（2−0）（2−0） 0	11勝９分け14敗（42）

▽得点者【浦】堀之内（３）ポンテ（８）マリッチ（８）山田（３）
▽観衆　41988人

【新潟】			【浦和】	
0 木寺	GK		都築	0
0 梅山	DF		坪井	0
0 藤井			闘莉王	1
0 海本慶			堀之内	1
0 萩村				
3 アンデルソンリマ	MF		山田	2
0 本間			鈴木	2
0 桑原			長谷部	1
1 寺川			三都主	1
1 エジミウソン			ポンテ	3
3 ファビーニョ	FW		岡野	1
			マリッチ	2

▽交代
【新】上野2（梅山）田中亜0（桑原）高橋0（藤井）
【浦】永井0（岡野）

新潟0−4浦和

【評】立ち上がりから相手の速いプレッシャーに遭った新潟は連係の悪さやパスミスが目立ち、最後まで攻撃のリズムをつかめないまま、浦和に完敗した。

前半、新潟は相手の速い寄せに苦しみ、相手の厚い守備網をなかなか突破できなかった。逆に同4分、MFポンテのFKからDF堀之内に先制ゴールを許し、13分にもポンテにFKを直接決められた。

新潟は後半開始からFW上野、さらにMF田中亜らを投入。攻撃の枚数を厚くして反撃を狙ったが、流れを変えることができず、同15分にはFWマリッチ、同35分にもMF山田に決められ突き放された。

調子の波ありすぎ

○…2点を追う後半から上野が梅山に代わって出場。昨季に続きJ1リーグ戦全試合の出場を達成し、サイドへの動きなどでファビーニョ、エジミウソンのドリブル突破を引き出した。

しかし最終節を白星で飾れず「エジミウソンとの縦の位置関係を意識してピッチに入ったけど、しっかりと守られた」と反省しきり。今季は途中出場が多くリーグ戦は2得点に終わり「好不調の波がありすぎて、流れがつかめないまま終わった」とうつむき気味に今季を振り返った。

初の平均4万人台

○…今季、J1リーグ戦での新潟のホーム観客動員数が68万1945人となり、3年連続でJリーグ最多となった。1試合平均でも4万114人となり、Jリーグで初めて4万人を突破した。

新潟−浦和　前半、エジミウソンがドリブル突破を図るが浦和のDF闘莉王に阻まれる＝3日、新潟スタジアム

無念残る集大成

集大成というにはあまりにも寂しいリーグ最終戦だった。今季の課題が浮き彫りになる形で、ホームではJ1昇格後ワーストとなる4点差の敗北。海本慶は「いろんな思いが入る中、いい結果を残せなくて残念だった」と声を震わせた。

優勝を狙う浦和は立ち上がりから目の色が違った。鋭い出足で前線から激しいプレッシャーをかけてくる。これに対し「ゲーム前から神経をストップさせていたのは否めない」（反町監督）新潟の動きは鈍かった。

「ずっとやってきた前半ゼロで抑えて後半勝負にいく形ができなかった」と本間は悔やむ。前半4分にすきを突かれ先制を許すと、修正できないまま、9分後、同じような位置からのセットプレーで2失点目。バックラインから攻撃を組み立てようとしても、経由する守備的MFに激しいプレッシャーがかかると、なすすべがなくなった。

「最後まであきらめない気持ちは見せられた。そうしたスピリットが新潟を強くする」と指揮官は語った。だが、「あきらめない気持ち」はプロである最低条件。そこに何を積み上げるかがチームの力となる。優勝したG大阪との勝ち点差18はその結果だ。

去りゆく先輩たちに激励され「やってやろうという気持ちになった」という田中亜。来季へ向けた戦いはもう始まっている。

「日本一の観客」感謝

リマら退団の選手万感

0−4と浦和相手に完敗したリーグ最終戦だったが、今季限りで新潟を去る選手たちは口々に、サポーターへの感謝の言葉などを述べた。

ボランチとして新潟の中盤を支えたMF桑原は「サポーターに対して申し訳ない」とこの日の結果を悔やみ、「（新潟での2年間は）勉強になった。日本一の観客の中でやれていい経験になった。本当に感謝している」と語った。

後半39分から途中出場したDF高橋は「苦しいときに助けてもらいサポーターには感謝している。J1で優勝を狙えるチームになってほしい」と、笑顔を見せた。

「今日で最後と思いながらピッチに入った。いろいろな人とサッカーできたのは幸せだった」と振り返ったのは、リーグ戦終盤、新潟の守護神としてJ1残留に大きく貢献したGK木寺。

MFアンデルソン・リマは「新潟でプレーできたことは誇りだし、自分にとってプラスになったと思う」と、名残惜しそうな表情を浮かべた。

この日の出場はなかったが、DFの中心選手としてチームを引っ張った丸山は「みんなと一緒に成長でき、長いようで短い4年間だった。何とか復帰したかったがサポーターには本当に申し訳ない。いずれ新潟のサッカー発展に貢献したい」と、思いを話した。

2005年12月4日朝刊

新潟虎視眈々　4位浮上

復帰エジミウソン先制

J.LEAGUE DIVISION 1

J1第13節（19日・新潟スタジアムほか＝9試合）ワールドカップ（W杯）による中断を終えて本格的に再開し、アルビレックス新潟は浦和を2−1で破った。新潟は7勝4敗2分けとなり、勝ち点23の4位に浮上した。浦和は勝ち点26で3位に後退。

新潟は前半12分、エジミウソンのシュートで先制。後半25分にはショートCKからシルビーニョが追加点を挙げた。終了間際にFKから失点したが、そのまま逃げ切った。

新潟は次節22日、九州石油ドームで大分と対戦する。

川崎は4−2で鹿島を下して勝ち点30で首位を守った。G大阪は播戸の逆転ゴールで千葉を2−1で破り、同29で2位となった。

広島は佐藤寿の決勝点で名古屋に3−2で競り勝ち、中断中に監督が交代した4チームで唯一の白星を挙げた。

リーグ本格再開

新潟2−1浦和

【評】後半の苦しい時間に追加点を奪った新潟が、浦和の反撃をしのぎきり白星を飾った。

序盤からボールを支配した新潟は前半12分、中央からエジミウソンのミドルシュートで先制。その後もボールを左右に散らしながら、試合を優位に展開した。

後半に入り、浦和はFW田中にボールを集めサイドから打開を図るが、新潟の守備陣が奮闘。後半25分、新潟はショートコーナーからシルビーニョがミドルシュートを決め2−0とリードした。同40分、山田にゴールを決められ、なおも猛攻を受けたが、北野らが最後まで踏ん張った。

	Jリーグ勝敗表（19日現在）	試	勝	分	敗	点	得	失	差
①	川崎	13	9	3	1	30	36	15	21
②	G大阪	13	9	2	2	29	29	16	13
③	浦和	13	8	2	3	26	26	10	16
④	新潟	13	7	2	4	23	20	20	0
⑤	清水	13	7	1	5	22	21	17	4
⑥	鹿島	13	7	1	5	22	21	21	0
⑦	千葉	13	5	5	3	20	22	18	4
⑧	大分	13	6	2	5	20	20	20	0
⑨	横浜M	13	5	3	5	18	22	18	4
⑩	F東京	13	5	3	5	18	18	16	2
⑪	磐田	13	4	5	4	17	19	17	2
⑫	大宮	13	5	2	6	17	18	21	−3
⑬	甲府	13	4	2	7	14	15	25	−10
⑭	広島	13	3	4	6	13	17	26	−9
⑮	名古屋	13	2	5	6	11	12	20	−8
⑯	福岡	13	1	6	6	9	10	16	−6
⑰	京都	13	1	5	7	8	16	31	−15
⑱	C大阪	13	1	3	9	6	13	28	−15

ヒーロー

3ヵ月半ぶり　攻守に躍動

3月末に負傷で戦列を離れてから3カ月半。サポーターが待ち望んでいたエジミウソンの復帰初ゴールは、前半12分に生まれた。相手ゴール前でクリアボールを拾い右足でシュート。相手DFに当たったボールは、サポーターの願いに押されるように、左ポストをかすりながらゴールに吸い込まれた。

後半40分に足がつって後退するまで、攻守に動き回った。前半35分にはカウンターから相手GKのポジションを見て、思い切ってロングシュート。リフティングで相手の寄せをかわす個人技も見せて、スタジアムを沸かせ続けた。

「（負傷している間は）苦しい時期だったけど、家族やみんなの支えで頑張ることができた」。ブラジルから来ている両親や周囲への感謝の言葉を忘れず、ゴール後は身ごもっている自身の妻と、子どもが生まれたスタッフへの思いを込めて、チームメートとともに揺りかごのパフォーマンスを披露した。

強豪浦和からの勝利、自身のゴールと、いいことずくめだったが、最後はフル出場できなかった点を挙げて「つぎは90分できるように努力したい」と次戦を見据えた。

写真＝新潟−浦和　後半、ショートCKから貴重な追加点となるゴールを決めて喜ぶシルビーニョ（右）（19日、新潟スタジアム）

焦点

意表突き「ショート」的中

後半25分のショートコーナーで、新潟は試合の流れを大きく引き寄せた。パスをつないだシルビーニョがミドルシュートを決めて2−0。後半に入り、攻め込まれる時間が長かった新潟を勇気づける、待望の追加点だった。

この試合、CKのチャンスではシンプルにGK前にけり込み、高さのある矢野らに合わせていた。ところがこの場面は、鈴木慎がすっとキッカーのシルビーニョがいる左コーナーに近づいていった。「狙っていた。ショートでは（マークが）一人しかこないことを知っていた」と鈴木慎。素早くパス交換が行われると、シルビーニョはほぼフリーの形でシュートを放った。

試合形式の練習では、チャンスがあれば積極的にショートコーナーを取り入れている新潟。この日もチャンスを虎視眈々（たんたん）と狙っていた。「選手には十分な情報を与えていたが、その1回だけ注意力が足りなかった」と肩を落とした敵将ブッフバルト。すきを見逃さない集中力の差が勝敗を分けた。

田中達は9カ月

○…昨年10月に右足首脱臼骨折の重傷を負ったアテネ五輪代表FW田中達が約9カ月ぶりに公式戦に復帰した。けがで攻撃の要、ワシントンとポンテを欠く中、FWで先発。前半から積極的なドリブル突破で仕掛け、何度も好機を演出した。だがチームは手痛い黒星を喫し「チャンスはたくさんあった。そこを決めれば次は勝てる」と悔しそう。

①新潟ス

新潟			浦和
7勝2分け4敗（23）	2	（1−0）（1−1） 1	8勝2分け3敗（26）

▽得点者【新】エジミウソン（５）シルビーニョ（２）【浦】山田（２）
▽観衆　38592人

【新潟】			【浦和】	
0 北野	GK		山岸	0
0 三田	DF		堀之内	0
0 海本			闘莉王	1
0 中野			坪井	0
0 梅山				
1 鈴木慎	MF		平川	2
1 シルビーニョ			鈴木	1
0 寺川			小野	3
0 ファビーニョ			三都主	2
			山田	1
3 矢野	FW		永井	3
2 エジミウソン			田中達	1

▽交代
【新】藤井0（三田）中原0（エジミウソン）田中0（鈴木慎）
【浦】黒部2（平川）相馬0（小野）岡野0（永井）

1失点勝利に貢献

○…中断前に続いて先発GKを務めた北野が、浦和の矢のようなシュートを防ぎ続けて勝利に貢献。集中力が切れかかった終盤にFKから失点したが、決定的なピンチもシュートが正面に来るなど、運も味方に付けた。

「浦和はヘディングが強いチーム。クロスボールに対して出るところと出ないところの判断に気をつけた」と振り返り、「次の試合は勝利は当然。（失点）ゼロで勝ちたい」と言葉を残した。

2006年7月20日朝刊

直前に会食した際、彼と私はその年の結果に、悔しさのあまり大声を上げて泣き合いました。大の男二人が声を上げて泣いているのですから、さぞかし周りは迷惑されたことでしょう。しかし、その悔しさが翌2003年の飛躍につながったのだと思っています。

反町監督はその生真面目さと情熱を認められ、3年目に入りました。彼は相手チームの分析にこだわり、夜遅くまでチームスタッフと試合のビデオを観る姿をよく目にしました。チーム強化に取り組む一方、彼は私たちフロントとも激しくぶつかり合い、「チームはプロらしくなったが、フロントがアマチュアだ…」と遠慮なく苦言を呈し、ともにアルビレックス新潟をよりよいクラブにするために力を尽くしてくれました。

2003年は前年に開催されたワールドカップの影響もあって集客戦略が徐々に浸透し、大勢のサポーターの皆さまに来場いただき、ビッグスワンがオレンジに染まるようになりました。そして、遂に悲願が達成される日がやってきました。

それは最終戦での劇的なJ2優勝、J1昇格でした。年間入場者667,447人のサポーターに支えられ、皆さんとともに戦い、勝ち取った優勝昇格です。試合後、山口素弘が発した「新潟、最高!!」の一言が、今でもその場にいるかのように耳に甦ってきます。法人設立から8年、バルコム監督の指導から、永井監督、反町監督と10年をかけて築いてきたアルビレックス新潟のサッカーが実を結びました。

この年を最後に、神田勝夫を引退させました。本人としては、J1でもう1年やりたかったようですが、心を鬼にして新潟へ呼んだ時の約束を反故にしたのです。それは次のステップへの準備、さらなるチーム強化を考えての決断でした。

そしてこの年に、もう一つの念願であった練習会場をようやく持つことができました。アルビレッジの完成です。

[鈴木監督時代]

J1昇格後の2年間を戦った反町監督の後を、2006年から鈴木監督が引き継ぎました。ここまで来ると、私が敢えて書くまでもなく、皆さまがご周知の通り、現在進行形で新たな歴史が作られています。

鈴木監督とは、まさに今、一緒に戦っている最中です。選手からの信頼が厚く、常に全力を振り絞る熱心な指導と采配に彼の人柄が表れています。私たちフロントも彼に全幅の信頼を置き、チームの采配を任せています。2007年はきっとよい形で結果が表れると確信しています。ただ、結果につきましては監督一人のものではなく、サッカークラブ・アルビレックス新潟に関わるすべての者たちの総合力だと考えております。

急ぎ足でチームの誕生から現在までを振り返ってみましたが、この11年の歴史のなかで、アルビレックス新潟の運営に携わるものとして、決して忘れてはならない出来事があります。それはJ2優勝、J1昇格ではありません。2003年11月24日に催された優勝昇格祝賀会での出来事です。祝賀会は朱鷺メッセを会場として、4,000人を超えるサポーターの皆さまが駆け付けてくださいました。そこで、私たちアルビレックス新潟は、サポーターの皆さまに対してあってはならない失礼な会場設営と対応をしてしまったのです。会場は一部の方のみにイスとテーブルを用意し、サポーターの皆さまには長時間待たせた挙句に床に座ってもらい、選手の安全を確保すると称して、彼らとの間にロービングで仕切りを設けてしまいました。祝賀会の主役はチームを支え、一番喜んでくださったサポーターの皆さまだと気付いたときにはすでに遅きに失していました。そんなことも分からず、自分たちの力で成し遂げたと思い込んだヒーロー気取りのチームと会社は長続きするわけがありません。

後日、社員全員で祝賀会に参加してくださったサポーターの皆さまのご自宅を訪ねてお詫びさせていただきました。優勝パレードの日、池田から社員全員を集めておくようにと早朝に電話が入りました。朝8時、社員の集合場所で私は目を疑いました。それまで長髪だった池田が頭を剃り上げて来たのです。あまりの驚きで声が出ませんでした。池田は、社員全員に「これくらいでは、今回のことはお詫びにならない。私たちが誰に支援されてこの事業をやらせてもらっているのかよく考えなさい」と範を示しました。池田の髪が短いのはその時からです。池田をはじめ私たちアルビレックス新潟一同は、このような不手際を二度と起こさぬよう深く肝に銘じ、これからもサポーターの皆さまのご期待に応えるべく業務に邁進する所存です。

黎明期から今日までを網羅した記録と、関係各位からいただいた回想やメッセージによって構成された本書は、サポーターをはじめ、各方面の大勢の方々にご支援を賜り歩ませていただいた歴史の集大成です。この記念史が次の10年に向けた指針となり、過去と未来とをつなぐ役割を果たしてくれればと念じます。

総勢200名を超える選手、コーチ、チームスタッフと一緒に闘いました。強力なリーダーの導きのもと、新潟のためにこれからも闘い続けます。これからの10年を皆さまと共に闘い続けます。

株式会社アルビレックス新潟
代表取締役社長　中野幸夫

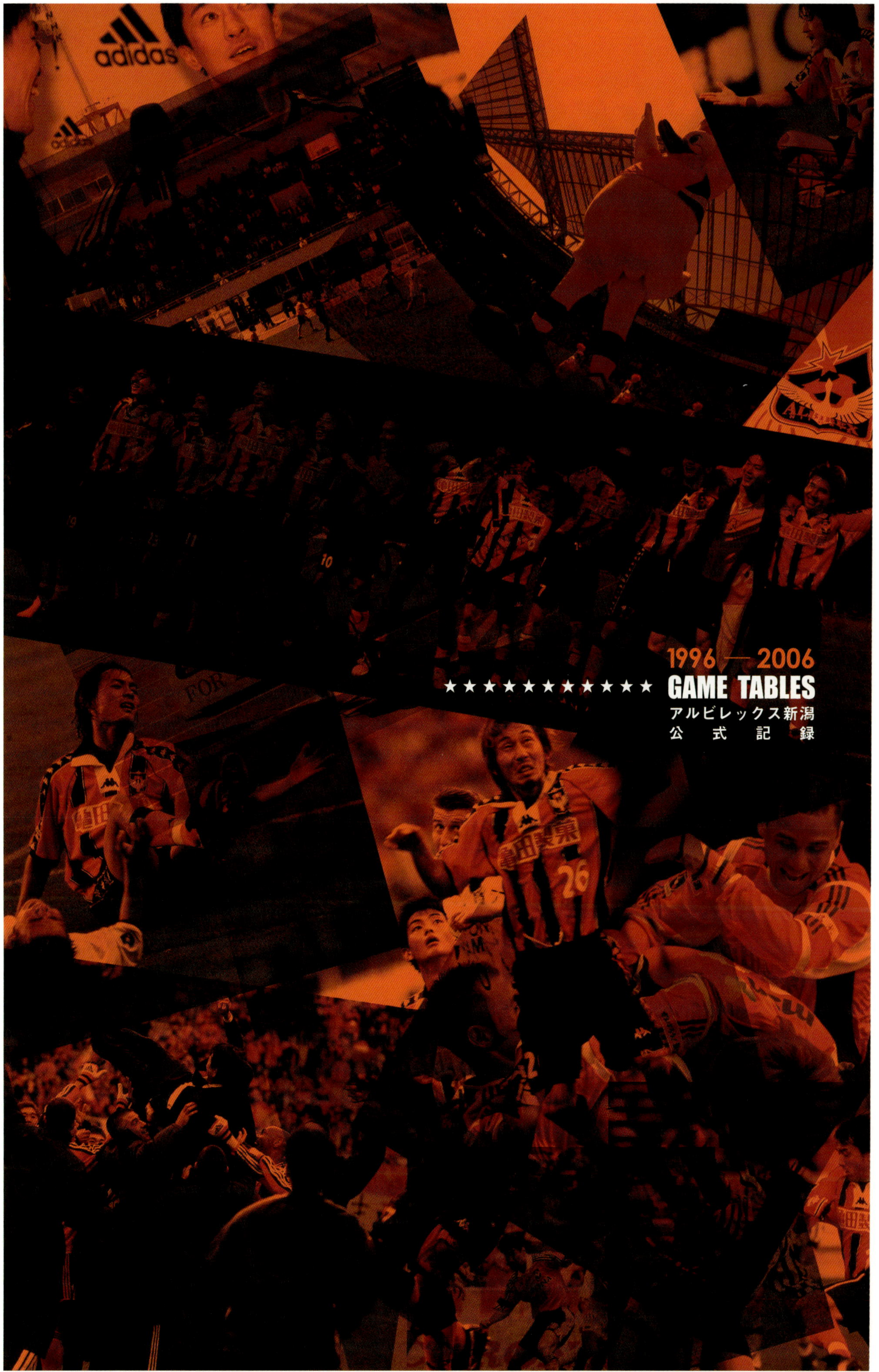

1996 — 2006
★★★★★★★★★★★ GAME TABLES
アルビレックス新潟
公式記録

アルビレックス新潟 公式記録

表の見方

開催年 — 1996
大会名 — 第22回 北信越サッカーリーグ
アルビレックス新潟 公式記録

●開催節・回戦・開催日・キックオフ時間
●スコア〔 〕内は前半後半の得点 延長の場合は( )
●先発メンバー
●得点・交代など時間と氏名 新潟は(新)で表記
●会場・入場者数など公式記録に無い場合は「—」で表記
●控えメンバー

第6節 6月9日(日) 10時00分
●会場/サンスポーツランド新津 ●入場者数/— ●天候/晴 ●気温/— ●湿度/— ●風/無
アルビレオ新潟 11[6-0 5-0]0 金沢サッカークラブ
GK 1 小林哲也 MF 3 ロメロ DF 4 中野一彦 DF 5 宮島伸好 MF 7 マイケル DF 8 神田勝利 FW 9 渡辺聡 FW 10 マース MF 13 八十祐治 MF 14 松田和也 DF 18 古俣健次 / 1 清水篤我 4 越田剛史 7 中野栄治 8 瀬戸博邦 11 本島一二 21 笹島剛 24 横田真人 27 水野敦文 2 北村孝一 29 寺西貴史 32 西川潤
FW 21 藤田敬三 DF 28 池田誠 MF 11 長島敦久 / 10 塩谷実 16 小笠原仁 20 神田和穂
【得点】(新)04分ロメロ 16分渡辺聡 21分ロメロ 22分ロメロ 24分渡辺聡 26分ロメロ 59分マース 63分マース 74分ロメロ 82分マース 90分マース
【交代】(新)35分渡辺聡→藤田敬三 68分宮島伸好→池田誠 77分松田和也→長島敦久 (金)69分笹島剛→塩谷実 74分横田真人→小笠原仁 78分中野栄治→神田和穂
【警告】(新)53分中野一彦
●主審/中村直輝 副審/宮宏之、中沢雄一

1996 第22回 北信越サッカーリーグ
アルビレックス新潟 公式記録

第1節 4月7日(日) 10時00分

●会場/新潟陸 ●入場者数/—
●天候/曇 ●気温/— ●湿度/— ●風/弱

アルビレオ新潟 **12** [4-0 8-0] **0** マッキーFC

アルビレオ新潟	マッキーFC
GK 26 河野雅樹	17 鳥越優志
DF 6 近彰彦	4 本多寛之
DF 8 神田勝利	18 内田治太郎
DF 14 松田和也	21 鈴木洋平
DF 24 奥山達之	7 重久誠
MF 3 ロメロ	9 中井雅治
MF 7 マイケル	10 森川智治
FW 10 マース	11 石澤直之
MF 18 古俣健次	13 桑原宏貴
MF 13 八十祐治	8 金山健太郎
FW 16 杉山学	20 有坂塁
MF 23 小原信也	22 小田成隆
FW 9 渡辺聡	12 吉田剛久
MF 5 宮島伸好	15 渡辺淳

【得点】(新)08分近彰彦 14分杉山学 43分マース 45分マイケル 47分マイケル 53分杉山学 57分杉山学 63分近彰彦 65分小原信也 87分マース 89分ロメロ 90分マイケル
【交代】(新)45分八十祐治→小原信也 57分杉山学→渡辺聡 69分神田勝利→宮島伸好 (マ)62分鳥越優志→小田成隆 69分石澤直之→吉田剛久 82分有坂塁→渡辺淳

●主審/中村直紀 副審/阿部浩士、上野照夫

第2節 4月21日(日) 10時00分

●会場/サンスポーツランド新津 ●入場者数/—
●天候/曇 ●気温/— ●湿度/— ●風/弱

アルビレオ新潟 **3** [1-0 2-1] **1** ルネス学園金沢サッカークラブ

アルビレオ新潟	ルネス学園金沢サッカークラブ
GK 26 河野雅樹	1 野辺賢治
DF 6 近彰彦	2 伊藤由史
DF 8 神田勝利	3 久津見安伸
DF 14 松田和也	5 安藤和明
DF 24 奥山達之	6 佐々木武彦
MF 7 マイケル	8 伊藤一輝
MF 3 ロメロ	9 佐藤征一郎
MF 13 八十祐治	12 白間勝広
MF 18 古俣健次	18 小林要範
FW 9 渡辺聡	23 大矢直史
FW 10 マース	26 蛭田智也
FW 11 長島敦久	10 渋田見勇
MF 23 小原信也	15 小沢義和

【得点】(新)42分近彰彦 60分マース 84分ロメロ (ル)83分安藤和明
【交代】(新)46分渡辺聡→長島敦久 67分八十祐治→小原信也 (ル)67分蛭田智也→渋田見勇 86分小林要範→小沢義和
【警告】(新)62分奥山達之 73分小原信也 81分小原信也 (ル)52分蛭田智也 61分佐藤征一郎 71分佐々木武彦
【退場】(新)81分小原信也

●主審/阿部浩士 副審/青木一誠、大滝敬三

第3節 5月5日(日) 10時00分

●会場/松本平広域運動公園 ●入場者数/—
●天候/雨 ●気温/— ●湿度/— ●風/無

山雅サッカークラブ **1** [0-1 1-3] **4** アルビレオ新潟

山雅サッカークラブ	アルビレオ新潟
1 上野一弘	GK 26 河野雅樹
6 内田信一	DF 8 神田勝利
7 村山聡	DF 24 奥山達之
10 内田博章	DF 6 近彰彦
11 大沢克紀	DF 14 松田和也
14 松沢孝明	MF 7 マイケル
15 立沢恵一	MF 18 古俣健次
17 中田将志	MF 13 八十祐治
19 赤穂好児	MF 3 ロメロ
22 浅野隆	FW 10 マース
26 片桐総司	FW 16 杉山学
9 田中浩一	FW 21 藤田敬三
4 村田和美知	DF 4 中野一彦
	MF 22 木野陽

【得点】(山)26分中田将志 (新)03分古俣健次 20分マース 21分杉山学 28分近彰彦
【交代】(山)83分内田信一→村田和美知 83分大沢克紀→田中浩一 (新)46分八十祐治→藤田敬三 71分奥山達之→中野一彦 78分ロメロ→木野陽
【警告】(新)79分近彰彦 89分杉山学

●主審/綿野直樹 副審/窪、志賀

第4節 5月12日(日) 12時00分

●会場/新潟陸 ●入場者数/—
●天候/曇 ●気温/— ●湿度/— ●風/弱

アルビレオ新潟 **3** [3-2 0-1] **3** アローズ北陸

アルビレオ新潟	アローズ北陸
GK 26 河野雅樹	1 平井昌也
DF 6 近彰彦	3 齋藤徳宏
MF 14 松田和也	5 金丸秀和
DF 24 奥山達之	4 五十嵐保成
DF 5 宮島伸好	18 川上秀治
DF 8 神田勝利	11 佐々木貴裕
MF 18 古俣健次	8 油谷秀隆
MF 7 マイケル	6 池田憲治
MF 3 ロメロ	9 森本誠
FW 16 杉山学	10 浅島孝之
FW 10 マース	19 大浦豊貴
FW 11 長島敦久	7 金木進
FW 9 渡辺聡	16 本間透浩
	15 春木貴治

【得点】(新)05分杉山学 14分マイケル 24分ロメロ (16分大浦豊貴 45分浅島孝之 53分川上秀治
【交代】(新)70分松田和也→長島敦久 81分ロメロ→渡辺 (ア)35分油谷秀隆→金木進 70分大浦豊貴→本間透浩 分浅島孝之→春木貴治
【警告】(ア)36分齋藤徳宏 50分佐々木貴裕

●主審/下村昌昭 副審/阿部浩士、上野照夫

第5節 5月26日(日) 10時00分

●会場/長岡市営陸上競技場 ●入場者数/2,300人
●天候/晴 ●気温/— ●湿度/— ●風/強

アルビレオ新潟 **5** [1-0 4-0] **0** テイヘンズフットボールクラブ

アルビレオ新潟	テイヘンズフットボールクラブ
GK 1 小林哲也	22 今村健作
DF 6 近彰彦	5 奥永亮治
DF 24 奥山達之	6 牧村英俊
DF 28 池田誠	11 諸江真一
DF 8 神田勝利	28 出口元一
MF 7 マイケル	8 島田康弘
MF 18 古俣健次	9 高木雅幸
MF 3 ロメロ	16 伊勢田道博
MF 14 松田和也	30 荒川喜弘
FW 16 杉山学	10 志村信幸
FW 10 マース	7 横田篤浩
MF 13 八十祐治	1 平田拓也
FW 22 木野陽	27 鷲尾啓
	18 竹内暢哉

【得点】(新)28分ロメロ 56分近彰彦 68分杉山学 72分近彰彦 89分杉山学
【交代】(新)46分奥山達之→八十祐治 78分マース→木野陽 (テ)60分志村信幸→鷲尾啓 78分今村健作→平田拓也 78分諸江真一→竹内暢哉
【警告】(新)44分奥山達之 (テ)59分伊勢田道博

●主審/竹内元人 副審/阿部浩士、青木一誠

第6節 6月9日(日) 10時00分

●会場/サンスポーツランド新津 ●入場者数/—
●天候/晴 ●気温/— ●湿度/— ●風/無

アルビレオ新潟 **11** [6-0 5-0] **0** 金沢サッカークラブ

アルビレオ新潟	金沢サッカークラブ
GK 1 小林哲也	1 清水篤我
MF 3 ロメロ	4 越田剛史
DF 4 中野一彦	7 中野栄治
DF 5 宮島伸好	8 瀬戸博邦
MF 7 マイケル	11 本島一二
DF 8 神田勝利	21 笹島剛
FW 9 渡辺聡	24 横田真人
FW 10 マース	27 水野敦文
MF 13 八十祐治	2 北村孝一
MF 14 松田和也	29 寺西貴史
DF 18 古俣健次	32 西川潤
FW 21 藤田敬三	10 塩谷実
DF 28 池田誠	16 小笠原仁
MF 11 長島敦久	20 神田和穂

【得点】(新)04分ロメロ 16分渡辺聡 21分ロメロ 22分ロメロ 24分渡辺聡 26分ロメロ 59分マース 63分マース 74分ロメロ 82分マース 90分マース
【交代】(新)35分渡辺聡→藤田敬三 68分宮島伸好→池田誠 77分松田和也→長島敦久 (金)69分笹島剛→塩谷実 74分横田真人→小笠原仁 78分中野栄治→神田和穂
【警告】(新)53分中野一彦

●主審/中村直輝 副審/宮宏之、中沢雄一

第7節 6月23日(日) 10時00分

●会場/サンスポーツランド新津 ●入場者数/—
●天候/晴 ●気温/— ●湿度/— ●風/弱

アルビレオ新潟 **3** [1-0 2-0] **0** FC上田ジェンシャン

アルビレオ新潟	FC上田ジェンシャン
GK 1 小林哲也	1 両角竜一
DF 8 神田勝利	7 花岡洋一
DF 6 近彰彦	5 望月秀明
DF 18 古俣健次	16 佐渡敦
DF 5 宮島伸好	17 佐貫裕二
MF 7 マイケル	27 原博幸
MF 3 ロメロ	4 徳竹秀彦
MF 13 八十祐治	6 金井伸明
MF 21 藤田敬三	8 中川隆道
FW 10 マース	10 塩入孝一
FW 16 杉山学	28 成沢厚
MF 11 長島敦久	12 西山恒
DF 4 中野一彦	11 川村平
FW 12 木村隆二	

【得点】(新)25分八十祐治 53分マース 69分藤田敬三
【交代】(新)28分マイケル→長島敦久 73分近彰彦→中野一彦 73分杉山学→木村隆二 (上)61分成沢厚→西山恒 75分中川隆道→川村平
【警告】(新)19分神田勝利 27分マース 54分近彰彦

●主審/阿部浩士 副審/田村和弘、宮宏之

第8節 7月7日(日) 10時00分

●会場/岩瀬スポーツ公園 ●入場者数/—
●天候/曇 ●気温/— ●湿度/— ●風/弱

YKK **0** [0-1 0-0] **1** アルビレオ新潟

YKK	アルビレオ新潟
21 山口直哉	GK 1 小林哲也
2 熊谷哲彦	DF 4 中野一彦
4 堀 勝弘	DF 5 宮島伸好
5 宇野秀徳	DF 18 古俣健次
13 飯島儀久	DF 8 神田勝利
17 藤橋功久	MF 3 ロメロ
8 秋元和良	MF 7 マイケル
9 セルジオ	MF 13 八十祐治
18 吉田宏政	MF 14 松田和也
16 吉田明弘	FW 10 マース
11 ワギネル	FW 16 杉山学
3 常脇陽司	FW 9 渡辺聡

【得点】(新)08分杉山学
【交代】(Y)67分セルジオ→常脇陽司 (新)68分ロメロ→渡辺聡
【警告】(Y)42分セルジオ 44分藤橋功久 60分宇野秀徳 88分吉田明弘 (新)65分ロメロ

● 主審/田中厚 副審/綿野直樹、沢崎盛彦

第9節 7月21日(日) 10時00分

●会場/サンスポーツランド新津 ●入場者数/—
●天候/晴 ●気温/— ●湿度/— ●風/無

アルビレオ新潟 **7** [2-0 5-0] **0** 福井教員

アルビレオ新潟	福井教員
GK 1 小林哲也	1 宮川誠
DF 5 宮島伸好	2 牧田泰純
DF 6 近彰彦	4 亀井大介
MF 3 ロメロ	6 明石和典
MF 7 マイケル	7 八杉秀樹
DF 8 神田勝利	12 近藤光彦
MF 13 八十祐治	13 出口雅雄
MF 14 松田和也	16 後藤敏紀
FW 16 杉山学	24 清水哲也
DF 18 古俣健次	26 服部良男
FW 10 マース	27 大倉英一
MF 11 長島敦久	28 岡部和紀
FW 9 渡辺聡	
MF 4 中野一彦	

【得点】(新)19分マース 34分マース 46分マイケル 74 マース 87分マース 89分八十祐治 90分ロメロ
【交代】(新)67分松田和也→長島敦久 70分杉山学→渡辺 82分マイケル→中野一彦 (福)84分後藤敏紀→岡部和
【警告】(福)23分亀井大介

●主審/中村直輝 副審/青木一誠、上野照夫

1996 第32回 全国社会人サッカー選手権 北信越大会
アルビレックス新潟 公式記録

北信越1回戦 9月28日(土) 11時00分

●会場/常願寺緑地公園サッカー場 ●入場者数/—
●天候/— ●気温/— ●湿度/— ●風/—

YKK **0** [0-3 0-1] **4** アルビレオ新潟

YKK	アルビレオ新潟
21 山口直哉	GK 1 小林哲也
4 堀勝弘	DF 4 中野一彦
17 藤橋功久	DF 8 神田勝利
5 宇野秀徳	DF 18 古俣健次
18 吉田宏政	DF 24 奥山達之
16 吉田明弘	MF 7 マイケル
8 秋元和良	MF 13 八十祐治
9 セルジオ	MF 6 近彰彦
13 飯島儀久	MF 14 松田和也
11 ワギネル	FW 16 杉山学
10 南部昌明	FW 10 マース
3 常脇陽司	FW 21 藤田敬三
22 米谷勇人	FW 11 長島敦久
	MF 17 佐藤嘉寛

【得点】(新)01分杉山学 32分マイケル 39分杉山学 55分杉山学
【交代】(Y)66分南部昌明→常脇陽司 68分セルジオ→米谷勇人 (新)66分マイケル→藤田敬三 66分杉山学→長島敦久 73分近彰彦→佐藤嘉寛
【警告】(Y)79分ワギネル 79分宇野秀徳 (新)64分杉山学

● 主審/野山祐一 副審/豊田行彦、大野浩二

北信越2回戦 9月29日(日) 10時00分

●会場/常願寺緑地公園サッカー場 ●入場者数/—
●天候/晴 ●気温/— ●湿度/— ●風/—

アルビレオ新潟 **2** [1-1 1-0] **1** ルネス学園金沢サッカークラブ

アルビレオ新潟	ルネス学園金沢サッカークラブ
GK 1 小林哲也	1 野辺賢治
DF 8 神田勝利	3 久津見安伸
DF 4 中野一彦	23 大矢直史
DF 18 古俣健次	6 佐々木武彦
DF 24 奥山達之	7 山口直文
MF 7 マイケル	5 安藤和明
MF 13 八十祐治	4 川口直隆
MF 6 近彰彦	8 伊藤一輝
MF 14 松田和也	12 白間勝広
FW 16 杉山学	18 小林要範
FW 10 マース	13 比嘉
GK 26 河野雅樹	21 樋上尊信
MF 17 佐藤嘉寛	26 蛭田智也
DF 19 丸山富洋	9 佐藤征一郎
FW 11 長島敦久	10 渋田見勇
FW 21 藤田敬三	19 堀畑勇太郎

【得点】(新)30分松田和也 52分マース (ル)13分小林要範
【交代】(新)40分八十祐治→藤田敬三 40分松田和也→長島敦久 (ル)28分安藤和明→蛭田智也 62分比嘉→佐藤征一郎
【警告】(ル)19分伊藤一輝 55分佐々木武彦 81分久津見安伸

● 主審/— 副審/—、—

1996 第32回 全国社会人サッカー選手権大会
アルビレックス新潟 公式記録

全国大会2回戦 11月24日(日) 10時00分

●会場/関西大学高槻校キャンパス ●入場者数/—
●天候/晴 ●気温/— ●湿度/— ●風/無

アルビレオ新潟 **2** [1-1 1-0] **1** NTT九州サッカー部

アルビレオ新潟	NTT九州サッカー部
GK 25 浜野征哉	GK 21 森俊徳
DF 8 神田勝利	DF 20 楠田功
DF 6 近彰彦	DF 14 大沼和正
DF 18 古俣健次	DF 5 安部輝
DF 2 濱田祥裕	DF 17 肝付敏光
MF 7 マイケル	MF 19 前田雄史
MF 13 八十祐治	MF 6 向薗泰洋
MF 10 マース	MF 18 榊孝一
MF 14 松田和也	MF 12 迫田貴之
FW 16 杉山学	FW 2 加納秀益
FW 12 パトリック	FW 10 富松裕
GK 1 小林哲也	1 江崎太陽
DF 4 中野一彦	3 東 俊行
DF 24 奥山達之	15 内平卓博
MF 28 池田誠	13 辻昌文
FW 11 長島敦久	8 上薗剛

【得点】(新)11分パトリック 50分パトリック (N)36分 田功
【交代】(新)66分マース→長島敦久
【警告】(新)39分八十祐治

●主審/金子聡一郎 副審/森本洋司、江田修一

国大会3回戦　11月25日（月）11時48分

●会場／万博記念競技場　●入場者数／−
●天候／晴　●気温／−　●湿度／−　●風／強

アルビレオ新潟 1 [1−0 / 0−2] 2 藤枝市役所サッカー部

アルビレオ新潟	藤枝市役所サッカー部
GK 1 小林哲也	GK 1 五十川訓久
DF 8 神田勝利	DF 3 尾白幸生
DF 6 近彰彦	DF 4 風間邦男
DF 18 古俣健次	DF 6 増田勝紀
DF 2 濱田祥裕	DF 7 紅林豊
MF 21 藤田敬三	MF 16 蒔田大
MF 13 八十祐治	MF 12 小川達也
MF 7 マイケル	MF 9 永井克俊
MF 14 松田和也	MF 14 河村憲生
FW 12 パトリック	FW 8 鈴木貴繁
FW 16 杉山学	FW 11 平口一利
GK 25 浜野征哉	21 藁科重人
DF 4 中野一彦	5 大石真一朗
DF 24 奥山達之	2 長谷川達巳
MF 28 池田誠	23 大塚浩充
MF 17 佐藤嘉寛	18 渡辺剛

得点】(新)26分マイケル　(藤)43分鈴木貴繁 53分鈴木貴繁
交代】(新)63分八十祐治→奥山達之　(藤)36分平口一利→渡辺剛 46分河村憲生→大塚浩充
警告】(新)53分近彰彦　(藤)14分蒔田大 20分小川達也 8分尾白幸生

主審／中井恒　副審／宮成武人、山口茂久

1996 第76回天皇杯全日本サッカー選手権大会 アルビレックス新潟公式記録

1回戦　11月3日（日）12時59分

●会場／博多の森陸上競技場　●入場者数／278人
●天候／晴　●気温／25.0℃　●湿度／54%　●風／無

福岡大学 2 [2−1 / 0−1] 2 アルビレオ新潟
（延0−0）（PK5−4）

福岡大学	アルビレオ新潟
GK 21 恒松伴典	GK 25 浜野征哉
DF 4 柴暢彦	DF 8 神田勝利
DF 2 高橋直樹	DF 24 奥山達之
DF 3 西村歌志	DF 6 近彰彦
MF 8 二木利彦	DF 18 古俣健次
MF 18 沖本尚樹	DF 28 池田誠
MF 11 牧野直樹	MF 7 マイケル
MF 13 工藤幸輝	MF 13 八十祐治
MF 10 大久保誠	MF 14 松田和也
FW 12 清水和昌	FW 16 杉山学
FW 7 有吉幸紀	FW 10 マース
GK 1 原田聡	DF 4 中野一彦
DF 6 稲田繁	DF 17 佐藤嘉寛
MF 28 政信博之	DF 19 丸山富洋
MF 19 菊池太	FW 11 長島敦久
FW 9 林田英俊	FW 21 藤田敬三

【得点】(福)17分柴暢彦 40分有吉幸紀　(新)06分マイケル 59分杉山学
【交代】(福)82分柴暢彦→政信博之 86分有吉幸紀→菊池太 105分工藤幸輝→林田英俊　(新)45分松田和也→長島敦久 45分八十祐治→藤田敬三
【警告】(福)20分恒松伴典 55分有吉幸紀 76分柴暢彦 89分大久保誠　(新)41分神田勝利 65分古俣健次 92分奥山達之

●主審／柴田正利　副審／金田大吉、松藤俊悟

1997 第20回全国地域リーグ決勝大会・予選リーグ アルビレックス新潟公式記録

第1日　1月17日（金）−

●会場／石岡市総合運動公園　●入場者数／−
●天候／晴　●気温／−　●湿度／−　●風／−

アルビレオ新潟 5 [1−0 / 4−0] 0 ソニー仙台

アルビレオ新潟	ソニー仙台
GK 25 浜野征哉	
DF 2 濱田祥裕	
DF 4 平岡宏章	
DF 5 葛野昌宏	
DF 6 近彰彦	
MF 7 マイケル	
MF 18 古俣健次	
MF 28 池田誠	
FW 10 マース	
FW 12 パトリック	
FW 16 杉山学	

【得点】(新)10分マイケル 47分マース 70分パトリック 80分パトリック 86分パトリック
【交代】(新)67分杉山学→木村良 59分池田誠→松田和也 81分濱田祥裕→神田勝利　(仙)−
【警告】(新)−　(仙)−

●主審／−　副審／−、−

2日　1月18日（土）−

会場／石岡市総合運動公園　●入場者数／−
天候／晴　●気温／−　●湿度／−　●風／−

アルビレオ新潟 1 [0−0 / 1−1] 1 プリマハムFC土浦
（PK6−7）

アルビレオ新潟	プリマハムFC土浦
GK 25 浜野征哉	
DF 2 濱田祥裕	
DF 4 平岡宏章	
DF 5 葛野昌宏	
DF 6 近彰彦	
MF 7 マイケル	
MF 14 松田和也	
MF 18 古俣健次	
FW 10 マース	
FW 12 パトリック	
FW 16 杉山学	

得点】(新)60分杉山学　(プ)53分松本
交代】(新)73分杉山学→木村良　(プ)−
警告】(新)−　(プ)−

主審／−　副審／−、−

1997 第23回北信越サッカーリーグ アルビレックス新潟公式記録

第1節　4月6日（日）10時00分

●会場／千曲川リバーフロントガーデン　●入場者数／−
●天候／曇　●気温／−　●湿度／−　●風／無

長野エルザ 1 [0−1 / 1−2] 3 アルビレックス新潟

長野エルザ	アルビレックス新潟
22 竹内進吾	GK 1 浜野征哉
3 木村忠史	DF 8 神田勝利
4 北垣内博	DF 3 平岡宏章
5 小湊隆延	DF 6 近彰彦
9 柴田弘彦	DF 5 垣内友二
6 丸山明裕	MF 9 ロイ
7 倉石武昇	MF 18 古俣健次
19 青柳瑞木	MF 15 池田誠
16 中島広宗	MF 20 木村良
12 佐藤隆雄	FW 16 原祐俊
14 鹿田誠一郎	FW 12 パトリック
15 小林弘之	− 21 藤田敬三
	− 4 葛野昌宏

【得点】(長)46分丸山明裕　(新)14分パトリック 66分パトリック 79分原祐俊
【交代】(長)30分木村忠史→小林弘之　(新)56分池田誠→藤田敬三 77分木村良→葛野昌宏

●主審／中村　副審／笹沢、西沢

第2節　4月20日（日）10時00分

●会場／新潟陸　●入場者数／−
●天候／晴　●気温／−　●湿度／−　●風／弱

アルビレックス新潟 4 [0−0 / 4−0] 0 テイヘンズフットボールクラブ

アルビレックス新潟	テイヘンズフットボールクラブ
GK 1 浜野征哉	1 平田拓也
DF 2 濱田祥裕	2 諸江真一
DF 3 平岡宏章	4 北良和
DF 4 葛野昌宏	8 島田康弘
DF 6 近彰彦	19 内田浩太郎
MF 9 ロイ	11 牧村英俊
MF 10 マース	7 横田篤浩
FW 12 パトリック	17 大矢直史
MF 18 古俣健次	10 志村信幸
FW 20 木村良	14 高木雅幸
FW 27 太田裕和	25 伊勢田道博
MF 15 池田誠	28 荒木心
FW 21 藤田敬三	5 奥永亮治
DF 23 鈴木洋平	15 鷲尾啓

【得点】(新)50分葛野昌宏 52分マース 57分太田裕和 68分ロイ
【交代】(新)46分パトリック→池田誠 62分木村良→藤田敬三 77分濱田祥裕→鈴木洋平　(テ)21分高木雅幸→荒木心 69分島田康弘→奥永亮治 86分横田篤浩→鷲尾啓
【警告】(新)89分マース

●主審／下村昌昭　副審／曲山光昭、中沢雄一

第3節　5月11日（日）10時01分

●会場／新潟陸　●入場者数／−
●天候／晴　●気温／−　●湿度／−　●風／弱

アルビレックス新潟 5 [2−0 / 3−1] 1 福井教員

アルビレックス新潟	福井教員
GK 22 玉田真人	1 宮川誠
DF 2 濱田祥裕	6 明石和典
DF 3 平岡宏章	7 八杉秀樹
DF 4 葛野昌宏	12 近藤光彦
DF 6 近彰彦	14 西端政揮
MF 7 マイケル	18 小阪康弘
MF 9 ロイ	25 寺沢哲也
MF 14 松田和也	27 大倉英一
MF 18 古俣健次	13 出口雅雄
FW 10 マース	23 宮崎智由
FW 27 太田裕和	24 東誠二
DF 17 佐藤嘉寛	30 安田篤史
FW 21 藤田敬三	26 服部良男
FW 16 原祐俊	21 牧田和也

【得点】(新)30分太田裕和 44分太田裕和 71分近彰彦 78分太田裕和 89分オウンゴール　(福)51分服部良男
【交代】(新)46分濱田祥裕→佐藤嘉寛 65分松田和也→藤田敬三 73分マース→原祐俊　(福)46分出口雅雄→服部良男 80分明石和典→牧田和也 86分宮川誠→安田篤史
【警告】(福)76分東誠二

●主審／綿野直樹　副審／上野照夫、大塚隆

4節　5月25日（日）10時02分

会場／長岡市営陸上競技場　●入場者数／−
天候／曇　●気温／−　●湿度／−　●風／弱

アルビレックス新潟 6 [3−0 / 3−0] 0 ルネス学園金沢サッカークラブ

アルビレックス新潟	ルネス学園金沢サッカークラブ
GK 1 浜野征哉	1 樋上尊信
DF 2 濱田祥裕	4 林航
DF 3 平岡宏章	5 金山友紀
DF 4 葛野昌宏	7 大山真一
DF 6 近彰彦	8 影山由高
MF 7 マイケル	6 鳥越健
MF 9 ロイ	10 稲田裕介
MF 12 パトリック	12 堀畑勇太郎
MF 18 古俣健次	22 宮沢知文
FW 21 藤田敬三	17 藤枝央
FW 27 太田裕和	20 百田伸吾
− 14 松田和也	24 小澤義和
− 5 垣内友二	9 平泉孝泰
− 16 原祐俊	

得点】(新)17分マイケル 27分太田裕和 43分パトリック 9分太田裕和 51分古俣健次 68分太田裕和
交代】(新)45分濱田祥裕→垣内友二 45分藤田敬三→松田和也 74分マイケル→原祐俊　(ル)68分影山由高→小澤義和 74分林航→平泉孝泰
警告】(新)20分濱田祥裕　(ル)70分大山真一

主審／阿部浩士　副審／宮宏之、佐野克彦

第5節　6月8日（日）10時02分

●会場／中条町総合グランド陸上競技場　●入場者数／−
●天候／晴　●気温／−　●湿度／−　●風／弱

アルビレックス新潟 4 [1−0 / 3−0] 0 FC上田ジェンシャン

アルビレックス新潟	FC上田ジェンシャン
GK 1 浜野征哉	22 小林健二
DF 2 濱田祥裕	5 望月秀明
DF 3 平岡宏章	16 佐渡敦
DF 4 葛野昌宏	17 佐貫裕二
DF 6 近彰彦	27 原博幸
MF 7 マイケル	4 徳竹秀彦
MF 9 ロイ	6 金井伸明
MF 18 古俣健次	8 中川隆道
MF 12 パトリック	7 花岡洋一
FW 21 藤田敬三	10 塩入孝一
FW 27 太田裕和	28 成沢厚
− 14 松田和也	13 梶村直樹
− 16 原祐俊	18 飯島新一
− 13 八十祐治	

【得点】(新)40分パトリック 51分原祐俊 65分古俣健次 75分近彰彦
【交代】(新)45分パトリック→原祐俊 45分藤田敬三→松田和也 67分古俣健次→八十祐治　(上)66分成沢厚→梶村直樹 85分佐渡敦→飯島新一
【警告】(新)44分近彰彦 62分平岡宏章 69分八十祐治 76分平岡宏章
【退場】(新)76分平岡宏章

●主審／野崎尚文　副審／曲山光昭、佐野克彦

第6節　6月22日（日）10時00分

●会場／新井市総合運動公園　●入場者数／−
●天候／晴　●気温／−　●湿度／−　●風／無

アルビレックス新潟 9 [5−0 / 4−0] 0 金沢サッカークラブ

アルビレックス新潟	金沢サッカークラブ
GK 1 浜野征哉	17 藤尾裕
DF 2 濱田祥裕	2 北村孝一
DF 4 葛野昌宏	5 本島一二
DF 6 近彰彦	13 藤田興平
DF 5 垣内友二	14 寺西貴史
MF 9 ロイ	20 増田浩一
MF 18 古俣健次	7 中野栄治
MF 10 マース	8 瀬戸博邦
FW 12 パトリック	10 塩谷実
FW 20 木村良	12 神田和穂
FW 27 太田裕和	18 横田真人
FW 16 原祐俊	16 佐々木秀輝
MF 15 池田誠	19 伊藤寛幸
DF 24 奥山達之	

【得点】(新)05分パトリック 15分太田裕和 18分太田裕和 43分パトリック 45分マース 61分原祐俊 74分ロイ 83分パトリック 87分古俣健次
【交代】(新)45分木村良→池田誠 45分太田裕和→原祐俊 59分濱田祥裕→奥山達之　(金)73分塩谷実→佐々木秀輝 84分神田和穂→伊藤寛幸

●主審／阿部浩士　副審／水島勇一、室岡守

第7節　7月6日（日）10時02分

●会場／松本平広域公園球技場　●入場者数／−
●天候／晴　●気温／−　●湿度／−　●風／強

山雅サッカークラブ 1 [0−1 / 1−2] 3 アルビレックス新潟

山雅サッカークラブ	アルビレックス新潟
1 上野一弘	GK 1 浜野征哉
5 小坂晃隆	DF 2 濱田祥裕
6 浅野隆	DF 3 平岡宏章
11 大沢克紀	DF 6 近彰彦
16 小林克也	DF 5 垣内友二
27 山崎武	MF 9 ロイ
10 内田博章	MF 14 松田和也
19 赤穂好児	MF 18 古俣健次
23 谷口涼太	FW 12 パトリック
25 榎本拓	FW 21 藤田敬三
26 片桐総之	FW 27 太田裕和
2 鈴木慎一郎	MF 15 池田誠
15 立沢恵一	FW 16 原祐俊

【得点】(山)64分オウンゴール　(新)35分近彰彦 75分パトリック 88分太田裕和
【交代】(山)45分大沢克紀→鈴木慎一郎 80分谷口涼太→立沢恵一　(新)66分藤田敬三→池田誠 77分松田和也→原祐俊
【警告】(山)54分山崎武　(新)78分池田誠

●主審／向井裕明　副審／大谷雅亮、戸谷良住

第8節　7月13日（日）10時00分

●会場／新潟市鳥屋野球技場　●入場者数／−
●天候／晴　●気温／−　●湿度／−　●風／弱

アルビレックス新潟 1 [0−0 / 1−0] 0 YKK

アルビレックス新潟	YKK
GK 1 浜野征哉	21 高田博明
DF 3 平岡宏章	5 宇野秀徳
DF 4 葛野昌宏	6 飯島儀久
DF 6 近彰彦	18 坂下拓也
DF 7 マイケル	8 秋元和良
MF 9 ロイ	12 吉田宏政
MF 13 八十祐治	15 大西素嗣
MF 18 古俣健次	3 常脇陽司
FW 16 原祐俊	10 南部昌明
FW 21 藤田敬三	11 ワギネル
FW 27 太田裕和	20 金丸浩之
FW 12 パトリック	19 和田勝
MF 14 松田和也	2 熊谷哲彦
DF 5 垣内友二	

【得点】(新)55分藤田敬三
【交代】(新)45分原祐俊→パトリック 63分八十祐治→松田和也 77分藤田敬三→垣内友二　(Y)68分吉田宏政→和田勝 78分秋元和良→熊谷哲彦
【警告】(新)12分平岡宏章 26分原祐俊 81分葛野昌宏　(Y)79分ワギネル 89分宇野秀徳

●主審／阿部浩士　副審／大滝敬三、佐野克彦

9節　7月27日（日）10時00分

会場／新潟陸　●入場者数／−
天候／晴　●気温／−　●湿度／−　●風／強

アルビレックス新潟 2 [2−0 / 0−1] 1 アローズ北陸

アルビレックス新潟	アローズ北陸
GK 1 浜野征哉	1 平井昌也
DF 3 平岡宏章	2 窪田司
DF 4 葛野昌宏	3 斉藤徳宏
DF 6 近彰彦	5 金丸秀和
DF 5 垣内友二	13 畑克征
MF 7 マイケル	4 五十嵐保成
MF 9 ロイ	6 池田憲治
MF 18 古俣健次	11 佐々木貴裕
FW 12 パトリック	18 川上秀治
FW 21 藤田敬三	9 本間透浩
FW 27 太田裕和	10 浅島孝之
DF 2 濱田祥裕	7 金木進
MF 13 八十祐治	8 油谷秀隆

得点】(新)08分マイケル 32分オウンゴール　(ア)65分油谷秀隆
交代】(新)64分藤田敬三→濱田祥裕 84分マイケル→八十祐治　(ア)45分金丸秀和→金木進 61分五十嵐保成→油谷秀隆
警告】(新)34分垣内友二 56分藤田敬三 85分八十祐治 87分ロイ

主審／下村昌昭　副審／曲山光昭、佐野克彦

1997 第33回全国社会人サッカー選手権北信越大会 アルビレックス新潟公式記録

1回戦　9月27日（土）11時00分

●会場／松本広域公園サッカー場　●入場者数／−
●天候／晴　●気温／−　●湿度／−　●風／強

アルビレックス新潟 2 [0−0 / 2−0] 0 日精樹脂工業

アルビレックス新潟	日精樹脂工業
GK 1 浜野征哉	1 宮本達也
DF 6 近彰彦	3 永井裕二
DF 3 平岡宏章	5 水野トオル
DF 4 葛野昌宏	10 西沢智則
DF 5 垣内友二	4 木村真宜
MF 18 古俣健次	17 宮沢正弘
MF 15 池田誠	6 竹内寛
MF 2 濱田祥裕	7 宮下晃弘
MF 7 マイケル	8 和賀厚久
FW 21 藤田敬三	9 坊野卓
FW 8 太田裕和	24 小川貴士
GK 22 玉田真人	21 桜井一真
DF 24 奥山達之	2 高橋裕二
DF 23 鈴木洋平	19 児玉朋成
MF 27 岡田秀市	14 臼井光一
FW 16 原祐俊	22 森山仁

【得点】(新)51分池田誠 54分古俣健次
【交代】(新)40分垣内友二→岡田秀市 40分太田裕和→原祐俊　(日)43分竹内寛→高橋裕二 50分小川貴士→臼井光一
【警告】(新)65分近彰彦　(日)70分和賀厚久
【退場】(日)54分永井裕二

●主審／橋原　副審／本間、白鳥

2回戦　9月28日（日）10時00分

●会場／松本広域公園サッカー場　●入場者数／−
●天候／晴　●気温／−　●湿度／−　●風／弱

アルビレックス新潟 4 [0−0 / 4−0] 0 マッキーFC

アルビレックス新潟	マッキーFC
GK 1 浜野征哉	1 柘植英見
DF 6 近彰彦	3 野田仁
DF 3 平岡宏章	4 本多寛之
DF 4 葛野昌宏	5 茶谷健
DF 27 岡田秀市	11 久保脇健夫
MF 18 古俣健次	8 稲垣充弘
MF 15 池田誠	7 小林寛生
MF 2 濱田祥裕	13 外山裕一
FW 7 マイケル	14 長沼伸児
FW 21 藤田敬三	9 阿部仁泰
FW 16 原祐俊	10 吉田剛久
GK 25 菊地修	12 遠藤篤史
DF 5 垣内友二	20 河村和人
DF 23 鈴木洋平	6 溝口誠志
DF 24 奥山達之	2 中村士門
FW 8 太田裕和	22 鈴木豪

【得点】(新)63分藤田敬三 65分池田誠 71分原祐俊 79分原祐俊
【交代】(新)10分浜野征哉→菊地修 39分濱田祥裕→垣内友二 73分岡田秀市→鈴木洋平　(マ)39分長沼伸児→遠藤篤史 58分小林寛生→溝口誠志 79分吉田剛久→鈴木豪
【警告】(マ)30分稲垣充弘 78分吉田剛久

●主審／向井　副審／橋原、白鳥

1997 第33回全国社会人サッカー選手権大会 アルビレックス新潟公式記録

1回戦　11月15日(土) 14時24分
●会場／保土ケ谷公園ラグビー場　●入場者数／ー
●天候／曇　●気温／ー　●湿度／ー　●風／無

日立清水 **0** [0-1 / 0-1] **2** アルビレックス新潟

日立清水	アルビレックス新潟
GK 21 堀池晃司	GK 22 玉田真人
DF 4 本田忠勝	DF 4 葛野昌宏
DF 12 四條剛生	DF 3 平岡宏章
DF 23 新村真一	DF 6 近彰彦
MF 6 後藤克明	MF 7 マイケル
MF 5 増田晃	MF 27 岡田秀市
MF 3 斉藤将	MF 21 藤田敬三
MF 15 鍋田和理	MF 15 池田誠
MF 8 太田和昌	MF 12 ニートン
FW 9 岡村和人	FW 8 太田裕和
FW 10 望月伸哉	FW 14 イグナス
GK 22 斉藤剛志	GK 25 菊地修
DF 16 新村勇	DF 24 奥山達之
MF 20 望月重宏	DF 5 垣内友二
MF 11 榊原季将	MF 20 小林高道
FW 7 本多裕二	FW 16 原祐俊

【得点】(新)11分イグナス 52分ニートン
【交代】(新)41分藤田敬三→垣内友二 66分太田裕和→原祐俊 77分池田誠→小林高道
【警告】(日)16分斉藤将 65分増田晃　(新)29分葛野昌宏

●主審／金田英司　副審／唐木田徹、八代洋

2回戦　11月16日(日) 11時50分
●会場／保土ケ谷公園ラグビー場　●入場者数／ー
●天候／曇　●気温／ー　●湿度／ー　●風／弱

ソニー仙台 **0** [0-2 / 0-1] **3** アルビレックス新潟

ソニー仙台	アルビレックス新潟
GK 21 千葉恵二	GK 25 菊地修
DF 9 荒川祐二	DF 4 葛野昌宏
DF 20 長田大樹	DF 3 平岡宏章
DF 17 明間正義	DF 6 近彰彦
DF 16 古澤大	MF 7 マイケル
MF 5 澤村一幸	MF 27 岡田秀市
MF 6 佐藤英二	MF 15 池田誠
MF 19 阿部健二	MF 20 小林高道
MF 15 阿部裕二	MF 12 ニートン
FW 11 田端秀規	FW 14 イグナス
FW 23 小林友綱	FW 8 太田裕和
GK 1 高瀬史則	GK 1 浜野征哉
DF 3 佐藤幹生	DF 24 奥山達之
DF 12 嵯峨克修	DF 5 垣内友二
MF 8 遠藤粛礼	FW 16 原祐俊
MF 7 池田晃一	FW 21 藤田敬三

【得点】(新)16分イグナス 29分近彰彦 42分ニートン
【交代】(仙)32分古澤大→佐藤幹生 60分澤村一幸→池田晃一 69分小林友綱→遠藤粛礼　(新)41分平岡宏章→奥山達之 47分太田裕和→原祐俊 64分菊地修→浜野征哉
【警告】(仙)64分阿部健二

●主審／二俣敏明　副審／砂川恵一、鉄指立

3回戦　11月17日(月) 12時25分
●会場／保土ケ谷公園ラグビー場　●入場者数／ー
●天候／雨　●気温／ー　●湿度／ー　●風／弱

NTT関西サッカー部 **0** [0-3 / 0-1] **4** アルビレックス新潟

NTT関西サッカー部	アルビレックス新潟
GK 21 津田浩幸	GK 22 玉田真人
DF 2 町田喜正	DF 4 葛野昌宏
DF 3 小谷博昭	DF 6 近彰彦
DF 5 加田光春	DF 24 奥山達之
MF 20 花岡靖則	MF 5 垣内友二
MF 10 矢田大地	MF 27 岡田秀市
MF 7 中村修	MF 7 マイケル
MF 12 吉田賢司	MF 21 藤田敬三
MF 13 倉本泰志	MF 12 ニートン
FW 30 野口尚哉	FW 14 イグナス
FW 11 光延弘泰	FW 8 太田裕和
GK 19 加藤清行	GK 1 浜野征哉
DF 18 北川盛一	DF 2 濱田祥裕
DF 26 岡田浩一郎	DF 15 池田誠
DF 24 永井康次	MF 20 小林高道
MF 6 松永喜三郎	FW 16 原祐俊

【得点】(新)02分イグナス 04分イグナス 19分イグナス 69分藤田敬三
【交代】(N)48分吉田賢司→永井康次 55分野口尚哉→岡田浩一郎 76分加田光春→北川盛一　(新)41分玉田真人→浜野征哉 41分イグナス→濱田祥裕 56分ニートン→原祐俊

●主審／砂川恵一　副審／五十川和也、伊藤力喜雄

準決勝　11月18日(火) 10時00分
●会場／県立体育センター球技場　●入場者数／ー
●天候／晴　●気温／ー　●湿度／ー　●風／弱

本田技研ルミノッソ狭山 **0** [0-0 / 0-0] **0** アルビレックス新潟
(延0-0) (PK5-3)

本田技研ルミノッソ狭山	アルビレックス新潟
GK 31 木寺浩一	GK 25 菊地修
DF 2 蔵本聡久	DF 4 葛野昌宏
DF 3 阿部直人	DF 6 近彰彦
DF 27 岸上剛	DF 24 奥山達之
DF 28 申在範	MF 5 垣内友二
MF 5 野中昌幸	MF 27 岡田秀市
MF 10 新井信明	MF 7 マイケル
MF 6 山内敬紀	MF 20 小林高道
MF 19 西田勝彦	MF 12 ニートン
FW 25 渡辺洋司	FW 14 イグナス
FW 11 中野豊	FW 8 太田裕和
GK 1 染谷俊行	GK 22 玉田真人
DF 15 野枝啓人	DF 2 濱田祥裕
MF 18 加藤猛	MF 15 池田誠
FW 26 長谷幸洋	FW 21 藤田敬三
FW 9 大山康幸	FW 16 原祐俊

【交代】(本)78分木寺浩一→染谷俊行 89分申在範→野枝啓人　(新)66分イグナス→原祐俊 79分太田裕和→池田誠 99分マイケル→濱田祥裕
【警告】(新)22分ニートン 50分奥山達之 74分ニートン
【退場】(新)74分ニートン

●主審／中原美智雄　副審／武田進、柏原丈二

1997
第77回 天皇杯全日本サッカー選手権大会
アルビレックス新潟 公式記録

1回戦　11月30日(日) 13時00分
●会場／神戸中央球技場　●入場者数／433人
●天候／晴　●気温／17.6℃　●湿度／47%　●風／中

関西学院大学 **2** [0-1 / 2-5] **6** アルビレックス新潟

関西学院大学	アルビレックス新潟
GK 1 山本竜寛	GK 25 菊地修
DF 5 平家正久	DF 4 葛野昌宏
DF 4 三木一磨	DF 3 平岡宏章
DF 3 柴田直治	DF 6 近彰彦
DF 2 黒川栄治	MF 7 マイケル
MF 8 中野内大祐	MF 18 古俣健次
MF 6 深見智博	MF 27 岡田秀市
MF 7 綿田貴文	MF 15 池田誠
MF 19 成山一郎	MF 20 小林高道
FW 25 土橋渡	FW 14 イグナス
FW 11 宮崎健治	FW 8 太田裕和
GK 21 木越健太	GK 22 玉田真人
DF 24 新名幹大	DF 2 濱田祥裕
MF 32 山内貴雄	MF 5 垣内友二
FW 15 鬼武辰憲	FW 21 藤田敬三
FW 10 藤田剛	FW 11 杉山学

【得点】(関)63分宮崎健治 86分鬼武辰憲　(新)01分太田裕和 53分マイケル 56分平岡宏章 70分太田裕和 76分太田裕和 89分マイケル
【交代】(関)65分成山一郎→鬼武辰憲 83分土橋渡→藤田剛 83分綿田貴文→新名幹大　(新)45分池田誠→垣内友二 63分小林高道→藤田敬三 77分イグナス→杉山学

●主審／柏原丈二　副審／大西弘幸、柳沢和也

2回戦　12月7日(日) 13時00分
●会場／静岡県遠州灘海浜公園球技場　●入場者数／1,654人
●天候／曇のち雨　●気温／22.3℃　●湿度／66%　●風／中

本田技研 **3** [2-1 / 1-0] **1** アルビレックス新潟

本田技研	アルビレックス新潟
GK 21 西芦谷浩二	GK 25 菊地修
DF 6 井川剛志	DF 4 葛野昌宏
DF 14 石橋眞和	DF 3 平岡宏章
DF 19 サンドロ	DF 6 近彰彦
DF 18 吉澤英生	MF 7 マイケル
MF 10 バウテル	MF 27 岡田秀市
MF 29 井幡博康	MF 18 古俣健次
MF 24 鈴木滋	MF 20 小林高道
MF 13 中村洋仁	MF 12 ニートン
FW 22 前田仁崇	FW 14 イグナス
FW 8 ジャッケス	FW 8 太田裕和
GK 27 笹原義巳	GK 22 玉田真人
DF 3 東川昌典	DF 2 濱田祥裕
MF 5 大仲貴義	DF 24 奥山達之
MF 26 村主博正	MF 15 池田誠
FW 28 新田純也	FW 11 杉山学

【得点】(本)31分ジャッケス 43分鈴木滋 60分ジャッケス　(新)08分イグナス
【交代】(本)60分中村洋仁→村主博正 76分前田仁崇→新田純也 89分井幡博康→大仲貴義　(新)60分イグナス→杉山学 70分太田裕和→池田誠
【警告】(本)28分ジャッケス 66分村主博正　(新)70分近彰彦

●主審／中込均　副審／二俣敏明、勝又光司

1998
第21回 全国地域リーグ決勝大会・予選リーグ
アルビレックス新潟 公式記録

第2日　1月17日(土) 12時00分
●会場／岡山県美作ラグビーサッカー場　●入場者数／180人
●天候／晴のち曇　●気温／ー　●湿度／ー　●風／無

日立清水 **1** [1-0 / 0-1] **1** アルビレックス新潟
(PK3-4)

日立清水	アルビレックス新潟
GK 1 モアシール	GK 1 浜野征哉
DF 6 後藤克明	DF 4 葛野昌宏
DF 23 新村真一	DF 3 平岡宏章
DF 12 四條剛生	DF 6 近彰彦
DF 5 増田晃	MF 26 水越潤
MF 13 柴田英吾	MF 18 古俣健次
MF 3 斉藤将	MF 27 岡田秀市
MF 11 榊原季将	MF 20 小林高道
MF 8 太田和昌	MF 7 マイケル
FW 9 岡村和人	FW 8 太田裕和
FW 10 望月伸哉	FW 14 イグナス
GK 21 堀池晃司	GK 25 菊地修
DF 4 本田忠勝	DF 2 濱田祥裕
DF 2 遠藤起生	DF 5 垣内友二
MF 15 鍋田和理	FW 16 原祐俊
FW 7 本多裕二	FW 11 杉山学

【得点】(日)03分望月伸哉　(新)76分太田裕和
【交代】(新)45分岡田秀市→垣内友二 45分小林高道→杉山学 60分水越潤→原祐俊
【警告】(日)20分増田晃 40分柴田英吾 60分岡村和人 72分望月伸哉 78分モアシール　(新)77分イグナス 89分平岡宏章 89分垣内友二

●主審／池田直寛　副審／名木利幸、南浩二

第3日　1月18日(日) 12時00分
●会場／岡山県美作ラグビーサッカー場　●入場者数／100
●天候／曇のち雨　●気温／ー　●湿度／ー　●風／弱

三菱石油 **0** [0-4 / 0-1] **5** アルビレックス新潟

三菱石油	アルビレックス新潟
GK 15 大庭実雄	GK 1 浜野征哉
DF 9 結城正典	DF 6 近彰彦
DF 2 藤田俊文	DF 3 平岡宏章
DF 23 小川健太郎	DF 4 葛野昌宏
DF 6 東政昭	MF 7 マイケル
MF 12 小堀勝啓	MF 18 古俣健次
MF 4 中田貴善	MF 5 垣内友二
MF 5 伊藤文雄	MF 16 原祐俊
MF 26 村上直也	FW 14 イグナス
FW 8 杉山史朗	FW 11 杉山学
FW 11 田中和昭	FW 8 太田裕和
GK 21 柏原貴弘	GK 25 菊地修
MF 17 林範昭	DF 2 濱田祥裕
FW 16 片島正邦	DF 23 鈴木洋平
DF 7 田平恒	MF 27 岡田秀市
DF 18 伊藤武志	MF 15 池田誠

【得点】(新)10分太田裕和 29分オウンゴール 36分イグナ
37分杉山学 54分鈴木洋平
【交代】(三)58分杉山史朗→伊藤武志 68分伊藤文雄→田
恒 84分田中和昭→林範昭　(新)45分古俣健次→鈴木洋
63分イグナス→池田誠 69分垣内友二→濱田祥裕
【警告】(三)80分東政昭　(新)48分原祐俊 49分鈴木洋
86分葛野昌宏

●主審／深澤卓司　副審／石田宏之、名木利幸

1998
第21回 全国地域リーグ決勝大会・決勝リーグ
アルビレックス新潟 公式記録

1回戦　1月23日(金) 14時00分
●会場／鴨池陸上競技場　●入場者数／200人
●天候／雨　●気温／ー　●湿度／ー　●風／弱

アルビレックス新潟 **3** [0-0 / 3-1] **1** 横河電機

アルビレックス新潟	横河電機
GK 1 浜野征哉	GK 12 城定和治
DF 4 葛野昌宏	DF 4 佐塚哲也
DF 3 平岡宏章	DF 34 渡辺英寛
DF 6 近彰彦	DF 14 五十嵐和也
MF 7 マイケル	MF 22 川村大輔
MF 16 原祐俊	MF 41 八十祐治
MF 18 古俣健次	MF 7 エジソン
MF 5 垣内友二	MF 9 上山友弘
MF 8 太田裕和	FW 23 鈴木慎吾
FW 14 イグナス	FW 10 藤掛大輔
FW 11 杉山学	FW 40 森崎嘉之
GK 22 玉田真人	GK 1 田中和也
DF 2 濱田祥裕	DF 5 平井知之
MF 26 水越潤	MF 36 高橋勝徳
MF 27 岡田秀市	MF 20 山口高志
FW 12 ニートン	MF 25 会沢博文

【得点】(新)53分杉山学 81分マイケル 86分太田裕和　(横)61分鈴木慎吾
【交代】(新)30分浜野征哉→玉田真人 64分イグナス→ニートン 80分原祐俊→水越潤　(横)59分上山友弘→山口高志 84分佐塚哲也→平井知之 84分八十祐治→高橋勝徳
【警告】(新)19分垣内友二

●主審／山城大　副審／泉弘紀、木城紀和

3回戦　1月24日(土) 12時01分
●会場／鴨池陸上競技場　●入場者数／300人
●天候／雨　●気温／ー　●湿度／ー　●風／弱

ソニー仙台 **5** [2-2 / 3-1] **3** アルビレックス新潟

ソニー仙台	アルビレックス新潟
GK 21 千葉恵二	GK 22 玉田真人
DF 7 荒川祐司	DF 4 葛野昌宏
DF 12 嵯峨克修	DF 3 平岡宏章
DF 13 花坂徹	DF 6 近彰彦
DF 17 明間正義	MF 7 マイケル
MF 6 佐藤英二	MF 16 原祐俊
MF 14 見田雅之	MF 18 古俣健次
MF 19 阿部健二	MF 2 濱田祥裕
MF 22 千葉雅人	FW 8 太田裕和
FW 11 田端秀規	FW 14 イグナス
FW 23 小林友綱	FW 11 杉山学
GK 1 高瀬史則	GK 25 菊地修
DF 4 本木利光	MF 27 岡田秀市
FW 8 遠藤粛礼	MF 26 水越潤
MF 15 阿部裕二	MF 15 池田誠
DF 16 古澤大	FW 12 ニートン

【得点】(仙)04分小林友綱 28分小林友綱 63分田端秀規 77分小林友綱 82分見田雅之　(新)19分イグナス 41分太田裕和 52分葛野昌宏
【交代】(新)61分イグナス→ニートン 69分原祐俊→水越潤

●主審／木城紀和　副審／山城大、金田大吉

決勝　1月25日(日) 14時09分
●会場／鴨池陸上競技場　●入場者数／300人
●天候／晴　●気温／ー　●湿度／ー　●風／弱

教育研究社FC **3** [2-1 / 1-5] **6** アルビレックス新潟

教育研究社FC	アルビレックス新潟
GK 1 山田州宏	GK 25 菊地修
DF 5 久保井秀昭	DF 4 葛野昌宏
MF 6 松本祥明	DF 3 平岡宏章
MF 7 藤原敬二	DF 6 近彰彦
FW 13 中井康司	DF 16 原祐俊
DF 14 長田治郎	MF 26 水越潤
DF 15 吉田啓	MF 18 古俣健次
MF 17 中筋敦生	MF 7 マイケル
MF 18 近藤健	MF 8 太田裕和
FW 19 西條公基	FW 14 イグナス
MF 27 鳥居浩樹	FW 12 ニートン
GK 21 山口憲仁	GK 22 玉田真人
MF 8 小谷野徹	DF 2 濱田祥裕
FW 10 川原清治	DF 5 垣内友二
FW 11 田辺和弥	MF 27 岡田秀市
MF 20 内村元	FW 11 杉山学

【得点】(教)14分長田治郎 36分鳥居浩樹 87分久保井秀昭　(新)11分マイケル 55分マイケル 68分イグナス 72分ニートン 74分杉山学 81分杉山学
【交代】(教)45分中井康司→川原清治 45分西條公基→田辺和弥　(新)60分原祐俊→垣内友二 68分イグナス→杉山学 85分マイケル→岡田秀市
【警告】(新)56分太田裕和 60分ニートン 64分近彰彦

●主審／泉秀昭　副審／金田大吉、上原孝治

1998
第7回 ジャパンフットボールリーグ(JFL)
アルビレックス新潟 公式記録

第1節　4月5日(日) 13時00分
●会場／等々力陸上競技場　●入場者数／5,871人
●天候／曇　●気温／22.0℃　●湿度／36%　●風／無

川崎フロンターレ **2** [0-0 / 2-0] **0** アルビレックス新潟

川崎フロンターレ	アルビレックス新潟
GK 1 浦上壮史	GK 27 木寺浩一
DF 20 長橋康弘	DF 3 平岡宏章
DF 3 佐原秀樹	DF 4 葛野昌宏
DF 5 ペッサリ	DF 6 近彰彦
DF 27 伊東真吾	MF 5 垣内友二
MF 14 中西哲生	MF 21 藤田慎一
MF 25 鬼木達	MF 12 岡田秀市
MF 10 ベッチーニョ	MF 18 古俣健次
MF 17 向島建	MF 13 水越潤
FW 9 ヴァルディネイ	FW 7 マイケル
FW 8 源平貴久	FW 16 原祐俊
GK 21 境秋範	GK 22 菊地修
DF 18 川元正英	DF 23 鈴木洋平
MF 23 久野智昭	MF 15 池田誠
MF 12 桂秀樹	FW 11 杉山学
FW 24 浦田尚希	FW 14 イグナス

【得点】(川)73分ヴァルディネイ 83分ヴァルディネイ
【交代】(川)64分伊東真吾→久野智昭 66分向島建→浦田尚希 79分ペッサリ→川元正英　(新)64分原祐俊→杉山学 76分垣内友二→イグナス
【警告】(川)46分伊東真吾 53分佐原秀樹　(新)32分水越潤 50分垣内友二

●主審／柿花和夫　副審／山口博司、峯下泰弘

第2節　4月12日(日) 14時04分
●会場／新潟陸　●入場者数／11,136人
●天候／晴　●気温／24.0℃　●湿度／38%　●風／強

アルビレックス新潟 **1** [1-1 / 0-0] **2** 東京ガス
(延長0-1)

アルビレックス新潟	東京ガス
GK 27 木寺浩一	GK 1 堀池洋充
DF 3 平岡宏章	DF 12 梅山修
DF 4 葛野昌宏	DF 3 サンドロ
DF 6 近彰彦	DF 17 浮氣哲郎
MF 5 垣内友二	DF 8 藤山竜仁
MF 24 中野圭一郎	MF 7 浅利悟
MF 12 岡田秀市	MF 19 蓮見知弘
MF 21 藤田慎一	MF 10 奥原崇
MF 13 水越潤	MF 13 加賀見健介
FW 7 マイケル	MF 18 岡元勇人
FW 16 原祐俊	FW 11 アマラオ
GK 22 菊地修	GK 22 鈴木敬之
DF 17 奥山達之	DF 5 本吉剛
MF 2 濱田祥裕	MF 6 新條宏喜
MF 19 藤田敬三	MF 24 小林成光
FW 14 イグナス	FW 9 和田潤

【得点】(新)17分マイケル　(東)21分岡元勇人 101分奥原崇
【交代】(新)63分原祐俊→イグナス 76分中野圭一郎→藤田敬三 99分マイケル→濱田祥裕　(東)53分加賀見健介→小林成光 72分岡元勇人→和田潤

●主審／砂川恵一　副審／阿部浩士、綿野直樹

第3節　4月15日(水) 19時00分
●会場／国立西が丘サッカー場　●入場者数／436人
●天候／曇　●気温／13.0℃　●湿度／84%　●風／中

国士舘大学 **2** [1-0 / 1-1] **1** アルビレックス新潟

国士舘大学	アルビレックス新潟
GK 1 鏑木豪	GK 27 木寺浩一
DF 7 小林稔	DF 3 平岡宏章
DF 4 竹谷睦	DF 4 葛野昌宏
DF 26 花田光弘	DF 21 藤田慎一
DF 3 金沢浄	MF 5 垣内友二
MF 33 板橋裕也	MF 24 中野圭一郎
MF 6 佐伯直哉	MF 18 古俣健次
MF 31 ファゾリン	MF 7 マイケル
MF 10 熱田眞	MF 13 水越潤
FW 11 鏑木亨	FW 14 イグナス
FW 24 高橋隆	FW 16 原祐俊
GK 22 高木義成	GK 22 菊地修
DF 2 石井雅之	DF 6 近彰彦
DF 29 大槻邦雄	DF 23 鈴木洋平
MF 8 鈴木勝大	MF 12 岡田秀市
FW 14 中崎優一	FW 8 太田裕和

【得点】(国)32分熱田眞 88分熱田眞　(新)81分イグナス
【交代】(新)45分原祐俊→太田裕和 45分古俣健次→岡田秀市 77分垣内友二→鈴木洋平
【警告】(国)57分金沢浄

●主審／濱名哲也　副審／穴沢努、吉川宏

第4節　4月19日(日) 12時59分
●会場／新潟陸　●入場者数／2,117人
●天候／晴　●気温／20.3℃　●湿度／52%　●風／中

アルビレックス新潟 **2** [1-0 / 0-1] **1** ソニー仙台
(延長1-0)

アルビレックス新潟	ソニー仙台
GK 27 木寺浩一	GK 21 千葉恵二
DF 3 平岡宏章	DF 9 荒川祐司
DF 4 葛野昌宏	DF 12 嵯峨克修
DF 21 藤田慎一	DF 17 明間正義
MF 13 水越潤	DF 13 花坂徹
MF 5 垣内友二	MF 22 千葉雅人
MF 12 岡田秀市	MF 15 阿部裕二
MF 24 中野圭一郎	MF 19 阿部健二
MF 7 マイケル	MF 14 見田雅之
FW 8 太田裕和	FW 23 小林友綱
FW 14 イグナス	FW 11 田端秀規
GK 22 菊地修	GK 1 高瀬史則
DF 6 近彰彦	DF 20 長田大樹
DF 23 鈴木洋平	DF 25 建部大自
FW 11 杉山学	MF 7 鳴尾直軌
FW 16 原祐俊	FW 10 高野和隆

【得点】(新)26分太田裕和 97分マイケル　(仙)85分見田雅之
【交代】(新)45分イグナス→鈴木洋平 74分太田裕和→原祐俊　(仙)60分阿部裕二→鳴尾直軌 90分千葉恵二→高瀬史則
【警告】(新)38分水越潤

●主審／恩氏孝夫　副審／田中厚、野崎尚文

第5節　4月25日(土) 13時00分
●会場／新潟陸　●入場者数／2,289人
●天候／雨　●気温／18.6℃　●湿度／75%　●風／

アルビレックス新潟 **2** [0-1 / 1-0] **1** 水戸ホーリーホッ
(延長1-0)

アルビレックス新潟	水戸ホーリーホック
GK 27 木寺浩一	GK 31 須永純
DF 3 平岡宏章	DF 3 日比威
DF 4 葛野昌宏	DF 6 八代敏
DF 21 藤田慎一	DF 29 鳥羽俊正
MF 17 奥山達之	MF 2 大平衛
MF 5 垣内友二	MF 4 巻田清一
MF 12 岡田秀市	MF 24 宮村正志
MF 24 中野圭一郎	MF 18 磯野修久
MF 13 水越潤	MF 9 田畑雅行
FW 7 マイケル	FW 17 浦島光雄
FW 8 太田裕和	FW 10 尾崎友治
GK 1 浜野征哉	GK 1 池田慎
DF 6 近彰彦	MF 12 水野淳
MF 19 藤田敬三	MF 8 木村裕之
FW 11 杉山学	MF 14 柳田伸明
FW 16 原祐俊	FW 27 福田晃

【得点】(新)86分垣内友二 116分マイケル　(水)06分
雅行
【交代】(新)45分奥山達之→原祐俊 71分太田裕和→
学 86分中野圭一郎→近彰彦　(水)45分浦島光雄→福
109分田端雅行→柳田伸明
【警告】(新)67分マイケル 89分木寺浩一 106分近彰彦
分近彰彦
【退場】(新)111分近彰彦

●主審／奥谷彰男　副審／阿部浩士、堂前富成

6節　4月30日（木）18時30分

会場／県営愛鷹多目的競技場　●入場者数／643人
天候／晴　●気温／17.0℃　●湿度／47%　●風／弱

ジャトコ 1 [0−1 / 1−1] 2 アルビレックス新潟

ジャトコ	アルビレックス新潟
K 21 沖田政夫	GK 27 木寺浩一
F 4 大石信幸	DF 3 平岡宏章
F 5 上野陽道	DF 4 葛野昌宏
F 26 望月亮太	DF 21 藤田慎一
F 2 井口真	MF 13 水越潤
F 6 坂口健司	MF 12 岡田秀市
F 10 ネネー	MF 5 垣内友二
F 24 松尾昌則	MF 24 中野圭一郎
F 20 松橋力蔵	MF 16 原祐俊
V 23 新村泰彦	FW 7 マイケル
V 25 松木秀樹	FW 11 杉山学
K 1 中山喜久男	GK 1 浜野征哉
F 3 植田雅彦	DF 17 奥山達之
F 12 井上和彦	MF 19 藤田敬三
F 8 福島宏太郎	MF 20 小林高道
V 16 森野章三	FW 8 太田裕和

得点】(ジ)77分新村泰彦　(新)42分マイケル 73分原祐俊
代】(ジ)65分松木秀樹→森野章三 81分上野陽道→福島太郎　(新)74分マイケル→太田裕和 88分杉山学→小林道
告】(新)03分垣内友二

主審／大野辰巳　副審／間島宗一、北條雅一

第7節　5月3日（日）13時04分

●会場／新潟陸　●入場者数／1,634人
●天候／雨のち曇　●気温／19.3℃　●湿度／73%　●風／中

アルビレックス新潟 0 [0−1 / 0−1] 2 デンソー

アルビレックス新潟	デンソー
GK 27 木寺浩一	GK 21 木場望
DF 3 平岡宏章	DF 3 井口博一
DF 4 葛野昌宏	DF 2 西村俊寛
DF 21 藤田慎一	DF 5 児玉和明
MF 13 水越潤	DF 7 平山健児
MF 12 岡田秀市	MF 13 北村邦夫
MF 5 垣内友二	MF 14 堀弘和
MF 24 中野圭一郎	MF 6 小池啓介
MF 16 原祐俊	MF 10 徳重隆明
FW 7 マイケル	FW 20 高山英樹
FW 11 杉山学	FW 11 小林達也
GK 1 浜野征哉	GK 1 長縄友規
DF 6 近彰彦	DF 23 山下紀信
MF 19 藤田敬三	MF 8 柳澤幸伸
MF 20 小林高道	MF 15 由井仁志
FW 8 太田裕和	FW 9 高岡良久

【得点】(デ)43分北村邦夫 86分小林達也
【交代】(新)66分平岡宏章→太田裕和 72分岡田秀市→近彰彦　(デ)81分高山英樹→高岡良久 88分小池啓介→柳澤幸伸
【警告】(新)71分原祐俊　(デ)19分堀弘和 83分小池啓介 87分児玉和明

●主審／谷内浩仁　副審／竹内元人、向井裕明

第8節　5月7日（木）19時00分

●会場／大分市営陸上競技場　●入場者数／1,874人
●天候／曇　●気温／21.5℃　●湿度／85%　●風／弱

大分トリニティ 2 [1−1 / 1−0] 1 アルビレックス新潟

大分トリニティ	アルビレックス新潟
GK 1 小山健二	GK 1 浜野征哉
DF 3 村田一弘	DF 3 平岡宏章
DF 4 柴暢彦	DF 6 近彰彦
DF 14 中田一三	DF 21 藤田慎一
DF 26 吉村寿洋	MF 5 垣内友二
MF 6 立石敬之	MF 12 岡田秀市
MF 9 崔大植	MF 18 古俣健次
MF 12 梅田高志	MF 24 中野圭一郎
MF 19 元田忠男	MF 13 水越潤
FW 8 加藤剛	FW 7 マイケル
FW 10 ウィル	FW 11 杉山学
GK 17 吉坂圭介	GK 27 木寺浩一
DF 2 中吉裕司	DF 4 葛野昌宏
DF 18 岡本征明	MF 16 原祐俊
MF 7 川崎元気	MF 19 藤田敬三
FW 29 村田教生	FW 14 イグナス

【得点】(大)27分柴暢彦 64分梅田高志　(新)26分古俣健次
【交代】(大)88分加藤剛→村田教生　(新)65分杉山学→イグナス 70分中野圭一郎→葛野昌宏 81分水越潤→原祐俊
【警告】(大)66分村田一弘　(新)07分マイケル

●主審／泉弘紀　副審／中井恒、都甲尚生

第9節　5月10日（日）13時04分

●会場／新潟陸　●入場者数／4,821人
●天候／晴　●気温／20.3℃　●湿度／60%　●風／中

アルビレックス新潟 1 [1−0 / 0−2] 2 サガン鳥栖

アルビレックス新潟	サガン鳥栖
GK 1 浜野征哉	GK 1 高嵜理貴
DF 3 平岡宏章	DF 5 松田悦典
DF 4 葛野昌宏	DF 4 川前力也
DF 6 近彰彦	DF 6 橋本雄二
MF 5 垣内友二	DF 17 森保洋
MF 13 水越潤	MF 23 関本恒一
MF 18 古俣健次	MF 13 井原康秀
MF 21 藤田慎一	MF 15 中村伸
MF 7 マイケル	FW 8 後藤太郎
FW 8 太田裕和	FW 9 佐藤真一
FW 11 杉山学	FW 18 上村崇士
GK 27 木寺浩一	GK 16 前田義貴
DF 24 中野圭一郎	DF 3 朴永浩
MF 12 岡田秀市	DF 24 牧野真二
FW 14 イグナス	MF 7 米山隆一
FW 16 原祐俊	FW 20 佐藤大実

【得点】(新)38分杉山学　(鳥)66分松田悦典 86分佐藤大実
【交代】(新)69分杉山学→イグナス　(鳥)57分佐藤真一→佐藤大実 89分後藤太郎→朴永浩
【警告】(新)36分杉山学　(鳥)53分森保洋 76分関本恒一

●主審／辺見康裕　副審／佐幸欣治、野山裕一

第10節　5月17日（日）14時00分

●会場／浦和市駒場スタジアム　●入場者数／1,889人
●天候／曇のち晴　●気温／28.5℃　●湿度／59%　●風／無

大宮アルディージャ 2 [1−0 / 1−0] 0 アルビレックス新潟

大宮アルディージャ	アルビレックス新潟
GK 31 古島清人	GK 1 浜野征哉
DF 3 森直樹	DF 5 垣内友二
DF 4 眞中幹夫	DF 4 葛野昌宏
DF 6 細窪映太郎	DF 3 平岡宏章
MF 18 山下正成	DF 21 藤田慎一
MF 8 石原通治	MF 18 古俣健次
MF 11 岡本隆吾	MF 13 水越潤
MF 7 小林悟	MF 20 小林高道
FW 16 小阪昭典	MF 7 マイケル
FW 9 平本大介	FW 8 太田裕和
FW 10 滝沢直樹	FW 14 イグナス
GK 22 川口剛	GK 27 木寺浩一
DF 24 伊藤琢矢	DF 24 中野圭一郎
MF 12 高須史幸	MF 12 岡田秀市
FW 19 上村祐司	FW 11 杉山学
FW 17 宮下真洋	FW 16 原祐俊

【得点】(大)35分平本大介 45分岡本隆吾
【交代】(大)41分森直樹→伊藤琢矢 74分滝沢直樹→上村祐司 82分平本大介→宮下真洋　(新)45分太田裕和→杉山学 45分小林高道→原祐俊 78分平岡宏章→中野圭一郎
【警告】(大)40分森直樹 60分伊藤琢矢

●主審／長田和久　副審／山口博司、前之園晴廣

11節　7月18日（土）14時00分

会場／七北田公園仙台スタジアム ●入場者数／3,241人
天候／晴　●気温／23.3℃　●湿度／66%　●風／中

ランメル仙台 0 [0−2 / 0−0] 2 アルビレックス新潟

ブランメル仙台	アルビレックス新潟
K 22 石川研	GK 1 浜野征哉
F 3 斎藤克幸	DF 25 田畑輝樹
F 5 ドゥバイッチ	DF 3 平岡宏章
F 4 渡辺佳孝	DF 21 藤田慎一
F 13 根子達也	MF 13 水越潤
F 7 千葉直樹	MF 12 岡田秀市
F 10 中島浩司	MF 5 垣内友二
F 15 中村学	MF 24 中野圭一郎
F 8 越後和男	MF 7 マイケル
V 14 高田純	FW 16 原祐俊
V 23 阿部良則	FW 14 イグナス
K 1 高橋範夫	GK 27 木寺浩一
F 2 山路嘉人	DF 17 奥山達之
F 12 御厨景	MF 18 古俣健次
F 19 伊藤壇	FW 8 太田裕和
V 16 瀬川誠	FW 11 杉山学

点】(新)20分イグナス 44分原祐俊
代】(仙)71分高田純→瀬川誠 75分根子達也→御厨景)64分マイケル→太田裕和 70分原祐俊→杉山学 75分グナス→古俣健次
告】(仙)33分斎藤克幸　(新)03分田畑輝樹 44分イグナ

主審／犬飼一郎　副審／近江孝義、加藤勝

第12節　7月23日（木）18時00分

●会場／徳島県鳴門総合運動公園陸上競技場　●入場者数／1,819人
●天候／晴　●気温／26.3℃　●湿度／87%　●風／中

大塚製薬 1 [0−1 / 1−1] 2 アルビレックス新潟

大塚製薬	アルビレックス新潟
GK 21 川島透	GK 1 浜野征哉
DF 13 藤原雅之	DF 25 田畑輝樹
DF 6 小井土佳央	DF 3 平岡宏章
DF 3 福重良一	DF 21 藤田慎一
DF 5 高尾敬治	MF 13 水越潤
MF 8 筒井紀章	MF 12 岡田秀市
MF 15 横瀬善行	MF 5 垣内友二
MF 25 吉成浩司	MF 24 中野圭一郎
MF 26 アウミール	MF 7 マイケル
FW 14 大場啓	FW 16 原祐俊
FW 10 関口隆男	FW 14 イグナス
GK 30 監物政希	GK 27 木寺浩一
DF 18 川地貴裕	DF 17 奥山達之
FW 9 秋元利幸	MF 18 古俣健次
FW 11 磯山和司	FW 8 太田裕和
FW 20 林威宏	FW 11 杉山学

【得点】(大)85分秋元利幸　(新)35分イグナス 48分原祐俊
【交代】(大)56分大場啓→磯山和司 56分吉成浩司→秋元利幸 65分小井土佳央→川地貴裕　(新)74分マイケル→杉山学 83分原祐俊→太田裕和

●主審／泉弘紀　副審／河野暁、山田茂美

第13節　7月26日（日）18時01分

●会場／新潟陸　●入場者数／2,379人
●天候／晴　●気温／29.6℃　●湿度／65%　●風／強

アルビレックス新潟 3 [1−0 / 2−1] 1 ヴァンフォーレ甲府

アルビレックス新潟	ヴァンフォーレ甲府
GK 1 浜野征哉	GK 1 坂本武久
DF 25 田畑輝樹	DF 2 木村哲昌
DF 3 平岡宏章	DF 5 石原大助
DF 21 藤田慎一	DF 6 仲田建二
MF 13 水越潤	DF 12 萩原慎也
MF 12 岡田秀市	MF 7 斉木和人
MF 5 垣内友二	MF 8 阿井達也
MF 24 中野圭一郎	MF 13 新明正広
MF 7 マイケル	MF 9 角谷常木
FW 14 イグナス	FW 10 吉田悟
FW 16 原祐俊	FW 11 バロン
GK 27 木寺浩一	GK 30 中村考宏
DF 6 近彰彦	DF 15 林英希
MF 18 古俣健次	MF 3 渡邊晋
FW 8 太田裕和	MF 19 金子誠
FW 11 杉山学	MF 16 清水武士

【得点】(新)15分イグナス 54分原祐俊 64分水越潤　(甲)89分角谷常木
【交代】(新)65分平岡宏章→近彰彦 77分原祐俊→太田裕和 82分岡田秀市→古俣健次　(甲)61分吉田悟→金子誠 68分新明正広→渡邊晋 84分石原大助→林英希
【警告】(新)53分原祐俊　(甲)26分仲田建二

●主審／谷内浩仁　副審／鍛冶勉、綿野直樹

第14節　8月2日（日）18時01分

●会場／新潟陸　●入場者数／1,469人
●天候／曇時々雨　●気温／29.2℃　●湿度／84%　●風／弱

アルビレックス新潟 5 [2−0 / 3−1] 1 本田技研

アルビレックス新潟	本田技研
GK 1 浜野征哉	GK 1 西芦谷浩二
DF 25 田畑輝樹	DF 6 井川剛志
DF 3 平岡宏章	DF 16 森智浩
MF 21 藤田慎一	DF 3 岩崎泰之
MF 13 水越潤	DF 2 吉澤英生
MF 12 岡田秀市	MF 5 安間貴義
MF 5 垣内友二	MF 17 向島満
MF 24 中野圭一郎	MF 11 田島宏晃
MF 7 マイケル	MF 8 井幡博康
FW 14 イグナス	FW 7 ドウグラス
FW 16 原祐俊	FW 9 青嶋文明
GK 27 木寺浩一	GK 12 笹原義巳
DF 6 近彰彦	DF 4 石橋眞和
MF 18 古俣健次	MF 22 前田仁崇
FW 8 太田裕和	MF 24 鈴木滋
FW 11 杉山学	FW 10 マルクス

【得点】(新)37分オウンゴール 43分イグナス 59分イグナス 78分マイケル 83分原祐俊　(本)85分青嶋文明
【交代】(新)65分中野圭一郎→近彰彦 85分マイケル→杉山学　(本)45分井幡博康→マルクス 66分田島宏晃→鈴木滋 69分ドウグラス→前田仁崇

●主審／石沢知　副審／竹内元人、向井裕明

第15節　8月9日（日）19時01分

●会場／山形県総合運動公園陸上競技場　●入場者数／4,825人
●天候／晴　●気温／24.6℃　●湿度／63%　●風／中

モンテディオ山形 1 [1−0 / 0−0] 0 アルビレックス新潟

モンテディオ山形	アルビレックス新潟
GK 1 鈴木克美	GK 1 浜野征哉
DF 5 本街直樹	DF 25 田畑輝樹
DF 18 佐藤淳志	DF 3 平岡宏章
DF 4 若松大樹	DF 21 藤田慎一
MF 8 シジクレイ	MF 13 水越潤
MF 6 高橋健二	MF 12 岡田秀市
MF 10 マルキーニョ	MF 5 垣内友二
MF 7 佐藤由紀彦	MF 24 中野圭一郎
MF 15 中森大介	MF 7 マイケル
FW 13 庄司孝	FW 14 イグナス
FW 11 塩川岳人	FW 16 原祐俊
GK 21 斉藤武志	GK 27 木寺浩一
DF 2 山崎哲也	DF 6 近彰彦
MF 22 飯塚浩記	MF 18 古俣健次
MF 19 原田紘介	FW 8 太田裕和
FW 17 森下弘	FW 11 杉山学

【得点】(山)22分佐藤由紀彦
【交代】(山)73分マルキーニョ→森下弘　(新)72分中野圭一郎→太田裕和 78分岡田秀市→古俣健次 84分イグナス→杉山学
【警告】(新)20分水越潤 69分中野圭一郎 82分イグナス

●主審／中村祐　副審／阿部正基、安食弘幸

16節　8月16日（日）18時01分

会場／新潟陸　●入場者数／1,335人
天候／雨時々曇 ●気温／23.6℃ ●湿度／91% ●風／弱

ルビレックス新潟 0 [0−0 / 0−2] 2 川崎フロンターレ

アルビレックス新潟	川崎フロンターレ
K 1 浜野征哉	GK 1 浦上壮史
F 25 田畑輝樹	DF 18 川元正英
F 3 平岡宏章	DF 14 中西哲生
F 21 藤田慎一	DF 5 ペッサリ
F 19 藤田敬三	MF 23 久野智昭
F 12 岡田秀市	MF 16 大塚真司
F 5 垣内友二	MF 22 江田広
F 24 中野圭一郎	MF 31 モレェノ
F 7 マイケル	MF 26 高田栄二
/ 8 太田裕和	FW 30 服部浩紀
/ 16 原祐俊	FW 9 ヴァルディネイ
K 27 木寺浩一	GK 21 境秋範
F 6 近彰彦	DF 15 土居義典
F 2 濱田祥裕	MF 20 長橋康弘
F 18 古俣健次	MF 19 伊藤彰
/ 11 杉山学	FW 24 浦田尚希

点】(川)52分ヴァルディネイ 70分伊藤彰
代】(新)66分太田裕和→濱田祥裕 74分岡田秀市→古俣次 85分マイケル→杉山学　(川)45分高田栄二→伊藤彰分江田広→長橋康弘 79分大塚真司→土居義典
告】(川)32分服部浩紀

主審／上川徹　副審／鍛冶勉、新恭一

第17節　8月20日（木）19時02分

●会場／新潟陸　●入場者数／1,180人
●天候／曇　●気温／26.3℃　●湿度／76%　●風／弱

アルビレックス新潟 2 [1−1 / 1−0] 1 ジャトコ

アルビレックス新潟	ジャトコ
GK 1 浜野征哉	GK 1 中山喜久男
DF 25 田畑輝樹	DF 3 植田雅彦
DF 3 平岡宏章	DF 26 望月亮太
DF 21 藤田慎一	DF 4 大石信幸
MF 13 水越潤	MF 27 鈴木亮
MF 12 岡田秀市	MF 24 松尾昌則
MF 18 古俣健次	MF 15 森田直樹
MF 24 中野圭一郎	MF 7 井上和昭
MF 5 垣内友二	MF 25 松木秀樹
FW 16 原祐俊	FW 14 三枝正和
FW 11 杉山学	FW 23 新村泰彦
GK 27 木寺浩一	GK 21 沖田政夫
DF 6 近彰彦	DF 12 井上和彦
MF 2 濱田祥裕	MF 6 坂口健司
MF 20 小林高道	MF 16 森野章三
FW 26 兼子一樹	FW 9 望月昭秀

【得点】(新)28分藤田慎一 89分垣内友二　(ジ)02分新村泰彦
【交代】(新)59分古俣健次→小林高道 81分水越潤→近彰彦　(ジ)57分三枝正和→望月昭秀 81分井上和昭→坂口健司
【警告】(新)74分平岡宏章　(ジ)66分松木秀樹 85分坂口健司

●主審／下村昌昭　副審／佐幸欣治、野崎尚文

第18節　8月23日（日）18時00分

●会場／刈谷市総合運動公園多目的グラウンド　●入場者数／505人
●天候／晴　●気温／27.5℃　●湿度／75%　●風／中

デンソー 3 [1−0 / 2−0] 0 アルビレックス新潟

デンソー	アルビレックス新潟
GK 24 渡辺英豊	GK 1 浜野征哉
DF 7 平山健児	DF 25 田畑輝樹
DF 2 西村俊寛	DF 6 近彰彦
DF 3 井口博一	DF 3 平岡宏章
DF 18 石井壯二郎	MF 13 水越潤
MF 5 児玉和明	MF 5 垣内友二
MF 13 北村邦夫	MF 21 藤田慎一
MF 6 小池啓介	MF 24 中野圭一郎
MF 10 徳重隆明	MF 20 小林高道
FW 20 高山英樹	FW 11 杉山学
FW 11 小林達也	FW 16 原祐俊
GK 21 木場望	GK 27 木寺浩一
DF 22 飯塚正道	MF 2 濱田祥裕
DF 23 山下紀信	MF 12 岡田秀市
MF 8 柳澤幸伸	FW 8 太田裕和
FW 17 伊藤智弘	FW 26 兼子一樹

【得点】(デ)30分小林達也 50分小林達也 78分小林達也
【交代】(デ)66分高山英樹→伊藤智弘 73分小池啓介→柳澤幸伸　(新)37分小林高道→濱田祥裕 37分杉山学→太田裕和 52分田畑輝樹→岡田秀市
【警告】(新)32分藤田慎一 48分垣内友二

●主審／深澤卓司　副審／森直之、小椋剛

第19節　8月27日（木）19時01分

●会場／新潟陸　●入場者数／1,165人
●天候／雨　●気温／25.0℃　●湿度／94%　●風／無

アルビレックス新潟 0 [0−0 / 0−0] 1 大分トリニティ（延長0−1）

アルビレックス新潟	大分トリニティ
GK 27 木寺浩一	GK 1 小山健二
DF 3 平岡宏章	DF 2 中吉裕司
DF 6 近彰彦	DF 3 村田一弘
DF 21 藤田慎一	DF 18 岡本征明
MF 19 藤田敬三	DF 26 吉村寿洋
MF 12 岡田秀市	MF 6 立石敬之
MF 23 鈴木洋平	MF 9 崔 大植
MF 24 中野圭一郎	MF 10 ウィル
MF 13 水越潤	MF 19 元田忠男
FW 11 杉山学	FW 7 川崎元気
FW 16 原祐俊	FW 15 川合孝治
GK 1 浜野征哉	GK 22 黒岩大吾
MF 2 濱田祥裕	DF 20 竹ノ下誠
MF 7 マイケル	MF 12 梅田高志
MF 20 小林高道	FW 8 加藤剛
FW 8 太田裕和	FW 11 エデル

【得点】(大)98分崔大植
【交代】(新)60分岡田秀市→濱田祥裕 60分原祐俊→マイケル 68分鈴木洋平→小林高道　(大)61分川崎元気→加藤剛 76分川合孝治→梅田高志
【警告】(大)41分村田一弘

●主審／中村祐　副審／田中厚、新恭一

第20節　8月30日（日）18時00分

●会場／鳥栖スタジアム　●入場者数／2,894人
●天候／晴　●気温／27.5℃　●湿度／85%　●風／中

サガン鳥栖 1 [0−0 / 1−0] 0 アルビレックス新潟

サガン鳥栖	アルビレックス新潟
GK 1 高嵜理貴	GK 27 木寺浩一
DF 5 松田悦典	DF 3 平岡宏章
DF 4 川前力也	DF 6 近彰彦
DF 6 橋本雄二	DF 21 藤田慎一
DF 17 森保洋	MF 19 藤田敬三
MF 13 井原康秀	MF 23 鈴木洋平
MF 14 島岡健太	MF 5 垣内友二
MF 10 田中哲也	MF 24 中野圭一郎
FW 8 後藤太郎	MF 13 水越潤
FW 18 上村崇士	FW 7 マイケル
FW 11 古賀正人	FW 16 原祐俊
GK 16 前田義貴	GK 1 浜野征哉
DF 23 関本恒一	MF 12 岡田秀市
MF 22 北内耕成	MF 15 池田誠
MF 15 中村伸	MF 20 小林高道
FW 20 佐藤大実	FW 11 杉山学

【得点】(鳥)85分井原康秀
【交代】(鳥)59分松田悦典→北内耕成 63分後藤太郎→中村伸 79分田中哲也→佐藤大実　(新)67分鈴木洋平→岡田秀市 76分水越潤→小林高道 87分藤田敬三→杉山学
【警告】(新)33分中野圭一郎

●主審／大西弘幸　副審／小川直仁、伊東俊祐

21節　9月17日（木）19時31分

会場／新潟陸　●入場者数／1,280人
候／曇　●気温／23.6℃　●湿度／78%　●風／無

ルビレックス新潟 1 [1−1 / 0−1] 2 大宮アルディージャ

アルビレックス新潟	大宮アルディージャ
27 木寺浩一	GK 31 古島清人
25 田畑輝樹	DF 24 伊藤琢矢
4 葛野昌宏	DF 28 ヤン
3 平岡宏章	DF 15 斉藤雅人
13 水越潤	DF 11 岡本隆吾
12 岡田秀市	MF 17 宮下真洋
5 垣内友二	MF 29 奥野誠一郎
21 藤田慎一	MF 30 岩瀬健
7 マイケル	MF 8 石原通治
16 原祐俊	FW 16 小阪昭典
11 杉山学	FW 27 ヨルン
1 浜野征哉	GK 1 山岸範之
20 小林高道	DF 3 森直樹
23 鈴木洋平	DF 4 眞中幹夫
24 中野圭一郎	MF 7 小林悟
8 太田裕和	FW 9 平本大介

点】(新)13分マイケル　(大)08分ヨルン 75分ヨルン
代】(新)79分杉山学→小林高道 87分田畑輝樹→鈴木洋　(大)45分伊藤琢矢→平本大介 79分石原通治→小林悟
告】(新)76分原祐俊

主審／犬飼一郎　副審／阿部浩士、田中厚

第22節　9月20日（日）18時00分

●会場／新潟陸　●入場者数／1,893人
●天候／晴　●気温／25.0℃　●湿度／79%　●風／弱

アルビレックス新潟 2 [0−0 / 2−3] 3 ブランメル仙台

アルビレックス新潟	ブランメル仙台
GK 27 木寺浩一	GK 22 石川研
DF 25 田畑輝樹	DF 2 山路嘉人
DF 4 葛野昌宏	DF 5 ドゥバイッチ
DF 3 平岡宏章	DF 4 渡辺佳孝
MF 13 水越潤	MF 3 斎藤克幸
MF 23 鈴木洋平	MF 7 千葉直樹
MF 5 垣内友二	MF 19 伊藤壇
MF 21 藤田慎一	MF 15 中村学
MF 7 マイケル	MF 8 越後和男
FW 14 イグナス	FW 11 平聡
FW 11 杉山学	FW 16 瀬川誠
GK 1 浜野征哉	GK 1 高橋範夫
MF 12 岡田秀市	DF 12 御厨景
MF 20 小林高道	MF 9 千葉泰伸
MF 24 中野圭一郎	MF 10 中島浩司
FW 26 兼子一樹	FW 14 高田純

【得点】(新)51分水越潤 55分イグナス　(仙)61分平聡 65分瀬川誠 81分平聡
【交代】(新)67分杉山学→岡田秀市 73分マイケル→小林高道 84分イグナス→兼子一樹　(仙)45分中村学→御厨景
【警告】(新)64分垣内友二　(仙)31分山路嘉人

●主審／深澤卓司　副審／鍛冶勉、堂前富成

第23節　9月27日（日）13時01分

●会場／新潟陸　●入場者数／2,517人
●天候／曇　●気温／24.3℃　●湿度／62%　●風／弱

アルビレックス新潟 2 [0−0 / 2−1] 1 大塚製薬

アルビレックス新潟	大塚製薬
GK 27 木寺浩一	GK 30 監物政希
DF 25 田畑輝樹	DF 4 笠原健
DF 4 葛野昌宏	DF 16 関口泰章
DF 3 平岡宏章	DF 3 福重良一
MF 13 水越潤	MF 14 大場啓
MF 23 鈴木洋平	MF 13 藤原雅之
MF 20 小林高道	MF 8 筒井紀章
MF 21 藤田慎一	MF 26 アウミール
MF 7 マイケル	MF 15 横瀬善行
FW 11 杉山学	FW 10 関口隆男
FW 14 イグナス	FW 11 磯山和司
GK 1 浜野征哉	GK 21 川島透
DF 6 近彰彦	MF 20 林威宏
MF 15 池田誠	MF 25 吉成浩司
MF 24 中野圭一郎	FW 9 秋元利幸
FW 8 太田裕和	FW 17 片岡功二

【得点】(新)68分オウンゴール 88分小林高道　(大)82分大場啓
【交代】(新)68分マイケル→中野圭一郎 68分鈴木洋平→池田誠 76分杉山学→近彰彦　(大)59分横瀬善行→吉成浩司 74分関口泰章→秋元利幸 81分筒井紀章→片岡功二
【警告】(大)08分藤原雅之

●主審／岡田正義　副審／竹内元人、綿野直樹

第24節　10月1日（木）13時00分

●会場／甲府市緑が丘スポーツ公園陸上競技場　●入場者数／283人
●天候／雨　●気温／24.5℃　●湿度／68%　●風／弱

ヴァンフォーレ甲府 4 [3−1 / 1−0] 1 アルビレックス新潟

ヴァンフォーレ甲府	アルビレックス新潟
GK 1 坂本武久	GK 27 木寺浩一
DF 2 木村哲昌	DF 25 田畑輝樹
DF 4 山尾光則	DF 4 葛野昌宏
DF 5 石原大助	DF 3 平岡宏章
DF 6 仲田建二	MF 13 水越潤
MF 7 斉木和人	MF 5 垣内友二
MF 8 阿井達也	MF 20 小林高道
MF 3 渡邉晋	MF 21 藤田慎一
MF 14 大柴克友	MF 7 マイケル
FW 11 バロン	FW 14 イグナス
FW 20 堀井岳也	FW 16 原祐俊
GK 21 倉持敏之	GK 1 浜野征哉
MF 19 金子誠	MF 15 池田誠
MF 13 新明正広	MF 23 鈴木洋平
MF 10 吉田悟	MF 24 中野圭一郎
FW 9 角谷常木	FW 11 杉山学

【得点】(甲)14分バロン 20分バロン 26分阿井達也 77分新明正広　(新)39分葛野昌宏
【交代】(甲)64分堀井岳也→新明正広 81分石原大助→金子誠 81分渡邉晋→吉田悟　(新)44分小林高道→浜野征哉 62分田畑輝樹→中野圭一郎 85分イグナス→杉山学
【警告】(甲)13分石原大助　(新)18分藤田慎一
【退場】(新)43分木寺浩一

●主審／柏原丈二　副審／片岡操、浅川司

第25節　10月8日（木）18時01分

●会場／ひたちなか市総合運動公園陸上競技場　●入場者数／221人
●天候／晴　●気温／25.6℃　●湿度／45%　●風／弱

水戸ホーリーホック 2 [0−1 / 2−0] 1 アルビレックス新潟

水戸ホーリーホック	アルビレックス新潟
GK 31 須永純	GK 1 浜野征哉
DF 12 水野淳	DF 25 田畑輝樹
DF 29 鳥羽俊正	DF 21 藤田慎一
DF 2 大平衛	DF 3 平岡宏章
MF 24 宮村正志	MF 24 中野圭一郎
MF 4 巻田清一	MF 5 垣内友二
MF 13 野呂直彦	MF 12 岡田秀市
MF 19 鶴橋孝之	MF 13 水越潤
MF 11 金久保好史	MF 7 マイケル
FW 38 竹村栄哉	FW 11 杉山学
FW 39 竹元義幸	FW 14 イグナス
GK 1 池田慎	GK 22 菊地修
DF 3 日比威	DF 4 葛野昌宏
MF 18 磯野修久	MF 2 濱田祥裕
MF 9 田畑雅行	MF 20 小林高道
FW 10 尾崎友治	FW 8 太田裕和

【得点】(水)50分竹元義幸 75分鶴橋孝之　(新)12分マイケル
【交代】(水)70分野呂直彦→磯野修久 89分巻田清一→田畑雅行 89分宮村正志→日比威　(新)61分杉山学→太田裕和 62分田畑輝樹→葛野昌宏 80分岡田秀市→濱田祥裕
【警告】(水)03分竹元義幸 87分竹村栄哉　(新)81分藤田慎一

●主審／鈴木亮哉　副審／犬飼一郎、川上秀実

第26節　10月11日(日)　12時59分

●会場／宮城県サッカー場　●入場者数／1,320人
●天候／晴　●気温／24.3℃　●湿度／53%　●風／弱

ソニー仙台　1［0−0 / 1−2］2　アルビレックス新潟

ソニー仙台	アルビレックス新潟
GK 1 高瀬史則	GK 27 木寺浩一
DF 12 嵯峨克修	DF 3 平岡宏章
DF 2 武川勝徳	DF 25 田畑輝樹
DF 17 明間正義	DF 4 葛野昌宏
DF 25 建部大自	MF 24 中野圭一郎
MF 6 佐藤英二	MF 2 濱田祥裕
MF 19 阿部健二	MF 5 垣内友二
MF 15 阿部裕二	MF 13 水越潤
MF 14 見田雅之	MF 7 マイケル
FW 23 小林友綱	FW 11 杉山学
FW 7 鳴尾直軌	FW 14 イグナス
GK 21 千葉恵二	GK 1 浜野征哉
DF 20 長田大樹	DF 6 近彰彦
DF 9 荒川祐司	MF 12 岡田秀市
MF 10 高野和隆	MF 20 小林高道
FW 24 今北威史	FW 16 原祐俊

【得点】(仙)57分阿部裕二　(新)50分中野圭一郎 79分垣内友二
【交代】(仙)67分小林友綱→今北威史 70分見田雅之→高野和隆 84分嵯峨克修→荒川祐司　(新)62分イグナス→原祐俊 79分濱田祥裕→小林高道
【警告】(仙)52分見田雅之　(新)36分垣内友二

●主審／山口森久　副審／渡辺辰也、矢部鋼治

第27節　10月15日(木)　19時00分

●会場／新潟陸　●入場者数／1,407人
●天候／雨　●気温／21.5℃　●湿度／89%　●風／弱

アルビレックス新潟　2［1−0 / 1−0］0　国士舘大学

アルビレックス新潟	国士舘大学
GK 27 木寺浩一	GK 41 立石和憲
DF 21 藤田慎一	DF 42 西村卓朗
DF 3 平岡宏章	DF 2 石井雅之
DF 4 葛野昌宏	DF 26 花田光弘
MF 24 中野圭一郎	DF 29 大槻邦雄
MF 2 濱田祥裕	MF 16 堤健吾
MF 5 垣内友二	MF 17 吉村匡史
MF 13 水越潤	MF 31 ファゾリン
MF 7 マイケル	MF 13 原大史朗
FW 11 杉山学	FW 14 中崎優一
FW 14 イグナス	FW 24 高橋隆
GK 1 浜野征哉	GK 22 高木義成
DF 25 田畑輝樹	DF 36 松岡正樹
MF 20 小林高道	MF 40 阿部孝浩
FW 8 太田裕和	FW 34 上田博勝
FW 16 原祐俊	FW 39 吉田英雄

【得点】(新)44分垣内友二 67分原祐俊
【交代】(新)64分杉山学→原祐俊 76分イグナス→太田裕和　(国)55分中崎優一→吉田英雄 62分大槻邦雄→松岡正樹 79分高橋隆→上田博勝
【警告】(新)46分濱田祥裕

●主審／下村昌昭　副審／佐幸欣治、綿野直樹

第28節　10月18日(日)　14時00分

●会場／本田技研都田サッカー場　●入場者数／500人
●天候／曇のち晴　●気温／26.6℃　●湿度／70%　●風／中

本田技研　3［2−0 / 1−1］1　アルビレックス新潟

本田技研	アルビレックス新潟
GK 12 笹原義巳	GK 27 木寺浩一
DF 23 北勇介	DF 21 藤田慎一
DF 16 森智浩	DF 3 平岡宏章
DF 17 向島満	DF 4 葛野昌宏
DF 2 吉澤英生	MF 24 中野圭一郎
MF 5 安間貴義	MF 2 濱田祥裕
MF 22 前田仁崇	MF 5 垣内友二
MF 24 鈴木滋	MF 13 水越潤
MF 14 吉田裕幸	MF 7 マイケル
FW 15 新田純也	FW 11 杉山学
FW 10 マルクス	FW 14 イグナス
GK 21 前川大樹	GK 1 浜野征哉
DF 4 石橋眞和	DF 25 田畑輝樹
DF 6 井川剛志	MF 20 小林高道
MF 11 田島宏晃	FW 8 太田裕和
FW 7 ドウグラス	FW 16 原祐俊

【得点】(本)19分マルクス 43分マルクス 77分ドウグラス　(新)48分原祐俊
【交代】(本)66分吉田裕幸→ドウグラス 85分新田純也→田島宏晃 89分北勇介→井川剛志　(新)45分濱田祥裕→小林高道 45分杉山学→原祐俊 59分垣内友二→太田裕和
【警告】(本)68分森智浩　(新)49分原祐俊 88分水越潤

●主審／金子聡一郎　副審／森直之、鈴木勝昭

第29節　10月25日(日)　13時04分

●会場／新潟陸　●入場者数／3,825人
●天候／晴　●気温／19.6℃　●湿度／42%　●風／中

アルビレックス新潟　2［1−0 / 1−0］0　モンテディオ山形

アルビレックス新潟	モンテディオ山形
GK 27 木寺浩一	GK 1 鈴木克美
DF 21 藤田慎一	DF 5 本街直樹
DF 3 平岡宏章	DF 4 若松大樹
DF 25 田畑輝樹	DF 18 佐藤淳志
MF 24 中野圭一郎	MF 8 シジクレイ
MF 20 小林高道	MF 3 太田雅之
MF 5 垣内友二	MF 10 マルキーニョ
MF 13 水越潤	MF 7 佐藤由紀彦
MF 7 マイケル	FW 9 真下佐登史
FW 8 太田裕和	FW 13 庄司孝
FW 14 イグナス	FW 11 塩川岳人
GK 22 菊地修	GK 21 斉藤武志
DF 6 近彰彦	DF 2 山崎哲也
MF 12 岡田秀市	MF 22 飯塚浩記
MF 15 池田誠	MF 19 原田紘介
FW 11 杉山学	FW 15 中森大介

【得点】(新)44分イグナス 53分太田裕和
【交代】(新)89分小林高道→池田誠 89分木寺浩一→菊地修 89分田畑輝樹→近彰彦　(山)60分真下佐登史→中森大介 60分マルキーニョ→原田紘介
【警告】(新)60分マイケル 76分イグナス 89分田畑輝樹　(山)44分塩川岳人

●主審／柿花和夫　副審／阿部浩士、野崎尚文

第30節　11月1日(日)　13時00分

●会場／駒沢オリンピック公園陸上競技場　●入場者数／2,16…
●天候／曇のち晴　●気温／23.0℃　●湿度／63%　●風／…

東京ガス　2［2−1 / 0−0］1　アルビレックス新潟

東京ガス	アルビレックス新潟
GK 1 堀池洋充	GK 27 木寺浩一
DF 12 梅山修	DF 3 平岡宏章
DF 17 浮氣哲郎	DF 25 田畑輝樹
DF 3 サンドロ	DF 21 藤田慎一
DF 8 藤山竜仁	MF 13 水越潤
MF 7 浅利悟	MF 5 垣内友二
MF 6 新條宏喜	MF 20 小林高道
MF 24 小林成光	MF 24 中野圭一郎
MF 11 アマラオ	MF 15 池田誠
MF 18 岡元勇人	FW 8 太田裕和
FW 15 アンジェロ	FW 16 原祐俊
GK 22 鈴木敬之	GK 1 浜野征哉
DF 26 小峯隆幸	DF 4 葛野昌宏
MF 19 蓮見知弘	MF 12 岡田秀市
MF 14 原田智宏	MF 2 濱田祥裕
MF 10 奥原崇	FW 11 杉山学

【得点】(東)17分アマラオ 34分岡元勇人　(新)41分池田…
【交代】(東)66分小林成光→奥原崇　(新)55分池田誠→…田秀市 76分中野圭一郎→濱田祥裕 76分太田裕和→杉…学
【警告】(東)85分浮氣哲郎　(新)75分水越潤 84分平岡…85分杉山学

●主審／吉田寿光　副審／野上正人、山崎敬三

1998 第78回 天皇杯 全日本サッカー選手権大会

アルビレックス新潟 公式記録

1回戦　11月29日(日)　13時00分

●会場／京都市宝が池公園スポーツ広場球技場　●入場者数／542人
●天候／晴　●気温／17.3℃　●湿度／24%　●風／弱

教育研究社　0［0−1 / 0−3］4　アルビレックス新潟

教育研究社	アルビレックス新潟
GK 1 山田州宏	GK 1 浜野征哉
DF 2 井尻明	DF 25 田畑輝樹
DF 5 久保井秀昭	DF 3 平岡宏章
DF 6 松本祥明	DF 21 藤田慎一
DF 7 藤原敬二	DF 24 中野圭一郎
DF 8 小谷野徹	MF 13 水越潤
MF 13 中井康司	MF 5 垣内友二
MF 15 吉田啓	MF 23 鈴木洋平
MF 17 亀井通宏	MF 20 小林高道
FW 19 西條公基	FW 7 マイケル
FW 20 内村元	FW 14 イグナス
GK 21 石原荘介	GK 22 菊地修
DF 24 開田直哉	DF 4 葛野昌宏
DF 26 平井秀尚	MF 12 岡田秀市
MF 9 白石哲也	FW 8 太田裕和
MF 11 田辺和弥	FW 16 原祐俊

【得点】(新)11分マイケル 52分原祐俊 54分イグナス 85分太田裕和
【交代】(教)45分中井康司→白石哲也 53分亀井通宏→平井秀尚 79分山田州宏→石原荘介　(新)45分鈴木洋平→原祐俊 65分イグナス→太田裕和 75分平岡宏章→葛野昌宏

●主審／宮成武人　副審／大西保、松尾一

2回戦　12月6日(日)　13時00分

●会場／新潟陸　●入場者数／1,153人
●天候／晴　●気温／11.6℃　●湿度／56%　●風／弱

アルビレックス新潟　3［1−0 / 2−1］1　阪南大学

アルビレックス新潟	阪南大学
GK 1 浜野征哉	GK 31 園田友彦
DF 25 田畑輝樹	DF 2 石川裕幸
DF 3 平岡宏章	DF 5 坂口徹
DF 21 藤田慎一	DF 3 小松旭
MF 13 水越潤	DF 26 中野充泰
MF 5 垣内友二	MF 7 足立和宏
MF 20 小林高道	MF 25 佐藤大輔
MF 24 中野圭一郎	MF 10 本田明
MF 7 マイケル	MF 15 仲井正剛
FW 14 イグナス	FW 11 山岡大
FW 16 原祐俊	FW 9 三宅康一朗
GK 22 菊地修	GK 1 坂本健司
DF 4 葛野昌宏	DF 6 田原庸平
MF 23 鈴木洋平	MF 28 上岡英治
FW 8 太田裕和	MF 14 東昭好
FW 11 杉山学	FW 17 香川享進

【得点】(新)16分藤田慎一 55分小林高道 83分イグナス　(阪)63分中野充泰
【交代】(新)86分イグナス→杉山学 86分原祐俊→太田裕和 89分平岡宏章→葛野昌宏　(阪)68分石川裕幸→東昭好 76分山岡大→香川享進 80分足立和宏→上岡英治
【警告】(阪)40分中野充泰 84分中野充泰
【退場】(阪)84分中野充泰

●主審／谷内浩仁　副審／竹内元人、野崎尚文

3回戦　12月13日(日)　12時59分

●会場／浦和市駒場スタジアム　●入場者数／10,084人
●天候／晴　●気温／17.3℃　●湿度／57%　●風／無

浦和レッズ　4［2−0 / 2−1］1　アルビレックス新潟

浦和レッズ	アルビレックス新潟
GK 16 田北雄気	GK 1 浜野征哉
DF 2 山田暢久	DF 25 田畑輝樹
DF 3 西野努	DF 3 平岡宏章
DF 5 ザッペッラ	DF 21 藤田慎一
DF 4 土橋正樹	MF 13 水越潤
MF 8 広瀬治	MF 5 垣内友二
MF 6 ペトロヴィッチ	MF 20 小林高道
MF 20 桜井直人	MF 24 中野圭一郎
MF 11 ベギリスタイン	MF 7 マイケル
FW 13 大柴健二	FW 14 イグナス
FW 9 福田正博	FW 16 原祐俊
GK 32 安藤智安	GK 27 木寺浩一
DF 27 渡辺敦夫	DF 4 葛野昌宏
MF 23 田畑昭宏	MF 15 池田誠
MF 18 池田伸康	MF 23 鈴木洋平
FW 7 岡野雅行	FW 8 太田裕和

【得点】(浦)09分福田正博 14分福田正博 49分大柴健二 56分大柴健二　(新)51分イグナス
【交代】(浦)60分桜井直人→池田伸康 68分広瀬治→田畑昭宏 82分西野努→渡辺敦夫　(新)68分平岡宏章→池田誠 80分垣内友二→鈴木洋平 80分原祐俊→太田裕和
【警告】(浦)20分広瀬治 79分西野努

●主審／岡田正義　副審／金田英司、斉藤敬一

1999 Jリーグ ディビジョン2 (J2)

アルビレックス新潟 公式記録

第1節　3月14日(日)　13時00分

●会場／等々力　●入場者数／4,469人
●天候／晴　●気温／20.6℃　●湿度／44%　●風／−

川崎フロンターレ　0［0−1 / 0−0］1　アルビレックス新潟

川崎フロンターレ	アルビレックス新潟
GK 1 浦上壮史	GK 20 吉原慎也
DF 28 岩本輝雄	DF 2 木澤正徳
DF 18 川元正英	DF 3 セルジオ
DF 6 寺田周平	DF 4 柴暢彦
DF 20 長橋康弘	DF 12 中野圭一郎
MF 16 大塚真司	MF 7 瀬戸春樹
MF 5 ジェニウソン	MF 22 秋葉忠宏
MF 23 久野智昭	MF 6 水越潤
MF 10 ティンガ	MF 9 リカルド
FW 11 向島建	FW 18 島田周輔
FW 24 上村崇士	FW 11 鳴尾直軌
GK 17 笹原義巳	GK 1 木寺浩一
DF 14 中西哲生	DF 5 藤田慎一
MF 2 高田栄二	MF 8 筒井紀章
MF 19 伊藤彰	FW 17 鈴木慎吾
FW 13 浦田尚希	MF 16 小林高道

【得点】(新)28分リカルド
【交代】(川)57分大塚真司→伊藤彰 68分上村崇士→浦田尚希 84分向島建→高田栄二　(新)52分水越潤→筒井紀章 66分リカルド→小林高道 76分柴暢彦→藤田慎一
【警告】(川)05分寺田周平

●主審／吉田寿光　副審／九里孝、片岡操

第2節　3月20日(土)　13時01分

●会場／新潟陸　●入場者数／2,514人
●天候／曇時々雨　●気温／11.6℃　●湿度／40%　●風／−

アルビレックス新潟　1［0−0 / 0−0］0　モンテディオ山形
(延長1−0)

アルビレックス新潟	モンテディオ山形
GK 20 吉原慎也	GK 1 鈴木克美
DF 2 木澤正徳	DF 5 本街直樹
DF 3 セルジオ	DF 18 佐藤淳志
DF 4 柴暢彦	DF 4 岩元洋成
DF 12 中野圭一郎	DF 3 太田雅之
MF 7 瀬戸春樹	MF 10 バウテル
MF 22 秋葉忠宏	MF 7 吉田達磨
MF 6 水越潤	MF 15 平間智和
MF 9 リカルド	MF 6 高橋健二
FW 11 鳴尾直軌	FW 8 ムタイル
FW 18 島田周輔	FW 13 庄司孝
GK 1 木寺浩一	GK 21 斉藤武志
DF 5 藤田慎一	DF 22 鷲田雅一
MF 8 筒井紀章	MF 14 飯塚浩記
MF 17 鈴木慎吾	MF 17 卜部太郎
FW 10 サウロ	FW 9 真下佐登史

【得点】(新)98分鈴木慎吾
【交代】(新)67分水越潤→鈴木慎吾 76分島田周輔→サウロ　(山)45分庄司孝→真下佐登史 80分吉田達磨→卜部太郎
【警告】(新)30分秋葉忠宏 89分木澤正徳　(山)57分太田雅之

●主審／岡田正義　副審／山口博司、岡野尚士

第3節　3月28日(日)　13時01分

●会場／西が丘　●入場者数／2,715人
●天候／曇時々晴　●気温／12.3℃　●湿度／35%　●風／−

FC東京　0［0−0 / 0−1］1　アルビレックス新潟

FC東京	アルビレックス新潟
GK 1 堀池洋充	GK 20 吉原慎也
DF 12 梅山修	DF 2 木澤正徳
DF 26 小峯隆幸	DF 3 セルジオ
DF 3 サンドロ	DF 4 柴暢彦
DF 8 藤山竜仁	DF 12 中野圭一郎
MF 7 浅利悟	MF 7 瀬戸春樹
MF 15 アウミール	MF 22 秋葉忠宏
MF 14 佐藤由紀彦	MF 6 水越潤
MF 13 加賀見健介	MF 9 リカルド
MF 18 岡元勇人	FW 11 鳴尾直軌
FW 11 アマラオ	FW 18 島田周輔
GK 22 鈴木敬之	GK 21 恒松伴典
DF 4 山尾光則	DF 5 藤田慎一
MF 6 新條宏喜	MF 8 筒井紀章
MF 24 小林成光	MF 17 鈴木慎吾
FW 17 鏑木享	FW 10 サウロ

【得点】(新)78分木澤正徳
【交代】(東)56分加賀見健介→鏑木享 81分浅利悟→新條宏喜　(新)60分島田周輔→サウロ 70分リカルド→鈴木慎吾
【警告】(東)51分浅利悟　(新)52分水越潤

●主審／田辺宏司　副審／土本泰、抱山公彦

第4節　4月4日(日)　12時59分

●会場／新潟陸　●入場者数／3,625人
●天候／晴　●気温／16.3℃　●湿度／42%　●風／−

アルビレックス新潟　6［2−1 / 4−0］1　ヴァンフォーレ甲府

アルビレックス新潟	ヴァンフォーレ甲府
GK 20 吉原慎也	GK 1 坂本武久
DF 2 木澤正徳	DF 2 木村哲昌
DF 3 セルジオ	DF 5 石原大助
DF 4 柴暢彦	DF 6 仲田建二
DF 12 中野圭一郎	DF 28 小田切道治
MF 7 瀬戸春樹	MF 7 斉木和人
MF 22 秋葉忠宏	MF 8 阿井達也
MF 9 リカルド	MF 4 金子誠
MF 6 水越潤	MF 3 渡邉晋
FW 11 鳴尾直軌	FW 9 吉田悟
FW 18 島田周輔	FW 10 大柴克友
GK 21 恒松伴典	GK 22 伊藤友彦
DF 5 藤田慎一	MF 12 土橋宏由樹
MF 8 筒井紀章	MF 11 新明正広
MF 17 鈴木慎吾	MF 13 赤尾佳宣
FW 10 サウロ	FW 14 堀井岳也

【得点】(新)09分瀬戸春樹 38分鳴尾直軌 61分柴暢彦 67分水越潤 82分サウロ 88分瀬戸春樹　(甲)42分仲田建二
【交代】(新)45分島田周輔→サウロ 67分柴暢彦→藤田慎一　(甲)57分金子誠→新明正広 64分吉田悟→堀井岳也 86分渡邉晋→土橋宏由樹
【警告】(新)40分秋葉忠宏 40分瀬戸春樹 72分中野圭一郎

●主審／片桐正広　副審／田中厚、宮島一代

第5節　4月11日(日)　12時34分

●会場／室蘭　●入場者数／4,588人
●天候／曇　●気温／8.6℃　●湿度／64%　●風／…

コンサドーレ札幌　0［0−1 / 0−0］1　アルビレックス新潟

コンサドーレ札幌	アルビレックス新潟
GK 1 佐藤洋平	GK 20 吉原慎也
DF 2 田渕龍二	DF 2 木澤正徳
DF 5 名塚善寛	DF 3 セルジオ
DF 20 大野貴史	DF 4 柴暢彦
DF 16 黄川田賢司	DF 12 中野圭一郎
MF 14 古川毅	MF 7 瀬戸春樹
MF 7 棚田伸	MF 22 秋葉忠宏
MF 24 河村優	MF 9 リカルド
MF 10 アシス	MF 6 水越潤
FW 9 リカルジーニョ	FW 10 サウロ
FW 18 吉原宏太	FW 11 鳴尾直軌
GK 12 加藤竜二	GK 21 恒松伴典
DF 22 池内友彦	DF 5 藤田慎一
MF 6 栗田泰次郎	MF 8 筒井紀章
MF 13 深川友貴	MF 17 鈴木慎吾
FW 11 関浩二	FW 18 島田周輔

【得点】(新)27分サウロ
【交代】(札)45分棚田伸→深川友貴 59分田渕龍二→池…彦 69分河村優→関浩二　(新)72分サウロ→島田周輔…分島田周輔→鈴木慎吾
【警告】(札)79分リカルジーニョ　(新)33分鳴尾直軌 4…水越潤 46分サウロ

●主審／泉弘紀　副審／濱口和明、前島和彦

第6節　4月18日(日)　13時00分

●会場／新潟陸　●入場者数／5,799人
●天候／曇　●気温／19.3℃　●湿度／45%　●風／−

アルビレックス新潟　3［1−1 / 2−0］1　大宮アルディージャ

アルビレックス新潟	大宮アルディージャ
GK 20 吉原慎也	GK 1 白井淳
DF 2 木澤正徳	DF 23 横山雄次
DF 3 セルジオ	DF 3 ヤン
DF 4 柴暢彦	DF 4 浮氣哲郎
DF 12 中野圭一郎	DF 5 岡本隆吾
MF 7 瀬戸春樹	MF 6 原崎政人
MF 22 秋葉忠宏	MF 7 佐藤昌吉
MF 9 リカルド	MF 8 岩瀬健
MF 6 水越潤	MF 10 エドウィン
FW 10 サウロ	FW 9 ヨルン
FW 11 鳴尾直軌	FW 11 平本大介
GK 21 恒松伴典	GK 20 渡辺英豊
DF 5 藤田慎一	DF 15 斉藤雅人
MF 8 筒井紀章	MF 16 小阪昭典
MF 17 鈴木慎吾	MF 24 北原健二
FW 18 島田周輔	FW 12 佐藤太一

【得点】(新)08分水越潤 53分鳴尾直軌 61分サウロ　(大)26分ヨルン
【交代】(新)80分サウロ→島田周輔 87分リカルド→鈴木慎吾　(大)28分佐藤昌吉→小阪昭典 55分浮氣哲郎→斉藤雅人
【警告】(新)28分サウロ

●主審／鈴木亮哉　副審／片岡操、原田昌彦

第7節　4月25日(日)　13時00分

●会場／鳥栖　●入場者数／2,674人
●天候／曇のち晴　●気温／18.6℃　●湿度／59%　●風／−

サガン鳥栖　0［0−1 / 0−0］1　アルビレックス新潟

サガン鳥栖	アルビレックス新潟
GK 1 高嵜理貴	GK 20 吉原慎也
DF 4 川前力也	DF 2 木澤正徳
DF 12 佐藤陽彦	DF 3 セルジオ
DF 17 森保洋	DF 4 柴暢彦
MF 22 小林悟	DF 12 中野圭一郎
MF 13 井原康秀	MF 7 瀬戸春樹
MF 8 北内耕成	MF 22 秋葉忠宏
MF 10 中村伸	MF 9 リカルド
MF 11 古賀正人	MF 6 水越潤
FW 9 佐藤真一	FW 10 サウロ
FW 20 竹元義幸	FW 11 鳴尾直軌
GK 16 前田義貴	GK 21 恒松伴典
DF 3 朴永浩	DF 5 藤田慎一
MF 6 関本恒一	MF 8 筒井紀章
MF 7 佐藤大実	MF 17 鈴木慎吾
MF 15 高木健旨	FW 19 河原塚毅

【得点】(新)12分セルジオ
【交代】(鳥)59分中村伸→佐藤大実 60分北内耕成→高木健旨 78分佐藤真一→朴永浩　(新)62分サウロ→河原塚毅 69分水越潤→鈴木慎吾 79分柴暢彦→藤田慎一
【警告】(新)41分水越潤 71分木澤正徳

●主審／大野辰巳　副審／山口茂久、今村亮一

第8節　4月28日(水)　18時00分

●会場／新潟陸　●入場者数／2,452人
●天候／雨　●気温／11.0℃　●湿度／74%　●風／−

アルビレックス新潟　0［0−1 / 0−2］3　ベガルタ仙台

アルビレックス新潟	ベガルタ仙台
GK 20 吉原慎也	GK 22 石川研
DF 2 木澤正徳	DF 6 花山英二
DF 3 セルジオ	DF 5 ドゥバイッチ
DF 4 柴暢彦	DF 4 渡辺佳孝
DF 12 中野圭一郎	MF 7 千葉直樹
MF 7 瀬戸春樹	MF 10 中島浩司
MF 22 秋葉忠宏	MF 3 斎藤克幸
MF 9 リカルド	MF 18 御厨景
MF 8 筒井紀章	MF 8 越後和男
FW 10 サウロ	FW 9 高田純
FW 11 鳴尾直軌	FW 17 阿部良則
GK 21 恒松伴典	GK 1 高橋範夫
DF 5 藤田慎一	DF 13 蓮見知弘
MF 16 小林高道	MF 19 伊藤壇
MF 17 鈴木慎吾	FW 11 平聡
FW 18 島田周輔	FW 16 瀬川誠

【得点】(仙)31分阿部良則 75分高田純 86分高田純
【交代】(新)63分サウロ→鈴木慎吾 75分筒井紀章→島田周輔　(仙)88分阿部良則→平聡
【警告】(新)44分セルジオ 57分木澤正徳 58分木澤正徳 60分サウロ　(仙)49分千葉直樹 62分ドゥバイッチ
【退場】(新)58分木澤正徳

●主審／柏原丈二　副審／鍛冶勉、阿部浩士

第9節　5月2日(日)　13時00分

●会場／大分　●入場者数／4,860人
●天候／晴　●気温／20.6℃　●湿度／67%　●風／−

大分トリニータ　1［0−0 / 1−0］0　アルビレックス新潟

大分トリニータ	アルビレックス新潟
GK 1 小山健二	GK 20 吉原慎也
DF 4 平岡靖成	DF 8 筒井紀章
DF 12 山崎哲也	DF 3 セルジオ
DF 26 吉村寿洋	DF 4 柴暢彦
MF 8 山根巌	DF 5 藤田慎一
MF 9 崔大植	MF 7 瀬戸春樹
MF 10 ウィル	MF 22 秋葉忠宏
MF 16 金本圭太	MF 9 リカルド
FW 11 塩川岳人	MF 6 水越潤
FW 14 アレックス	FW 11 鳴尾直軌
FW 28 神野卓哉	FW 17 鈴木慎吾
GK 17 吉坂圭介	GK 21 恒松伴典
DF 3 村田一弘	DF 13 田畑輝樹
MF 25 小池良平	DF 14 高橋直樹
MF 18 梅田高志	MF 16 小林高道
FW 15 清水和昌	FW 18 島田周輔

【得点】(大)47分ウィル
【交代】(大)81分アレックス→梅田高志　(新)76分筒井紀章→島田周輔
【警告】(大)84分ウィル　(新)55分リカルド 64分瀬戸春樹

●主審／南浩二　副審／三宅毅、大西保

第10節　5月5日(水・祝)　14時00分

●会場／山形県　●入場者数／3,866人
●天候／晴　●気温／18.3℃　●湿度／20%　●風／…

モンテディオ山形　3［2−0 / 1−0］0　アルビレックス新潟

モンテディオ山形	アルビレックス新潟
GK 1 鈴木克美	GK 20 吉原慎也
DF 5 本街直樹	DF 2 木澤正徳
DF 18 佐藤淳志	DF 3 セルジオ
DF 3 太田雅之	DF 4 柴暢彦
DF 22 鷲田雅一	DF 12 中野圭一郎
MF 7 吉田達磨	MF 7 瀬戸春樹
MF 10 バウテル	MF 22 秋葉忠宏
MF 6 高橋健二	MF 9 リカルド
MF 15 平間智和	MF 6 水越潤
FW 9 真下佐登史	FW 10 サウロ
FW 13 庄司孝	FW 11 鳴尾直軌
GK 21 斉藤武志	GK 21 恒松伴典
DF 2 内山俊彦	DF 5 藤田慎一
MF 14 飯塚浩記	MF 8 筒井紀章
MF 17 卜部太郎	MF 17 鈴木慎吾
FW 20 根本亮助	FW 18 島田周輔

【得点】(山)22分真下佐登史 41分真下佐登史 87分庄司…
【交代】(山)89分吉田達磨→飯塚浩記 89分バウテル→…太郎　(新)60分リカルド→鈴木慎吾 89分木澤正徳→…伴典
【警告】(山)18分バウテル 53分吉田達磨　(新)11分サ…
【退場】(新)89分吉原慎也

●主審／犬飼一郎　副審／佐藤秀明、濱口和明

11節　5月9日（日）14時00分

会場／新潟陸　●入場者数／9,327人
天候／晴　●気温／24.6℃　●湿度／39%　●風／ー

ルビレックス新潟 **2** [0-0 / 2-0] **0** FC東京

アルビレックス新潟	FC東京
21 恒松伴典	GK 1 堀池洋充
13 田畑輝樹	DF 12 梅山修
3 セルジオ	DF 26 小峯隆幸
4 柴暢彦	DF 3 サンドロ
12 中野圭一郎	DF 8 藤山竜仁
7 瀬戸春樹	MF 6 新條宏喜
22 秋葉忠宏	MF 15 アウミール
6 水越潤	MF 24 小林成光
17 鈴木慎吾	MF 14 佐藤由紀彦
11 鳴尾直軌	MF 18 岡元勇人
18 島田周輔	FW 17 鏑木享
1 木寺浩一	GK 22 鈴木敬之
2 木澤正徳	DF 5 古邊芳昇
8 筒井紀章	MF 16 小池知己
9 リカルド	MF 13 加賀見健介
10 サウロ	FW 9 和田潤

点】(新)48分島田周輔 86分鳴尾直軌
代】(新)52分田畑輝樹→木澤正徳 59分島田周輔→リカルド 79分鈴木慎吾→筒井紀章　(東)28分小林成光→小池知己 64分岡元勇人→和田潤 74分新條宏喜→古邊芳昇
告】(新)58分木澤正徳　(東)51分藤山竜仁 88分和田潤

主審／長田和久　副審／下村昌昭、鍛冶勉

第12節　5月16日（日）13時00分

●会場／小瀬　●入場者数／1,130人
●天候／曇　●気温／24.6℃　●湿度／67%　●風／ー

ヴァンフォーレ甲府 **3** [2-0 / 1-0] **0** アルビレックス新潟

ヴァンフォーレ甲府	アルビレックス新潟
GK 1 坂本武久	GK 20 吉原慎也
DF 2 木村哲昌	DF 13 田畑輝樹
DF 4 金子誠	DF 4 柴暢彦
DF 5 石原大助	DF 3 セルジオ
DF 6 仲田建二	DF 12 中野圭一郎
MF 3 渡邉晋	MF 7 瀬戸春樹
MF 7 斉木和人	MF 22 秋葉忠宏
MF 8 阿井達也	MF 6 水越潤
MF 12 土橋宏由樹	MF 17 鈴木慎吾
FW 9 吉田悟	FW 18 島田周輔
FW 10 大柴克友	FW 11 鳴尾直軌
GK 22 伊藤友彦	GK 21 恒松伴典
DF 15 今村優貴	DF 5 藤田慎一
DF 23 萩原慎也	MF 8 筒井紀章
MF 13 赤尾佳宣	MF 9 リカルド
FW 14 堀井岳也	FW 10 サウロ

【得点】(甲)00分吉田悟 43分渡邉晋 83分大柴克友
【交代】(甲)72分吉田悟→堀井岳也 81分阿井達也→赤尾佳宣 86分石原大助→今村優貴　(新)37分鈴木慎吾→リカルド 61分島田周輔→サウロ 69分柴暢彦→筒井紀章
【警告】(新)23分田畑輝樹 54分田畑輝樹 89分セルジオ
【退場】(新)54分田畑輝樹

●主審／柿花和夫　副審／九里孝、阿部浩士

第13節　5月22日（土）13時03分

●会場／新潟陸　●入場者数／8,849人
●天候／晴　●気温／25.3℃　●湿度／32%　●風／ー

アルビレックス新潟 **0** [0-0 / 0-1] **1** コンサドーレ札幌

アルビレックス新潟	コンサドーレ札幌
GK 20 吉原慎也	GK 1 佐藤洋平
DF 2 木澤正徳	DF 2 田渕龍二
DF 3 セルジオ	DF 14 古川毅
DF 4 柴暢彦	DF 5 名塚善寛
DF 12 中野圭一郎	DF 15 村田達哉
MF 7 瀬戸春樹	MF 4 梶野智
MF 22 秋葉忠宏	MF 13 深川友貴
MF 6 水越潤	MF 7 棚田伸
MF 9 リカルド	MF 10 アシス
FW 10 サウロ	FW 11 関浩二
FW 11 鳴尾直軌	FW 18 吉原宏太
GK 1 木寺浩一	GK 12 加藤竜二
DF 5 藤田慎一	DF 20 大野貴史
MF 8 筒井紀章	DF 16 黄川田賢司
MF 17 鈴木慎吾	MF 17 村主博正
FW 18 島田周輔	FW 24 河村優

【得点】(札)61分吉原宏太
【交代】(新)62分鳴尾直軌→島田周輔 77分リカルド→鈴木慎吾 82分瀬戸春樹→筒井紀章　(札)62分田渕龍二→大野貴史 80分深川友貴→村主博正
【警告】(新)08分セルジオ　(札)19分関浩二 44分吉原宏太

●主審／北村央春　副審／村上恒男、竹内元人

第14節　5月29日（土）14時00分

●会場／大宮　●入場者数／2,437人
●天候／曇　●気温／24.3℃　●湿度／52%　●風／ー

大宮アルディージャ **1** [0-0 / 1-0] **0** アルビレックス新潟

大宮アルディージャ	アルビレックス新潟
GK 1 白井淳	GK 20 吉原慎也
DF 14 氏家英行	DF 2 木澤正徳
DF 2 奥野誠一郎	DF 4 柴暢彦
DF 15 斉藤雅人	DF 5 藤田慎一
DF 5 岡本隆吾	DF 12 中野圭一郎
MF 23 横山雄次	MF 7 瀬戸春樹
MF 8 岩瀬健	MF 22 秋葉忠宏
MF 16 小阪昭典	MF 6 水越潤
MF 6 原崎政人	MF 9 リカルド
FW 13 磯山和司	FW 18 島田周輔
FW 11 平本大介	FW 11 鳴尾直軌
GK 20 渡辺英豊	GK 1 木寺浩一
DF 4 浮氣哲郎	DF 14 高橋直樹
DF 18 豊田泰広	MF 8 筒井紀章
MF 7 佐藤昌吉	MF 16 小林高道
MF 19 上村祐司	FW 17 鈴木慎吾

【得点】(大)86分平本大介
【交代】(大)24分原崎政人→佐藤昌吉 81分磯山和司→上村祐司 89分奥野誠一郎→浮氣哲郎　(新)45分島田周輔→鈴木慎吾 64分リカルド→筒井紀章 87分水越潤→小林高道

●主審／大西弘幸　副審／森本洋司、蒲澤淳一

第15節　6月28日（月）18時01分

●会場／新潟陸　●入場者数／2,147人
●天候／晴　●気温／23.3℃　●湿度／76%　●風／ー

アルビレックス新潟 **5** [3-1 / 2-1] **2** サガン鳥栖

アルビレックス新潟	サガン鳥栖
GK 20 吉原慎也	GK 21 山口哲治
DF 2 木澤正徳	DF 22 小林悟
DF 3 セルジオ	DF 4 川前力也
DF 4 柴暢彦	DF 5 松田考功
DF 12 中野圭一郎	DF 17 森保洋
MF 7 瀬戸春樹	MF 15 高木健旨
MF 22 秋葉忠宏	MF 10 中村伸
MF 9 リカルド	MF 8 北内耕成
MF 6 水越潤	MF 11 古賀正人
FW 10 サウロ	FW 9 佐藤真一
FW 11 鳴尾直軌	FW 20 竹元義幸
GK 1 木寺浩一	GK 16 前田義貴
DF 5 藤田慎一	DF 23 有村光史
MF 8 筒井紀章	DF 14 牧野真二
MF 23 長谷川太一	MF 7 佐藤大実
FW 17 鈴木慎吾	FW 18 福留亮

【得点】(新)05分リカルド 14分瀬戸春樹 40分瀬戸春樹 51分リカルド 57分リカルド　(鳥)32分古賀正人 88分佐藤大実
【交代】(新)62分秋葉忠宏→筒井紀章 71分木澤正徳→長谷川太一 73分サウロ→鈴木慎吾　(鳥)45分佐藤真一→福留亮 61分高木健旨→有村光史 61分北内耕成→佐藤大実
【警告】(新)08分サウロ 35分秋葉忠宏 38分セルジオ

●主審／谷内浩仁　副審／五十川和也、田中厚

16節　7月4日（日）14時00分

場／仙台　●入場者数／8,813人
候／晴　●気温／27.0℃　●湿度／51%　●風／ー

ガルタ仙台 **0** [0-1 / 0-2] **3** アルビレックス新潟

ベガルタ仙台	アルビレックス新潟
1 高橋範夫	GK 20 吉原慎也
6 花山英二	DF 2 木澤正徳
5 ドゥバイッチ	DF 3 セルジオ
4 渡辺佳孝	DF 4 柴暢彦
7 千葉直樹	DF 12 中野圭一郎
27 ニクソン	MF 7 瀬戸春樹
10 中島浩司	MF 8 筒井紀章
13 蓮見知弘	MF 6 水越潤
14 千葉泰伸	MF 9 リカルド
15 中村学	FW 10 サウロ
9 高田純	FW 11 鳴尾直軌
22 石川研	GK 1 木寺浩一
2 山路嘉人	DF 5 藤田慎一
8 越後和男	MF 15 池田誠
11 平聡	MF 16 小林高道
16 瀬川誠	FW 17 鈴木慎吾

点】(新)38分鳴尾直軌 57分リカルド 66分サウロ
代】(仙)62分蓮見知弘→越後和男 69分高田純→平聡 分ニクソン→瀬川誠　(新)66分サウロ→鈴木慎吾 72分リカルド→藤田慎一 79分筒井紀章→小林高道
告】(仙)49分渡辺佳孝 50分高田純　(新)38分リカルド 分木澤正徳 64分セルジオ 67分セルジオ
場】(仙)89分花山英二　(新)67分セルジオ

主審／吉田寿光　副審／福岡幹男、渡辺辰也

第17節　7月11日（日）18時00分

●会場／新潟陸　●入場者数／4,805人
●天候／晴　●気温／29.0℃　●湿度／50%　●風／ー

アルビレックス新潟 **0** [0-1 / 0-1] **2** 大分トリニータ

アルビレックス新潟	大分トリニータ
GK 20 吉原慎也	GK 1 小山健二
DF 2 木澤正徳	DF 5 若松大樹
DF 4 柴暢彦	DF 12 山崎哲也
DF 14 高橋直樹	DF 26 吉村寿洋
DF 12 中野圭一郎	MF 8 山根巌
MF 7 瀬戸春樹	MF 9 崔大植
MF 22 秋葉忠宏	MF 16 金本圭太
MF 6 水越潤	MF 18 梅田高志
MF 9 リカルド	FW 11 塩川岳人
FW 10 サウロ	FW 28 神野卓哉
FW 11 鳴尾直軌	FW 30 竹村栄哉
GK 1 木寺浩一	GK 17 吉坂圭介
DF 5 藤田慎一	DF 3 村田一弘
MF 8 筒井紀章	MF 24 濱岡和久
MF 15 池田誠	MF 25 小池良平
FW 17 鈴木慎吾	FW 15 清水和昌

【得点】(大)41分梅田高志 69分清水和昌
【交代】(新)37分サウロ→鈴木慎吾 73分水越潤→池田誠 79分リカルド→筒井紀章　(大)63分崔大植→清水和昌
【警告】(新)33分サウロ　(大)89分若松大樹

●主審／小幡真一郎　副審／中原美智雄、鍛冶勉

第18節　7月15日（木）19時00分

●会場／新潟陸　●入場者数／2,045人
●天候／雨　●気温／23.6℃　●湿度／82%　●風／ー

アルビレックス新潟 **0** [0-1 / 0-1] **2** 川崎フロンターレ

アルビレックス新潟	川崎フロンターレ
GK 20 吉原慎也	GK 1 浦上壮史
DF 2 木澤正徳	DF 14 中西哲生
DF 3 セルジオ	DF 3 佐原秀樹
DF 14 高橋直樹	DF 29 森川拓巳
DF 12 中野圭一郎	MF 16 大塚真司
MF 7 瀬戸春樹	MF 2 高田栄二
MF 22 秋葉忠宏	MF 23 久野智昭
MF 6 水越潤	MF 19 伊藤彰
MF 9 リカルド	MF 28 岩本輝雄
FW 11 鳴尾直軌	FW 11 向島建
FW 18 島田周輔	FW 9 ツゥット
GK 1 木寺浩一	GK 21 境秋範
DF 4 柴暢彦	DF 4 小松崎保
MF 8 筒井紀章	MF 8 伊藤優津樹
MF 15 池田誠	MF 12 桂秀樹
FW 17 鈴木慎吾	FW 13 浦田尚希

【得点】(川)38分岩本輝雄 60分ツゥット
【交代】(新)84分水越潤→池田誠　(川)57分向島建→浦田尚希75分岩本輝雄→桂秀樹
【警告】(新)10分島田周輔 43分セルジオ　(川)32分中西哲生

●主審／上川徹　副審／牧野明久、安食弘幸

第19節　8月1日（日）16時03分

●会場／江戸川　●入場者数／3,183人
●天候／晴　●気温／30.6℃　●湿度／71%　●風／ー

FC東京 **0** [0-0 / 0-2] **2** アルビレックス新潟

FC東京	アルビレックス新潟
GK 22 鈴木敬之	GK 1 木寺浩一
DF 12 梅山修	DF 2 木澤正徳
DF 3 サンドロ	DF 3 セルジオ
DF 5 古邊芳昇	DF 14 高橋直樹
DF 8 藤山竜仁	DF 12 中野圭一郎
MF 7 浅利悟	MF 7 瀬戸春樹
MF 15 アウミール	MF 22 秋葉忠宏
MF 14 佐藤由紀彦	MF 6 水越潤
MF 13 加賀見健介	MF 9 リカルド
MF 9 和田潤	FW 17 鈴木慎吾
FW 11 アマラオ	FW 18 島田周輔
GK 21 遠藤大志	GK 20 吉原慎也
DF 26 小峯隆幸	DF 4 柴暢彦
MF 16 小池知己	MF 8 筒井紀章
MF 24 小林成光	MF 23 長谷川太一
FW 17 鏑木享	FW 11 鳴尾直軌

【得点】(新)50分鈴木慎吾 80分鳴尾直軌
【交代】(東)45分加賀見健介→鏑木享 55分和田潤→小林成光 61分浅利悟→小池知己　(新)45分島田周輔→鳴尾直軌 69分リカルド→筒井紀章 73分セルジオ→柴暢彦
【警告】(東)44分加賀見健介　(新)77分中野圭一郎

●主審／石山昇　副審／田中厚、野山祐一

第20節　8月7日（土）18時00分

●会場／新潟陸　●入場者数／5,637人
●天候／晴　●気温／33.3℃　●湿度／54%　●風／ー

アルビレックス新潟 **1** [0-0 / 1-1] **1** コンサドーレ札幌
（延長0-0）

アルビレックス新潟	コンサドーレ札幌
GK 1 木寺浩一	GK 1 佐藤洋平
DF 2 木澤正徳	DF 2 田渕龍二
DF 3 セルジオ	DF 14 古川毅
DF 14 高橋直樹	DF 5 名塚善寛
DF 12 中野圭一郎	DF 15 村田達哉
MF 7 瀬戸春樹	MF 4 梶野智
MF 22 秋葉忠宏	MF 8 ビジュ
MF 6 水越潤	MF 7 棚田伸
MF 9 リカルド	FW 13 深川友貴
FW 11 鳴尾直軌	FW 18 吉原宏太
FW 17 鈴木慎吾	FW 10 アシス
GK 20 吉原慎也	GK 12 加藤竜二
DF 4 柴暢彦	DF 20 大野貴史
MF 8 筒井紀章	MF 6 栗田泰次郎
FW 10 サウロ	MF 17 村主博正
FW 18 島田周輔	FW 11 関浩二

【得点】(新)59分鈴木慎吾　(札)48分ビジュ
【交代】(新)45分鳴尾直軌→島田周輔 72分リカルド→サウロ 113分島田周輔→筒井紀章　(札)55分深川友貴→村主博正 76分棚田伸→関浩二 116分田渕龍二→大野貴史
【警告】(新)103分秋葉忠宏　(札)52分梶野智 95分ビジュ

●主審／吉田寿光　副審／穴沢努、佐幸欣治

21節　8月15日（日）18時00分

場／等々力　●入場者数／3,881人
候／曇　●気温／28.3℃　●湿度／77%　●風／ー

川崎フロンターレ **0** [0-1 / 0-0] **1** アルビレックス新潟

川崎フロンターレ	アルビレックス新潟
1 浦上壮史	GK 1 木寺浩一
29 森川拓巳	DF 2 木澤正徳
3 佐原秀樹	DF 3 セルジオ
18 川元正英	DF 14 高橋直樹
16 大塚真司	DF 12 中野圭一郎
2 高田栄二	MF 7 瀬戸春樹
23 久野智昭	MF 22 秋葉忠宏
19 伊藤彰	MF 6 水越潤
28 岩本輝雄	MF 9 リカルド
9 ツゥット	FW 11 鳴尾直軌
10 ティンガ	FW 17 鈴木慎吾
17 笹原義巳	GK 20 吉原慎也
15 土居義典	DF 4 柴暢彦
20 長橋康弘	MF 8 筒井紀章
12 桂秀樹	MF 23 長谷川太一
13 浦田尚希	FW 18 島田周輔

点】(新)18分鈴木慎吾
代】(川)52分伊藤彰→長橋康弘 70分岩本輝雄→桂秀樹 分ツゥット→浦田尚希　(新)75分中野圭一郎→筒井紀章 77分リカルド→島田周輔

主審／柏原丈二　副審／西村典之、抱山公彦

第22節　8月19日（木）18時59分

●会場／新潟陸　●入場者数／3,308人
●天候／曇のち雷雨のち曇 ●気温／28.3℃ ●湿度／71% ●風／ー

アルビレックス新潟 **1** [1-0 / 0-1] **1** ヴァンフォーレ甲府
（延長0-0）

アルビレックス新潟	ヴァンフォーレ甲府
GK 1 木寺浩一	GK 1 坂本武久
DF 2 木澤正徳	DF 2 木村哲昌
DF 3 セルジオ	DF 3 渡邉晋
DF 14 高橋直樹	DF 4 金子誠
DF 12 中野圭一郎	DF 5 石原大助
MF 7 瀬戸春樹	MF 7 斉木和人
MF 22 秋葉忠宏	MF 8 阿井達也
MF 6 水越潤	MF 9 吉田悟
MF 9 リカルド	MF 12 土橋宏由樹
FW 11 鳴尾直軌	FW 10 大柴克友
FW 17 鈴木慎吾	FW 14 堀井岳也
GK 20 吉原慎也	GK 22 伊藤友彦
DF 4 柴暢彦	DF 6 仲田建二
MF 8 筒井紀章	DF 20 谷奥優作
MF 23 長谷川太一	MF 11 新明正広
FW 18 島田周輔	MF 13 赤尾佳宣

【得点】(新)43分鈴木慎吾　(甲)67分堀井岳也
【交代】(新)71分鳴尾直軌→島田周輔 90分セルジオ→柴暢彦 90分リカルド→長谷川太一　(甲)59分石原大助→仲田建二 75分阿井達也→新明正広 114分金子誠→谷奥優作
【警告】(新)23分木澤正徳　(甲)04分渡邉晋

●主審／中村祐　副審／武田進、野上正人

第23節　8月29日（日）18時01分

●会場／大宮　●入場者数／2,562人
●天候／晴のち雷雨のち曇 ●気温／31.0℃ ●湿度／70% ●風／ー

大宮アルディージャ **3** [0-1 / 3-0] **1** アルビレックス新潟

大宮アルディージャ	アルビレックス新潟
GK 1 白井淳	GK 1 木寺浩一
DF 14 氏家英行	DF 2 木澤正徳
DF 2 奥野誠一郎	DF 3 セルジオ
DF 15 斉藤雅人	DF 14 高橋直樹
DF 5 岡本隆吾	DF 5 藤田慎一
MF 8 岩瀬健	MF 7 瀬戸春樹
MF 4 浮氣哲郎	MF 22 秋葉忠宏
MF 10 マーク	MF 6 水越潤
MF 6 原崎政人	MF 9 リカルド
FW 13 磯山和司	FW 11 鳴尾直軌
FW 16 小阪昭典	FW 17 鈴木慎吾
GK 20 渡辺英豊	GK 20 吉原慎也
MF 19 上村祐司	DF 4 柴暢彦
MF 23 横山雄次	MF 8 筒井紀章
FW 11 平本大介	MF 23 長谷川太一
FW 12 佐藤太一	FW 19 河原塚毅

【得点】(大)46分磯山和司 66分小阪昭典 78分マーク　(新)13分鈴木慎吾
【交代】(大)74分磯山和司→佐藤太一 80分小阪昭典→横山雄次　(新)44分セルジオ→柴暢彦 69分秋葉忠宏→筒井紀章 69分鳴尾直軌→河原塚毅
【警告】(大)23分マーク 73分奥野誠一郎 82分岩瀬健　(新)52分秋葉忠宏 82分高橋直樹

●主審／濱名哲也　副審／手塚洋、中熊光義

第24節　9月4日（土）19時00分

●会場／新潟陸　●入場者数／3,933人
●天候／晴　●気温／26.6℃　●湿度／68%　●風／ー

アルビレックス新潟 **0** [0-0 / 0-0] **1** ベガルタ仙台
（延長0-1）

アルビレックス新潟	ベガルタ仙台
GK 1 木寺浩一	GK 1 高橋範夫
DF 2 木澤正徳	DF 3 斎藤克幸
DF 4 柴暢彦	DF 5 ドゥバイッチ
DF 14 高橋直樹	DF 2 山路嘉人
DF 5 藤田慎一	DF 18 御厨景
MF 7 瀬戸春樹	MF 7 千葉直樹
MF 22 秋葉忠宏	MF 27 ニクソン
MF 6 水越潤	MF 28 パウロ・エンリケ
MF 9 リカルド	MF 29 財前宣之
FW 10 サウロ	FW 15 中村学
FW 17 鈴木慎吾	FW 11 平聡
GK 20 吉原慎也	GK 22 石川研
MF 8 筒井紀章	DF 4 渡辺佳孝
MF 23 長谷川太一	MF 10 中島浩司
FW 11 鳴尾直軌	MF 14 千葉泰伸
FW 19 河原塚毅	FW 16 瀬川誠

【得点】(仙)115分ドゥバイッチ
【交代】(新)94分サウロ→河原塚毅 105分リカルド→筒井紀章 108分木澤正徳→鳴尾直軌　(仙)45分中村学→瀬川誠 72分平聡→千葉泰伸
【警告】(仙)27分山路嘉人 58分千葉直樹 87分御厨景

●主審／奥谷彰男　副審／田中厚、山口博司

第25節　9月11日（土）12時33分

●会場／新潟陸　●入場者数／2,651人
●天候／曇　●気温／28.6℃　●湿度／59%　●風／ー

アルビレックス新潟 **1** [1-0 / 0-0] **0** サガン鳥栖

アルビレックス新潟	サガン鳥栖
GK 1 木寺浩一	GK 1 高嵜理貴
DF 2 木澤正徳	DF 2 島岡健太
DF 4 柴暢彦	DF 4 川前力也
DF 14 高橋直樹	DF 5 松田考功
DF 12 中野圭一郎	DF 17 森保洋
MF 7 瀬戸春樹	MF 8 北内耕成
MF 22 秋葉忠宏	MF 11 古賀正人
MF 24 式田高義	MF 13 井原康秀
MF 9 リカルド	MF 25 生津将司
FW 10 サウロ	FW 9 佐藤真一
FW 17 鈴木慎吾	FW 20 竹元義幸
GK 20 吉原慎也	GK 21 山口哲治
DF 5 藤田慎一	DF 12 佐藤陽彦
MF 6 水越潤	DF 22 小林悟
MF 23 長谷川太一	MF 10 中村伸
FW 11 鳴尾直軌	FW 18 福留亮

【得点】(新)25分サウロ
【交代】(新)45分サウロ→長谷川太一 62分リカルド→鳴尾直軌 78分式田高義→水越潤　(鳥)66分生津将司→中村伸 75分北内耕成→佐藤陽彦 75分佐藤真一→福留亮
【警告】(新)69分鈴木慎吾　(鳥)61分森保洋

●主審／柏原丈二　副審／阿部正基、河合英治

26節　9月15日（水・祝）16時02分

場／大分　●入場者数／3,753人
候／晴　●気温／27.5℃　●湿度／67%　●風／ー

分トリニータ **0** [0-0 / 0-1] **1** アルビレックス新潟

大分トリニータ	アルビレックス新潟
1 小山健二	GK 1 木寺浩一
4 平岡靖成	DF 2 木澤正徳
12 山崎哲也	DF 4 柴暢彦
26 吉村寿洋	DF 14 高橋直樹
5 若松大樹	DF 12 中野圭一郎
8 山根巌	MF 7 瀬戸春樹
9 崔大植	MF 22 秋葉忠宏
14 エドウィン	MF 24 式田高義
30 竹村栄哉	MF 9 リカルド
10 ウィル	MF 17 鈴木慎吾
28 神野卓哉	FW 10 サウロ
17 吉坂圭介	GK 20 吉原慎也
16 金本圭太	DF 5 藤田慎一
7 川崎元気	MF 6 水越潤
18 梅田高志	MF 8 筒井紀章
11 塩川岳人	FW 11 鳴尾直軌

点】(新)81分高橋直樹
代】(大)63分平岡靖成→梅田高志 75分崔大植→塩川岳人 75分竹村栄哉→川崎元気　(新)60分式田高義→水越潤 サウロ→鳴尾直軌 79分リカルド→筒井紀章
告】(大)52分山根巌 55分平岡靖成 76分川崎元気 86分中野圭一郎

審／大西弘幸　副審／中井恒、宮成武人

第27節　9月18日（土）14時00分

●会場／新潟陸　●入場者数／2,118人
●天候／曇一時雨 ●気温／23.6℃ ●湿度／73% ●風／ー

アルビレックス新潟 **1** [0-0 / 1-3] **3** モンテディオ山形

アルビレックス新潟	モンテディオ山形
GK 1 木寺浩一	GK 1 鈴木克美
DF 2 木澤正徳	DF 5 本街直樹
DF 3 セルジオ	DF 18 佐藤淳志
DF 14 高橋直樹	DF 4 岩元洋成
DF 5 藤田慎一	DF 23 アラン
MF 7 瀬戸春樹	MF 2 内山俊彦
MF 22 秋葉忠宏	MF 7 吉田達磨
MF 24 式田高義	MF 10 バウテル
MF 9 リカルド	MF 6 高橋健二
FW 10 サウロ	FW 15 平間智和
FW 17 鈴木慎吾	FW 9 真下佐登史
GK 20 吉原慎也	GK 21 斉藤武志
DF 4 柴暢彦	DF 19 原田紘介
MF 6 水越潤	DF 3 太田雅之
MF 8 筒井紀章	MF 17 卜部太郎
FW 11 鳴尾直軌	FW 11 中森大介

【得点】(新)75分鈴木慎吾　(山)62分吉田達磨 66分高橋健二 72分バウテル
【交代】(新)66分式田高義→水越潤 66分サウロ→鳴尾直軌 70分セルジオ→柴暢彦　(山)11分佐藤淳志→ 太田雅之 89分平間智和→中森大介
【警告】(山)42分アラン 50分バウテル 61分内山俊彦 89分吉田達磨

●主審／泉弘紀　副審／山口博司、宮島一代

第28節　9月26日（日）12時35分

●会場／札幌　●入場者数／13,216人
●天候／曇時々雨 ●気温／19.0℃ ●湿度／64% ●風／ー

コンサドーレ札幌 **1** [0-1 / 1-1] **2** アルビレックス新潟

コンサドーレ札幌	アルビレックス新潟
GK 1 佐藤洋平	GK 20 吉原慎也
DF 2 田渕龍二	DF 2 木澤正徳
DF 14 古川毅	DF 4 柴暢彦
DF 20 大野貴史	DF 14 高橋直樹
DF 15 村田達哉	DF 12 中野圭一郎
MF 4 梶野智	MF 7 瀬戸春樹
MF 8 ビジュ	MF 22 秋葉忠宏
MF 7 棚田伸	MF 8 筒井紀章
MF 10 アシス	MF 6 水越潤
FW 18 吉原宏太	MF 17 鈴木慎吾
FW 11 関浩二	FW 18 島田周輔
GK 12 加藤竜二	GK 1 木寺浩一
DF 19 時岡宏昌	DF 5 藤田慎一
MF 17 村主博正	MF 9 リカルド
FW 13 深川友貴	MF 24 式田高義
FW 28 林晃平	FW 11 鳴尾直軌

【得点】(札)84分田渕龍二　(新)24分瀬戸春樹 85分式田高義
【交代】(札)45分棚田伸→村主博正 45分関浩二→深川友貴 78分アシス→林晃平　(新)56分島田周輔→鳴尾直軌 72分筒井紀章→式田高義
【警告】(札)23分ビジュ

●主審／岡田正義　副審／江角直樹、山崎裕彦

第29節　10月2日（土）14時01分

●会場／新潟陸　●入場者数／3,643人
●天候／晴　●気温／32.0℃　●湿度／35%　●風／ー

アルビレックス新潟 **1** [0-1 / 1-3] **4** 川崎フロンターレ

アルビレックス新潟	川崎フロンターレ
GK 20 吉原慎也	GK 1 浦上壮史
DF 2 木澤正徳	DF 14 中西哲生
DF 4 柴暢彦	DF 3 佐原秀樹
DF 14 高橋直樹	DF 29 森川拓巳
DF 12 中野圭一郎	MF 15 土居義典
MF 7 瀬戸春樹	MF 2 高田栄二
MF 22 秋葉忠宏	MF 23 久野智昭
MF 6 水越潤	MF 20 長橋康弘
MF 8 筒井紀章	MF 12 桂秀樹
FW 17 鈴木慎吾	FW 13 浦田尚希
FW 18 島田周輔	FW 10 ティンガ
GK 1 木寺浩一	GK 17 笹原義巳
DF 5 藤田慎一	MF 16 大塚真司
MF 9 リカルド	MF 30 カドゥー
MF 24 式田高義	MF 19 伊藤彰
FW 11 鳴尾直軌	FW 9 ツゥット

【得点】(新)73分式田高義　(川)20分久野智昭 58分ティンガ 83分伊藤彰 89分ティンガ
【交代】(新)24分吉原慎也→木寺浩一 58分筒井紀章→式田高義 62分中野圭一郎→鳴尾直軌　(川)45分高田栄二→カドゥー 55分桂秀樹→伊藤彰 83分浦田尚希→大塚真司
【警告】(川)76分土居義典

●主審／石沢知　副審／下村昌昭、中原美智雄

第30節　10月11日（月・祝）13時00分

●会場／小瀬　●入場者数／1,457人
●天候／晴　●気温／25.1℃　●湿度／51%　●風／ー

ヴァンフォーレ甲府 **0** [0-0 / 0-2] **2** アルビレックス新潟

ヴァンフォーレ甲府	アルビレックス新潟
GK 1 坂本武久	GK 1 木寺浩一
DF 2 木村哲昌	DF 2 木澤正徳
DF 3 渡邉晋	DF 4 柴暢彦
DF 5 石原大助	DF 14 高橋直樹
DF 20 谷奥優作	DF 5 藤田慎一
MF 7 斉木和人	MF 7 瀬戸春樹
MF 8 阿井達也	MF 22 秋葉忠宏
MF 10 大柴克友	MF 8 筒井紀章
MF 11 新明正広	MF 6 水越潤
FW 14 堀井岳也	MF 17 鈴木慎吾
FW 18 北島義生	FW 18 島田周輔
GK 22 伊藤友彦	GK 21 恒松伴典
DF 28 小田切道治	MF 24 式田高義
MF 12 土橋宏由樹	MF 9 リカルド
MF 13 赤尾佳宣	FW 10 サウロ
MF 17 小泉圭二	FW 11 鳴尾直軌

【得点】(新)52分鈴木慎吾 84分鳴尾直軌
【交代】(甲)70分北島義生→小泉圭二 80分新明正広→赤尾佳宣　(新)61分筒井紀章→鳴尾直軌 63分島田周輔→式田高義 71分木澤正徳→リカルド
【警告】(甲)38分斉木和人　(新)47分柴暢彦 70分木澤正徳

●主審／石山昇　副審／鈴木亮哉、山口博司

第31節　10月18日（月）19時00分

●会場／新潟陸　●入場者数／2,642人
●天候／曇　●気温／15.0℃　●湿度／51%　●風／ー

アルビレックス新潟 **0** [0−1 / 0−0] **1** 大宮アルディージャ

アルビレックス新潟	大宮アルディージャ
GK 1 木寺浩一	GK 1 白井淳
DF 6 水越潤	DF 14 氏家英行
DF 4 柴暢彦	DF 2 奥野誠一郎
DF 14 高橋直樹	DF 3 ヤン
DF 5 藤田慎一	DF 5 岡本隆吾
MF 7 瀬戸春樹	MF 17 宮下真洋
MF 22 秋葉忠宏	MF 4 浮氣哲郎
MF 24 式田高義	MF 6 原崎政人
MF 9 リカルド	MF 8 岩瀬健
FW 10 サウロ	MF 10 マーク
FW 17 鈴木慎吾	FW 13 磯山和司
GK 21 恒松伴典	GK 20 渡辺英豊
MF 16 小林高道	MF 7 佐藤昌吉
FW 11 鳴尾直軌	MF 16 小阪昭典
FW 18 島田周輔	MF 19 上村祐司
FW 19 河原塚毅	FW 11 平本大介

【得点】(大)29分宮下真洋
【交代】(新)58分リカルド→鳴尾直軌 65分藤田慎一→小林高道 88分サウロ→島田周輔　(大)67分磯山和司→小阪昭典 89分宮下真洋→上村祐司
【警告】(新)76分鳴尾直軌　(大)44分岡本隆吾

●主審／長田和久　副審／谷内浩仁、田中厚

第32節　10月24日（日）13時00分

●会場／仙台　●入場者数／6,194人
●天候／晴　●気温／19.3℃　●湿度／34%　●風／ー

ベガルタ仙台 **0** [0−0 / 0−1] **1** アルビレックス新潟

ベガルタ仙台	アルビレックス新潟
GK 22 石川研	GK 1 木寺浩一
DF 3 斎藤克幸	DF 6 水越潤
DF 5 ドゥバイッチ	DF 4 柴暢彦
DF 2 山路嘉人	DF 14 高橋直樹
DF 18 御厨景	DF 5 藤田慎一
MF 7 千葉直樹	MF 7 瀬戸春樹
MF 27 ニクソン	MF 22 秋葉忠宏
MF 28 パウロ・エンリケ	MF 24 式田高義
MF 14 千葉泰伸	MF 9 リカルド
FW 16 瀬川誠	FW 11 鳴尾直軌
FW 11 平聡	FW 17 鈴木慎吾
GK 1 高橋範夫	GK 21 恒松伴典
DF 4 渡辺佳孝	DF 3 セルジオ
MF 8 越後和男	MF 8 筒井紀章
MF 15 中村学	MF 16 小林高道
FW 17 阿部良則	FW 18 島田周輔

【得点】(新)89分リカルド
【交代】(仙)55分千葉泰伸→阿部良則 64分平聡→渡辺佳孝 69分瀬川誠→越後和男　(新)42分鈴木慎吾→島田周輔
【警告】(仙)86分千葉直樹
【退場】(仙)62分ドゥバイッチ

●主審／大西弘幸　副審／越山賢一、手塚洋

第33節　10月31日（日）13時00分

●会場／佐賀　●入場者数／2,194人
●天候／曇のち晴　●気温／20.6℃　●湿度／47%　●風／ー

サガン鳥栖 **1** [0−0 / 1−1] **2** アルビレックス新潟
（延長0−1）

サガン鳥栖	アルビレックス新潟
GK 1 高嵜理貴	GK 1 木寺浩一
DF 2 島岡健太	DF 2 木澤正徳
DF 4 川前力也	DF 3 セルジオ
DF 6 関本恒一	DF 14 高橋直樹
DF 12 佐藤陽彦	DF 12 中野圭一郎
MF 8 北内耕成	MF 7 瀬戸春樹
MF 10 中村伸	MF 22 秋葉忠宏
MF 13 井原康秀	MF 6 水越潤
MF 22 小林悟	MF 9 リカルド
FW 19 片渕浩一郎	FW 18 島田周輔
FW 20 竹元義幸	FW 11 鳴尾直軌
GK 21 山口哲治	GK 20 吉原慎也
DF 5 松田考功	DF 4 柴暢彦
DF 23 有村光史	MF 8 筒井紀章
MF 7 佐藤大実	MF 24 式田高義
FW 18 福留亮	FW 10 サウロ

【得点】(鳥)78分佐藤大実　(新)73分鳴尾直軌 93分柴暢彦
【交代】(鳥)61分関本恒一→有村光史 77分北内耕成→佐藤大実 89分有村光史→松田考功　(新)52分島田周輔→サウロ 62分セルジオ→柴暢彦 83分リカルド→式田高義
【警告】(鳥)28分川前力也　(新)59分セルジオ

●主審／辺見康裕　副審／鍛冶勉、小川直仁

第34節　11月6日（土）14時02分

●会場／新潟陸　●入場者数／4,093人
●天候／晴　●気温／18.3℃　●湿度／56%　●風／ー

アルビレックス新潟 **2** [1−1 / 0−0] **1** 大分トリニータ
（延長1−0）

アルビレックス新潟	大分トリニータ
GK 20 吉原慎也	GK 1 小山健二
DF 2 木澤正徳	DF 4 平岡靖成
DF 4 柴暢彦	DF 5 若松大樹
DF 14 高橋直樹	DF 26 吉村寿洋
DF 12 中野圭一郎	MF 8 山根巌
MF 7 瀬戸春樹	MF 14 エドウィン
MF 22 秋葉忠宏	MF 16 金本圭太
MF 6 水越潤	MF 18 梅田高志
MF 9 リカルド	FW 11 塩川岳人
FW 11 鳴尾直軌	FW 28 神野卓哉
FW 24 式田高義	FW 30 竹村栄哉
GK 1 木寺浩一	GK 17 吉坂圭介
DF 5 藤田慎一	DF 3 村田一弘
MF 8 筒井紀章	DF 12 山崎哲也
FW 10 サウロ	MF 24 濱岡和久
FW 18 島田周輔	FW 7 川崎元気

【得点】(新)12分式田高義 99分オウンゴール　(大)09分神野卓哉
【交代】(新)89分式田高義→サウロ　(大)58分梅田高志→川崎元気 79分エドウィン→村田一弘

●主審／長田和久　副審／山口博司、西村典之

第35節　11月14日（日）14時03分

●会場／山形県　●入場者数／3,616人
●天候／晴　●気温／15.0℃　●湿度／43%　●風／

モンテディオ山形 **2** [1−1 / 1−1] **3** アルビレックス新潟
（延長0−1）

モンテディオ山形	アルビレックス新潟
GK 21 斉藤武志	GK 20 吉原慎也
DF 3 太田雅之	DF 2 木澤正徳
DF 4 岩元洋成	DF 4 柴暢彦
DF 5 本街直樹	DF 14 高橋直樹
DF 18 佐藤淳志	DF 12 中野圭一郎
MF 7 吉田達磨	MF 7 瀬戸春樹
MF 10 バウテル	MF 22 秋葉忠宏
MF 24 小久保純	MF 6 水越潤
MF 15 平間智和	MF 9 リカルド
FW 8 ムタイル	FW 11 鳴尾直軌
FW 9 真下佐登史	FW 18 島田周輔
GK 1 鈴木克美	GK 1 木寺浩一
DF 2 内山俊彦	DF 5 藤田慎一
MF 6 高橋健二	MF 8 筒井紀章
FW 11 中森大介	MF 24 式田高義
FW 20 根本亮助	FW 10 サウロ

【得点】(山)24分吉田達磨 52分真下佐登史　(新)16分
直軌 47分木澤正徳 119分サウロ
【交代】(山)77分ムタイル→高橋健二 107分小久保純
本亮助　(新)45分水越潤→式田高義 45分島田周輔→
ロ 77分瀬戸春樹→筒井紀章
【警告】(山)14分小久保純 18分バウテル 47分斉藤武志
分平間智和 117分太田雅之　(新)84分サウロ

●主審／柿花和夫　副審／野上正人、斉藤敬一

第36節　11月21日（日）13時00分

●会場／新潟陸　●入場者数／6,210人
●天候／曇のち晴　●気温／16.0℃　●湿度／58%　●風／ー

アルビレックス新潟 **0** [0−1 / 0−0] **1** FC東京

アルビレックス新潟	FC東京
GK 20 吉原慎也	GK 22 鈴木敬之
DF 2 木澤正徳	DF 12 梅山修
DF 3 セルジオ	DF 26 小峯隆幸
DF 14 高橋直樹	DF 3 サンドロ
DF 12 中野圭一郎	DF 8 藤山竜仁
MF 7 瀬戸春樹	MF 7 浅利悟
MF 22 秋葉忠宏	MF 15 アウミール
MF 6 水越潤	MF 14 佐藤由紀彦
MF 9 リカルド	MF 13 加賀見健介
FW 11 鳴尾直軌	MF 10 奥原崇
FW 17 鈴木慎吾	FW 11 アマラオ
GK 1 木寺浩一	GK 21 遠藤大志
DF 4 柴暢彦	DF 5 古邊芳昇
MF 8 筒井紀章	MF 6 新條宏喜
MF 24 式田高義	MF 18 岡元勇人
FW 10 サウロ	FW 17 鏑木享

【得点】(東)31分加賀見健介
【交代】(新)59分水越潤→式田高義 59分鈴木慎吾→サウロ 80分リカルド→柴暢彦　(東)75分奥原崇→鏑木享 86分加賀見健介→新條宏喜
【警告】(新)73分式田高義　(東)72分アマラオ 81分佐藤由紀彦

●主審／布瀬直次　副審／木島栄、安食弘幸

1999
1999 Jリーグ ヤマザキナビスコカップ
アルビレックス新潟 公式記録

1回戦第1戦　4月7日（水）18時00分

●会場／新潟陸　●入場者数／1,959人
●天候／雨　●気温／8.0℃　●湿度／63%　●風／ー

アルビレックス新潟 **0** [0−0 / 0−3] **3** 柏レイソル

アルビレックス新潟	柏レイソル
GK 20 吉原慎也	GK 22 吉田宗弘
DF 2 木澤正徳	DF 4 渡辺毅
DF 3 セルジオ	DF 20 洪明甫
DF 4 柴暢彦	DF 2 萩村滋則
DF 12 中野圭一郎	MF 12 酒井直樹
MF 7 瀬戸春樹	MF 17 明神智和
MF 22 秋葉忠宏	MF 24 平山智規
MF 9 リカルド	MF 15 砂川誠
MF 6 水越潤	MF 10 大野敏隆
FW 10 サウロ	FW 7 ベンチーニョ
FW 11 鳴尾直軌	FW 8 ストイチコフ
GK 21 恒松伴典	GK 1 土肥洋一
DF 5 藤田慎一	DF 3 薩川了洋
MF 8 筒井紀章	MF 11 加藤望
MF 17 鈴木慎吾	FW 9 北嶋秀朗
FW 18 島田周輔	FW 28 玉田圭司

【得点】(柏)65分ストイチコフ 73分砂川誠 78分洪明甫
【交代】(新)59分サウロ→鈴木慎吾 84分柴暢彦→藤田慎一 84分リカルド→筒井紀章　(柏)45分ベンチーニョ→北嶋秀朗 45分大野敏隆→加藤望 72分ストイチコフ→薩川了洋
【警告】(新)51分サウロ　(柏)42分ベンチーニョ 83分薩川了洋

●主審／布瀬直次　副審／阿部正基、塩川拓司

1回戦第2戦　4月14日（水）19時00分

●会場／柏　●入場者数／4,123人
●天候／曇のち雨　●気温／14.0℃　●湿度／65%　●風／ー

柏レイソル **2** [1−0 / 1−0] **0** アルビレックス新潟

柏レイソル	アルビレックス新潟
GK 22 吉田宗弘	GK 20 吉原慎也
DF 4 渡辺毅	DF 8 筒井紀章
DF 23 根引謙介	DF 3 セルジオ
DF 2 萩村滋則	DF 5 藤田慎一
MF 3 薩川了洋	DF 12 中野圭一郎
MF 17 明神智和	MF 7 瀬戸春樹
MF 24 平山智規	MF 22 秋葉忠宏
MF 15 砂川誠	MF 9 リカルド
MF 10 大野敏隆	MF 17 鈴木慎吾
FW 9 北嶋秀朗	FW 11 鳴尾直軌
FW 28 玉田圭司	FW 10 サウロ
GK 1 土肥洋一	GK 21 恒松伴典
MF 6 熊谷雅彦	DF 13 田畑輝樹
MF 29 杉山新	MF 15 池田誠
FW 11 加藤望	MF 6 水越潤
FW 26 長谷川太郎	MF 16 小林高道

【得点】(柏)10分北嶋秀朗 72分長谷川太郎
【交代】(柏)70分平山智規→熊谷雅彦 70分大野敏隆→長谷川太郎 79分薩川了洋→杉山新　(新)45分鳴尾直軌→小林高道 45分中野圭一郎→田畑輝樹 76分リカルド→池田誠
【警告】(柏)80分萩村滋則

●主審／吉田寿光　副審／石沢知、山崎裕彦

1999
第79回 天皇杯 全日本サッカー選手権大会
アルビレックス新潟 公式記録

1回戦　11月28日（日）13時00分

●会場／郡山市営西部サッカー場　●入場者数／1,535人
●天候／曇時々晴　●気温／11.0℃　●湿度／42%　●風／弱

FCプリメーロ **0** [0−0 / 0−2] **2** アルビレックス新潟

FCプリメーロ	アルビレックス新潟
GK 1 千田則和	GK 20 吉原慎也
DF 12 波立紀夫	DF 2 木澤正徳
DF 5 斎藤真人	DF 4 柴暢彦
DF 2 竹之内貞夫	DF 14 高橋直樹
DF 3 山家博人	DF 5 藤田慎一
MF 9 藤本儀一	MF 7 瀬戸春樹
MF 6 鈴木茂雄	MF 22 秋葉忠宏
MF 15 仲村浩二	MF 24 式田高義
MF 4 阿部広行	MF 9 リカルド
FW 18 宗像洋	FW 11 鳴尾直軌
FW 11 稲葉信行	FW 17 鈴木慎吾
GK 31 安斉和之	GK 1 木寺浩一
DF 21 鈖沢一弘	MF 6 水越潤
MF 19 原英昌	MF 8 筒井紀章
MF 14 吉田翼	FW 18 島田周輔
FW 8 田村直由樹	FW 19 河原塚毅

【得点】(新)72分河原塚毅 86分リカルド
【交代】(プ)79分山家博人→原英昌 85分鈴木茂雄→田村直由樹 89分仲村浩二→鈖沢一弘　(新)45分藤田慎一→河原塚毅 69分瀬戸春樹→筒井紀章 76分木澤正徳→水越潤
【警告】(プ)11分波立紀夫 36分藤本儀一 78分波立紀夫
【退場】(プ)78分波立紀夫

●主審／武田透　副審／遠藤敦、枝並忠幸

2回戦　12月5日（日）13時00分

●会場／新潟陸　●入場者数／1,023人
●天候／雨　●気温／14.0℃　●湿度／71%　●風／無

アルビレックス新潟 **1** [0−0 / 1−0] **0** 鹿屋体育大学クラブ

アルビレックス新潟	鹿屋体育大学クラブ
GK 20 吉原慎也	GK 1 鶴留武典
DF 2 木澤正徳	DF 3 永田智和
DF 3 セルジオ	DF 5 村岡一
DF 14 高橋直樹	DF 2 小山卓哉
DF 12 中野圭一郎	DF 13 永廣哲平
MF 7 瀬戸春樹	MF 4 安達広憲
MF 22 秋葉忠宏	MF 6 城山昌人
MF 24 式田高義	MF 8 佐野朋生
MF 9 リカルド	MF 7 飯田孝史
FW 11 鳴尾直軌	FW 12 山内是吏
FW 17 鈴木慎吾	FW 9 小玉修一
GK 1 木寺浩一	GK 16 中谷浩司
DF 4 柴暢彦	DF 24 朝木修一
MF 6 水越潤	DF 18 東郷伊佐也
FW 10 サウロ	MF 17 竹下悦生
FW 19 河原塚毅	FW 11 加藤和彦

【得点】(新)89分高橋直樹
【交代】(新)45分鈴木慎吾→サウロ 61分鳴尾直軌→河原塚毅 70分瀬戸春樹→水越潤　(鹿)69分飯田孝史→東郷伊佐也 69分山内是吏→加藤和彦
【警告】(鹿)86分永田智和 89分小玉修一

●主審／金田英司　副審／佐幸欣治、阿部浩士

3回戦　12月12日（日）13時03分

●会場／駒場　●入場者数／12,042人
●天候／晴　●気温／16.0℃　●湿度／47%　●風／弱

浦和レッズ **3** [2−0 / 1−1] **1** アルビレックス新潟

浦和レッズ	アルビレックス新潟
GK 16 田北雄気	GK 20 吉原慎也
DF 2 山田暢久	DF 2 木澤正徳
DF 27 池田学	DF 3 セルジオ
DF 34 路木龍次	DF 14 高橋直樹
DF 22 城定信次	DF 12 中野圭一郎
MF 21 石井俊也	MF 7 瀬戸春樹
MF 33 中村忠	MF 22 秋葉忠宏
MF 8 小野伸二	MF 6 水越潤
MF 28 宮沢克行	MF 24 式田高義
FW 30 永井雄一郎	FW 17 鈴木慎吾
FW 9 福田正博	FW 11 鳴尾直軌
GK 31 西部洋平	GK 1 木寺浩一
DF 19 内舘秀樹	DF 4 柴暢彦
MF 18 広瀬治	MF 9 リカルド
FW 13 大柴健二	FW 10 サウロ
FW 15 盛田剛平	FW 19 河原塚毅

【得点】(浦)32分福田正博 35分池田学 48分山田暢久　(新)82分リカルド
【交代】(浦)51分石井俊也→広瀬治 70分福田正博→大柴健二 86分路木龍次→内舘秀樹　(新)57分中野圭一郎→リカルド 57分鈴木慎吾→サウロ 71分サウロ→河原塚毅
【警告】(新)07分中野圭一郎

●主審／長田和久　副審／下村昌昭、五十川和也

2000
Jリーグ ディビジョン2 (J2)
アルビレックス新潟 公式記録

第1節　3月12日（日）14時00

●会場／大宮　●入場者数／4,213人
●天候／曇　●気温／16.3℃　●湿度／45%　●風

大宮アルディージャ **2** [1−0 / 1−1] **1** アルビレック新潟

大宮アルディージャ	アルビレックス新潟
GK 1 白井淳	GK 1 吉原慎也
DF 19 上村祐司	DF 2 木澤正徳
DF 3 ヤン	DF 3 セルジオ
DF 2 奥野誠一郎	DF 14 高橋直樹
DF 26 菊池利三	DF 5 神田勝夫
MF 6 原崎政人	MF 6 秋葉忠宏
MF 4 浮氣哲郎	MF 13 寺川能人
MF 7 氏家英行	MF 7 堂森勝利
MF 5 岡本隆吾	MF 17 鈴木慎吾
FW 9 野口幸司	FW 9 服部浩紀
FW 27 ジョルジーニョ	FW 11 鳴尾直軌
GK 20 渡辺英豊	GK 20 木寺浩一
DF 14 横山雄次	DF 12 中野圭一郎
MF 15 斉藤雅人	MF 15 本間勲
MF 10 マーク	MF 18 式田高義
FW 11 磯山和司	FW 8 ナシメント

【得点】(大)38分ジョルジーニョ 61分上村祐司　(新)
鳴尾直軌
【交代】(大)78分菊池利三→横山雄次 86分ジョルジー
→磯山和司　(新)61分堂森勝利→式田高義 69分秋葉
→ナシメント
【警告】(大)89分浮氣哲郎　(新)16分木澤正徳 86分セ
オ

●主審／犬飼一郎　副審／中原美智雄、岡野尚士

第2節　3月19日（日）13時00分

●会場／鳥栖　●入場者数／1,940人
●天候／雨のち曇　●気温／16.6℃　●湿度／68%　●風／ー

サガン鳥栖 **2** [1−0 / 1−1] **1** アルビレックス新潟

サガン鳥栖	アルビレックス新潟
GK 1 高嵜理貴	GK 1 吉原慎也
DF 14 島岡健太	DF 2 木澤正徳
DF 5 松田考功	DF 3 セルジオ
DF 4 川前力也	DF 14 高橋直樹
DF 15 高木健旨	DF 5 神田勝夫
MF 25 古川隆志	MF 6 秋葉忠宏
MF 10 中村伸	MF 13 寺川能人
MF 8 北内耕成	MF 18 式田高義
MF 11 古賀正人	MF 10 マルコ
FW 7 佐藤大実	FW 9 服部浩紀
FW 9 片渕浩一郎	FW 11 鳴尾直軌
GK 21 山口哲治	GK 21 野澤洋輔
DF 12 佐藤陽彦	DF 12 中野圭一郎
MF 6 小林悟	MF 7 堂森勝利
MF 17 森保洋	MF 15 本間勲
FW 3 朴永浩	FW 17 鈴木慎吾

【得点】(鳥)11分片渕浩一郎 64分片渕浩一郎　(新)65分鈴木慎吾
【交代】(鳥)45分古川隆志→森保洋 74分島岡健太→佐藤陽彦 77分北内耕成→小林悟　(新)45分マルコ→堂森勝利 45分服部浩紀→鈴木慎吾 68分神田勝夫→中野圭一郎
【警告】(鳥)08分片渕浩一郎 47分森保洋 56分佐藤大実　(新)19分寺川能人 25分式田高義 68分神田勝夫 74分セルジオ

●主審／大西弘幸　副審／村上孝治、三宅毅

第3節　3月26日（日）13時01分

●会場／新潟陸　●入場者数／3,453人
●天候／曇時々雪時々晴　●気温／4.0℃　●湿度／59%　●風／ー

アルビレックス新潟 **3** [1−1 / 2−1] **2** ヴァンフォーレ甲府

アルビレックス新潟	ヴァンフォーレ甲府
GK 1 吉原慎也	GK 21 伊藤友彦
DF 2 木澤正徳	DF 3 渡邉晋
DF 3 セルジオ	DF 5 石原大助
DF 5 神田勝夫	DF 6 仲田建二
DF 12 中野圭一郎	DF 15 谷奥優作
MF 6 秋葉忠宏	MF 4 金子誠
MF 7 堂森勝利	MF 8 阿井達也
MF 18 式田高義	MF 11 新明正広
MF 17 鈴木慎吾	MF 12 土橋宏由樹
FW 9 服部浩紀	FW 7 金晃正
FW 11 鳴尾直軌	FW 9 吉田悟
GK 20 木寺浩一	GK 1 坂本武久
DF 14 高橋直樹	DF 2 加納昌弘
MF 10 マルコ	MF 10 アントニオ
MF 13 寺川能人	MF 20 倉貫一毅
FW 8 ナシメント	FW 23 ルイス

【得点】(新)41分神田勝夫 46分鳴尾直軌 52分鳴尾直軌　(甲)18分金子誠 74分ルイス
【交代】(新)67分服部浩紀→ナシメント 78分鈴木慎吾→寺川能人 87分中野圭一郎→高橋直樹　(甲)22分金子誠→倉貫一毅 60分金晃正→アントニオ 60分土橋宏由樹→ルイス
【警告】(甲)26分阿井達也 89分石原大助 89分アントニオ

●主審／松崎康弘　副審／花田祐治、渡辺辰也

第4節　3月30日（木）14時00分

●会場／室蘭　●入場者数／3,162人
●天候／晴時々曇　●気温／6.5℃　●湿度／44%　●風／ー

コンサドーレ札幌 **3** [1−0 / 2−0] **0** アルビレックス新潟

コンサドーレ札幌	アルビレックス新潟
GK 1 佐藤洋平	GK 1 吉原慎也
DF 3 森秀昭	DF 2 木澤正徳
DF 14 古川毅	DF 3 セルジオ
DF 20 小松崎保	DF 5 神田勝夫
MF 2 田渕龍二	DF 12 中野圭一郎
MF 7 野々村芳和	MF 7 堂森勝利
MF 8 ビジュ	MF 6 秋葉忠宏
MF 19 伊藤優津樹	MF 18 式田高義
MF 10 アウミール	MF 10 マルコ
FW 9 エメルソン	FW 8 ナシメント
FW 16 黄川田賢司	FW 11 鳴尾直軌
GK 21 藤ヶ谷陽介	GK 20 木寺浩一
DF 4 大野貴史	DF 14 高橋直樹
MF 15 村田達哉	MF 13 寺川能人
MF 22 池内友彦	FW 9 服部浩紀
FW 13 深川友貴	FW 17 鈴木慎吾

【得点】(札)24分エメルソン 46分黄川田賢司 89分深川友貴
【交代】(札)63分ビジュ→池内友彦 70分黄川田賢司→深川友貴 75分伊藤優津樹→村田達哉　(新)54分マルコ→鈴木慎吾 67分秋葉忠宏→寺川能人 67分ナシメント→服部浩紀
【警告】(札)88分野々村芳和　(新)44分マルコ

●主審／廣嶋禎数　副審／大石康、木島栄

第6節　4月9日（日）13時00分

●会場／新潟陸　●入場者数／3,092人
●天候／晴　●気温／15.4℃　●湿度／44%　●風／ー

アルビレックス新潟 **1** [0−2 / 1−1] **3** ベガルタ仙台

アルビレックス新潟	ベガルタ仙台
GK 1 吉原慎也	GK 22 石川研
DF 2 木澤正徳	DF 3 斎藤克幸
DF 3 セルジオ	DF 6 リカルド
DF 5 神田勝夫	DF 17 飯尾和也
DF 12 中野圭一郎	DF 4 賀谷英司
MF 6 秋葉忠宏	MF 7 千葉直樹
MF 7 堂森勝利	MF 8 中島浩司
MF 13 寺川能人	MF 14 伊藤卓
MF 17 鈴木慎吾	MF 30 平間智和
FW 11 鳴尾直軌	FW 19 小林康剛
FW 9 服部浩紀	FW 11 藤吉信次
GK 20 木寺浩一	GK 1 高橋範夫
DF 14 高橋直樹	DF 2 山路嘉人
MF 10 マルコ	MF 13 蓮見知弘
MF 18 式田高義	FW 16 瀬川誠
FW 8 ナシメント	FW 29 大友慧

【得点】(新)77分秋葉忠宏　(仙)29分小林康剛 33分平間智和 89分蓮見知弘
【交代】(新)45分寺川能人→式田高義 60分堂森勝利→マルコ 60分服部浩紀→ナシメント　(仙)67分小林康剛→山路嘉人 75分藤吉信次→蓮見知弘 89分平間智和→瀬川誠
【警告】(新)29分秋葉忠宏 49分服部浩紀 84分神田勝夫 87分マルコ　(仙)35分伊藤卓 63分賀谷英司 66分リカルド 66分伊藤卓 67分リカルド 74分石川研 88分平間智和
【退場】(仙)66分伊藤卓 67分リカルド

●主審／片桐正広　副審／金田英司、松尾一

第7節　4月16日（日）17時03

●会場／駒場　●入場者数／16,610人
●天候／曇　●気温／14.5℃　●湿度／20%　●風

浦和レッズ **5** [1−0 / 4−1] **1** アルビレック新潟

浦和レッズ	アルビレックス新潟
GK 1 田北雄気	GK 20 木寺浩一
DF 2 山田暢久	DF 2 木澤正徳
DF 12 西野努	DF 3 セルジオ
DF 21 室井市衛	DF 14 高橋直樹
DF 19 内舘秀樹	DF 12 中野圭一郎
MF 6 ペトロヴィッチ	MF 18 式田高義
MF 5 石井俊也	MF 6 秋葉忠宏
MF 10 福永泰	MF 5 神田勝夫
MF 11 永井雄一郎	MF 17 鈴木慎吾
FW 7 岡野雅行	FW 11 鳴尾直軌
FW 34 クビツァ	FW 8 ナシメント
GK 16 西部洋平	GK 1 吉原慎也
DF 14 城定信次	DF 19 井上公平
MF 18 広瀬治	MF 13 寺川能人
MF 29 吉野智行	MF 7 堂森勝利
FW 13 大柴健二	FW 9 服部浩紀

【得点】(浦)04分福永泰 72分室井市衛 79分岡野雅行
岡野雅行 89分福永泰　(新)89分オウンゴール
【交代】(浦)60分クビツァ→大柴健二 80分永井雄一郎
野智行 85分ペトロヴィッチ→広瀬治　(新)71分ナシ
ト→服部浩紀 83分木澤正徳→井上公平 83分神田勝
堂森勝利
【警告】(浦)39分岡野雅行 60分永井雄一郎 77分石井
(新)32分秋葉忠宏 79分高橋直樹

●主審／恩氏孝夫　副審／花田祐治、西村典之

8節 4月23日(日) 13時05分

会場／新潟陸 ●入場者数／2,789人
天候／晴 ●気温／15.0℃ ●湿度／50% ●風／—

アルビレックス新潟 **0** [0-1 / 0-2] **3** 大分トリニータ

アルビレックス新潟	大分トリニータ
K 1 吉原慎也	GK 21 小山健二
F 2 木澤正徳	DF 4 平岡靖成
F 4 柴暢彦	DF 6 若松大樹
F 14 高橋直樹	DF 26 吉村寿洋
F 12 中野圭一郎	MF 5 シジクレイ
F 5 神田勝夫	MF 8 山根巌
F 6 秋葉忠宏	MF 10 ウィル
F 18 式田高義	MF 23 和田雄三
F 8 ナシメント	FW 9 ヴァルディネイ
W 11 鳴尾直軌	FW 22 加地亮
W 17 鈴木慎吾	FW 30 竹村栄哉
K 20 木寺浩一	GK 17 吉坂圭介
F 19 井上公平	DF 12 山崎哲也
F 13 寺川能人	MF 7 川崎元気
F 16 小林高道	MF 14 瀬戸春樹
9 服部浩紀	FW 11 大木勉

点】(大)42分山根巌 64分和田雄三 86分ウィル
代】(新)62分式田高義→小林高道 71分木澤正徳→井上公平 73分ナシメント→服部浩紀 (大)68分山根巌→瀬戸春樹 73分和田雄三→川崎元気 82分加地亮→山崎哲也
告】(新)85分中野圭一郎

主審／柏原丈二 副審／扇谷健司、森本洋司

第9節 4月29日(土・祝) 14時00分

●会場／山形県 ●入場者数／2,975人
●天候／曇のち晴 ●気温／16.0℃ ●湿度／45% ●風／—

モンテディオ山形 **1** [1-1 / 0-0] **2** アルビレックス新潟 (延長0-1)

モンテディオ山形	アルビレックス新潟
GK 1 鈴木克美	GK 1 吉原慎也
DF 3 太田雅之	DF 2 木澤正徳
DF 18 佐藤淳志	DF 4 柴暢彦
DF 5 丸山良明	DF 14 高橋直樹
DF 4 岩元洋成	DF 5 神田勝夫
MF 7 吉田達磨	MF 6 秋葉忠宏
MF 6 高橋健二	MF 13 寺川能人
MF 11 エドウィン	MF 18 式田高義
MF 8 西山哲平	MF 8 ナシメント
FW 10 ジェフェルソン	FW 11 鳴尾直軌
FW 14 堀井岳也	FW 17 鈴木慎吾
GK 21 斉藤武志	GK 20 木寺浩一
DF 2 内山俊彦	DF 19 井上公平
DF 15 小田島隆幸	MF 7 堂森勝利
MF 13 中森大介	MF 16 小林高道
FW 9 真下佐登史	FW 9 服部浩紀

【得点】(山)23分ジェフェルソン (新)09分ナシメント 117分鳴尾直軌
【交代】(山)53分エドウィン→内山俊彦 57分ジェフェルソン→真下佐登史 74分堀井岳也→中森大介 (新)65分鈴木慎吾→小林高道 73分木澤正徳→井上公平 86分ナシメント→服部浩紀
【警告】(山)39分ジェフェルソン (新)11分寺川能人 21分鈴木慎吾

●主審／犬飼一郎 副審／伊藤力喜雄、浅野正樹

第10節 5月4日(木・祝) 13時00分

●会場／新潟陸 ●入場者数／2,406人
●天候／曇時々晴 ●気温／13.3℃ ●湿度／68% ●風／—

アルビレックス新潟 **0** [0-1 / 0-0] **1** 水戸ホーリーホック

アルビレックス新潟	水戸ホーリーホック
GK 1 吉原慎也	GK 1 本間幸司
DF 2 木澤正徳	DF 5 鳥羽俊正
DF 4 柴暢彦	DF 2 山村泰弘
DF 14 高橋直樹	DF 3 渡辺卓
DF 5 神田勝夫	DF 8 磯野修久
MF 6 秋葉忠宏	MF 17 笠原宗太
MF 13 寺川能人	MF 25 西川周吾
MF 18 式田高義	MF 24 冨田大介
MF 17 鈴木慎吾	MF 32 金口望
FW 8 ナシメント	FW 9 須藤大輔
FW 11 鳴尾直軌	FW 15 村田教生
GK 20 木寺浩一	GK 31 林一章
DF 12 中野圭一郎	DF 4 辛島啓珠
MF 7 堂森勝利	MF 14 水野淳
MF 15 本間勲	MF 7 南光太
FW 9 服部浩紀	FW 35 矢野マイケル

【得点】(水)19分笠原宗太
【交代】(新)49分秋葉忠宏→堂森勝利 52分式田高義→本間勲 78分ナシメント→服部浩紀 (水)55分西川周吾→辛島啓珠 88分須藤大輔→水野淳 89分笠原宗太→矢野マイケル
【警告】(新)18分神田勝夫

●主審／中村祐 副審／金田英司、田中厚

第11節 5月7日(日) 14時00分

●会場／平塚 ●入場者数／5,781人
●天候／晴 ●気温／23.0℃ ●湿度／62% ●風／—

湘南ベルマーレ **1** [0-1 / 1-0] **2** アルビレックス新潟 (延長0-1)

湘南ベルマーレ	アルビレックス新潟
GK 21 水谷雄一	GK 1 吉原慎也
DF 2 茂庭照幸	DF 2 木澤正徳
DF 4 サナブリア	DF 4 柴暢彦
DF 3 川口卓哉	DF 14 高橋直樹
DF 11 和波智広	DF 12 中野圭一郎
MF 20 小松原学	MF 18 式田高義
MF 6 堀孝史	MF 13 寺川能人
MF 29 田辺和彦	MF 15 本間勲
MF 9 高田保則	MF 5 神田勝夫
FW 10 前園真聖	FW 11 鳴尾直軌
FW 17 松原良香	FW 17 鈴木慎吾
GK 26 廣石亮二	GK 20 木寺浩一
DF 12 高田哲也	DF 3 セルジオ
MF 22 磯崎敬太	MF 7 堂森勝利
MF 30 渡辺淳一	FW 8 ナシメント
FW 25 酒井良	FW 9 服部浩紀

【得点】(湘)84分前園真聖 (新)38分本間勲 95分ナシメント
【交代】(湘)45分小松原学→酒井良 45分堀孝史→磯崎敬太 62分田辺和彦→高田哲也 (新)70分神田勝夫→ナシメント 78分寺川能人→堂森勝利 85分本間勲→服部浩紀
【警告】(湘)14分サナブリア 44分高田保則 47分和波智広 60分サナブリア 67分磯崎敬太 92分高田保則 (新)16分寺川能人 28分高橋直樹 65分吉原慎也 83分ナシメント
【退場】60分サナブリア 92分高田保則

●主審／片桐正広 副審／上荒敬司、濱口和明

第12節 5月13日(土) 14時00分

●会場／新潟陸 ●入場者数／3,974人
●天候／晴 ●気温／19.6℃ ●湿度／72% ●風／—

アルビレックス新潟 **0** [0-0 / 0-2] **2** 大宮アルディージャ

アルビレックス新潟	大宮アルディージャ
GK 1 吉原慎也	GK 1 白井淳
DF 2 木澤正徳	DF 19 上村祐司
DF 4 柴暢彦	DF 3 ヤン
DF 14 高橋直樹	DF 2 奥野誠一郎
DF 12 中野圭一郎	DF 26 菊池利三
MF 18 式田高義	MF 6 原崎政人
MF 13 寺川能人	MF 4 浮氣哲郎
MF 15 本間勲	MF 10 マーク
MF 5 神田勝夫	MF 5 岡本隆吾
FW 11 鳴尾直軌	FW 9 野口幸司
FW 17 鈴木慎吾	FW 27 ジョルジーニョ
GK 20 木寺浩一	GK 20 渡辺英豊
DF 3 セルジオ	DF 15 斉藤雅人
MF 7 堂森勝利	MF 7 氏家英行
MF 19 井上公平	MF 13 佐藤悠介
FW 9 服部浩紀	FW 11 磯山和司

【得点】(大)50分ジョルジーニョ 89分斉藤雅人
【交代】(新)38分式田高義→井上公平 69分中野圭一郎→服部浩紀 75分鈴木慎吾→堂森勝利 (大)45分奥野誠一郎→氏家英行 86分マーク→斉藤雅人
【警告】(新)25分鳴尾直軌 (大)28分ヤン

●主審／恩氏孝夫 副審／下村昌昭、阿部浩士

13節 5月18日(木) 19時01分

会場／新潟陸 ●入場者数／1,853人
天候／曇のち晴 ●気温／16.0℃ ●湿度／79% ●風／—

アルビレックス新潟 **0** [0-0 / 0-0] **0** サガン鳥栖 (延長0-0)

アルビレックス新潟	サガン鳥栖
K 1 吉原慎也	GK 1 高嵜理貴
F 2 木澤正徳	DF 5 松田考功
F 3 セルジオ	DF 4 川前力也
F 14 高橋直樹	DF 12 佐藤陽彦
F 12 中野圭一郎	MF 17 森保洋
F 19 井上公平	MF 22 関本恒一
F 13 寺川能人	MF 25 古川隆志
F 15 本間勲	MF 15 高木健旨
F 10 マルコ	MF 11 古賀正人
V 8 ナシメント	FW 9 片渕浩一郎
V 5 神田勝夫	FW 7 佐藤大実
K 20 木寺浩一	GK 21 山口哲治
F 4 柴暢彦	DF 24 森惠佑
F 17 鈴木慎吾	MF 8 北内耕成
V 9 服部浩紀	MF 18 福留亮
V 11 鳴尾直軌	FW 3 朴永浩

代】(新)63分マルコ→鈴木慎吾 63分井上公平→鳴尾直軌 75分ナシメント→服部浩紀 (鳥)45分片渕浩一郎→福留亮 77分古川隆志→北内耕成 95分佐藤大実→朴永浩
告】(新)55分井上公平 60分中野圭一郎 (鳥)45分佐藤大実

主審／柿花和夫 副審／伊藤力喜雄、岡野尚士

第14節 5月21日(日) 13時00分

●会場／小瀬 ●入場者数／1,225人
●天候／晴 ●気温／29.6℃ ●湿度／74% ●風／—

ヴァンフォーレ甲府 **1** [0-0 / 1-2] **2** アルビレックス新潟

ヴァンフォーレ甲府	アルビレックス新潟
GK 21 伊藤友彦	GK 1 吉原慎也
DF 5 石原大助	DF 2 木澤正徳
DF 6 仲田建二	DF 3 セルジオ
DF 13 藤田慎一	DF 14 高橋直樹
DF 15 谷奥健四	DF 12 中野圭一郎
MF 4 金子誠	MF 13 寺川能人
MF 8 阿井達也	MF 5 神田勝夫
MF 9 吉田悟	MF 15 本間勲
MF 20 倉貫一毅	MF 17 鈴木慎吾
FW 7 金晃正	FW 9 服部浩紀
FW 24 菅野拓真	FW 11 鳴尾直軌
GK 1 坂本武久	GK 20 木寺浩一
MF 10 アントニオ	DF 4 柴暢彦
MF 11 新明正広	MF 19 井上公平
MF 16 神田文之	MF 10 マルコ
FW 23 ルイス	FW 8 ナシメント

【得点】(甲)78分金晃正 (新)51分服部浩紀 84分鈴木慎吾
【交代】(甲)65分藤田慎一→新明正広 75分吉田悟→ルイス (新)45分神田勝夫→マルコ 74分マルコ→井上公平 88分本間勲→柴暢彦
【警告】(甲)30分金晃正 40分金子誠 44分藤田慎一 85分仲田建二 (新)42分神田勝夫 48分本間勲 78分寺川能人

●主審／北村央春 副審／黛俊行、小椋剛

第15節 5月27日(土) 13時03分

●会場／新潟陸 ●入場者数／5,076人
●天候／晴 ●気温／26.6℃ ●湿度／44% ●風／—

アルビレックス新潟 **0** [0-1 / 0-0] **1** コンサドーレ札幌

アルビレックス新潟	コンサドーレ札幌
GK 1 吉原慎也	GK 1 佐藤洋平
DF 2 木澤正徳	DF 3 森秀昭
DF 3 セルジオ	DF 5 名塚善寛
DF 14 高橋直樹	DF 4 大野貴史
DF 4 柴暢彦	MF 2 田渕龍二
MF 19 井上公平	MF 7 野々村芳和
MF 6 秋葉忠宏	MF 8 ビジュ
MF 15 本間勲	MF 6 大森健作
MF 17 鈴木慎吾	MF 10 アウミール
FW 9 服部浩紀	FW 9 エメルソン
FW 11 鳴尾直軌	FW 11 播戸竜二
GK 20 木寺浩一	GK 21 藤ヶ谷陽介
MF 7 堂森勝利	DF 14 古川毅
MF 10 マルコ	MF 22 池内友彦
MF 22 長谷川太一	FW 16 黄川田賢司
FW 8 ナシメント	FW 13 深川友貴

【得点】(札)21分播戸竜二
【交代】(新)64分井上公平→ナシメント 81分秋葉忠宏→マルコ 81分本間勲→堂森勝利 (札)45分大野貴史→池内友彦 73分播戸竜二→黄川田賢司 86分エメルソン→深川友貴
【警告】(新)05分秋葉忠宏 60分セルジオ (札)15分野々村芳和 35分森秀昭 35分田渕龍二 88分森秀昭
【退場】88分森秀昭

●主審／上川徹 副審／前島和彦、安食弘幸

第17節 6月4日(日) 14時00分

●会場／仙台 ●入場者数／7,112人
●天候／晴 ●気温／21.5℃ ●湿度／45% ●風／—

ベガルタ仙台 **4** [1-1 / 3-1] **2** アルビレックス新潟

ベガルタ仙台	アルビレックス新潟
GK 1 高橋範夫	GK 1 吉原慎也
DF 20 田沢浩之	DF 4 柴暢彦
DF 6 リカルド	DF 3 セルジオ
DF 17 飯尾和也	DF 14 高橋直樹
DF 4 賀谷英司	MF 2 木澤正徳
MF 7 千葉直樹	MF 6 秋葉忠宏
MF 8 中島浩司	MF 15 本間勲
MF 14 伊藤卓	MF 17 鈴木慎吾
MF 30 平間智和	MF 11 鳴尾直軌
FW 19 小林康剛	FW 8 ナシメント
FW 11 藤吉信次	FW 9 服部浩紀
GK 22 石川研	GK 20 木寺浩一
DF 2 山路嘉人	DF 19 井上公平
MF 13 蓮見知弘	MF 7 堂森勝利
FW 29 大友慧	MF 10 マルコ
FW 9 ロドリゴ	MF 13 寺川能人

【得点】(仙)09分リカルド 49分蓮見知弘 80分賀谷英司 89分平間智和 (新)24分セルジオ 55分鈴木慎吾
【交代】(仙)45分伊藤卓→蓮見知弘 63分小林康剛→大友慧
【警告】(新)49分吉原慎也 85分セルジオ

●主審／松崎康弘 副審／阿部正基、野田祐樹

第18節 6月10日(土) 13時03分

●会場／新潟陸 ●入場者数／11,662人
●天候／曇時々晴 ●気温／19.6℃ ●湿度／67% ●風／—

アルビレックス新潟 **6** [4-0 / 2-1] **1** 浦和レッズ

アルビレックス新潟	浦和レッズ
GK 20 木寺浩一	GK 1 田北雄気
DF 2 木澤正徳	DF 2 山田暢久
DF 4 柴暢彦	DF 12 西野努
DF 14 高橋直樹	DF 3 ピクン
DF 12 中野圭一郎	MF 19 内舘秀樹
MF 13 寺川能人	MF 20 阿部敏之
MF 6 秋葉忠宏	MF 5 石井俊也
MF 15 本間勲	MF 10 福永泰
MF 17 鈴木慎吾	MF 11 永井雄一郎
MF 11 鳴尾直軌	FW 34 クビツァ
FW 9 服部浩紀	FW 9 福田正博
GK 1 吉原慎也	GK 17 安藤智安
DF 19 井上公平	DF 4 土橋正樹
MF 7 堂森勝利	MF 18 広瀬治
MF 16 小林高道	MF 28 宮沢克行
FW 8 ナシメント	FW 13 大柴健二

【得点】(新)17分鳴尾直軌 24分服部浩紀 36分鳴尾直軌 42分寺川能人 54分鈴木慎吾 89分鳴尾直軌 (浦)74分西野努
【交代】(新)62分服部浩紀→小林高道 81分寺川能人→堂森勝利 89分秋葉忠宏→井上公平 (浦)45分内舘秀樹→宮沢克行 72分クビツァ→大柴健二 52分阿部敏之→土橋正樹
【警告】(新)40分服部浩紀 80分秋葉忠宏 (浦)15分ピクン 19分阿部敏之 20分山田暢久 66分福田正博 86分ピクン
【退場】(浦)22分永井雄一郎 86分ピクン

●主審／原田秀昭 副審／中原美智雄、阿部浩士

19節 6月17日(土) 18時16分

会場／大分 ●入場者数／2,735人
天候／雨 ●気温／20.3℃ ●湿度／84% ●風／—

大分トリニータ **2** [1-2 / 1-1] **3** アルビレックス新潟

大分トリニータ	アルビレックス新潟
1 前川和也	GK 20 木寺浩一
4 平岡靖成	DF 19 井上公平
6 若松大樹	DF 4 柴暢彦
26 吉村寿洋	DF 3 セルジオ
8 山根巌	DF 12 中野圭一郎
9 ルシアノ	MF 7 堂森勝利
14 瀬戸春樹	MF 13 寺川能人
22 加地亮	MF 15 本間勲
30 竹村栄哉	MF 17 鈴木慎吾
7 川崎元気	FW 9 服部浩紀
10 ウィル	FW 11 鳴尾直軌
21 小山健二	GK 1 吉原慎也
2 三木隆司	DF 2 木澤正徳
15 梅田高志	DF 14 高橋直樹
16 金本圭太	MF 16 小林高道
13 庄司孝	FW 8 ナシメント

点】(大)44分ウィル 87分ウィル (新)14分堂森勝利 分鳴尾直軌 86分ナシメント
代】(大)45分ルシアノ→庄司孝 62分川崎元気→梅田高志 (新)75分服部浩紀→ナシメント 80分堂森勝利→木澤正徳 86分井上公平→小林高道
告】(大)44分加地亮 74分梅田高志 (新)42分本間勲 分セルジオ 69分服部浩紀

主審／辺見康裕 副審／今村亮一、相葉忠臣

第20節 6月21日(水) 19時00分

●会場／新潟陸 ●入場者数／2,832人
●天候／曇 ●気温／24.0℃ ●湿度／66% ●風／—

アルビレックス新潟 **4** [1-0 / 3-0] **0** モンテディオ山形

アルビレックス新潟	モンテディオ山形
GK 20 木寺浩一	GK 1 鈴木克美
DF 2 木澤正徳	DF 22 鷲田雅一
DF 3 セルジオ	DF 15 小田島隆幸
DF 14 高橋直樹	DF 5 丸山良明
DF 12 中野圭一郎	DF 4 岩元洋成
MF 13 寺川能人	MF 7 吉田達磨
MF 6 秋葉忠宏	MF 11 エドウィン
MF 15 本間勲	MF 6 高橋健二
MF 17 鈴木慎吾	MF 8 西山哲平
FW 8 ナシメント	FW 9 真下佐登史
FW 11 鳴尾直軌	FW 14 堀井岳也
GK 1 吉原慎也	GK 21 斉藤武志
DF 4 柴暢彦	DF 2 内山俊彦
DF 19 井上公平	MF 10 ジェフェルソン
MF 7 堂森勝利	MF 3 太田雅之
MF 16 小林高道	FW 20 根本亮助

【得点】(新)20分鈴木慎吾 56分鈴木慎吾 86分鳴尾直軌 87分寺川能人
【交代】(新)42分ナシメント→柴暢彦 61分木澤正徳→井上公平 70分秋葉忠宏→堂森勝利 (山)60分鷲田雅一→ジェフェルソン 64分真下佐登史→根本亮助
【警告】(新)14分セルジオ 41分セルジオ 55分鳴尾直軌 81分堂森勝利 (山)08分堀井岳也 63分丸山良明
【退場】(新)41分セルジオ

●主審／大西弘幸 副審／谷内浩仁、下村昌昭

第21節 6月25日(日) 14時02分

●会場／日立市 ●入場者数／1,339人
●天候／曇 ●気温／20.0℃ ●湿度／75% ●風／—

水戸ホーリーホック **1** [0-0 / 0-0] **0** アルビレックス新潟 (延長1-0)

水戸ホーリーホック	アルビレックス新潟
GK 1 本間幸司	GK 20 木寺浩一
DF 16 菅野賢一	DF 2 木澤正徳
DF 4 辛島啓珠	DF 4 柴暢彦
DF 3 渡辺卓	DF 14 高橋直樹
DF 8 磯野修久	DF 12 中野圭一郎
MF 17 笠原宗太	MF 13 寺川能人
MF 24 冨田大介	MF 6 秋葉忠宏
MF 13 北島義生	MF 15 本間勲
MF 15 村田教生	MF 17 鈴木慎吾
FW 9 須藤大輔	FW 8 ナシメント
FW 35 矢野マイケル	FW 11 鳴尾直軌
GK 31 林一章	GK 1 吉原慎也
DF 2 山村泰弘	DF 19 井上公平
DF 5 鳥羽俊正	MF 7 堂森勝利
MF 25 西川周吾	MF 10 マルコ
FW 23 北川佳男	FW 23 深澤仁博

【得点】(水)108分鳥羽俊正
【交代】(水)73分笠原宗太→山村泰弘 77分磯野修久→鳥羽俊正 95分矢野マイケル→北川佳男 (新)63分ナシメント→深澤仁博 70分本間勲→堂森勝利 79分秋葉忠宏→マルコ
【警告】(水)30分北島義生 104分渡辺卓 (新)57分木澤正徳 100分高橋直樹

●主審／鈴木亮哉 副審／濱口和明、前島和彦

第22節 7月1日(土) 18時01分

●会場／新潟陸 ●入場者数／4,597人
●天候／曇 ●気温／28.0℃ ●湿度／70% ●風／—

アルビレックス新潟 **1** [0-0 / 1-0] **0** 湘南ベルマーレ

アルビレックス新潟	湘南ベルマーレ
GK 20 木寺浩一	GK 1 伊藤裕二
DF 2 木澤正徳	DF 3 川口卓哉
DF 3 セルジオ	DF 6 堀孝史
DF 14 高橋直樹	DF 34 小川雅己
DF 12 中野圭一郎	MF 31 白井博幸
MF 6 秋葉忠宏	MF 30 渡辺淳一
MF 13 寺川能人	MF 10 前園真聖
MF 15 本間勲	MF 28 樹森大介
MF 23 深澤仁博	MF 11 和波智広
FW 11 鳴尾直軌	FW 7 阿部良則
FW 17 鈴木慎吾	FW 27 ビタリー
GK 1 吉原慎也	GK 21 水谷雄一
DF 19 井上公平	DF 4 サナブリア
MF 5 神田勝夫	MF 15 臼井幸平
MF 7 堂森勝利	FW 14 西本竜洋
FW 8 ナシメント	FW 25 酒井良

【得点】(新)89分ナシメント
【交代】(新)58分深澤仁博→ナシメント 82分秋葉忠宏→神田勝夫 (湘)58分ビタリー→酒井良
【警告】(新)14分深澤仁博 76分高橋直樹

●主審／中村祐 副審／森本洋司、高山啓義

第23節 7月9日(日) 14時04分

●会場／札幌 ●入場者数／12,366人
●天候／曇 ●気温／20.6℃ ●湿度／66% ●風／—

コンサドーレ札幌 **2** [0-0 / 1-1] **1** アルビレックス新潟 (延長1-0)

コンサドーレ札幌	アルビレックス新潟
GK 1 佐藤洋平	GK 20 木寺浩一
DF 3 森秀昭	DF 19 井上公平
DF 5 名塚善寛	DF 3 セルジオ
DF 6 大森健作	DF 4 柴暢彦
MF 2 田渕龍二	MF 2 木澤正徳
MF 7 野々村芳和	MF 6 秋葉忠宏
MF 8 ビジュ	MF 13 寺川能人
MF 19 伊藤優津樹	MF 12 中野圭一郎
MF 10 アウミール	MF 15 本間勲
FW 9 エメルソン	FW 11 鳴尾直軌
FW 11 播戸竜二	FW 17 鈴木慎吾
GK 21 藤ヶ谷陽介	GK 1 吉原慎也
DF 14 古川毅	DF 5 神田勝夫
MF 22 池内友彦	MF 7 堂森勝利
FW 16 黄川田賢司	MF 18 式田高義
FW 18 高木琢也	FW 8 ナシメント

【得点】(札)88分エメルソン 106分森秀昭 (新)60分寺川能人
【交代】(札)62分伊藤優津樹→高木琢也 77分田渕龍二→黄川田賢司 (新)45分鈴木慎吾→神田勝夫 76分中野圭一郎→堂森勝利 89分井上公平→式田高義
【警告】(札)37分野々村芳和 82分エメルソン (新)39分井上公平 53分柴暢彦 87分寺川能人 93分木澤正徳 97分セルジオ

●主審／濱名哲也 副審／花田祐治、浅野正樹

25節 7月29日(土) 18時00分

会場／新潟陸 ●入場者数／4,291人
天候／晴 ●気温／29.3℃ ●湿度／63% ●風／—

アルビレックス新潟 **0** [0-0 / 0-2] **2** ベガルタ仙台

アルビレックス新潟	ベガルタ仙台
20 木寺浩一	GK 1 高橋範夫
2 木澤正徳	DF 20 田沢浩之
3 セルジオ	DF 5 ドゥバイッチ
14 高橋直樹	DF 17 飯尾和也
12 中野圭一郎	DF 4 賀谷英司
6 秋葉忠宏	MF 7 千葉直樹
13 寺川能人	MF 6 リカルド
15 本間勲	MF 32 山田隆裕
5 神田勝夫	MF 10 財前宣之
11 鳴尾直軌	FW 29 大友慧
17 鈴木慎吾	FW 11 藤吉信次
1 吉原慎也	GK 22 石川研
4 柴暢彦	DF 18 御厨景
7 堂森勝利	MF 13 蓮見知弘
18 式田高義	MF 30 平間智和
8 ナシメント	FW 19 小林康剛

点】(仙)75分蓮見知弘 83分大友慧
代】(新)64分神田勝夫→ナシメント 74分本間勲→式田高義 77分秋葉忠宏→堂森勝利 (仙)59分藤吉信次→平間智和 73分財前宣之→蓮見知弘
告】(新)87分セルジオ (仙)73分飯尾和也 79分平間智和 87分山田隆裕

主審／中村祐 副審／竹内元人、高山啓義

第26節 8月2日(水) 19時03分

●会場／駒場 ●入場者数／13,408人
●天候／曇 ●気温／27.5℃ ●湿度／71% ●風／—

浦和レッズ **3** [1-0 / 2-1] **1** アルビレックス新潟

浦和レッズ	アルビレックス新潟
GK 1 田北雄気	GK 20 木寺浩一
DF 2 山田暢久	DF 2 木澤正徳
DF 12 西野努	DF 3 セルジオ
DF 33 路木龍次	DF 14 高橋直樹
MF 19 内舘秀樹	DF 12 中野圭一郎
MF 5 石井俊也	MF 15 本間勲
MF 6 ペトロヴィッチ	MF 13 寺川能人
MF 11 永井雄一郎	MF 6 秋葉忠宏
MF 20 阿部敏之	MF 5 神田勝夫
MF 7 岡野雅行	FW 11 鳴尾直軌
FW 34 クビツァ	FW 17 鈴木慎吾
GK 17 安藤智安	GK 1 吉原慎也
DF 3 ピクン	DF 4 柴暢彦
MF 4 土橋正樹	DF 19 井上公平
MF 26 河合竜二	MF 7 堂森勝利
FW 13 大柴健二	FW 8 ナシメント

【得点】(浦)14分西野努 73分永井雄一郎 75分クビツァ (新)64分ナシメント
【交代】(浦)57分阿部敏之→河合竜二 81分岡野雅行→大柴健二 83分クビツァ→土橋正樹 (新)45分秋葉忠宏→ナシメント 75分寺川能人→堂森勝利
【警告】(浦)16分山田暢久 63分路木龍次 83分河合竜二

●主審／大西弘幸 副審／名木利幸、安食弘幸

第27節 8月5日(土) 18時00分

●会場／新潟陸 ●入場者数／3,587人
●天候／晴時々曇 ●気温／29.0℃ ●湿度／68% ●風／—

アルビレックス新潟 **2** [1-1 / 0-0] **1** 大分トリニータ (延長1-0)

アルビレックス新潟	大分トリニータ
GK 20 木寺浩一	GK 1 前川和也
DF 2 木澤正徳	DF 2 三木隆司
DF 3 セルジオ	DF 3 村田一弘
DF 14 高橋直樹	DF 26 吉村寿洋
DF 12 中野圭一郎	MF 5 シジクレイ
MF 13 寺川能人	MF 8 山根巌
MF 5 神田勝夫	MF 22 加地亮
MF 15 本間勲	MF 30 竹村栄哉
MF 17 鈴木慎吾	MF 7 川崎元気
FW 8 ナシメント	FW 9 アンドラジーニャ
FW 11 鳴尾直軌	FW 31 吉田孝行
GK 1 吉原慎也	GK 21 小山健二
DF 4 柴暢彦	MF 14 瀬戸春樹
DF 19 井上公平	MF 15 梅田高志
MF 6 秋葉忠宏	MF 23 和田雄三
MF 7 堂森勝利	FW 13 庄司孝

【得点】(新)36分ナシメント 98分鳴尾直軌 (大)16分吉田孝行
【交代】(新)83分神田勝夫→秋葉忠宏 83分木澤正徳→井上公平 86分ナシメント→柴暢彦 (大)54分川崎元気→庄司孝 68分吉田孝行→和田雄三 78分竹村栄哉→瀬戸春樹
【警告】(大)17分三木隆司 18分吉田孝行 61分加地亮

●主審／谷内浩仁 副審／伊藤力喜雄、抱山公彦

第28節 8月12日(土) 18時00分

●会場／山形県 ●入場者数／2,903人
●天候／曇 ●気温／27.0℃ ●湿度／63% ●風／—

モンテディオ山形 **0** [0-1 / 0-0] **1** アルビレックス新潟

モンテディオ山形	アルビレックス新潟
GK 1 鈴木克美	GK 20 木寺浩一
DF 23 依田光正	DF 2 木澤正徳
DF 5 丸山良明	DF 3 セルジオ
DF 15 小田島隆幸	DF 14 高橋直樹
DF 3 太田雅之	DF 12 中野圭一郎
MF 18 佐藤淳志	MF 13 寺川能人
MF 11 エドウィン	MF 5 神田勝夫
MF 8 西山哲平	MF 15 本間勲
MF 29 永井篤志	MF 17 鈴木慎吾
FW 28 ワシントン	FW 8 ナシメント
FW 14 堀井岳也	FW 11 鳴尾直軌
GK 21 斉藤武志	GK 1 吉原慎也
DF 2 内山俊彦	DF 4 柴暢彦
MF 7 吉田達磨	DF 19 井上公平
MF 13 中森大介	MF 7 堂森勝利
FW 20 根本亮助	FW 23 深澤仁博

【得点】(新)14分鈴木慎吾
【交代】(山)45分エドウィン→吉田達磨 68分依田光正→内山俊彦 77分堀井岳也→根本亮助 (新)69分神田勝夫→堂森勝利 74分ナシメント→深澤仁博 89分木澤正徳→井上公平
【警告】(山)57分西山哲平 (新)52分寺川能人 59分中野圭一郎 77分堂森勝利 80分鳴尾直軌

●主審／片桐正広 副審／浅野正樹、遠藤正浩

第29節 8月18日(金) 19時04分

●会場／新潟陸 ●入場者数／3,825人
●天候／晴 ●気温／27.0℃ ●湿度／66% ●風／—

アルビレックス新潟 **1** [1-0 / 0-1] **1** 水戸ホーリーホック (延長0-0)

アルビレックス新潟	水戸ホーリーホック
GK 20 木寺浩一	GK 1 本間幸司
DF 2 木澤正徳	DF 2 山村泰弘
DF 3 セルジオ	DF 3 渡辺卓
DF 14 高橋直樹	DF 16 菅野賢一
DF 12 中野圭一郎	DF 22 木山隆之
MF 6 秋葉忠宏	MF 13 北島義生
MF 13 寺川能人	MF 15 村田教生
MF 15 本間勲	MF 17 笠原宗太
MF 17 鈴木慎吾	MF 37 ペレス
FW 8 ナシメント	FW 11 ジョンパウロ
FW 23 深澤仁博	FW 36 クレーベル
GK 1 吉原慎也	GK 31 林一章
DF 4 柴暢彦	DF 5 鳥羽俊正
DF 19 井上公平	MF 24 冨田大介
MF 7 堂森勝利	MF 29 大谷武大
MF 22 長谷川太一	FW 23 北川佳男

【得点】(新)33分ナシメント (水)67分鳥羽俊正
【交代】(新)63分秋葉忠宏→堂森勝利 80分本間勲→長谷川太一 80分深澤仁博→柴暢彦 (水)31分ジョンパウロ→北川佳男 45分菅野賢一→鳥羽俊正 71分クレーベル→冨田大介
【警告】(新)112分木澤正徳 (水)43分北島義生

●主審／片山義継 副審／黛俊行、河合英治

第30節　8月27日(日) 18時59分

●会場／平塚　●入場者数／4,182人
●天候／晴　●気温／27.5℃　●湿度／85%　●風／—

湘南ベルマーレ 1 [1-2 / 0-0] 2 アルビレックス新潟

湘南ベルマーレ	アルビレックス新潟
GK 1 伊藤裕二	GK 20 木寺浩一
DF 3 川口卓哉	DF 19 井上公平
DF 34 小川雅已	DF 3 セルジオ
DF 35 杉本圭	DF 14 高橋直樹
MF 30 渡辺淳一	DF 12 中野圭一郎
MF 6 堀孝史	MF 6 秋葉忠宏
MF 10 前園真聖	MF 13 寺川能人
MF 8 フチカ	MF 15 本間勲
MF 11 和波智広	MF 17 鈴木慎吾
FW 25 酒井良	FW 8 ナシメント
FW 17 松原良香	FW 11 鳴尾直軌
GK 21 水谷雄一	GK 1 吉原慎也
DF 12 高田哲也	DF 4 柴暢彦
MF 28 樹森大介	MF 7 堂森勝利
FW 9 高田保則	MF 18 式田高義
FW 20 小松原学	FW 23 深澤仁博

【得点】(湘)44分堀孝史　(新)07分鈴木慎吾 27分鳴尾直軌
【交代】(湘)45分杉本圭→高田保則 60分前園真聖→樹森大介　(新)81分本間勲→深澤仁博 89分秋葉忠宏→堂森勝利
【警告】(湘)22分小川雅已 26分川口卓哉　(新)32分秋葉忠宏 58分鈴木慎吾 82分木寺浩一

●主審／下村昌昭　副審／田中厚、中熊光義

第31節　9月2日(土) 18時00分

●会場／新潟陸　●入場者数／2,918人
●天候／晴時々曇 ●気温／26.3℃ ●湿度／66% ●風／—

アルビレックス新潟 1 [1-1 / 0-1] 2 大宮アルディージャ

アルビレックス新潟	大宮アルディージャ
GK 20 木寺浩一	GK 1 白井淳
DF 19 井上公平	DF 7 氏家英行
DF 3 セルジオ	DF 2 奥野誠一郎
DF 14 高橋直樹	DF 3 ヤン
DF 12 中野圭一郎	DF 5 岡本隆吾
MF 6 秋葉忠宏	MF 17 宮下真洋
MF 13 寺川能人	MF 4 浮氣哲郎
MF 15 本間勲	MF 10 マーク
MF 17 鈴木慎吾	MF 6 原崎政人
FW 8 ナシメント	FW 11 磯山和司
FW 11 鳴尾直軌	FW 27 ジョルジーニョ
GK 1 吉原慎也	GK 20 渡辺英豊
DF 2 木澤正徳	DF 14 横山雄次
DF 4 柴暢彦	MF 15 斉藤雅人
MF 5 神田勝夫	MF 26 星大輔
FW 23 深澤仁博	FW 16 小阪昭典

【得点】(新)01分本間勲　(大)05分ジョルジーニョ 69分ジョルジーニョ
【交代】(新)62分秋葉忠宏→神田勝夫 63分井上公平→木澤正徳 72分本間勲→深澤仁博　(大)43分原崎政人→横山雄次 45分浮氣哲郎→斉藤雅人
【警告】(大)44分マーク 80分斉藤雅人

●主審／奥谷彰男　副審／西村典之、原田昌彦

第32節　9月10日(日) 18時04分

●会場／鳥栖　●入場者数／5,043人
●天候／晴　●気温／27.0℃　●湿度／73%　●風／—

サガン鳥栖 2 [2-0 / 0-2] 2 アルビレックス新潟（延長0-0）

サガン鳥栖	アルビレックス新潟
GK 1 高嵜理貴	GK 1 吉原慎也
DF 13 井原康秀	DF 2 木澤正徳
DF 4 川前力也	DF 3 セルジオ
DF 2 有村光史	DF 14 高橋直樹
MF 6 小林悟	DF 12 中野圭一郎
MF 26 矢部次郎	MF 13 寺川能人
MF 27 三原廣樹	MF 5 神田勝夫
MF 17 森保洋	MF 15 本間勲
MF 8 北内耕成	MF 17 鈴木慎吾
FW 9 片渕浩一郎	FW 11 鳴尾直軌
FW 28 ルシアノ	FW 8 ナシメント
GK 16 前田義貴	GK 21 野澤洋輔
DF 5 松田考功	DF 4 柴暢彦
MF 11 古賀正人	MF 6 秋葉忠宏
MF 15 高木健旨	MF 7 堂森勝利
FW 23 小石龍臣	MF 18 式田高義

【得点】(鳥)29分北内耕成 33分ルシアノ　(新)45分鈴木慎吾 67分鳴尾直軌
【交代】(鳥)61分井原康秀→松田考功 67分北内耕成→小石龍臣 72分森保洋→高木健旨　(新)90分セルジオ→柴暢彦 90分中野圭一郎→秋葉忠宏 90分本間勲→式田高義
【警告】(鳥)50分有村光史　(新)52分本間勲 82分セルジオ

●主審／長田和久　副審／浜田章治、山口茂久

第33節　9月15日(金・祝) 13時00分

●会場／新潟陸　●入場者数／2,925人
●天候／晴　●気温／34.0℃　●湿度／48%　●風／—

アルビレックス新潟 0 [0-1 / 0-0] 1 ヴァンフォーレ甲府

アルビレックス新潟	ヴァンフォーレ甲府
GK 1 吉原慎也	GK 21 伊藤友彦
DF 2 木澤正徳	DF 6 仲田建二
DF 4 柴暢彦	DF 3 渡邉晋
DF 14 高橋直樹	DF 15 谷奥優作
DF 12 中野圭一郎	MF 25 ブルカ
MF 13 寺川能人	MF 8 阿井達也
MF 5 神田勝夫	MF 2 加納昌弘
MF 15 本間勲	MF 12 土橋宏由樹
MF 17 鈴木慎吾	MF 20 倉貫一毅
FW 8 ナシメント	FW 13 藤田慎一
FW 11 鳴尾直軌	FW 11 新明正広
GK 21 野澤洋輔	GK 22 吾妻弘将
MF 6 秋葉忠宏	DF 27 金明輝
MF 7 堂森勝利	MF 4 金子誠
MF 10 マルコ	MF 16 神田文之
MF 18 式田高義	FW 24 菅野拓真

【得点】(甲)26分阿井達也
【交代】(新)63分ナシメント→式田高義 78分中野圭一郎→秋葉忠宏 82分神田勝夫→マルコ　(甲)67分新明正広→金子誠 70分藤田慎一→菅野拓真 81分谷奥優作→金明輝
【警告】(甲)62分谷奥優作

●主審／岡田正義　副審／中原美智雄、安食弘幸

第35節　9月28日(木) 19時00分

●会場／仙台　●入場者数／5,161人
●天候／晴　●気温／21.0℃　●湿度／56%　●風／

ベガルタ仙台 2 [1-1 / 1-0] 1 アルビレックス新潟

ベガルタ仙台	アルビレックス新潟
GK 1 高橋範夫	GK 1 吉原慎也
DF 20 田沢浩之	DF 2 木澤正徳
DF 5 ドゥバイッチ	DF 4 柴暢彦
DF 28 矢畑智裕	DF 14 高橋直樹
DF 4 賀谷英司	DF 12 中野圭一郎
MF 7 千葉直樹	MF 13 寺川能人
MF 6 リカルド	MF 5 神田勝夫
MF 32 山田隆裕	MF 15 本間勲
MF 10 財前宣之	MF 17 鈴木慎吾
FW 11 藤吉信次	FW 11 鳴尾直軌
FW 29 大友慧	FW 23 深澤仁博
GK 22 石川研	GK 21 野澤洋輔
DF 3 斎藤克幸	DF 19 井上公平
MF 13 蓮見知弘	MF 6 秋葉忠宏
MF 30 平間智和	MF 10 マルコ
FW 19 小林康剛	MF 18 式田高義

【得点】(仙)08分藤吉信次 89分藤吉信次　(新)28分神田 夫
【交代】(仙)69分財前宣之→平間智和 81分山田隆裕→ 知弘 81分大友慧→小林康剛　(新)75分中野圭一郎→ 公平 81分本間勲→式田高義
【警告】(仙)60分賀谷英司 73分リカルド 89分平間智　(新)81分本間勲 83分高橋直樹

●主審／恩氏孝夫　副審／近江孝義、伊藤力喜雄

第36節　10月1日(日) 13時04分

●会場／新潟陸　●入場者数／8,411人
●天候／晴　●気温／24.0℃　●湿度／63%　●風／—

アルビレックス新潟 4 [0-0 / 4-2] 2 浦和レッズ

アルビレックス新潟	浦和レッズ
GK 1 吉原慎也	GK 1 田北雄気
DF 2 木澤正徳	DF 2 山田暢久
DF 3 セルジオ	DF 3 ピクン
DF 14 高橋直樹	DF 21 室井市衛
DF 12 中野圭一郎	DF 14 城定信次
MF 6 秋葉忠宏	MF 5 石井俊也
MF 13 寺川能人	MF 20 阿部敏之
MF 23 深澤仁博	MF 35 アジエル
MF 5 神田勝夫	MF 8 小野伸二
MF 17 鈴木慎吾	FW 7 岡野雅行
FW 11 鳴尾直軌	FW 13 大柴健二
GK 21 野澤洋輔	GK 17 安藤智安
DF 4 柴暢彦	MF 4 土橋正樹
MF 18 式田高義	MF 26 河合竜二
MF 19 井上公平	MF 11 永井雄一郎
FW 10 マルコ	FW 34 クビツァ

【得点】(新)46分鳴尾直軌 52分鈴木慎吾 75分鳴尾直軌 84分鳴尾直軌　(浦)54分小野伸二 55分クビツァ
【交代】(新)70分深澤仁博→式田高義 76分木澤正徳→井上公平 82分秋葉忠宏→柴暢彦　(浦)50分大柴健二→クビツァ 70分岡野雅行→永井雄一郎
【警告】(浦)29分山田暢久

●主審／中村祐　副審／手塚洋、高山啓義

第37節　10月5日(木) 19時04分

●会場／大分　●入場者数／4,091人
●天候／晴　●気温／22.0℃　●湿度／66%　●風／—

大分トリニータ 2 [0-0 / 2-1] 1 アルビレックス新潟

大分トリニータ	アルビレックス新潟
GK 1 前川和也	GK 1 吉原慎也
DF 2 三木隆司	DF 2 木澤正徳
DF 3 村田一弘	DF 3 セルジオ
DF 26 吉村寿洋	DF 14 高橋直樹
MF 5 シジクレイ	DF 12 中野圭一郎
MF 8 山根巌	MF 13 寺川能人
MF 22 加地亮	MF 6 秋葉忠宏
MF 30 竹村栄哉	MF 23 深澤仁博
MF 10 ウィル	MF 5 神田勝夫
FW 9 アンドラジーニャ	MF 17 鈴木慎吾
FW 31 吉田孝行	FW 11 鳴尾直軌
GK 21 小山健二	GK 21 野澤洋輔
MF 14 瀬戸春樹	DF 4 柴暢彦
MF 15 梅田高志	DF 19 井上公平
MF 28 加賀見健介	MF 15 本間勲
MF 7 川崎元気	MF 18 式田高義

【得点】(大)58分シジクレイ 74分竹村栄哉　(新)52分鈴木慎吾
【交代】(大)58分吉田孝行→加賀見健介 80分アンドラジーニャ→瀬戸春樹 86分加地亮→梅田高志　(新)71分深澤仁博→式田高義 71分木澤正徳→井上公平 77分秋葉忠宏→柴暢彦
【警告】(大)52分加地亮　(新)44分木澤正徳

●主審／松崎康弘　副審／金田大吉、浜田章治

第38節　10月14日(土) 14時33分

●会場／新潟陸　●入場者数／2,747人
●天候／曇　●気温／17.3℃　●湿度／46%　●風／—

アルビレックス新潟 1 [0-0 / 1-0] 0 モンテディオ山形

アルビレックス新潟	モンテディオ山形
GK 1 吉原慎也	GK 1 鈴木克美
DF 2 木澤正徳	DF 3 太田雅之
DF 3 セルジオ	DF 22 鷲田雅一
DF 14 高橋直樹	DF 5 丸山良明
DF 12 中野圭一郎	DF 4 岩元洋成
MF 6 秋葉忠宏	MF 18 佐藤淳志
MF 13 寺川能人	MF 7 吉田達磨
MF 15 本間勲	MF 17 小久保純
MF 5 神田勝夫	MF 6 高橋健二
FW 11 鳴尾直軌	MF 11 エドウィン
FW 17 鈴木慎吾	FW 20 根本亮助
GK 21 野澤洋輔	GK 21 斉藤武志
DF 4 柴暢彦	DF 2 内山俊彦
MF 7 堂森勝利	MF 19 松田英樹
MF 18 式田高義	FW 28 ワシントン
FW 23 深澤仁博	FW 9 真下佐登史

【得点】(新)84分深澤仁博
【交代】(新)66分寺川能人→深澤仁博 77分神田勝夫→式田高義 89分木澤正徳→柴暢彦　(山)79分岩元洋成→内山俊彦 87分小久保純→真下佐登史 89分根本亮助→ワシントン
【警告】(新)34分寺川能人　(山)85分鈴木克美 86分高橋健二

●主審／奥谷彰男　副審／上荒敬司、岡野尚士

第39節　10月22日(日) 13時00分

●会場／ひたちな　●入場者数／1,289人
●天候／曇　●気温／20.3℃　●湿度／58%　●風／—

水戸ホーリーホック 1 [1-0 / 0-1] 1 アルビレックス新潟（延長0-0）

水戸ホーリーホック	アルビレックス新潟
GK 1 本間幸司	GK 1 吉原慎也
DF 2 山村泰弘	DF 2 木澤正徳
DF 22 木山隆之	DF 3 セルジオ
DF 4 辛島啓珠	DF 14 高橋直樹
DF 5 鳥羽俊正	DF 12 中野圭一郎
MF 13 北島義生	MF 13 寺川能人
MF 37 ペレス	MF 6 秋葉忠宏
MF 24 冨田大介	MF 5 神田勝夫
MF 15 村田教生	MF 15 本間勲
FW 11 ジョンパウロ	MF 17 鈴木慎吾
FW 36 クレーベル	FW 11 鳴尾直軌
GK 31 林一章	GK 20 木寺浩一
DF 3 渡辺卓	DF 4 柴暢彦
MF 29 大谷武大	MF 18 式田高義
MF 34 高須洋平	MF 7 堂森勝利
FW 18 尾上恵生	FW 8 ナシメント

【得点】(水)41分ジョンパウロ　(新)75分本間勲
【交代】(水)69分冨田大介→大谷武大 76分村田教生→渡辺卓 103分ジョンパウロ→尾上恵生　(新)61分秋葉忠宏→ナシメント 75分本間勲→堂森勝利 90分寺川能人→式田高義
【警告】(水)62分冨田大介 71分村田教生 96分北島義生　(新)28分秋葉忠宏 52分木澤正徳

●主審／犬飼一郎　副審／大石康、阿部正基

第40節　10月28日(土) 14時04分

●会場／新潟陸　●入場者数／3,547人
●天候／曇　●気温／15.3℃　●湿度／53%　●風／

アルビレックス新潟 3 [1-0 / 1-2] 2 湘南ベルマーレ（延長1-0）

アルビレックス新潟	湘南ベルマーレ
GK 1 吉原慎也	GK 1 伊藤裕二
DF 2 木澤正徳	DF 5 貞富信宏
DF 3 セルジオ	DF 23 時崎悠
DF 4 柴暢彦	DF 34 小川雅已
DF 12 中野圭一郎	DF 12 高田哲也
MF 6 秋葉忠宏	MF 19 平塚次郎
MF 13 寺川能人	MF 30 渡辺淳一
MF 15 本間勲	MF 8 フチカ
MF 5 神田勝夫	MF 9 高田保則
FW 11 鳴尾直軌	FW 25 酒井良
FW 17 鈴木慎吾	FW 17 松原良香
GK 20 木寺浩一	GK 21 水谷雄一
DF 19 井上公平	DF 11 和波智広
MF 7 堂森勝利	MF 6 堀孝史
MF 18 式田高義	MF 10 前園真聖
FW 8 ナシメント	FW 20 小松原学

【得点】(新)44分鳴尾直軌 56分神田勝夫 99分ナシメ　(湘)54分松原良香 71分小松原学
【交代】(新)61分本間勲→堂森勝利 76分中野圭一郎→ メント 85分寺川能人→式田高義　(湘)55分高田保則 園真聖 63分平塚次郎→小松原学 75分渡辺淳一→堀孝
【警告】(湘)85分松原良香

●主審／片山義継　副審／中原美智雄、竹内元人

第41節　11月5日(日) 14時00分

●会場／大宮　●入場者数／3,323人
●天候／晴　●気温／22.0℃　●湿度／48%　●風／—

大宮アルディージャ 2 [1-0 / 1-1] 1 アルビレックス新潟

大宮アルディージャ	アルビレックス新潟
GK 1 白井淳	GK 20 木寺浩一
DF 19 上村祐司	DF 19 井上公平
DF 2 奥野誠一郎	DF 3 セルジオ
DF 4 浮氣哲郎	DF 4 柴暢彦
DF 5 岡本隆吾	MF 6 秋葉忠宏
MF 17 宮下真洋	MF 13 寺川能人
MF 7 氏家英行	MF 2 木澤正徳
MF 10 マーク	MF 5 神田勝夫
MF 6 原崎政人	MF 17 鈴木慎吾
FW 9 野口幸司	FW 8 ナシメント
FW 27 ジョルジーニョ	FW 11 鳴尾直軌
GK 20 渡辺英豊	GK 21 野澤洋輔
DF 18 松本大樹	DF 12 中野圭一郎
MF 24 西脇徹也	MF 15 本間勲
MF 26 星大輔	MF 18 式田高義
FW 11 磯山和司	FW 23 深澤仁博

【得点】(大)14分ジョルジーニョ 55分原崎政人　(新)66分鳴尾直軌
【交代】(大)75分野口幸司→磯山和司 87分宮下真洋→星大輔　(新)45分柴暢彦→中野圭一郎 45分秋葉忠宏→式田高義 80分ナシメント→深澤仁博
【警告】(大)68分岡本隆吾 89分上村祐司　(新)48分式田高義 55分セルジオ 68分木澤正徳 88分セルジオ 89分深澤仁博
【退場】(新)88分セルジオ

●主審／布瀬直次　副審／木島栄、高山啓義

第42節　11月11日(土) 14時00分

●会場／新潟陸　●入場者数／1,786人
●天候／曇時々晴 ●気温／13.0℃ ●湿度／39% ●風／—

アルビレックス新潟 1 [1-0 / 0-0] 0 サガン鳥栖

アルビレックス新潟	サガン鳥栖
GK 20 木寺浩一	GK 1 高嵜理貴
DF 2 木澤正徳	DF 12 佐藤陽彦
DF 4 柴暢彦	DF 4 川前力也
DF 14 高橋直樹	DF 5 松田考功
DF 12 中野圭一郎	MF 11 古賀正人
MF 6 秋葉忠宏	MF 14 島岡健太
MF 13 寺川能人	MF 27 三原廣樹
MF 15 本間勲	MF 26 矢部次郎
MF 5 神田勝夫	MF 8 北内耕成
FW 8 ナシメント	FW 28 ルシアノ
FW 17 鈴木慎吾	FW 9 片渕浩一郎
GK 21 野澤洋輔	GK 16 前田義貴
DF 19 井上公平	DF 13 井原康秀
MF 7 堂森勝利	MF 25 古川隆志
MF 18 式田高義	FW 19 石谷吾一
FW 23 深澤仁博	MF 23 小石龍臣

【得点】(新)39分ナシメント
【交代】(新)62分本間勲→式田高義 72分神田勝夫→深澤仁博 84分鈴木慎吾→井上公平　(鳥)55分三原廣樹→石谷吾一 66分片渕浩一郎→小石龍臣
【警告】(新)19分神田勝夫　(鳥)53分三原廣樹 86分佐藤陽彦

●主審／鈴木亮哉　副審／野上正人、佐幸欣治

第43節　11月16日(木) 18時30分

●会場／小瀬　●入場者数／1,446人
●天候／曇　●気温／14.5℃　●湿度／54%　●風／—

ヴァンフォーレ甲府 0 [0-0 / 0-0] 0 アルビレックス新潟（延長0-0）

ヴァンフォーレ甲府	アルビレックス新潟
GK 21 伊藤友彦	GK 20 木寺浩一
DF 6 仲田建二	DF 2 木澤正徳
DF 3 渡邉晋	DF 4 柴暢彦
DF 15 谷奥優作	DF 14 高橋直樹
MF 8 阿井達也	DF 12 中野圭一郎
MF 25 ブルカ	MF 6 秋葉忠宏
MF 2 加納昌弘	MF 13 寺川能人
MF 12 土橋宏由樹	MF 15 本間勲
MF 20 倉貫一毅	MF 5 神田勝夫
FW 7 金晃正	FW 8 ナシメント
FW 4 金子誠	FW 17 鈴木慎吾
GK 22 吾妻弘将	GK 21 野澤洋輔
DF 13 藤田慎一	DF 19 井上公平
MF 16 神田文之	MF 7 堂森勝利
FW 9 吉田悟	MF 18 式田高義
FW 24 菅野拓真	FW 23 深澤仁博

【交代】(甲)09分ブルカ→神田文之 43分金晃正→藤田慎一　(新)59分本間勲→式田高義 65分秋葉忠宏→深澤仁博 74分神田勝夫→堂森勝利
【警告】(甲)98分神田文之

●主審／恩氏孝夫　副審／片岡操、野田祐樹

第44節　11月19日(日) 13時04分

●会場／新潟陸　●入場者数／4,368人
●天候／曇　●気温／8.3℃　●湿度／50%　●風／—

アルビレックス新潟 1 [1-0 / 0-2] 2 コンサドーレ札幌

アルビレックス新潟	コンサドーレ札幌
GK 20 木寺浩一	GK 30 小林弘記
DF 2 木澤正徳	DF 3 森秀昭
DF 3 セルジオ	DF 14 古川毅
DF 14 高橋直樹	DF 20 小松崎保
DF 12 中野圭一郎	MF 2 田渕龍二
MF 6 秋葉忠宏	MF 8 ビジュ
MF 13 寺川能人	MF 10 アウミール
MF 15 本間勲	MF 19 伊藤優津樹
MF 5 神田勝夫	MF 17 清水範久
FW 8 ナシメント	FW 24 河村優
FW 17 鈴木慎吾	FW 11 播戸竜二
GK 21 野澤洋輔	GK 29 井上敦史
DF 4 柴暢彦	DF 6 大森健作
DF 19 井上公平	MF 15 村田達哉
MF 18 式田高義	MF 22 池内友彦
FW 23 深澤仁博	MF 23 佐賀一平

【得点】(新)26分ナシメント　(札)86分播戸竜二 87分播戸竜二
【交代】(札)45分清水範久→池内友彦 45分河村優→村田達哉 70分小松崎保→佐賀一平
【警告】(新)53分高橋直樹 78分秋葉忠宏　(札)37分伊藤優津樹 69分伊藤優津樹 73分ビジュ 80分アウミール 89分播戸竜二
【退場】(札)69分伊藤優津樹

●主審／柏原丈二　副審／竹内元人、河合英治

2000

2000 Jリーグ ヤマザキナビスコカップ

アルビレックス新潟 公式記録

1回戦第1戦　4月12日(水) 19時00分

●会場／新潟　●入場者数／3,727人
●天候／晴　●気温／11.2℃　●湿度／72%　●風／—

アルビレックス新潟 0 [0-1 / 0-0] 1 京都パープルサンガ

アルビレックス新潟	京都パープルサンガ
GK 20 木寺浩一	GK 21 平井直人
DF 2 木澤正徳	DF 17 手島和希
DF 3 セルジオ	DF 5 エジーニョ・バイアーノ
DF 14 高橋直樹	DF 4 大嶽直人
DF 12 中野圭一郎	MF 7 佐藤一樹
MF 6 秋葉忠宏	MF 3 中村忠
MF 7 堂森勝利	MF 14 遠藤保仁
MF 18 式田高義	MF 2 野口裕司
MF 5 神田勝夫	MF 13 熱田眞
FW 11 鳴尾直軌	FW 26 松井大輔
FW 17 鈴木慎吾	FW 11 三浦知良
GK 21 野澤洋輔	GK 1 松永成立
DF 19 井上公平	DF 6 佐藤尽
MF 15 本間勲	MF 23 川口正人
MF 16 小林高道	MF 25 斉藤大介
FW 8 ナシメント	FW 27 吉田賢太郎

【得点】(京)33分遠藤保仁
【交代】(新)61分堂森勝利→本間勲 71分鳴尾直軌→ナシメント 77分式田高義→小林高道　(京)82分松井大輔→斉藤大介
【警告】(新)72分本間勲

●主審／岡田正義　副審／中込均、牧野明久

1回戦第2戦　4月19日(水) 19時01分

●会場／西京極　●入場者数／1,922人
●天候／曇のち雨 ●気温／17.0℃ ●湿度／69% ●風／—

京都パープルサンガ 3 [2-0 / 1-1] 1 アルビレックス新潟

京都パープルサンガ	アルビレックス新潟
GK 21 平井直人	GK 20 木寺浩一
DF 6 佐藤尽	DF 2 木澤正徳
DF 5 エジーニョ・バイアーノ	DF 3 セルジオ
DF 4 大嶽直人	DF 14 高橋直樹
MF 7 佐藤一樹	DF 12 中野圭一郎
MF 3 中村忠	MF 7 堂森勝利
MF 14 遠藤保仁	MF 6 秋葉忠宏
MF 23 川口正人	MF 18 式田高義
MF 26 松井大輔	MF 5 神田勝夫
FW 16 黒部光昭	FW 8 ナシメント
FW 11 三浦知良	FW 11 鳴尾直軌
GK 1 松永成立	GK 1 吉原慎也
DF 20 辻本茂輝	DF 19 井上公平
MF 25 斉藤大介	MF 13 寺川能人
MF 15 宮崎健治	FW 9 服部浩紀
FW 27 吉田賢太郎	FW 17 鈴木慎吾

【得点】(京)36分黒部光昭 39分オウンゴール 72分三浦知良　(新)82分式田高義
【交代】(京)30分松井大輔→斉藤大介 54分黒部光昭→辻本茂輝 75分三浦知良→吉田賢太郎　(新)45分堂森勝利→寺川能人 64分秋葉忠宏→鈴木慎吾 74分中野圭一郎→服部浩紀
【警告】(京)39分大嶽直人 50分大嶽直人　(新)04分中野圭一郎 18分堂森勝利 46分鳴尾直軌
【退場】(京)50分大嶽直人

●主審／ソウザ　副審／柳沢和也、金子聡一郎

2000

第80回 天皇杯 全日本サッカー選手権大会

アルビレックス新潟 公式記録

1回戦　11月25日(土) 13時00分

●会場／金沢市民サッカー場　●入場者数／1,718人
●天候／晴　●気温／17℃　●湿度／—　●風／弱

テイヘンズフットボールクラブ 1 [1-1 / 0-4] 5 アルビレックス新潟

テイヘンズフットボールクラブ	アルビレックス新潟
GK 1 平田拓也	GK 20 木寺浩一
DF 4 北良和	DF 2 木澤正徳
DF 5 奥永亮治	DF 3 セルジオ
DF 11 牧村英俊	DF 14 高橋直樹
DF 19 川口直隆	DF 12 中野圭一郎
MF 12 三田光男	MF 6 秋葉忠宏
MF 23 三輪祥平	MF 13 寺川能人
MF 6 保田祐介	MF 18 式田高義
MF 17 大矢直史	MF 5 神田勝夫
FW 9 小林要範	FW 8 ナシメント
FW 10 志村信幸	FW 17 鈴木慎吾
GK 27 小村一平	GK 21 野澤洋輔
DF 8 不野亮二	DF 4 柴暢彦
MF 14 高木雅幸	MF 7 堂森勝利
MF 13 三輪直樹	MF 15 本間勲
FW 25 伊勢田道博	FW 23 深澤仁博

【得点】(テ)10分奥永亮治　(新)40分鈴木慎吾 54分ナシメント 55分式田高義 59分ナシメント 75分ナシメント
【交代】(テ)73分保田祐介→高木雅幸 78分三輪祥平→不野亮二　(新)64分神田勝夫→深澤仁博 69分セルジオ→柴暢彦 69分秋葉忠宏→堂森勝利
【警告】(テ)83分川口直隆　(新)10分セルジオ 20分秋葉忠宏

●主審／穴沢努　副審／竹内元人、鍛冶勉

2回戦　12月3日(日) 13時00

●会場／新潟陸　●入場者数／3,126人
●天候／雨　●気温／14℃　●湿度／—　●風／中

アルビレックス新潟 2 [2-0 / 0-0] 0 国見高校

アルビレックス新潟	国見高校
GK 20 木寺浩一	GK 12 花水貴裕
DF 2 木澤正徳	DF 11 山崎佑輔
DF 3 セルジオ	DF 3 堀川純一
DF 14 高橋直樹	DF 15 春川誠
DF 12 中野圭一郎	DF 8 川田和宏
MF 7 堂森勝利	MF 17 田上渉
MF 13 寺川能人	MF 5 徳永悠平
MF 18 式田高義	MF 6 片山将典
MF 5 神田勝夫	MF 10 大久保嘉人
FW 8 ナシメント	FW 7 松橋章太
FW 17 鈴木慎吾	FW 14 佐藤陽介
GK 21 野澤洋輔	GK 20 近藤健一
DF 4 柴暢彦	DF 2 倉石圭二
MF 6 秋葉忠宏	DF 13 園田拓也
MF 15 本間勲	MF 9 蒲原達也
FW 23 深澤仁博	FW 18 渡辺大剛

【得点】(新)22分ナシメント 24分鈴木慎吾
【交代】(新)45分式田高義→秋葉忠宏 54分セルジオ→ 彦 65分ナシメント→深澤仁博　(国)79分佐藤陽介→ 達也
【警告】(新)32分式田高義

●主審／佐藤秀明　副審／阿部浩士、野崎尚文

回戦 12月10日(日) 13時00分

会場／平塚競技場 ●入場者数／957人
天候／曇時々晴 ●気温／18℃ ●湿度／− ●風／中

ェルディ川崎 2 [1−1 / 1−0] 1 アルビレックス新潟

K 21 本並健治	GK 20 木寺浩一
F 33 梅山修	DF 2 木澤正徳
F 22 中澤佑二	DF 3 セルジオ
F 5 米山篤志	DF 14 高橋直樹
F 6 三上和良	DF 12 中野圭一郎
F 4 林健太郎	MF 6 秋葉忠宏
F 23 キムトグン	MF 13 寺川能人
F 2 山田卓也	MF 18 式田高義
F 13 石塚啓次	MF 5 神田勝夫
W 16 桜井直人	FW 11 鳴尾直軌
W 14 廣長優志	FW 17 鈴木慎吾
K 12 小針清允	GK 21 野澤洋輔
F 32 菊池利三	DF 4 柴暢彦
F 8 北澤豪	MF 15 本間勲
F 25 平本一樹	MF 7 堂森勝利
W 20 飯尾一慶	FW 8 ナシメント

得点】(川)25分石塚啓次 71分桜井直人 (新)01分鈴木慎
交代】(川)45分キムトグン→飯尾一慶 89分三上和良→菊利三 (新)74分秋葉忠宏→ナシメント 80分寺川能人→森勝利 80分式田高義→本間勲
警告】(新)21分鳴尾直軌

主審／吉田寿光 副審／九里孝、前島和彦

2001 Jリーグ ディビジョン2 (J2)

アルビレックス新潟 公式記録

第1節 3月11日(日) 13時03分

●会場／鳥栖 ●入場者数／3,403人
●天候／曇 ●気温／15.0℃ ●湿度／48% ●風／−

サガン鳥栖 1 [0−0 / 1−1] 1 アルビレックス新潟 (延長0−0)

GK 1 前田義貴	GK 21 野澤洋輔
DF 4 川前力也	DF 4 柴暢彦
DF 5 松田考功	DF 3 セルジオ
DF 27 佐藤陽彦	DF 13 新井健二
MF 2 有村光史	DF 5 神田勝夫
MF 3 山道高平	MF 6 秋葉忠宏
MF 8 北内耕成	MF 18 西ヶ谷隆之
MF 10 鈴木勝大	MF 7 寺川能人
MF 26 矢部次郎	MF 9 鈴木慎吾
FW 7 佐藤大実	FW 17 大西昌之
FW 11 富永英明	FW 24 氏原良二
GK 16 山口哲治	GK 20 前田信弘
DF 13 関本恒一	DF 12 武田直隆
DF 32 矢野マイケル	MF 23 深澤仁博
MF 14 島岡健太	FW 10 リンドマール
FW 19 石谷吾一	FW 11 黒崎久志

【得点】(鳥)63分佐藤大実 (新)74分黒崎久志
【交代】(鳥)45分山道高平→島岡健太 80分佐藤大実→矢野マイケル 99分矢部次郎→関本恒一 (新)65分氏原良二→黒崎久志 70分大西昌之→リンドマール 105分鈴木慎吾→深澤仁博
【警告】(新)79分秋葉忠宏 80分リンドマール 84分西ヶ谷隆之

●主審／田辺宏司 副審／中井恒、越智新次

第2節 3月17日(土) 15時04分

●会場／西京極 ●入場者数／1,820人
●天候／雨 ●気温／11.6℃ ●湿度／71% ●風／−

京都パープルサンガ 1 [0−0 / 1−0] 0 アルビレックス新潟

GK 1 平井直人	GK 21 野澤洋輔
DF 6 佐藤尽	DF 4 柴暢彦
DF 4 大嶽直人	DF 3 セルジオ
DF 5 手島和希	DF 13 新井健二
MF 8 熱田眞	DF 5 神田勝夫
MF 7 朴智星	MF 6 秋葉忠宏
MF 32 ソーヴィシュ	MF 7 寺川能人
MF 2 野口裕司	MF 18 西ヶ谷隆之
MF 15 松川友明	MF 9 鈴木慎吾
FW 10 松井大輔	FW 11 黒崎久志
FW 18 上野優作	FW 23 深澤仁博
GK 12 中河昌彦	GK 20 前田信弘
DF 16 辻本茂輝	DF 14 高橋直樹
MF 11 石丸清隆	MF 16 小林高道
FW 20 安孝錬	FW 10 リンドマール
FW 9 黒部光昭	FW 24 氏原良二

【得点】(京)67分黒部光昭
【交代】(京)64分上野優作→黒部光昭 (新)76分神田勝夫→小林高道 76分鈴木慎吾→リンドマール 81分黒崎久志→氏原良二
【警告】(京)02分大嶽直人 38分熱田眞 84分松井大輔 (新)74分黒崎久志 77分リンドマール
【退場】(新)87分セルジオ 88分リンドマール

●主審／辺見康裕 副審／田中厚、佐幸欣治

第3節 3月24日(土) 12時59分

●会場／新潟陸 ●入場者数／5,546人
●天候／晴 ●気温／19.6℃ ●湿度／21% ●風／−

アルビレックス新潟 1 [0−1 / 1−0] 1 モンテディオ山形 (延長0−0)

GK 21 野澤洋輔	GK 1 鈴木克美
DF 4 柴暢彦	DF 26 鈴木健太郎
DF 14 高橋直樹	DF 22 鷲田雅一
DF 13 新井健二	DF 5 渡辺卓
DF 5 神田勝夫	DF 3 太田雅之
MF 6 秋葉忠宏	MF 13 佐藤悠介
MF 16 小林高道	MF 24 浮氣哲郎
MF 7 寺川能人	MF 8 永井篤志
MF 9 鈴木慎吾	MF 6 高橋健二
FW 23 深澤仁博	FW 9 大島秀夫
FW 11 黒崎久志	FW 14 堀井岳也
GK 20 前田信弘	GK 16 斉藤誠一
DF 2 中野圭一郎	DF 2 内山俊彦
MF 18 西ヶ谷隆之	MF 10 西山哲平
FW 17 大西昌之	MF 7 吉田達磨
FW 24 氏原良二	FW 20 根本亮助

【得点】(新)85分氏原良二 (山)39分大島秀夫
【交代】(新)61分小林高道→大西昌之 77分柴暢彦→氏原良二 (山)76分高橋健二→西山哲平 85分堀井岳也→根本亮助 105分永井篤志→吉田達磨
【警告】(新)107分神田勝夫 (山)48分佐藤悠介 63分渡辺卓 77分鈴木克美 108分西山哲平

●主審／シャムスル、マイディン 副審／安食弘幸、安元利充

4節 3月31日(土) 15時00分

会場／新潟陸 ●入場者数／2,712人
天候／晴のち曇 ●気温／8.3℃ ●湿度／42% ●風／−

ルビレックス新潟 1 [0−0 / 1−0] 0 川崎フロンターレ

K 21 野澤洋輔	GK 1 浦上壮史
F 19 井上公平	DF 5 箕輪義信
F 14 高橋直樹	DF 25 伊藤宏樹
F 13 新井健二	DF 31 飯島寿久
F 2 中野圭一郎	MF 8 ダニエル
F 6 秋葉忠宏	MF 7 鬼木達
F 18 西ヶ谷隆之	MF 23 久野智昭
F 7 寺川能人	MF 19 伊藤彰
F 23 深澤仁博	MF 10 リカルジーニョ
W 11 黒崎久志	FW 16 阿部良則
W 24 氏原良二	FW 9 エメルソン
K 20 前田信弘	GK 21 笹原義巳
F 4 柴暢彦	MF 30 渡辺匠
F 16 小林高道	MF 33 林晃平
W 9 鈴木慎吾	MF 14 大石鉄也
W 17 大西昌之	FW 17 我那覇和樹

得点】(新)69分高橋直樹
交代】(新)77分深澤仁博→鈴木慎吾 86分氏原良二→小林道 (川)53分鬼木達→渡辺匠 75分阿部良則→我那覇和
警告】(新)89分新井健二 (川)20分鬼木達 29分エメルソ 68分久野智昭 81分ダニエル 87分ダニエル
退場】(川)87分ダニエル 89分エメルソン

主審／柏原丈二 副審／福岡幹男、岡野尚士

第5節 4月7日(土) 16時00分

●会場／平塚 ●入場者数／3,681人
●天候／晴 ●気温／18.0℃ ●湿度／73% ●風／−

湘南ベルマーレ 3 [1−0 / 1−2] 2 アルビレックス新潟 (延長1−0)

GK 1 伊藤裕二	GK 21 野澤洋輔
DF 5 白井博幸	DF 19 井上公平
DF 4 パラシオス	DF 3 セルジオ
DF 2 井手口純	DF 14 高橋直樹
MF 28 鈴木良和	DF 2 中野圭一郎
MF 14 井原康秀	MF 6 秋葉忠宏
MF 10 ガビリア	MF 18 西ヶ谷隆之
MF 27 中里宏司	MF 7 寺川能人
MF 30 戸倉健一郎	MF 23 深澤仁博
FW 9 高田保則	FW 24 氏原良二
FW 8 栗原圭介	FW 11 黒崎久志
GK 21 鈴木正人	GK 20 前田信弘
DF 22 茂庭照幸	DF 13 新井健二
MF 6 堀孝史	MF 16 小林高道
MF 18 坂本紘司	FW 9 鈴木慎吾
FW 11 酒井良	FW 17 大西昌之

【得点】(湘)07分高田保則 53分高田保則 95分酒井良 (新)80分寺川能人 82分黒崎久志
【交代】(湘)56分白井博幸→茂庭照幸 63分パラシオス→堀孝史 82分ガビリア→酒井良 90分戸倉健一郎→坂本紘司 (新)57分中野圭一郎→鈴木慎吾 57分井上公平→新井健二 73分氏原良二→大西昌之
【警告】(湘)16分ガビリア 27分パラシオス 78分堀孝史 85分栗原圭介 (新)20分氏原良二

●主審／鈴木亮哉 副審／石田宏之、小椋剛

第6節 4月14日(土) 13時00分

●会場／新潟陸 ●入場者数／3,165人
●天候／晴のち曇 ●気温／19.0℃ ●湿度／25% ●風／−

アルビレックス新潟 0 [0−0 / 0−0] 1 ベガルタ仙台 (延長0−1)

GK 21 野澤洋輔	GK 1 高橋範夫
DF 19 井上公平	DF 4 賀谷英司
DF 3 セルジオ	DF 17 飯尾和也
DF 14 高橋直樹	DF 2 渡邉晋
DF 13 新井健二	DF 18 森勇介
MF 6 秋葉忠宏	MF 5 ヴィエラ
MF 18 西ヶ谷隆之	MF 23 中村伸
MF 7 寺川能人	MF 14 岩本輝雄
MF 23 深澤仁博	MF 10 財前宣之
FW 11 黒崎久志	FW 11 藤吉信次
FW 24 氏原良二	FW 9 マルコス
GK 20 前田信弘	GK 22 前川大樹
MF 9 鈴木慎吾	DF 28 矢畑智裕
MF 16 小林高道	MF 7 千葉直樹
FW 17 大西昌之	MF 13 蓮見知弘
FW 10 リンドマール	FW 29 大友慧

【得点】(仙)97分マルコス
【交代】(新)75分氏原良二→リンドマール (仙)52分中村伸→蓮見知弘 62分財前宣之→千葉直樹 72分藤吉信次→大友慧
【警告】(新)10分寺川能人 89分寺川能人 (仙)50分森勇介 76分賀谷英司 81分賀谷英司 91分ヴィエラ
【退場】(新)89分寺川能人 (仙)81分賀谷英司

●主審／濱名哲也 副審／河合英治、浅野正樹

第7節 4月21日(土) 18時03分

●会場／大分陸 ●入場者数／2,641人
●天候／雨 ●気温／16.6℃ ●湿度／69% ●風／−

大分トリニータ 0 [0−1 / 0−1] 2 アルビレックス新潟

GK 1 前川和也	GK 21 野澤洋輔
DF 2 三木隆司	DF 19 井上公平
DF 4 スターレンス	DF 3 セルジオ
DF 26 吉村寿洋	DF 14 高橋直樹
MF 8 山根巌	DF 13 新井健二
MF 14 原田武男	MF 6 秋葉忠宏
MF 22 加地亮	MF 18 西ヶ谷隆之
MF 30 竹村栄哉	MF 7 寺川能人
MF 10 崔文植	MF 23 深澤仁博
FW 9 クビツァ	FW 24 氏原良二
FW 11 吉田孝行	FW 11 黒崎久志
GK 21 小山健二	GK 20 前田信弘
DF 23 山崎哲也	DF 12 武田直隆
MF 5 佐藤一樹	MF 22 長谷川太一
MF 7 川崎元気	MF 9 鈴木慎吾
FW 28 神野卓哉	FW 10 リンドマール

【得点】(新)35分氏原良二 88分深澤仁博
【交代】(大)55分竹村栄哉→川崎元気 63分吉田孝行→神野卓哉 77分山根巌→佐藤一樹 (新)61分黒崎久志→鈴木慎吾
【警告】(新)38分井上公平 79分氏原良二

●主審／泉弘紀 副審／中井恒、越智新次

第8節 4月28日(土) 14時03分

●会場／新潟陸 ●入場者数／4,217人
●天候／晴 ●気温／20.6℃ ●湿度／27% ●風／−

アルビレックス新潟 2 [0−1 / 2−1] 2 大宮アルディージャ (延長0−0)

GK 21 野澤洋輔	GK 1 白井淳
DF 19 井上公平	DF 3 上村祐司
DF 3 セルジオ	DF 4 トニーニョ
DF 14 高橋直樹	DF 2 奥野誠一郎
DF 13 新井健二	DF 5 岡本隆吾
MF 6 秋葉忠宏	MF 29 安藤正裕
MF 18 西ヶ谷隆之	MF 7 氏家英行
MF 7 寺川能人	MF 14 大塚真司
MF 23 深澤仁博	MF 6 原崎政人
FW 11 黒崎久志	FW 9 バルデス
FW 24 氏原良二	FW 10 ジョルジーニョ
GK 20 前田信弘	GK 21 荒谷弘樹
DF 5 神田勝夫	DF 18 松本大樹
MF 9 鈴木慎吾	MF 15 斉藤雅人
MF 16 小林高道	MF 17 宮下真洋
FW 17 大西昌之	FW 11 磯山和司

【得点】(新)53分黒崎久志 88分黒崎久志 (大)35分バルデス 56分バルデス
【交代】(新)45分西ヶ谷隆之→小林高道 64分氏原良二→大西昌之 72分小林高道→鈴木慎吾 90分深澤仁博→神田勝夫 (大)83分奥野誠一郎→松本大樹 90分大塚真司→斉藤雅人 94分ジョルジーニョ→磯山和司
【警告】(新)16分秋葉忠宏 84分鈴木慎吾 98分新井健二 (大)69分上村祐司

●主審／砂川恵一 副審／伊藤力喜雄、斉藤敬一

9節 5月3日(木・祝) 14時00分

会場／ひたちな ●入場者数／2,089人
天候／曇 ●気温／12.3℃ ●湿度／63% ●風／−

水戸ーリーホック 0 [0−1 / 0−1] 2 アルビレックス新潟

1 本間幸司	GK 21 野澤洋輔
5 鳥羽俊正	DF 19 井上公平
29 小川雅己	DF 3 セルジオ
25 磯崎敬太	DF 13 新井健二
7 小井土正亮	DF 5 神田勝夫
13 北島義生	MF 6 秋葉忠宏
24 冨田大介	MF 18 西ヶ谷隆之
14 河村優	MF 7 寺川能人
27 大橋正博	MF 9 鈴木慎吾
26 森陽一	FW 11 黒崎久志
9 須藤大輔	FW 24 氏原良二
21 石川研	GK 20 前田信弘
3 竹谷睦	DF 14 高橋直樹
15 上園和明	MF 22 長谷川太一
19 金口望	FW 17 大西昌之
20 小野隆儀	FW 23 深澤仁博

点】(新)19分セルジオ 48分鈴木慎吾
代】(水)45分大橋正博→小野隆儀 63分河村優→金口望)69分黒崎久志→大西昌之 84分寺川能人→深澤仁博 分鈴木慎吾→高橋直樹
告】(水)89分磯崎敬太 (新)22分西ヶ谷隆之 75分西ヶ隆之
場】(新)75分西ヶ谷隆之

主審／佐藤秀明 副審／野上正人、岡野尚士

第10節 5月6日(日) 13時02分

●会場／新潟陸 ●入場者数／4,792人
●天候／晴 ●気温／25.3℃ ●湿度／42% ●風／−

アルビレックス新潟 2 [1−1 / 1−0] 1 横浜FC

GK 21 野澤洋輔	GK 1 水原大樹
DF 19 井上公平	DF 2 重田征紀
DF 3 セルジオ	DF 19 中澤友秀
DF 13 新井健二	DF 4 眞中幹夫
DF 5 神田勝夫	DF 25 森田真吾
MF 6 秋葉忠宏	MF 14 高木成太
MF 7 寺川能人	MF 7 後藤義一
MF 23 深澤仁博	MF 15 田島宏晃
MF 9 鈴木慎吾	MF 13 横山博敏
FW 11 黒崎久志	MF 18 小野信義
FW 24 氏原良二	FW 9 有馬賢二
GK 20 前田信弘	GK 12 吉田明博
DF 14 高橋直樹	DF 20 小松崎保
MF 22 長谷川太一	MF 17 北村知隆
MF 25 生方繁	MF 16 栗田泰次郎
FW 17 大西昌之	FW 24 佐藤正美

【得点】(新)11分鈴木慎吾 81分黒崎久志 (横)34分小野信義
【交代】(新)45分深澤仁博→高橋直樹 81分氏原良二→大西昌之 84分黒崎久志→長谷川太一 (横)25分中澤友秀→小松崎保 67分後藤義一→佐藤正美 85分横山博敏→北村知隆
【警告】(新)49分氏原良二 53分井上公平 (横)15分眞中幹夫 80分眞中幹夫
【退場】(横)80分眞中幹夫

●主審／辺見康裕 副審／松尾一、浅野正樹

第11節 5月12日(土) 13時01分

●会場／小瀬 ●入場者数／2,948人
●天候／晴 ●気温／25.0℃ ●湿度／20% ●風／−

ヴァンフォーレ甲府 0 [0−0 / 0−2] 2 アルビレックス新潟

GK 1 吾妻弘将	GK 21 野澤洋輔
DF 2 谷奥優作	DF 19 井上公平
DF 18 仲田建二	DF 13 新井健二
DF 17 フレイタス	DF 3 セルジオ
DF 9 藤田健	DF 5 神田勝夫
MF 4 金子誠	MF 6 秋葉忠宏
MF 12 加納昌弘	MF 18 西ヶ谷隆之
MF 10 倉貫一毅	MF 7 寺川能人
MF 15 太田圭輔	MF 9 鈴木慎吾
FW 16 松島仁	FW 11 黒崎久志
FW 20 デイリ	FW 24 氏原良二
GK 21 川北裕介	GK 20 前田信弘
DF 3 三本菅崇	DF 4 柴暢彦
MF 7 土橋宏由樹	DF 14 高橋直樹
MF 13 美尾敦	FW 17 大西昌之
FW 24 吉田悟	FW 23 深澤仁博

【得点】(新)46分寺川能人 89分鈴木慎吾
【交代】(甲)50分松島仁→吉田悟 82分デイリ→美尾敦 82分仲田建二→三本菅崇 (新)45分氏原良二→深澤仁博 70分黒崎久志→大西昌之 89分井上公平→柴暢彦
【警告】(甲)01分倉貫一毅 (新)89分大西昌之

●主審／松崎康弘 副審／前島和彦、戸田東吾

第12節 5月19日(土) 16時03分

●会場／新潟ス ●入場者数／31,964人
●天候／曇 ●気温／18.6℃ ●湿度／76% ●風／−

アルビレックス新潟 3 [2−1 / 1−2] 4 京都パープルサンガ (延長0−1)

GK 21 野澤洋輔	GK 1 平井直人
DF 14 高橋直樹	DF 6 佐藤尽
DF 3 セルジオ	DF 4 大嶽直人
DF 13 新井健二	DF 5 手島和希
DF 5 神田勝夫	MF 8 熱田眞
MF 6 秋葉忠宏	MF 7 朴智星
MF 18 西ヶ谷隆之	MF 11 石丸清隆
MF 7 寺川能人	MF 2 野口裕司
MF 9 鈴木慎吾	MF 15 松川友明
FW 11 黒崎久志	FW 18 上野優作
FW 23 深澤仁博	FW 9 黒部光昭
GK 20 前田信弘	GK 12 中河昌彦
DF 4 柴暢彦	DF 25 鈴木和裕
DF 19 井上公平	MF 14 長田道泰
FW 17 大西昌之	MF 10 松井大輔
FW 24 氏原良二	FW 20 安孝錬

【得点】(新)19分黒崎久志 28分黒崎久志 89分氏原良二 (京)24分上野優作 48分上野優作 65分熱田眞 119分大嶽直人
【交代】(新)71分西ヶ谷隆之→大西昌之 75分黒崎久志→氏原良二 90分深澤仁博→井上公平 118分秋葉忠宏→柴暢彦 (京)45分黒部光昭→安孝錬 90分安孝錬→松井大輔 96分松川友明→長田道泰
【警告】(新)11分神田勝夫 51分深澤仁博 111分高橋直樹 113分セルジオ 119分新井健二 119分新井健二 (京)44分黒部光昭 54分大嶽直人 81分熱田眞
【退場】(新)119分新井健二

●主審／高橋佳久 副審／金田英司、安食弘幸

第13節 5月23日(水) 19時01分

●会場／山形県 ●入場者数／1,803人
●天候／曇 ●気温／21.5℃ ●湿度／62% ●風／−

モンテディオ山形 0 [0−1 / 0−0] 1 アルビレックス新潟

GK 1 鈴木克美	GK 21 野澤洋輔
DF 26 鈴木健太郎	DF 19 井上公平
DF 22 鷲田雅一	DF 3 セルジオ
DF 4 大野貴史	DF 14 高橋直樹
DF 3 太田雅之	DF 5 神田勝夫
MF 13 佐藤悠介	MF 6 秋葉忠宏
MF 27 佐賀一平	MF 7 寺川能人
MF 8 永井篤志	MF 23 深澤仁博
MF 6 高橋健二	MF 9 鈴木慎吾
FW 14 堀井岳也	FW 11 黒崎久志
FW 9 大島秀夫	FW 24 氏原良二
GK 21 斉藤武志	GK 20 前田信弘
DF 2 内山俊彦	DF 4 柴暢彦
MF 17 小久保純	MF 15 本間勲
MF 10 西山哲平	MF 16 小林高道
FW 20 根本亮助	MF 18 西ヶ谷隆之

【得点】(新)35分黒崎久志
【交代】(山)60分佐賀一平→西山哲平 74分鈴木健太郎→根本亮助 78分永井篤志→小久保純 (新)45分セルジオ→柴暢彦 76分氏原良二→本間勲
【警告】(山)80分高橋健二 (新)11分深澤仁博 18分セルジオ

●主審／梅本博之 副審／金子聡一郎、山崎裕彦

14節 5月27日(日) 13時05分

会場／仙台 ●入場者数／12,651人
天候／晴 ●気温／21.5℃ ●湿度／55% ●風／−

ガルタ仙台 0 [0−1 / 0−1] 2 アルビレックス新潟

1 高橋範夫	GK 21 野澤洋輔
4 賀谷英司	DF 19 井上公平
2 渡邉晋	DF 14 高橋直樹
17 飯尾和也	DF 13 新井健二
18 森勇介	DF 5 神田勝夫
23 中村伸	MF 6 秋葉忠宏
5 ヴィエラ	MF 7 寺川能人
14 岩本輝雄	MF 23 深澤仁博
13 蓮見知弘	MF 9 鈴木慎吾
11 藤吉信次	FW 11 黒崎久志
9 マルコス	FW 24 氏原良二
22 前川大樹	GK 20 前田信弘
30 村田達哉	DF 4 柴暢彦
7 千葉直樹	MF 18 西ヶ谷隆之
15 中村学	MF 16 小林高道
29 大友慧	MF 15 本間勲

点】(新)31分氏原良二 56分寺川能人
代】(仙)45分蓮見知弘→大友慧 57分藤吉信次→中村学 分中村伸→千葉直樹 (新)76分深澤仁博→本間勲 88分葉忠宏→西ヶ谷隆之
告】(仙)27分渡邉晋 79分飯尾和也 81分岩本輝雄)63分寺川能人
場】(仙)82分森勇介

主審／鈴木亮哉 副審／牧野明久、安元利充

第15節 6月16日(土) 18時03分

●会場／新潟陸 ●入場者数／4,687人
●天候／晴 ●気温／20.6℃ ●湿度／71% ●風／−

アルビレックス新潟 2 [0−2 / 2−1] 3 大分トリニータ

GK 21 野澤洋輔	GK 1 前川和也
DF 19 井上公平	DF 4 スターレンス
DF 3 セルジオ	DF 23 山崎哲也
DF 13 新井健二	DF 22 加地亮
DF 5 神田勝夫	DF 26 吉村寿洋
MF 6 秋葉忠宏	MF 8 山根巌
MF 18 西ヶ谷隆之	MF 14 原田武男
MF 7 寺川能人	MF 15 梅田高志
MF 9 鈴木慎吾	MF 20 松橋章太
FW 11 黒崎久志	FW 11 吉田孝行
FW 24 氏原良二	FW 12 船越優蔵
GK 20 前田信弘	GK 21 小山健二
DF 14 高橋直樹	DF 3 池端陽介
MF 15 本間勲	MF 5 佐藤一樹
MF 22 長谷川太一	MF 16 金本圭太
MF 23 深澤仁博	FW 24 西川吉英

【得点】(新)59分鈴木慎吾 89分黒崎久志 (大)14分船越優蔵 35分梅田高志 89分船越優蔵
【交代】(新)45分セルジオ→高橋直樹 45分神田勝夫→深澤仁博 83分新井健二→本間勲 (大)65分原田武男→金本圭太
【警告】(新)28分寺川能人

●主審／田辺宏司 副審／阿部正基、三宅毅

第16節 6月23日(土) 19時03分

●会場／三ツ沢 ●入場者数／3,053人
●天候／曇 ●気温／22.6℃ ●湿度／83% ●風／−

横浜FC 1 [1−0 / 0−0] 0 アルビレックス新潟

GK 1 水原大樹	GK 21 野澤洋輔
DF 2 重田征紀	DF 19 井上公平
DF 8 高田昌明	DF 14 高橋直樹
DF 4 眞中幹夫	DF 3 セルジオ
DF 25 森田真吾	DF 13 新井健二
MF 14 高木成太	MF 7 寺川能人
MF 15 田島宏晃	MF 6 秋葉忠宏
MF 18 小野信義	MF 5 神田勝夫
MF 13 横山博敏	MF 23 深澤仁博
FW 11 増田功作	FW 9 鈴木慎吾
FW 9 有馬賢二	FW 11 黒崎久志
GK 12 吉田明博	GK 20 前田信弘
DF 19 中澤友秀	DF 4 柴暢彦
MF 16 栗田泰次郎	MF 18 西ヶ谷隆之
MF 7 後藤義一	MF 15 本間勲
FW 24 佐藤正美	FW 24 氏原良二

【得点】(横)25分有馬賢二
【交代】(横)76分横山博敏→後藤義一 86分田島宏晃→中澤友秀 89分有馬賢二→佐藤正美 (新)45分神田勝夫→氏原良二 76分新井健二→本間勲 89分寺川能人→西ヶ谷隆之
【警告】(横)32分高木成太 38分高田昌明 (新)80分井上公平 82分セルジオ

●主審／砂川恵一 副審／犬飼一郎、山口茂久

第17節 6月28日(木) 19時03分

●会場／新潟陸 ●入場者数／3,027人
●天候／曇 ●気温／24.7℃ ●湿度／75% ●風／−

アルビレックス新潟 4 [1−0 / 3−0] 0 ヴァンフォーレ甲府

GK 21 野澤洋輔	GK 21 川北裕介
DF 19 井上公平	DF 5 石原大助
DF 3 セルジオ	DF 2 谷奥優作
DF 14 高橋直樹	DF 3 三本菅崇
DF 5 神田勝夫	DF 13 美尾敦
MF 6 秋葉忠宏	MF 7 土橋宏由樹
MF 18 西ヶ谷隆之	MF 12 加納昌弘
MF 7 寺川能人	MF 4 金子誠
MF 9 鈴木慎吾	MF 10 倉貫一毅
FW 11 黒崎久志	FW 15 太田圭輔
FW 24 氏原良二	FW 27 石原克哉
GK 20 前田信弘	GK 22 太田涉
DF 13 新井健二	DF 6 松裏英明
DF 26 小林悟	FW 14 寶示戸進哉
MF 15 本間勲	FW 16 松島仁
MF 23 深澤仁博	FW 20 デイリ

【得点】(新)15分氏原良二 51分黒崎久志 89分本間勲 89分小林悟
【交代】(新)64分寺川能人→深澤仁博 77分黒崎久志→本間勲 89分鈴木慎吾→小林悟 (甲)15分土橋宏由樹→松島仁 84分松島仁→デイリ 84分美尾敦→寶示戸進哉
【警告】(新)58分氏原良二 63分西ヶ谷隆之 (甲)47分谷奥優作

●主審／唐木田徹 副審／花田祐治、越智新次

第18節 7月7日(土) 18時31分

●会場／大宮 ●入場者数／4,015人
●天候／晴時々曇 ●気温／28.6℃ ●湿度／55% ●風／−

大宮アルディージャ 2 [1−1 / 1−0] 1 アルビレックス新潟

GK 1 白井淳	GK 21 野澤洋輔
DF 29 安藤正裕	DF 19 井上公平
DF 4 トニーニョ	DF 14 高橋直樹
DF 18 松本大樹	DF 3 セルジオ
DF 5 岡本隆吾	DF 5 神田勝夫
MF 17 宮下真洋	MF 6 秋葉忠宏
MF 7 氏家英行	MF 8 マルキーニョ
MF 14 大塚真司	MF 7 寺川能人
MF 6 原崎政人	MF 9 鈴木慎吾
FW 9 バルデス	FW 23 深澤仁博
FW 30 バレー	FW 11 黒崎久志
GK 20 渡辺英豊	GK 20 前田信弘
DF 2 奥野誠一郎	DF 26 小林悟
MF 15 斉藤雅人	MF 18 西ヶ谷隆之
MF 8 岩瀬健	MF 15 本間勲
FW 27 横山聡	FW 17 大西昌之

【得点】(大)07分バルデス 76分バルデス (新)32分鈴木慎吾
【交代】(大)59分宮下真洋→斉藤雅人 69分大塚真司→岩瀬健 78分バレー→横山聡 (新)78分深澤仁博→大西昌之 86分鈴木慎吾→本間勲
【警告】(大)51分トニーニョ (新)44分マルキーニョ 57分井上公平

●主審／恩氏孝夫 副審／大石康、武田進

第19節 7月11日(水) 19時00分

●会場／新潟陸 ●入場者数／2,373人
●天候／曇時々雨 ●気温／26.6℃ ●湿度／75% ●風／—

アルビレックス新潟 2 [1−0 / 1−0] 0 水戸ホーリーホック

アルビレックス新潟	水戸ホーリーホック
GK 21 野澤洋輔	GK 1 本間幸司
DF 4 柴暢彦	DF 2 木澤正徳
DF 14 高橋直樹	DF 3 竹谷睦
DF 13 新井健二	DF 22 木山隆之
DF 5 神田勝夫	DF 25 磯崎敬太
MF 6 秋葉忠宏	MF 24 冨田大介
MF 8 マルキーニョ	MF 32 安鮮鎮
MF 7 寺川能人	MF 23 黄学淳
MF 9 鈴木慎吾	FW 13 北島義生
FW 11 黒崎久志	FW 11 北川佳男
FW 24 氏原良二	FW 30 申秉皓
GK 20 前田信弘	GK 21 石川研
DF 26 小林悟	DF 29 小川雅己
MF 18 西ヶ谷隆之	MF 14 河村優
MF 23 深澤仁博	MF 16 菅野賢一
FW 17 大西昌之	FW 9 須藤大輔

【得点】(新)44分氏原良二 84分鈴木慎吾
【交代】(新)07分柴暢彦→小林悟 74分黒崎久志→深澤仁博 87分鈴木慎吾→西ヶ谷隆之 (水)51分黄学淳→河村優 71分北島義生→須藤大輔 76分申秉皓→菅野賢一
【警告】(水)44分木山隆之

●主審／蒲澤淳一 副審／伊藤力喜雄、阿部浩士

第20節 7月14日(土) 18時00分

●会場／新潟ス ●入場者数／19,391人
●天候／晴 ●気温／26.0℃ ●湿度／83% ●風／—

アルビレックス新潟 5 [1−0 / 4−0] 0 サガン鳥栖

アルビレックス新潟	サガン鳥栖
GK 21 野澤洋輔	GK 16 山口哲治
DF 19 井上公平	DF 2 有村光史
DF 3 セルジオ	DF 5 松田考功
DF 14 高橋直樹	DF 14 島岡健太
DF 5 神田勝夫	DF 27 佐藤陽彦
MF 6 秋葉忠宏	MF 8 北内耕成
MF 7 寺川能人	MF 15 高木健旨
MF 8 マルキーニョ	MF 17 東幸一
MF 9 鈴木慎吾	MF 32 矢野マイケル
FW 11 黒崎久志	FW 7 佐藤大実
FW 24 氏原良二	FW 23 小石龍臣
GK 20 前田信弘	GK 1 前田義貴
DF 26 小林悟	DF 3 山道高平
MF 18 西ヶ谷隆之	MF 18 福留亮
MF 23 深澤仁博	MF 25 古川隆志
FW 17 大西昌之	FW 19 石谷吾一

【得点】(新)26分氏原良二 57分セルジオ 60分黒崎久志 72分鈴木慎吾 82分鈴木慎吾
【交代】(新)62分神田勝夫→小林悟 68分寺川能人→深澤仁博 76分黒崎久志→大西昌之 (鳥)44分有村光史→山道高平 71分佐藤大実→福留亮 80分東幸一→古川隆志
【警告】(新)47分神田勝夫 65分高橋直樹 66分セルジオ (鳥)82分山道高平

●主審／山西博文 副審／西村雄一、岡野尚士

第21節 7月21日(土) 18時00分

●会場／等々力 ●入場者数／3,711人
●天候／曇 ●気温／29.6℃ ●湿度／66% ●風／—

川崎フロンターレ 2 [2−2 / 0−0] 3 アルビレックス新潟
(延長0−1)

川崎フロンターレ	アルビレックス新潟
GK 28 相澤貴志	GK 21 野澤洋輔
DF 29 小島徹	DF 19 井上公平
DF 31 飯島寿久	DF 14 高橋直樹
DF 25 伊藤宏樹	DF 13 新井健二
MF 33 林晃平	DF 5 神田勝夫
MF 8 エジミウソン	MF 6 秋葉忠宏
MF 7 鬼木達	MF 8 マルキーニョ
MF 24 塩川岳人	MF 7 寺川能人
MF 10 アイルトン	MF 9 鈴木慎吾
FW 19 伊藤彰	FW 24 氏原良二
FW 17 我那覇和樹	FW 11 黒崎久志
GK 21 笹原義巳	GK 20 前田信弘
MF 23 久野智昭	DF 26 小林悟
MF 18 今野章	MF 18 西ヶ谷隆之
FW 11 向島建	MF 23 深澤仁博
FW 16 阿部良則	FW 10 アンドラジーニャ

【得点】(川)19分アイルトン 43分塩川岳人 (新)27分鈴木慎吾 29分寺川能人 96分アンドラジーニャ
【交代】(川)59分我那覇和樹→阿部良則 70分伊藤彰→向島建 86分小島徹→今野章 90分林晃平→久野智昭 (新)44分新井健二→西ヶ谷隆之 63分黒崎久志→アンドラジーニャ 77分鈴木慎吾→深澤仁博 90分氏原良二→小林悟
【警告】(川)05分鬼木達 29分伊藤彰 (新)36分神田勝夫

●主審／砂川恵一 副審／高橋佳久、河合英治

第22節 7月25日(水) 19時03分

●会場／新潟ス ●入場者数／12,707人
●天候／晴 ●気温／24.6℃ ●湿度／69% ●風／—

アルビレックス新潟 2 [0−0 / 2−0] 0 湘南ベルマーレ

アルビレックス新潟	湘南ベルマーレ
GK 21 野澤洋輔	GK 1 伊藤裕二
DF 19 井上公平	DF 3 川口卓哉
DF 3 セルジオ	DF 4 パラシオス
DF 14 高橋直樹	DF 2 井手口純
DF 18 西ヶ谷隆之	MF 28 鈴木良和
MF 6 秋葉忠宏	MF 6 堀孝史
MF 8 マルキーニョ	MF 10 ガビリア
MF 7 寺川能人	MF 27 中里宏司
MF 9 鈴木慎吾	MF 18 坂本紘司
FW 11 黒崎久志	FW 9 高田保則
FW 24 氏原良二	FW 11 酒井良
GK 20 前田信弘	GK 21 鈴木正人
DF 26 小林悟	DF 30 戸倉健一郎
MF 23 深澤仁博	MF 24 田辺和彦
FW 10 アンドラジーニャ	MF 25 樹森大介
FW 17 大西昌之	FW 7 アングロ

【得点】(新)52分黒崎久志 78分アンドラジーニャ
【交代】(新)77分氏原良二→アンドラジーニャ 80分寺川能人→小林悟 89分黒崎久志→大西昌之 (湘)58分酒井良→アングロ 75分坂本紘司→樹森大介
【警告】(新)78分アンドラジーニャ (湘)67分ガビリア 89分井手口純

●主審／中村祐 副審／牧野明久、浅野正樹

第23節 7月28日(土) 17時30

●会場／小瀬 ●入場者数／2,707人
●天候／曇 ●気温／24.0℃ ●湿度／71% ●風／

ヴァンフォーレ甲府 0 [0−0 / 0−1] 1 アルビレック 新潟

ヴァンフォーレ甲府	アルビレックス新潟
GK 22 太田渉	GK 21 野澤洋輔
DF 5 石原大助	DF 19 井上公平
DF 17 フレイタス	DF 3 セルジオ
DF 18 仲田建二	DF 14 高橋直樹
MF 2 谷奥優作	DF 18 西ヶ谷隆之
MF 4 金子誠	MF 6 秋葉忠宏
MF 9 藤田健	MF 8 マルキーニ
MF 27 石原克哉	MF 23 深澤仁博
MF 11 アレックス	MF 9 鈴木慎吾
FW 14 寶示戸進哉	FW 10 アンドラジー
FW 24 吉田悟	FW 11 黒崎久志
GK 21 川北裕介	GK 20 前田信弘
MF 10 倉貫一毅	DF 5 神田勝夫
MF 13 美尾敦	DF 26 小林悟
FW 15 太田圭輔	MF 15 本間勲
FW 20 デイリ	FW 24 氏原良二

【得点】(新)85分氏原良二
【交代】(甲)72分寶示戸進哉→太田圭輔 85分吉田悟→
リ (新)67分アンドラジーニャ→氏原良二 83分深澤
→本間勲
【警告】(甲)41分吉田悟 75分フレイタス (新)68分氏
二

●主審／犬飼一郎 副審／土本泰、安元利充

第24節 8月3日(金) 19時00分

●会場／新潟ス ●入場者数／11,384人
●天候／晴 ●気温／27.0℃ ●湿度／85% ●風／—

アルビレックス新潟 0 [0−0 / 0−0] 1 モンテディオ山形
(延長0−1)

アルビレックス新潟	モンテディオ山形
GK 21 野澤洋輔	GK 1 鈴木克美
DF 19 井上公平	DF 26 鈴木健太郎
DF 3 セルジオ	DF 22 鷲田雅一
DF 14 高橋直樹	DF 5 渡辺卓
DF 5 神田勝夫	DF 3 太田雅之
MF 6 秋葉忠宏	MF 13 佐藤悠介
MF 8 マルキーニョ	MF 24 浮氣哲郎
MF 7 寺川能人	MF 6 高橋健二
MF 9 鈴木慎吾	MF 10 西山哲平
FW 11 黒崎久志	FW 14 堀井岳也
FW 24 氏原良二	FW 20 根本亮助
GK 20 前田信弘	GK 16 斉藤誠一
DF 26 小林悟	DF 4 大野貴史
MF 15 本間勲	MF 8 永井篤志
MF 18 西ヶ谷隆之	MF 27 佐賀一平
FW 10 アンドラジーニャ	FW 9 大島秀夫

【得点】(山)103分大島秀夫
【交代】(新)39分氏原良二→西ヶ谷隆之 68分黒崎久志→アンドラジーニャ 90分神田勝夫→小林悟 95分秋葉忠宏→本間勲 (山)52分西山哲平→佐賀一平 69分堀井岳也→大島秀夫 73分佐藤悠介→永井篤志 90分渡辺卓→大野貴史
【警告】(新)06分高橋直樹 32分セルジオ 36分高橋直樹 (山)20分堀井岳也 14分西山哲平
【退場】(新)36分高橋直樹

●主審／モットラム 副審／五十川和也、阿部浩士

第25節 8月11日(土) 18時03分

●会場／新潟ス ●入場者数／19,434人
●天候／晴時々曇 ●気温／25.0℃ ●湿度／68% ●風／—

アルビレックス新潟 1 [0−0 / 0−0] 0 大宮アルディージャ
(延長1−0)

アルビレックス新潟	大宮アルディージャ
GK 21 野澤洋輔	GK 1 白井淳
DF 19 井上公平	DF 3 上村祐司
DF 3 セルジオ	DF 2 奥野誠一郎
DF 18 西ヶ谷隆之	DF 4 トニーニョ
DF 5 神田勝夫	DF 5 岡本隆吾
MF 6 秋葉忠宏	MF 29 安藤正裕
MF 8 マルキーニョ	MF 14 大塚真司
MF 7 寺川能人	MF 15 斉藤雅人
MF 9 鈴木慎吾	MF 6 原崎政人
FW 22 長谷川太一	FW 11 磯山和司
FW 24 氏原良二	FW 27 横山聡
GK 20 前田信弘	GK 20 渡辺英豊
DF 26 小林悟	DF 26 木谷公亮
MF 23 深澤仁博	MF 8 岩瀬健
FW 10 アンドラジーニャ	MF 12 星大輔
FW 11 黒崎久志	FW 30 バレー

【得点】(新)103分鈴木慎吾
【交代】(新)70分長谷川太一→アンドラジーニャ 85分氏原良二→黒崎久志 (大)71分磯山和司→バレー 77分斉藤雅人→岩瀬健
【警告】(新)24分セルジオ

●主審／唐木田徹 副審／渡辺辰也、安食弘幸

第26節 8月14日(火) 19時02分

●会場／笠松 ●入場者数／2,434人
●天候／曇 ●気温／24.3℃ ●湿度／77% ●風／—

水戸ホーリーホック 2 [1−0 / 1−0] 0 アルビレックス新潟

水戸ホーリーホック	アルビレックス新潟
GK 1 本間幸司	GK 21 野澤洋輔
DF 3 竹谷睦	DF 19 井上公平
DF 32 安鮮鎮	DF 14 高橋直樹
DF 22 木山隆之	DF 18 西ヶ谷隆之
MF 15 上園和明	DF 5 神田勝夫
MF 13 北島義生	MF 6 秋葉忠宏
MF 23 黄学淳	MF 8 マルキーニョ
MF 14 河村優	MF 7 寺川能人
MF 27 大橋正博	MF 9 鈴木慎吾
FW 20 小野隆儀	FW 10 アンドラジーニャ
FW 30 申秉皓	FW 24 氏原良二
GK 21 石川研	GK 20 前田信弘
DF 29 小川雅己	DF 26 小林悟
MF 6 山崎理人	DF 13 新井健二
FW 9 須藤大輔	MF 23 深澤仁博
FW 11 北川佳男	FW 11 黒崎久志

【得点】(水)39分申秉皓 54分小野隆儀
【交代】(水)45分黄学淳→山崎理人 74分小野隆儀→須藤大輔 85分北島義生→小川雅己 (新)57分神田勝夫→黒崎久志 59分高橋直樹→新井健二 69分氏原良二→深澤仁博
【警告】(水)50分申秉皓 89分本間幸司

●主審／恩氏孝夫 副審／穴沢努、宮島一代

第27節 8月18日(土) 18時00分

●会場／新潟ス ●入場者数／25,807人
●天候／晴 ●気温／25.0℃ ●湿度／63% ●風／—

アルビレックス新潟 1 [0−0 / 1−0] 0 ベガルタ仙台

アルビレックス新潟	ベガルタ仙台
GK 21 野澤洋輔	GK 1 高橋範夫
DF 26 小林悟	DF 18 森勇介
DF 3 セルジオ	DF 6 リカルド
DF 14 高橋直樹	DF 2 渡邉晋
DF 18 西ヶ谷隆之	DF 30 村田達哉
MF 6 秋葉忠宏	MF 7 千葉直樹
MF 8 マルキーニョ	MF 32 山田隆裕
MF 7 寺川能人	MF 14 岩本輝雄
MF 9 鈴木慎吾	MF 10 財前宣之
FW 11 黒崎久志	FW 11 藤吉信次
FW 24 氏原良二	FW 9 マルコス
GK 20 前田信弘	GK 22 前川大樹
DF 19 井上公平	DF 4 賀谷英司
MF 22 長谷川太一	MF 23 中村伸
MF 23 深澤仁博	MF 13 蓮見知弘
FW 10 アンドラジーニャ	FW 29 大友慧

【得点】(新)62分鈴木慎吾
【交代】(新)81分黒崎久志→アンドラジーニャ 84分マルキーニョ→深澤仁博 (仙)64分藤吉信次→大友慧 76分財前宣之→蓮見知弘 80分山田隆裕→中村伸

●主審／田辺宏司 副審／金田英司、竹内元人

第28節 8月25日(土) 18時00

●会場／大分ス ●入場者数／10,740人
●天候／曇 ●気温／26.3℃ ●湿度／69% ●風

大分トリニータ 2 [0−0 / 2−2] 2 アルビレック 新潟
(延長0−0)

大分トリニータ	アルビレックス新潟
GK 1 前川和也	GK 21 野澤洋輔
DF 3 池端陽介	DF 26 小林悟
DF 7 中村祥朗	DF 3 セルジオ
DF 22 加地亮	DF 14 高橋直樹
DF 23 山崎哲也	DF 18 西ヶ谷隆之
MF 14 原田武男	MF 6 秋葉忠宏
MF 5 佐藤一樹	MF 8 マルキーニ
MF 30 竹村栄哉	MF 7 寺川能人
MF 28 ルシアノ	MF 9 鈴木慎吾
FW 9 ベンチーニョ	FW 24 氏原良二
FW 11 吉田孝行	FW 11 黒崎久志
GK 17 川本良二	GK 20 前田信弘
DF 2 三木隆司	DF 5 神田勝夫
MF 15 梅田高志	MF 22 長谷川太一
MF 20 松橋章太	FW 23 深澤仁博
FW 12 船越優蔵	FW 10 アンドラジー

【得点】(大)57分ルシアノ 67分吉田孝行 (新)48分氏
二 78分氏原良二
【交代】(大)45分竹村栄哉→松橋章太 77分ルシアノ→
高志 85分佐藤一樹→船越優蔵 (新)52分秋葉忠宏→
勝夫 67分黒崎久志→アンドラジーニャ 74分マルキー
→深澤仁博 113分氏原良二→長谷川太一
【警告】(大)04分前川和也 (新)22分マルキーニョ 89
澤洋輔

●主審／辺見康裕 副審／山口茂久、戸田東吾

第29節 9月1日(土) 18時00分

●会場／新潟ス ●入場者数／21,558人
●天候／曇時々晴 ●気温／24.3℃ ●湿度／68% ●風／—

アルビレックス新潟 2 [1−0 / 1−0] 0 川崎フロンターレ

アルビレックス新潟	川崎フロンターレ
GK 21 野澤洋輔	GK 21 笹原義巳
DF 26 小林悟	DF 5 箕輪義信
DF 3 セルジオ	DF 31 飯島寿久
DF 14 高橋直樹	DF 25 伊藤宏樹
DF 18 西ヶ谷隆之	MF 8 エジミウソン
MF 6 秋葉忠宏	MF 7 鬼木達
MF 8 マルキーニョ	MF 24 塩川岳人
MF 7 寺川能人	MF 23 久野智昭
MF 9 鈴木慎吾	MF 18 今野章
FW 24 氏原良二	FW 33 林晃平
FW 11 黒崎久志	FW 19 伊藤彰
GK 20 前田信弘	GK 34 吉原慎也
DF 5 神田勝夫	DF 15 土居義典
DF 19 井上公平	MF 20 長橋康弘
MF 23 深澤仁博	MF 14 大石鉄也
FW 10 アンドラジーニャ	FW 17 我那覇和樹

【得点】(新)43分黒崎久志 68分セルジオ
【交代】(新)66分黒崎久志→アンドラジーニャ 84分マルキーニョ→深澤仁博 89分小林悟→井上公平 (川)45分塩川岳人→我那覇和樹 66分林晃平→長橋康弘 82分エジミウソン→大石鉄也
【警告】(新)28分マルキーニョ (川)07分塩川岳人 87分箕輪義信

●主審／モットラム 副審／牧野明久、阿部浩士

第30節 9月5日(水) 19時00分

●会場／平塚 ●入場者数／2,884人
●天候／曇 ●気温／25.0℃ ●湿度／58% ●風／—

湘南ベルマーレ 1 [0−0 / 0−0] 0 アルビレックス新潟
(延長1−0)

湘南ベルマーレ	アルビレックス新潟
GK 1 伊藤裕二	GK 21 野澤洋輔
DF 22 茂庭照幸	DF 26 小林悟
DF 4 パラシオス	DF 3 セルジオ
DF 14 井原康秀	DF 14 高橋直樹
DF 2 井手口純	DF 18 西ヶ谷隆之
MF 28 鈴木良和	MF 6 秋葉忠宏
MF 27 中里宏司	MF 8 マルキーニョ
MF 7 ディナス	MF 7 寺川能人
MF 18 坂本紘司	MF 9 鈴木慎吾
FW 8 栗原圭介	FW 24 氏原良二
FW 9 高田保則	FW 11 黒崎久志
GK 21 鈴木正人	GK 20 前田信弘
DF 30 戸倉健一郎	DF 19 井上公平
MF 15 貞富信宏	MF 22 長谷川太一
FW 19 西本竜洋	MF 23 深澤仁博
FW 31 菅野拓真	FW 10 アンドラジーニャ

【得点】(湘)108分栗原圭介
【交代】(湘)75分坂本紘司→西本竜洋 90分鈴木良和→菅野拓真 (新)57分黒崎久志→アンドラジーニャ 90分寺川能人→深澤仁博
【警告】(湘)70分パラシオス (新)65分鈴木慎吾 74分氏原良二 83分小林悟 86分秋葉忠宏

●主審／柏原丈二 副審／五十川和也、手塚洋

第31節 9月8日(土) 18時00分

●会場／新潟ス ●入場者数／19,718人
●天候／晴 ●気温／25.0℃ ●湿度／79% ●風／—

アルビレックス新潟 5 [2−0 / 3−1] 1 横浜FC

アルビレックス新潟	横浜FC
GK 21 野澤洋輔	GK 1 水原大樹
DF 19 井上公平	DF 2 重田征紀
DF 3 セルジオ	DF 20 小松崎保
DF 14 高橋直樹	DF 6 公文裕明
DF 18 西ヶ谷隆之	DF 25 森田真吾
MF 6 秋葉忠宏	MF 27 迫井深也
MF 8 マルキーニョ	MF 14 高木成太
MF 7 寺川能人	MF 15 田島宏晃
MF 9 鈴木慎吾	MF 7 後藤義一
FW 24 氏原良二	FW 9 有馬賢二
FW 11 黒崎久志	FW 24 佐藤正美
GK 20 前田信弘	GK 12 吉田明博
DF 26 小林悟	DF 19 中澤友秀
MF 23 深澤仁博	MF 11 増田功作
FW 10 アンドラジーニャ	MF 3 吉武剛
FW 17 大西昌之	FW 26 神野卓哉

【得点】(新)06分氏原良二 11分マルキーニョ 46分氏原良二 80分寺川能人 86分寺川能人 (横)52分森田真吾
【交代】(新)66分黒崎久志→アンドラジーニャ 75分氏原良二→深澤仁博 84分鈴木慎吾→大西昌之 (横)45分有馬賢二→神野卓哉 45分公文裕明→増田功作 81分重田征紀→吉武剛
【警告】(新)73分西ヶ谷隆之 (横)40分森田真吾

●主審／梅本博之 副審／高山啓義、宮成武人

第32節 9月15日(土・祝) 19時04分

●会場／西京極 ●入場者数／2,998人
●天候／雨 ●気温／26.0℃ ●湿度／87% ●風／—

京都パープルサンガ 2 [2−0 / 0−0] 0 アルビレックス新潟

京都パープルサンガ	アルビレックス新潟
GK 12 中河昌彦	GK 21 野澤洋輔
DF 16 辻本茂輝	DF 19 井上公平
DF 5 手島和希	DF 3 セルジオ
DF 27 角田誠	DF 14 高橋直樹
MF 8 熱田眞	DF 18 西ヶ谷隆之
MF 15 松川友明	MF 6 秋葉忠宏
MF 11 石丸清隆	MF 8 マルキーニョ
MF 3 中村忠	MF 7 寺川能人
MF 10 松井大輔	MF 9 鈴木慎吾
FW 9 黒部光昭	FW 24 氏原良二
FW 18 上野優作	FW 10 アンドラジーニャ
GK 1 平井直人	GK 20 前田信弘
DF 6 佐藤尽	DF 5 神田勝夫
MF 7 朴智星	DF 26 小林悟
MF 2 野口裕司	MF 23 深澤仁博
FW 20 安孝錬	FW 11 黒崎久志

【得点】(京)13分黒部光昭 27分中村忠
【交代】(京)53分松川友明→佐藤尽 62分黒部光昭→朴智星 79分松井大輔→安孝錬 (新)45分井上公平→黒崎久志 76分アンドラジーニャ→深澤仁博 89分秋葉忠宏→神田勝夫
【警告】(京)79分石丸清隆 86分上野優作 (新)09分秋葉忠宏 18分鈴木慎吾 43分寺川能人 53分セルジオ 85分氏原良二

●主審／大西弘幸 副審／山城大、福岡幹男

第33節 9月19日(水) 19時01

●会場／新潟ス ●入場者数／13,357人
●天候／曇 ●気温／23.0℃ ●湿度／56% ●風

アルビレックス新潟 4 [3−0 / 1−1] 1 サガン鳥

アルビレックス新潟	サガン鳥栖
GK 21 野澤洋輔	GK 16 山口哲治
DF 19 井上公平	DF 3 山道高平
DF 3 セルジオ	DF 4 川前力也
DF 14 高橋直樹	DF 27 佐藤陽彦
DF 18 西ヶ谷隆之	MF 2 有村光史
MF 7 寺川能人	MF 8 北内耕成
MF 8 マルキーニョ	MF 10 鈴木勝大
MF 23 深澤仁博	MF 13 関本恒一
MF 9 鈴木慎吾	MF 15 高木健旨
FW 24 氏原良二	FW 7 佐藤大実
FW 11 黒崎久志	FW 11 富永英明
GK 20 前田信弘	GK 1 前田義貴
DF 5 神田勝夫	DF 31 宮川悟
DF 26 小林悟	MF 25 古川隆志
MF 15 本間勲	MF 26 矢部次郎
FW 10 アンドラジーニャ	FW 19 石谷吾一

【得点】(新)06分黒崎久志 31分鈴木慎吾 39分黒崎久志
分アンドラジーニャ (鳥)85分佐藤大実
【交代】(新)60分氏原良二→アンドラジーニャ 70分セ
オ→神田勝夫 79分マルキーニョ→本間勲 (鳥)55分
英明→矢部次郎 77分鈴木勝大→宮川悟 80分川前力
古川隆志
【警告】(新)12分氏原良二 (鳥)36分有村光史

●主審／恩氏孝夫 副審／金田英司、前島和彦

第34節 9月22日(土) 18時30分

●会場／大宮 ●入場者数／3,395人
●天候／晴 ●気温／18.0℃ ●湿度／44% ●風／—

大宮アルディージャ 0 [0−0 / 0−3] 3 アルビレックス新潟

大宮アルディージャ	アルビレックス新潟
GK 1 白井淳	GK 21 野澤洋輔
DF 3 上村祐司	DF 19 井上公平
DF 4 トニーニョ	DF 3 セルジオ
DF 2 奥野誠一郎	DF 14 高橋直樹
DF 5 岡本隆吾	DF 18 西ヶ谷隆之
MF 29 安藤正裕	MF 6 秋葉忠宏
MF 7 氏家英行	MF 8 マルキーニョ
MF 14 大塚真司	MF 7 寺川能人
MF 6 原崎政人	MF 9 鈴木慎吾
FW 16 小阪昭典	FW 23 深澤仁博
FW 9 外池大亮	FW 11 黒崎久志
GK 20 渡辺英豊	GK 20 前田信弘
MF 15 斉藤雅人	DF 5 神田勝夫
MF 8 岩瀬健	DF 26 小林悟
FW 27 横山聡	MF 22 長谷川太一
FW 30 バレー	FW 10 アンドラジーニャ

【得点】(新)68分黒崎久志 84分寺川能人 89分アンドラジーニャ
【交代】(大)64分外池大亮→バレー 70分小阪昭典→横山聡 73分大塚真司→岩瀬健 (新)67分深澤仁博→アンドラジーニャ
【警告】(新)52分井上公平 76分マルキーニョ

●主審／上川徹 副審／山崎裕彦、河合英治

第35節 9月29日(土) 18時03分

●会場／新潟ス ●入場者数／37,075人
●天候／晴 ●気温／19.3℃ ●湿度／47% ●風／—

アルビレックス新潟 2 [0−0 / 1−1] 1 大分トリニータ
(延長1−0)

アルビレックス新潟	大分トリニータ
GK 21 野澤洋輔	GK 21 小山健二
DF 19 井上公平	DF 2 三木隆司
DF 3 セルジオ	DF 6 若松大樹
DF 14 高橋直樹	DF 22 加地亮
DF 18 西ヶ谷隆之	DF 23 山崎哲也
MF 6 秋葉忠宏	MF 14 原田武男
MF 7 寺川能人	MF 28 ルシアノ
MF 23 深澤仁博	MF 11 吉田孝行
MF 9 鈴木慎吾	MF 30 竹村栄哉
FW 10 アンドラジーニャ	FW 9 ベンチーニョ
FW 11 黒崎久志	FW 12 船越優蔵
GK 20 前田信弘	GK 17 川本良二
DF 5 神田勝夫	DF 3 池端陽介
DF 26 小林悟	MF 19 中田一三
MF 22 長谷川太一	MF 15 梅田高志
FW 17 大西昌之	FW 34 レアンドロ

【得点】(新)76分アンドラジーニャ 101分寺川能人 (大)52分船越優蔵
【交代】(新)76分深澤仁博→小林悟 76分井上公平→神田勝夫 (大)77分山崎哲也→池端陽介 81分竹村栄哉→梅田高志 88分船越優蔵→レアンドロ
【警告】(新)36分アンドラジーニャ 38分寺川能人 (大)19分ベンチーニョ

●主審／柴田正利 副審／高山啓義、伊藤力喜雄

第36節 10月6日(土) 15時04分

●会場／仙台 ●入場者数／12,181人
●天候／晴 ●気温／22.3℃ ●湿度／53% ●風／—

ベガルタ仙台 4 [0−1 / 4−1] 2 アルビレックス新潟

ベガルタ仙台	アルビレックス新潟
GK 1 高橋範夫	GK 21 野澤洋輔
DF 18 森勇介	DF 19 井上公平
DF 6 リカルド	DF 3 セルジオ
DF 2 渡邉晋	DF 14 高橋直樹
DF 30 村田達哉	DF 18 西ヶ谷隆之
MF 7 千葉直樹	MF 6 秋葉忠宏
MF 5 ヴィエラ	MF 8 マルキーニョ
MF 32 山田隆裕	MF 23 深澤仁博
MF 14 岩本輝雄	MF 9 鈴木慎吾
FW 29 大友慧	FW 10 アンドラジーニャ
FW 9 マルコス	FW 11 黒崎久志
GK 22 前川大樹	GK 20 前田信弘
MF 23 中村伸	DF 5 神田勝夫
MF 13 蓮見知弘	DF 26 小林悟
MF 10 財前宣之	MF 22 長谷川太一
FW 19 光岡眞矢	FW 24 氏原良二

【得点】(仙)60分リカルド 68分オウンゴール 80分マルコス 85分光岡眞矢 (新)30分鈴木慎吾 89分山田隆裕
【交代】(仙)57分ヴィエラ→財前宣之 73分大友慧→光岡眞矢 (新)75分黒崎久志→氏原良二 75分井上公平→小林悟 75分深澤仁博→神田勝夫
【警告】(仙)07分森勇介 10分マルコス 34分渡邉晋
【退場】(新)84分セルジオ

●主審／岡田正義 副審／渡辺辰也、鍛冶勉

第37節 10月13日(土) 13時03分

●会場／新潟ス ●入場者数／27,013人
●天候／晴時々曇 ●気温／21.0℃ ●湿度／60% ●風／—

アルビレックス新潟 2 [1−1 / 1−0] 1 水戸ホーリーホック

アルビレックス新潟	水戸ホーリーホック
GK 21 野澤洋輔	GK 1 本間幸司
DF 19 井上公平	DF 29 小川雅己
DF 14 高橋直樹	DF 22 木山隆之
DF 18 西ヶ谷隆之	DF 24 冨田大介
DF 5 神田勝夫	MF 6 山崎理人
MF 6 秋葉忠宏	MF 26 小池知己
MF 8 マルキーニョ	MF 13 北島義生
MF 7 寺川能人	MF 27 大橋正博
MF 9 鈴木慎吾	MF 14 河村優
FW 24 氏原良二	FW 9 須藤大輔
FW 11 黒崎久志	FW 30 申秉皓
GK 20 前田信弘	GK 21 石川研
DF 13 新井健二	DF 3 竹谷睦
DF 26 小林悟	MF 2 木澤正徳
MF 23 深澤仁博	MF 15 上園和明
FW 10 アンドラジーニャ	FW 20 小野隆儀

【得点】(新)43分黒崎久志 74分黒崎久志 (水)32分申秉皓
【交代】(新)68分氏原良二→アンドラジーニャ 74分アンドラジーニャ→深澤仁博 (水)45分山崎理人→木澤正徳 78分須藤大輔→小野隆儀 83分小池知己→上園和明
【警告】(水)42分北島義生 81分小池知己

●主審／石山昇 副審／木島栄、森本洋司

第38節 10月17日(水) 19時00

●会場／三ツ沢 ●入場者数／1,311人
●天候／雨 ●気温／17.3℃ ●湿度／83% ●風

横浜FC 0 [0−0 / 0−1] 1 アルビレッ 新潟

横浜FC	アルビレックス新潟
GK 1 水原大樹	GK 21 野澤洋輔
DF 20 小松崎保	DF 19 井上公平
DF 27 迫井深也	DF 3 セルジオ
MF 2 重田征紀	DF 14 高橋直樹
MF 7 後藤義一	DF 18 西ヶ谷隆之
MF 14 高木成太	MF 6 秋葉忠宏
MF 25 森田真吾	MF 8 マルキーニ
FW 15 田島宏晃	MF 7 寺川能人
FW 18 小野信義	MF 9 鈴木慎吾
FW 11 増田功作	FW 24 氏原良二
FW 9 有馬賢二	FW 11 黒崎久志
GK 12 吉田明博	GK 20 前田信弘
DF 8 高田昌明	DF 5 神田勝夫
MF 3 吉武剛	DF 26 小林悟
MF 13 横山博敏	MF 23 深澤仁博
FW 24 佐藤正美	FW 22 長谷川太一

【得点】(新)58分黒崎久志
【交代】(横)45分有馬賢二→佐藤正美 70分田島宏晃
博敏 82分増田功作→吉武剛 (新)74分マルキーニョ
田勝夫 89分氏原良二→深澤仁博
【警告】(横)60分重田征紀 (新)41分寺川能人

●主審／蒲澤淳一 副審／九里孝、花田祐治

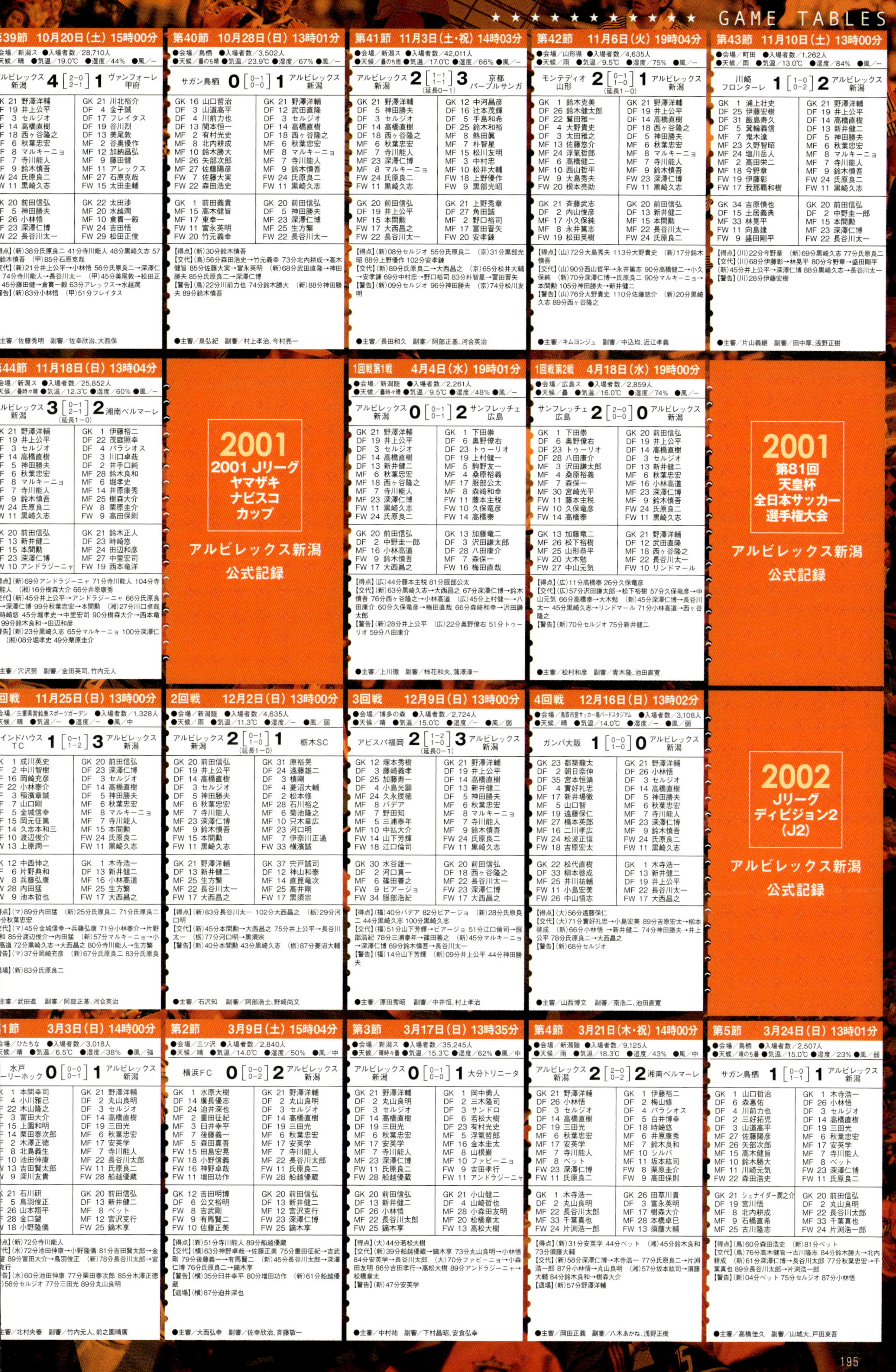

第39節 10月20日(土) 15時00分

●会場／新潟ス ●入場者数／28,710人
●天候／晴 ●気温／19.0℃ ●湿度／44% ●風／—

アルビレックス新潟 4 [2-0 / 2-1] 1 ヴァンフォーレ甲府

アルビレックス新潟	ヴァンフォーレ甲府
GK 21 野澤洋輔	GK 21 川北裕介
DF 19 井上公平	DF 4 金子誠
DF 3 セルジオ	DF 17 フレイタス
DF 14 高橋直樹	DF 19 谷川烈
DF 18 西ヶ谷隆之	DF 13 美尾敦
MF 6 秋葉忠宏	MF 2 谷奥優作
MF 8 マルキーニョ	MF 12 加納昌弘
MF 7 寺川能人	MF 9 藤田健
MF 9 鈴木慎吾	MF 11 アレックス
FW 24 氏原良二	MF 27 石原克哉
FW 11 黒崎久志	FW 15 太田圭輔
GK 20 前田信弘	GK 22 太田渉
DF 5 神田勝夫	MF 20 水越潤
DF 26 小林悟	MF 10 倉貫一毅
MF 23 深澤仁博	FW 24 吉田悟
FW 22 長谷川太一	FW 29 松田正俊

【得点】(新)38分氏原良二 41分寺川能人 48分黒崎久志 57分鈴木慎吾 (甲)85分石原克哉
【交代】(新)21分井上公平→小林悟 56分氏原良二→深澤仁博 74分寺川能人→長谷川太一 (甲)45分美尾敦→松田正俊 45分藤田健→倉貫一毅 63分アレックス→水越潤
【警告】(新)83分小林悟 (甲)51分フレイタス

●主審／佐藤秀明 副審／佐幸欣治、大西保

第40節 10月28日(日) 13時01分

●会場／鳥栖 ●入場者数／3,502人
●天候／曇のち晴 ●気温／23.9℃ ●湿度／67% ●風／—

サガン鳥栖 0 [0-1 / 0-0] 1 アルビレックス新潟

サガン鳥栖	アルビレックス新潟
GK 16 山口哲治	GK 21 野澤洋輔
DF 3 山道高平	DF 12 武田直隆
DF 4 川前力也	DF 3 セルジオ
DF 13 関本恒一	DF 14 高橋直樹
MF 2 有村光史	DF 18 西ヶ谷隆之
MF 8 北内耕成	MF 6 秋葉忠宏
MF 10 鈴木勝大	MF 8 マルキーニョ
MF 26 矢部次郎	MF 7 寺川能人
MF 27 佐藤陽彦	MF 9 鈴木慎吾
FW 7 佐藤大実	FW 24 氏原良二
FW 22 森田浩史	FW 11 黒崎久志
GK 1 前田義貴	GK 20 前田信弘
MF 15 高木健旨	DF 5 神田勝夫
MF 17 東幸一	MF 23 深澤仁博
FW 11 富永英明	MF 25 生方繁
FW 20 竹元義幸	FW 22 長谷川太一

【得点】(新)30分鈴木慎吾
【交代】(鳥)56分森田浩史→竹元義幸 73分北内耕成→高木健旨 85分佐藤大実→富永英明 (新)68分武田直隆→神田勝夫 85分氏原良二→深澤仁博
【警告】(鳥)22分川前力也 74分鈴木勝大 (新)88分神田勝夫 89分鈴木慎吾

●主審／泉弘紀 副審／村上孝治、今村亮一

第41節 11月3日(土・祝) 14時03分

●会場／新潟ス ●入場者数／42,011人
●天候／曇のち雨 ●気温／17.0℃ ●湿度／66% ●風／—

アルビレックス新潟 2 [1-1 / 1-1] 3 京都パープルサンガ (延長0-1)

アルビレックス新潟	京都パープルサンガ
GK 21 野澤洋輔	GK 12 中河昌彦
DF 5 神田勝夫	DF 16 辻本茂輝
DF 3 セルジオ	DF 5 手島和希
DF 14 高橋直樹	DF 25 鈴木和裕
DF 18 西ヶ谷隆之	MF 8 熱田眞
MF 6 秋葉忠宏	MF 7 朴智星
MF 7 寺川能人	MF 15 松川友明
MF 23 深澤仁博	MF 3 中村忠
MF 8 マルキーニョ	MF 10 松井大輔
FW 24 氏原良二	FW 18 上野優作
FW 11 黒崎久志	FW 9 黒部光昭
GK 20 前田信弘	GK 21 上野秀章
DF 19 井上公平	DF 27 角田誠
MF 15 本間勲	MF 2 野口裕司
FW 17 大西昌之	MF 17 冨田晋矢
FW 22 長谷川太一	FW 20 安孝錬

【得点】(新)08分セルジオ 55分氏原良二 (京)31分黒部光昭 88分上野優作 102分安孝錬
【交代】(新)89分氏原良二→大西昌之 (京)65分松井大輔→安孝錬 69分中村忠→野口裕司 83分朴智星→冨田晋矢
【警告】(新)09分セルジオ 96分神田勝夫 (京)74分松川友明

●主審／長田和久 副審／阿部正基、河合英治

第42節 11月6日(火) 19時04分

●会場／山形県 ●入場者数／4,635人
●天候／雨 ●気温／9.5℃ ●湿度／75% ●風／—

モンテディオ山形 2 [0-1 / 1-0] 1 アルビレックス新潟 (延長1-0)

モンテディオ山形	アルビレックス新潟
GK 1 鈴木克美	GK 21 野澤洋輔
DF 26 鈴木健太郎	DF 19 井上公平
DF 22 鷲田雅一	DF 14 高橋直樹
DF 4 大野貴史	DF 18 西ヶ谷隆之
DF 3 太田雅之	DF 5 神田勝夫
MF 13 佐藤悠介	MF 6 秋葉忠宏
MF 24 浮氣哲郎	MF 8 マルキーニョ
MF 6 高橋健二	MF 7 寺川能人
MF 10 西山哲平	MF 9 鈴木慎吾
FW 9 大島秀夫	FW 23 深澤仁博
FW 20 根本亮助	FW 11 黒崎久志
GK 21 斉藤武志	GK 20 前田信弘
DF 2 内山俊彦	DF 13 新井健二
MF 17 小久保純	MF 15 本間勲
MF 8 永井篤志	MF 22 長谷川太一
FW 19 松田英樹	FW 24 氏原良二

【得点】(山)72分大島秀夫 113分大野貴史 (新)17分鈴木慎吾
【交代】(山)90分西山哲平→永井篤志 90分高橋健二→小久保純 (新)70分深澤仁博→氏原良二 90分マルキーニョ→本間勲 105分神田勝夫→新井健二
【警告】(山)76分大野貴史 110分佐藤悠介 (新)20分黒崎久志 89分西ヶ谷隆之

●主審／キムヨンジュ 副審／中込均、近江孝義

第43節 11月10日(土) 13時00分

●会場／町田 ●入場者数／1,262人
●天候／雨 ●気温／13.0℃ ●湿度／84% ●風／—

川崎フロンターレ 1 [1-0 / 0-2] 2 アルビレックス新潟

川崎フロンターレ	アルビレックス新潟
GK 1 浦上壮史	GK 21 野澤洋輔
DF 25 伊藤宏樹	DF 19 井上公平
DF 31 飯島寿久	DF 14 高橋直樹
DF 5 箕輪義信	DF 13 新井健二
MF 7 鬼木達	DF 5 神田勝夫
MF 23 久野智昭	MF 6 秋葉忠宏
MF 24 塩川岳人	MF 8 マルキーニョ
MF 2 高田栄二	MF 7 寺川能人
MF 18 今野章	MF 9 鈴木慎吾
FW 19 伊藤彰	FW 24 氏原良二
FW 17 我那覇和樹	FW 11 黒崎久志
GK 34 吉原慎也	GK 20 前田信弘
DF 15 土居義典	DF 2 中野圭一郎
MF 33 林晃平	MF 15 本間勲
FW 11 向島建	MF 23 深澤仁博
FW 9 盛田剛平	FW 22 長谷川太一

【得点】(川)22分今野章 (新)69分黒崎久志 77分氏原良二
【交代】(川)68分伊藤彰→林晃平 80分今野章→盛田剛平 (新)45分井上公平→深澤仁博 88分黒崎久志→長谷川太一
【警告】(川)28分伊藤宏樹

●主審／片山義継 副審／田中厚、浅野正樹

第44節 11月18日(日) 13時04分

●会場／新潟ス ●入場者数／25,852人
●天候／曇時々晴 ●気温／12.3℃ ●湿度／60% ●風／—

アルビレックス新潟 3 [0-1 / 2-1] 2 湘南ベルマーレ (延長1-0)

アルビレックス新潟	湘南ベルマーレ
GK 21 野澤洋輔	GK 1 伊藤裕二
DF 19 井上公平	DF 22 茂庭照幸
DF 3 セルジオ	DF 4 パラシオス
DF 14 高橋直樹	DF 3 川口卓哉
DF 5 神田勝夫	DF 2 井手口純
MF 6 秋葉忠宏	MF 28 鈴木良和
MF 8 マルキーニョ	MF 6 堀孝史
MF 7 寺川能人	MF 14 井原康秀
MF 9 鈴木慎吾	MF 25 樹森大介
FW 24 氏原良二	FW 8 栗原圭介
FW 11 黒崎久志	FW 9 高田保則
GK 20 前田信弘	GK 21 鈴木正人
DF 13 新井健二	DF 23 時崎悠
MF 15 本間勲	MF 24 田辺和彦
MF 23 深澤仁博	MF 27 中里宏司
FW 10 アンドラジーニャ	FW 19 西本竜洋

【得点】(新)69分アンドラジーニャ 71分寺川能人 104分寺川能人 (湘)16分樹森大介 66分井原康秀
【交代】(新)45分井上公平→アンドラジーニャ 66分氏原良二→深澤仁博 99分秋葉忠宏→本間勲 (湘)27分川口卓哉→時崎悠 45分堀孝史→中里宏司 90分樹森大介→西本竜洋 99分鈴木良和→田辺和彦
【警告】(新)23分黒崎久志 65分マルキーニョ 100分深澤仁博 (湘)08分堀孝史 49分栗原圭介

●主審／穴沢努 副審／金田英司、竹内元人

2001
2001 Jリーグ ヤマザキ ナビスコ カップ
アルビレックス新潟 公式記録

1回戦第1戦 4月4日(水) 19時01分

●会場／新潟陸 ●入場者数／2,261人
●天候／曇時々晴 ●気温／9.5℃ ●湿度／48% ●風／—

アルビレックス新潟 0 [0-1 / 0-1] 2 サンフレッチェ広島

アルビレックス新潟	サンフレッチェ広島
GK 21 野澤洋輔	GK 1 下田崇
DF 19 井上公平	DF 6 奥野僚右
DF 3 セルジオ	DF 23 トゥーリオ
DF 14 高橋直樹	DF 19 上村健一
DF 13 新井健二	MF 5 駒野友一
MF 6 秋葉忠宏	MF 4 桑原裕義
MF 18 西ヶ谷隆之	MF 17 服部公太
MF 7 寺川能人	MF 8 森崎和幸
MF 23 深澤仁博	FW 11 藤本主税
FW 11 黒崎久志	FW 10 久保竜彦
FW 24 氏原良二	FW 14 高橋泰
GK 20 前田信弘	GK 13 加藤竜二
DF 2 中野圭一郎	DF 3 沢田謙太郎
MF 16 小林高道	DF 28 八田康介
FW 9 鈴木慎吾	MF 7 森保一
FW 17 大西昌之	FW 16 梅田直哉

【得点】(広)44分藤本主税 81分服部公太
【交代】(新)63分黒崎久志→大西昌之 67分深澤仁博→鈴木慎吾 76分西ヶ谷隆之→小林高道 (広)45分上村健一→八田康介 60分久保竜彦→梅田直哉 66分森崎和幸→沢田謙太郎
【警告】(新)28分井上公平 (広)22分奥野僚右 51分トゥーリオ 59分八田康介

●主審／上川徹 副審／柿花和夫、蒲澤淳一

1回戦第2戦 4月18日(水) 19時00分

●会場／広島ス ●入場者数／2,859人
●天候／曇 ●気温／16.0℃ ●湿度／74% ●風／—

サンフレッチェ広島 2 [2-0 / 0-0] 0 アルビレックス新潟

サンフレッチェ広島	アルビレックス新潟
GK 1 下田崇	GK 20 前田信弘
DF 6 奥野僚右	DF 19 井上公平
DF 23 トゥーリオ	DF 14 高橋直樹
DF 28 八田康介	DF 3 セルジオ
MF 3 沢田謙太郎	DF 13 新井健二
MF 4 桑原裕義	MF 6 秋葉忠宏
MF 7 森保一	MF 16 小林高道
MF 30 宮崎光平	MF 23 深澤仁博
FW 11 藤本主税	MF 9 鈴木慎吾
FW 10 久保竜彦	FW 24 氏原良二
FW 14 高橋泰	FW 11 黒崎久志
GK 13 加藤竜二	GK 21 野澤洋輔
MF 26 松下裕樹	DF 12 武田直隆
MF 25 山形恭平	MF 18 西ヶ谷隆之
FW 20 大木勉	MF 22 長谷川太一
FW 27 中山元気	FW 10 リンドマール

【得点】(広)11分高橋泰 26分久保竜彦
【交代】(広)57分沢田謙太郎→松下裕樹 57分久保竜彦→中山元気 66分高橋泰→大木勉 (新)45分深澤仁博→長谷川太一 45分黒崎久志→リンドマール 71分小林高道→西ヶ谷隆之
【警告】(新)70分セルジオ 75分新井健二

●主審／松村和彦 副審／青木隆、池田直寛

2001
第81回 天皇杯 全日本サッカー選手権大会
アルビレックス新潟 公式記録

1回戦 11月25日(日) 13時00分

●会場／三重県営鈴鹿スポーツガーデン ●入場者数／1,328人
●天候／晴 ●気温／— ●湿度／— ●風／中

インドハウスTC 1 [0-1 / 1-2] 3 アルビレックス新潟

インドハウスTC	アルビレックス新潟
K 1 成川英史	GK 20 前田信弘
F 2 中川智樹	DF 23 深澤仁博
F 16 岡崎充彦	DF 3 セルジオ
F 22 小林泰介	DF 14 高橋直樹
F 3 稲濱章誠	DF 5 神田勝夫
F 7 山口剛	MF 6 秋葉忠宏
F 5 金城信幸	MF 8 マルキーニョ
F 15 岡元征篤	MF 7 寺川能人
F 14 久志本和三	MF 15 本間勲
F 10 渡辺俊介	FW 24 氏原良二
W 13 上原潤一	FW 11 黒崎久志
K 12 中西伸之	GK 1 木寺浩一
F 6 片野典和	DF 13 新井健二
W 8 兵藤弘康	MF 16 小林高道
W 28 内田猛	MF 25 生方繁
W 9 池本哲也	FW 17 大西昌之

【得点】(マ)89分内田猛 (新)25分氏原良二 71分氏原良二 89分秋葉忠宏
【交代】(マ)45分金城信幸→兵藤弘康 71分小林泰介→片野典和 85分渡辺俊介→内田猛 (新)57分マルキーニョ→小林高道 72分黒崎久志→大西昌之 80分寺川能人→生方繁
【警告】(マ)37分岡崎充彦 (新)67分氏原良二 83分氏原良二
【退場】(新)83分氏原良二

●主審／武田進 副審／阿部正基、河合英治

2回戦 12月2日(日) 13時00分

●会場／新潟陸 ●入場者数／4,635人
●天候／雨 ●気温／11.3℃ ●湿度／— ●風／弱

アルビレックス新潟 2 [0-1 / 1-0] 1 栃木SC (延長1-0)

アルビレックス新潟	栃木SC
GK 20 前田信弘	GK 31 原裕晃
DF 19 井上公平	DF 24 遠藤雄二
DF 14 高橋直樹	DF 3 槙剛
DF 3 セルジオ	DF 4 菱沼大輔
DF 5 神田勝夫	DF 2 松本修
MF 6 秋葉忠宏	MF 28 石川裕之
MF 7 寺川能人	MF 6 菊池隆之
MF 23 深澤仁博	MF 10 只木章広
MF 9 鈴木慎吾	MF 23 河口明
FW 15 本間勲	MF 7 伊奈川正通
FW 11 黒崎久志	FW 33 横濱誠
GK 21 野澤洋輔	GK 37 宍戸誠司
DF 13 新井健二	DF 12 神山和泰
MF 25 生方繁	MF 14 直籠竜次
MF 22 長谷川太一	MF 25 高井剛
FW 17 大西昌之	FW 17 黒須宗

【得点】(新)83分長谷川太一 102分大西昌之 (栃)29分河口明
【交代】(新)45分本間勲→大西昌之 75分井上公平→長谷川太一 (栃)77分河口明→黒須宗
【警告】(新)40分本間勲 43分黒崎久志 (栃)87分菱沼大輔

●主審／石沢知 副審／阿部浩士、野崎尚文

3回戦 12月9日(日) 13時00分

●会場／博多の森 ●入場者数／2,724人
●天候／晴 ●気温／15.0℃ ●湿度／— ●風／弱

アビスパ福岡 2 [1-2 / 1-0] 3 アルビレックス新潟 (延長0-1)

アビスパ福岡	アルビレックス新潟
GK 12 塚本秀樹	GK 21 野澤洋輔
DF 3 藤崎義孝	DF 19 井上公平
DF 25 加藤寿一	DF 14 高橋直樹
DF 4 小島光顕	DF 13 新井健二
MF 24 久永辰徳	DF 5 神田勝夫
MF 8 バデア	MF 6 秋葉忠宏
MF 7 野田知	MF 8 マルキーニョ
MF 5 三浦泰年	MF 7 寺川能人
MF 10 中払大介	MF 9 鈴木慎吾
FW 14 山下芳輝	FW 24 氏原良二
FW 18 江口倫司	FW 11 黒崎久志
GK 30 水谷雄一	GK 20 前田信弘
DF 2 河口真一	DF 18 西ヶ谷隆之
MF 6 篠田善之	MF 22 長谷川太一
FW 9 ビアージョ	FW 23 深澤仁博
FW 34 服部浩紀	FW 17 大西昌之

【得点】(福)40分バデア 82分ビアージョ (新)28分氏原良二 44分黒崎久志 100分黒崎久志
【交代】(福)51分山下芳輝→ビアージョ 51分江口倫司→服部浩紀 78分三浦泰年→篠田善之 (新)45分マルキーニョ→深澤仁博 69分鈴木慎吾→長谷川太一
【警告】(福)14分山下芳輝 (新)09分井上公平 44分神田勝夫

●主審／原田秀昭 副審／中井恒、村上孝治

4回戦 12月16日(日) 13時02分

●会場／鳥取市営サッカー場バードスタジアム ●入場者数／3,108人
●天候／晴 ●気温／14.0℃ ●湿度／— ●風／弱

ガンバ大阪 1 [0-0 / 1-0] 0 アルビレックス新潟

ガンバ大阪	アルビレックス新潟
GK 23 都築龍太	GK 21 野澤洋輔
DF 2 朝日奈伸	DF 26 小林悟
DF 35 宮本恒靖	DF 3 セルジオ
DF 4 實好礼忠	DF 14 高橋直樹
MF 17 新井場徹	DF 5 神田勝夫
MF 5 山口智	MF 6 秋葉忠宏
MF 19 遠藤保仁	MF 7 寺川能人
MF 27 橋本英郎	MF 23 深澤仁博
MF 16 二川孝広	MF 9 鈴木慎吾
FW 24 松波正信	FW 24 氏原良二
FW 18 吉原宏太	FW 11 黒崎久志
GK 22 松代直樹	GK 1 木寺浩一
DF 33 柳本啓成	DF 13 新井健二
MF 25 井川祐輔	DF 19 井上公平
FW 11 小島宏美	MF 22 長谷川太一
FW 26 中山悟志	FW 17 大西昌之

【得点】(大)56分遠藤保仁
【交代】(大)71分實好礼忠→小島宏美 89分吉原宏太→柳本啓成 (新)66分小林悟→新井健二 74分神田勝夫→井上公平 78分氏原良二→大西昌之
【警告】(新)68分セルジオ

●主審／山西博文 副審／南浩二、池田直寛

2002
Jリーグ ディビジョン2 (J2)
アルビレックス新潟 公式記録

第1節 3月3日(日) 14時00分

●会場／ひたちな ●入場者数／3,018人
●天候／晴 ●気温／6.5℃ ●湿度／38% ●風／強

水戸ホーリーホック 0 [0-0 / 0-1] 1 アルビレックス新潟

水戸ホーリーホック	アルビレックス新潟
K 1 本間幸司	GK 21 野澤洋輔
F 4 小川雅己	DF 2 丸山良明
F 22 木山隆之	DF 3 セルジオ
F 3 冨田大介	DF 14 高橋直樹
F 15 上園和明	DF 19 三田光
F 14 栗田泰次郎	MF 6 秋葉忠宏
F 2 木澤正徳	MF 17 安英学
F 8 北島義生	MF 7 寺川能人
F 10 池田伸康	MF 22 長谷川太郎
W 13 吉田賢太郎	FW 11 氏原良二
W 9 深川友貴	FW 28 船越優蔵
K 21 石川研	GK 20 前田信弘
F 5 鳥羽俊正	DF 13 新井健二
F 26 山本翔平	MF 8 ペット
F 28 金口望	MF 12 宮沢克行
W 18 小野隆儀	FW 25 鏑木享

【得点】(新)72分寺川能人
【交代】(水)72分池田伸康→小野隆儀 81分吉田賢太郎→金口望 89分冨田大介→鳥羽俊正 (新)78分長谷川太郎→宮沢克行
【警告】(水)60分池田伸康 77分栗田泰次郎 85分木澤正徳 (新)56分セルジオ 77分三田光 89分丸山良明

●主審／北村央春 副審／竹内元人、前之園晴廣

第2節 3月9日(土) 15時04分

●会場／三ツ沢 ●入場者数／2,840人
●天候／晴 ●気温／14.0℃ ●湿度／50% ●風／中

横浜FC 0 [0-0 / 0-2] 2 アルビレックス新潟

横浜FC	アルビレックス新潟
GK 1 水原大樹	GK 21 野澤洋輔
DF 14 廣長優志	DF 2 丸山良明
DF 24 迫井深也	DF 3 セルジオ
MF 2 重田征紀	DF 14 高橋直樹
MF 3 臼井幸平	DF 19 三田光
MF 7 後藤義一	MF 6 秋葉忠宏
MF 5 森田真吾	MF 17 安英学
FW 15 田島宏晃	MF 7 寺川能人
FW 18 小野信義	MF 22 長谷川太郎
FW 16 神野卓哉	FW 11 氏原良二
FW 11 増田功作	FW 28 船越優蔵
GK 12 吉田明博	GK 20 前田信弘
DF 6 公文裕明	DF 13 新井健二
FW 8 吉武剛	MF 12 宮沢克行
FW 9 有馬賢二	FW 23 深澤仁博
FW 10 佐藤正美	FW 25 鏑木享

【得点】(新)51分寺川能人 89分船越優蔵
【交代】(横)63分神野卓哉→佐藤正美 75分重田征紀→吉武剛 79分後藤義一→有馬賢二 (新)45分長谷川太郎→深澤仁博 76分氏原良二→鏑木享
【警告】(横)35分臼井幸平 80分増田功作 (新)61分船越優蔵
【退場】(横)87分迫井深也

●主審／大西弘幸 副審／佐幸欣治、斉藤敬一

第3節 3月17日(日) 13時35分

●会場／新潟ス ●入場者数／35,245人
●天候／晴時々曇 ●気温／15.3℃ ●湿度／62% ●風／中

アルビレックス新潟 0 [0-1 / 0-0] 1 大分トリニータ

アルビレックス新潟	大分トリニータ
GK 21 野澤洋輔	GK 1 岡中勇人
DF 2 丸山良明	DF 2 三木隆司
DF 3 セルジオ	DF 3 サンドロ
DF 14 高橋直樹	DF 6 若松大樹
DF 19 三田光	DF 23 有村光史
MF 6 秋葉忠宏	MF 5 浮氣哲郎
MF 17 安英学	MF 16 金本圭太
MF 7 寺川能人	MF 8 山根巌
MF 23 深澤仁博	MF 10 ファビーニョ
FW 11 氏原良二	FW 9 吉田孝行
FW 28 船越優蔵	FW 11 アンドラジーニャ
GK 20 前田信弘	GK 21 小山健二
DF 13 新井健二	DF 4 山崎哲也
DF 26 小林悟	MF 28 小森田友明
MF 22 長谷川太郎	MF 20 松橋章太
FW 25 鏑木享	FW 13 高松大樹

【得点】(大)44分若松大樹
【交代】(新)39分船越優蔵→鏑木享 73分丸山良明→小林悟 84分安英学→長谷川太郎 (大)70分ファビーニョ→小森田友明 86分吉田孝行→高松大樹 89分アンドラジーニャ→松橋章太
【警告】(新)47分安英学

●主審／中村祐 副審／下村昌昭、安食弘幸

第4節 3月21日(木・祝) 14時00分

●会場／新潟陸 ●入場者数／9,125人
●天候／雨 ●気温／18.3℃ ●湿度／43% ●風／中

アルビレックス新潟 2 [2-0 / 0-2] 2 湘南ベルマーレ

アルビレックス新潟	湘南ベルマーレ
GK 21 野澤洋輔	GK 1 伊藤裕二
DF 26 小林悟	DF 2 梅山修
DF 3 セルジオ	DF 4 パラシオス
DF 14 高橋直樹	DF 5 白井博幸
DF 19 三田光	DF 18 時崎悠
MF 6 秋葉忠宏	MF 6 井原康秀
MF 17 安英学	MF 7 鈴木良和
MF 7 寺川能人	MF 10 シルバ
MF 8 ペット	MF 11 坂本紘司
FW 23 深澤仁博	FW 8 栗原圭介
FW 11 氏原良二	FW 9 高田保則
GK 1 木寺浩一	GK 26 田草川貴
DF 2 丸山良明	DF 3 富永英明
MF 22 長谷川太郎	MF 17 樹森大介
MF 33 千葉真也	MF 28 本橋卓巳
FW 24 片渕浩一郎	FW 13 須藤大輔

【得点】(新)31分安英学 44分ペット (湘)45分鈴木良和 73分須藤大輔
【交代】(新)58分深澤仁博→木寺浩一 77分氏原良二→片渕浩一郎 87分小林悟→丸山良明 (湘)57分坂本紘司→須藤大輔 84分鈴木良和→樹森大介
【退場】(新)57分野澤洋輔

●主審／岡田正義 副審／八木あかね、浅野正樹

第5節 3月24日(日) 13時01分

●会場／鳥栖 ●入場者数／2,507人
●天候／晴のち曇 ●気温／15.0℃ ●湿度／23% ●風／弱

サガン鳥栖 1 [0-0 / 1-1] 1 アルビレックス新潟

サガン鳥栖	アルビレックス新潟
GK 1 山口哲治	GK 1 木寺浩一
DF 6 森惠佑	DF 26 小林悟
DF 4 川前力也	DF 3 セルジオ
DF 2 三好拓児	DF 14 高橋直樹
DF 3 山道高平	DF 19 三田光
MF 27 佐藤陽彦	MF 6 秋葉忠宏
MF 26 矢部次郎	MF 17 安英学
MF 15 高木健旨	MF 7 寺川能人
MF 10 鈴木勝大	MF 8 ペット
MF 11 川崎元気	FW 23 深澤仁博
FW 22 森田浩史	FW 11 氏原良二
GK 21 シュナイダー潤之介	GK 20 前田信弘
DF 19 宮川悟	DF 2 丸山良明
MF 8 北内耕成	MF 22 長谷川太郎
MF 9 石橋直希	MF 33 千葉真也
MF 25 古川隆志	FW 24 片渕浩一郎

【得点】(鳥)60分森田浩史 (新)81分ペット
【交代】(鳥)76分高木健旨→古川隆志 84分鈴木勝大→北内耕成 (新)61分深澤仁博→長谷川太郎 77分秋葉忠宏→千葉真也 89分長谷川太郎→片渕浩一郎
【警告】(新)04分ペット 75分セルジオ 87分小林悟

●主審／高橋佳久 副審／山城大、戸田東吾

第6節　3月30日（土）14時00分

●会場／山形県　●入場者数／3,721人
●天候／曇　●気温／15.1℃　●湿度／47%　●風／中

モンテディオ山形 1 [1-1 / 0-0] 1 アルビレックス新潟

モンテディオ山形	アルビレックス新潟
GK 1 鈴木克美	GK 21 野澤洋輔
DF 26 鈴木健太郎	DF 26 小林悟
DF 22 鷲田雅一	DF 3 セルジオ
DF 4 大野貴史	DF 2 丸山良明
DF 23 依田光正	DF 19 三田光
MF 10 佐藤悠介	MF 6 秋葉忠宏
MF 14 井上雄幾	MF 17 安英学
MF 8 永井篤志	MF 7 寺川能人
MF 6 高橋健二	MF 8 ベット
FW 9 大島秀夫	FW 23 深澤仁博
FW 13 酒井良	FW 10 マルクス
GK 16 桜井繁	GK 1 木寺浩一
DF 5 渡辺卓	DF 13 新井健二
MF 7 貞富信宏	MF 12 宮沢克行
MF 27 佐賀一平	MF 33 千葉真也
FW 11 根本亮助	FW 11 氏原良二

【得点】(山)03分大島秀夫　(新)13分マルクス
【交代】(山)65分大島秀夫→根本亮助　(新)68分深澤仁博→宮沢克行 88分ベット→氏原良二
【警告】(山)33分鈴木克美　(新)86分マルクス

●主審／塩川拓司　副審／河合英治、野上正人

第7節　4月6日（土）15時03分

●会場／新潟ス　●入場者数／22,021人
●天候／曇　●気温／15.6℃　●湿度／53%　●風／弱

アルビレックス新潟 0 [0-0 / 0-1] 1 アビスパ福岡

アルビレックス新潟	アビスパ福岡
GK 21 野澤洋輔	GK 12 塚本秀樹
DF 26 小林悟	DF 5 内藤就行
DF 3 セルジオ	DF 4 小島光顕
DF 2 丸山良明	DF 21 藏田茂樹
DF 19 三田光	DF 15 飯島寿久
MF 6 秋葉忠宏	MF 6 篠田善之
MF 17 安英学	MF 33 原田武男
MF 7 寺川能人	MF 13 牛鼻健
MF 8 ベット	MF 10 盧廷潤
FW 10 マルクス	FW 11 ビスコンティ
FW 11 氏原良二	FW 18 江口倫司
GK 20 前田信弘	GK 30 藤原務
DF 13 新井健二	DF 31 立石飛鳥
MF 23 深澤仁博	MF 14 古賀誠史
FW 25 鏑木享	FW 8 服部浩紀
FW 28 船越優蔵	FW 34 河村優

【得点】(福)59分盧廷潤
【交代】(新)62分氏原良二→船越優蔵 63分ベット→深澤仁博 82分秋葉忠宏→鏑木享　(福)80分江口倫司→服部浩紀 89分篠田善之→河村優
【警告】(新)72分小林悟 89分セルジオ　(福)60分小島光顕 83分藏田茂樹 84分服部浩紀 88分盧廷潤

●主審／唐木田徹　副審／近江孝義、安元利充

第8節　4月10日（水）19時01分

●会場／大宮　●入場者数／2,785人
●天候／曇　●気温／13.3℃　●湿度／57%　●風／無

大宮アルディージャ 4 [3-1 / 1-0] 1 アルビレックス新潟

大宮アルディージャ	アルビレックス新潟
GK 22 川島永嗣	GK 21 野澤洋輔
DF 3 上村祐司	DF 2 丸山良明
DF 4 トニーニョ	DF 3 セルジオ
DF 2 奥野誠一郎	DF 14 高橋直樹
DF 5 岡本隆吾	DF 19 三田光
MF 13 村主博正	MF 17 安英学
MF 7 氏家英行	MF 12 宮沢克行
MF 15 斉藤雅人	MF 7 寺川能人
MF 29 伊藤彰	MF 8 ベット
FW 12 盛田剛平	FW 10 マルクス
FW 10 黒崎久志	FW 28 船越優蔵
GK 21 荒谷弘樹	GK 1 木寺浩一
MF 24 西脇徹也	DF 26 小林悟
MF 14 大塚真司	MF 6 秋葉忠宏
MF 6 原崎政人	FW 23 深澤仁博
FW 27 横山聡	FW 11 氏原良二

【得点】(大)05分トニーニョ 07分黒崎久志 36分盛田剛平 53分伊藤彰　(新)14分宮沢克行
【交代】(大)68分氏家英行→大塚真司 71分斉藤雅人→西脇徹也 82分黒崎久志→横山聡　(新)39分高橋直樹→小林悟 62分ベット→氏原良二 75分宮沢克行→深澤仁博
【警告】(大)51分上村祐司 56分氏家英行　(新)76分氏原良二

●主審／フェルナンデスマリン　副審／金田英司、八木あかね

第9節　4月14日（日）14時04分

●会場／新潟陸　●入場者数／12,309人
●天候／晴のち曇　●気温／19.3℃　●湿度／39%　●風／弱

アルビレックス新潟 2 [1-1 / 1-0] 1 川崎フロンターレ

アルビレックス新潟	川崎フロンターレ
GK 21 野澤洋輔	GK 1 浦上壮史
DF 26 小林悟	DF 32 岡山一成
DF 2 丸山良明	DF 2 伊藤宏樹
DF 3 セルジオ	DF 5 箕輪義信
DF 19 三田光	MF 8 久野智昭
MF 17 安英学	MF 7 鬼木達
MF 12 宮沢克行	MF 10 マルキーニョ
MF 7 寺川能人	MF 15 塩川岳人
MF 8 ベット	MF 18 今野章
FW 10 マルクス	FW 9 ベンチーニョ
FW 28 船越優蔵	FW 27 我那覇和樹
GK 20 前田信弘	GK 17 吉原慎也
DF 13 新井健二	DF 4 マルコ
MF 6 秋葉忠宏	MF 13 加賀見健介
MF 23 深澤仁博	MF 16 黄川田賢司
FW 11 氏原良二	FW 26 飯尾一慶

【得点】(新)39分寺川能人 85分ベット　(川)23分我那覇和樹
【交代】(新)81分船越優蔵→氏原良二 88分宮沢克行→秋葉忠宏　(川)63分今野章→黄川田賢司 75分我那覇和樹→飯尾一慶 81分飯尾一慶→加賀見健介
【警告】(新)59分安英学 61分寺川能人 76分マルクス　(川)78分岡山一成

●主審／片桐正広　副審／武田進、斉藤敬一

第10節　4月20日（土）14時05

●会場／小瀬　●入場者数／3,667人
●天候／曇　●気温／17.0℃　●湿度／60%　●風／

ヴァンフォーレ甲府 1 [0-1 / 1-2] 3 アルビレック 新潟

ヴァンフォーレ甲府	アルビレック 新潟
GK 22 鶴田達也	GK 21 野澤洋輔
DF 3 加納昌弘	DF 26 小林悟
DF 6 仲田建二	DF 3 セルジオ
DF 32 池端陽介	DF 2 丸山良明
DF 25 青葉幸洋	DF 19 三田光
MF 8 倉貫一毅	MF 17 安英学
MF 17 鶴見智美	MF 12 宮沢克行
MF 13 大石鉄也	MF 7 寺川能人
MF 14 石原克哉	MF 8 ベット
FW 10 藤田健	FW 10 マルクス
FW 29 影山由高	FW 28 船越優蔵
GK 21 川北裕介	GK 1 木寺浩一
DF 15 吉崎雄亮	DF 13 新井健二
MF 20 水越潤	MF 6 秋葉忠宏
FW 11 浦田尚希	FW 23 深澤仁博
FW 23 鈴木浩介	FW 11 氏原良二

【得点】(甲)89分鶴見智美　(新)28分マルクス 52分寺川
人 70分氏原良二
【交代】(甲)45分加納昌弘→吉崎雄亮 72分影山由高→
尚希 83分大石鉄也→水越潤　(新)67分船越優蔵→氏原
二 76分宮沢克行→秋葉忠宏 84分セルジオ→新井健二
【警告】(甲)89分仲田建二　(新)31分船越優蔵 63分寺川
人 75分安英学

●主審／大西弘幸　副審／二俣敏明、犬飼一郎

第11節　4月24日（水）19時04分

●会場／新潟陸　●入場者数／11,699人
●天候／曇時々雨　●気温／19.3℃　●湿度／73%　●風／弱

アルビレックス新潟 5 [1-0 / 4-2] 2 セレッソ大阪

アルビレックス新潟	セレッソ大阪
GK 21 野澤洋輔	GK 21 河野和正
DF 26 小林悟	DF 5 ジョアン
DF 3 セルジオ	DF 7 鈴木悟
DF 2 丸山良明	DF 3 斎藤大輔
DF 19 三田光	MF 4 田坂和昭
MF 17 安英学	MF 17 久藤清一
MF 12 宮沢克行	MF 26 根本裕一
MF 7 寺川能人	MF 8 森島寛晃
MF 8 ベット	MF 10 トゥルコビッチ
FW 10 マルクス	FW 15 大久保嘉人
FW 28 船越優蔵	FW 20 西澤明訓
GK 20 前田信弘	GK 1 下川誠吾
DF 13 新井健二	DF 2 喜多靖
MF 6 秋葉忠宏	MF 18 布部陽功
MF 23 深澤仁博	FW 29 徳重隆明
FW 11 氏原良二	FW 9 大柴健二

【得点】(新)33分マルクス 54分船越優蔵 75分ベット 89分寺川能人 89分マルクス　(大)56分大久保嘉人 64分田坂和昭
【交代】(新)74分船越優蔵→氏原良二 77分宮沢克行→秋葉忠宏 89分ベット→深澤仁博　(大)33分トゥルコビッチ→下川誠吾 45分鈴木悟→布部陽功 68分大久保嘉人→大柴健二
【警告】(新)53分丸山良明 78分三田光 83分セルジオ 84分氏原良二 89分寺川能人　(大)10分鈴木悟
【退場】(大)32分河野和正

●主審／家本政明　副審／田中厚、佐幸欣治

第12節　4月27日（土）14時00分

●会場／新潟ス　●入場者数／32,102人
●天候／晴　●気温／17.0℃　●湿度／37%　●風／弱

アルビレックス新潟 2 [1-0 / 1-0] 0 横浜FC

アルビレックス新潟	横浜FC
GK 21 野澤洋輔	GK 1 水原大樹
DF 26 小林悟	DF 4 中澤友秀
DF 2 丸山良明	DF 24 迫井深也
DF 13 新井健二	MF 3 臼井幸平
DF 19 三田光	MF 14 廣長優志
MF 17 安英学	MF 7 後藤義一
MF 12 宮沢克行	MF 8 吉武剛
MF 7 寺川能人	FW 15 田島宏晃
MF 8 ベット	FW 18 小野信義
FW 10 マルクス	FW 10 佐藤正美
FW 28 船越優蔵	FW 16 神野卓哉
GK 1 木寺浩一	GK 12 吉田明博
DF 5 神田勝夫	MF 23 小野智吉
MF 6 秋葉忠宏	MF 22 内田智也
MF 23 深澤仁博	FW 11 増田功作
FW 11 氏原良二	FW 9 有馬賢二

【得点】(新)23分ベット 75分ベット
【交代】(新)45分宮沢克行→秋葉忠宏 75分寺川能人→深澤仁博 84分新井健二→神田勝夫　(横)68分小野信義→増田功作 82分後藤義一→内田智也 86分佐藤正美→有馬賢二
【警告】(新)89分マルクス　(横)24分臼井幸平

●主審／北村央春　副審／河合英治、伊藤力喜雄

第13節　5月3日（金・祝）15時00分

●会場／平塚　●入場者数／4,845人
●天候／晴　●気温／20.6℃　●湿度／60%　●風／弱

湘南ベルマーレ 1 [1-1 / 0-3] 4 アルビレックス新潟

湘南ベルマーレ	アルビレックス新潟
GK 1 伊藤裕二	GK 21 野澤洋輔
DF 2 梅山修	DF 26 小林悟
DF 3 富永英明	DF 2 丸山良明
DF 4 パラシオス	DF 3 セルジオ
DF 18 時崎悠	DF 5 神田勝夫
MF 6 井原康秀	MF 17 安英学
MF 11 坂本紘司	MF 12 宮沢克行
MF 23 杉本圭	MF 7 寺川能人
MF 28 本橋卓巳	MF 8 ベット
FW 24 戸田賢良	FW 10 マルクス
FW 8 栗原圭介	FW 28 船越優蔵
GK 26 田草川貴	GK 20 前田信弘
DF 14 小池知己	DF 13 新井健二
MF 17 樹森大介	MF 6 秋葉忠宏
MF 10 シルバ	FW 11 氏原良二
FW 13 須藤大輔	FW 23 深澤仁博

【得点】(湘)03分栗原圭介　(新)38分小林悟 47分マルクス 74分マルクス 74分寺川能人
【交代】(湘)42分本橋卓巳→小池知己 58分戸田賢良→須藤大輔 71分杉本圭→樹森大介　(新)65分ベット→深澤仁博 81分マルクス→氏原良二 85分安英学→秋葉忠宏
【警告】(湘)21分パラシオス 37分パラシオス 86分小池知己　(新)56分ベット
【退場】(湘)37分パラシオス

●主審／高橋佳久　副審／中込均、森本洋司

第14節　5月6日（月・祝）14時01分

●会場／新潟陸　●入場者数／12,088人
●天候／晴　●気温／18.0℃　●湿度／43%　●風／中

アルビレックス新潟 6 [2-0 / 4-2] 2 サガン鳥栖

アルビレックス新潟	サガン鳥栖
GK 21 野澤洋輔	GK 21 シュナイダー潤之介
DF 26 小林悟	DF 3 山道高平
DF 3 セルジオ	DF 19 宮川悟
DF 2 丸山良明	DF 2 三好拓児
DF 5 神田勝夫	DF 15 高木健旨
MF 17 安英学	MF 27 佐藤陽彦
MF 12 宮沢克行	MF 26 矢部次郎
MF 7 寺川能人	MF 25 古川隆志
MF 8 ベット	MF 11 川崎元気
FW 10 マルクス	FW 20 竹元義幸
FW 28 船越優蔵	FW 22 森田浩史
GK 1 木寺浩一	GK 1 山口哲治
DF 13 新井健二	DF 5 松田考功
MF 6 秋葉忠宏	DF 13 関本恒一
MF 23 深澤仁博	FW 7 佐藤大実
FW 11 氏原良二	FW 23 小石龍臣

【得点】(新)21分宮沢克行 44分ベット 56分ベット 63分船越優蔵 89分船越優蔵 89分セルジオ　(鳥)81分佐藤陽彦 86分川崎元気
【交代】(新)51分宮沢克行→秋葉忠宏 70分寺川能人→深澤仁博 78分マルクス→氏原良二　(鳥)29分高木健旨→小石龍臣 45分森田浩史→佐藤大実 64分古川隆志→関本恒一
【警告】(新)67分小林悟　(鳥)39分矢部次郎 44分竹元義幸

●主審／大西弘幸　副審／石沢知、山崎裕彦

第15節　5月12日（日）14時03

●会場／新潟陸　●入場者数／13,213人
●天候／曇　●気温／18.0℃　●湿度／63%　●風／

アルビレックス新潟 1 [0-0 / 1-0] 0 モンテディ 山形

アルビレックス新潟	モンテディ 山形
GK 21 野澤洋輔	GK 1 鈴木克美
DF 26 小林悟	DF 23 依田光正
DF 3 セルジオ	DF 22 鷲田雅一
DF 2 丸山良明	DF 4 大野貴史
DF 5 神田勝夫	DF 3 太田雅之
MF 17 安英学	MF 10 佐藤悠介
MF 12 宮沢克行	MF 14 井上雄幾
MF 7 寺川能人	MF 8 永井篤志
MF 8 ベット	MF 6 高橋健二
FW 10 マルクス	FW 9 大島秀夫
FW 28 船越優蔵	FW 19 松田英樹
GK 20 前田信弘	GK 16 桜井繁
DF 13 新井健二	DF 2 内山俊彦
MF 6 秋葉忠宏	MF 17 小久保純
MF 23 深澤仁博	MF 24 藤田芳正
FW 11 氏原良二	FW 11 根本亮助

【得点】(新)67分マルクス
【交代】(新)57分宮沢克行→秋葉忠宏 83分船越優蔵→
良二　(山)59分高橋健二→藤田芳正 68分松田英樹→
亮助 84分依田光正→内山俊彦
【警告】(山)60分佐藤悠介

●主審／原田秀昭　副審／浅野正樹、小椋剛

第16節　7月6日（土）19時04分

●会場／博多球　●入場者数／10,044人
●天候／曇　●気温／25.0℃　●湿度／72%　●風／中

アビスパ福岡 0 [0-1 / 0-0] 1 アルビレックス新潟

アビスパ福岡	アルビレックス新潟
GK 1 大神友明	GK 21 野澤洋輔
DF 5 内藤就行	DF 26 小林悟
DF 37 サボ	DF 3 セルジオ
DF 4 小島光顕	DF 2 丸山良明
DF 15 飯島寿久	DF 5 神田勝夫
MF 13 牛鼻健	MF 17 安英学
MF 7 野田知	MF 6 秋葉忠宏
MF 10 盧廷潤	MF 7 寺川能人
MF 39 三原廣樹	MF 8 ベット
FW 16 山田祥史	FW 10 マルクス
FW 18 江口倫司	FW 28 船越優蔵
GK 30 藤原務	GK 20 前田信弘
DF 3 藤崎義孝	DF 19 三田光
MF 6 篠田善之	MF 12 宮沢克行
MF 26 長友耕一郎	FW 23 深澤仁博
FW 29 福嶋洋	FW 25 鏑木享

【得点】(新)23分オウンゴール
【交代】(福)75分牛鼻健→篠田善之　(新)56分ベット→深澤仁博 75分神田勝夫→三田光 89分マルクス→鏑木享
【警告】(福)19分小島光顕 26分サボ 40分野田知　(新)15分秋葉忠宏 64分丸山良明 81分寺川能人

●主審／西村雄一　副審／金田大吉、岡野尚士

第17節　7月10日（水）19時01分

●会場／新潟ス　●入場者数／17,764人
●天候／曇　●気温／23.6℃　●湿度／89%　●風／無

アルビレックス新潟 2 [1-1 / 1-1] 2 大宮アルディージャ

アルビレックス新潟	大宮アルディージャ
GK 21 野澤洋輔	GK 21 荒谷弘樹
DF 26 小林悟	DF 3 上村祐司
DF 3 セルジオ	DF 4 トニーニョ
DF 2 丸山良明	DF 2 奥野誠一郎
DF 5 神田勝夫	DF 18 松本大樹
MF 17 安英学	MF 16 小阪昭典
MF 6 秋葉忠宏	MF 15 斉藤雅人
MF 23 深澤仁博	MF 7 氏家英行
MF 8 ベット	MF 29 伊藤彰
FW 10 マルクス	FW 9 バルデス
FW 28 船越優蔵	FW 11 磯山和司
GK 1 木寺浩一	GK 22 川島永嗣
DF 19 三田光	MF 6 原崎政人
MF 12 宮沢克行	MF 23 金澤慎
MF 22 長谷川太郎	MF 25 竹村栄哉
FW 11 氏原良二	FW 12 盛田剛平

【得点】(新)20分船越優蔵 53分マルクス　(大)41分バルデス 65分盛田剛平
【交代】(新)77分深澤仁博→長谷川太郎　(大)45分磯山和司→盛田剛平 61分斉藤雅人→金澤慎 72分小阪昭典→原崎政人
【警告】(新)43分小林悟 76分ベット　(大)48分上村祐司 69分金澤慎 74分奥野誠一郎
【退場】(新)89分マルクス

●主審／石山昇　副審／阿部正基、斉藤敬一

第18節　7月13日（土）19時04分

●会場／長居　●入場者数／10,301人
●天候／曇　●気温／27.0℃　●湿度／68%　●風／弱

セレッソ大阪 1 [0-2 / 1-1] 3 アルビレックス新潟

セレッソ大阪	アルビレックス新潟
GK 1 下川誠吾	GK 21 野澤洋輔
DF 2 喜多靖	DF 19 三田光
DF 3 山尾光則	DF 3 セルジオ
DF 7 鈴木悟	DF 2 丸山良明
MF 17 久藤清一	DF 5 神田勝夫
MF 30 中井義樹	MF 17 安英学
MF 18 布部陽功	MF 6 秋葉忠宏
MF 29 徳重隆明	MF 7 寺川能人
MF 15 大久保嘉人	MF 8 ベット
FW 8 森島寛晃	FW 23 深澤仁博
FW 20 西澤明訓	FW 28 船越優蔵
GK 21 河野和正	GK 20 前田信弘
DF 5 ジョアン	DF 32 山形辰徳
MF 6 尹晶煥	MF 12 宮沢克行
FW 10 トゥルコビッチ	FW 22 長谷川太郎
FW 11 眞中靖夫	FW 11 氏原良二

【得点】(大)84分眞中靖夫　(新)08分ベット 12分寺川能人 75分氏原良二
【交代】(大)30分中井義樹→尹晶煥 45分大久保嘉人→眞中靖夫 68分西澤明訓→トゥルコビッチ　(新)65分船越優蔵→氏原良二 73分深澤仁博→長谷川太郎 83分セルジオ→宮沢克行
【警告】(大)21分久藤清一 28分久藤清一 74分トゥルコビッチ　(新)25分秋葉忠宏 43分深澤仁博 89分長谷川太郎
【退場】(大)28分久藤清一

●主審／蒲澤淳一　副審／河野暁、相葉忠臣

第19節　7月20日（土・祝）18時00分

●会場／新潟ス　●入場者数／35,809人
●天候／晴時々曇　●気温／26.3℃　●湿度／88%　●風／弱

アルビレックス新潟 1 [0-0 / 1-0] 0 水戸ホーリーホック

アルビレックス新潟	水戸ホーリーホック
GK 21 野澤洋輔	GK 1 本間幸司
DF 26 小林悟	DF 4 小川雅己
DF 3 セルジオ	DF 5 鳥羽俊正
DF 2 丸山良明	DF 3 冨田大介
DF 5 神田勝夫	MF 2 木澤正徳
MF 17 安英学	MF 7 安鮮鎮
MF 6 秋葉忠宏	MF 14 栗田泰次郎
MF 7 寺川能人	MF 8 北島義生
MF 8 ベット	MF 15 上園和明
FW 23 深澤仁博	FW 11 北川佳男
FW 28 船越優蔵	FW 18 小野隆儀
GK 1 木寺浩一	GK 21 石川研
DF 19 三田光	DF 22 木山隆之
MF 12 宮沢克行	MF 6 山崎理人
MF 22 長谷川太郎	MF 26 山本翔平
FW 11 氏原良二	FW 13 吉田賢太郎

【得点】(新)64分セルジオ
【交代】(新)63分船越優蔵→氏原良二 69分神田勝夫→三田光 79分ベット→宮沢克行　(水)58分北川佳男→吉田賢太郎 63分北島義生→山崎理人 79分安鮮鎮→山本翔平
【警告】(水)57分安鮮鎮 61分鳥羽俊正 73分木澤正徳
【退場】(水)89分本間幸司

●主審／塩川拓司　副審／田中厚、前島和彦

第20節　7月24日（水）19時00

●会場／等々力　●入場者数／3,363人
●天候／曇　●気温／26.0℃　●湿度／76%　●風

川崎フロンターレ 2 [1-0 / 1-0] 0 アルビレック 新潟

川崎フロンターレ	アルビレック 新潟
GK 1 浦上壮史	GK 21 野澤洋輔
DF 2 伊藤宏樹	DF 26 小林悟
DF 5 箕輪義信	DF 3 セルジオ
DF 3 佐原秀樹	DF 2 丸山良明
MF 6 寺田周平	DF 5 神田勝夫
MF 7 鬼木達	MF 17 安英学
MF 15 塩川岳人	MF 6 秋葉忠宏
MF 20 長橋康弘	MF 7 寺川能人
MF 10 マルキーニョ	MF 8 ベット
FW 33 マーロン	FW 23 深澤仁博
FW 9 ベンチーニョ	FW 10 マルクス
GK 28 相澤貴志	GK 20 前田信弘
DF 32 岡山一成	DF 19 三田光
MF 19 林晃平	MF 12 宮沢克行
MF 13 加賀見健介	FW 22 長谷川太郎
FW 16 黄川田賢司	FW 11 氏原良二

【得点】(川)17分箕輪義信 58分箕輪義信
【交代】(川)78分マーロン→黄川田賢司 85分マルキー
→加賀見健介 89分長橋康弘→林晃平　(新)45分深澤
→氏原良二 78分神田勝夫→長谷川太郎 83分寺川能
宮沢克行
【警告】(川)50分伊藤宏樹 81分黄川田賢司　(新)41分
能人 68分セルジオ 82分長谷川太郎

●主審／鈴木亮哉　副審／抱山公彦、犬飼一郎

第21節　7月27日（土）18時00分

●会場／新潟ス　●入場者数／33,906人
●天候／晴　●気温／25.6℃　●湿度／82%　●風／弱

アルビレックス新潟 1 [0-0 / 1-0] 0 ヴァンフォーレ甲府

アルビレックス新潟	ヴァンフォーレ甲府
GK 21 野澤洋輔	GK 22 鶴田達也
DF 26 小林悟	DF 25 青葉幸洋
DF 3 セルジオ	DF 6 仲田建二
DF 2 丸山良明	DF 32 池端陽介
DF 5 神田勝夫	DF 7 土橋宏由樹
MF 17 安英学	MF 28 奈須伸也
MF 6 秋葉忠宏	MF 17 鶴見智美
MF 7 寺川能人	MF 8 倉貫一毅
MF 8 ベット	MF 20 水越潤
FW 10 マルクス	FW 10 藤田健
FW 28 船越優蔵	FW 16 松島仁
GK 1 木寺浩一	GK 21 川北裕介
DF 19 三田光	DF 2 谷奥優作
MF 22 長谷川太郎	MF 13 大石鉄也
MF 23 深澤仁博	MF 14 石原克哉
FW 11 氏原良二	FW 29 影山由高

【得点】(新)57分船越優蔵
【交代】(新)65分小林悟→三田光 76分ベット→深澤仁博 89分寺川能人→長谷川太郎　(甲)44分池端陽介→谷奥優作 65分水越潤→影山由高 77分奈須伸也→石原克哉
【警告】(甲)36分藤田健 52分奈須伸也 89分石原克哉

●主審／池田直寛　副審／花田祐治、近江孝義

第22節　8月3日（土）19時00分

●会場／大分ス　●入場者数／18,743人
●天候／晴　●気温／29.0℃　●湿度／71%　●風／無

大分トリニータ 1 [0-0 / 1-1] 1 アルビレックス新潟

大分トリニータ	アルビレックス新潟
GK 1 岡中勇人	GK 21 野澤洋輔
DF 2 三木隆司	DF 26 小林悟
DF 3 サンドロ	DF 3 セルジオ
DF 23 有村光史	DF 2 丸山良明
DF 6 若松大樹	DF 5 神田勝夫
MF 5 浮氣哲郎	MF 17 安英学
MF 7 西山哲平	MF 6 秋葉忠宏
MF 10 ファビーニョ	MF 7 寺川能人
MF 28 小森田友明	MF 8 ベット
FW 9 吉田孝行	FW 10 マルクス
FW 11 アンドラジーニャ	FW 28 船越優蔵
GK 21 小山健二	GK 1 木寺浩一
MF 14 瀬戸春樹	DF 19 三田光
MF 15 梅田高志	DF 32 山形辰徳
FW 13 高松大樹	FW 23 深澤仁博
FW 19 柿本倫明	FW 11 氏原良二

【得点】(大)51分有村光史　(新)86分マルクス
【交代】(大)78分吉田孝行→柿本倫明 78分小森田友明→瀬戸春樹 88分ファビーニョ→高松大樹　(新)45分小林悟→三田光 63分秋葉忠宏→深澤仁博 74分寺川能人→氏原良二
【警告】(大)52分サンドロ 54分小森田友明 85分サンドロ　(新)88分安英学
【退場】(大)74分アンドラジーニャ 85分サンドロ

●主審／小川直仁　副審／入部進也、相葉忠臣

第23節　8月7日（水）19時03分

●会場／新潟ス　●入場者数／21,828人
●天候／晴　●気温／28.0℃　●湿度／71%　●風／無

アルビレックス新潟 2 [1-0 / 1-0] 0 モンテディオ山形

アルビレックス新潟	モンテディオ山形
GK 21 野澤洋輔	GK 1 鈴木克美
DF 26 小林悟	DF 3 太田雅之
DF 3 セルジオ	DF 5 渡辺卓
DF 2 丸山良明	DF 22 鷲田雅一
DF 5 神田勝夫	DF 26 鈴木健太郎
MF 6 秋葉忠宏	MF 6 高橋健二
MF 12 宮沢克行	MF 7 貞富信宏
MF 7 寺川能人	MF 27 佐賀一平
MF 8 ベット	MF 10 佐藤悠介
FW 10 マルクス	FW 11 根本亮助
FW 28 船越優蔵	FW 9 大島秀夫
GK 20 前田信弘	GK 21 斉藤武志
DF 19 三田光	DF 2 内山俊彦
DF 32 山形辰徳	MF 14 井上雄幾
MF 23 深澤仁博	MF 17 小久保純
FW 11 氏原良二	FW 13 酒井良

【得点】(新)05分宮沢克行 47分宮沢克行
【交代】(新)65分神田勝夫→三田光 74分船越優蔵→氏原良二 85分寺川能人→山形辰徳　(山)56分佐賀一平→小久保純 70分貞富信宏→井上雄幾 75分根本亮助→酒井良
【警告】(新)89分山形辰徳　(山)89分佐藤悠介

●主審／片桐正広　副審／阿部浩士、浅野正樹

第24節　8月10日（土）18時04分

●会場／新潟ス　●入場者数／42,211人
●天候／晴　●気温／29.6℃　●湿度／68%　●風／無

アルビレックス新潟 0 [0-0 / 0-0] 0 セレッソ大阪

アルビレックス新潟	セレッソ大阪
GK 21 野澤洋輔	GK 1 下川誠吾
DF 26 小林悟	DF 2 喜多靖
DF 3 セルジオ	DF 5 ジョアン
DF 2 丸山良明	DF 7 鈴木悟
DF 5 神田勝夫	MF 18 布部陽功
MF 17 安英学	MF 16 原信生
MF 6 秋葉忠宏	MF 29 徳重隆明
MF 7 寺川能人	MF 26 根本裕一
MF 8 ベット	MF 8 森島寛晃
FW 10 マルクス	FW 20 西澤明訓
FW 28 船越優蔵	FW 10 トゥルコビッチ
GK 20 前田信弘	GK 21 河野和正
DF 19 三田光	DF 3 山尾光則
MF 12 宮沢克行	MF 30 中井義樹
MF 23 深澤仁博	FW 24 佐藤寿人
FW 11 氏原良二	FW 11 眞中靖夫

【交代】(新)45分秋葉忠宏→宮沢克行 73分マルクス→深澤仁博 81分神田勝夫→三田光　(大)57分トゥルコビッチ→眞中靖夫 80分西澤明訓→佐藤寿人
【警告】(新)38分小林悟　(大)89分鈴木悟

●主審／北村央春　副審／野田祐樹、安元利充

第25節　8月16日（金）19時01

●会場／埼玉　●入場者数／19,782人
●天候／曇　●気温／26.3℃　●湿度／74%　●風

大宮アルディージャ 0 [0-1 / 0-0] 1 アルビレック 新潟

大宮アルディージャ	アルビレック 新潟
GK 20 安藤智安	GK 21 野澤洋輔
DF 18 松本大樹	DF 19 三田光
DF 4 トニーニョ	DF 3 セルジオ
DF 2 奥野誠一郎	DF 2 丸山良明
DF 5 岡本隆吾	DF 5 神田勝夫
MF 29 伊藤彰	MF 17 安英学
MF 7 氏家英行	MF 12 宮沢克行
MF 15 斉藤雅人	MF 7 寺川能人
MF 6 原崎政人	MF 23 深澤仁博
FW 9 バルデス	FW 10 マルクス
FW 11 小島宏美	FW 28 船越優蔵
GK 22 川島永嗣	GK 1 木寺浩一
DF 3 上村祐司	DF 26 小林悟
MF 23 金澤慎	MF 6 秋葉忠宏
FW 10 黒崎久志	FW 22 長谷川太郎
FW 12 盛田剛平	FW 11 氏原良二

【得点】(新)17分宮沢克行
【交代】(大)45分原崎政人→盛田剛平 74分斉藤雅人→
慎 87分小島宏美→黒崎久志　(新)75分宮沢克行→秋
宏 79分船越優蔵→氏原良二 89分深澤仁博→長谷川太
【警告】(大)43分斉藤雅人 66分氏家英行　(新)49分安

●主審／穴沢努　副審／柿花和夫、前島和彦

第26節 8月21日(水) 19時00分

●会場/新潟陸 ●入場者数/10,028人
●天候/曇時々雨 ●気温/21.5℃ ●湿度/65% ●風/弱

アルビレックス新潟 2 [0-1 / 2-0] 1 川崎フロンターレ

アルビレックス新潟	川崎フロンターレ
GK 21 野澤洋輔	GK 1 浦上壮史
DF 19 三田光	DF 3 佐原秀樹
DF 3 セルジオ	DF 5 箕輪義信
DF 2 丸山良明	DF 32 岡山一成
DF 5 神田勝夫	MF 2 伊藤宏樹
MF 17 安英学	MF 7 鬼木達
MF 12 宮沢克行	MF 14 茂原岳人
MF 7 寺川能人	MF 20 長橋康弘
MF 23 深澤仁博	MF 13 加賀見健介
FW 10 マルクス	FW 4 アレックス
FW 28 船越優蔵	FW 33 マーロン
GK 20 前田信弘	GK 28 相澤貴志
DF 26 小林悟	MF 8 久野智昭
MF 6 秋葉忠宏	MF 15 塩川岳人
MF 22 長谷川太郎	MF 18 今野章
FW 11 氏原良二	FW 16 黄川田賢司

【得点】(新)46分セルジオ 74分マルクス (川)10分箕輪義信
【交代】(新)45分三田光→小林悟 77分宮沢克行→秋葉忠宏 [illegible]3分深澤仁博→氏原良二 (川)55分アレックス→黄川田賢司 67分加賀見健介→今野章
【警告】(新)66分安英学 (川)44分佐原秀樹 45分岡山一成 [illegible]6分箕輪義信

●主審/岡田正義 副審/石沢知、木島栄

第27節 8月25日(日) 18時00分

●会場/三ツ沢陸 ●入場者数/4,177人
●天候/曇 ●気温/24.6℃ ●湿度/90% ●風/無

横浜FC 1 [0-2 / 1-0] 2 アルビレックス新潟

横浜FC	アルビレックス新潟
GK 12 吉田明博	GK 21 野澤洋輔
DF 24 迫井深也	DF 26 小林悟
DF 25 眞中幹夫	DF 3 セルジオ
MF 2 重田征紀	DF 2 丸山良明
MF 14 廣長優志	DF 5 神田勝夫
MF 7 後藤義一	MF 17 安英学
MF 6 公文裕明	MF 12 宮沢克行
FW 15 田島宏晃	MF 7 寺川能人
FW 18 小野信義	MF 23 深澤仁博
FW 9 有馬賢二	FW 10 マルクス
FW 17 北村知隆	FW 28 船越優蔵
GK 1 水原大樹	GK 20 前田信弘
MF 22 内田智也	DF 19 三田光
MF 8 吉武剛	MF 6 秋葉忠宏
FW 19 石田雅人	FW 22 長谷川太郎
FW 11 増田功作	FW 11 氏原良二

【得点】(横)49分重田征紀 (新)35分セルジオ 44分深澤仁博
【交代】(横)59分田島宏晃→吉武剛 62分後藤義一→増田功作 73分廣長優志→内田智也 (新)63分寺川能人→秋葉忠宏 63分神田勝夫→三田光 80分マルクス→氏原良二
【警告】(横)19分眞中幹夫 41分廣長優志 86分増田功作 (新)31分船越優蔵 66分マルクス

●主審/原田秀昭 副審/安食弘幸、犬飼一郎

第28節 8月31日(土) 18時04分

●会場/笠松 ●入場者数/4,954人
●天候/晴 ●気温/27.5℃ ●湿度/73% ●風/中

水戸ホーリーホック 2 [1-1 / 1-0] 1 アルビレックス新潟

水戸ホーリーホック	アルビレックス新潟
GK 1 本間幸司	GK 21 野澤洋輔
DF 4 小川雅己	DF 26 小林悟
DF 5 鳥羽俊正	DF 3 セルジオ
DF 22 木山隆之	DF 2 丸山良明
MF 8 北島義生	DF 5 神田勝夫
MF 15 上園和明	MF 6 秋葉忠宏
MF 14 栗田泰次郎	MF 12 宮沢克行
MF 6 山崎理人	MF 7 寺川能人
MF 26 山本翔平	MF 23 深澤仁博
FW 9 深川友貴	FW 11 氏原良二
FW 13 吉田賢太郎	FW 28 船越優蔵
GK 21 石川研	GK 20 前田信弘
DF 3 冨田大介	DF 14 高橋直樹
MF 17 磯崎敬太	DF 19 三田光
MF 10 池田伸康	MF 30 大橋正博
FW 18 小野隆儀	FW 22 長谷川太郎

【得点】(水)07分山崎理人 88分冨田大介 (新)11分氏原良二
【交代】(水)45分深川友貴→小野隆儀 45分山本翔平→池田伸康 84分吉田賢太郎→冨田大介 (新)68分宮沢克行→大橋正博 78分深澤仁博→長谷川太郎 81分秋葉忠宏→三田光
【警告】(水)25分本間幸司 57分木山隆之

●主審/唐木田徹 副審/野上正人、大西保

第29節 9月7日(土) 18時00分

●会場/新潟ス ●入場者数/31,695人
●天候/曇 ●気温/25.0℃ ●湿度/85% ●風/弱

アルビレックス新潟 2 [0-1 / 2-1] 2 アビスパ福岡

アルビレックス新潟	アビスパ福岡
GK 21 野澤洋輔	GK 1 大神友明
DF 26 小林悟	DF 5 内藤就行
DF 3 セルジオ	DF 37 サボ
DF 2 丸山良明	DF 40 川島眞也
DF 5 神田勝夫	DF 15 飯島寿久
MF 6 秋葉忠宏	MF 6 篠田善之
MF 12 宮沢克行	MF 10 盧廷潤
MF 7 寺川能人	MF 39 三原廣樹
MF 8 ベット	MF 36 宮原裕司
FW 10 マルクス	FW 18 江口倫司
FW 11 氏原良二	FW 38 アレン
GK 1 木寺浩一	GK 12 塚本秀樹
DF 19 三田光	DF 25 宮本亨
MF 15 本間勲	MF 17 宮崎光平
MF 23 深澤仁博	MF 33 原田武男
FW 28 船越優蔵	FW 8 服部浩紀

【得点】(新)61分寺川能人 84分セルジオ (福)30分江口倫司 81分アレン
【交代】(新)34分マルクス→船越優蔵 55分氏原良二→深澤仁博 71分神田勝夫→三田光 (福)62分三原廣樹→宮崎光平 83分アレン→服部浩紀 89分江口倫司→宮本亨
【警告】(新)14分氏原良二 (福)27分サボ 77分盧廷潤

●主審/長谷忠志 副審/田中厚、抱山公彦

第30節 9月11日(水) 19時01分

●会場/小瀬 ●入場者数/3,740人
●天候/曇 ●気温/25.0℃ ●湿度/74% ●風/無

ヴァンフォーレ甲府 2 [1-0 / 1-1] 1 アルビレックス新潟

ヴァンフォーレ甲府	アルビレックス新潟
GK 22 鶴田達也	GK 21 野澤洋輔
DF 7 土橋宏由樹	DF 26 小林悟
DF 34 アライール	DF 3 セルジオ
DF 25 青葉幸洋	DF 2 丸山良明
DF 28 奈須伸也	DF 5 神田勝夫
MF 20 水越潤	MF 17 安英学
MF 8 倉貫一毅	MF 12 宮沢克行
MF 17 鶴見智美	MF 7 寺川能人
MF 14 石原克哉	MF 8 ベット
FW 29 影山由高	FW 10 マルクス
FW 37 ジョルジーニョ	FW 28 船越優蔵
GK 21 川北裕介	GK 20 前田信弘
DF 2 谷奥優作	DF 19 三田光
DF 32 池端陽介	MF 15 本間勲
MF 13 大石鉄也	FW 23 深澤仁博
FW 16 松島仁	FW 22 長谷川太郎

【得点】(甲)23分水越潤 58分鶴見智美 (新)71分セルジオ
【交代】(甲)64分ジョルジーニョ→松島仁 78分水越潤→池端陽介 88分影山由高→大石鉄也 (新)61分ベット→深澤仁博 82分小林悟→長谷川太郎 87分宮沢克行→本間勲
【警告】(甲)62分ジョルジーニョ (新)89分安英学

●主審/田辺宏司 副審/中込均、小椋剛

第31節 9月14日(土) 18時00分

●会場/新潟ス ●入場者数/34,627人
●天候/曇 ●気温/23.6℃ ●湿度/52% ●風/弱

アルビレックス新潟 2 [1-1 / 1-0] 1 湘南ベルマーレ

アルビレックス新潟	湘南ベルマーレ
GK 21 野澤洋輔	GK 21 鈴木正人
DF 26 小林悟	DF 2 梅山修
DF 3 セルジオ	DF 18 時崎悠
DF 2 丸山良明	DF 4 パラシオス
DF 5 神田勝夫	DF 3 富永英明
MF 17 安英学	MF 7 鈴木良和
MF 30 大橋正博	MF 30 熊林親吾
MF 7 寺川能人	MF 29 吉野智行
MF 12 宮沢克行	MF 11 坂本紘司
FW 10 マルクス	FW 8 栗原圭介
FW 28 船越優蔵	FW 9 高田保則
GK 1 木寺浩一	GK 1 伊藤裕二
DF 36 城定信次	DF 6 井原康秀
MF 15 本間勲	MF 27 加藤大志
MF 23 深澤仁博	MF 19 西本竜洋
FW 22 長谷川太郎	FW 24 戸田賢良

【得点】(新)05分マルクス 68分寺川能人 (湘)38分坂本紘司
【交代】(新)75分大橋正博→深澤仁博 79分神田勝夫→城定信次 (湘)53分栗原圭介→戸田賢良 69分戸田賢良→加藤大志
【警告】(新)44分セルジオ (湘)81分坂本紘司

●主審/北村央春 副審/浅野正樹、前之園晴廣

第32節 9月21日(土) 19時04分

●会場/鳥栖 ●入場者数/3,464人
●天候/曇 ●気温/26.0℃ ●湿度/66% ●風/弱

サガン鳥栖 0 [0-0 / 0-2] 2 アルビレックス新潟

サガン鳥栖	アルビレックス新潟
GK 21 シュナイダー潤之介	GK 21 野澤洋輔
DF 2 三好拓児	DF 26 小林悟
DF 30 前田浩二	DF 3 セルジオ
DF 19 宮川悟	DF 2 丸山良明
DF 3 山道高平	DF 5 神田勝夫
MF 27 佐藤陽彦	MF 7 寺川能人
MF 26 矢部次郎	MF 17 安英学
MF 11 川崎元気	MF 30 大橋正博
MF 29 ビスコンティ	MF 12 宮沢克行
FW 17 田村直弘	FW 10 マルクス
FW 22 森田浩史	FW 28 船越優蔵
GK 28 ピント	GK 20 前田信弘
MF 10 鈴木勝大	DF 19 三田光
MF 25 古川隆志	MF 6 秋葉忠宏
FW 7 佐藤大実	MF 23 深澤仁博
FW 23 小石龍臣	FW 16 末岡龍二

【得点】(新)72分宮沢克行 89分深澤仁博
【交代】(鳥)67分山道高平→小石龍臣 87分矢部次郎→佐藤大実 (新)75分神田勝夫→三田光 79分大橋正博→秋葉忠宏 86分宮沢克行→深澤仁博
【警告】(鳥)36分森田浩史 44分宮川悟 52分前田浩二 59分三好拓児 74分矢部次郎 (新)26分セルジオ 42分小林悟 63分神田勝夫 72分マルクス

●主審/高山啓義 副審/岡野尚士、相葉忠臣

第33節 9月25日(水) 19時04分

●会場/新潟ス ●入場者数/39,068人
●天候/晴 ●気温/19.0℃ ●湿度/61% ●風/無

アルビレックス新潟 1 [0-1 / 1-0] 1 大分トリニータ

アルビレックス新潟	大分トリニータ
GK 21 野澤洋輔	GK 1 岡中勇人
DF 26 小林悟	DF 2 三木隆司
DF 3 セルジオ	DF 14 瀬戸春樹
DF 2 丸山良明	DF 6 若松大樹
DF 5 神田勝夫	DF 23 有村光史
MF 17 安英学	MF 5 浮氣哲郎
MF 30 大橋正博	MF 16 金本圭太
MF 7 寺川能人	MF 7 西山哲平
MF 12 宮沢克行	MF 8 山根巌
FW 10 マルクス	FW 9 吉田孝行
FW 28 船越優蔵	FW 11 アンドラジーニャ
GK 20 前田信弘	GK 21 小山健二
DF 13 新井健二	MF 28 小森田友明
MF 6 秋葉忠宏	MF 15 梅田高志
MF 23 深澤仁博	FW 30 木島良輔
FW 16 末岡龍二	FW 13 高松大樹

【得点】(新)62分深澤仁博 (大)35分アンドラジーニャ
【交代】(新)45分大橋正博→秋葉忠宏 45分宮沢克行→深澤仁博 84分船越優蔵→末岡龍二 (大)72分金本圭太→小森田友明 75分アンドラジーニャ→高松大樹 81分山根巌→木島良輔
【警告】(新)36分船越優蔵 55分神田勝夫 (大)11分若松大樹 24分吉田孝行 79分山根巌 83分木島良輔

●主審/岡田正義 副審/佐幸欣治、安元利充

第34節 9月28日(土) 14時04分

●会場/山形県 ●入場者数/4,742人
●天候/雨のち曇 ●気温/20.6℃ ●湿度/76% ●風/無

モンテディオ山形 0 [0-1 / 0-0] 1 アルビレックス新潟

モンテディオ山形	アルビレックス新潟
GK 21 斉藤武志	GK 21 野澤洋輔
DF 3 太田雅之	DF 26 小林悟
DF 5 渡辺卓	DF 3 セルジオ
DF 22 鷲田雅一	DF 2 丸山良明
DF 26 鈴木健太郎	DF 5 神田勝夫
MF 17 小久保純	MF 17 安英学
MF 14 井上雄幾	MF 6 秋葉忠宏
MF 8 永井篤志	MF 7 寺川能人
MF 6 高橋健二	MF 12 宮沢克行
FW 9 大島秀夫	FW 23 深澤仁博
FW 11 根本亮助	FW 10 マルクス
GK 1 鈴木克美	GK 20 前田信弘
DF 2 内山俊彦	DF 14 高橋直樹
MF 27 佐賀一平	DF 32 山形辰徳
MF 24 藤田芳正	MF 15 本間勲
FW 13 酒井良	FW 16 末岡龍二

【得点】(新)23分マルクス
【交代】(山)45分渡辺卓→内山俊彦 45分小久保純→藤田芳正 65分根本亮助→酒井良 (新)72分宮沢克行→本間勲 86分深澤仁博→末岡龍二
【警告】(山)40分小久保純

●主審/泉弘紀 副審/濱口和明、田中厚

第35節 10月5日(土) 14時04分

●会場/等々力 ●入場者数/7,063人
●天候/晴 ●気温/28.3℃ ●湿度/52% ●風/弱

川崎フロンターレ 1 [1-0 / 0-2] 2 アルビレックス新潟

川崎フロンターレ	アルビレックス新潟
GK 1 浦上壮史	GK 21 野澤洋輔
DF 32 岡山一成	DF 26 小林悟
DF 5 箕輪義信	DF 14 高橋直樹
DF 2 伊藤宏樹	DF 2 丸山良明
MF 15 塩川岳人	DF 5 神田勝夫
MF 7 鬼木達	MF 17 安英学
MF 14 茂原岳人	MF 6 秋葉忠宏
MF 20 長橋康弘	MF 7 寺川能人
MF 10 マルキーニョ	MF 12 宮沢克行
FW 4 アレックス	FW 10 マルクス
FW 33 マーロン	FW 28 船越優蔵
GK 17 吉原慎也	GK 20 前田信弘
MF 30 渡辺匠	DF 13 新井健二
MF 18 今野章	MF 15 本間勲
FW 16 黄川田賢司	MF 23 深澤仁博
FW 27 我那覇和樹	FW 11 氏原良二

【得点】(川)28分塩川岳人 (新)46分マルクス 61分安英学
【交代】(川)51分茂原岳人→渡辺匠 64分マルキーニョ→黄川田賢司 75分岡山一成→我那覇和樹 (新)45分宮沢克行→深澤仁博 84分寺川能人→本間勲 89分マルクス→氏原良二
【警告】(川)38分アレックス (新)25分秋葉忠宏 44分マルクス 80分船越優蔵 85分安英学

●主審/大西弘幸 副審/西村典之、勝又光司

第36節 10月9日(水) 19時04分

●会場/新潟陸 ●入場者数/9,507人
●天候/晴 ●気温/18.6℃ ●湿度/49% ●風/弱

アルビレックス新潟 1 [1-0 / 0-1] 1 ヴァンフォーレ甲府

アルビレックス新潟	ヴァンフォーレ甲府
GK 21 野澤洋輔	GK 22 鶴田達也
DF 26 小林悟	DF 7 土橋宏由樹
DF 14 高橋直樹	DF 34 アライール
DF 2 丸山良明	DF 25 青葉幸洋
DF 5 神田勝夫	DF 28 奈須伸也
MF 6 秋葉忠宏	MF 8 倉貫一毅
MF 12 宮沢克行	MF 17 鶴見智美
MF 7 寺川能人	MF 20 水越潤
MF 23 深澤仁博	MF 14 石原克哉
FW 10 マルクス	FW 29 影山由高
FW 28 船越優蔵	FW 10 藤田健
GK 1 木寺浩一	GK 21 川北裕介
DF 13 新井健二	DF 32 池端陽介
MF 15 本間勲	MF 13 大石鉄也
MF 22 長谷川太郎	FW 16 松島仁
FW 11 氏原良二	FW 37 ジョルジーニョ

【得点】(新)26分マルクス (甲)58分奈須伸也
【交代】(新)72分宮沢克行→本間勲 77分船越優蔵→氏原良二 85分深澤仁博→長谷川太郎 (甲)45分土橋宏由樹→池端陽介 45分影山由高→ジョルジーニョ
【警告】(甲)69分青葉幸洋

●主審/塩川拓司 副審/斉藤敬一、浅野正樹

第37節 10月12日(土) 15時00分

●会場/平塚 ●入場者数/7,087人
●天候/晴 ●気温/21.5℃ ●湿度/27% ●風/中

湘南ベルマーレ 1 [0-1 / 1-0] 1 アルビレックス新潟

湘南ベルマーレ	アルビレックス新潟
GK 21 鈴木正人	GK 21 野澤洋輔
DF 2 梅山修	DF 26 小林悟
DF 3 富永英明	DF 14 高橋直樹
DF 6 井原康秀	DF 2 丸山良明
DF 5 白井博幸	DF 5 神田勝夫
MF 9 高田保則	MF 7 寺川能人
MF 30 熊林親吾	MF 15 本間勲
MF 28 本橋卓巳	MF 6 秋葉忠宏
MF 7 鈴木良和	MF 8 ベット
FW 8 栗原圭介	FW 10 マルクス
FW 24 戸田賢良	FW 28 船越優蔵
GK 16 伊藤友彦	GK 1 木寺浩一
DF 18 時崎悠	DF 3 セルジオ
DF 25 中島崇典	DF 32 山形辰徳
MF 27 加藤大志	MF 23 深澤仁博
MF 10 シルバ	FW 11 氏原良二

【得点】(湘)61分井原康秀 (新)34分船越優蔵
【交代】(湘)45分高田保則→加藤大志 45分栗原圭介→シルバ 79分白井博幸→時崎悠 (新)69分ベット→深澤仁博 78分神田勝夫→氏原良二 88分高橋直樹→セルジオ
【警告】(湘)49分シルバ 67分白井博幸 (新)29分マルクス 37分寺川能人 87分船越優蔵

●主審/池田直寛 副審/河野暁、阿部浩士

第38節 10月19日(土) 14時03分

●会場/新潟陸 ●入場者数/12,462人
●天候/曇 ●気温/20.0℃ ●湿度/69% ●風/中

アルビレックス新潟 5 [1-0 / 4-0] 0 横浜FC

アルビレックス新潟	横浜FC
GK 21 野澤洋輔	GK 1 水原大樹
DF 26 小林悟	DF 20 小松崎保
DF 3 セルジオ	DF 24 迫井深也
DF 14 高橋直樹	MF 2 重田征紀
DF 19 三田光	MF 18 小野信義
MF 17 安英学	MF 3 臼井幸平
MF 6 秋葉忠宏	MF 28 モネール
MF 7 寺川能人	FW 8 吉武剛
MF 8 ベット	FW 19 石田雅人
FW 10 マルクス	FW 16 神野卓哉
FW 28 船越優蔵	FW 17 北村知隆
GK 20 前田信弘	GK 12 吉田明博
DF 5 神田勝夫	DF 25 眞中幹夫
MF 15 本間勲	MF 7 後藤義一
MF 23 深澤仁博	FW 15 田島宏晃
FW 11 氏原良二	FW 10 佐藤正美

【得点】(新)21分ベット 51分マルクス 56分ベット 77分氏原良二 89分安英学
【交代】(新)65分船越優蔵→氏原良二 70分ベット→深澤仁博 81分セルジオ→神田勝夫 (横)58分重田征紀→眞中幹夫 63分モネール→田島宏晃 68分神野卓哉→佐藤正美
【警告】(新)34分船越優蔵

●主審/穴沢努 副審/花田祐治、前之園晴廣

第39節 10月23日(水) 19時04分

●会場/大分陸 ●入場者数/13,217人
●天候/曇 ●気温/19.0℃ ●湿度/58% ●風/弱

大分トリニータ 2 [1-0 / 1-1] 1 アルビレックス新潟

大分トリニータ	アルビレックス新潟
GK 1 岡中勇人	GK 21 野澤洋輔
DF 2 三木隆司	DF 26 小林悟
DF 3 サンドロ	DF 3 セルジオ
DF 4 山崎哲也	DF 2 丸山良明
DF 23 有村光史	DF 19 三田光
MF 5 浮氣哲郎	MF 17 安英学
MF 16 金本圭太	MF 6 秋葉忠宏
MF 7 西山哲平	MF 7 寺川能人
MF 8 山根巌	MF 8 ベット
FW 9 吉田孝行	FW 10 マルクス
FW 11 アンドラジーニャ	FW 28 船越優蔵
GK 21 小山健二	GK 1 木寺浩一
DF 14 瀬戸春樹	DF 5 神田勝夫
MF 22 浦本賢太郎	DF 14 高橋直樹
FW 13 高松大樹	MF 23 深澤仁博
FW 30 木島良輔	FW 11 氏原良二

【得点】(大)30分山根巌 50分山根巌 (新)89分神田勝夫
【交代】(大)73分吉田孝行→高松大樹 83分金本圭太→瀬戸春樹 89分西山哲平→木島良輔 (新)12分船越優蔵→氏原良二 56分小林悟→深澤仁博 88分ベット→神田勝夫
【警告】(大)07分西山哲平 16分浮氣哲郎 (新)40分小林悟 44分寺川能人 72分深澤仁博 87分ベット

●主審/岡田正義 副審/浜田章治、南浩二

第40節 10月29日(火) 19時03分

●会場/新潟陸 ●入場者数/9,849人
●天候/曇 ●気温/11.6℃ ●湿度/56% ●風/中

アルビレックス新潟 1 [1-1 / 0-0] 1 サガン鳥栖

アルビレックス新潟	サガン鳥栖
GK 21 野澤洋輔	GK 21 シュナイダー潤之介
DF 26 小林悟	DF 10 鈴木勝大
DF 3 セルジオ	DF 30 前田浩二
DF 2 丸山良明	DF 4 川前力也
DF 5 神田勝夫	DF 2 三好拓児
MF 17 安英学	MF 27 佐藤陽彦
MF 6 秋葉忠宏	MF 25 古川隆志
MF 7 寺川能人	MF 26 矢部次郎
MF 12 宮沢克行	MF 29 ビスコンティ
FW 23 深澤仁博	FW 22 森田浩史
FW 10 マルクス	FW 7 佐藤大実
GK 20 前田信弘	GK 28 ピント
DF 19 三田光	DF 3 山道高平
MF 15 本間勲	MF 9 石橋直希
FW 11 氏原良二	MF 11 川崎元気
FW 25 鏑木享	FW 17 田村直弘

【得点】(新)16分秋葉忠宏 (鳥)19分ビスコンティ
【交代】(新)70分小林悟→三田光 77分宮沢克行→氏原良二 87分三田光→鏑木享 (鳥)59分三好拓児→山道高平 68分古川隆志→川崎元気 82分森田浩史→石橋直希
【警告】(新)19分丸山良明 (鳥)15分三好拓児
【退場】(鳥)14分前田浩二

●主審/西村雄一 副審/濱口和明、伊藤力喜雄

第41節 11月2日(土) 14時04分

●会場/博多球 ●入場者数/4,720人
●天候/曇 ●気温/14.5℃ ●湿度/43% ●風/中

アビスパ福岡 2 [2-0 / 0-2] 2 アルビレックス新潟

アビスパ福岡	アルビレックス新潟
1 大神友明	GK 21 野澤洋輔
4 小島光顕	DF 26 小林悟
40 川島眞也	DF 3 セルジオ
37 サボ	DF 14 高橋直樹
14 古賀誠史	DF 5 神田勝夫
10 盧廷潤	MF 17 安英学
6 篠田善之	MF 6 秋葉忠宏
33 原田武男	MF 7 寺川能人
17 宮崎光平	MF 23 深澤仁博
32 林祐征	FW 10 マルクス
9 呂比須ワグナー	FW 11 氏原良二
12 塚本秀樹	GK 1 木寺浩一
22 加藤寿一	DF 19 三田光
5 内藤就行	MF 8 ベット
28 大塚和征	MF 12 宮沢克行
24 太田恵介	FW 16 末岡龍二

【得点】(福)30分呂比須ワグナー 42分呂比須ワグナー (新)50分マルクス 51分氏原良二
【交代】(福)64分呂比須ワグナー→太田恵介 73分小島光顕→加藤寿一 (新)45分小林悟→ベット 81分神田勝夫→三田光 87分氏原良二→末岡龍二
【警告】(福)80分林祐征 81分太田恵介 (新)06分高橋直樹

●主審/大西弘幸 副審/早川一行、入部進也

第42節 11月9日(土) 14時05分

●会場/新潟陸 ●入場者数/11,538人
●天候/晴時々曇 ●気温/8.0℃ ●湿度/46% ●風/中

アルビレックス新潟 2 [0-2 / 2-0] 2 大宮アルディージャ

アルビレックス新潟	大宮アルディージャ
GK 21 野澤洋輔	GK 20 安藤智安
DF 26 小林悟	DF 18 松本大樹
DF 3 セルジオ	DF 4 トニーニョ
DF 14 高橋直樹	DF 2 奥野誠一郎
DF 5 神田勝夫	DF 5 岡本隆吾
MF 17 安英学	MF 29 伊藤彰
MF 6 秋葉忠宏	MF 15 斉藤雅人
MF 7 寺川能人	MF 30 ウスタ
MF 8 ベット	MF 6 原崎政人
FW 10 マルクス	FW 9 バルデス
FW 11 氏原良二	FW 10 黒崎久志
GK 20 前田信弘	GK 22 川島永嗣
DF 2 丸山良明	MF 7 氏家英行
MF 12 宮沢克行	MF 23 金澤慎
MF 23 深澤仁博	MF 25 竹村栄哉
FW 16 末岡龍二	FW 12 盛田剛平

【得点】(新)53分マルクス 80分マルクス (大)05分原崎政人 34分斉藤雅人
【交代】(新)45分小林悟→深澤仁博 73分ベット→宮沢克行 84分氏原良二→末岡龍二 (大)57分黒崎久志→氏家英行 79分伊藤彰→竹村栄哉 83分バルデス→盛田剛平
【警告】(新)28分ベット (大)16分斉藤雅人 23分ウスタ
【退場】(新)37分セルジオ (大)52分奥野誠一郎

●主審/恩氏孝夫 副審/中込均、浅野正樹

第43節 11月16日(土) 15時04分

●会場/長居 ●入場者数/32,067人
●天候/曇 ●気温/14.5℃ ●湿度/43% ●風/弱

セレッソ大阪 3 [1-0 / 2-0] 0 アルビレックス新潟

セレッソ大阪	アルビレックス新潟
GK 1 下川誠吾	GK 21 野澤洋輔
DF 2 喜多靖	DF 26 小林悟
DF 5 ジョアン	DF 14 高橋直樹
DF 7 鈴木悟	DF 2 丸山良明
MF 18 布部陽功	DF 5 神田勝夫
MF 6 尹晶煥	MF 7 寺川能人
MF 17 久藤清一	MF 17 安英学
MF 26 根本裕一	MF 6 秋葉忠宏
MF 8 森島寛晃	MF 8 ベット
FW 10 トゥルコビッチ	FW 10 マルクス
FW 15 大久保嘉人	FW 11 氏原良二
GK 21 河野和正	GK 1 木寺浩一
DF 3 山尾光則	DF 19 三田光
MF 16 原信生	MF 12 宮沢克行
FW 11 眞中靖夫	MF 23 深澤仁博
FW 20 西澤明訓	FW 16 末岡龍二

【得点】(大)17分大久保嘉人 60分トゥルコビッチ 89分トゥルコビッチ
【交代】(大)62分大久保嘉人→眞中靖夫 83分森島寛晃→西澤明訓 (新)45分小林悟→深澤仁博 58分氏原良二→宮沢克行 73分ベット→末岡龍二
【警告】(大)33分久藤清一 60分トゥルコビッチ (新)31分寺川能人

●主審/片山義継 副審/森直之、山城大

第44節 11月24日(日) 13時04分

●会場/新潟陸 ●入場者数/14,413人
●天候/晴 ●気温/15.3℃ ●湿度/50% ●風/弱

アルビレックス新潟 3 [1-0 / 2-1] 1 水戸ホーリーホック

アルビレックス新潟	水戸ホーリーホック
GK 21 野澤洋輔	GK 21 石川研
DF 32 山形辰徳	DF 4 小川雅己
DF 14 高橋直樹	DF 5 鳥羽俊正
DF 2 丸山良明	DF 22 木山隆之
DF 5 神田勝夫	MF 2 木澤正徳
MF 17 安英学	MF 7 安鮮鎮
MF 6 秋葉忠宏	MF 15 上園和明
MF 23 深澤仁博	MF 6 山崎理人
MF 12 宮沢克行	MF 26 山本翔平
FW 10 マルクス	FW 11 北川佳男
FW 11 氏原良二	FW 18 小野隆儀
GK 20 前田信弘	GK 31 武田博行
DF 19 三田光	DF 3 冨田大介
MF 15 本間勲	MF 8 北島義生
MF 22 長谷川太郎	MF 14 栗田泰次郎
FW 24 片渕浩一郎	FW 13 吉田賢太郎

【得点】(新)27分マルクス 46分高橋直樹 89分神田勝夫 (水)76分吉田賢太郎
【交代】(新)60分氏原良二→三田光 81分宮沢克行→本間勲 84分マルクス→片渕浩一郎 (水)54分山崎理人→北島義生 54分山本翔平→栗田泰次郎 66分鳥羽俊正→吉田賢太郎
【警告】(新)49分氏原良二 56分高橋直樹 58分高橋直樹 71分安英学 (水)89分小川雅己
【退場】(新)58分高橋直樹

●主審/長田和久 副審/田中厚、斉藤敬一

2002 第82回 天皇杯 全日本サッカー選手権大会

アルビレックス新潟 公式記録

1回戦 12月1日(日) 13時00分

●会場/和歌山県紀三井寺公園陸上競技場 ●入場者数/723人
●天候/雨 ●気温/17.0℃ ●湿度/ー ●風/弱

アルビレックス新潟 9 [3-0 6-0] 0 紀北蹴球団

アルビレックス新潟	紀北蹴球団
GK 20 前田信弘	GK 1 寺峰輝
DF 2 丸山良明	DF 17 寺崎章
DF 6 秋葉忠宏	DF 15 和田孝良
DF 13 新井健二	DF 21 大宅光
MF 17 安英学	MF 10 久保敦士
MF 7 寺川能人	MF 7 佐藤孝志
MF 32 山形辰徳	MF 16 田中佑介
MF 12 宮沢克行	MF 13 宮西良典
FW 23 深澤仁博	FW 19 中田秀治
FW 10 マルクス	FW 11 上野山盛大
FW 11 氏原良二	FW 22 田和秀康
GK 1 木寺浩一	DF 3 徳田和宏
DF 5 神田勝夫	DF 5 西川和也
MF 15 本間勲	MF 8 中山和
MF 22 長谷川太郎	MF 20 岡本和己
FW 24 片渕浩一郎	FW 14 塩谷友彰

【得点】(新)04分深澤仁博 19分宮沢克行 42分マルクス 55分安英学 62分山形辰徳 69分宮沢克行 75分安英学 89分片渕浩一郎 89分本間勲
【交代】(新)45分寺川能人→本間勲 61分氏原良二→長谷川太郎 72分マルクス→片渕浩一郎 (紀)58分中田秀治→岡本和己 64分田中佑介→中山和 86分和田孝良→徳田和宏
【警告】(紀)35分大宅光 51分上野山盛大 83分久保敦士

●主審/長谷忠志 副審/間島宗一、鹿野賢治

2回戦 12月8日(日) 13時05分

●会場/新潟陸 ●入場者数/4,280人
●天候/雨 ●気温/4.0℃ ●湿度/ー ●風/中

アルビレックス新潟 1 [0-0 1-0] 0 プロフェソール宮崎

アルビレックス新潟	プロフェソール宮崎
GK 1 木寺浩一	GK 1 植田元輝
DF 32 山形辰徳	DF 6 前田隆
DF 18 軽部雅也	DF 5 山下一弥
DF 2 丸山良明	DF 8 大石玲
DF 19 三田光	MF 23 小林覚
MF 17 安英学	MF 3 八津川義廣
MF 6 秋葉忠宏	MF 20 南光太
MF 7 寺川能人	MF 13 中島雄太
MF 23 深澤仁博	MF 10 庄司孝
FW 10 マルクス	MF 19 長木通憲
FW 24 片渕浩一郎	FW 30 松永一慶
GK 21 野澤洋輔	GK 15 古賀通泰
DF 14 高橋直樹	DF 4 根本一也
MF 12 宮沢克行	DF 21 戸高研太
FW 11 氏原良二	MF 22 伊藤昭朗
FW 16 末岡龍二	FW 9 佐伯周次郎

【得点】(新)46分寺川能人
【交代】(新)75分片渕浩一郎→氏原良二 89分山形辰徳→高橋直樹 89分マルクス→末岡龍二 (宮)67分小林覚 →佐伯周次郎 86分八津川義廣 →伊藤昭朗
【警告】(新)37分山形辰徳 58分安英学 (宮)03分南光太 10分八津川義廣 38分庄司孝

●主審/高山啓義 副審/安食弘幸、野崎尚文

3回戦 12月15日(日) 13時01分

●会場/広島スタジアム ●入場者数/3,468人
●天候/晴 ●気温/17.0℃ ●湿度/ー ●風/無

サンフレッチェ広島 2 [0-0 2-0] 0 アルビレックス新潟

サンフレッチェ広島	アルビレックス新潟
GK 21 林卓人	GK 21 野澤洋輔
DF 18 八田康介	DF 32 山形辰徳
DF 4 桑原裕義	DF 18 軽部雅也
DF 19 上村健一	DF 2 丸山良明
MF 5 駒野友一	DF 19 三田光
MF 23 李漢宰	MF 6 秋葉忠宏
MF 8 森崎和幸	MF 12 宮沢克行
MF 17 服部公太	MF 7 寺川能人
FW 7 森崎浩司	MF 23 深澤仁博
FW 10 久保竜彦	FW 10 マルクス
FW 26 茂木弘人	FW 11 氏原良二
GK 33 尾崎勇史	GK 1 木寺浩一
DF 6 トゥーリオ	DF 14 高橋直樹
MF 3 沢田謙太郎	DF 5 神田勝夫
MF 14 山形恭平	FW 16 末岡龍二
FW 9 高橋泰	FW 24 片渕浩一郎

【得点】(広)56分高橋泰 80分山形恭平
【交代】(広)45分茂木弘人→高橋泰 56分李漢宰→山形恭平 (新)68分山形辰徳→神田勝夫 74分深澤仁博→末岡龍二 81分氏原良二→片渕浩一郎
【警告】(新)39分マルクス 44分マルクス
【退場】(新)44分マルクス

●主審/田辺宏司 副審/浜田章治、原田昌彦

2003 Jリーグ ディビジョン2 (J2)

アルビレックス新潟 公式記録

第1節 3月16日(日) 14時05分

●会場/埼玉 ●入場者数/20,686人
●天候/曇 ●気温/14.5℃ ●湿度/42% ●風/弱

大宮アルディージャ 1 [1-0 0-4] 4 アルビレックス新潟

大宮アルディージャ	アルビレックス新潟
GK 21 川島永嗣	GK 21 野澤洋輔
DF 3 野口裕司	DF 19 三田光
DF 4 トニーニョ	DF 3 アンデルソン
DF 2 奥野誠一郎	DF 2 丸山良明
DF 6 原崎政人	DF 5 神田勝夫
MF 14 大塚真司	MF 17 安英学
MF 8 安藤正裕	MF 8 山口素弘
MF 19 伊藤彰	MF 7 栗原圭介
MF 17 島田裕介	MF 12 宮沢克行
FW 10 黒崎久志	FW 10 マルクス
FW 30 磯山和司	FW 24 森田浩史
GK 1 安藤智安	GK 1 木寺浩一
DF 5 岡本隆吾	DF 4 杉山弘一
DF 15 斉藤雅人	MF 6 秋葉忠宏
FW 11 バレー	FW 23 深澤仁博
FW 12 盛田剛平	FW 11 上野優作

【得点】(大)06分磯山和司 (新)58分アンデルソン 65分マルクス 70分深澤仁博 89分宮沢克行
【交代】(大)69分野口裕司→バレー 83分伊藤彰→盛田剛平 (新)69分栗原圭介→深澤仁博 75分森田浩史→上野優作 89分神田勝夫→杉山弘一
【警告】(大)23分黒崎久志 24分大塚真司 36分黒崎久志 (新)28分安英学 30分栗原圭介
【退場】(大)36分黒崎久志 89分原崎政人

●主審/高山啓義 副審/安元利充、抱山公彦

第2節 3月22日(土) 13時05分

●会場/新潟陸 ●入場者数/15,089人
●天候/晴時々曇 ●気温/13.0℃ ●湿度/36% ●風/弱

アルビレックス新潟 4 [2-0 2-0] 0 アビスパ福岡

アルビレックス新潟	アビスパ福岡
GK 21 野澤洋輔	GK 12 塚本秀樹
DF 19 三田光	DF 2 立石飛鳥
DF 3 アンデルソン	DF 3 セルジオ
DF 2 丸山良明	DF 21 藏田茂樹
DF 5 神田勝夫	DF 7 宮崎光平
MF 17 安英学	MF 11 久永辰徳
MF 8 山口素弘	MF 8 原田武男
MF 7 栗原圭介	MF 10 宮原裕司
MF 12 宮沢克行	MF 9 アレックス
FW 10 マルクス	FW 13 ベンチーニョ
FW 24 森田浩史	FW 19 林祐征
GK 1 木寺浩一	GK 16 水谷雄一
DF 4 杉山弘一	DF 4 川島眞也
MF 6 秋葉忠宏	MF 17 大塚和征
FW 23 深澤仁博	MF 26 増川隆洋
FW 11 上野優作	FW 18 江口倫司

【得点】(新)26分森田浩史 40分マルクス 71分森田浩史 79分マルクス
【交代】(新)56分神田勝夫→杉山弘一 65分栗原圭介→深澤仁博 76分宮沢克行→秋葉忠宏 (福)60分原田武男→増川隆洋 84分アレックス→大塚和征 85分林祐征→江口倫司
【警告】(新)44分栗原圭介 68分アンデルソン

●主審/唐木田徹 副審/中村祐、阿部浩士

第3節 3月29日(土) 14時04分

●会場/三ツ沢 ●入場者数/5,922人
●天候/曇 ●気温/12.0℃ ●湿度/52% ●風/中

横浜FC 1 [0-0 1-0] 0 アルビレックス新潟

横浜FC	アルビレックス新潟
GK 1 水原大樹	GK 21 野澤洋輔
DF 2 重田征紀	DF 19 三田光
DF 6 マシュー	DF 3 アンデルソン
DF 26 山尾光則	DF 2 丸山良明
DF 15 小野智吉	DF 13 新井健二
MF 18 小野信義	MF 17 安英学
MF 23 ルディ	MF 8 山口素弘
MF 7 高木成太	MF 7 栗原圭介
MF 13 横山博敏	MF 12 宮沢克行
FW 25 城彰二	FW 10 マルクス
FW 9 大柴健二	FW 24 森田浩史
MF 3 臼井幸平	GK 20 前田信弘
DF 5 早川知伸	MF 32 山形辰徳
MF 17 北村知隆	MF 15 本間勲
FW 16 神野卓哉	FW 23 深澤仁博
FW 20 大久保哲哉	FW 11 上野優作

【得点】(横)87分小野信義
【交代】(横)73分大柴健二→神野卓哉 74分横山博敏→臼井幸平 88分城彰二→大久保哲哉 (新)45分栗原圭介→深澤仁博 76分森田浩史→上野優作 78分宮沢克行→本間勲
【警告】(横)18分横山博敏 47分小野信義 (新)57分三田光 81分安英学

●主審/田辺宏司 副審/中熊光義、三宅毅

第4節 4月5日(土) 14時04分

●会場/新潟陸 ●入場者数/10,674人
●天候/雨 ●気温/8.0℃ ●湿度/78% ●風/弱

アルビレックス新潟 0 [0-0 0-1] 1 コンサドーレ札幌

アルビレックス新潟	コンサドーレ札幌
GK 21 野澤洋輔	GK 21 藤ヶ谷陽介
DF 19 三田光	DF 19 中尾康二
DF 3 アンデルソン	DF 14 西澤淳二
DF 2 丸山良明	DF 18 曽田雄志
DF 5 神田勝夫	DF 20 和波智広
MF 17 安英学	MF 2 森下仁志
MF 8 山口素弘	MF 4 今野泰幸
MF 23 深澤仁博	MF 23 砂川誠
MF 12 宮沢克行	MF 10 ホベルッチ
FW 10 マルクス	FW 16 堀井岳也
FW 24 森田浩史	FW 9 ウィル
GK 20 前田信弘	GK 1 佐藤洋平
DF 13 新井健二	DF 3 森秀昭
MF 6 秋葉忠宏	DF 6 大森健作
MF 15 本間勲	MF 27 三原廣樹
FW 11 上野優作	FW 17 新居辰基

【得点】(札)63分堀井岳也
【交代】(新)66分神田勝夫→上野優作 78分宮沢克行→本間勲 (札)79分中尾康二→大森健作
【警告】(新)51分山口素弘 87分本間勲 (札)51分ホベルッチ 57分ホベルッチ
【退場】(札)57分ホベルッチ

●主審/柏原丈二 副審/唐木田徹、佐幸欣治

第5節 4月9日(水) 19時04

●会場/小瀬 ●入場者数/3,350人
●天候/曇 ●気温/11.6℃ ●湿度/31% ●風/

ヴァンフォーレ甲府 1 [1-3 0-0] 3 アルビレック 新潟

ヴァンフォーレ甲府	アルビレックス新潟
GK 1 阿部謙作	GK 21 野澤洋輔
DF 15 アライール	DF 32 山形辰徳
DF 19 池端陽介	DF 3 アンデルソン
DF 5 青葉幸洋	DF 2 丸山良明
DF 28 奈須伸也	DF 19 三田光
MF 8 倉貫一毅	MF 17 安英学
MF 17 外池大亮	MF 6 秋葉忠宏
MF 20 水越潤	MF 8 山口素弘
MF 14 石原克哉	MF 12 宮沢克行
FW 18 須藤大輔	FW 10 マルクス
FW 10 藤田健	FW 24 森田浩史
GK 21 島津虎史	GK 20 前田信弘
DF 29 杉山新	DF 5 神田勝夫
MF 4 山本英臣	MF 7 栗原圭介
FW 27 白尾秀人	FW 23 深澤仁博
FW 9 ジョルジーニョ	FW 11 上野優作

【得点】(甲)40分須藤大輔 (新)27分森田浩史 31分森田 史 34分山口素弘
【交代】(甲)57分須藤大輔→ジョルジーニョ 69分藤田 白尾秀人 75分奈須伸也→山本英臣 (新)65分宮沢克 深澤仁博 73分森田浩史→上野優作 89分マルクス→栗原 介
【警告】(新)65分丸山良明 69分森田浩史

●主審/鈴木亮哉 副審/中込均、勝又光司

第6節 4月12日(土) 15時04分

●会場/新潟陸 ●入場者数/8,644人
●天候/雨 ●気温/13.3℃ ●湿度/91% ●風/中

アルビレックス新潟 1 [1-2 0-0] 2 サンフレッチェ広島

アルビレックス新潟	サンフレッチェ広島
GK 21 野澤洋輔	GK 1 下田崇
DF 32 山形辰徳	DF 5 駒野友一
DF 3 アンデルソン	DF 2 リカルド
DF 2 丸山良明	DF 19 上村健一
DF 19 三田光	DF 17 服部公太
MF 6 秋葉忠宏	MF 8 森崎和幸
MF 8 山口素弘	MF 7 森崎浩司
MF 17 安英学	MF 6 サンパイオ
MF 12 宮沢克行	FW 20 大木勉
FW 10 マルクス	FW 9 高橋泰
FW 24 森田浩史	FW 11 茂木弘人
GK 1 木寺浩一	GK 21 林卓人
DF 5 神田勝夫	DF 18 八田康介
MF 7 栗原圭介	MF 4 桑原裕義
FW 23 深澤仁博	MF 23 李漢宰
FW 11 上野優作	FW 10 エルツェッグ

【得点】(新)02分マルクス (広)11分茂木弘人 28分大木勉
【交代】(新)66分安英学→上野優作 66分宮沢克行→深澤仁博 85分山形辰徳→神田勝夫 (広)73分高橋泰→エルツェッグ 87分大木勉→八田康介
【警告】(新)21分三田光 44分アンデルソン 47分マルクス 66分丸山良明 (広)48分リカルド 89分エルツェッグ

●主審/吉田寿光 副審/早川一行、岡野宇広

第7節 4月20日(日) 15時04分

●会場/平塚 ●入場者数/3,879人
●天候/雨 ●気温/15.0℃ ●湿度/80% ●風/弱

湘南ベルマーレ 1 [0-0 1-2] 2 アルビレックス新潟

湘南ベルマーレ	アルビレックス新潟
GK 1 鈴木正人	GK 21 野澤洋輔
DF 2 梅山修	DF 32 山形辰徳
DF 4 時崎悠	DF 3 アンデルソン
DF 5 白井博幸	DF 2 丸山良明
MF 7 鈴木良和	DF 19 三田光
MF 8 熊林親吾	MF 6 秋葉忠宏
MF 10 吉野智行	MF 8 山口素弘
MF 11 坂本紘司	MF 17 安英学
MF 29 金根哲	MF 12 宮沢克行
FW 9 高田保則	FW 10 マルクス
FW 28 リカルド	FW 24 森田浩史
GK 16 小林弘記	GK 20 前田信弘
DF 17 北出勉	DF 5 神田勝夫
MF 18 加藤大志	MF 7 栗原圭介
FW 19 石原直樹	FW 23 深澤仁博
FW 13 戸田賢良	FW 11 上野優作

【得点】(湘)89分戸田賢良 (新)67分山口素弘 88分山形辰徳
【交代】(湘)72分金根哲→加藤大志 81分高田保則→石原直樹 85分リカルド→戸田賢良 (新)10分森田浩史→上野優作 45分宮沢克行→深澤仁博 81分山口素弘→栗原圭介
【警告】(湘)14分時崎悠 84分鈴木良和 (新)06分三田光 25分マルクス 56分安英学

●主審/家本政明 副審/野上正人、斉藤敬一

第8節 4月26日(土) 14時05分

●会場/新潟陸 ●入場者数/9,543人
●天候/曇 ●気温/13.0℃ ●湿度/79% ●風/中

アルビレックス新潟 1 [1-0 0-0] 0 川崎フロンターレ

アルビレックス新潟	川崎フロンターレ
GK 21 野澤洋輔	GK 17 吉原慎也
DF 32 山形辰徳	DF 5 箕輪義信
DF 3 アンデルソン	DF 30 渡辺匠
DF 2 丸山良明	DF 32 岡山一成
DF 19 三田光	MF 20 長橋康弘
MF 8 山口素弘	MF 14 茂原岳人
MF 6 秋葉忠宏	MF 6 山根巌
MF 17 安英学	MF 4 アウグスト
MF 9 ファビーニョ	MF 18 今野章
FW 10 マルクス	FW 10 ジュニーニョ
FW 11 上野優作	FW 9 バルデス
GK 1 木寺浩一	GK 1 浦上壮史
DF 5 神田勝夫	MF 8 久野智昭
DF 14 高橋直樹	MF 15 塩川岳人
MF 23 深澤仁博	MF 26 中村憲剛
FW 7 栗原圭介	FW 27 我那覇和樹

【得点】(新)38分ファビーニョ
【交代】(新)65分アンデルソン→高橋直樹 65分ファビーニョ→深澤仁博 (川)45分山根巌→久野智昭 64分今野章→中村憲剛 78分長橋康弘→我那覇和樹
【警告】(新)89分三田光 (川)23分茂原岳人 29分今野章 36分ジュニーニョ

●主審/蒲澤淳一 副審/宮島一代、伊東知哉

第9節 4月29日(火・祝) 14時04分

●会場/山形県 ●入場者数/10,096人
●天候/晴 ●気温/25.6℃ ●湿度/25% ●風/弱

モンテディオ山形 1 [0-0 1-0] 0 アルビレックス新潟

モンテディオ山形	アルビレックス新潟
GK 16 桜井繁	GK 21 野澤洋輔
DF 2 太田雅之	DF 32 山形辰徳
DF 3 古川毅	DF 3 アンデルソン
DF 4 鷲田雅一	DF 2 丸山良明
DF 14 井上雄幾	DF 5 神田勝夫
MF 19 星大輔	MF 6 秋葉忠宏
MF 8 永井篤志	MF 8 山口素弘
MF 5 ニヴァウド	MF 17 安英学
MF 7 高橋健二	MF 9 ファビーニョ
FW 9 大島秀夫	FW 10 マルクス
FW 18 松田正俊	FW 11 上野優作
GK 21 阿江孝一	GK 20 前田信弘
DF 13 内山俊彦	DF 14 高橋直樹
MF 15 小久保純	MF 12 宮沢克行
MF 25 川崎健太郎	MF 23 深澤仁博
FW 17 中村幸聖	FW 7 栗原圭介

【得点】(山)54分井上雄幾
【交代】(山)68分星大輔→小久保純 74分井上雄幾→内山俊彦 (新)60分安英学→深澤仁博 64分山形辰徳→宮沢克行 74分ファビーニョ→栗原圭介
【警告】(山)89分大島秀夫 (新)10分ファビーニョ 61分神田勝夫

●主審/穴沢努 副審/田中厚、相樂亨

第10節 5月5日(月・祝) 14時04

●会場/新潟ス ●入場者数/41,987人
●天候/晴 ●気温/18.0℃ ●湿度/65% ●風/

アルビレックス新潟 2 [1-2 1-0] 2 水戸ホーリーホッ

アルビレックス新潟	水戸ホーリーホック
GK 21 野澤洋輔	GK 21 鏑木豪
DF 19 三田光	DF 15 森直樹
DF 2 丸山良明	DF 28 田中マルクス闘
DF 3 アンデルソン	DF 22 吉本岳史
MF 8 山口素弘	MF 27 秦賢二
MF 6 秋葉忠宏	MF 29 パンチョ
MF 23 深澤仁博	MF 14 栗田泰次郎
MF 5 神田勝夫	MF 3 冨田大介
FW 10 マルクス	MF 18 樹森大介
FW 9 ファビーニョ	MF 6 山崎理人
FW 11 上野優作	FW 9 小野隆儀
GK 1 木寺浩一	GK 1 本間幸司
DF 14 高橋直樹	MF 2 木澤正徳
MF 12 宮沢克行	MF 5 鳥羽俊正
MF 17 安英学	MF 30 フランク
FW 26 尾崎瑛一郎	FW 25 金子剛

【得点】(新)44分マルクス 64分マルクス (水)10分小 儀 16分山崎理人
【交代】(新)76分深澤仁博→宮沢克行 (水)58分秦賢 木澤正徳 74分小野隆儀→金子剛 85分山崎理人→フラ
【警告】(新)70分アンデルソン 71分深澤仁博 (水)60 本岳史 64分森直樹

●主審/大西弘幸 副審/佐藤秀明、阿部浩士

第11節 5月10日(土) 15時05分

●会場/鳥栖 ●入場者数/2,380人
●天候/晴 ●気温/24.3℃ ●湿度/42% ●風/弱

サガン鳥栖 0 [0-0 0-1] 1 アルビレックス新潟

サガン鳥栖	アルビレックス新潟
GK 21 藤川康司	GK 21 野澤洋輔
DF 6 鈴木勝大	DF 19 三田光
DF 4 川前力也	DF 3 アンデルソン
DF 25 カブレリーゾ	DF 2 丸山良明
DF 16 中村祥朗	DF 5 神田勝夫
MF 18 大友慧	MF 8 山口素弘
MF 15 森惠佑	MF 6 秋葉忠宏
MF 27 佐藤陽彦	MF 23 深澤仁博
MF 8 小石龍臣	MF 9 ファビーニョ
FW 20 鳴尾直軌	FW 10 マルクス
FW 28 ジェフェルソン	FW 11 上野優作
GK 1 高橋範夫	GK 20 前田信弘
DF 2 朝比奈伸	DF 14 高橋直樹
MF 26 矢部次郎	MF 12 宮沢克行
FW 7 佐藤大実	MF 17 安英学
FW 9 服部浩紀	MF 26 尾崎瑛一郎

【得点】(新)84分オウンゴール
【交代】(鳥)68分大友慧→佐藤大実 86分森惠佑→服部浩紀 86分小石龍臣→矢部次郎 (新)80分神田勝夫→尾崎瑛一郎 82分山口素弘→安英学 89分深澤仁博→高橋直樹
【警告】(鳥)62分中村祥朗 89分川前力也 (新)39分秋葉忠宏 72分深澤仁博

●主審/原田秀昭 副審/入部進也、石川恭司

第12節 5月14日(水) 19時04分

●会場/新潟陸 ●入場者数/14,741人
●天候/曇 ●気温/19.3℃ ●湿度/72% ●風/弱

アルビレックス新潟 4 [1-0 3-0] 0 大宮アルディージャ

アルビレックス新潟	大宮アルディージャ
GK 21 野澤洋輔	GK 21 川島永嗣
DF 19 三田光	DF 18 松本大樹
DF 3 アンデルソン	DF 4 トニーニョ
DF 2 丸山良明	DF 7 氏家英行
DF 5 神田勝夫	DF 6 原崎政人
MF 8 山口素弘	MF 14 大塚真司
MF 6 秋葉忠宏	MF 31 鈴木将太
MF 23 深澤仁博	MF 19 伊藤彰
MF 9 ファビーニョ	MF 17 島田裕介
FW 10 マルクス	FW 27 横山聡
FW 11 上野優作	FW 30 磯山和司
GK 1 木寺浩一	GK 1 安藤智安
DF 14 高橋直樹	DF 5 岡本隆吾
MF 12 宮沢克行	DF 15 斉藤雅人
MF 17 安英学	FW 11 バレー
MF 26 尾崎瑛一郎	FW 12 盛田剛平

【得点】(新)42分マルクス 55分マルクス 60分マルクス 87分マルクス
【交代】(新)68分神田勝夫→尾崎瑛一郎 71分アンデルソン→高橋直樹 77分山口素弘→安英学 (大)45分磯山和司→バレー 45分横山聡→盛田剛平 54分鈴木将太→安藤智安
【警告】(大)29分大塚真司
【退場】(大)53分川島永嗣 58分トニーニョ

●主審/塩川拓司 副審/山口博司、小椋剛

第13節 5月17日(土) 14時04分

●会場/博多球 ●入場者数/6,606人
●天候/晴 ●気温/23.3℃ ●湿度/58% ●風/弱

アビスパ福岡 1 [1-0 0-2] 2 アルビレックス新潟

アビスパ福岡	アルビレックス新潟
GK 16 水谷雄一	GK 21 野澤洋輔
DF 2 立石飛鳥	DF 19 三田光
DF 3 セルジオ	DF 3 アンデルソン
DF 5 千代反田充	DF 2 丸山良明
DF 23 宮本亨	DF 5 神田勝夫
MF 7 宮崎光平	MF 8 山口素弘
MF 6 篠田善之	MF 6 秋葉忠宏
MF 20 米田兼一郎	MF 23 深澤仁博
MF 10 宮原裕司	MF 12 宮沢克行
FW 19 林祐征	FW 10 マルクス
FW 13 ベンチーニョ	FW 11 上野優作
GK 12 塚本秀樹	GK 20 前田信弘
DF 4 川島眞也	DF 14 高橋直樹
MF 8 原田武男	DF 26 尾崎瑛一郎
MF 9 アレックス	MF 17 安英学
FW 24 太田恵介	FW 16 末岡龍二

【得点】(福)35分篠田善之 (新)53分丸山良明 80分末岡龍二
【交代】(福)55分林祐征→太田恵介 57分篠田善之→原田武男 75分千代反田充→川島眞也 (新)45分宮沢克行→末岡龍二 45分三田光→安英学 79分神田勝夫→尾崎瑛一郎
【警告】(福)40分林祐征 62分太田恵介

●主審/田辺宏司 副審/河野暁、原田昌彦

第14節 5月24日(土) 14時04分

●会場/新潟陸 ●入場者数/11,943人
●天候/晴 ●気温/26.6℃ ●湿度/44% ●風/弱

アルビレックス新潟 2 [1-0 1-1] 1 横浜FC

アルビレックス新潟	横浜FC
GK 21 野澤洋輔	GK 1 水原大樹
DF 19 三田光	DF 3 臼井幸平
DF 3 アンデルソン	DF 4 眞中幹夫
DF 2 丸山良明	DF 26 山尾光則
DF 5 神田勝夫	DF 15 小野智吉
MF 8 山口素弘	MF 18 小野信義
MF 6 秋葉忠宏	MF 6 マシュー
MF 23 深澤仁博	MF 17 北村知隆
MF 9 ファビーニョ	MF 7 高木成太
FW 10 マルクス	FW 10 佐藤正美
FW 11 上野優作	FW 25 城彰二
GK 1 木寺浩一	DF 5 早川知伸
DF 14 高橋直樹	MF 8 吉武剛
MF 26 尾崎瑛一郎	FW 13 横山博敏
MF 17 安英学	MF 22 内田智也
FW 16 末岡龍二	FW 16 神野卓哉

【得点】(新)26分ファビーニョ 57分上野優作 (横)52分臼井幸平
【交代】(新)60分神田勝夫→高橋直樹 74分山口素弘→安英学 89分マルクス→末岡龍二 (横)55分北村知隆→吉武剛 69分佐藤正美→神野卓哉 73分眞中幹夫→横山博敏
【警告】(新)20分山口素弘 30分三田光 89分深澤仁博 (横)44分山尾光則 67分高木成太

●主審/鈴木亮哉 副審/石沢知、平野伸一

第15節 5月31日(土) 14時04

●会場/札幌ド ●入場者数/14,248人
●天候/屋内 ●気温/22.0℃ ●湿度/63% ●風

コンサドーレ札幌 2 [0-0 2-0] 0 アルビレック 新潟

コンサドーレ札幌	アルビレックス新潟
GK 21 藤ヶ谷陽介	GK 21 野澤洋輔
DF 25 西田吉洋	DF 19 三田光
DF 18 曽田雄志	DF 3 アンデルソ
DF 5 佐藤尽	DF 2 丸山良明
DF 6 大森健作	DF 5 神田勝夫
MF 19 中尾康二	MF 8 山口素弘
MF 8 ビタウ	MF 6 秋葉忠宏
MF 27 三原廣樹	MF 23 深澤仁博
MF 10 ホベルッチ	MF 9 ファビーニ
FW 17 新居辰基	FW 10 マルクス
FW 16 堀井岳也	FW 11 上野優作
GK 1 佐藤洋平	GK 20 前田信弘
DF 14 西澤淳二	MF 26 尾崎瑛一郎
MF 34 川口卓哉	MF 15 本間勲
MF 32 市村篤司	MF 17 安英学
FW 11 相川進也	FW 16 末岡龍二

【得点】(札)75分ホベルッチ 78分ホベルッチ
【交代】(札)03分佐藤尽→西澤淳二 65分三原廣樹→相 也 88分新居辰基→川口卓哉 (新)70分深澤仁博→末 二 79分三田光→安英学 83分山口素弘→本間勲
【警告】(札)29分中尾康二 58分三原廣樹 76分ビタ (新)24分神田勝夫 74分秋葉忠宏 76分マルクス 77分 龍二 89分秋葉忠宏
【退場】(新)89分秋葉忠宏

●主審/穴沢努 副審/上荒敬司、花田祐治

第16節　6月7日(土) 14時05分

●会場/笠松 ●入場者数/5,168人
●天候/曇 ●気温/18.0℃ ●湿度/78% ●風/無

水戸ホーリーホック **0** [0-0 / 0-1] **1** アルビレックス新潟

水戸ホーリーホック	アルビレックス新潟
GK 1 本間幸司	GK 21 野澤洋輔
DF 4 小川雅己	DF 26 尾崎瑛一郎
DF 28 田中マルクス闘莉王	DF 3 アンデルソン
DF 15 森直樹	DF 2 丸山良明
DF 3 冨田大介	DF 5 神田勝夫
MF 27 秦賢二	MF 17 安英学
MF 29 パンチョ	MF 8 山口素弘
MF 14 栗田泰次郎	MF 23 深澤仁博
MF 6 山崎理人	MF 9 ファビーニョ
MF 18 樹森大介	FW 10 マルクス
FW 9 小野隆儀	FW 11 上野優作
GK 21 鏑木豪	GK 1 木寺浩一
MF 2 木澤正徳	DF 19 三田光
MF 5 鳥羽俊正	MF 12 宮沢克行
FW 30 フランク	FW 16 末岡龍二
FW 19 桜井鐘吾	FW 28 船越優蔵

【得点】(新)68分マルクス
【交代】(水)45分山崎理人→フランク 75分冨田大介→桜井鐘吾 (新)65分神田勝夫→三田光 79分深澤仁博→末岡龍二 89分ファビーニョ→宮沢克行
【警告】(水)18分パンチョ (新)01分上野優作

●主審/池田直寛 副審/中原美智雄、相樂亨

第17節　6月14日(土) 14時04分

●会場/新潟ス ●入場者数/35,460人
●天候/曇時々晴 ●気温/25.3℃ ●湿度/66% ●風/弱

アルビレックス新潟 **2** [0-1 / 2-0] **1** サガン鳥栖

アルビレックス新潟	サガン鳥栖
GK 21 野澤洋輔	GK 21 藤川康司
DF 26 尾崎瑛一郎	DF 6 鈴木勝大
DF 3 アンデルソン	DF 2 朝比奈伸
DF 2 丸山良明	DF 4 川前力也
DF 19 三田光	DF 16 中村祥朗
MF 8 山口素弘	MF 10 川崎元気
MF 6 秋葉忠宏	MF 27 佐藤陽彦
MF 23 深澤仁博	MF 18 大友慧
MF 9 ファビーニョ	MF 22 米山大輔
FW 10 マルクス	FW 20 鳴尾直軌
FW 11 上野優作	FW 7 佐藤大実
GK 20 前田信弘	GK 1 高橋範夫
DF 5 神田勝夫	DF 5 宮川悟
MF 16 末岡龍二	MF 15 森惠佑
MF 17 安英学	FW 9 服部浩紀
FW 28 船越優蔵	FW 28 ジェフェルソン

【得点】(新)73分ファビーニョ 88分マルクス (鳥)30分鳴尾直軌
【交代】(新)61分深澤仁博→安英学 80分秋葉忠宏→船越優蔵 89分ファビーニョ→神田勝夫 (鳥)58分米山大輔→森惠佑 77分佐藤大実→ジェフェルソン 83分大友慧→服部浩紀
【警告】(新)15分ファビーニョ 51分アンデルソン (鳥)47分朝比奈伸 59分佐藤大実 74分森惠佑
【退場】(鳥)54分鈴木勝大

●主審/蒲澤淳一 副審/手塚洋、西村典之

第18節　6月18日(水) 19時04分

●会場/等々力 ●入場者数/6,079人
●天候/雨 ●気温/23.6℃ ●湿度/85% ●風/弱

川崎フロンターレ **0** [0-1 / 0-3] **4** アルビレックス新潟

川崎フロンターレ	アルビレックス新潟
GK 17 吉原慎也	GK 21 野澤洋輔
DF 32 岡山一成	DF 26 尾崎瑛一郎
DF 30 渡辺匠	DF 17 安英学
DF 5 箕輪義信	DF 2 丸山良明
MF 4 アウグスト	DF 19 三田光
MF 6 山根巌	MF 8 山口素弘
MF 14 茂原岳人	MF 6 秋葉忠宏
MF 20 長橋康弘	MF 23 深澤仁博
MF 18 今野章	MF 9 ファビーニョ
FW 10 ジュニーニョ	FW 10 マルクス
FW 27 我那覇和樹	FW 11 上野優作
GK 1 浦上壮史	GK 1 木寺浩一
MF 8 久野智昭	DF 5 神田勝夫
MF 26 中村憲剛	MF 12 宮沢克行
FW 11 伊藤優津樹	MF 16 末岡龍二
FW 9 バルデス	FW 28 船越優蔵

【得点】(新)44分マルクス 52分マルクス 82分ファビーニョ 89分宮沢克行
【交代】(川)50分今野章→久野智昭 55分我那覇和樹→バルデス 69分長橋康弘→伊藤優津樹 (新)79分マルクス→船越優蔵 86分深澤仁博→末岡龍二 87分上野優作→宮沢克行
【警告】(川)19分アウグスト 43分渡辺匠 46分渡辺匠 57分岡山一成 65分茂原岳人 (新)17分マルクス 26分秋葉忠宏 58分安英学 71分ファビーニョ 81分深澤仁博 82分ファビーニョ
【退場】(川)46分渡辺匠 89分茂原岳人 (新)82分ファビーニョ

●主審/今村亮一 副審/竹内元人、安食弘幸

第19節　6月21日(土) 19時04分

●会場/新潟ス ●入場者数/41,386人
●天候/晴 ●気温/23.6℃ ●湿度/77% ●風/無

アルビレックス新潟 **1** [0-0 / 1-0] **0** 湘南ベルマーレ

アルビレックス新潟	湘南ベルマーレ
GK 21 野澤洋輔	GK 16 小林弘記
DF 26 尾崎瑛一郎	DF 4 時崎悠
DF 3 アンデルソン	DF 15 パラシオス
DF 2 丸山良明	DF 3 井原康秀
DF 19 三田光	MF 6 中里宏司
MF 8 山口素弘	MF 29 金根哲
MF 6 秋葉忠宏	MF 10 吉野智行
MF 16 末岡龍二	MF 8 熊林親吾
MF 12 宮沢克行	MF 11 坂本紘司
FW 7 栗原圭介	FW 32 柿本倫明
FW 11 上野優作	FW 9 高田保則
GK 20 前田信弘	GK 21 船津佑也
DF 13 新井健二	DF 17 北出勉
DF 32 山形辰徳	DF 25 照井篤
MF 15 本間勲	MF 18 加藤大志
FW 28 船越優蔵	FW 13 戸田賢良

【得点】(新)83分船越優蔵
【交代】(新)70分末岡龍二→本間勲 74分上野優作→船越優蔵 85分栗原圭介→山形辰徳 (湘)56分高田保則→加藤大志 56分中里宏司→北出勉 76分井原康秀→照井篤

●主審/辺見康裕 副審/武田進、間島宗一

第20節　6月28日(土) 18時34分

●会場/広島ビ ●入場者数/12,814人
●天候/曇 ●気温/23.3℃ ●湿度/85% ●風/無

サンフレッチェ広島 **0** [0-0 / 0-0] **0** アルビレックス新潟

サンフレッチェ広島	アルビレックス新潟
GK 1 下田崇	GK 21 野澤洋輔
DF 5 駒野友一	DF 26 尾崎瑛一郎
DF 18 八田康介	DF 3 アンデルソン
DF 2 リカルド	DF 2 丸山良明
DF 17 服部公太	DF 19 三田光
MF 4 桑原裕義	MF 23 深澤仁博
MF 8 森崎和幸	MF 8 山口素弘
MF 6 サンパイオ	MF 6 秋葉忠宏
FW 23 李漢宰	MF 9 ファビーニョ
FW 16 梅田直哉	FW 10 マルクス
FW 10 マルセロ	FW 11 上野優作
GK 21 林卓人	GK 1 木寺浩一
DF 19 上村健一	DF 5 神田勝夫
MF 26 高木和正	MF 16 末岡龍二
FW 11 茂木弘人	MF 17 安英学
FW 20 大木勉	FW 28 船越優蔵

【交代】(広)76分桑原裕義→茂木弘人 (新)45分秋葉忠宏→安英学 73分深澤仁博→神田勝夫 79分上野優作→船越優蔵
【警告】(新)17分尾崎瑛一郎 41分マルクス 70分尾崎瑛一郎
【退場】(新)70分尾崎瑛一郎

●主審/柏原丈二 副審/金田大吉、越智新次

第21節　7月2日(水) 19時04分

●会場/新潟ス ●入場者数/29,846人
●天候/晴 ●気温/21.0℃ ●湿度/69% ●風/無

アルビレックス新潟 **0** [0-0 / 0-0] **0** ヴァンフォーレ甲府

アルビレックス新潟	ヴァンフォーレ甲府
GK 21 野澤洋輔	GK 1 阿部謙作
DF 19 三田光	DF 15 アライール
DF 3 アンデルソン	DF 19 池端陽介
DF 2 丸山良明	DF 5 青葉幸洋
DF 5 神田勝夫	DF 28 奈須伸也
MF 23 深澤仁博	MF 8 倉貫一毅
MF 17 安英学	MF 17 外池大亮
MF 8 山口素弘	MF 20 水越潤
MF 9 ファビーニョ	MF 14 石原克哉
FW 10 マルクス	FW 10 藤田健
FW 11 上野優作	FW 16 小倉隆史
GK 20 前田信弘	GK 22 鶴田達也
DF 13 新井健二	DF 29 杉山新
MF 6 秋葉忠宏	MF 4 山本英臣
MF 16 末岡龍二	MF 7 土橋宏由樹
FW 28 船越優蔵	MF 23 山崎光太郎

【交代】(新)65分上野優作→船越優蔵 73分深澤仁博→末岡龍二 (甲)32分石原克哉→土橋宏由樹 71分倉貫一毅→山本英臣 89分アライール→杉山新
【警告】(新)35分安英学 (甲)87分池端陽介

●主審/唐木田徹 副審/伊藤力喜雄、阿部浩士

第22節　7月5日(土) 19時04分

●会場/新潟ス ●入場者数/40,948人
●天候/晴 ●気温/22.7℃ ●湿度/70% ●風/弱

アルビレックス新潟 **1** [0-0 / 1-1] **1** モンテディオ山形

アルビレックス新潟	モンテディオ山形
GK 21 野澤洋輔	GK 16 桜井繁
DF 26 尾崎瑛一郎	DF 22 依田光正
DF 3 アンデルソン	DF 3 古川毅
DF 2 丸山良明	DF 4 鷲田雅一
DF 5 神田勝夫	DF 14 井上雄幾
MF 8 山口素弘	MF 15 小久保純
MF 6 秋葉忠宏	MF 8 永井篤志
MF 17 安英学	MF 5 ニヴァウド
MF 9 ファビーニョ	MF 7 高橋健二
FW 10 マルクス	FW 9 大島秀夫
FW 28 船越優蔵	FW 17 中村幸聖
GK 1 木寺浩一	GK 21 阿江孝一
DF 19 三田光	DF 13 内山俊彦
MF 16 末岡龍二	MF 25 川崎健太郎
MF 23 深澤仁博	FW 10 アレッシャンドレ
FW 11 上野優作	FW 11 羽地登志晃

【得点】(新)83分マルクス (山)63分羽地登志晃
【交代】(新)54分尾崎瑛一郎→深澤仁博 71分船越優蔵→上野優作 79分神田勝夫→末岡龍二 (山)19分井上雄幾→内山俊彦 62分中村幸聖→羽地登志晃 86分小久保純→川崎健太郎
【警告】(新)38分マルクス 66分アンデルソン (山)40分ニヴァウド 82分内山俊彦 89分依田光正

●主審/牧野明久 副審/中熊光義、佐幸欣治

第23節　7月19日(土) 19時01分

●会場/鳥栖 ●入場者数/3,381人
●天候/晴 ●気温/27.5℃ ●湿度/76% ●風/弱

サガン鳥栖 **0** [0-1 / 0-0] **1** アルビレックス新潟

サガン鳥栖	アルビレックス新潟
GK 21 藤川康司	GK 21 野澤洋輔
DF 13 古川隆志	DF 26 尾崎瑛一郎
DF 2 朝比奈伸	DF 17 安英学
DF 4 川前力也	DF 2 丸山良明
DF 16 中村祥朗	DF 19 三田光
MF 23 ジュニーニョ	MF 8 山口素弘
MF 6 鈴木勝大	MF 6 秋葉忠宏
MF 10 川崎元気	MF 23 深澤仁博
MF 8 小石龍臣	MF 9 ファビーニョ
FW 20 鳴尾直軌	FW 10 マルクス
FW 22 米山大輔	FW 11 上野優作
GK 1 高橋範夫	GK 20 前田信弘
DF 5 宮川悟	DF 5 神田勝夫
MF 27 佐藤陽彦	MF 12 宮沢克行
FW 9 服部浩紀	FW 16 末岡龍二
FW 11 田村直弘	FW 28 船越優蔵

【得点】(新)02分上野優作
【交代】(鳥)78分ジュニーニョ→田村直弘 78分古川隆志→服部浩紀 83分川前力也→宮川悟 (新)78分深澤仁博→末岡龍二 85分ファビーニョ→宮沢克行 89分マルクス→船越優蔵
【警告】(鳥)33分ジュニーニョ (新)26分上野優作 34分山口素弘 56分マルクス
【退場】(鳥)68分朝比奈伸

●主審/原田秀昭 副審/岡野尚士、原田昌彦

第24節　7月26日(土) 19時01分

●会場/新潟ス ●入場者数/34,571人
●天候/晴 ●気温/23.3℃ ●湿度/69% ●風/無

アルビレックス新潟 **3** [1-0 / 2-2] **2** アビスパ福岡

アルビレックス新潟	アビスパ福岡
GK 21 野澤洋輔	GK 12 塚本秀樹
DF 26 尾崎瑛一郎	DF 32 平島崇
DF 17 安英学	DF 4 川島眞也
DF 2 丸山良明	DF 21 藏田茂樹
DF 5 神田勝夫	DF 9 アレックス
MF 8 山口素弘	MF 7 宮崎光平
MF 6 秋葉忠宏	MF 8 原田武男
MF 23 深澤仁博	MF 20 米田兼一郎
MF 9 ファビーニョ	MF 10 宮原裕司
FW 10 マルクス	FW 24 太田恵介
FW 11 上野優作	FW 29 福嶋洋
GK 1 木寺浩一	GK 16 水谷雄一
DF 19 三田光	DF 5 千代反田充
MF 12 宮沢克行	MF 14 古賀誠史
MF 16 末岡龍二	MF 17 大塚和征
FW 28 船越優蔵	FW 19 林祐征

【得点】(新)37分マルクス 85分船越優蔵 89分マルクス (福)67分林祐征 73分太田恵介
【交代】(新)45分神田勝夫→三田光 57分上野優作→船越優蔵 74分深澤仁博→末岡龍二 (福)45分宮原裕司→古賀誠史 45分宮崎光平→大塚和征 62分福嶋洋→林祐征
【警告】(新)31分安英学

●主審/岡田正義 副審/下村昌昭、三宅毅

第25節　7月30日(水) 19時04分

●会場/大宮 ●入場者数/4,787人
●天候/曇 ●気温/27.5℃ ●湿度/75% ●風/無

大宮アルディージャ **0** [0-1 / 0-1] **2** アルビレックス新潟

大宮アルディージャ	アルビレックス新潟
GK 21 川島永嗣	GK 21 野澤洋輔
DF 3 野口裕司	DF 26 尾崎瑛一郎
DF 4 トニーニョ	DF 3 アンデルソン
DF 2 奥野誠一郎	DF 2 丸山良明
DF 33 村田達哉	DF 4 杉山弘一
MF 13 木谷公亮	MF 8 山口素弘
MF 15 斉藤雅人	MF 6 秋葉忠宏
MF 8 安藤正裕	MF 23 深澤仁博
MF 19 伊藤彰	MF 9 ファビーニョ
FW 10 黒崎久志	FW 10 マルクス
FW 11 バレー	FW 28 船越優蔵
GK 1 安藤智安	GK 20 前田信弘
MF 6 原崎政人	DF 13 新井健二
MF 14 大塚真司	MF 12 宮沢克行
FW 9 エジソン	MF 17 安英学
FW 12 盛田剛平	FW 16 末岡龍二

【得点】(新)18分船越優蔵 89分マルクス
【交代】(大)56分黒崎久志→エジソン 82分伊藤彰→盛田剛平 82分野口裕司→原崎政人 (新)67分杉山弘一→新井健二 70分深澤仁博→安英学 86分ファビーニョ→宮沢克行
【警告】(新)61分船越優蔵
【退場】(大)88分トニーニョ

●主審/泉弘紀 副審/近江孝義、村上伸次

第26節　8月2日(土) 19時04分

●会場/新潟ス ●入場者数/31,665人
●天候/晴時々曇 ●気温/26.0℃ ●湿度/84% ●風/無

アルビレックス新潟 **5** [1-1 / 4-0] **1** コンサドーレ札幌

アルビレックス新潟	コンサドーレ札幌
GK 21 野澤洋輔	GK 1 佐藤洋平
DF 26 尾崎瑛一郎	DF 33 岡田佑樹
DF 3 アンデルソン	DF 18 曽田雄志
DF 2 丸山良明	DF 5 佐藤尽
DF 4 杉山弘一	DF 34 川口卓哉
MF 6 秋葉忠宏	MF 19 中尾康二
MF 8 山口素弘	MF 4 今野泰幸
MF 23 深澤仁博	MF 2 森下仁志
MF 9 ファビーニョ	MF 8 ビタウ
FW 10 マルクス	FW 16 堀井岳也
FW 28 船越優蔵	FW 9 アンドラジーニャ
GK 1 木寺浩一	GK 29 井上敦史
DF 35 鈴木健太郎	DF 14 西澤淳二
MF 17 安英学	MF 23 砂川誠
MF 16 末岡龍二	MF 7 酒井直樹
FW 24 森田浩史	FW 17 新居辰基

【得点】(新)29分船越優蔵 50分マルクス 66分マルクス 70分マルクス 86分マルクス (札)06分オウンゴール
【交代】(新)45分杉山弘一→安英学 68分尾崎瑛一郎→鈴木健太郎 80分深澤仁博→末岡龍二 (札)34分曽田雄志→砂川誠 52分岡田佑樹→酒井直樹 68分砂川誠→新居辰基
【警告】(新)30分船越優蔵 33分杉山弘一 37分船越優蔵 60分ファビーニョ (札)37分中尾康二 42分アンドラジーニャ
【退場】(新)37分船越優蔵 (札)55分ビタウ

●主審/北村央春 副審/佐幸欣治、斉藤敬一

第27節　8月10日(日) 19時04分

●会場/新潟ス ●入場者数/39,732人
●天候/晴 ●気温/25.6℃ ●湿度/72% ●風/無

アルビレックス新潟 **0** [0-0 / 0-0] **0** 水戸ホーリーホック

アルビレックス新潟	水戸ホーリーホック
GK 21 野澤洋輔	GK 21 鏑木豪
DF 26 尾崎瑛一郎	DF 15 森直樹
DF 3 アンデルソン	DF 28 田中マルクス闘莉王
DF 2 丸山良明	DF 3 冨田大介
DF 35 鈴木健太郎	MF 2 木澤正徳
MF 6 秋葉忠宏	MF 27 秦賢二
MF 8 山口素弘	MF 14 栗田泰次郎
MF 23 深澤仁博	MF 22 吉本岳史
MF 9 ファビーニョ	MF 6 山崎理人
FW 10 マルクス	FW 18 樹森大介
FW 24 森田浩史	FW 11 北川佳男
GK 20 前田信弘	GK 1 本間幸司
DF 4 杉山弘一	DF 4 小川雅己
MF 12 宮沢克行	DF 5 鳥羽俊正
MF 16 末岡龍二	MF 26 山本翔平
FW 11 上野優作	FW 25 金子剛

【交代】(新)54分森田浩史→上野優作 76分深澤仁博→宮沢克行 (水)64分木澤正徳→小川雅己 82分樹森大介→金子剛
【警告】(新)22分ファビーニョ 32分マルクス (水)28分秦賢二 31分森直樹 80分吉本岳史

●主審/家本政明 副審/谷内浩仁、野上正人

第28節　8月16日(土) 19時00分

●会場/平塚 ●入場者数/5,178人
●天候/雨 ●気温/19.6℃ ●湿度/84% ●風/中

湘南ベルマーレ **0** [0-0 / 0-0] **0** アルビレックス新潟

湘南ベルマーレ	アルビレックス新潟
GK 16 小林弘記	GK 21 野澤洋輔
DF 27 池田学	DF 26 尾崎瑛一郎
DF 15 パラシオス	DF 3 アンデルソン
DF 5 白井博幸	DF 2 丸山良明
MF 2 梅山修	DF 35 鈴木健太郎
MF 6 中里宏司	MF 6 秋葉忠宏
MF 10 吉野智行	MF 15 本間勲
MF 11 坂本紘司	MF 23 深澤仁博
MF 29 金根哲	MF 12 宮沢克行
FW 32 柿本倫明	FW 11 上野優作
FW 9 高田保則	FW 28 船越優蔵
GK 31 徳永雅俊	GK 1 木寺浩一
DF 4 時崎悠	DF 19 三田光
DF 3 井原康秀	MF 16 末岡龍二
FW 14 石田祐樹	FW 7 栗原圭介
FW 13 戸田賢良	FW 33 ジェイウソン

【交代】(湘)45分柿本倫明→戸田賢良 78分梅山修→時崎悠 84分金根哲→石田祐樹 (新)75分宮沢克行→ジェイウソン
【警告】(湘)13分柿本倫明 67分梅山修

●主審/小川直仁 副審/三宅毅、相樂亨

第29節　8月23日(土) 19時04分

●会場/新潟ス ●入場者数/42,118人
●天候/曇 ●気温/26.3℃ ●湿度/85% ●風/無

アルビレックス新潟 **3** [0-0 / 3-1] **1** サンフレッチェ広島

アルビレックス新潟	サンフレッチェ広島
GK 21 野澤洋輔	GK 1 下田崇
DF 19 三田光	DF 4 桑原裕義
DF 3 アンデルソン	DF 18 八田康介
DF 2 丸山良明	DF 2 リカルド
DF 35 鈴木健太郎	MF 17 服部公太
MF 6 秋葉忠宏	MF 8 森崎和幸
MF 8 山口素弘	MF 6 サンパイオ
MF 23 深澤仁博	MF 7 森崎浩司
MF 12 宮沢克行	FW 36 眞中靖夫
MF 9 ファビーニョ	FW 20 大木勉
FW 11 上野優作	FW 10 マルセロ
GK 20 前田信弘	GK 21 林卓人
DF 4 杉山弘一	DF 19 上村健一
MF 15 本間勲	MF 23 李漢宰
MF 7 栗原圭介	FW 11 茂木弘人
FW 28 船越優蔵	FW 27 中山元気

【得点】(新)55分ファビーニョ 59分山口素弘 63分ファビーニョ (広)58分オウンゴール
【交代】(新)80分深澤仁博→本間勲 84分上野優作→船越優蔵 88分ファビーニョ→栗原圭介 (広)68分マルセロ→茂木弘人 68分森崎和幸→李漢宰
【警告】(新)54分ファビーニョ (広)67分八田康介

●主審/上川徹 副審/浅野正樹、佐幸欣治

第30節　8月30日(土) 18時04分

●会場/松本 ●入場者数/13,043人
●天候/雨 ●気温/23.3℃ ●湿度/80% ●風/弱

ヴァンフォーレ甲府 **2** [1-0 / 1-1] **1** アルビレックス新潟

ヴァンフォーレ甲府	アルビレックス新潟
GK 1 阿部謙作	GK 21 野澤洋輔
DF 15 アライール	DF 26 尾崎瑛一郎
DF 19 池端陽介	DF 3 アンデルソン
DF 6 仲田建二	DF 2 丸山良明
DF 5 青葉幸洋	DF 35 鈴木健太郎
MF 8 倉貫一毅	MF 6 秋葉忠宏
MF 17 外池大亮	MF 8 山口素弘
MF 20 水越潤	MF 23 深澤仁博
MF 14 石原克哉	MF 9 ファビーニョ
FW 10 藤田健	FW 10 マルクス
FW 16 小倉隆史	FW 11 上野優作
GK 22 鶴田達也	GK 20 前田信弘
DF 29 杉山新	DF 19 三田光
MF 4 山本英臣	MF 12 宮沢克行
MF 23 山崎光太郎	MF 15 本間勲
FW 18 須藤大輔	FW 28 船越優蔵

【得点】(甲)42分小倉隆史 55分水越潤 (新)71分上野優作
【交代】(甲)72分倉貫一毅→山本英臣 76分水越潤→須藤大輔 (新)57分尾崎瑛一郎→宮沢克行 71分鈴木健太郎→船越優蔵 85分ファビーニョ→本間勲
【警告】(甲)61分仲田建二 76分青葉幸洋

●主審/鈴木亮哉 副審/濱口和明、前島和彦

第31節　9月3日(水) 19時04分

●会場/新潟陸 ●入場者数/14,382人
●天候/曇 ●気温/24.0℃ ●湿度/72% ●風/無

アルビレックス新潟 **3** [3-1 / 0-1] **2** 川崎フロンターレ

アルビレックス新潟	川崎フロンターレ
GK 21 野澤洋輔	GK 17 吉原慎也
DF 19 三田光	DF 32 岡山一成
DF 3 アンデルソン	DF 30 渡辺匠
DF 2 丸山良明	DF 2 伊藤宏樹
DF 35 鈴木健太郎	MF 4 アウグスト
MF 6 秋葉忠宏	MF 6 山根巌
MF 8 山口素弘	MF 14 茂原岳人
MF 23 深澤仁博	MF 20 長橋康弘
MF 12 宮沢克行	MF 18 今野章
FW 10 マルクス	FW 10 ジュニーニョ
FW 11 上野優作	FW 9 ホベルチ
GK 20 前田信弘	GK 28 相澤貴志
DF 4 杉山弘一	MF 7 鬼木達
DF 7 栗原圭介	MF 26 中村憲剛
MF 15 本間勲	MF 11 伊藤優津樹
FW 28 船越優蔵	FW 27 我那覇和樹

【得点】(新)07分山口素弘 23分上野優作 27分マルクス (川)13分ホベルチ 46分オウンゴール
【交代】(新)86分マルクス→杉山弘一 89分上野優作→船越優蔵 (川)62分今野章→中村憲剛 72分長橋康弘→我那覇和樹 80分渡辺匠→伊藤優津樹
【警告】(新)10分鈴木健太郎 (川)01分ジュニーニョ 17分今野章 60分ホベルチ

●主審/吉田寿光 副審/谷内浩仁、岡野宇広

第32節　9月6日(土) 18時04分

●会場/山形県 ●入場者数/7,852人
●天候/晴 ●気温/24.6℃ ●湿度/64% ●風/無

モンテディオ山形 **1** [0-0 / 1-2] **2** アルビレックス新潟

モンテディオ山形	アルビレックス新潟
GK 16 桜井繁	GK 21 野澤洋輔
DF 14 井上雄幾	DF 19 三田光
DF 3 古川毅	DF 3 アンデルソン
DF 4 鷲田雅一	DF 2 丸山良明
DF 13 内山俊彦	DF 35 鈴木健太郎
MF 19 星大輔	MF 8 山口素弘
MF 8 永井篤志	MF 6 秋葉忠宏
MF 5 ニヴァウド	MF 23 深澤仁博
FW 27 秋葉勝	MF 12 宮沢克行
FW 17 中村幸聖	FW 10 マルクス
FW 9 大島秀夫	FW 11 上野優作
GK 21 阿江孝一	GK 1 木寺浩一
DF 2 太田雅之	DF 4 杉山弘一
DF 24 伊東真吾	MF 7 栗原圭介
MF 15 小久保純	MF 15 本間勲
FW 11 羽地登志晃	FW 28 船越優蔵

【得点】(山)79分羽地登志晃 (新)66分上野優作 70分宮沢克行
【交代】(山)71分秋葉勝→伊東真吾 78分中村幸聖→羽地登志晃 86分井上雄幾→小久保純 (新)76分深澤仁博→栗原圭介 89分宮沢克行→本間勲 89分上野優作→船越優蔵
【警告】(山)34分内山俊彦 (新)29分深澤仁博 42分山口素弘
【退場】(山)80分星大輔

●主審/辺見康裕 副審/伊藤力喜雄、東城穣

第33節　9月13日(土) 14時04分

●会場/福島 ●入場者数/8,574人
●天候/晴 ●気温/30.0℃ ●湿度/65% ●風/中

横浜FC **1** [0-3 / 1-4] **7** アルビレックス新潟

横浜FC	アルビレックス新潟
GK 21 菅野孝憲	GK 21 野澤洋輔
DF 23 ルディ	DF 19 三田光
DF 26 山尾光則	DF 3 アンデルソン
DF 27 河野淳吾	DF 2 丸山良明
MF 3 臼井幸平	DF 35 鈴木健太郎
MF 4 眞中幹夫	MF 15 本間勲
MF 22 内田智也	MF 6 秋葉忠宏
MF 13 横山博敏	MF 23 深澤仁博
MF 15 小野智吉	MF 12 宮沢克行
FW 9 レーマン	FW 10 マルクス
FW 20 大久保哲哉	FW 11 上野優作
GK 12 吉田明博	GK 20 前田信弘
MF 7 高木成太	DF 4 杉山弘一
MF 11 増田功作	MF 7 栗原圭介
MF 17 北村知隆	FW 28 船越優蔵
FW 25 城彰二	FW 33 ジェイウソン

【得点】(横)82分横山博敏 (新)33分宮沢克行 39分宮沢克行 41分マルクス 59分鈴木健太郎 66分マルクス 79分マルクス 89分マルクス
【交代】(横)45分河野淳吾→高木成太 45分小野智吉→城彰二 61分大久保哲哉→増田功作 (新)64分上野優作→ジェイウソン 70分深澤仁博→栗原圭介 78分三田光→船越優蔵
【警告】(横)08分レーマン 80分城彰二 (新)45分三田光 51分アンデルソン
【退場】(横)88分菅野孝憲

●主審/吉田寿光 副審/上荒敬司、片桐正広

第34節　9月20日(土) 14時03分

●会場/新潟ス ●入場者数/38,569人
●天候/曇 ●気温/22.3℃ ●湿度/55% ●風/弱

アルビレックス新潟 **2** [2-0 / 0-1] **1** 湘南ベルマーレ

アルビレックス新潟	湘南ベルマーレ
GK 21 野澤洋輔	GK 1 鈴木正人
DF 19 三田光	DF 2 梅山修
DF 3 アンデルソン	DF 17 北出勉
DF 2 丸山良明	DF 4 時崎悠
DF 35 鈴木健太郎	MF 8 熊林親吾
MF 6 秋葉忠宏	MF 10 吉野智行
MF 8 山口素弘	MF 6 中里宏司
MF 23 深澤仁博	MF 29 金根哲
MF 12 宮沢克行	MF 11 坂本紘司
FW 10 マルクス	FW 14 石田祐樹
FW 11 上野優作	FW 9 高田保則
GK 1 木寺浩一	GK 21 船津佑也
DF 4 杉山弘一	DF 3 井原康秀
MF 15 本間勲	MF 18 加藤大志
FW 28 船越優蔵	FW 19 石原直樹
FW 33 ジェイウソン	FW 32 柿本倫明

【得点】(新)12分上野優作 23分上野優作 (湘)58分石原直樹
【交代】(新)69分秋葉忠宏→本間勲 78分鈴木健太郎→杉山弘一 86分上野優作→船越優蔵 (湘)36分坂本紘司→柿本倫明 45分吉野智行→石原直樹 54分石田祐樹→加藤大志
【警告】(新)11分鈴木健太郎 79分杉山弘一 88分船越優蔵 (湘)15分時崎悠 32分熊林親吾 37分中里宏司

●主審/穴沢努 副審/中原美智雄、田中厚

第35節　9月23日(火・祝) 18時35分

●会場/広島ビ ●入場者数/26,158人
●天候/曇 ●気温/19.6℃ ●湿度/72% ●風/弱

サンフレッチェ広島 **1** [0-0 / 1-0] **0** アルビレックス新潟

サンフレッチェ広島	アルビレックス新潟
GK 1 下田崇	GK 21 野澤洋輔
DF 37 井川祐輔	DF 19 三田光
DF 2 リカルド	DF 3 アンデルソン
DF 19 上村健一	DF 2 丸山良明
MF 15 松下裕樹	DF 35 鈴木健太郎
MF 8 森崎和幸	MF 8 山口素弘
MF 7 森崎浩司	MF 6 秋葉忠宏
MF 6 サンパイオ	MF 23 深澤仁博
MF 17 服部公太	MF 12 宮沢克行
FW 10 マルセロ	FW 10 マルクス
FW 27 中山元気	FW 11 上野優作
GK 21 林卓人	GK 20 前田信弘
DF 18 八田康介	DF 4 杉山弘一
MF 26 高木和正	MF 7 栗原圭介
FW 20 大木勉	MF 15 本間勲
FW 36 眞中靖夫	FW 28 船越優蔵

【得点】(広)47分リカルド
【交代】(広)76分松下裕樹→八田康介 84分中山元気→眞中靖夫 (新)58分宮沢克行→船越優蔵 78分深澤仁博→栗原圭介 82分秋葉忠宏→本間勲
【警告】(広)16分森崎浩司 35分マルセロ 51分マルセロ 89分眞中靖夫 (新)50分山口素弘 79分栗原圭介
【退場】(広)51分マルセロ

●主審/柏原丈二 副審/金子聡一郎、青木隆

第36節 9月27日(土) 14時03分

●会場／新潟ス ●入場者数／40,068人
●天候／晴 ●気温／24.6℃ ●湿度／59% ●風／弱

アルビレックス新潟 2 [0-1 2-0] 1 サガン鳥栖

アルビレックス新潟	サガン鳥栖
GK 21 野澤洋輔	GK 14 シュナイダー潤之介
DF 19 三田光	DF 6 鈴木勝大
DF 3 アンデルソン	DF 5 宮川悟
DF 2 丸山良明	DF 19 ペリクレス
DF 35 鈴木健太郎	DF 17 山道高平
MF 6 秋葉忠宏	MF 11 田村直弘
MF 8 山口素弘	MF 10 川崎元気
MF 36 熱田眞	MF 25 村主博正
MF 12 宮沢克行	MF 22 米山大輔
FW 10 マルクス	FW 20 鳴尾直軌
FW 11 上野優作	FW 28 ジェフェルソン
GK 1 木寺浩一	GK 1 高橋範夫
DF 4 杉山弘一	DF 2 朝比奈伸
MF 15 本間勲	DF 16 中村祥朗
MF 23 深澤仁博	MF 27 佐藤陽彦
FW 24 森田浩史	FW 9 服部浩紀

【得点】(新)52分上野優作 67分上野優作 (鳥)02分ジェフェルソン
【交代】(新)57分熱田眞→深澤仁博 78分宮沢克行→本間勲 84分上野優作→森田浩史 (鳥)31分宮川悟→朝比奈伸 71分田村直弘→佐藤陽彦 80分鈴木勝大→服部浩紀
【警告】(新)00分熱田眞 62分マルクス (鳥)07分鳴尾直軌 20分ジェフェルソン

●主審／池田直寛 副審／花田祐治、勝又光司

第37節 10月4日(土) 14時04分

●会場／等々力 ●入場者数／21,393人
●天候／晴 ●気温／23.0℃ ●湿度／42% ●風／弱

川崎フロンターレ 3 [1-0 2-0] 0 アルビレックス新潟

川崎フロンターレ	アルビレックス新潟
GK 17 吉原慎也	GK 21 野澤洋輔
DF 2 伊藤宏樹	DF 19 三田光
DF 30 渡辺匠	DF 3 アンデルソン
DF 5 箕輪義信	DF 2 丸山良明
MF 6 山根巌	DF 35 鈴木健太郎
MF 14 茂原岳人	MF 6 秋葉忠宏
MF 4 アウグスト	MF 8 山口素弘
MF 15 塩川岳人	MF 23 深澤仁博
MF 18 今野章	MF 9 ファビーニョ
FW 10 ジュニーニョ	FW 10 マルクス
FW 9 ホベルチ	FW 11 上野優作
GK 1 浦上壮史	GK 20 前田信弘
DF 32 岡山一成	DF 4 杉山弘一
MF 7 鬼木達	MF 12 宮沢克行
MF 26 中村憲剛	MF 15 本間勲
FW 27 我那覇和樹	FW 28 船越優蔵

【得点】(川)01分ホベルチ 85分我那覇和樹 88分ジュニーニョ
【交代】(川)45分茂原岳人→鬼木達 74分ホベルチ→我那覇和樹 76分山根巌→岡山一成 (新)69分三田光→本間勲 78分ファビーニョ→宮沢克行 86分秋葉忠宏→船越優蔵
【警告】(川)23分ジュニーニョ 28分吉原慎也 63分ホベルチ (新)89分マルクス

●主審／砂川恵一 副審／伊藤力喜雄、中熊光義

第38節 10月11日(土) 14時04分

●会場／新潟ス ●入場者数／39,882人
●天候／晴 ●気温／24.0℃ ●湿度／54% ●風／無

アルビレックス新潟 4 [1-0 3-1] 1 モンテディオ山形

アルビレックス新潟	モンテディオ山形
GK 21 野澤洋輔	GK 16 桜井繁
DF 19 三田光	DF 2 太田雅之
DF 3 アンデルソン	DF 3 古川毅
DF 2 丸山良明	DF 30 小林久晃
DF 35 鈴木健太郎	DF 13 内山俊彦
MF 8 山口素弘	MF 19 星大輔
MF 6 秋葉忠宏	MF 8 永井篤志
MF 23 深澤仁博	MF 14 井上雄幾
MF 9 ファビーニョ	MF 7 高橋健二
FW 10 マルクス	FW 9 大島秀夫
FW 11 上野優作	FW 11 羽地登志晃
GK 1 木寺浩一	GK 21 阿江孝一
DF 26 尾崎瑛一郎	DF 22 依田光正
MF 12 宮沢克行	MF 15 小久保純
MF 15 本間勲	MF 25 川崎健太郎
FW 28 船越優蔵	FW 17 中村幸聖

【得点】(新)24分マルクス 57分マルクス 74分アンデルソン 89分ファビーニョ (山)60分小林久晃
【交代】(新)65分深澤仁博→本間勲 80分秋葉忠宏→宮沢克行 86分上野優作→船越優蔵 (山)60分永井篤志→川崎健太郎 63分大島秀夫→中村幸聖 73分内山俊彦→小久保純
【警告】(新)44分アンデルソン 89分本間勲

●主審／布瀬直次 副審／河合英治、野上正人

第39節 10月18日(土) 14時04分

●会場／笠松 ●入場者数／5,889人
●天候／曇 ●気温／17.0℃ ●湿度／69% ●風／弱

水戸ホーリーホック 1 [1-0 0-0] 0 アルビレックス新潟

水戸ホーリーホック	アルビレックス新潟
GK 1 本間幸司	GK 21 野澤洋輔
DF 2 木澤正徳	DF 19 三田光
DF 28 田中マルクス闘莉王	DF 3 アンデルソン
DF 15 森直樹	DF 2 丸山良明
DF 3 冨田大介	DF 35 鈴木健太郎
MF 27 秦賢二	MF 8 山口素弘
MF 22 吉本岳史	MF 6 秋葉忠宏
MF 14 栗田泰次郎	MF 23 深澤仁博
MF 17 磯崎敬太	MF 9 ファビーニョ
FW 11 北川佳男	FW 10 マルクス
FW 18 樹森大介	FW 11 上野優作
GK 21 鏑木豪	GK 20 前田信弘
DF 4 小川雅己	DF 26 尾崎瑛一郎
DF 5 鳥羽俊正	MF 12 宮沢克行
MF 6 山崎理人	MF 15 本間勲
FW 9 小野隆儀	FW 28 船越優蔵

【得点】(水)03分田中マルクス闘莉王
【交代】(水)45分秦賢二→山崎理人 71分木澤正徳→小川雅己 (新)45分深澤仁博→本間勲 64分三田光→尾崎瑛一郎 83分秋葉忠宏→船越優蔵
【警告】(水)65分木澤正徳 84分山崎理人 89分樹森大介 (新)26分鈴木健太郎 63分ファビーニョ 80分アンデルソン

●主審／北村央春 副審／鍛冶勉、前島和彦

第40節 10月26日(日) 18時04分

●会場／新潟ス ●入場者数／42,199人
●天候／曇時々晴 ●気温／13.0℃ ●湿度／60% ●風／

アルビレックス新潟 2 [1-0 1-0] 0 ヴァンフォーレ甲府

アルビレックス新潟	ヴァンフォーレ甲府
GK 21 野澤洋輔	GK 22 鶴田達也
DF 19 三田光	DF 15 アライール
DF 17 安英学	DF 19 池端陽介
DF 2 丸山良明	DF 6 仲田建二
DF 35 鈴木健太郎	DF 7 土橋宏由樹
MF 8 山口素弘	MF 8 倉貫一毅
MF 6 秋葉忠宏	MF 17 外池大亮
MF 12 宮沢克行	MF 20 水越潤
MF 9 ファビーニョ	MF 14 石原克哉
FW 10 マルクス	MF 10 藤田健
FW 11 上野優作	FW 16 小倉隆史
GK 1 木寺浩一	GK 34 山本雄大
DF 13 新井健二	DF 24 杉本倫治
MF 7 栗原圭介	MF 4 山本英臣
MF 16 末岡龍二	MF 23 山崎光太郎
FW 24 森田浩史	FW 27 白尾秀人

【得点】(新)30分上野優作 76分マルクス
【交代】(新)71分宮沢克行→栗原圭介 86分上野優作→森田浩史 89分鈴木健太郎→新井健二 (甲)63分倉貫一毅→山本英臣 63分水越潤→白尾秀人 80分土橋宏由樹→山崎光太郎
【警告】(新)51分三田光

●主審／岡田正義 副審／柳沢和也、下村昌昭

第41節 11月1日(土) 13時03分

●会場／札幌厚別 ●入場者数／7,544人
●天候／晴 ●気温／18.6℃ ●湿度／54% ●風／無

コンサドーレ札幌 2 [1-1 1-1] 2 アルビレックス新潟

コンサドーレ札幌	アルビレックス新潟
GK 21 藤ヶ谷陽介	GK 21 野澤洋輔
DF 22 吉川京輔	DF 19 三田光
DF 34 川口卓哉	DF 17 安英学
DF 28 田畑昭宏	DF 2 丸山良明
MF 2 森下仁志	DF 13 新井健二
MF 4 今野泰幸	MF 6 秋葉忠宏
MF 27 三原廣樹	MF 8 山口素弘
MF 20 和波智広	MF 7 栗原圭介
FW 9 アンドラジーニャ	MF 9 ファビーニョ
FW 23 砂川誠	FW 10 マルクス
FW 16 堀井岳也	FW 11 上野優作
GK 29 井上敦史	GK 1 木寺浩一
DF 18 曽田雄志	DF 14 高橋直樹
MF 33 岡田佑樹	MF 12 宮沢克行
MF 32 市村篤司	MF 16 末岡龍二
FW 17 新居辰基	FW 24 森田浩史

【得点】(札)10分アンドラジーニャ 53分今野泰幸 (新)30分上野優作 89分上野優作
【交代】(札)75分森下仁志→曽田雄志 80分三原廣樹→市村篤司 (新)59分新井健二→宮沢克行 69分栗原圭介→末岡龍二 83分山口素弘→森田浩史
【警告】(札)32分アンドラジーニャ 38分アンドラジーニャ 84分今野泰幸 (新)55分ファビーニョ
【退場】(札)38分アンドラジーニャ

●主審／大西弘幸 副審／西村典之、山崎裕彦

第42節 11月8日(土) 14時03分

●会場／新潟ス ●入場者数／41,777人
●天候／雨 ●気温／13.0℃ ●湿度／82% ●風／弱

アルビレックス新潟 4 [2-1 2-1] 2 横浜FC

アルビレックス新潟	横浜FC
GK 21 野澤洋輔	GK 21 菅野孝憲
DF 19 三田光	DF 5 早川知伸
DF 17 安英学	DF 26 山尾光則
DF 2 丸山良明	DF 27 河野淳吾
DF 35 鈴木健太郎	DF 15 小野智吉
MF 8 山口素弘	MF 11 増田功作
MF 6 秋葉忠宏	MF 6 マシュー
MF 7 栗原圭介	MF 22 内田智也
MF 9 ファビーニョ	MF 17 北村知隆
FW 10 マルクス	MF 3 臼井幸平
FW 11 上野優作	FW 8 吉武剛
GK 20 前田信弘	GK 1 水原大樹
DF 3 アンデルソン	DF 2 重田征紀
MF 12 宮沢克行	MF 18 小野信義
MF 23 深澤仁博	FW 16 神野卓哉
FW 24 森田浩史	FW 28 竹中穣

【得点】(新)04分マルクス 34分ファビーニョ 59分マルクス 71分安英学 (横)17分マシュー 89分吉武剛
【交代】(新)73分鈴木健太郎→アンデルソン 77分ファビーニョ→宮沢克行 82分栗原圭介→深澤仁博 (横)63分臼井幸平→小野信義 73分北村知隆→竹中穣 79分小野智吉→重田征紀
【警告】(新)16分三田光 79分栗原圭介 (横)35分小野智吉
【退場】(横)60分増田功作

●主審／池田直寛 副審／谷内浩仁、犬飼一郎

第43節 11月15日(土) 15時04分

●会場／博多球 ●入場者数／13,921人
●天候／曇 ●気温／18.0℃ ●湿度／79% ●風／中

アビスパ福岡 2 [1-0 1-1] 1 アルビレックス新潟

アビスパ福岡	アルビレックス新潟
GK 16 水谷雄一	GK 21 野澤洋輔
DF 32 平島崇	DF 17 安英学
DF 4 川島眞也	DF 3 アンデルソン
DF 5 千代反田充	DF 2 丸山良明
DF 9 アレックス	DF 14 高橋直樹
MF 7 宮崎光平	MF 8 山口素弘
MF 20 米田兼一郎	MF 6 秋葉忠宏
MF 8 原田武男	MF 12 宮沢克行
MF 14 古賀誠史	MF 9 ファビーニョ
FW 13 ベンチーニョ	FW 10 マルクス
FW 29 福嶋洋	FW 11 上野優作
GK 1 大神友明	GK 1 木寺浩一
DF 26 増川隆洋	DF 26 尾崎瑛一郎
MF 6 篠田善之	MF 23 深澤仁博
MF 10 宮原裕司	MF 32 山形辰徳
FW 24 太田恵介	FW 24 森田浩史

【得点】(福)39分ベンチーニョ 86分古賀誠史 (新)69分ファビーニョ
【交代】(福)71分原田武男→篠田善之 75分福嶋洋→太田恵介 89分平島崇→増川隆洋 (新)68分宮沢克行→深澤仁博 89分高橋直樹→森田浩史
【警告】(福)40分福嶋洋 70分アレックス 76分米田兼一郎 83分太田恵介 85分ベンチーニョ 89分水谷雄一

●主審／柏原丈二 副審／原田秀昭、村上孝治

第44節 11月23日(日) 13時05分

●会場／新潟ス ●入場者数／42,223人
●天候／曇時々雨 ●気温／11.6℃ ●湿度／55% ●風／弱

アルビレックス新潟 1 [1-0 0-0] 0 大宮アルディージャ

アルビレックス新潟	大宮アルディージャ
GK 21 野澤洋輔	GK 1 安藤智安
DF 14 高橋直樹	DF 15 斉藤雅人
DF 3 アンデルソン	DF 4 トニーニョ
DF 2 丸山良明	DF 2 奥野誠一郎
DF 35 鈴木健太郎	DF 33 村田達哉
MF 8 山口素弘	MF 7 氏家英行
MF 6 秋葉忠宏	MF 14 大塚真司
MF 7 栗原圭介	MF 23 金澤慎
MF 9 ファビーニョ	MF 19 伊藤彰
FW 10 マルクス	FW 12 盛田剛平
FW 11 上野優作	FW 11 バレー
GK 20 前田信弘	GK 20 荒谷弘樹
DF 4 杉山弘一	DF 18 松本大樹
MF 17 安英学	MF 16 竹村栄哉
MF 23 深澤仁博	FW 30 磯山和司
FW 28 船越優蔵	FW 10 黒崎久志

【得点】(新)10分上野優作
【交代】(新)76分栗原圭介→深澤仁博 82分マルクス→船越優蔵 89分鈴木健太郎→安英学 (大)62分金澤慎→黒崎久志 88分伊藤彰→磯山和司
【警告】(新)71分上野優作 89分秋葉忠宏

●主審／松村和彦 副審／間島宗一、勝又光司

2003 第83回天皇杯全日本サッカー選手権大会

アルビレックス新潟公式記録

1回戦 11月30日(日) 13時00分

●会場／鹿児島県立鴨池陸上競技場 ●入場者数／5,003人
●天候／晴 ●気温／23.0℃ ●湿度／ー ●風／無

ヴォルカ鹿児島 0 [0-3 0-2] 5 アルビレックス新潟

ヴォルカ鹿児島	アルビレックス新潟
GK 1 恒松伴典	GK 20 前田信弘
DF 13 前田浩二	DF 3 アンデルソン
DF 2 大徳健二	DF 19 三田光
DF 5 内藤就行	DF 14 高橋直樹
MF 22 松下尚樹	MF 7 栗原圭介
MF 26 野田知	MF 6 秋葉忠宏
MF 12 城本裕馬	MF 36 熱田眞
MF 28 盛田賢哉	MF 23 深澤仁博
MF 10 寺園寿志	MF 16 末岡龍二
FW 14 山野孝太郎	FW 24 森田浩史
FW 9 西眞一	FW 28 船越優蔵
GK 1 藤枝博也	GK 1 木寺浩一
DF 6 石原康彦	DF 4 杉山弘一
MF 7 吉村崇	DF 13 新井健二
FW 11 吉井大輔	MF 32 山形辰徳
FW 25 宇都孝弘	FW 29 山田将司

【得点】(新)02分アンデルソン 42分船越優蔵 44分森田浩史 52分森田浩史 85分森田浩史
【交代】(鹿)45分寺園寿志→宇都孝弘 45分山野孝太郎→石原康彦 86分城本裕馬→吉井大輔 (新)53分末岡龍二→新井健二 63分深澤仁博→山田将司 67分秋葉忠宏→山形辰徳
【警告】(鹿)41分前田浩二 74分城本裕馬 80分内藤就行
【退場】(鹿)41分大徳健二

●主審／中井恒 副審／相葉忠臣、黒木崇

2回戦 12月7日(日) 13時02分

●会場／新潟陸 ●入場者数／7,370人
●天候／曇時々雪 ●気温／8℃ ●湿度／ー ●風／中

アルビレックス新潟 2 [2-0 0-0] 0 高知大学

アルビレックス新潟	高知大学
GK 1 木寺浩一	GK 21 内海宏昭
DF 19 三田光	DF 5 藤井直
DF 3 アンデルソン	DF 4 森山太郎
DF 2 丸山良明	DF 3 中山啓
DF 29 山田将司	DF 2 太田浩祐
MF 6 秋葉忠宏	MF 13 宇田智之
MF 8 山口素弘	MF 7 鈴木裕太郎
MF 23 深澤仁博	MF 6 乙倉健二
MF 7 栗原圭介	MF 8 土岐勇人
FW 9 ファビーニョ	FW 9 坂下真吾
FW 24 森田浩史	FW 11 松本卓也
GK 20 前田信弘	GK 31 竹内康弘
DF 13 新井健二	DF 17 三井陽介
MF 36 熱田眞	MF 20 磯部啓太
FW 11 上野優作	MF 14 南方孝太
FW 30 田中泰裕	FW 18 日出山亮太

【得点】(新)23分アンデルソン 28分森田浩史
【交代】(新)71分ファビーニョ→田中泰裕 75分森田浩史→上野優作 83分栗原圭介→熱田眞 (高)57分土岐勇人→日出山亮太 76分宇田智之→南方孝太
【警告】(新)11分深澤仁博 32分ファビーニョ

●主審／蒲澤淳一 副審／佐幸欣治、長谷川寿樹

3回戦 12月14日(日) 13時00分

●会場／仙台スタジアム ●入場者数／15,716人
●天候／晴 ●気温／10.0℃ ●湿度／ー ●風／弱

ベガルタ仙台 1 [1-0 0-1] 2 アルビレックス新潟
(延長0-1)

ベガルタ仙台	アルビレックス新潟
GK 22 高桑大二郎	GK 21 野澤洋輔
DF 2 渡辺晋	DF 19 三田光
DF 4 小村徳男	DF 14 高橋直樹
DF 24 数馬正浩	DF 2 丸山良明
MF 26 村上和弘	DF 35 鈴木健太郎
MF 8 シルビーニョ	MF 8 山口素弘
MF 10 財前宣之	MF 6 秋葉忠宏
MF 17 根本裕一	MF 7 栗原圭介
MF 23 西洋佑	MF 9 ファビーニョ
FW 11 佐藤寿人	FW 11 上野優作
FW 13 山下芳輝	FW 28 船越優蔵
GK 21 萩原達郎	GK 1 木寺浩一
DF 19 森川拓巳	DF 13 新井健二
MF 27 森保一	MF 16 末岡龍二
FW 34 福田健二	MF 23 深澤仁博
FW 9 金殷中	FW 24 森田浩史

【得点】(仙)40分山下芳輝 (新)88分末岡龍二 106分森田浩史
【交代】(仙)60分西洋佑→福田健二 89分佐藤寿人→金殷中 105分財前宣之→森保一 (新)75分高橋直樹→深澤仁博 75分船越優蔵→森田浩史 87分鈴木健太郎→末岡龍二
【警告】(仙)14分シルビーニョ 19分財前宣之 101分山下芳輝

●主審／穴沢努 副審／安食弘幸、佐藤秀明

4回戦 12月20日(土) 13時00分

●会場／ジュビロ磐田スタジアム ●入場者数／5,812人
●天候／晴 ●気温／5.0℃ ●湿度／ー ●風／強

ジュビロ磐田 4 [2-0 2-0] 0 アルビレックス新潟

ジュビロ磐田	アルビレックス新潟
GK 28 佐藤洋平	GK 21 野澤洋輔
DF 2 鈴木秀人	DF 19 三田光
DF 5 田中誠	DF 14 高橋直樹
DF 14 山西尊裕	DF 2 丸山良明
MF 13 川口信男	DF 35 鈴木健太郎
MF 4 河村崇大	MF 8 山口素弘
MF 6 服部年宏	MF 6 秋葉忠宏
MF 11 西紀寛	MF 7 栗原圭介
MF 7 名波浩	MF 9 ファビーニョ
FW 18 前田遼一	FW 23 深澤仁博
FW 8 グラウ	FW 11 上野優作
GK 12 山本浩正	GK 20 前田信弘
DF 27 菊地直哉	DF 13 新井健二
MF 19 成岡翔	MF 16 末岡龍二
FW 26 西野泰正	FW 24 森田浩史
FW 9 中山雅史	FW 28 船越優蔵

【得点】(磐)07分グラウ 21分グラウ 51分川口信男 69分川口信男
【交代】(磐)69分名波浩→成岡翔 73分グラウ→中山雅史 78分前田遼一→西野泰正 (新)55分三田光→森田浩史 55分鈴木健太郎→船越優蔵 75分深澤仁博→末岡龍二
【警告】(磐)26分服部年宏 (新)44分ファビーニョ 64分栗原圭介 85分森田浩史

●主審／長田和久 副審／武田進、二俣敏明

2004 Jリーグディビジョン1(J1)

アルビレックス新潟公式記録

1st 第1節 3月13日(土) 15時35分

●会場／味スタ ●入場者数／35,880人
●天候／晴 ●気温／14.0℃ ●湿度／43% ●風／弱

FC東京 1 [1-0 0-0] 0 アルビレックス新潟

FC東京	アルビレックス新潟
GK 1 土肥洋一	GK 21 野澤洋輔
DF 20 加地亮	DF 29 喜多靖
DF 3 ジャーン	DF 3 アンデルソン
DF 8 藤山竜仁	DF 2 丸山良明
DF 17 金沢浄	DF 4 鈴木健太郎
MF 10 三浦文丈	MF 8 山口素弘
MF 16 宮沢正史	MF 20 桑原裕義
MF 13 戸田光洋	MF 16 寺川能人
FW 9 ルーカス	MF 9 ファビーニョ
FW 11 阿部吉朗	FW 10 エジミウソン
FW 15 鈴木規郎	FW 11 上野優作
GK 22 塩田仁史	GK 1 木寺浩一
DF 5 増嶋竜也	DF 19 三田光
MF 7 浅利悟	MF 7 栗原圭介
MF 4 呉章銀	MF 18 鈴木慎吾
FW 23 梶山陽平	FW 28 船越優蔵

【得点】(東)25分阿部吉朗
【交代】(東)69分鈴木規郎→呉章銀 78分三浦文丈→浅利悟 89分ルーカス→増嶋竜也 (新)60分ファビーニョ→鈴木慎吾 76分寺川能人→栗原圭介 88分山口素弘→船越優蔵
【警告】(東)59分ジャーン (新)23分山口素弘 81分アンデルソン

●主審／太田潔 副審／木島栄、唐木田徹

1st 第2節 3月20日(土・祝) 16時05分

●会場／新潟ス ●入場者数／40,029人
●天候／晴 ●気温／10.1℃ ●湿度／33% ●風／無

アルビレックス新潟 0 [0-0 0-0] 0 ヴィッセル神戸

アルビレックス新潟	ヴィッセル神戸
GK 21 野澤洋輔	GK 1 掛川誠
DF 29 喜多靖	DF 7 朴康造
DF 3 アンデルソン	DF 17 土屋征夫
DF 2 丸山良明	DF 4 北本久仁衛
DF 4 鈴木健太郎	DF 6 ホージェル
MF 8 山口素弘	MF 20 小島宏美
MF 20 桑原裕義	MF 3 坪内秀介
MF 16 寺川能人	MF 18 薮田光教
MF 18 鈴木慎吾	MF 10 藤本主税
FW 10 エジミウソン	FW 32 イルハン
FW 11 上野優作	FW 11 三浦知良
GK 1 木寺浩一	GK 16 岩丸史也
MF 17 安英学	DF 2 松尾直人
MF 23 深澤仁博	MF 15 吉村光示
MF 25 宮沢克行	FW 13 播戸竜二
FW 28 船越優蔵	FW 19 和多田充寿

【交代】(新)83分寺川能人→深澤仁博 87分エジミウソン→安英学 (神)56分三浦知良→播戸竜二
【警告】(新)68分エジミウソン (神)26分薮田光教 53分朴康造

●主審／片山義継 副審／佐幸欣治、勝又光司

1st 第3節 4月4日(日) 15時04分

●会場／柏の葉 ●入場者数／9,728人
●天候／雨 ●気温／5.6℃ ●湿度／85% ●風／中

柏レイソル 1 [0-0 1-2] 2 アルビレックス新潟

柏レイソル	アルビレックス新潟
GK 1 南雄太	GK 21 野澤洋輔
DF 4 渡辺毅	DF 29 喜多靖
DF 20 永田充	DF 3 アンデルソン
DF 26 近藤直也	DF 2 丸山良明
MF 7 明神智和	DF 25 宮沢克行
MF 25 下平隆宏	MF 16 寺川能人
MF 6 ドゥドゥ	MF 8 山口素弘
MF 12 増田忠俊	MF 20 桑原裕義
MF 8 リカルジーニョ	MF 18 鈴木慎吾
FW 10 ゼホベルト	FW 10 エジミウソン
FW 28 玉田圭司	FW 11 上野優作
GK 34 ノグチピントエリキソン	GK 1 木寺浩一
DF 2 根引謙介	DF 19 三田光
MF 11 加藤望	MF 17 安英学
MF 15 谷澤達也	MF 23 深澤仁博
FW 18 矢野貴章	MF 9 ファビーニョ

【得点】(柏)48分ゼホベルト (新)89分鈴木慎吾 89分エジミウソン
【交代】(柏)45分下平隆宏→谷澤達也 89分ゼホベルト→加藤望 (新)63分桑原裕義→安英学 63分宮沢克行→ファビーニョ 85分寺川能人→深澤仁博
【警告】(柏)05分リカルジーニョ 23分下平隆宏 68分ドゥドゥ (新)32分寺川能人

●主審／穴沢努 副審／抱山公彦、岡野宇広

1st 第4節 4月10日(土) 16時00分

●会場／新潟ス ●入場者数／41,192人
●天候／晴 ●気温／15.8℃ ●湿度／46% ●風／弱

アルビレックス新潟 1 [0-3 1-0] 3 横浜F・マリノス

アルビレックス新潟	横浜F・マリノス
GK 21 野澤洋輔	GK 1 榎本達也
DF 29 喜多靖	DF 8 柳想鐵
DF 3 アンデルソン	DF 22 中澤佑二
DF 2 丸山良明	DF 3 松田直樹
DF 25 宮沢克行	DF 5 ドゥトラ
MF 16 寺川能人	MF 7 佐藤由紀彦
MF 8 山口素弘	MF 6 上野良治
MF 20 桑原裕義	MF 26 那須大亮
MF 18 鈴木慎吾	MF 14 奥大介
FW 9 ファビーニョ	FW 9 久保竜彦
FW 10 エジミウソン	FW 18 清水範久
GK 1 木寺浩一	GK 21 榎本哲也
DF 19 三田光	DF 2 中西永輔
MF 17 安英学	FW 27 山崎雅人
MF 23 深澤仁博	FW 11 坂田大輔
FW 11 上野優作	FW 36 安貞桓

【得点】(新)89分エジミウソン (横)34分久保竜彦 41分奥大介 44分奥大介
【交代】(新)45分宮沢克行→上野優作 61分寺川能人→深澤仁博 75分桑原裕義→安英学 (横)36分上野良治→中西永輔 73分久保竜彦→安貞桓 85分奥大介→山崎雅人
【警告】(新)20分エジミウソン

●主審／岡田正義 副審／柳沢和也、竹内元人

1st 第5節 4月14日(水) 19時04分

●会場／カシマ ●入場者数／8,474人
●天候／雨 ●気温／13.9℃ ●湿度／79% ●風／

鹿島アントラーズ 2 [2-0 0-2] 2 アルビレックス新潟

鹿島アントラーズ	アルビレックス新潟
GK 1 小澤英明	GK 21 野澤洋輔
DF 7 新井場徹	DF 29 喜多靖
DF 3 金古聖司	DF 17 安英学
DF 4 大岩剛	DF 2 丸山良明
DF 22 石川竜也	DF 25 宮沢克行
MF 24 青木剛	MF 16 寺川能人
MF 16 フェルナンド	MF 8 山口素弘
MF 8 小笠原満男	MF 20 桑原裕義
MF 10 本山雅志	MF 18 鈴木慎吾
FW 9 ファビオジュニオール	FW 10 エジミウソン
FW 11 深井正樹	FW 11 上野優作
GK 28 首藤慎一	GK 1 木寺浩一
DF 15 岩政大樹	DF 19 三田光
MF 6 本田泰人	MF 6 秋葉忠宏
MF 25 野沢拓也	MF 7 栗原圭介
FW 19 平瀬智行	MF 9 ファビーニョ

【得点】(鹿)02分フェルナンド 30分石川竜也 (新)50分エジミウソン 67分上野優作
【交代】(鹿)76分石川竜也→本田泰人 81分本山雅志→野沢拓也 (新)45分宮沢克行→秋葉忠宏 82分エジミウソン→ファビーニョ 85分寺川能人→栗原圭介
【警告】(鹿)54分石川竜也 68分フェルナンド (新)07分エジミウソン 27分上野優作

●主審／上川徹 副審／石沢知、西村典之

st 第6節　4月18日（日）15時05分

会場／国立　●入場者数／19,694人
天候／晴　●気温／21.1℃　●湿度／49%　●風／弱

ェフユナイテッド市原 **2** [2-0 / 0-1] **1** アルビレックス新潟

K 17 櫛野亮	GK 21 野澤洋輔
F 3 斎藤大輔	DF 29 喜多靖
F 5 ミリノビッチ	DF 17 安英学
F 4 茶野隆行	DF 2 丸山良明
IF 2 坂本將貴	DF 25 宮沢克行
IF 7 佐藤勇人	MF 16 寺川能人
IF 15 中島浩司	MF 8 山口素弘
IF 11 村井慎二	MF 20 桑原裕義
IF 22 羽生直剛	MF 18 鈴木慎吾
W 18 巻誠一郎	FW 7 栗原圭介
W 13 サンドロ	FW 11 上野優作

K 1 立石智紀	GK 1 木寺浩一
F 24 結城耕造	DF 19 三田光
IF 23 楽山孝志	MF 6 秋葉忠宏
IF 16 山岸智	MF 23 深澤仁博
W 9 林丈統	FW 24 森田浩史

得点】(市)27分茶野隆行 30分巻誠一郎 (新)67分森田浩史
交代】(市)65分中島浩司→山岸智 83分サンドロ→林丈統 6分巻誠一郎→結城耕造 (新)31分寺川能人→深澤仁博 5分喜多靖→三田光 64分栗原圭介→森田浩史
警告】(市)59分中島浩司 88分茶野隆行 (新)00分桑原裕 07分栗原圭介 51分三田光 77分鈴木慎吾

主審／長田和久　副審／間島宗一、小椋剛

1st 第7節　5月2日（日）15時04分

●会場／新潟ス　●入場者数／41,156人
●天候／晴　●気温／21.4℃　●湿度／30%　●風／弱

アルビレックス新潟 **0** [0-0 / 0-1] **1** 東京ヴェルディ1969

GK 21 野澤洋輔	GK 21 高木義成
DF 29 喜多靖	DF 5 米山篤志
DF 3 アンデルソン	DF 17 戸川健太
DF 17 安英学	DF 3 ウベダ
DF 25 宮沢克行	MF 2 山田卓也
MF 7 栗原圭介	MF 4 林健太郎
MF 8 山口素弘	MF 22 平野孝
MF 20 桑原裕義	MF 6 三浦淳宏
MF 18 鈴木慎吾	MF 32 小林慶行
FW 10 エジミウソン	FW 11 平本一樹
FW 11 上野優作	FW 16 桜井直人

GK 1 木寺浩一	GK 1 水原大樹
DF 19 三田光	DF 13 柳沢将之
MF 6 秋葉忠宏	MF 8 小林大悟
MF 9 ファビーニョ	FW 9 エムボマ
FW 24 森田浩史	FW 25 森本貴幸

【得点】(東)50分平野孝
【交代】(新)65分喜多靖→秋葉忠宏 65分宮沢克行→ファビーニョ 79分栗原圭介→森田浩史 (東)50分桜井直人→エムボマ 81分平野孝→柳沢将之 88分平本一樹→森本貴幸
【警告】(東)06分桜井直人 68分平野孝 89分小林慶行

●主審／高山啓義　副審／安食弘幸、浅野正樹

1st 第8節　5月5日（水・祝）15時33分

●会場／瑞穂陸　●入場者数／14,182人
●天候／曇　●気温／21.8℃　●湿度／50%　●風／弱

名古屋グランパスエイト **1** [0-0 / 1-1] **1** アルビレックス新潟

GK 1 楢﨑正剛	GK 21 野澤洋輔
DF 4 大森征之	DF 29 喜多靖
DF 2 秋田豊	DF 3 アンデルソン
DF 5 古賀正紘	DF 17 安英学
MF 17 海本幸治郎	DF 25 宮沢克行
MF 31 山口慶	MF 16 寺川能人
MF 25 吉村圭司	MF 20 桑原裕義
MF 6 中谷勇介	MF 8 山口素弘
MF 7 中村直志	MF 18 鈴木慎吾
FW 10 ウェズレイ	FW 10 エジミウソン
FW 9 マルケス	FW 24 森田浩史

GK 22 川島永嗣	GK 1 木寺浩一
DF 15 鄭容臺	DF 19 三田光
MF 11 大野敏隆	MF 9 ファビーニョ
MF 21 岡山哲也	MF 23 深澤仁博
FW 28 渡邊圭二	FW 11 上野優作

【得点】(名)86分海本幸治郎 (新)79分上野優作
【交代】(名)62分山口慶→岡山哲也 72分中谷勇介→渡邊圭二 80分中村直志→大野敏隆 (新)45分寺川能人→ファビーニョ 57分森田浩史→上野優作 73分喜多靖→三田光
【警告】(新)07分喜多靖 61分山口素弘

●主審／砂川恵一　副審／柳沢和也、金子聡一郎

1st 第9節　5月9日（日）14時05分

●会場／新潟ス　●入場者数／41,796人
●天候／雨　●気温／21.7℃　●湿度／64%　●風／無

アルビレックス新潟 **0** [0-2 / 0-1] **3** 浦和レッズ

GK 21 野澤洋輔	GK 23 都築龍太
DF 29 喜多靖	DF 2 坪井慶介
DF 3 アンデルソン	DF 4 田中マルクス闘莉王
DF 17 安英学	DF 5 室井市衛
DF 25 宮沢克行	MF 14 平川忠亮
MF 16 寺川能人	MF 7 酒井友之
MF 20 桑原裕義	MF 16 三都主アレサンドロ
MF 8 山口素弘	MF 13 鈴木啓太
MF 18 鈴木慎吾	MF 17 長谷部誠
FW 10 エジミウソン	FW 8 山瀬功治
FW 11 上野優作	FW 10 エメルソン

GK 1 木寺浩一	GK 1 山岸範宏
DF 19 三田光	DF 19 内舘秀樹
MF 6 秋葉忠宏	MF 6 山田暢久
MF 23 深澤仁博	FW 24 梅田直哉
MF 9 ファビーニョ	FW 30 岡野雅行

【得点】(浦)04分エメルソン 11分エメルソン 80分エメルソン
【交代】(新)45分喜多靖→三田光 45分宮沢克行→ファビーニョ 83分山口素弘→深澤仁博 (浦)65分山瀬功治→山田暢久 79分長谷部誠→内舘秀樹 84分平川忠亮→岡野雅行
【警告】(新)06分上野優作 14分山口素弘

●主審／奥谷彰男　副審／手塚洋、唐木田徹

1st 第10節　5月15日（土）16時05分

●会場／長居　●入場者数／8,637人
●天候／晴のち曇　●気温／24.6℃　●湿度／56%　●風／弱

セレッソ大阪 **1** [1-1 / 0-1] **2** アルビレックス新潟

GK 21 伊藤友彦	GK 21 野澤洋輔
DF 19 上村健一	DF 3 アンデルソン
DF 2 カブラル	DF 6 秋葉忠宏
DF 15 千葉貴仁	DF 19 三田光
DF 23 下村東美	MF 16 寺川能人
MF 17 酒本憲幸	MF 17 安英学
MF 8 森島寛晃	MF 20 桑原裕義
MF 7 久藤清一	MF 18 鈴木慎吾
MF 13 佐藤悠介	FW 11 上野優作
FW 27 苔口卓也	FW 9 ファビーニョ
FW 20 西澤明訓	FW 10 エジミウソン

GK 22 羽田敬介	GK 1 木寺浩一
DF 5 ラデリッチ	DF 29 喜多靖
MF 4 布部陽功	MF 7 栗原圭介
MF 6 濱田武	MF 25 宮沢克行
FW 9 ロブレク	FW 24 森田浩史

【得点】(大)31分西澤明訓 (新)40分鈴木慎吾 59分安英学
【交代】(大)45分久藤清一→ロブレク 57分カブラル→濱田武 (新)55分エジミウソン→栗原圭介 75分ファビーニョ→喜多靖
【警告】(大)19分カブラル 64分森島寛晃 (新)53分桑原裕義 87分秋葉忠宏
【退場】(新)30分アンデルソン

●主審／山西博文　副審／下村昌昭、蒲澤淳一

t 第11節　5月23日（日）15時05分

会場／新潟ス　●入場者数／40,623人
天候／雨　●気温／18.3℃　●湿度／56%　●風／無

ルビレックス新潟 **1** [1-1 / 0-1] **2** ジュビロ磐田

K 21 野澤洋輔	GK 1 佐藤洋平
F 14 高橋直樹	DF 2 鈴木秀人
F 6 秋葉忠宏	DF 5 田中誠
F 19 三田光	DF 14 山西尊裕
IF 20 桑原裕義	MF 19 成岡翔
IF 16 寺川能人	MF 23 福西崇史
IF 17 安英学	MF 6 服部年宏
IF 8 山口素弘	MF 10 藤田俊哉
IF 18 鈴木慎吾	MF 7 名波浩
W 9 ファビーニョ	FW 18 前田遼一
W 11 上野優作	FW 8 グラウ

K 1 木寺浩一	GK 12 山本浩正
F 29 喜多靖	MF 27 菊地直哉
F 7 栗原圭介	MF 4 河村崇大
IF 25 宮沢克行	MF 15 森下仁志
W 10 エジミウソン	FW 9 中山雅史

得点】(新)08分安英学 (磐)33分田中誠 68分グラウ
交代】(新)72分桑原裕義→エジミウソン 78分安英学→栗原圭介 (磐)83分成岡翔→河村崇大 87分グラウ→中山雅 89分藤田俊哉→森下仁志
警告】(新)33分寺川能人 44分安英学 62分ファビーニョ 磐)81分グラウ

主審／穴沢努　副審／上荒敬司、犬飼一郎

1st 第12節　6月12日（土）19時04分

●会場／大分ス　●入場者数／22,468人
●天候／晴　●気温／23.6℃　●湿度／69%　●風／無

大分トリニータ **0** [0-1 / 0-0] **1** アルビレックス新潟

GK 16 高嵜理貴	GK 21 野澤洋輔
DF 6 三上和良	DF 3 アンデルソン
DF 2 三木隆司	DF 6 秋葉忠宏
DF 3 サンドロ	DF 17 安英学
DF 23 有村光史	MF 16 寺川能人
MF 15 梅田高志	MF 20 桑原裕義
MF 5 リチャードビチュヘ	MF 8 山口素弘
MF 9 吉田孝行	MF 18 鈴木慎吾
MF 17 根本裕一	FW 10 エジミウソン
FW 10 マグノアウベス	FW 11 上野優作
FW 13 高松大樹	FW 9 ファビーニョ

GK 1 岡中勇人	GK 1 木寺浩一
MF 14 瀬戸春樹	DF 19 三田光
MF 8 小森田友明	MF 5 梅山修
MF 19 原田拓	MF 7 栗原圭介
FW 20 松橋章太	FW 28 船越優蔵

【得点】(新)32分ファビーニョ
【交代】(大)69分根本裕一→岡中勇人 75分リチャードビチュヘ→小森田友明 84分三木隆司→松橋章太 (新)75分エジミウソン→栗原圭介
【警告】(大)27分有村光史 63分梅田高志 (新)44分安英学 65分山口素弘 79分野澤洋輔
【退場】(大)67分高嵜理貴

●主審／塩川拓司　副審／南浩二、山口茂久

1st 第13節　6月16日（水）19時00分

●会場／新潟ス　●入場者数／37,963人
●天候／晴　●気温／19.3℃　●湿度／53%　●風／無

アルビレックス新潟 **3** [1-1 / 2-2] **3** 清水エスパルス

GK 21 野澤洋輔	GK 16 西部洋平
DF 3 アンデルソン	DF 11 森岡隆三
DF 6 秋葉忠宏	DF 2 斉藤俊秀
DF 17 安英学	DF 17 鶴見智美
MF 16 寺川能人	MF 19 和田拓三
MF 8 山口素弘	MF 7 伊東輝悦
MF 20 桑原裕義	MF 27 村松潤
MF 18 鈴木慎吾	MF 6 平岡直起
FW 10 エジミウソン	MF 8 アラウージョ
FW 11 上野優作	FW 9 北嶋秀朗
FW 9 ファビーニョ	FW 15 久保山由清

GK 1 木寺浩一	GK 20 黒河貴矢
DF 19 三田光	DF 21 高木和道
DF 5 梅山修	MF 14 高木純平
MF 7 栗原圭介	MF 10 澤登正朗
FW 28 船越優蔵	FW 26 阿部文一朗

【得点】(新)29分上野優作 80分エジミウソン 82分上野優作 (清)28分北嶋秀朗 66分平岡直起 89分斉藤俊秀
【交代】(新)74分寺川能人→梅山修 84分エジミウソン→栗原圭介 86分上野優作→船越優蔵 (清)85分和田拓三→高木純平 88分村松潤→澤登正朗 88分北嶋秀朗→阿部文一朗
【警告】(新)17分エジミウソン 77分秋葉忠宏 89分ファビーニョ (清)48分斉藤俊秀 53分森岡隆三

●主審／上川徹　副審／石沢知、中込均

1st 第14節　6月19日（土）15時34分

●会場／広島ビ　●入場者数／10,450人
●天候／曇一時雨　●気温／27.4℃　●湿度／58%　●風／弱

サンフレッチェ広島 **1** [0-0 / 1-1] **1** アルビレックス新潟

GK 1 下田崇	GK 21 野澤洋輔
DF 25 吉弘充志	DF 3 アンデルソン
DF 3 小村徳男	DF 6 秋葉忠宏
DF 28 吉田恵	DF 17 安英学
MF 5 駒野友一	MF 5 梅山修
MF 16 李漢宰	MF 8 山口素弘
MF 6 サンパイオ	MF 20 桑原裕義
MF 17 服部公太	MF 18 鈴木慎吾
FW 7 森﨑浩司	FW 10 エジミウソン
FW 32 田村祐基	FW 11 上野優作
FW 20 大木勉	FW 9 ファビーニョ

GK 33 佐藤昭大	GK 1 木寺浩一
DF 18 八田康介	DF 19 三田光
MF 26 髙萩洋次郎	MF 7 栗原圭介
MF 36 前田俊介	MF 16 寺川能人
FW 27 中山元気	FW 28 船越優蔵

【得点】(広)77分森﨑浩司 (新)76分安英学
【交代】(広)45分田村祐基→中山元気 65分大木勉→前田俊介 87分吉弘充志→八田康介 (新)69分梅山修→寺川能人 74分エジミウソン→栗原圭介 83分山口素弘→船越優蔵
【警告】(広)01分田村祐基 61分サンパイオ (新)23分山口素弘

●主審／砂川恵一　副審／鳥越明弘、原田昌彦

1st 第15節　6月26日（土）15時03分

●会場／新潟ス　●入場者数／40,661人
●天候／曇　●気温／23.4℃　●湿度／76%　●風／無

アルビレックス新潟 **1** [0-1 / 1-3] **4** ガンバ大阪

GK 21 野澤洋輔	GK 1 松代直樹
DF 3 アンデルソン	DF 6 山口智
DF 6 秋葉忠宏	DF 2 シジクレイ
DF 17 安英学	DF 4 實好礼忠
MF 5 梅山修	MF 15 渡辺光輝
MF 8 山口素弘	MF 27 橋本英郎
MF 20 桑原裕義	MF 7 遠藤保仁
MF 18 鈴木慎吾	MF 28 家長昭博
FW 10 エジミウソン	MF 10 二川孝広
FW 11 上野優作	FW 16 大黒将志
FW 9 ファビーニョ	FW 8 フェルナンジーニョ

GK 1 木寺浩一	GK 22 吉田宗弘
DF 19 三田光	MF 13 森岡茂
MF 7 栗原圭介	MF 24 松下年宏
MF 16 寺川能人	FW 11 松波正信
FW 28 船越優蔵	FW 19 中山悟志

【得点】(新)56分エジミウソン (大)09分家長昭博 59分森岡茂 67分大黒将志 82分大黒将志
【交代】(新)70分桑原裕義→三田光 70分山口素弘→船越優蔵 79分梅山修→寺川能人 (大)57分渡辺光輝→森岡茂 57分家長昭博→中山悟志 85分フェルナンジーニョ→松下年宏
【警告】(新)29分梅山修 (大)83分橋本英郎

●主審／西村雄一　副審／中熊光義、平野伸一

d 第1節　8月14日（土）19時00分

会場／味スタ　●入場者数／13,536人
天候／曇　●気温／29.2℃　●湿度／67%　●風／無

京ヴェルディ1969 **2** [1-0 / 1-0] **0** アルビレックス新潟

K 21 高木義成	GK 21 野澤洋輔
F 5 米山篤志	DF 17 安英学
F 17 戸川健太	DF 19 三田光
F 3 ウベダ	DF 33 松尾直人
IF 2 山田卓也	MF 8 山口素弘
IF 4 林健太郎	MF 15 本間勲
F 6 三浦淳宏	MF 16 寺川能人
F 8 小林大悟	MF 18 鈴木慎吾
IF 32 小林慶行	FW 10 エジミウソン
W 16 桜井直人	FW 34 オゼアス
W 11 平本一樹	FW 9 ファビーニョ

K 1 水原大樹	GK 1 木寺浩一
F 31 李康珍	DF 5 梅山修
F 22 平野孝	MF 7 栗原圭介
F 7 廣山望	MF 20 桑原裕義
W 25 森本貴幸	FW 11 上野優作

得点】(東)21分桜井直人 54分平本一樹
交代】(東)45分小林大悟→平野孝 79分桜井直人→廣山望 3分平本一樹→森本貴幸 (新)67分オゼアス→上野優作 6分ファビーニョ→栗原圭介 76分寺川能人→梅山修
警告】(東)89分林健太郎 (新)29分安英学 37分三田光 9分栗原圭介

主審／長田和久　副審／石沢知、武田進

2nd 第2節　8月21日（土）19時04分

●会場／新潟ス　●入場者数／40,202人
●天候／晴　●気温／24.6℃　●湿度／61%　●風／弱

アルビレックス新潟 **3** [2-2 / 1-1] **3** ジェフユナイテッド市原

GK 1 木寺浩一	GK 17 櫛野亮
DF 17 安英学	DF 4 茶野隆行
DF 6 秋葉忠宏	DF 5 ミリノビッチ
DF 33 松尾直人	DF 3 斎藤大輔
MF 15 本間勲	MF 2 坂本將貴
MF 8 山口素弘	MF 7 佐藤勇人
MF 16 寺川能人	MF 15 中島浩司
MF 18 鈴木慎吾	MF 11 村井慎二
FW 10 エジミウソン	MF 20 工藤浩平
FW 34 オゼアス	FW 8 マルキーニョス
FW 9 ファビーニョ	FW 13 サンドロ

GK 22 北野貴之	GK 1 立石智紀
DF 5 梅山修	DF 24 結城耕造
DF 19 三田光	MF 23 楽山孝志
MF 7 栗原圭介	FW 18 巻誠一郎
FW 11 上野優作	FW 9 林丈統

【得点】(新)21分エジミウソン 43分ファビーニョ 46分オゼアス (市)06分サンドロ 26分マルキーニョス 74分マルキーニョス
【交代】(新)55分鈴木慎吾→三田光 64分オゼアス→上野優作 86分エジミウソン→栗原圭介 (市)53分中島浩司→林丈統 75分サンドロ→巻誠一郎 85分マルキーニョス→楽山孝志

●主審／上川徹　副審／安食弘幸、蒲澤淳一

2nd 第3節　8月29日（日）18時02分

●会場／神戸ユ　●入場者数／10,600人
●天候／晴　●気温／28.0℃　●湿度／73%　●風／中

ヴィッセル神戸 **3** [1-3 / 2-1] **4** アルビレックス新潟

GK 34 本田征治	GK 1 木寺浩一
DF 20 小島宏美	DF 17 安英学
DF 28 河本裕之	DF 6 秋葉忠宏
DF 4 北本久仁衛	DF 33 松尾直人
DF 6 ホージェル	MF 15 本間勲
MF 10 藤本主税	MF 8 山口素弘
MF 8 佐伯直哉	MF 16 寺川能人
MF 14 ホルヴィ	MF 18 鈴木慎吾
FW 32 平瀬智行	FW 10 エジミウソン
FW 9 エムボマ	FW 34 オゼアス
FW 13 播戸竜二	FW 9 ファビーニョ

GK 16 岩丸史也	GK 22 北野貴之
DF 2 高木和道	DF 2 丸山良明
MF 7 朴康造	DF 19 三田光
MF 18 薮田光教	MF 7 栗原圭介
FW 19 和多田充寿	FW 11 上野優作

【得点】(神)22分平瀬智行 89分播戸竜二 89分エムボマ (新)00分山口素弘 03分オゼアス 14分ファビーニョ 84分エジミウソン
【交代】(神)46分河本裕之→高木和道 67分藤本主税→薮田光教 80分平瀬智行→和多田充寿 (新)62分ファビーニョ→三田光 72分オゼアス→上野優作 89分寺川能人→丸山良明
【警告】(神)41分北本久仁衛 78分平瀬智行

●主審／西村雄一　副審／江角直樹、平野伸一

2nd 第4節　9月12日（日）19時04分

●会場／新潟ス　●入場者数／40,055人
●天候／晴　●気温／25.9℃　●湿度／74%　●風／無

アルビレックス新潟 **0** [0-0 / 0-0] **0** 名古屋グランパスエイト

GK 1 木寺浩一	GK 1 楢﨑正剛
DF 2 丸山良明	DF 3 井川祐輔
DF 6 秋葉忠宏	DF 2 秋田豊
DF 33 松尾直人	DF 5 古賀正紘
MF 15 本間勲	MF 17 海本幸治郎
MF 8 山口素弘	MF 25 吉村圭司
MF 16 寺川能人	MF 31 山口慶
MF 18 鈴木慎吾	MF 6 中谷勇介
FW 10 エジミウソン	MF 7 中村直志
FW 34 オゼアス	FW 10 ウェズレイ
FW 9 ファビーニョ	FW 9 マルケス

GK 21 野澤洋輔	GK 36 広野耕一
DF 5 梅山修	DF 20 角田誠
DF 17 安英学	MF 15 鄭容臺
MF 7 栗原圭介	MF 21 岡山哲也
FW 11 上野優作	FW 19 ジョルジーニョ

【交代】(新)72分寺川能人→梅山修 81分山口素弘→安英学 89分ファビーニョ→上野優作 (名)64分山口慶→岡山哲也 84分中村直志→ジョルジーニョ
【警告】(新)21分松尾直人 39分オゼアス 60分本間勲 70分オゼアス 79分ファビーニョ (名)11分吉村圭司 24分古賀正紘 44分山口慶
【退場】(新)70分オゼアス

●主審／岡田正義　副審／山崎裕彦、唐木田徹

2nd 第5節　9月18日（土）19時04分

●会場／埼玉　●入場者数／49,435人
●天候／曇　●気温／25.7℃　●湿度／67%　●風／中

浦和レッズ **4** [3-0 / 1-1] **1** アルビレックス新潟

GK 1 山岸範宏	GK 1 木寺浩一
DF 3 アルパイ	DF 2 丸山良明
DF 4 田中マルクス闘莉王	DF 6 秋葉忠宏
DF 33 ネネ	DF 33 松尾直人
MF 6 山田暢久	MF 15 本間勲
MF 17 長谷部誠	MF 8 山口素弘
MF 13 鈴木啓太	MF 17 安英学
MF 8 山瀬功治	MF 18 鈴木慎吾
MF 16 三都主アレサンドロ	FW 10 エジミウソン
FW 11 田中達也	FW 11 上野優作
FW 10 エメルソン	FW 9 ファビーニョ

GK 23 都築龍太	GK 21 野澤洋輔
DF 19 内舘秀樹	DF 29 喜多靖
MF 20 堀之内聖	MF 20 桑原裕義
MF 14 平川忠亮	MF 23 深澤仁博
FW 9 永井雄一郎	FW 31 ホベルト

【得点】(浦)17分ネネ 25分オウンゴール 39分オウンゴール 46分エメルソン (新)67分エジミウソン
【交代】(浦)68分アルパイ→内舘秀樹 72分山瀬功治→平川忠亮 75分田中達也→永井雄一郎 (新)63分上野優作→ホベルト 74分安英学→深澤仁博 85分山口素弘→桑原裕義
【警告】(浦)05分アルパイ 67分山田暢久 (新)30分安英学 54分鈴木慎吾 85分本間勲

●主審／松尾一　副審／鳥越明弘、岡野宇広

d 第6節　9月23日（木・祝）14時05分

会場／新潟ス　●入場者数／40,393人
天候／晴　●気温／25.1℃　●湿度／63%　●風／弱

ルビレックス新潟 **3** [1-2 / 2-0] **2** サンフレッチェ広島

K 1 木寺浩一	GK 1 下田崇
F 2 丸山良明	DF 34 西河翔吾
F 6 秋葉忠宏	DF 3 小村徳男
F 33 松尾直人	DF 2 リカルド
IF 15 本間勲	DF 28 吉田恵
IF 8 山口素弘	MF 8 森﨑和幸
F 16 寺川能人	MF 6 ベット
F 18 鈴木慎吾	MF 17 服部公太
W 10 エジミウソン	FW 11 茂木弘人
W 34 オゼアス	FW 19 盛田剛平
W 9 ファビーニョ	FW 27 中山元気

K 21 野澤洋輔	GK 21 林卓人
F 29 喜多靖	DF 18 八田康介
F 20 桑原裕義	MF 16 李漢宰
F 23 深澤仁博	FW 20 大木勉
W 11 上野優作	FW 36 前田俊介

得点】(新)08分鈴木慎吾 61分エジミウソン 66分ファビーョ (広)02分茂木弘人 17分ベット
交代】(新)40分松尾直人→喜多靖 45分オゼアス→上野優 81分ファビーニョ→桑原裕義 (広)64分中山元気→大勉 79分ベット→李漢宰 83分吉田恵→前田俊介
警告】(新)77分喜多靖 (広)20分西河翔吾 24分小村徳男

主審／穴沢努　副審／柴田正利、蒲澤淳一

2nd 第7節　9月26日（日）15時03分

●会場／日本平　●入場者数／13,593人
●天候／曇時々雨　●気温／25.4℃　●湿度／84%　●風／無

清水エスパルス **2** [1-1 / 1-3] **4** アルビレックス新潟

GK 16 西部洋平	GK 1 木寺浩一
DF 11 森岡隆三	DF 2 丸山良明
DF 2 斉藤俊秀	DF 6 秋葉忠宏
DF 17 鶴見智美	DF 29 喜多靖
MF 22 太田圭輔	MF 15 本間勲
MF 4 戸田和幸	MF 8 山口素弘
MF 7 伊東輝悦	MF 16 寺川能人
MF 14 高木純平	MF 18 鈴木慎吾
MF 10 澤登正朗	FW 10 エジミウソン
FW 18 チョジェジン	FW 11 上野優作
FW 8 アラウージョ	FW 9 ファビーニョ

GK 20 黒河貴矢	GK 21 野澤洋輔
DF 3 池田昇平	DF 14 高橋直樹
MF 27 村松潤	MF 20 桑原裕義
MF 13 平松康平	MF 23 深澤仁博
FW 9 北嶋秀朗	FW 34 オゼアス

【得点】(清)40分チョジェジン 82分チョジェジン (新)15分エジミウソン 63分エジミウソン 76分高橋直樹 89分深澤仁博
【交代】(清)69分アラウージョ→北嶋秀朗 73分澤登正朗→平松康平 81分伊東輝悦→村松潤 (新)45分秋葉忠宏→高橋直樹 73分ファビーニョ→桑原裕義 88分エジミウソン→深澤仁博
【警告】(清)50分チョジェジン 61分西部洋平 74分北嶋秀朗

●主審／山西博文　副審／手塚洋、犬飼一郎

2nd 第8節　10月2日（土）15時04分

●会場／新潟ス　●入場者数／33,426人
●天候／雨　●気温／18.1℃　●湿度／81%　●風／弱

アルビレックス新潟 **3** [0-0 / 3-0] **0** 大分トリニータ

GK 1 木寺浩一	GK 1 岡中勇人
DF 2 丸山良明	DF 29 吉村光示
DF 29 喜多靖	DF 2 三木隆司
DF 14 高橋直樹	DF 6 三上和良
MF 15 本間勲	DF 23 有村光史
MF 8 山口素弘	MF 9 吉田孝行
MF 16 寺川能人	MF 15 梅田高志
MF 18 鈴木慎吾	MF 19 原田拓
FW 10 エジミウソン	MF 17 根本裕一
FW 34 オゼアス	FW 10 マグノアウベス
FW 9 ファビーニョ	FW 13 高松大樹

GK 21 野澤洋輔	GK 16 高嵜理貴
DF 17 安英学	MF 14 瀬戸春樹
MF 20 桑原裕義	MF 8 小森田友明
MF 23 深澤仁博	FW 11 木島良輔
FW 11 上野優作	FW 7 西山哲平

【得点】(新)56分オゼアス 75分ファビーニョ 88分エジミウソン
【交代】(新)20分山口素弘→安英学 73分オゼアス→上野優作 88分本間勲→桑原裕義 (大)62分吉村光示→木島良輔 76分根本裕一→西山哲平
【警告】(新)05分本間勲 66分安英学 (大)30分高松大樹 55分有村光史 63分吉田孝行

●主審／太田潔　副審／石沢知、五十川和也

2nd 第9節　10月17日（日）15時04分

●会場／新潟ス　●入場者数／41,955人
●天候／晴　●気温／17.1℃　●湿度／45%　●風／弱

アルビレックス新潟 **1** [0-0 / 1-0] **0** 鹿島アントラーズ

GK 1 木寺浩一	GK 21 曽ヶ端準
DF 2 丸山良明	DF 17 内田潤
DF 29 喜多靖	DF 15 岩政大樹
DF 14 高橋直樹	DF 4 大岩剛
MF 8 山口素弘	DF 7 新井場徹
MF 20 桑原裕義	MF 16 フェルナンド
MF 16 寺川能人	MF 5 中田浩二
MF 18 鈴木慎吾	MF 8 小笠原満男
FW 10 エジミウソン	MF 10 本山雅志
FW 34 オゼアス	FW 30 鈴木隆行
FW 9 ファビーニョ	FW 18 バロン

GK 21 野澤洋輔	GK 1 小澤英明
DF 4 鈴木健太郎	DF 3 金古聖司
DF 19 三田光	MF 24 青木剛
MF 13 阿部敏之	FW 11 深井正樹
FW 11 上野優作	FW 27 中島裕希

【得点】(新)85分ファビーニョ
【交代】(新)45分寺川能人→鈴木健太郎 71分オゼアス→上野優作 88分エジミウソン→三田光 (鹿)72分バロン→青木剛 80分内田潤→深井正樹
【警告】(鹿)61分中田浩二 76分本山雅志

●主審／長田和久　副審／下村昌昭、竹内元人

2nd 第10節　10月24日（日）15時04分

●会場／ヤマハ　●入場者数／12,982人
●天候／曇　●気温／19.3℃　●湿度／56%　●風／無

ジュビロ磐田 **3** [2-0 / 1-1] **1** アルビレックス新潟

GK 12 岩丸史也	GK 1 木寺浩一
DF 2 鈴木秀人	DF 2 丸山良明
DF 5 田中誠	DF 29 喜多靖
DF 14 山西尊裕	DF 14 高橋直樹
MF 17 太田吉彰	MF 20 桑原裕義
MF 4 河村崇大	MF 8 山口素弘
MF 6 服部年宏	MF 16 寺川能人
MF 10 藤田俊哉	MF 18 鈴木慎吾
MF 7 名波浩	FW 10 エジミウソン
FW 18 前田遼一	FW 34 オゼアス
FW 8 グラウ	FW 9 ファビーニョ

GK 21 松井謙弥	GK 21 野澤洋輔
MF 29 ガヴィオン	DF 4 鈴木健太郎
MF 19 成岡翔	DF 5 梅山修
FW 26 西野泰正	MF 17 安英学
FW 22 カレンロバート	FW 11 上野優作

【得点】(磐)07分藤田俊哉 27分太田吉彰 61分河村崇大 (新)87分オゼアス
【交代】(磐)66分藤田俊哉→成岡翔 73分太田吉彰→カレンロバート 82分前田遼一→西野泰正 (新)63分寺川能人→梅山修 63分山口素弘→安英学 70分高橋直樹→上野優作
【警告】(磐)22分田中誠 39分鈴木秀人 89分山西尊裕
【退場】(磐)65分グラウ

●主審／吉田寿光　副審／名木利幸、武田進

2nd 第11節　11月10日(水) 19時03分

●会場／国立　●入場者数／11,150人
●天候／曇　●気温／18.9℃　●湿度／65%　●風／弱

アルビレックス新潟 1 [0-2 1-1] 3 柏レイソル

アルビレックス新潟	柏レイソル
GK 1 木寺浩一	GK 1 南雄太
DF 2 丸山良明	DF 38 波戸康広
DF 29 喜多靖	DF 2 パラシオス
DF 33 松尾直人	DF 20 永田充
MF 15 本間勲	DF 26 近藤直也
MF 8 山口素弘	MF 7 明神智和
MF 16 寺川能人	MF 23 大谷秀和
MF 18 鈴木慎吾	MF 14 大野敏隆
FW 10 エジミウソン	FW 12 増田忠俊
FW 34 オゼアス	FW 19 宇野沢祐次
FW 9 ファビーニョ	FW 28 玉田圭司
GK 21 野澤洋輔	GK 34 ノグチピントエリキソン
DF 4 鈴木健太郎	DF 3 薩川了洋
DF 5 梅山修	DF 13 小林祐三
MF 17 安英学	MF 15 谷澤達也
FW 11 上野優作	FW 18 矢野貴章

【得点】(新)72分ファビーニョ　(柏)05分波戸康広 37分永田充 57分玉田圭司
【交代】(新)45分本間勲→安英学 45分寺川能人→鈴木健太郎 71分オゼアス→上野優作　(柏)66分増田忠俊→谷澤達也 89分近藤直也→小林祐三 89分パラシオス→薩川了洋
【警告】(新)06分山口素弘 31分ファビーニョ 35分オゼアス 41分本間勲 68分鈴木健太郎　(柏)89分永田充

●主審／松尾一　副審／上荒敬司、二俣敏明

2nd 第12節　11月6日(土) 14時03分

●会場／万博　●入場者数／10,014人
●天候／晴　●気温／20.1℃　●湿度／52%　●風／弱

ガンバ大阪 6 [3-0 3-3] 3 アルビレックス新潟

ガンバ大阪	アルビレックス新潟
GK 1 松代直樹	GK 1 木寺浩一
DF 6 山口智	DF 2 丸山良明
DF 2 シジクレイ	DF 29 喜多靖
DF 4 實好礼忠	DF 33 松尾直人
DF 14 入江徹	MF 15 本間勲
MF 5 宮本恒靖	MF 8 山口素弘
MF 7 遠藤保仁	MF 5 梅山修
MF 27 橋本英郎	MF 18 鈴木慎吾
MF 10 二川孝広	FW 10 エジミウソン
MF 8 フェルナンジーニョ	FW 34 オゼアス
FW 16 大黒将志	FW 9 ファビーニョ
GK 22 吉田宗弘	GK 21 野澤洋輔
MF 13 森岡茂	DF 4 鈴木健太郎
MF 17 児玉新	MF 17 安英学
FW 18 吉原宏太	MF 20 桑原裕義
FW 19 中山悟志	FW 11 上野優作

【得点】(大)04分シジクレイ 19分遠藤保仁 37分フェルナンジーニョ 52分大黒将志 56分大黒将志 71分大黒将志　(新)47分ファビーニョ 61分ファビーニョ 72分鈴木慎吾
【交代】(大)85分橋本英郎→中山悟志 85分フェルナンジーニョ→森岡茂 85分遠藤保仁→吉原宏太　(新)64分オゼアス→上野優作 64分山口素弘→安英学 74分梅山修→鈴木健太郎
【警告】(新)62分エジミウソン

●主審／奥谷彰男　副審／柳沢和也、中井恒

2nd 第13節　11月20日(土) 14時03分

●会場／新潟ス　●入場者数／33,504人
●天候／晴　●気温／15.4℃　●湿度／50%　●風／無

アルビレックス新潟 4 [2-1 2-1] 2 FC東京

アルビレックス新潟	FC東京
GK 21 野澤洋輔	GK 1 土肥洋一
DF 33 松尾直人	DF 20 加地亮
DF 17 安英学	DF 5 増嶋竜也
DF 2 丸山良明	DF 8 藤山竜仁
MF 8 山口素弘	DF 17 金沢浄
MF 20 桑原裕義	MF 6 今野泰幸
MF 18 鈴木慎吾	MF 10 三浦文丈
MF 4 鈴木健太郎	MF 19 ケリー
FW 10 エジミウソン	FW 18 石川直宏
FW 11 上野優作	FW 9 ルーカス
FW 9 ファビーニョ	FW 13 戸田光洋
GK 1 木寺浩一	GK 22 塩田仁史
DF 14 高橋直樹	DF 30 松本昂聡
MF 15 本間勲	MF 23 梶山陽平
MF 16 寺川能人	MF 14 馬場憂太
FW 34 オゼアス	FW 11 阿部吉朗

【得点】(新)22分上野優作 26分松尾直人 65分エジミウソン 71分エジミウソン　(東)21分三浦文丈 79分ルーカス
【交代】(新)75分ファビーニョ→本間勲 80分エジミウソン→寺川能人 89分鈴木慎吾→オゼアス　(東)53分三浦文丈→梶山陽平 63分ケリー→阿部吉朗 66分石川直宏→馬場憂太
【警告】(新)68分山口素弘 78分安英学 81分本間勲

●主審／布瀬直次　副審／岡野尚士、宮島一代

2nd 第14節　11月23日(火・祝) 15時04分

●会場／横浜国　●入場者数／27,878人
●天候／晴　●気温／16.8℃　●湿度／46%　●風／弱

横浜F・マリノス 1 [0-1 1-1] 2 アルビレックス新潟

横浜F・マリノス	アルビレックス新潟
GK 1 榎本達也	GK 21 野澤洋輔
DF 22 中澤佑二	DF 33 松尾直人
DF 3 松田直樹	DF 17 安英学
DF 35 河合竜二	DF 2 丸山良明
MF 7 佐藤由紀彦	MF 8 山口素弘
MF 26 那須大亮	MF 20 桑原裕義
MF 6 上野良治	MF 18 鈴木慎吾
MF 5 ドゥトラ	MF 4 鈴木健太郎
MF 23 大橋正博	FW 10 エジミウソン
FW 27 山崎雅人	FW 11 上野優作
FW 19 安永聡太郎	FW 9 ファビーニョ
GK 21 榎本哲也	GK 1 木寺浩一
DF 30 栗原勇蔵	DF 14 高橋直樹
MF 10 遠藤彰弘	MF 15 本間勲
FW 18 清水範久	MF 16 寺川能人
FW 11 坂田大輔	FW 34 オゼアス

【得点】(横)68分坂田大輔　(新)23分山口素弘 73分鈴木慎吾
【交代】(横)66分安永聡太郎→坂田大輔 71分佐藤由紀彦→遠藤彰弘 81分山崎雅人→清水範久　(新)66分エジミウソン→寺川能人 89分松尾直人→高橋直樹
【警告】(新)58分安英学 63分ファビーニョ 81分寺川能人

●主審／穴沢努　副審／武田進、岡野宇広

2nd 第15節　11月28日(日) 13時04分

●会場／新潟ス　●入場者数／41,231人
●天候／曇　●気温／11.3℃　●湿度／45%　●風／弱

アルビレックス新潟 1 [0-1 1-1] 2 セレッソ大阪

アルビレックス新潟	セレッソ大阪
GK 21 野澤洋輔	GK 21 伊藤友彦
DF 33 松尾直人	DF 3 柳本啓成
DF 2 丸山良明	DF 19 上村健一
DF 17 安英学	DF 23 下村東美
MF 20 桑原裕義	MF 4 布部陽功
MF 8 山口素弘	MF 7 久藤清一
MF 16 寺川能人	MF 17 酒本憲幸
MF 4 鈴木健太郎	MF 9 古橋達弥
FW 10 エジミウソン	MF 8 森島寛晃
FW 11 上野優作	FW 10 大久保嘉人
FW 18 鈴木慎吾	FW 20 西澤明訓
GK 1 木寺浩一	GK 32 徳重健太
DF 29 喜多靖	DF 16 齋藤竜
MF 15 本間勲	MF 13 佐藤悠介
MF 32 平間智和	MF 27 苔口卓也
FW 34 オゼアス	FW 11 徳重隆明

【得点】(新)50分エジミウソン　(大)35分大久保嘉人 86 大久保嘉人
【交代】(新)72分桑原裕義→本間勲 89分上野優作→オゼ ス 89分寺川能人→平間智和　(大)68分布部陽功→苔口 也 79分森島寛晃→徳重隆明
【警告】(新)05分松尾直人 56分鈴木健太郎 84分鈴木健 郎　(大)31分酒本憲幸 61分下村東美
【退場】(新)84分鈴木健太郎

●主審／西村雄一　副審／柴田正利、抱山公彦

2004
2004 Jリーグヤマザキナビスコカップ(Bグループ)
アルビレックス新潟公式記録

第1節　3月27日(土) 14時00分

●会場／ヤマハ　●入場者数／9,616人
●天候／晴　●気温／16.3℃　●湿度／33%　●風／弱

ジュビロ磐田 0 [0-0 0-0] 0 アルビレックス新潟

ジュビロ磐田	アルビレックス新潟
GK 1 佐藤洋平	GK 21 野澤洋輔
DF 2 鈴木秀人	DF 29 喜多靖
DF 5 田中誠	DF 17 安英学
DF 14 山西尊裕	DF 2 丸山良明
MF 18 前田遼一	DF 4 鈴木健太郎
MF 4 河村崇大	MF 20 桑原裕義
MF 6 服部年宏	MF 8 山口素弘
MF 19 成岡翔	MF 16 寺川能人
MF 7 名波浩	MF 23 深澤仁博
FW 9 中山雅史	FW 7 栗原圭介
FW 8 グラウ	FW 11 上野優作
GK 12 山本浩正	GK 1 木寺浩一
DF 3 上本大海	DF 19 三田光
MF 27 菊地直哉	MF 13 阿部敏之
MF 15 森下仁志	MF 25 宮沢克行
FW 22 カレンロバート	FW 28 船越優蔵

【交代】(磐)68分山西尊裕→菊地直哉 78分中山雅史→カレンロバート　(新)52分鈴木健太郎→宮沢克行 74分深澤仁博→阿部敏之 84分上野優作→船越優蔵

●主審／砂川恵一　副審／手塚洋、前島和彦

第2節　4月29日(木・祝) 14時05分

●会場／新潟ス　●入場者数／36,280人
●天候／晴　●気温／17.8℃　●湿度／29%　●風／無

アルビレックス新潟 4 [2-2 2-2] 4 ガンバ大阪

アルビレックス新潟	ガンバ大阪
GK 21 野澤洋輔	GK 1 松代直樹
DF 19 三田光	DF 15 渡辺光輝
DF 3 アンデルソン	DF 2 シジクレイ
DF 17 安英学	DF 4 實好礼忠
DF 4 鈴木健太郎	DF 17 児玉新
MF 16 寺川能人	MF 27 橋本英郎
MF 6 秋葉忠宏	MF 6 山口智
MF 13 阿部敏之	MF 10 二川孝広
MF 18 鈴木慎吾	MF 8 フェルナンジーニョ
FW 10 エジミウソン	FW 16 大黒将志
FW 24 森田浩史	FW 9 マグロン
GK 22 北野貴之	GK 22 吉田宗弘
MF 20 桑原裕義	DF 14 入江徹
MF 7 栗原圭介	MF 13 森岡茂
MF 23 深澤仁博	FW 18 吉原宏太
FW 11 上野優作	FW 19 中山悟志

【得点】(新)08分エジミウソン 16分エジミウソン 54分森田浩史 62分エジミウソン　(大)21分フェルナンジーニョ 22分マグロン 47分大黒将志 65分大黒将志
【交代】(新)65分阿部敏之→桑原裕義 72分森田浩史→上野優作 76分秋葉忠宏→栗原圭介　(大)65分橋本英郎→中山悟志 65分渡辺光輝→入江徹 80分児玉新→吉原宏太
【警告】(新)50分森田浩史

●主審／吉田寿光　副審／竹内元人、相樂亨

第3節　5月29日(土) 15時01分

●会場／瑞穂陸　●入場者数／5,652人
●天候／晴時々曇　●気温／27.3℃　●湿度／55%　●風／無

名古屋グランパスエイト 1 [1-1 0-1] 2 アルビレックス新潟

名古屋グランパスエイト	アルビレックス新潟
GK 22 川島永嗣	GK 21 野澤洋輔
DF 4 大森征之	DF 3 アンデルソン
DF 2 秋田豊	DF 6 秋葉忠宏
DF 5 古賀正紘	DF 14 高橋直樹
MF 17 海本幸治郎	MF 5 梅山修
MF 31 山口慶	MF 15 本間勲
MF 13 滝澤邦彦	MF 20 桑原裕義
MF 7 中村直志	MF 18 鈴木慎吾
MF 8 岩本輝雄	MF 8 山口素弘
FW 10 ウェズレイ	FW 10 エジミウソン
FW 24 氏原良二	FW 28 船越優蔵
GK 16 本田征治	GK 22 北野貴之
DF 20 角田誠	DF 19 三田光
MF 11 大野敏隆	MF 7 栗原圭介
MF 23 北村隆二	MF 9 ファビーニョ
FW 19 ジョルジーニョ	FW 11 上野優作

【得点】(名)22分ウェズレイ　(新)10分鈴木慎吾 54分エジミウソン
【交代】(名)39分岩本輝雄→大野敏隆 57分山口慶→北村隆二 62分滝澤邦彦→ジョルジーニョ　(新)74分船越優蔵→上野優作 79分エジミウソン→ファビーニョ 89分山口素弘→栗原圭介
【警告】(名)41分山口慶 54分川島永嗣 80分氏原良二 (新)04分桑原裕義 48分梅山修 67分エジミウソン 87分本間勲 89分高橋直樹

●主審／松尾一　副審／名木利幸、蒲澤淳一

第4節　6月5日(土) 15時05分

●会場／新潟ス　●入場者数／35,820人
●天候／晴　●気温／25.0℃　●湿度／45%　●風／

アルビレックス新潟 0 [0-1 0-0] 1 名古屋グランパスエイト

アルビレックス新潟	名古屋グランパスエイト
GK 21 野澤洋輔	GK 22 川島永嗣
DF 3 アンデルソン	DF 4 大森征之
DF 6 秋葉忠宏	DF 2 秋田豊
DF 14 高橋直樹	DF 18 海本慶治
MF 5 梅山修	MF 17 海本幸治郎
MF 15 本間勲	MF 20 角田誠
MF 20 桑原裕義	MF 15 鄭容臺
MF 18 鈴木慎吾	MF 14 藤田泰成
MF 8 山口素弘	MF 7 中村直志
FW 28 船越優蔵	FW 10 ウェズレイ
FW 10 エジミウソン	FW 9 マルケス
GK 1 木寺浩一	GK 36 広野耕一
DF 4 鈴木健太郎	DF 5 古賀正紘
MF 7 栗原圭介	MF 11 大野敏隆
MF 9 ファビーニョ	FW 24 氏原良二
FW 11 上野優作	FW 35 森山泰行

【得点】(名)34分ウェズレイ
【交代】(新)70分船越優蔵→上野優作 70分山口素弘→栗 圭介 74分エジミウソン→ファビーニョ　(名)84分中村 志→大野敏隆
【警告】(新)68分アンデルソン 75分栗原圭介　(名)19分 本幸治郎 43分海本慶治 51分秋田豊

●主審／家本政明　副審／柿花和夫、鍛冶勉

第5節　7月17日(土) 19時01分

●会場／新潟ス　●入場者数／30,971人
●天候／曇　●気温／24.7℃　●湿度／86%　●風／無

アルビレックス新潟 1 [0-1 1-0] 1 ジュビロ磐田

アルビレックス新潟	ジュビロ磐田
GK 21 野澤洋輔	GK 1 佐藤洋平
DF 17 安英学	DF 27 菊地直哉
DF 6 秋葉忠宏	DF 6 服部年宏
DF 33 松尾直人	DF 14 山西尊裕
MF 8 山口素弘	MF 19 成岡翔
MF 20 桑原裕義	MF 4 河村崇大
MF 5 梅山修	MF 7 名波浩
MF 18 鈴木慎吾	MF 13 川口信男
FW 10 エジミウソン	MF 18 前田遼一
FW 11 上野優作	FW 9 中山雅史
FW 9 ファビーニョ	FW 26 西野泰正
GK 1 木寺浩一	GK 12 山本浩正
DF 29 喜多靖	DF 20 大井健太郎
MF 13 阿部敏之	MF 15 森下仁志
MF 16 寺川能人	FW 22 カレンロバート
FW 31 ホベルト	FW 8 グラウ

【得点】(新)80分鈴木慎吾　(磐)37分西野泰正
【交代】(新)45分梅山修→寺川能人 76分上野優作→ホベルト 82分ファビーニョ→阿部敏之　(磐)61分中山雅史→グラウ 70分前田遼一→カレンロバート 81分川口信男→森下仁志
【警告】(新)57分安英学　(磐)28分西野泰正 85分服部年宏

●主審／柏原丈二　副審／抱山公彦、浅野正樹

第6節　7月24日(土) 18時30分

●会場／金沢　●入場者数／10,724人
●天候／晴　●気温／29.7℃　●湿度／62%　●風／弱

ガンバ大阪 2 [1-0 1-0] 0 アルビレックス新潟

ガンバ大阪	アルビレックス新潟
GK 1 松代直樹	GK 21 野澤洋輔
DF 6 山口智	DF 33 松尾直人
DF 2 シジクレイ	DF 6 秋葉忠宏
DF 4 實好礼忠	DF 14 高橋直樹
MF 15 渡辺光輝	MF 17 安英学
MF 27 橋本英郎	MF 8 山口素弘
MF 28 家長昭博	MF 16 寺川能人
MF 10 二川孝広	MF 4 鈴木健太郎
MF 8 フェルナンジーニョ	FW 10 エジミウソン
FW 16 大黒将志	FW 11 上野優作
FW 9 マグロン	FW 18 鈴木慎吾
GK 22 吉田宗弘	GK 22 北野貴之
MF 13 森岡茂	DF 5 梅山修
FW 11 松波正信	MF 9 ファビーニョ
FW 18 吉原宏太	MF 20 桑原裕義
FW 19 中山悟志	FW 31 ホベルト

【得点】(大)44分シジクレイ 65分森岡茂
【交代】(大)45分家長昭博→森岡茂 67分マグロン→中山悟志 89分フェルナンジーニョ→吉原宏太　(新)61分寺川能人→ファビーニョ 68分高橋直樹→ホベルト 85分鈴木慎吾→梅山修
【警告】(大)29分山口智　(新)15分鈴木慎吾 37分秋葉忠宏

●主審／松村和彦　副審／中原美智雄、勝又光司

2004
第84回天皇杯全日本サッカー選手権大会
アルビレックス新潟公式記録

4回戦　11月13日(土) 18時31分

●会場／平塚競技場　●入場者数／3,195人
●天候／曇　●気温／13.0℃　●湿度／ー　●風／弱

湘南ベルマーレ 3 [1-1 2-1] 2 アルビレックス新潟

湘南ベルマーレ	アルビレックス新潟
GK 1 鈴木正人	GK 21 野澤洋輔
DF 18 加藤大志	DF 29 喜多靖
DF 13 戸田賢良	DF 2 丸山良明
DF 3 浮氣哲郎	DF 33 松尾直人
DF 17 北出勉	DF 4 鈴木健太郎
MF 28 中町公祐	MF 17 安英学
MF 10 吉野智行	MF 15 本間勲
MF 9 高田保則	MF 16 寺川能人
MF 11 坂本紘司	MF 18 鈴木慎吾
FW 20 佐野裕哉	FW 10 エジミウソン
FW 32 柿本倫明	FW 11 上野優作
GK 33 植村慶	GK 1 木寺浩一
DF 27 池田学	DF 5 梅山修
MF 14 石田祐樹	MF 7 栗原圭介
FW 19 石原直樹	FW 28 船越優蔵
FW 12 アマラオ	FW 31 ホベルト

【得点】(湘)44分佐野裕哉 49分佐野裕哉 65分坂本紘司 (新)07分寺川能人 60分上野優作
【交代】(湘)78分佐野裕哉→アマラオ　(新)70分本間勲→栗原圭介 70分鈴木慎吾→ホベルト 85分喜多靖→船越優蔵
【警告】(湘)74分浮氣哲郎　(新)53分安英学 80分ホベルト 85分松尾直人

●主審／高山啓義　副審／佐幸欣治、竹内元人

2005
Jリーグディビジョン1(J1)
アルビレックス新潟公式記録

第1節　3月5日(土) 19時04分

●会場／味スタ　●入場者数／28,450人
●天候／曇のち雨　●気温／4.0℃　●湿度／74%　●風／無

FC東京 4 [2-0 2-0] 0 アルビレックス新潟

FC東京	アルビレックス新潟
GK 1 土肥洋一	GK 21 野澤洋輔
DF 20 加地亮	DF 17 海本幸治郎
DF 3 ジャーン	DF 19 海本慶治
DF 2 茂庭照幸	DF 2 丸山良明
DF 17 金沢浄	DF 25 青野大介
MF 6 今野泰幸	MF 15 本間勲
MF 27 栗澤僚一	MF 8 山口素弘
MF 16 宮沢正史	MF 9 ファビーニョ
FW 18 石川直宏	FW 10 エジミウソン
FW 13 戸田光洋	FW 11 上野優作
FW 9 ルーカス	FW 18 鈴木慎吾
GK 22 塩田仁史	GK 1 木寺浩一
DF 8 藤山竜仁	DF 3 萩村滋則
MF 7 浅利悟	DF 5 梅山修
MF 10 三浦文丈	MF 7 アンデルソンリマ
FW 19 ダニーロ	MF 20 岡山哲也

【得点】(東)11分石川直宏 21分今野泰幸 59分ルーカス 62分ルーカス
【交代】(東)82分石川直宏→ダニーロ 87分宮沢正史→三浦文丈 89分ルーカス→浅利悟　(新)65分本間勲→アンデルソンリマ 65分青野大介→梅山修 83分上野優作→岡山哲也
【警告】(新)35分海本幸治郎 67分上野優作 78分海本幸治郎
【退場】(新)78分海本幸治郎

●主審／山西博文　副審／手塚洋、原田昌彦

第2節　3月13日(日) 14時08分

●会場／新潟ス　●入場者数／35,337人
●天候／曇時々雪一時晴　●気温／3.0℃　●湿度／64%　●風／弱

アルビレックス新潟 2 [1-1 1-0] 1 大分トリニータ

アルビレックス新潟	大分トリニータ
GK 21 野澤洋輔	GK 16 高嵜理貴
DF 7 アンデルソンリマ	DF 22 上本大海
DF 19 海本慶治	DF 5 パトリック
DF 2 丸山良明	DF 4 深谷友基
DF 4 鈴木健太郎	MF 17 根本裕一
MF 16 寺川能人	MF 9 吉田孝行
MF 3 萩村滋則	MF 6 梅田高志
MF 8 山口素弘	MF 14 阿部吉朗
FW 10 エジミウソン	MF 10 マグノアウベス
FW 11 上野優作	FW 11 ドド
FW 18 鈴木慎吾	FW 13 高松大樹
GK 1 木寺浩一	GK 29 江角浩司
DF 5 梅山修	DF 3 柴小屋雄一
DF 29 喜多靖	DF 15 吉村光示
MF 15 本間勲	MF 19 原田拓
MF 20 岡山哲也	FW 33 木島良輔

【得点】(新)29分鈴木慎吾 65分海本慶治　(大)44分マグノアウベス
【交代】(新)77分アンデルソンリマ→梅山修 89分エジミウソン→本間勲　(大)56分根本裕一→原田拓 60分ドド→木島良輔 86分上本大海→吉村光示
【警告】(新)78分エジミウソン　(大)31分パトリック 72分木島良輔 83分上本大海

●主審／奥谷彰男　副審／金子聡一郎、村上孝治

第3節　4月2日(土) 14時06分

●会場／日産ス　●入場者数／21,444人
●天候／曇　●気温／13.6℃　●湿度／44%　●風／弱

横浜F・マリノス 4 [3-0 1-1] 1 アルビレックス新潟

横浜F・マリノス	アルビレックス新潟
GK 21 榎本哲也	GK 21 野澤洋輔
DF 30 栗原勇蔵	DF 17 海本幸治郎
DF 3 松田直樹	DF 19 海本慶治
DF 35 河合竜二	DF 2 丸山良明
MF 7 田中隼磨	DF 4 鈴木健太郎
MF 4 那須大亮	MF 8 山口素弘
MF 14 奥大介	MF 3 萩村滋則
MF 23 大橋正博	MF 9 ファビーニョ
MF 5 ドゥトラ	FW 16 寺川能人
FW 15 大島秀夫	FW 10 エジミウソン
FW 19 安貞桓	FW 18 鈴木慎吾
GK 1 榎本達也	GK 1 木寺浩一
MF 28 原信生	DF 29 喜多靖
MF 13 熊林親吾	MF 13 宮沢克行
FW 27 山崎雅人	MF 15 本間勲
FW 18 清水範久	FW 11 上野優作

【得点】(横)00分大島秀夫 03分大橋正博 37分河合竜二 80分田中隼磨　(新)66分鈴木慎吾
【交代】(横)63分安貞桓→清水範久 83分奥大介→原信生 88分大橋正博→熊林親吾　(新)45分鈴木健太郎→上野優作 70分山口素弘→本間勲 82分寺川能人→宮沢克行
【警告】(横)26分松田直樹　(新)43分海本幸治郎

●主審／砂川恵一　副審／山崎裕彦、二俣敏明

第4節　4月9日(土) 16時04分

●会場／新潟ス　●入場者数／40,573人
●天候／晴　●気温／10.3℃　●湿度／53%　●風／無

アルビレックス新潟 3 [1-1 2-1] 2 大宮アルディージャ

アルビレックス新潟	大宮アルディージャ
GK 21 野澤洋輔	GK 20 荒谷弘樹
DF 16 寺川能人	DF 18 西村卓朗
DF 3 萩村滋則	DF 4 トニーニョ
DF 2 丸山良明	DF 5 冨田大介
DF 19 海本慶治	DF 3 三上和良
MF 15 本間勲	MF 6 ディビッドソン純マーカス
MF 9 ファビーニョ	MF 7 金澤慎
MF 8 山口素弘	MF 16 久永辰徳
FW 10 エジミウソン	MF 11 藤本主税
FW 11 上野優作	FW 9 クリスティアン
FW 18 鈴木慎吾	FW 10 トゥット
GK 1 木寺浩一	GK 1 安藤智安
DF 29 喜多靖	DF 19 片岡洋介
MF 7 アンデルソンリマ	MF 17 島田裕介
MF 25 青野大介	FW 14 森田浩史
FW 28 船越優蔵	FW 27 横山聡

【得点】(新)19分エジミウソン 81分アンデルソンリマ 89分ファビーニョ　(大)28分クリスティアン 62分トニーニョ
【交代】(新)64分寺川能人→アンデルソンリマ 69分山口素弘→青野大介 77分丸山良明→船越優蔵　(大)67分三上和良→片岡洋介 74分クリスティアン→森田浩史 86分久永辰徳→島田裕介
【警告】(新)30分本間勲　(大)83分ディビッドソン純マーカス

●主審／高山啓義　副審／河野暁、間島宗一

第5節　4月13日(水) 19時02分

●会場／万博　●入場者数／6,646人
●天候／晴　●気温／11.6℃　●湿度／59%　●風／

ガンバ大阪 1 [1-0 0-1] 1 アルビレックス新潟

ガンバ大阪	アルビレックス新潟
GK 23 日野優	GK 21 野澤洋輔
DF 6 山口智	DF 19 海本慶治
DF 2 シジクレイ	DF 3 萩村滋則
DF 4 實好礼忠	DF 2 丸山良明
MF 15 渡辺光輝	MF 29 喜多靖
MF 27 橋本英郎	MF 15 本間勲
MF 7 遠藤保仁	MF 4 鈴木健太郎
MF 10 二川孝広	MF 18 鈴木慎吾
MF 9 アラウージョ	FW 10 エジミウソン
FW 16 大黒将志	FW 11 上野優作
FW 8 フェルナンジーニョ	FW 9 ファビーニョ
GK 1 松代直樹	GK 1 木寺浩一
DF 5 宮本恒靖	DF 7 アンデルソンリ
MF 24 松下年宏	MF 16 寺川能人
FW 11 松波正信	MF 25 青野大介
FW 18 吉原宏太	FW 28 船越優蔵

【得点】(大)21分大黒将志　(新)58分アンデルソンリマ
【交代】(大)69分渡辺光輝→吉原宏太 79分實好礼忠→松 正信 83分フェルナンジーニョ→松下年宏　(新)45分萩 滋則→青野大介 57分鈴木健太郎→アンデルソンリマ 76 上野優作→寺川能人
【警告】(大)41分二川孝広 57分渡辺光輝　(新)50分フ ビーニョ 54分鈴木慎吾 72分ファビーニョ
【退場】(新)72分ファビーニョ

●主審／松尾一　副審／安食弘幸、犬飼一郎

第6節　4月16日（土）19時04分

●会場／新潟ス　●入場者数／40,387人
●天候／晴　●気温／11.6℃　●湿度／54%　●風／無

アルビレックス新潟 **0** [0−1 / 0−0] **1** ジュビロ磐田

アルビレックス新潟	ジュビロ磐田
GK 21 野澤洋輔	GK 1 川口能活
DF 29 喜多靖	DF 36 金珍圭
DF 19 海本慶治	DF 5 田中誠
DF 2 丸山良明	DF 6 服部年宏
DF 4 鈴木健太郎	MF 17 太田吉彰
MF 16 寺川能人	MF 23 福西崇史
MF 15 本間勲	MF 7 名波浩
MF 8 山口素弘	MF 14 村井慎二
FW 10 エジミウソン	MF 19 成岡翔
FW 11 上野優作	FW 22 カレンロバート
FW 18 鈴木慎吾	FW 18 前田遼一
GK 1 木寺浩一	GK 21 佐藤洋平
DF 3 萩村滋則	DF 20 大井健太郎
MF 7 アンデルソンリマ	MF 27 菊地直哉
MF 25 青野大介	MF 10 藤田俊哉
FW 28 船越優蔵	FW 9 中山雅史

【得点】(磐)27分成岡翔
【交代】(新)45分鈴木健太郎→船越優蔵 63分山口素弘→アンデルソンリマ 77分上野優作→青野大介　(磐)41分福西崇史→菊地直哉 73分成岡翔→藤田俊哉 84分前田遼一→中山雅史
【警告】(磐)74分菊地直哉

●主審／太田潔　副審／佐幸欣治、下村昌昭

第7節　4月23日（土）16時02分

●会場／国立　●入場者数／11,575人
●天候／晴のち曇　●気温／18.6℃　●湿度／22%　●風／弱

東京ヴェルディ1969 **2** [1−1 / 1−1] **2** アルビレックス新潟

東京ヴェルディ1969	アルビレックス新潟
GK 21 高木義成	GK 21 野澤洋輔
DF 2 山田卓也	DF 5 梅山修
DF 5 米山篤志	DF 19 海本慶治
DF 20 李康珍	DF 2 丸山良明
DF 7 相馬崇人	DF 4 鈴木健太郎
MF 4 林健太郎	MF 8 山口素弘
MF 8 小林大悟	MF 15 本間勲
MF 22 平野孝	MF 9 ファビーニョ
MF 11 平本一樹	FW 10 エジミウソン
FW 9 ワシントン	FW 11 上野優作
FW 17 森本貴幸	FW 18 鈴木慎吾
GK 1 水原大樹	GK 1 木寺浩一
DF 6 戸田和幸	DF 29 喜多靖
MF 24 久場政朋	MF 7 アンデルソンリマ
MF 33 玉乃淳	MF 16 寺川能人
FW 15 町田忠道	FW 28 船越優蔵

【得点】(東)07分ワシントン 82分ワシントン　(新)11分エジミウソン 62分エジミウソン
【交代】(東)61分森本貴幸→玉乃淳 77分平野孝→久場政朋　(新)65分山口素弘→寺川能人 85分鈴木健太郎→喜多靖
【警告】(新)75分寺川能人

●主審／奥谷彰男　副審／廣嶋禎数、鈴木亮哉

第8節　4月28日（木）19時00分

●会場／新潟ス　●入場者数／40,882人
●天候／晴　●気温／21.3℃　●湿度／46%　●風／無

アルビレックス新潟 **0** [0−0 / 0−0] **0** 清水エスパルス

アルビレックス新潟	清水エスパルス
GK 21 野澤洋輔	GK 21 西部洋平
DF 5 梅山修	DF 25 市川大祐
DF 19 海本慶治	DF 2 斉藤俊秀
DF 2 丸山良明	DF 11 森岡隆三
DF 4 鈴木健太郎	DF 3 山西尊裕
MF 8 山口素弘	MF 20 佐藤由紀彦
MF 15 本間勲	MF 4 高木和道
MF 9 ファビーニョ	MF 7 伊東輝悦
FW 10 エジミウソン	MF 10 澤登正朗
FW 11 上野優作	FW 15 久保山由清
FW 18 鈴木慎吾	FW 18 チョジェジン
GK 1 木寺浩一	GK 1 黒河貴矢
DF 29 喜多靖	DF 34 ロジェーリオ
MF 7 アンデルソンリマ	MF 14 高木純平
MF 16 寺川能人	MF 8 平松康平
FW 28 船越優蔵	FW 37 西野泰正

【交代】(新)14分鈴木慎吾→寺川能人 77分山口素弘→アンデルソンリマ 87分上野優作→船越優蔵　(清)67分佐藤由紀彦→高木純平 67分澤登正朗→平松康平 86分チョジェジン→西野泰正
【警告】(新)21分本間勲

●主審／松村和彦　副審／唐木田徹、村上孝治

第9節　5月1日（日）16時05分

●会場／広島ビ　●入場者数／12,408人
●天候／雨　●気温／19.4℃　●湿度／97%　●風／無

サンフレッチェ広島 **5** [2−0 / 3−0] **0** アルビレックス新潟

サンフレッチェ広島	アルビレックス新潟
GK 1 下田崇	GK 21 野澤洋輔
DF 5 駒野友一	DF 7 アンデルソンリマ
DF 4 ジニーニョ	DF 19 海本慶治
DF 3 小村徳男	DF 2 丸山良明
DF 17 服部公太	DF 5 梅山修
MF 34 茂原岳人	MF 16 寺川能人
MF 8 森﨑和幸	MF 15 本間勲
MF 20 大木勉	MF 8 山口素弘
MF 6 ベット	FW 10 エジミウソン
FW 11 佐藤寿人	FW 11 上野優作
FW 10 ガウボン	FW 9 ファビーニョ
GK 21 上野秀章	GK 1 木寺浩一
DF 28 吉田恵	DF 3 萩村滋則
MF 7 森﨑浩司	DF 29 喜多靖
FW 9 茂木弘人	MF 20 岡山哲也
FW 24 前田俊介	FW 28 船越優蔵

【得点】(広)35分ガウボン 44分佐藤寿人 65分佐藤寿人 84分大木勉 88分茂木弘人
【交代】(広)70分佐藤寿人→森﨑浩司 82分ガウボン→茂木弘人 85分大木勉→前田俊介　(新)45分ファビーニョ→岡山哲也 65分山口素弘→萩村滋則 76分上野優作→船越優蔵
【警告】(広)89分ベット

●主審／扇谷健司　副審／中井恒、金田大吉

第10節　5月4日（水・祝）15時04分

●会場／新潟ス　●入場者数／41,422人
●天候／晴　●気温／19.4℃　●湿度／45%　●風／無

アルビレックス新潟 **2** [0−1 / 2−0] **1** 川崎フロンターレ

アルビレックス新潟	川崎フロンターレ
GK 21 野澤洋輔	GK 1 吉原慎也
DF 3 萩村滋則	DF 2 伊藤宏樹
DF 19 海本慶治	DF 17 鄭容臺
DF 2 丸山良明	DF 13 寺田周平
DF 29 喜多靖	MF 29 谷口博之
MF 16 寺川能人	MF 14 中村憲剛
MF 15 本間勲	MF 20 長橋康弘
MF 20 岡山哲也	MF 4 アウグスト
FW 10 エジミウソン	MF 11 マルクス
FW 28 船越優蔵	FW 10 ジュニーニョ
FW 18 鈴木慎吾	FW 24 黒津勝
GK 1 木寺浩一	GK 28 相澤貴志
DF 5 梅山修	DF 3 佐原秀樹
MF 7 アンデルソンリマ	MF 23 相馬直樹
MF 25 青野大介	MF 8 久野智昭
FW 11 上野優作	FW 27 都倉賢

【得点】(新)48分船越優蔵 84分アンデルソンリマ　(川)36分ジュニーニョ
【交代】(新)63分岡山哲也→青野大介 81分鈴木慎吾→アンデルソンリマ 89分エジミウソン→上野優作　(川)79分マルクス→相馬直樹 85分鄭容臺→都倉賢
【警告】(新)19分岡山哲也 32分本間勲 61分喜多靖 68分萩村滋則 85分アンデルソンリマ

●主審／西村雄一　副審／手塚洋、佐幸欣治

第11節　5月8日（日）15時01分

●会場／柏の葉　●入場者数／10,144人
●天候／曇　●気温／15.5℃　●湿度／60%　●風／弱

柏レイソル **0** [0−0 / 0−0] **0** アルビレックス新潟

柏レイソル	アルビレックス新潟
GK 1 南雄太	GK 21 野澤洋輔
DF 4 波戸康広	DF 3 萩村滋則
DF 17 土屋征夫	DF 2 丸山良明
DF 5 中澤聡太	DF 19 海本慶治
DF 26 近藤直也	DF 29 喜多靖
MF 7 明神智和	MF 16 寺川能人
MF 13 小林祐三	MF 15 本間勲
MF 8 リカルジーニョ	MF 20 岡山哲也
MF 10 クレーベル	FW 10 エジミウソン
FW 9 山下芳輝	FW 28 船越優蔵
FW 28 玉田圭司	FW 18 鈴木慎吾
GK 16 ノグチピントエリキソン	GK 1 木寺浩一
DF 3 薩川了洋	DF 5 梅山修
MF 24 平山智規	MF 7 アンデルソンリマ
MF 15 谷澤達也	MF 25 青野大介
FW 19 宇野沢祐次	FW 11 上野優作

【交代】(柏)85分山下芳輝→宇野沢祐次　(新)64分岡山哲也→アンデルソンリマ 84分エジミウソン→上野優作
【警告】(柏)33分リカルジーニョ 44分明神智和 52分近藤直也 79分土屋征夫　(新)10分岡山哲也

●主審／吉田寿光　副審／佐藤秀明、小椋剛

第12節　5月14日（土）15時04分

●会場／新潟ス　●入場者数／40,085人
●天候／晴　●気温／17.1℃　●湿度／51%　●風／弱

アルビレックス新潟 **2** [0−0 / 2−2] **2** 鹿島アントラーズ

アルビレックス新潟	鹿島アントラーズ
GK 21 野澤洋輔	GK 21 曽ヶ端準
DF 7 アンデルソンリマ	DF 5 アリ
DF 19 海本慶治	DF 15 岩政大樹
DF 14 高橋直樹	DF 4 大岩剛
DF 29 喜多靖	DF 18 石川竜也
MF 8 山口素弘	MF 24 青木剛
MF 15 本間勲	MF 8 小笠原満男
MF 9 ファビーニョ	MF 26 増田誓志
FW 10 エジミウソン	MF 7 新井場徹
FW 28 船越優蔵	FW 10 本山雅志
FW 18 鈴木慎吾	FW 30 鈴木隆行
GK 1 木寺浩一	GK 1 小澤英明
DF 3 萩村滋則	MF 20 阿部敏之
MF 16 寺川能人	MF 32 吉澤佑哉
MF 20 岡山哲也	FW 19 田代有三
FW 11 上野優作	FW 27 中島裕希

【得点】(新)46分ファビーニョ 48分喜多靖　(鹿)65分鈴木隆行 72分小笠原満男
【交代】(新)71分高橋直樹→萩村滋則 78分山口素弘→寺川能人 89分エジミウソン→上野優作　(鹿)52分増田誓志→田代有三 63分石川竜也→阿部敏之 89分小笠原満男→吉澤佑哉
【警告】(新)44分エジミウソン 44分鈴木慎吾 64分喜多靖 76分ファビーニョ

●主審／岡田正義　副審／平野伸一、浅野正樹

第13節　7月3日（日）19時05分

●会場／埼玉　●入場者数／39,656人
●天候／雨　●気温／20.1℃　●湿度／82%　●風／弱

浦和レッズ **2** [0−1 / 2−0] **1** アルビレックス新潟

浦和レッズ	アルビレックス新潟
GK 23 都築龍太	GK 21 野澤洋輔
DF 2 坪井慶介	DF 7 アンデルソンリマ
DF 4 田中マルクス闘莉王	DF 19 海本慶治
DF 19 内舘秀樹	DF 14 高橋直樹
MF 6 山田暢久	DF 29 喜多靖
MF 17 長谷部誠	MF 16 寺川能人
MF 13 鈴木啓太	MF 6 桑原裕義
MF 14 平川忠亮	MF 9 ファビーニョ
MF 8 三都主アレサンドロ	FW 17 海本幸治郎
FW 9 永井雄一郎	FW 10 エジミウソン
FW 11 田中達也	FW 18 鈴木慎吾
GK 1 山岸範宏	GK 1 木寺浩一
DF 20 堀之内聖	DF 3 萩村滋則
MF 7 酒井友之	MF 8 山口素弘
FW 27 横山拓也	MF 20 岡山哲也
FW 30 岡野雅行	FW 11 上野優作

【得点】(浦)58分山田暢久 64分田中達也　(新)40分エジミウソン
【交代】(浦)79分田中達也→横山拓也 83分山田暢久→酒井友之　(新)69分寺川能人→山口素弘 69分鈴木慎吾→岡山哲也 83分桑原裕義→上野優作
【警告】(新)50分寺川能人 72分岡山哲也 85分アンデルソンリマ 89分アンデルソンリマ
【退場】(新)89分アンデルソンリマ

●主審／山西博文　副審／山崎裕彦、抱山公彦

第14節　7月6日（水）19時00分

●会場／新潟ス　●入場者数／39,012人
●天候／曇　●気温／23.9℃　●湿度／72%　●風／無

アルビレックス新潟 **3** [1−1 / 2−1] **2** ヴィッセル神戸

アルビレックス新潟	ヴィッセル神戸
GK 21 野澤洋輔	GK 1 掛川誠
DF 5 梅山修	DF 15 室井市衛
DF 19 海本慶治	DF 2 松尾直人
DF 14 高橋直樹	DF 4 北本久仁衛
DF 29 喜多靖	MF 8 佐伯直哉
MF 16 寺川能人	MF 14 ホルヴィ
MF 6 桑原裕義	MF 7 朴康造
MF 9 ファビーニョ	MF 6 ホージェル
FW 17 海本幸治郎	MF 17 三浦淳宏
FW 10 エジミウソン	FW 10 小島宏美
FW 18 鈴木慎吾	FW 21 平瀬智行
GK 1 木寺浩一	GK 34 荻晃太
DF 3 萩村滋則	DF 3 坪内秀介
MF 8 山口素弘	MF 20 丹羽竜平
MF 20 岡山哲也	MF 31 栗原圭介
FW 11 上野優作	FW 19 和多田充寿

【得点】(新)37分鈴木慎吾 52分喜多靖 88分エジミウソン　(神)38分ホルヴィ 72分平瀬智行
【交代】(新)10分ファビーニョ→岡山哲也 83分梅山修→上野優作 89分寺川能人→萩村滋則　(神)45分小島宏美→坪内秀介 64分室井市衛→和多田充寿 83分平瀬智行→栗原圭介
【警告】(神)55分坪内秀介 63分佐伯直哉 89分松尾直人

●主審／上川徹　副審／南浩二、竹内元人

第15節　7月9日（土）18時34分

●会場／市原　●入場者数／6,681人
●天候／雨　●気温／23.2℃　●湿度／90%　●風／弱

ジェフユナイテッド千葉 **3** [0−1 / 3−1] **2** アルビレックス新潟

ジェフユナイテッド千葉	アルビレックス新潟
GK 17 櫛野亮	GK 21 野澤洋輔
DF 3 斎藤大輔	DF 7 アンデルソンリマ
DF 5 ストヤノフ	DF 19 海本慶治
MF 6 阿部勇樹	DF 14 高橋直樹
MF 2 坂本將貴	DF 29 喜多靖
MF 7 佐藤勇人	MF 16 寺川能人
MF 22 羽生直剛	MF 6 桑原裕義
MF 16 山岸智	MF 20 岡山哲也
MF 8 ポペスク	FW 17 海本幸治郎
FW 9 林丈統	FW 10 エジミウソン
FW 18 巻誠一郎	FW 18 鈴木慎吾
GK 1 立石智紀	GK 1 木寺浩一
DF 27 水本裕貴	DF 3 萩村滋則
MF 20 工藤浩平	DF 5 梅山修
MF 23 楽山孝志	MF 8 山口素弘
FW 25 要田勇一	FW 11 上野優作

【得点】(千)53分佐藤勇人 61分巻誠一郎 86分要田勇一　(新)40分エジミウソン 59分上野優作
【交代】(千)64分林丈統→要田勇一 66分ポペスク→工藤浩平 76分山岸智→楽山孝志　(新)18分海本慶治→萩村滋則 58分岡山哲也→上野優作 86分鈴木慎吾→山口素弘
【警告】(千)66分ストヤノフ　(新)09分桑原裕義 33分寺川能人

●主審／岡田正義　副審／西村典之、井上知大

第16節　7月13日（水）19時04分

●会場／長居　●入場者数／6,497人
●天候／曇　●気温／30.2℃　●湿度／63%　●風／弱

セレッソ大阪 **1** [0−0 / 1−0] **0** アルビレックス新潟

セレッソ大阪	アルビレックス新潟
GK 22 吉田宗弘	GK 21 野澤洋輔
DF 2 ブルーノクアドロス	DF 7 アンデルソンリマ
DF 19 山崎哲也	DF 14 高橋直樹
DF 3 柳本啓成	DF 3 萩村滋則
MF 5 ファビーニョ	DF 29 喜多靖
MF 23 下村東美	MF 16 寺川能人
MF 7 久藤清一	MF 6 桑原裕義
MF 6 ゼカルロス	MF 8 山口素弘
MF 8 森島寛晃	FW 17 海本幸治郎
FW 20 西澤明訓	FW 10 エジミウソン
FW 10 黒部光昭	FW 18 鈴木慎吾
GK 1 伊藤友彦	GK 1 木寺浩一
MF 31 鶴見智美	DF 5 梅山修
MF 4 布部陽功	MF 20 岡山哲也
MF 13 苔口卓也	MF 25 青野大介
FW 11 徳重隆明	FW 11 上野優作

【得点】(大)47分ゼカルロス
【交代】(大)28分柳本啓成→布部陽功 70分黒部光昭→徳重隆明 79分久藤清一→苔口卓也　(新)59分山口素弘→青野大介 66分桑原裕義→上野優作 79分海本幸治郎→岡山哲也
【警告】(大)48分久藤清一 66分布部陽功 79分徳重隆明　(新)50分エジミウソン 88分高橋直樹

●主審／野田祐樹　副審／平野伸一、間島宗一

第17節　7月17日（日）18時04分

●会場／新潟ス　●入場者数／41,917人
●天候／晴　●気温／28.6℃　●湿度／73%　●風／無

アルビレックス新潟 **3** [0−0 / 3−0] **0** 名古屋グランパスエイト

アルビレックス新潟	名古屋グランパスエイト
GK 21 野澤洋輔	GK 1 楢﨑正剛
DF 7 アンデルソンリマ	DF 19 杉本恵太
DF 14 高橋直樹	DF 5 古賀正紘
DF 3 萩村滋則	DF 16 増川隆洋
DF 29 喜多靖	DF 6 中谷勇介
MF 16 寺川能人	MF 8 クライトン
MF 6 桑原裕義	MF 14 吉村圭司
MF 15 本間勲	MF 10 藤田俊哉
FW 10 エジミウソン	MF 7 中村直志
FW 11 上野優作	FW 24 本田圭佑
FW 18 鈴木慎吾	FW 32 中山悟志
GK 1 木寺浩一	GK 22 川島永嗣
DF 5 梅山修	DF 3 井川祐輔
MF 20 岡山哲也	DF 28 渡邊圭二
MF 25 青野大介	MF 37 津田知宏
FW 23 末岡龍二	FW 23 豊田陽平

【得点】(新)51分エジミウソン 78分アンデルソンリマ 89分喜多靖
【交代】(新)68分寺川能人→青野大介 76分上野優作→岡山哲也 88分アンデルソンリマ→梅山修　(名)45分本田圭佑→井川祐輔 45分中山悟志→豊田陽平 73分吉村圭司→渡邊圭二
【警告】(新)79分アンデルソンリマ　(名)65分中谷勇介 70分吉村圭司

●主審／松尾一　副審／上荒敬司、木城紀和

第18節　7月24日（日）19時04分

●会場／大分ス　●入場者数／23,078人
●天候／晴　●気温／27.3℃　●湿度／74%　●風／無

大分トリニータ **1** [1−0 / 0−3] **3** アルビレックス新潟

大分トリニータ	アルビレックス新潟
GK 21 西川周作	GK 21 野澤洋輔
DF 15 吉村光示	DF 7 アンデルソンリマ
DF 3 柴小屋雄一	DF 14 高橋直樹
DF 4 深谷友基	DF 3 萩村滋則
DF 23 有村光史	DF 29 喜多靖
MF 14 阿部吉朗	MF 16 寺川能人
MF 6 梅田高志	MF 6 桑原裕義
MF 24 川田和宏	MF 15 本間勲
MF 17 根本裕一	FW 10 エジミウソン
FW 10 マグノアウベス	FW 11 上野優作
FW 13 高松大樹	FW 18 鈴木慎吾
GK 16 高嵜理貴	GK 1 木寺浩一
DF 2 三木隆司	DF 5 梅山修
MF 8 小森田友明	MF 20 岡山哲也
FW 25 西野晃平	MF 25 青野大介
FW 33 木島良輔	FW 9 ファビーニョ

【得点】(大)11分高松大樹　(新)68分ファビーニョ 79分ファビーニョ 83分上野優作
【交代】(大)80分有村光史→木島良輔 89分阿部吉朗→西野晃平　(新)45分寺川能人→ファビーニョ 59分桑原裕義→青野大介 78分エジミウソン→岡山哲也
【警告】(大)86分木島良輔 89分マグノアウベス　(新)15分萩村滋則

●主審／高山啓義　副審／手塚洋、石沢知

第19節　8月20日（土）19時02分

●会場／新潟ス　●入場者数／41,126人
●天候／雷雨　●気温／25.5℃　●湿度／92%　●風／無

アルビレックス新潟 **4** [1−1 / 3−1] **2** ガンバ大阪

アルビレックス新潟	ガンバ大阪
GK 21 野澤洋輔	GK 22 藤ヶ谷陽介
DF 7 アンデルソンリマ	DF 6 山口智
DF 14 高橋直樹	DF 2 シジクレイ
DF 3 萩村滋則	DF 3 入江徹
DF 29 喜多靖	MF 10 二川孝広
MF 15 本間勲	MF 27 橋本英郎
MF 6 桑原裕義	MF 7 遠藤保仁
MF 9 ファビーニョ	MF 14 家長昭博
FW 16 寺川能人	MF 9 アラウージョ
FW 10 エジミウソン	FW 16 大黒将志
FW 18 鈴木慎吾	FW 8 フェルナンジーニョ
GK 1 木寺浩一	GK 23 日野優
DF 36 菊地直哉	DF 5 宮本恒靖
MF 25 青野大介	MF 15 渡辺光輝
FW 11 上野優作	MF 24 松下年宏
FW 23 末岡龍二	FW 18 吉原宏太

【得点】(新)23分桑原裕義 60分エジミウソン 62分エジミウソン 76分鈴木慎吾　(大)33分アラウージョ 85分大黒将志
【交代】(新)79分エジミウソン→上野優作 83分ファビーニョ→末岡龍二 86分桑原裕義→菊地直哉　(大)69分遠藤保仁→吉原宏太 74分入江徹→宮本恒靖 81分二川孝広→渡辺光輝
【警告】(新)26分萩村滋則 41分アンデルソンリマ　(大)31分遠藤保仁 89分宮本恒靖

●主審／長田和久　副審／柴田正利、佐藤秀明

第20節　8月24日（水）19時04分

●会場／カシマ　●入場者数／12,752人
●天候／曇　●気温／23.6℃　●湿度／83%　●風／弱

鹿島アントラーズ **7** [3−1 / 4−1] **2** アルビレックス新潟

鹿島アントラーズ	アルビレックス新潟
GK 21 曽ヶ端準	GK 21 野澤洋輔
DF 2 名良橋晃	DF 7 アンデルソンリマ
DF 17 内田潤	DF 14 高橋直樹
DF 14 羽田憲司	DF 3 萩村滋則
DF 7 新井場徹	DF 29 喜多靖
MF 24 青木剛	MF 15 本間勲
MF 16 フェルナンド	MF 6 桑原裕義
MF 8 小笠原満男	MF 9 ファビーニョ
MF 10 本山雅志	FW 16 寺川能人
FW 30 鈴木隆行	FW 10 エジミウソン
FW 9 アレックスミネイロ	FW 18 鈴木慎吾
GK 29 杉山哲	GK 1 木寺浩一
DF 18 石川竜也	DF 36 菊地直哉
MF 5 リカルジーニョ	MF 25 青野大介
MF 25 野沢拓也	FW 11 上野優作
FW 11 深井正樹	FW 23 末岡龍二

【得点】(鹿)31分本山雅志 38分羽田憲司 44分小笠原満男 72分新井場徹 83分アレックスミネイロ 87分小笠原満男 89分野沢拓也　(新)07分エジミウソン 80分アンデルソンリマ
【交代】(鹿)61分本山雅志→深井正樹 71分鈴木隆行→野沢拓也 85分アレックスミネイロ→リカルジーニョ　(新)45分寺川能人→上野優作 57分喜多靖→菊地直哉 79分桑原裕義→青野大介
【警告】(鹿)42分アレックスミネイロ

●主審／松村和彦　副審／山口博司、二俣敏明

第21節　8月27日（土）19時02分

●会場／新潟ス　●入場者数／40,641人
●天候／晴　●気温／25.9℃　●湿度／64%　●風／無

アルビレックス新潟 **1** [0−0 / 1−1] **1** ジェフユナイテッド千葉

アルビレックス新潟	ジェフユナイテッド千葉
GK 21 野澤洋輔	GK 1 立石智紀
DF 7 アンデルソンリマ	DF 3 斎藤大輔
DF 14 高橋直樹	DF 5 ストヤノフ
DF 3 萩村滋則	DF 24 結城耕造
DF 36 菊地直哉	MF 16 山岸智
MF 15 本間勲	MF 6 阿部勇樹
MF 6 桑原裕義	MF 7 佐藤勇人
MF 9 ファビーニョ	MF 2 坂本將貴
FW 10 エジミウソン	MF 22 羽生直剛
FW 11 上野優作	MF 29 水野晃樹
FW 18 鈴木慎吾	FW 18 巻誠一郎
GK 1 木寺浩一	GK 17 櫛野亮
DF 29 喜多靖	MF 8 ポペスク
MF 16 寺川能人	MF 15 中島浩司
MF 25 青野大介	MF 20 工藤浩平
FW 23 末岡龍二	FW 9 林丈統

【得点】(新)89分エジミウソン　(千)89分林丈統
【交代】(新)73分本間勲→寺川能人　(千)60分水野晃樹→工藤浩平 77分羽生直剛→林丈統
【警告】(新)24分ファビーニョ

●主審／柏原丈二　副審／高橋佳久、石沢知

第22節　9月3日（土）18時34分

●会場／埼玉　●入場者数／9,233人
●天候／晴　●気温／28.2℃　●湿度／64%　●風／弱

大宮アルディージャ **1** [0−1 / 1−3] **4** アルビレックス新潟

大宮アルディージャ	アルビレックス新潟
GK 20 荒谷弘樹	GK 21 野澤洋輔
DF 5 冨田大介	DF 7 アンデルソンリマ
DF 13 平岡靖成	DF 14 高橋直樹
DF 2 奥野誠一郎	DF 3 萩村滋則
DF 3 三上和良	DF 36 菊地直哉
MF 6 ディビッドソン純マーカス	MF 15 本間勲
MF 4 トニーニョ	MF 6 桑原裕義
MF 16 久永辰徳	MF 9 ファビーニョ
MF 11 藤本主税	FW 10 エジミウソン
FW 10 トゥット	FW 11 上野優作
FW 14 森田浩史	FW 18 鈴木慎吾
GK 1 安藤智安	GK 1 木寺浩一
DF 18 西村卓朗	DF 29 喜多靖
MF 15 斉藤雅人	MF 13 宮沢克行
MF 17 島田裕介	MF 16 寺川能人
FW 27 横山聡	FW 23 末岡龍二

【得点】(大)59分藤本主税　(新)37分菊地直哉 54分アンデルソンリマ 84分エジミウソン 87分ファビーニョ
【交代】(大)61分平岡靖成→斉藤雅人 68分久永辰徳→横山聡 75分藤本主税→島田裕介　(新)73分萩村滋則→喜多靖 77分鈴木慎吾→寺川能人 86分上野優作→末岡龍二
【警告】(大)06分藤本主税 41分トニーニョ 42分奥野誠一郎　(新)33分桑原裕義

●主審／野田祐樹　副審／宮島一代、金田大吉

第23節　9月10日（土）19時00分

●会場／新潟ス　●入場者数／39,540人
●天候／曇時々雨　●気温／24.1℃　●湿度／80%　●風／無

アルビレックス新潟 **1** [0−2 / 1−0] **2** セレッソ大阪

アルビレックス新潟	セレッソ大阪
GK 21 野澤洋輔	GK 22 吉田宗弘
DF 7 アンデルソンリマ	DF 2 ブルーノクアドロス
DF 14 高橋直樹	DF 30 前田和哉
DF 3 萩村滋則	DF 3 柳本啓成
DF 36 菊地直哉	MF 5 ファビーニョ
MF 15 本間勲	MF 23 下村東美
MF 6 桑原裕義	MF 7 久藤清一
MF 9 ファビーニョ	MF 6 ゼカルロス
FW 10 エジミウソン	MF 9 古橋達弥
FW 11 上野優作	FW 8 森島寛晃
FW 18 鈴木慎吾	FW 20 西澤明訓
GK 1 木寺浩一	GK 1 伊藤友彦
DF 29 喜多靖	MF 4 布部陽功
MF 16 寺川能人	MF 13 苔口卓也
MF 25 青野大介	FW 10 黒部光昭
FW 23 末岡龍二	FW 11 徳重隆明

【得点】(新)89分エジミウソン　(大)20分下村東美 36分ゼカルロス
【交代】(新)56分本間勲→青野大介 73分萩村滋則→末岡龍二 77分桑原裕義→寺川能人　(大)59分久藤清一→苔口卓也 67分森島寛晃→徳重隆明 72分西澤明訓→黒部光昭
【警告】(新)64分青野大介 75分鈴木慎吾　(大)44分ファビーニョ 89分下村東美 89分前田和哉

●主審／家本政明　副審／上荒敬司、伊東知哉

第24節　9月18日（日）15時05分

●会場／日本平　●入場者数／14,163人
●天候／晴　●気温／25.9℃　●湿度／69%　●風／弱

清水エスパルス **2** [2−0 / 0−1] **1** アルビレックス新潟

清水エスパルス	アルビレックス新潟
GK 21 西部洋平	GK 21 野澤洋輔
DF 25 市川大祐	DF 7 アンデルソンリマ
DF 2 斉藤俊秀	DF 14 高橋直樹
DF 4 高木和道	DF 3 萩村滋則
DF 3 山西尊裕	DF 36 菊地直哉
MF 22 太田圭輔	MF 15 本間勲
MF 7 伊東輝悦	MF 6 桑原裕義
MF 6 杉山浩太	MF 9 ファビーニョ
MF 13 兵働昭弘	FW 10 エジミウソン
FW 17 マルキーニョス	FW 11 上野優作
FW 18 チョジェジン	FW 18 鈴木慎吾
GK 31 山本海人	GK 1 木寺浩一
MF 10 澤登正朗	DF 29 喜多靖
MF 14 高木純平	MF 16 寺川能人
FW 9 北嶋秀朗	MF 25 青野大介
FW 15 久保山由清	FW 23 末岡龍二

【得点】(清)33分マルキーニョス 38分マルキーニョス　(新)77分ファビーニョ
【交代】(清)45分杉山浩太→澤登正朗 81分太田圭輔→高木純平 86分マルキーニョス→久保山由清　(新)45分本間勲→喜多靖 60分桑原裕義→青野大介 73分上野優作→末岡龍二
【警告】(清)15分斉藤俊秀 40分太田圭輔　(新)44分ファビーニョ 66分萩村滋則 69分高橋直樹 71分エジミウソン

●主審／扇谷健司　副審／柴田正利、前島和彦

第25節　9月25日（日）15時04分

●会場／新潟ス　●入場者数／39,621人
●天候／曇　●気温／21.7℃　●湿度／67%　●風／無

アルビレックス新潟 **0** [0−1 / 0−0] **1** サンフレッチェ広島

アルビレックス新潟	サンフレッチェ広島
GK 21 野澤洋輔	GK 1 下田崇
DF 7 アンデルソンリマ	DF 5 駒野友一
DF 14 高橋直樹	DF 4 ジニーニョ
DF 29 喜多靖	DF 3 小村徳男
DF 36 菊地直哉	DF 17 服部公太
MF 15 本間勲	MF 34 茂原岳人
MF 6 桑原裕義	MF 8 森﨑和幸
MF 9 ファビーニョ	MF 20 大木勉
FW 16 寺川能人	MF 6 ベット
FW 11 上野優作	FW 24 前田俊介
FW 18 鈴木慎吾	FW 11 佐藤寿人
GK 1 木寺浩一	GK 21 上野秀章
DF 5 梅山修	DF 22 西河翔吾
MF 13 宮沢克行	DF 25 高柳一誠
MF 20 岡山哲也	MF 16 李漢宰
FW 23 末岡龍二	FW 10 ガウボン

【得点】(広)42分前田俊介
【交代】(新)45分喜多靖→梅山修 65分本間勲→岡山哲也 80分寺川能人→末岡龍二　(広)45分前田俊介→ガウボン 58分大木勉→李漢宰 88分茂原岳人→西河翔吾
【警告】(新)07分ファビーニョ 17分本間勲 86分アンデルソンリマ　(広)38分前田俊介 49分ベット

●主審／松尾一　副審／柳沢和也、間島宗一

第26節　10月1日(土) 15時03分

●会場／等々力 ●入場者数／11,468人
●天候／晴 ●気温／25.3℃ ●湿度／49% ●風／中

川崎フロンターレ **3** [1-0 / 2-0] **0** アルビレックス新潟

川崎フロンターレ	アルビレックス新潟
GK 28 相澤貴志	GK 21 野澤洋輔
DF 5 箕輪義信	DF 5 梅山修
DF 13 寺田周平	DF 3 萩村滋則
DF 2 伊藤宏樹	DF 14 高橋直樹
MF 20 長橋康弘	DF 4 鈴木健太郎
MF 14 中村憲剛	MF 36 菊地直哉
MF 29 谷口博之	MF 6 桑原裕義
MF 4 アウグスト	MF 13 宮沢克行
MF 11 マルクス	FW 16 寺川能人
FW 9 我那覇和樹	FW 11 上野優作
FW 10 ジュニーニョ	FW 10 エジミウソン
GK 21 下川誠吾	GK 1 木寺浩一
DF 3 佐原秀樹	DF 37 千葉和彦
MF 25 森勇介	MF 18 鈴木慎吾
MF 8 久野智昭	MF 25 青野大介
FW 24 黒津勝	FW 34 ネット

【得点】(川)32分谷口博之 66分ジュニーニョ 89分我那覇和樹
【交代】(川)39分谷口博之→佐原秀樹 87分長橋康弘→森勇介 89分寺田周平→久野智昭　(新)64分鈴木健太郎→鈴木慎吾 75分上野優作→ネット 75分桑原裕義→青野大介
【警告】(新)30分寺川能人
【退場】(新)85分野澤洋輔

●主審／太田潔　副審／中井恒、木城紀和

第27節　10月15日(土) 14時03分

●会場／新潟ス ●入場者数／37,193人
●天候／曇 ●気温／23.6℃ ●湿度／62% ●風／無

アルビレックス新潟 **1** [1-1 / 0-0] **1** 東京ヴェルディ1969

アルビレックス新潟	東京ヴェルディ1969
GK 1 木寺浩一	GK 21 高木義成
DF 5 梅山修	DF 3 戸川健太
DF 14 高橋直樹	DF 4 林健太郎
DF 3 萩村滋則	DF 19 上村健一
DF 36 菊地直哉	MF 13 柳沢将之
MF 15 本間勲	MF 6 戸田和幸
MF 6 桑原裕義	MF 22 平野孝
MF 18 鈴木慎吾	MF 7 相馬崇人
FW 7 アンデルソンリマ	FW 9 ワシントン
FW 10 エジミウソン	FW 8 小林大悟
FW 9 ファビーニョ	FW 10 ジウ
GK 22 北野貴之	GK 1 水原大樹
MF 20 岡山哲也	MF 32 小林慶行
MF 25 青野大介	MF 33 玉乃淳
FW 11 上野優作	FW 17 森本貴幸
FW 23 末岡龍二	FW 11 平本一樹

【得点】(新)44分アンデルソンリマ　(東)03分ワシントン
【交代】(新)05分本間勲→青野大介 80分梅山修→上野優作　(東)76分ジウ→玉乃淳 89分小林大悟→小林慶行
【警告】(新)01分萩村滋則 35分青野大介　(東)39分平野孝 52分上村健一 55分上村健一 79分小林大悟
【退場】(東)55分上村健一

●主審／西村雄一　副審／山口博司、佐藤秀明

第28節　10月22日(土) 16時02分

●会場／新潟ス ●入場者数／39,207人
●天候／雨 ●気温／15.0℃ ●湿度／83% ●風／弱

アルビレックス新潟 **1** [1-0 / 0-0] **0** 横浜F・マリノス

アルビレックス新潟	横浜F・マリノス
GK 1 木寺浩一	GK 1 榎本達也
DF 7 アンデルソンリマ	DF 22 中澤佑二
DF 14 高橋直樹	DF 3 松田直樹
DF 3 萩村滋則	DF 35 河合竜二
DF 5 梅山修	MF 7 田中隼磨
MF 6 桑原裕義	MF 4 那須大亮
MF 36 菊地直哉	MF 6 上野良治
MF 25 青野大介	MF 5 ドゥトラ
FW 9 ファビーニョ	MF 14 奥大介
FW 10 エジミウソン	FW 19 グラウ
FW 18 鈴木慎吾	FW 11 坂田大輔
GK 21 野澤洋輔	GK 21 榎本哲也
DF 31 藤井大輔	DF 2 中西永輔
MF 16 寺川能人	MF 17 マグロン
MF 20 岡山哲也	MF 10 山瀬功治
FW 11 上野優作	FW 15 大島秀夫

【得点】(新)38分エジミウソン
【交代】(新)80分アンデルソンリマ→寺川能人 82分高橋直樹→藤井大輔 89分ファビーニョ→上野優作　(横)52分奥大介→山瀬功治 52分グラウ→大島秀夫 69分河合竜二→マグロン
【警告】(新)17分アンデルソンリマ　(横)65分那須大亮 72分松田直樹 74分ドゥトラ 89分田中隼磨

●主審／吉田寿光　副審／中原美智雄、田尻智計

第29節　10月29日(土) 15時36分

●会場／神戸ウイ ●入場者数／10,152人
●天候／屋内 ●気温／20.5℃ ●湿度／63% ●風／無

ヴィッセル神戸 **1** [0-0 / 1-1] **1** アルビレックス新潟

ヴィッセル神戸	アルビレックス新潟
GK 29 本田征治	GK 1 木寺浩一
DF 7 朴康造	DF 7 アンデルソンリマ
DF 6 マルティン	DF 14 高橋直樹
DF 4 北本久仁衛	DF 3 萩村滋則
DF 3 坪内秀介	DF 5 梅山修
MF 9 イヴォ	MF 36 菊地直哉
MF 36 遠藤彰弘	MF 6 桑原裕義
MF 8 佐伯直哉	MF 15 本間勲
MF 33 田中英雄	FW 9 ファビーニョ
FW 10 小島宏美	FW 10 エジミウソン
FW 21 平瀬智行	FW 18 鈴木慎吾
GK 30 徳重健太	GK 21 野澤洋輔
DF 38 金古聖司	DF 31 藤井大輔
MF 31 栗原圭介	MF 16 寺川能人
FW 19 和多田充寿	MF 25 青野大介
FW 13 播戸竜二	FW 11 上野優作

【得点】(神)89分栗原圭介　(新)72分ファビーニョ
【交代】(神)58分平瀬智行→播戸竜二 66分小島宏美→栗原圭介 76分田中英雄→和多田充寿　(新)71分桑原裕義→寺川能人 80分アンデルソンリマ→上野優作
【警告】(神)06分マルティン 07分田中英雄 33分遠藤彰弘 50分坪内秀介 54分遠藤彰弘 83分佐伯直哉
【退場】(神)54分遠藤彰弘

●主審／穴沢努　副審／名木利幸、石沢知

第30節　11月12日(土) 14時05分

●会場／新潟ス ●入場者数／41,092人
●天候／晴 ●気温／13.0℃ ●湿度／42% ●風／

アルビレックス新潟 **2** [1-0 / 1-2] **2** 柏レイソル

アルビレックス新潟	柏レイソル
GK 1 木寺浩一	GK 1 南雄太
DF 7 アンデルソンリマ	DF 3 薩川了洋
DF 14 高橋直樹	DF 4 波戸康広
DF 3 萩村滋則	DF 17 土屋征夫
DF 36 菊地直哉	MF 2 小林亮
MF 15 本間勲	MF 12 増田忠俊
MF 6 桑原裕義	MF 7 明神智和
MF 9 ファビーニョ	MF 23 大谷秀和
FW 16 寺川能人	MF 10 クレーベル
FW 10 エジミウソン	FW 8 レイナウド
FW 18 鈴木慎吾	FW 28 玉田圭司
GK 21 野澤洋輔	GK 31 加藤慎也
DF 19 海本慶治	DF 13 小林祐三
MF 13 宮沢克行	MF 14 大野敏隆
MF 20 岡山哲也	FW 18 矢野貴章
FW 11 上野優作	FW 19 宇野沢祐次

【得点】(新)41分エジミウソン 54分ファビーニョ　(柏)
分大谷秀和 62分小林亮
【交代】(新)72分寺川能人→上野優作 74分高橋直樹→海
慶治　(柏)85分玉田圭司→宇野沢祐次 89分増田忠俊→
林祐三
【警告】(新)05分エジミウソン 78分アンデルソンリマ 8
ファビーニョ　(柏)26分土屋征夫

●主審／柏原丈二　副審／浅野正樹、井上知大

第31節　11月20日(日) 14時00分

●会場／ヤマハ ●入場者数／13,596人
●天候／晴 ●気温／16.2℃ ●湿度／23% ●風／無

ジュビロ磐田 **2** [0-0 / 2-3] **3** アルビレックス新潟

ジュビロ磐田	アルビレックス新潟
GK 1 川口能活	GK 1 木寺浩一
DF 36 金珍圭	DF 5 梅山修
DF 5 田中誠	DF 19 海本慶治
DF 3 茶野隆行	DF 3 萩村滋則
MF 17 太田吉彰	DF 36 菊地直哉
MF 7 名波浩	MF 15 本間勲
MF 6 服部年宏	MF 6 桑原裕義
MF 14 村井慎二	MF 16 寺川能人
MF 19 成岡翔	FW 7 アンデルソンリマ
FW 11 西紀寛	FW 10 エジミウソン
FW 18 前田遼一	FW 9 ファビーニョ
GK 32 山本浩正	GK 21 野澤洋輔
MF 28 船谷圭祐	DF 31 藤井大輔
MF 23 福西崇史	MF 13 宮沢克行
FW 22 カレンロバート	MF 25 青野大介
FW 9 中山雅史	FW 11 上野優作

【得点】(磐)84分カレンロバート 86分福西崇史　(新)68分エジミウソン 70分エジミウソン 83分エジミウソン
【交代】(磐)49分西紀寛→カレンロバート 62分成岡翔→福西崇史 75分金珍圭→中山雅史　(新)87分アンデルソンリマ→上野優作 89分ファビーニョ→藤井大輔 89分エジミウソン→青野大介
【警告】(新)02分ファビーニョ

●主審／砂川恵一　副審／原田秀昭、犬飼一郎

第32節　11月23日(水・祝) 15時04分

●会場／新潟ス ●入場者数／41,922人
●天候／曇 ●気温／12.8℃ ●湿度／70% ●風／弱

アルビレックス新潟 **0** [0-0 / 0-1] **1** FC東京

アルビレックス新潟	FC東京
GK 1 木寺浩一	GK 1 土肥洋一
DF 5 梅山修	DF 8 藤山竜仁
DF 19 海本慶治	DF 3 ジャーン
DF 3 萩村滋則	DF 2 茂庭照幸
DF 36 菊地直哉	DF 17 金沢浄
MF 15 本間勲	MF 23 梶山陽平
MF 6 桑原裕義	MF 6 今野泰幸
MF 16 寺川能人	MF 15 鈴木規郎
FW 7 アンデルソンリマ	MF 27 栗澤僚一
FW 10 エジミウソン	FW 11 阿部吉朗
FW 9 ファビーニョ	FW 9 ルーカス
GK 21 野澤洋輔	GK 21 遠藤大志
DF 31 藤井大輔	MF 7 浅利悟
MF 13 宮沢克行	MF 10 三浦文丈
MF 25 青野大介	FW 13 戸田光洋
FW 11 上野優作	FW 38 サササルセード

【得点】(東)77分サササルセード
【交代】(新)81分梅山修→上野優作 81分本間勲→青野大介 83分桑原裕義→藤井大輔　(東)51分鈴木規郎→サササルセード 76分栗澤僚一→戸田光洋
【警告】(新)30分アンデルソンリマ

●主審／家本政明　副審／山口博司、佐幸欣治

第33節　11月27日(日) 15時04分

●会場／瑞穂陸 ●入場者数／10,088人
●天候／曇 ●気温／15.1℃ ●湿度／47% ●風／弱

名古屋グランパスエイト **0** [0-0 / 0-1] **1** アルビレックス新潟

名古屋グランパスエイト	アルビレックス新潟
GK 22 川島永嗣	GK 1 木寺浩一
DF 17 安英学	DF 31 藤井大輔
DF 2 秋田豊	DF 19 海本慶治
DF 3 井川祐輔	DF 3 萩村滋則
MF 20 角田誠	DF 36 菊地直哉
MF 14 吉村圭司	MF 15 本間勲
MF 7 中村直志	MF 35 田中亜土夢
MF 15 鴨川奨	MF 16 寺川能人
MF 24 本田圭佑	FW 7 アンデルソンリマ
MF 10 藤田俊哉	FW 10 エジミウソン
FW 23 豊田陽平	FW 9 ファビーニョ
GK 1 楢崎正剛	GK 21 野澤洋輔
DF 16 増川隆洋	MF 6 桑原裕義
MF 13 山口慶	MF 13 宮沢克行
MF 35 井上渉	MF 20 岡山哲也
FW 37 津田知宏	FW 11 上野優作

【得点】(新)49分アンデルソンリマ
【交代】(名)70分吉村圭司→山口慶 75分豊田陽平→増川隆洋　(新)61分田中亜土夢→岡山哲也 76分菊地直哉→桑原裕義 89分エジミウソン→上野優作
【警告】(名)16分角田誠 17分秋田豊 48分井川祐輔 65分鴨川奨　(新)20分菊地直哉 51分田中亜土夢 53分藤井大輔

●主審／松尾一　副審／高橋佳久、相葉忠臣

第34節　12月3日(土) 14時04分

●会場／新潟ス ●入場者数／41,988人
●天候／曇 ●気温／5.1℃ ●湿度／64% ●風／弱

アルビレックス新潟 **0** [0-2 / 0-2] **4** 浦和レッズ

アルビレックス新潟	浦和レッズ
GK 1 木寺浩一	GK 23 都築龍太
DF 5 梅山修	DF 2 坪井慶介
DF 31 藤井大輔	DF 4 田中マルクス闘莉王
DF 19 海本慶治	DF 20 堀之内聖
DF 3 萩村滋則	MF 6 山田暢久
MF 7 アンデルソンリマ	MF 13 鈴木啓太
MF 15 本間勲	MF 17 長谷部誠
MF 6 桑原裕義	MF 8 三都主アレサンドロ
MF 16 寺川能人	MF 10 ポンテ
FW 10 エジミウソン	FW 30 岡野雅行
FW 9 ファビーニョ	FW 18 マリッチ
GK 21 野澤洋輔	GK 1 山岸範宏
DF 14 高橋直樹	DF 32 細貝萌
MF 13 宮沢克行	MF 7 酒井友之
MF 35 田中亜土夢	FW 27 横山拓也
FW 11 上野優作	FW 9 永井雄一郎

【得点】(浦)04分堀之内聖 13分ポンテ 60分マリッチ 80分山田暢久
【交代】(新)45分梅山修→上野優作 72分桑原裕義→田中亜土夢 84分藤井大輔→高橋直樹　(浦)76分岡野雅行→永井雄一郎
【警告】(新)34分桑原裕義 50分ファビーニョ 79分本間勲　(浦)41分山田暢久 44分三都主アレサンドロ

●主審／松村和彦　副審／柴田正利、村上孝治

2005
2005 Jリーグ ヤマザキナビスコカップ (Aグループ)

アルビレックス新潟 公式記録

第1節　3月19日(土) 15時01分

●会場／埼玉 ●入場者数／7,022人
●天候／晴 ●気温／12.3℃ ●湿度／21% ●風／中

大宮アルディージャ **2** [2-0 / 0-0] **0** アルビレックス新潟

大宮アルディージャ	アルビレックス新潟
GK 20 荒谷弘樹	GK 21 野澤洋輔
DF 18 西村卓朗	DF 7 アンデルソンリマ
DF 4 トニーニョ	DF 19 海本慶治
DF 5 冨田大介	DF 2 丸山良明
DF 3 三上和良	DF 4 鈴木健太郎
MF 6 ディビッドソン純マーカス	MF 16 寺川能人
MF 7 金澤慎	MF 3 萩村滋則
MF 16 久永辰徳	MF 8 山口素弘
MF 11 藤本主税	FW 10 エジミウソン
FW 10 トゥット	FW 11 上野優作
FW 9 クリスティアン	FW 18 鈴木慎吾
GK 1 安藤智安	GK 1 木寺浩一
MF 15 斉藤雅人	DF 17 海本幸治郎
MF 17 島田裕介	DF 29 喜多靖
MF 23 鈴木将太	MF 15 本間勲
FW 14 森田浩史	MF 20 岡山哲也

【得点】(大)16分冨田大介 44分クリスティアン
【交代】(大)68分クリスティアン→森田浩史 76分藤本主税→鈴木将太 82分トゥット→斉藤雅人　(新)45分萩村滋則→本間勲 45分アンデルソンリマ→海本幸治郎 82分鈴木健太郎→岡山哲也
【警告】(大)21分金澤慎 45分久永辰徳　(新)42分寺川能人

●主審／岡田正義　副審／河合英治、鈴木亮哉

第2節　3月26日(土) 14時00分

●会場／新潟ス ●入場者数／33,238人
●天候／曇時々雪時々晴 ●気温／6.4℃ ●湿度／53% ●風／弱

アルビレックス新潟 **1** [1-0 / 0-0] **0** ヴィッセル神戸

アルビレックス新潟	ヴィッセル神戸
GK 21 野澤洋輔	GK 30 阿部謙作
DF 17 海本幸治郎	DF 4 北本久仁衛
DF 19 海本慶治	DF 15 室井市衛
DF 2 丸山良明	DF 6 ホージェル
DF 4 鈴木健太郎	MF 5 菅原智
MF 8 山口素弘	MF 14 ホルヴィ
MF 3 萩村滋則	MF 7 朴康造
MF 9 ファビーニョ	MF 2 松尾直人
FW 16 寺川能人	MF 18 薮田光教
FW 10 エジミウソン	FW 13 播戸竜二
FW 18 鈴木慎吾	FW 11 三浦知良
GK 1 木寺浩一	GK 34 荻晃太
DF 7 アンデルソンリマ	DF 16 松本昂聡
DF 29 喜多靖	MF 8 佐伯直哉
FW 11 上野優作	FW 19 和多田充寿
FW 28 船越優蔵	FW 21 平瀬智行

【得点】(新)39分寺川能人
【交代】(新)69分寺川能人→上野優作 89分山口素弘→喜多靖　(神)75分室井市衛→和多田充寿 85分朴康造→平瀬智行
【警告】(新)17分海本幸治郎 19分萩村滋則 55分丸山良明 57分鈴木健太郎　(神)65分ホルヴィ 80分薮田光教

●主審／家本政明　副審／中井恒、上荒敬司

第3節　5月21日(土) 14時05分

●会場／埼玉 ●入場者数／30,744人
●天候／晴 ●気温／25.9℃ ●湿度／29% ●風／無

浦和レッズ **2** [1-0 / 1-1] **1** アルビレックス新潟

浦和レッズ	アルビレックス新潟
GK 23 都築龍太	GK 21 野澤洋輔
DF 3 アルパイ	DF 7 アンデルソンリマ
DF 20 堀之内聖	DF 19 海本慶治
DF 19 内舘秀樹	DF 14 高橋直樹
MF 6 山田暢久	DF 29 喜多靖
MF 17 長谷部誠	MF 15 本間勲
MF 13 鈴木啓太	MF 3 萩村滋則
MF 14 平川忠亮	MF 9 ファビーニョ
FW 9 永井雄一郎	FW 17 海本幸治郎
FW 11 田中達也	FW 28 船越優蔵
FW 10 エメルソン	FW 18 鈴木慎吾
GK 1 山岸範宏	GK 1 木寺浩一
DF 24 近藤徹志	DF 31 藤井大輔
MF 7 酒井友之	MF 16 寺川能人
FW 30 岡野雅行	MF 20 岡山哲也
FW 34 エスクデロ	FW 10 エジミウソン

【得点】(浦)06分エメルソン 60分鈴木啓太　(新)74分エジミウソン
【交代】(浦)72分田中達也→エスクデロ　(新)45分鈴木慎吾→寺川能人 64分本間勲→エジミウソン 83分ファビーニョ→岡山哲也
【警告】(浦)62分長谷部誠　(新)18分本間勲 51分ファビーニョ

●主審／上川徹　副審／上荒敬司、前島和彦

第4節　5月28日(土) 15時00分

●会場／新潟ス ●入場者数／40,092人
●天候／晴 ●気温／18.4℃ ●湿度／58% ●風／無

アルビレックス新潟 **1** [0-1 / 1-0] **1** 大宮アルディージャ

アルビレックス新潟	大宮アルディージャ
GK 21 野澤洋輔	GK 20 荒谷弘樹
DF 7 アンデルソンリマ	DF 19 片岡洋介
DF 19 海本慶治	DF 4 トニーニョ
DF 14 高橋直樹	DF 2 奥野誠一郎
DF 29 喜多靖	DF 3 三上和良
MF 8 山口素弘	MF 7 金澤慎
MF 3 萩村滋則	MF 6 ディビッドソン純マーカス
MF 9 ファビーニョ	MF 18 西村卓朗
FW 17 海本幸治郎	MF 11 藤本主税
FW 28 船越優蔵	FW 9 クリスティアン
FW 10 エジミウソン	FW 10 トゥット
GK 1 木寺浩一	GK 1 安藤智安
DF 31 藤井大輔	DF 13 平岡靖成
MF 15 本間勲	MF 17 島田裕介
MF 18 鈴木慎吾	FW 14 森田浩史
MF 20 岡山哲也	FW 30 桜井直人

【得点】(新)70分ファビーニョ　(大)40分藤本主税
【交代】(新)66分萩村滋則→岡山哲也 78分山口素弘→本間勲 82分船越優蔵→鈴木慎吾　(大)68分藤本主税→桜井直人 80分西村卓朗→森田浩史
【警告】(新)55分海本幸治郎 74分岡山哲也　(大)13分ディビッドソン純マーカス 85分森田浩史 89分金澤慎

●主審／奥谷彰男　副審／山口博司、前之園晴廣

第5節　6月4日(土) 15時01分

●会場／神戸ウイ ●入場者数／8,996人
●天候／晴のち曇 ●気温／25.1℃ ●湿度／63% ●風／

ヴィッセル神戸 **0** [0-1 / 0-0] **1** アルビレックス新潟

ヴィッセル神戸	アルビレックス新潟
GK 1 掛川誠	GK 21 野澤洋輔
DF 28 河本裕之	DF 7 アンデルソンリ
DF 2 松尾直人	DF 19 海本慶治
DF 4 北本久仁衛	DF 14 高橋直樹
MF 18 薮田光教	DF 29 喜多靖
MF 5 菅原智	MF 18 鈴木慎吾
MF 8 佐伯直哉	MF 16 寺川能人
MF 6 ホージェル	MF 6 桑原裕義
MF 7 朴康造	MF 9 ファビーニョ
FW 13 播戸竜二	FW 27 河原和寿
FW 11 三浦知良	FW 10 エジミウソン
GK 30 阿部謙作	GK 1 木寺浩一
DF 3 坪内秀介	DF 31 藤井大輔
MF 14 ホルヴィ	MF 3 萩村滋則
MF 31 栗原圭介	MF 13 宮沢克行
FW 19 和多田充寿	FW 20 岡山哲也

【得点】(新)19分エジミウソン
【交代】(神)45分河本裕之→ホルヴィ 45分薮田光教→栗
圭介 64分播戸竜二→和多田充寿　(新)66分河原和寿→
沢克行 72分寺川能人→萩村滋則 80分鈴木慎吾→岡山
也
【警告】(神)33分朴康造 54分松尾直人　(新)77分エジミ
ソン

●主審／片山義継　副審／柴田正利、唐木田徹

第6節　6月11日(土) 13時04分

●会場／新潟ス ●入場者数／39,154人
●天候／曇 ●気温／24.6℃ ●湿度／65% ●風／無

アルビレックス新潟 **3** [3-0 / 0-0] **0** 浦和レッズ

アルビレックス新潟	浦和レッズ
GK 21 野澤洋輔	GK 1 山岸範宏
DF 7 アンデルソンリマ	DF 3 アルパイ
DF 19 海本慶治	DF 4 田中マルクス闘莉王
DF 14 高橋直樹	DF 20 堀之内聖
DF 29 喜多靖	MF 6 山田暢久
MF 17 海本幸治郎	MF 7 酒井友之
MF 16 寺川能人	MF 32 細貝萌
MF 6 桑原裕義	MF 14 平川忠亮
MF 18 鈴木慎吾	FW 9 永井雄一郎
FW 10 エジミウソン	FW 11 田中達也
FW 9 ファビーニョ	FW 27 横山拓也
GK 1 木寺浩一	GK 23 都築龍太
DF 31 藤井大輔	MF 12 西谷正也
MF 3 萩村滋則	MF 22 大山俊輔
MF 20 岡山哲也	MF 25 赤星貴文
FW 11 上野優作	FW 30 岡野雅行

【得点】(新)07分エジミウソン 32分ファビーニョ 37分エジミウソン
【交代】(新)64分寺川能人→岡山哲也 73分喜多靖→上野優作 87分アンデルソンリマ→萩村滋則　(浦)28分平川忠亮→西谷正也 53分横山拓也→岡野雅行 70分永井雄一郎→赤星貴文
【警告】(新)73分海本慶治　(浦)06分アルパイ 18分アルパイ 20分田中マルクス闘莉王 48分山田暢久
【退場】(浦)18分アルパイ

●主審／砂川恵一　副審／手塚洋、鍛治勉

2005
第85回 天皇杯 全日本サッカー選手権大会

アルビレックス新潟 公式記録

4回戦　11月3日(木・祝) 13時02分

●会場／新潟ス ●入場者数／10,892人
●天候／曇時々雨 ●気温／15.6℃ ●湿度／69% ●風／無

アルビレックス新潟 **1** [0-0 / 1-0] **0** ザスパ草津

アルビレックス新潟	ザスパ草津
GK 1 木寺浩一	GK 22 小島伸幸
DF 7 アンデルソンリマ	DF 35 杉山琢也
DF 14 高橋直樹	DF 32 齋藤竜
DF 3 萩村滋則	DF 23 チカ
DF 31 藤井大輔	DF 2 籾谷真弘
MF 15 本間勲	MF 27 後藤涼
MF 36 菊地直哉	MF 8 小久保純
MF 13 宮沢克行	MF 25 櫻田和樹
FW 16 寺川能人	MF 7 佐田聡太郎
FW 27 河原和寿	FW 30 樹森大介
FW 18 鈴木慎吾	FW 14 佐藤正美
GK 21 野澤洋輔	GK 1 北一真
MF 9 ファビーニョ	DF 17 小川雅己
MF 20 岡山哲也	MF 5 氏家英行
MF 25 青野大介	FW 34 佐藤大典
FW 23 末岡龍二	FW 37 樋口知行

【得点】(新)53分寺川能人
【交代】(新)45分高橋直樹→ファビーニョ 71分河原和寿→末岡龍二 82分アンデルソンリマ→岡山哲也　(草)62分佐田聡太郎→佐藤大典 62分小久保純→氏家英行 72分樹森大介→樋口知行
【警告】(草)29分小久保純 38分後藤涼 80分櫻田和樹

●主審／山西博文　副審／鍛治勉、相樂亨

5回戦　12月10日(土) 13時00分

●会場／ヤマハ ●入場者数／5,072人
●天候／晴 ●気温／12.2℃ ●湿度／42% ●風／中

ジュビロ磐田 **2** [0-0 / 1-1] **1** アルビレックス新潟
(延長1－0)

ジュビロ磐田	アルビレックス新潟
GK 1 川口能活	GK 21 野澤洋輔
DF 2 鈴木秀人	DF 5 梅山修
DF 5 田中誠	DF 19 海本慶治
DF 3 茶野隆行	DF 3 萩村滋則
MF 17 太田吉彰	DF 36 菊地直哉
MF 23 福西崇史	MF 15 本間勲
MF 6 服部年宏	MF 6 桑原裕義
MF 14 村井慎二	MF 16 寺川能人
MF 19 成岡翔	MF 13 宮沢克行
FW 35 岡本達也	FW 10 エジミウソン
FW 22 カレンロバート	FW 9 ファビーニョ
GK 21 佐藤洋平	GK 1 木寺浩一
DF 20 大井健太郎	DF 31 藤井大輔
MF 4 河村崇大	MF 23 末岡龍二
MF 7 名波浩	MF 25 青野大介
FW 29 藤井貴	FW 11 上野優作

【得点】(磐)79分福西崇史 115分田中誠　(新)89分上野優作
【交代】(磐)69分成岡翔→名波浩 79分岡本達也→藤井貴 119分太田吉彰→河村崇大　(新)45分ファビーニョ→上野優作 59分桑原裕義→藤井大輔 84分宮沢克行→末岡龍二
【警告】(磐)54分福西崇史 64分服部年宏 71分カレンロバート　(新)37分海本慶治 41分萩村滋則 51分梅山修 57分海本慶治 99分エジミウソン 115分末岡龍二
【退場】(新)57分海本慶治

●主審／穴沢努　副審／下村昌昭、二俣敏明

2006
Jリーグ ディビジョン1 (J1)

アルビレックス新潟 公式記録

1節　3月5日(日) 15時00分

会場／等々力　●入場者数／17,444人
天候／晴　●気温／13.3℃　●湿度／34%　●風／弱

川崎 フロンターレ **6** [2-0 / 4-0] **0** アルビレックス新潟

川崎フロンターレ	アルビレックス新潟
K 21 相澤貴志	GK 21 野澤洋輔
F 5 箕輪義信	DF 17 海本幸治郎
F 13 寺田周平	DF 19 海本慶治
F 2 伊藤宏樹	DF 26 中野洋司
F 20 長橋康弘	DF 5 梅山修
F 14 中村憲剛	MF 16 寺川能人
F 29 谷口博之	MF 15 本間勲
F 6 マルコン	MF 8 シルビーニョ
F 11 マルクス	MF 18 鈴木慎吾
V 9 我那覇和樹	FW 10 エジミウソン
V 10 ジュニーニョ	FW 11 矢野貴章
K 1 吉原慎也	GK 1 北野貴之
F 3 佐原秀樹	DF 29 喜多靖
F 4 井川祐輔	DF 31 藤井大輔
F 19 森勇介	MF 13 宮沢克行
F 17 茂原岳人	MF 20 岡山哲也
V 24 黒津勝	MF 32 田中亜土夢
V 16 鄭大世	FW 14 中原貴之

得点】(川)26分我那覇和樹 40分我那覇和樹 66分我那覇
樹 87分中村憲剛 89分ジュニーニョ 89分マルクス
代】(川)52分長橋康弘→森勇介 80分我那覇和樹→茂原
人 89分マルコン→井川祐輔　(新)75分寺川能人→田中
土夢 75分エジミウソン→中原貴之 86分海本幸治郎→宮
克行

主審／山西博文　副審／犬飼一郎、金田大吉

第2節　3月11日(土) 15時04分

●会場／新潟ス　●入場者数／40,266人
●天候／曇　●気温／15.4℃　●湿度／43%　●風／無

アルビレックス新潟 **2** [0-0 / 2-0] **0** FC東京

アルビレックス新潟	FC東京
GK 21 野澤洋輔	GK 1 土肥洋一
DF 17 海本幸治郎	DF 25 徳永悠平
DF 29 喜多靖	DF 5 増嶋竜也
DF 26 中野洋司	DF 2 茂庭照幸
DF 5 梅山修	DF 15 鈴木規郎
MF 8 シルビーニョ	MF 19 伊野波雅彦
MF 15 本間勲	MF 23 梶山陽平
MF 16 寺川能人	MF 6 今野泰幸
MF 18 鈴木慎吾	FW 21 サササルセード
FW 11 矢野貴章	FW 9 ルーカス
FW 10 エジミウソン	FW 35 リチェーリ
GK 1 北野貴之	GK 22 塩田仁史
DF 2 三田光	DF 8 藤山竜仁
DF 31 藤井大輔	DF 29 前田和也
MF 20 岡山哲也	MF 16 宮沢正史
MF 32 田中亜土夢	MF 14 馬場憂太
MF 34 六車拓也	FW 11 阿部吉朗
FW 14 中原貴之	FW 20 川口信男

【得点】(新)65分寺川能人 76分エジミウソン
【交代】(新)54分梅山修→三田光 85分寺川能人→岡山哲也 89分矢野貴章→藤井大輔　(東)56分徳永悠平→馬場憂太 79分リチェーリ→川口信男 79分サササルセード→阿部吉朗
【警告】(新)01分梅山修 52分鈴木慎吾　(東)60分リチェーリ

●主審／西村雄一　副審／名木利幸、石沢知

第3節　3月18日(土) 15時01分

●会場／埼玉　●入場者数／9,368人
●天候／曇　●気温／15.3℃　●湿度／46%　●風／中

大宮アルディージャ **1** [0-1 / 1-1] **2** アルビレックス新潟

大宮アルディージャ	アルビレックス新潟
GK 20 荒谷弘樹	GK 21 野澤洋輔
DF 22 波戸康広	DF 17 海本幸治郎
DF 4 トニーニョ	DF 19 海本慶治
DF 2 奥野誠一郎	DF 26 中野洋司
DF 17 土屋征夫	DF 29 喜多靖
MF 6 ディビッドソン純マーカス	MF 15 本間勲
MF 32 小林慶行	MF 8 シルビーニョ
MF 8 小林大悟	MF 16 寺川能人
MF 16 久永辰徳	MF 18 鈴木慎吾
FW 10 マルティネス	FW 10 エジミウソン
FW 27 若林学	FW 11 矢野貴章
GK 1 安藤智安	GK 1 北野貴之
DF 5 冨田大介	DF 2 三田光
MF 7 佐伯直哉	DF 5 梅山修
MF 15 斉藤雅人	MF 34 六車拓也
MF 24 橋本早十	MF 32 田中亜土夢
FW 14 森田浩史	MF 20 岡山哲也
FW 30 桜井直人	FW 14 中原貴之

【得点】(大)46分桜井直人　(新)18分エジミウソン 75分エジミウソン
【交代】(大)45分マルティネス→桜井直人 65分小林慶行→斉藤雅人 69分若林学→森田浩史　(新)89分エジミウソン→中原貴之 89分鈴木慎吾→梅山修
【警告】(大)39分土屋征夫　(新)23分海本幸治郎 89分エジミウソン

●主審／片山義継　副審／木島栄、中原美智雄

第4節　3月21日(火・祝) 15時01分

●会場／新潟ス　●入場者数／37,585人
●天候／曇　●気温／7.3℃　●湿度／43%　●風／弱

アルビレックス新潟 **0** [0-2 / 0-0] **2** ジュビロ磐田

アルビレックス新潟	ジュビロ磐田
GK 21 野澤洋輔	GK 1 川口能活
DF 17 海本幸治郎	DF 2 鈴木秀人
DF 19 海本慶治	DF 8 菊地直哉
DF 26 中野洋司	DF 20 金珍圭
DF 29 喜多靖	DF 6 服部年宏
MF 15 本間勲	MF 11 西紀寛
MF 8 シルビーニョ	MF 23 福西崇史
MF 16 寺川能人	MF 25 ファブリシオ
MF 18 鈴木慎吾	MF 14 村井慎二
FW 10 エジミウソン	MF 10 成岡翔
FW 11 矢野貴章	FW 22 カレンロバート
GK 1 北野貴之	GK 21 佐藤洋平
DF 2 三田光	DF 3 茶野隆行
DF 5 梅山修	DF 13 森下俊
MF 34 六車拓也	MF 28 船谷圭祐
MF 32 田中亜土夢	MF 17 太田吉彰
MF 20 岡山哲也	FW 19 藤井貴
FW 14 中原貴之	FW 15 西野泰正

【得点】(磐)29分成岡翔 42分福西崇史
【交代】(新)45分喜多靖→梅山修 61分寺川能人→田中亜土夢 82分中野洋司→中原貴之　(磐)71分カレンロバート→西野泰正
【警告】(新)26分エジミウソン 38分本間勲 89分シルビーニョ　(磐)68分ファブリシオ

●主審／高山啓義　副審／武田進、下村昌昭

第5節　3月25日(土) 15時02分

●会場／長居　●入場者数／9,442人
●天候／晴　●気温／12.8℃　●湿度／30%　●風／弱

セレッソ大阪 **3** [2-0 / 1-1] **1** アルビレックス新潟

セレッソ大阪	アルビレックス新潟
GK 22 吉田宗弘	GK 21 野澤洋輔
DF 2 ブルーノクアドロス	DF 17 海本幸治郎
DF 5 前田和哉	DF 19 海本慶治
DF 3 柳本啓成	DF 29 喜多靖
MF 10 ピンゴ	DF 5 梅山修
MF 23 下村東美	MF 8 シルビーニョ
MF 17 酒本憲幸	MF 15 本間勲
MF 6 ゼカルロス	MF 16 寺川能人
FW 8 森島寛晃	MF 18 鈴木慎吾
FW 20 西澤明訓	FW 10 エジミウソン
FW 9 古橋達弥	FW 11 矢野貴章
GK 1 多田大介	GK 1 北野貴之
DF 26 藤本康太	DF 31 藤井大輔
MF 7 山田卓也	DF 2 三田光
MF 4 河村崇大	DF 4 鈴木健太郎
MF 11 徳重隆明	MF 32 田中亜土夢
FW 16 宮原裕司	MF 20 岡山哲也
FW 18 柿本倫明	FW 14 中原貴之

【得点】(大)20分古橋達弥 30分ゼカルロス 82分ゼカルロス　(新)52分エジミウソン
【交代】(大)76分ピンゴ→山田卓也 89分森島寛晃→河村崇大　(新)77分寺川能人→岡山哲也 84分本間勲→田中亜土夢

●主審／砂川恵一　副審／山口博司、中込均

6節　4月2日(日) 15時04分

会場／新潟ス　●入場者数／34,071人
天候／雨　●気温／10.5℃　●湿度／71%　●風／弱

ルビレックス新潟 **1** [0-0 / 1-1] **1** サンフレッチェ広島

アルビレックス新潟	サンフレッチェ広島
K 21 野澤洋輔	GK 1 下田崇
F 2 三田光	DF 5 駒野友一
F 19 海本慶治	DF 4 ジニーニョ
F 26 中野洋司	DF 18 吉弘充志
F 5 梅山修	DF 17 服部公太
F 16 寺川能人	MF 16 李漢宰
F 8 シルビーニョ	MF 14 戸田和幸
F 32 田中亜土夢	MF 8 森崎和幸
F 18 鈴木慎吾	MF 6 ベット
V 14 中原貴之	FW 10 ウェズレイ
V 11 矢野貴章	FW 11 佐藤寿人
K 1 北野貴之	GK 21 木寺浩一
F 31 藤井大輔	DF 3 小村徳男
F 4 鈴木健太郎	DF 25 髙柳一誠
F 3 千葉和彦	MF 7 森崎浩司
F 13 宮沢克行	MF 23 青山敏弘
F 20 岡山哲也	MF 32 桒田慎一朗
V 27 河原和寿	FW 9 上野優作

点】(新)81分中原貴之　(広)88分森﨑浩司
代】(新)89分寺川能人→藤井大輔　(広)64分ウェズレ
→上野優作 68分李漢宰→森﨑浩司
告】(新)69分鈴木慎吾　(広)25分吉弘充志 80分ベット

主審／奥谷彰男　副審／山崎裕彦、小椋剛

第7節　4月8日(土) 14時00分

●会場／松本　●入場者数／14,599人
●天候／曇　●気温／7.9℃　●湿度／45%　●風／強

ヴァンフォーレ甲府 **0** [0-0 / 0-4] **4** アルビレックス新潟

ヴァンフォーレ甲府	アルビレックス新潟
GK 1 阿部謙作	GK 21 野澤洋輔
DF 32 杉山新	DF 2 三田光
DF 20 ビジュ	DF 19 海本慶治
DF 2 秋本倫孝	DF 26 中野洋司
DF 4 山本英臣	DF 5 梅山修
MF 31 林健太郎	MF 16 寺川能人
MF 8 倉貫一毅	MF 8 シルビーニョ
MF 7 石原克哉	MF 32 田中亜土夢
FW 11 宇留野純	MF 18 鈴木慎吾
FW 16 バレー	FW 14 中原貴之
FW 18 長谷川太郎	FW 11 矢野貴章
GK 21 鶴田達也	GK 1 北野貴之
DF 27 松田勉	DF 31 藤井大輔
MF 6 奈須伸也	DF 4 鈴木健太郎
MF 10 藤田健	MF 13 宮沢克行
MF 25 鈴木健太	MF 9 ファビーニョ
FW 14 堀井岳也	MF 20 岡山哲也
FW 23 山崎光太郎	FW 27 河原和寿

【得点】(新)46分矢野貴章 63分鈴木慎吾 69分田中亜土夢 89分河原和寿
【交代】(甲)61分倉貫一毅→鈴木健太 61分石原克哉→藤田健 76分宇留野純→堀井岳也　(新)74分中原貴之→ファビーニョ 87分田中亜土夢→河原和寿 89分鈴木慎吾→岡山哲也
【警告】(甲)34分林健太郎 50分ビジュ 71分秋本倫孝 83分秋本倫孝　(新)74分矢野貴章
【退場】(甲)83分秋本倫孝

●主審／家本政明　副審／廣嶋禎数、村上孝治

第8節　4月15日(土) 15時34分

●会場／新潟ス　●入場者数／39,322人
●天候／晴時々曇 ●気温／15.6℃ ●湿度／24% ●風／弱

アルビレックス新潟 **2** [1-0 / 1-1] **1** 名古屋グランパスエイト

アルビレックス新潟	名古屋グランパスエイト
GK 21 野澤洋輔	GK 22 川島永嗣
DF 2 三田光	DF 20 角田誠
DF 19 海本慶治	DF 5 古賀正紘
DF 26 中野洋司	DF 16 増川隆洋
DF 5 梅山修	DF 6 有村光史
MF 16 寺川能人	MF 14 吉村圭司
MF 8 シルビーニョ	MF 25 須藤右介
MF 32 田中亜土夢	MF 7 中村直志
MF 18 鈴木慎吾	MF 24 本田圭佑
FW 14 中原貴之	FW 10 藤田俊哉
FW 11 矢野貴章	FW 11 玉田圭司
GK 1 北野貴之	GK 1 楢﨑正剛
DF 31 藤井大輔	DF 4 大森征之
MF 3 千葉和彦	DF 29 深津康太
MF 13 宮沢克行	DF 31 阿部翔平
MF 9 ファビーニョ	MF 13 山口慶
MF 20 岡山哲也	FW 15 鴨川奨
FW 27 河原和寿	FW 19 杉本恵太

【得点】(新)27分鈴木慎吾 83分海本慶治　(名)60分本田圭佑
【交代】(新)74分田中亜土夢→ファビーニョ 89分矢野貴章→藤井大輔　(名)45分増川隆洋→深津康太 68分玉田圭司→杉本恵太 85分藤田俊哉→山口慶
【警告】(名)41分有村光史 56分中村直志 81分本田圭佑

●主審／東城穣　副審／安食弘幸、原田秀昭

第9節　4月23日(日) 15時05分

●会場／博多球　●入場者数／8,667人
●天候／晴　●気温／18.1℃　●湿度／66%　●風／中

アビスパ福岡 **2** [1-0 / 1-0] **0** アルビレックス新潟

アビスパ福岡	アルビレックス新潟
GK 1 水谷雄一	GK 21 野澤洋輔
DF 22 中村北斗	DF 2 三田光
DF 4 金古聖司	DF 19 海本慶治
DF 5 千代反田充	DF 26 中野洋司
DF 3 アレックス	DF 5 梅山修
MF 10 久藤清一	MF 16 寺川能人
MF 26 城後寿	MF 8 シルビーニョ
MF 8 ホベルト	MF 32 田中亜土夢
MF 9 薮田光教	MF 18 鈴木慎吾
FW 27 田中佑昌	FW 14 中原貴之
FW 36 グラウシオ	FW 11 矢野貴章
GK 25 岩丸史也	GK 1 北野貴之
DF 2 宮本亨	DF 31 藤井大輔
DF 19 長野聡	DF 17 海本幸治郎
MF 6 布部陽功	DF 3 千葉和彦
MF 14 古賀誠史	MF 34 六車拓也
FW 17 川島眞也	MF 9 ファビーニョ
FW 18 有光亮太	MF 20 岡山哲也

【得点】(福)41分グラウシオ 89分アレックス
【交代】(福)64分久藤清一→古賀誠史 75分田中佑昌→宮本亨 80分金古聖司→長野聡　(新)63分中原貴之→ファビーニョ 74分梅山修→岡山哲也 83分田中亜土夢→六車拓也
【警告】(福)30分久藤清一　(新)32分中原貴之 63分中野洋司

●主審／長田和久　副審／手塚洋、下村昌昭

第10節　4月30日(日) 15時04分

●会場／新潟ス　●入場者数／41,430人
●天候／雨　●気温／19.3℃　●湿度／42%　●風／弱

アルビレックス新潟 **1** [1-0 / 0-0] **0** ガンバ大阪

アルビレックス新潟	ガンバ大阪
GK 1 北野貴之	GK 22 藤ヶ谷陽介
DF 2 三田光	DF 2 シジクレイ
DF 19 海本慶治	DF 5 宮本恒靖
DF 26 中野洋司	DF 6 山口智
DF 5 梅山修	MF 21 加地亮
MF 16 寺川能人	MF 27 橋本英郎
MF 8 シルビーニョ	MF 7 遠藤保仁
MF 13 宮沢克行	MF 14 家長昭博
MF 9 ファビーニョ	MF 10 二川孝広
FW 14 中原貴之	FW 8 フェルナンジーニョ
FW 11 矢野貴章	FW 9 マグノアウベス
GK 21 野澤洋輔	GK 1 松代直樹
DF 4 鈴木健太郎	DF 3 入江徹
DF 31 藤井大輔	DF 15 青木良太
MF 3 千葉和彦	MF 16 前田雅文
MF 32 田中亜土夢	MF 33 安田理大
MF 18 鈴木慎吾	FW 11 播戸竜二
MF 20 岡山哲也	FW 19 中山悟志

【得点】(新)43分中原貴之
【交代】(新)45分宮沢克行→鈴木慎吾 67分中原貴之→田中亜土夢　(大)68分フェルナンジーニョ→前田雅文 88分二川孝広→中山悟志 88分家長昭博→播戸竜二
【警告】(新)40分中野洋司

●主審／松村和彦　副審／武田進、小椋剛

11節　5月3日(水・祝) 15時04分

会場／西京極　●入場者数／11,221人
天候／晴　●気温／22.8℃　●湿度／27%　●風／無

京都 ープルサンガ **1** [1-0 / 0-1] **1** アルビレックス新潟

京都パープルサンガ	アルビレックス新潟
K 1 平井直人	GK 1 北野貴之
F 3 リカルド	DF 2 三田光
F 19 登尾顕徳	DF 19 海本慶治
F 32 手島和希	DF 26 中野洋司
F 6 三上卓哉	DF 5 梅山修
F 18 米田兼一郎	MF 16 寺川能人
F 16 斉藤大介	MF 8 シルビーニョ
F 27 加藤大志	MF 13 宮沢克行
F 14 中払大介	MF 9 ファビーニョ
V 10 パウリーニョ	FW 14 中原貴之
V 9 アレモン	FW 11 矢野貴章
K 26 西村弘司	GK 21 野澤洋輔
F 23 大久保裕樹	DF 31 藤井大輔
F 7 児玉新	DF 4 鈴木健太郎
F 8 美尾敦	MF 3 千葉和彦
F 22 渡邉大剛	MF 32 田中亜土夢
V 30 松田正俊	MF 18 鈴木慎吾
V 20 林丈統	MF 20 岡山哲也

点】(京)26分パウリーニョ　(新)81分シルビーニョ
代】(京)45分手島和希→大久保裕樹 82分米田兼一郎→
丈統 86分中払大介→松田正俊　(新)59分宮沢克行→鈴
慎吾 80分三田光→田中亜土夢
告】(京)69分平井直人 70分登尾顕徳 86分アレモン
)12分中原貴之 14分中野洋司 61分中原貴之 62分三田
78分梅山修
場】(新)61分中原貴之

主審／扇谷健司　副審／高橋佳久、伊藤力喜雄

第12節　5月6日(土) 19時04分

●会場／新潟ス　●入場者数／42,056人
●天候／晴時々曇 ●気温／17.3℃ ●湿度／66% ●風／無

アルビレックス新潟 **4** [1-0 / 3-2] **2** 清水エスパルス

アルビレックス新潟	清水エスパルス
GK 1 北野貴之	GK 21 西部洋平
DF 2 三田光	DF 25 市川大祐
DF 19 海本慶治	DF 2 斉藤俊秀
DF 26 中野洋司	DF 4 高木和道
DF 5 梅山修	DF 3 山西尊裕
MF 16 寺川能人	MF 10 藤本淳吾
MF 8 シルビーニョ	MF 16 枝村匠馬
MF 18 鈴木慎吾	MF 7 伊東輝悦
MF 9 ファビーニョ	MF 13 兵働昭弘
FW 20 岡山哲也	FW 17 マルキーニョス
FW 11 矢野貴章	FW 18 チョジェジン
GK 21 野澤洋輔	GK 29 山本海人
DF 4 鈴木健太郎	DF 19 和田拓三
DF 31 藤井大輔	DF 24 平岡康裕
MF 3 千葉和彦	MF 6 杉山浩太
MF 13 宮沢克行	MF 14 高木純平
MF 32 田中亜土夢	FW 9 矢島卓郎
FW 27 河原和寿	FW 15 久保山由清

【得点】(新)42分三田光 56分鈴木慎吾 71分鈴木慎吾 78分ファビーニョ　(清)76分兵働昭弘 81分チョジェジン
【交代】(新)66分岡山哲也→田中亜土夢 89分梅山修→藤井大輔 89分鈴木慎吾→千葉和彦　(清)60分藤本淳吾→矢島卓郎 68分山西尊裕→和田拓三 74分マルキーニョス→久保山由清

●主審／穴沢努　副審／金子聡一郎、安元利充

第13節　7月19日(水) 19時04分

●会場／新潟ス　●入場者数／38,592人
●天候／晴　●気温／23.5℃　●湿度／76%　●風／無

アルビレックス新潟 **2** [1-0 / 1-1] **1** 浦和レッズ

アルビレックス新潟	浦和レッズ
GK 1 北野貴之	GK 1 山岸範宏
DF 2 三田光	DF 20 堀之内聖
DF 19 海本慶治	DF 4 田中マルクス闘莉王
DF 26 中野洋司	DF 2 坪井慶介
DF 5 梅山修	MF 14 平川忠亮
MF 18 鈴木慎吾	MF 13 鈴木啓太
MF 8 シルビーニョ	MF 18 小野伸二
MF 16 寺川能人	MF 8 三都主アレサンドロ
MF 9 ファビーニョ	MF 6 山田暢久
FW 11 矢野貴章	FW 9 永井雄一郎
FW 10 エジミウソン	FW 11 田中達也
GK 21 野澤洋輔	GK 23 都築龍太
DF 31 藤井大輔	DF 3 細貝萌
MF 35 松下年宏	DF 19 内舘秀樹
MF 13 宮沢克行	MF 7 酒井友之
MF 32 田中亜土夢	MF 16 相馬崇人
MF 20 岡山哲也	FW 12 黒部光昭
FW 14 中原貴之	FW 30 岡野雅行

【得点】(新)12分エジミウソン 70分シルビーニョ　(浦)85分山田暢久
【交代】(新)82分三田光→藤井大輔 85分エジミウソン→中原貴之 87分鈴木慎吾→田中亜土夢　(浦)67分平川忠亮→黒部光昭 77分小野伸二→相馬崇人 80分永井雄一郎→岡野雅行
【警告】(新)52分北野貴之 88分中原貴之

●主審／家本政明　副審／村上孝治、相樂亨

第14節　7月22日(土) 19時04分

●会場／九石ド　●入場者数／19,304人
●天候／曇のち雨のち屋内 ●気温／26.1℃ ●湿度／80% ●風／無

大分トリニータ **4** [2-0 / 2-0] **0** アルビレックス新潟

大分トリニータ	アルビレックス新潟
GK 1 西川周作	GK 1 北野貴之
DF 2 三木隆司	DF 2 三田光
DF 4 深谷友基	DF 19 海本慶治
DF 22 上本大海	DF 26 中野洋司
MF 17 根本裕一	DF 5 梅山修
MF 5 エジミウソン	MF 18 鈴木慎吾
MF 11 トゥーリオ	MF 8 シルビーニョ
MF 20 高橋大輔	MF 16 寺川能人
MF 21 梅崎司	MF 9 ファビーニョ
FW 13 高松大樹	FW 11 矢野貴章
FW 8 松橋章太	FW 10 エジミウソン
GK 16 下川誠吾	GK 21 野澤洋輔
DF 31 福元洋平	DF 31 藤井大輔
MF 6 梅田高志	DF 17 内田潤
MF 7 西山哲平	MF 35 松下年宏
FW 9 ラファエル	MF 32 田中亜土夢
FW 26 内村圭宏	MF 20 岡山哲也
FW 30 山崎雅人	FW 14 中原貴之

【得点】(大)24分エジミウソン 35分松橋章太 61分高松大樹 87分高橋大輔
【交代】(大)74分高松大樹→ラファエル 83分松橋章太→山崎雅人 83分梅崎司→内村圭宏　(新)64分寺川能人→松下年宏 77分梅山修→田中亜土夢 84分ファビーニョ→岡山哲也
【警告】(大)25分トゥーリオ 47分上本大海　(新)26分三田光 29分矢野貴章 49分海本慶治

●主審／吉田寿光　副審／唐木田徹、二俣敏明

第15節　7月26日(水) 19時02分

●会場／新潟ス　●入場者数／39,278人
●天候／晴　●気温／24.5℃　●湿度／73%　●風／無

アルビレックス新潟 **0** [0-0 / 0-1] **1** 鹿島アントラーズ

アルビレックス新潟	鹿島アントラーズ
GK 1 北野貴之	GK 21 曽ヶ端準
DF 2 三田光	DF 20 内田篤人
DF 19 海本慶治	DF 3 岩政大樹
DF 26 中野洋司	DF 4 大岩剛
DF 5 梅山修	DF 7 新井場徹
MF 18 鈴木慎吾	MF 24 青木剛
MF 8 シルビーニョ	MF 16 フェルナンド
MF 16 寺川能人	MF 8 小笠原満男
MF 9 ファビーニョ	MF 18 ファビオサントス
FW 11 矢野貴章	FW 13 柳沢敦
FW 10 エジミウソン	FW 9 アレックスミネイロ
GK 21 野澤洋輔	GK 29 杉山哲
DF 31 藤井大輔	DF 14 羽田憲司
DF 17 内田潤	MF 22 中後雅喜
MF 34 六車拓也	MF 26 増田誓志
MF 32 田中亜土夢	MF 25 野沢拓也
MF 20 岡山哲也	MF 10 本山雅志
FW 14 中原貴之	FW 11 深井正樹

【得点】(鹿)85分フェルナンド
【交代】(新)63分矢野貴章→中原貴之 87分寺川能人→田中亜土夢 89分鈴木慎吾→岡山哲也　(鹿)65分内田篤人→中後雅喜 70分ファビオサントス→深井正樹 76分柳沢敦→本山雅志
【警告】(新)26分中野洋司 35分矢野貴章 77分エジミウソン　(鹿)13分ファビオサントス

●主審／岡田正義　副審／高橋佳久、伊藤力喜雄

16節　7月30日(日) 19時04分

会場／日産ス　●入場者数／24,032人
天候／曇　●気温／24.7℃　●湿度／59%　●風／弱

横浜 ニ・マリノス **2** [1-0 / 1-0] **0** アルビレックス新潟

横浜F・マリノス	アルビレックス新潟
K 1 榎本達也	GK 1 北野貴之
F 30 栗原勇蔵	DF 2 三田光
F 3 松田直樹	DF 19 海本慶治
F 35 河合竜二	DF 29 喜多靖
F 7 田中隼磨	DF 5 梅山修
F 6 上野良治	MF 13 宮沢克行
F 8 マグロン	MF 8 シルビーニョ
F 5 ドゥトラ	MF 16 寺川能人
F 10 山瀬功治	MF 18 鈴木慎吾
V 11 坂田大輔	FW 10 エジミウソン
V 19 マルケス	FW 11 矢野貴章
K 21 榎本哲也	GK 21 野澤洋輔
F 4 那須大亮	DF 31 藤井大輔
F 13 平野孝	MF 34 六車拓也
V 17 吉田孝行	MF 35 松下年宏
V 18 清水範久	MF 32 田中亜土夢
15 大島秀夫	FW 28 船越優蔵
9 久保竜彦	FW 14 中原貴之

点】(横)42分ドゥトラ 49分山瀬功治
代】(横)74分坂田大輔→清水範久 86分山瀬功治→吉田
行 89分マルケス→大島秀夫　(新)45分宮沢克行→松下
宏 72分寺川能人→六車拓也 76分矢野貴章→船越優蔵
告】(横)76分上野良治 79分マグロン 89分ドゥトラ
)05分三田光 57分梅山修

主審／扇谷健司　副審／金田大吉、前島和彦

第17節　8月12日(土) 19時00分

●会場／新潟ス　●入場者数／41,487人
●天候／晴　●気温／27.2℃　●湿度／59%　●風／無

アルビレックス新潟 **1** [1-0 / 0-2] **2** ジェフユナイテッド千葉

アルビレックス新潟	ジェフユナイテッド千葉
GK 1 北野貴之	GK 1 立石智紀
DF 2 三田光	DF 4 水本裕貴
DF 19 海本慶治	DF 5 ストヤノフ
DF 26 中野洋司	DF 6 阿部勇樹
DF 5 梅山修	MF 2 坂本將貴
MF 18 鈴木慎吾	MF 7 佐藤勇人
MF 16 寺川能人	MF 16 山岸智
MF 8 シルビーニョ	MF 9 クルプニコビッチ
MF 9 ファビーニョ	MF 22 羽生直剛
FW 11 矢野貴章	FW 10 ハース
FW 10 エジミウソン	FW 18 巻誠一郎
GK 21 野澤洋輔	GK 30 岡本昌弘
DF 31 藤井大輔	DF 24 結城耕造
MF 15 本間勲	MF 8 水野晃樹
MF 35 松下年宏	MF 15 中島浩司
MF 32 田中亜土夢	MF 20 工藤浩平
MF 20 岡山哲也	MF 23 楽山孝志
FW 28 船越優蔵	FW 11 要田勇一

【得点】(新)10分矢野貴章　(千)65分クルプニコビッチ 66分佐藤勇人
【交代】(新)14分シルビーニョ→本間勲 70分寺川能人→松下年宏 79分梅山修→田中亜土夢　(千)77分ハース→水野晃樹 89分山岸智→中島浩司 89分羽生直剛→楽山孝志
【警告】(千)19分ストヤノフ

●主審／穴沢努　副審／山崎裕彦、原田秀昭

第18節　8月19日(土) 19時04分

●会場／新潟ス　●入場者数／38,611人
●天候／晴　●気温／29.8℃　●湿度／83%　●風／無

アルビレックス新潟 **2** [2-0 / 0-1] **1** 川崎フロンターレ

アルビレックス新潟	川崎フロンターレ
GK 1 北野貴之	GK 21 相澤貴志
DF 2 三田光	DF 5 箕輪義信
DF 19 海本慶治	DF 3 佐原秀樹
DF 26 中野洋司	DF 2 伊藤宏樹
DF 5 梅山修	MF 19 森勇介
MF 18 鈴木慎吾	MF 29 谷口博之
MF 15 本間勲	MF 14 中村憲剛
MF 16 寺川能人	MF 6 マルコン
MF 9 ファビーニョ	MF 11 マギヌン
FW 10 エジミウソン	FW 9 我那覇和樹
FW 11 矢野貴章	FW 10 ジュニーニョ
GK 21 野澤洋輔	GK 1 吉原慎也
DF 29 喜多靖	DF 8 米山篤志
DF 3 千葉和彦	DF 4 井川祐輔
MF 32 田中亜土夢	MF 15 原田拓
MF 20 岡山哲也	MF 18 今野章
FW 27 河原和寿	FW 24 黒津勝
FW 28 船越優蔵	FW 16 鄭大世

【得点】(新)27分鈴木慎吾 44分鈴木慎吾　(川)72分黒津勝
【交代】(新)21分中野洋司→喜多靖 65分エジミウソン→船越優蔵 73分ファビーニョ→千葉和彦　(川)59分我那覇和樹→黒津勝 59分マギヌン→今野章 75分マルコン→鄭大世
【警告】(新)17分中野洋司 31分三田光 44分海本慶治 66分三田光 81分本間勲 87分船越優蔵　(川)30分森勇介 63分佐原秀樹 70分箕輪義信
【退場】(新)66分三田光

●主審／松尾一　副審／安食弘幸、上荒敬司

第19節　8月23日(水) 19時04分

●会場／埼玉　●入場者数／34,417人
●天候／晴　●気温／27.6℃　●湿度／84%　●風／弱

浦和レッズ **3** [2-1 / 1-0] **1** アルビレックス新潟

浦和レッズ	アルビレックス新潟
GK 1 山岸範宏	GK 1 北野貴之
DF 20 堀之内聖	DF 3 千葉和彦
DF 4 田中マルクス闘莉王	DF 19 海本慶治
DF 2 坪井慶介	DF 29 喜多靖
MF 14 平川忠亮	DF 5 梅山修
MF 13 鈴木啓太	MF 18 鈴木慎吾
MF 17 長谷部誠	MF 15 本間勲
MF 8 三都主アレサンドロ	MF 16 寺川能人
MF 18 小野伸二	MF 9 ファビーニョ
FW 11 田中達也	FW 10 エジミウソン
FW 21 ワシントン	FW 11 矢野貴章
GK 23 都築龍太	GK 21 野澤洋輔
DF 19 内舘秀樹	DF 17 内田潤
MF 6 山田暢久	MF 35 松下年宏
MF 16 相馬崇人	MF 32 田中亜土夢
FW 9 永井雄一郎	MF 27 河原和寿
FW 12 黒部光昭	MF 20 岡山哲也
FW 30 岡野雅行	FW 28 船越優蔵

【得点】(浦)22分ワシントン 35分ワシントン 89分ワシントン　(新)06分エジミウソン
【交代】(浦)70分小野伸二→山田暢久 75分長谷部誠→内舘秀樹 80分田中達也→永井雄一郎　(新)68分梅山修→松下年宏 81分ファビーニョ→河原和寿 83分寺川能人→岡山哲也
【警告】(浦)16分小野伸二 87分ワシントン　(新)22分ファビーニョ 89分矢野貴章

●主審／高山啓義　副審／唐木田徹、二俣敏明

第20節　8月26日(土) 19時04分

●会場／新潟ス　●入場者数／40,466人
●天候／晴　●気温／27.0℃　●湿度／62%　●風／無

アルビレックス新潟 **3** [2-2 / 1-1] **3** 大分トリニータ

アルビレックス新潟	大分トリニータ
GK 1 北野貴之	GK 1 西川周作
DF 2 三田光	DF 2 三木隆司
DF 19 海本慶治	DF 4 深谷友基
DF 29 喜多靖	DF 22 上本大海
DF 5 梅山修	MF 5 エジミウソン
MF 35 松下年宏	MF 11 トゥーリオ
MF 15 本間勲	MF 17 根本裕一
MF 16 寺川能人	MF 20 高橋大輔
MF 18 鈴木慎吾	MF 21 梅崎司
FW 9 ファビーニョ	FW 8 松橋章太
FW 10 エジミウソン	FW 13 高松大樹
GK 21 野澤洋輔	GK 16 下川誠吾
DF 17 内田潤	DF 33 藤田義明
DF 3 千葉和彦	MF 6 梅田高志
MF 32 田中亜土夢	MF 7 西山哲平
MF 20 岡山哲也	FW 9 ラファエル
FW 27 河原和寿	FW 26 内村圭宏
FW 28 船越優蔵	FW 30 山崎雅人

【得点】(新)00分ファビーニョ 07分松下年宏 76分鈴木慎吾　(大)34分松橋章太 44分高松大樹 72分高松大樹
【交代】(新)48分海本慶治→千葉和彦 75分松下年宏→船越優蔵 85分三田光→内田潤　(大)50分トゥーリオ→西山哲平 75分松橋章太→山崎雅人 87分高橋大輔→梅田高志
【警告】(新)87分寺川能人 88分本間勲 89分内田潤　(大)43分高松大樹 88分山崎雅人

●主審／片山義継　副審／柴田正利、相葉忠臣

第21節　8月30日(水)　19時03分

●会場／万博　●入場者数／13,979人
●天候／曇　●気温／26.1℃　●湿度／63%　●風／弱

ガンバ大阪 3 [2−0 / 1−0] 0 アルビレックス新潟

ガンバ大阪	アルビレックス新潟
GK 22 藤ヶ谷陽介	GK 1 北野貴之
DF 2 シジクレイ	DF 2 三田光
DF 5 宮本恒靖	DF 19 海本慶治
DF 3 入江徹	DF 29 喜多靖
MF 21 加地亮	DF 5 梅山修
MF 17 明神智和	MF 35 松下年宏
MF 7 遠藤保仁	MF 15 本間勲
MF 10 二川孝広	MF 16 寺川能人
MF 16 前田雅文	MF 18 鈴木慎吾
FW 11 播戸竜二	FW 9 ファビーニョ
FW 9 マグノアウベス	FW 10 エジミウソン
GK 1 松代直樹	GK 21 野澤洋輔
DF 4 實好礼忠	DF 31 藤井大輔
DF 15 青木良太	DF 17 内田潤
MF 8 フェルナンジーニョ	MF 32 田中亜土夢
MF 14 家長昭博	MF 20 岡山哲也
MF 20 寺田紳一	FW 11 矢野貴章
FW 19 中山悟志	FW 28 船越優蔵

【得点】(大)17分マグノアウベス 41分播戸竜二 72分マグノアウベス
【交代】(大)67分播戸竜二→家長昭博 79分前田雅文→フェルナンジーニョ 83分入江徹→實好礼忠　(新)58分梅山修→内田潤 70分三田光→矢野貴章 81分エジミウソン→船越優蔵
【警告】(新)51分ファビーニョ

●主審／長田和久　副審／木島栄、下村昌昭

第22節　9月9日(土)　19時00分

●会場／ヤマハ　●入場者数／11,471人
●天候／晴　●気温／27.0℃　●湿度／90%　●風／無

ジュビロ磐田 7 [3−0 / 4−0] 0 アルビレックス新潟

ジュビロ磐田	アルビレックス新潟
GK 1 川口能活	GK 21 野澤洋輔
DF 2 鈴木秀人	DF 17 内田潤
DF 5 田中誠	DF 19 海本慶治
DF 20 金珍圭	DF 29 喜多靖
DF 6 服部年宏	DF 2 三田光
MF 17 太田吉彰	MF 18 鈴木慎吾
MF 25 ファブリシオ	MF 15 本間勲
MF 27 上田康太	MF 8 シルビーニョ
MF 23 福西崇史	MF 9 ファビーニョ
FW 18 前田遼一	FW 10 エジミウソン
FW 22 カレンロバート	FW 11 矢野貴章
GK 31 松井謙弥	GK 30 諏訪雄大
DF 3 茶野隆行	DF 31 藤井大輔
DF 33 犬塚友輔	DF 5 梅山修
MF 8 菊地直哉	MF 16 寺川能人
MF 10 成岡翔	MF 35 松下年宏
MF 28 船谷圭祐	FW 27 河原和寿
FW 9 中山雅史	FW 28 船越優蔵

【得点】(磐)22分ファブリシオ 36分前田遼一 42分田中誠 53分太田吉彰 60分福西崇史 61分前田遼一 85分船谷圭祐
【交代】(磐)66分カレンロバート→成岡翔 75分成岡翔→船谷圭祐 82分ファブリシオ→菊地直哉　(新)45分矢野貴章→寺川能人 64分三田光→梅山修 82分鈴木慎吾→松下年宏
【警告】(磐)37分ファブリシオ 85分川口能活　(新)70分ファビーニョ

●主審／扇谷健司　副審／犬飼一郎、佐藤秀明

第23節　9月16日(土)　19時00分

●会場／瑞穂陸　●入場者数／9,308人
●天候／曇　●気温／24.2℃　●湿度／58%　●風／弱

名古屋グランパスエイト 3 [2−1 / 1−0] 1 アルビレックス新潟

名古屋グランパスエイト	アルビレックス新潟
GK 1 楢﨑正剛	GK 1 北野貴之
DF 4 大森征之	DF 2 三田光
DF 3 スピラール	DF 19 海本慶治
DF 5 古賀正紘	DF 26 中野洋司
DF 24 本田圭佑	DF 5 梅山修
MF 28 渡邊圭二	MF 18 鈴木慎吾
MF 8 金正友	MF 16 寺川能人
MF 10 藤田俊哉	MF 8 シルビーニョ
MF 7 中村直志	MF 9 ファビーニョ
FW 9 ヨンセン	FW 11 矢野貴章
FW 19 杉本恵太	FW 10 エジミウソン
GK 22 川島永嗣	GK 21 野澤洋輔
DF 2 秋田豊	DF 29 喜多靖
DF 16 増川隆洋	DF 31 藤井大輔
MF 25 須藤右介	MF 15 本間勲
MF 13 山口慶	MF 35 松下年宏
MF 27 片山奨典	MF 20 岡山哲也
FW 37 津田知宏	FW 28 船越優蔵

【得点】(名)17分本田圭佑 23分ヨンセン 74分津田知宏　(新)36分オウンゴール
【交代】(名)67分渡邊圭二→津田知宏 82分杉本恵太→山口慶　(新)55分中野洋司→藤井大輔 65分矢野貴章→松下年宏 74分藤井大輔→喜多靖
【警告】(名)10分金正友 13分スピラール 34分ヨンセン　(新)36分梅山修 58分寺川能人 62分矢野貴章 71分藤井大輔

●主審／岡田正義　副審／中井恒、岡野尚士

第24節　9月24日(日)　15時04分

●会場／新潟ス　●入場者数／40,422人
●天候／晴　●気温／21.4℃　●湿度／47%　●風／無

アルビレックス新潟 3 [1−0 / 2−0] 0 ヴァンフォーレ甲府

アルビレックス新潟	ヴァンフォーレ甲府
GK 1 北野貴之	GK 1 阿部謙作
DF 2 三田光	DF 32 杉山新
DF 19 海本慶治	DF 20 ビジュ
DF 3 千葉和彦	DF 15 アライール
DF 17 内田潤	DF 4 山本英臣
MF 18 鈴木慎吾	MF 31 林健太郎
MF 16 寺川能人	MF 10 藤田健
MF 8 シルビーニョ	MF 7 石原克哉
MF 9 ファビーニョ	FW 23 山崎光太郎
FW 32 田中亜土夢	FW 16 バレー
FW 10 エジミウソン	FW 33 茂原岳人
GK 21 野澤洋輔	GK 21 鶴田達也
DF 31 藤井大輔	DF 5 井上雄幾
DF 29 喜多靖	MF 6 奈須伸也
MF 15 本間勲	MF 24 大西容平
MF 35 松下年宏	FW 9 須藤大輔
FW 11 矢野貴章	FW 11 宇留野純
FW 14 中原貴之	FW 18 長谷川太郎

【得点】(新)09分エジミウソン 58分鈴木慎吾 72分エジミウソン
【交代】(新)78分鈴木慎吾→松下年宏 82分田中亜土夢→矢野貴章 89分エジミウソン→中原貴之　(甲)23分山崎光太郎→長谷川太郎 67分林健太郎→大西容平 77分茂原岳人→宇留野純
【警告】(新)16分ファビーニョ 35分内田潤 67分寺川能人　(甲)27分山本英臣 35分杉山新 50分林健太郎 64分山本英臣
【退場】(甲)64分山本英臣

●主審／山西博文　副審／山崎裕彦、下村昌昭

第25節　9月30日(土)　15時03分

●会場／味スタ　●入場者数／24,136人
●天候／晴　●気温／25.3℃　●湿度／49%　●風／

FC東京 1 [1−2 / 0−2] 4 アルビレックス新潟

FC東京	アルビレックス新潟
GK 1 土肥洋一	GK 1 北野貴之
DF 25 徳永悠平	DF 2 三田光
DF 38 中澤聡太	DF 19 海本慶治
DF 8 藤山竜仁	DF 3 千葉和彦
DF 19 伊野波雅彦	DF 17 内田潤
MF 6 今野泰幸	MF 35 松下年宏
MF 16 宮沢正史	MF 16 寺川能人
MF 20 川口信男	MF 8 シルビーニョ
MF 27 栗澤僚一	MF 18 鈴木慎吾
FW 13 戸田光洋	FW 32 田中亜土夢
FW 39 平山相太	FW 10 エジミウソン
GK 22 塩田仁史	GK 21 野澤洋輔
DF 3 ジャーン	DF 29 喜多靖
MF 7 浅利悟	DF 5 梅山修
MF 23 梶山陽平	MF 15 本間勲
MF 14 馬場憂太	MF 27 河原和寿
FW 11 阿部吉朗	MF 20 岡山哲也
FW 24 赤嶺真吾	FW 11 矢野貴章

【得点】(東)10分川口信男　(新)12分鈴木慎吾 17分松下宏 74分松下年宏 83分エジミウソン
【交代】(東)54分栗澤僚一→阿部吉朗 64分川口信男→赤真吾 76分伊野波雅彦→馬場憂太　(新)72分田中亜土夢矢野貴章 81分松下年宏→河原和寿 85分鈴木慎吾→岡哲也
【警告】(東)66分平山相太 82分中澤聡太　(新)19分田中土夢 89分海本慶治

●主審／上川徹　副審／宮島一代、相樂亨

第26節　10月7日(土)　14時04分

●会場／新潟ス　●入場者数／35,603人
●天候／雨　●気温／16.3℃　●湿度／69%　●風／無

アルビレックス新潟 1 [0−0 / 1−0] 0 横浜F・マリノス

アルビレックス新潟	横浜F・マリノス
GK 1 北野貴之	GK 21 榎本哲也
DF 2 三田光	DF 30 栗原勇蔵
DF 19 海本慶治	DF 3 松田直樹
DF 3 千葉和彦	DF 22 中澤佑二
DF 17 内田潤	MF 7 田中隼磨
MF 35 松下年宏	MF 6 上野良治
MF 16 寺川能人	MF 35 河合竜二
MF 8 シルビーニョ	MF 5 ドゥトラ
MF 18 鈴木慎吾	MF 14 奥大介
FW 32 田中亜土夢	FW 10 山瀬功治
FW 10 エジミウソン	FW 9 久保竜彦
GK 21 野澤洋輔	GK 1 榎本達也
DF 26 中野洋司	DF 4 那須大亮
MF 15 本間勲	MF 17 吉田孝行
MF 9 ファビーニョ	MF 24 塩川岳人
MF 27 河原和寿	MF 29 狩野健太
MF 20 岡山哲也	FW 11 坂田大輔
FW 11 矢野貴章	FW 15 大島秀夫

【得点】(新)75分オウンゴール
【交代】(新)05分エジミウソン→矢野貴章 68分三田光→ファビーニョ 85分松下年宏→中野洋司　(横)79分奥大介→坂田大輔 79分久保竜彦→大島秀夫
【警告】(新)15分寺川能人　(横)89分河合竜二

●主審／穴沢努　副審／安食弘幸、中原美智雄

第27節　10月14日(土)　15時04分

●会場／新潟ス　●入場者数／36,272人
●天候／晴　●気温／21.6℃　●湿度／45%　●風／無

アルビレックス新潟 1 [0−0 / 1−1] 1 京都パープルサンガ

アルビレックス新潟	京都パープルサンガ
GK 1 北野貴之	GK 26 西村弘司
DF 17 内田潤	DF 23 大久保裕樹
DF 19 海本慶治	DF 32 手島和希
DF 3 千葉和彦	DF 7 児玉新
DF 26 中野洋司	MF 33 角田誠
MF 35 松下年宏	MF 17 石井俊也
MF 15 本間勲	MF 16 斉藤大介
MF 8 シルビーニョ	MF 22 渡邉大剛
MF 18 鈴木慎吾	MF 15 中山博貴
FW 32 田中亜土夢	FW 31 田原豊
FW 10 エジミウソン	FW 10 パウリーニョ
GK 21 野澤洋輔	GK 25 上野秀章
DF 2 三田光	DF 19 登尾顕徳
DF 5 梅山修	MF 18 米田兼一郎
MF 27 河原和寿	MF 14 中払大介
MF 20 岡山哲也	MF 8 美尾敦
FW 14 中原貴之	MF 27 加藤大志
FW 11 矢野貴章	FW 24 小原昇

【得点】(新)49分内田潤　(京)79分オウンゴール
【交代】(新)64分鈴木慎吾→矢野貴章 77分内田潤→三田光 86分田中亜土夢→岡山哲也　(京)45分中山博貴→中払大介 79分渡邉大剛→美尾敦
【警告】(京)24分大久保裕樹 74分手島和希

●主審／長田和久　副審／犬飼一郎、前島和彦

第28節　10月21日(土)　15時04分

●会場／日本平　●入場者数／13,244人
●天候／晴　●気温／21.8℃　●湿度／66%　●風／弱

清水エスパルス 1 [1−1 / 0−0] 1 アルビレックス新潟

清水エスパルス	アルビレックス新潟
GK 21 西部洋平	GK 1 北野貴之
DF 25 市川大祐	DF 17 内田潤
DF 26 青山直晃	DF 19 海本慶治
DF 4 高木和道	DF 3 千葉和彦
DF 11 森岡隆三	DF 26 中野洋司
MF 33 アレシャンドレ	MF 35 松下年宏
MF 16 枝村匠馬	MF 16 寺川能人
MF 7 伊東輝悦	MF 8 シルビーニョ
MF 14 高木純平	MF 18 鈴木慎吾
FW 17 マルキーニョス	FW 20 岡山哲也
FW 18 チョジェジン	FW 11 矢野貴章
GK 30 武田洋平	GK 21 野澤洋輔
DF 19 和田拓三	DF 5 梅山修
DF 5 岩下敬輔	DF 2 三田光
MF 6 杉山浩太	MF 7 青野大介
FW 15 久保山由清	MF 27 河原和寿
FW 9 矢島卓郎	MF 32 田中亜土夢
FW 23 岡崎慎司	FW 14 中原貴之

【得点】(清)02分マルキーニョス　(新)28分矢野貴章
【交代】(清)43分アレシャンドレ→久保山由清 67分高木純平→杉山浩太 81分マルキーニョス→矢島卓郎　(新)76分岡山哲也→田中亜土夢 81分鈴木慎吾→中原貴之
【警告】(清)40分アレシャンドレ 57分高木和道　(新)70分寺川能人

●主審／柏原丈二　副審／名木利幸、岡野尚士

第29節　10月28日(土)　14時04分

●会場／新潟ス　●入場者数／38,203人
●天候／晴　●気温／20.3℃　●湿度／48%　●風／無

アルビレックス新潟 0 [0−0 / 0−1] 1 アビスパ福岡

アルビレックス新潟	アビスパ福岡
GK 1 北野貴之	GK 1 水谷雄一
DF 17 内田潤	DF 15 吉村光示
DF 19 海本慶治	DF 2 宮本亨
DF 3 千葉和彦	DF 23 柳楽智和
DF 26 中野洋司	DF 3 アレックス
MF 35 松下年宏	MF 10 久藤清一
MF 16 寺川能人	MF 13 佐伯直哉
MF 8 シルビーニョ	MF 22 中村北斗
MF 18 鈴木慎吾	MF 14 古賀誠史
FW 20 岡山哲也	FW 6 布部陽功
FW 11 矢野貴章	FW 34 飯尾一慶
GK 21 野澤洋輔	GK 30 六反勇治
DF 31 藤井大輔	DF 4 金古聖司
DF 2 三田光	MF 8 ホベルト
DF 5 梅山修	MF 26 城後寿
MF 7 青野大介	FW 9 薮田光教
FW 14 中原貴之	FW 19 バロン
FW 10 エジミウソン	FW 27 田中佑昌

【得点】(福)56分古賀誠史
【交代】(新)58分岡山哲也→エジミウソン 73分海本慶治→梅山修 81分矢野貴章→中原貴之　(福)63分久藤清一→ホベルト 71分飯尾一慶→田中佑昌 89分古賀誠史→城後寿
【警告】(新)89分中原貴之　(福)30分宮本亨 57分水谷雄一

●主審／片山義継　副審／柴田正利、相葉忠臣

第30節　11月11日(土)　15時01分

●会場／フクアリ　●入場者数／11,286人
●天候／雨　●気温／17.6℃　●湿度／84%　●風／

ジェフユナイテッド千葉 1 [0−2 / 1−1] 3 アルビレックス新潟

ジェフユナイテッド千葉	アルビレックス新潟
GK 30 岡本昌弘	GK 1 北野貴之
DF 5 ストヤノフ	DF 2 三田光
MF 2 坂本將貴	DF 3 千葉和彦
MF 15 中島浩司	DF 26 中野洋司
MF 6 阿部勇樹	DF 17 内田潤
MF 7 佐藤勇人	MF 35 松下年宏
MF 16 山岸智	MF 16 寺川能人
MF 8 水野晃樹	MF 8 シルビーニョ
MF 9 クルプニコビッチ	MF 18 鈴木慎吾
MF 22 羽生直剛	FW 10 エジミウソン
FW 18 巻誠一郎	FW 11 矢野貴章
GK 1 立石智紀	GK 21 野澤洋輔
DF 14 田中淳也	DF 5 梅山修
MF 19 伊藤淳嗣	DF 31 藤井大輔
MF 20 工藤浩平	MF 9 ファビーニョ
MF 23 楽山孝志	MF 15 本間勲
MF 33 川淵勇祐	MF 20 岡山哲也
FW 11 要田勇一	FW 14 中原貴之

【得点】(千)82分クルプニコビッチ　(新)08分シルビーニ 31分エジミウソン 58分矢野貴章
【交代】(千)45分佐藤勇人→要田勇一　(新)74分エジミソン→ファビーニョ 86分松下年宏→岡山哲也 89分鈴木吾→本間勲
【警告】(新)19分寺川能人 82分内田潤

●主審／山西博文　副審／金子聡一郎、小椋剛

第31節　11月19日(日)　15時05分

●会場／新潟ス　●入場者数／40,393人
●天候／曇のち雨　●気温／13.2℃　●湿度／53%　●風／無

アルビレックス新潟 2 [1−0 / 1−2] 2 セレッソ大阪

アルビレックス新潟	セレッソ大阪
GK 1 北野貴之	GK 22 吉田宗弘
DF 35 松下年宏	DF 5 前田和哉
DF 3 千葉和彦	DF 14 江添建次郎
DF 26 中野洋司	DF 19 山崎哲也
DF 17 内田潤	MF 23 下村東美
MF 18 鈴木慎吾	MF 4 河村崇大
MF 16 寺川能人	MF 9 古橋達弥
MF 8 シルビーニョ	MF 6 ゼカルロス
MF 9 ファビーニョ	MF 36 大久保嘉人
FW 10 エジミウソン	FW 18 柿本倫明
FW 11 矢野貴章	FW 20 西澤明訓
GK 21 野澤洋輔	GK 1 多田大介
DF 19 海本慶治	DF 2 ブルーノクアドロス
DF 2 三田光	MF 7 山田卓也
MF 15 本間勲	MF 35 宮本卓也
MF 20 岡山哲也	MF 11 徳重隆明
FW 14 中原貴之	MF 16 名波浩
FW 28 船越優蔵	FW 13 苔口卓也

【得点】(新)39分矢野貴章 69分ファビーニョ　(大)65分西澤明訓 74分名波浩
【交代】(新)85分ファビーニョ→岡山哲也 89分鈴木慎吾→中原貴之　(大)57分柿本倫明→名波浩 77分大久保嘉人→苔口卓也 87分古橋達弥→山田卓也
【警告】(新)46分矢野貴章 89分シルビーニョ　(大)14分前田和哉

●主審／吉田寿光　副審／相樂亨、村上孝治

第32節　11月23日(木・祝)　15時00分

●会場／カシマ　●入場者数／12,178人
●天候／曇　●気温／13.1℃　●湿度／49%　●風／弱

鹿島アントラーズ 5 [2−0 / 3−1] 1 アルビレックス新潟

鹿島アントラーズ	アルビレックス新潟
GK 21 曽ヶ端準	GK 1 北野貴之
DF 20 内田篤人	DF 35 松下年宏
DF 24 青木剛	DF 19 海本慶治
DF 4 大岩剛	DF 26 中野洋司
DF 7 新井場徹	DF 17 内田潤
MF 22 中後雅喜	MF 18 鈴木慎吾
MF 25 野沢拓也	MF 16 寺川能人
MF 18 ファビオサントス	MF 8 シルビーニョ
MF 10 本山雅志	MF 9 ファビーニョ
FW 9 アレックスミネイロ	FW 10 エジミウソン
FW 19 田代有三	FW 11 矢野貴章
GK 1 小澤英明	GK 21 野澤洋輔
DF 14 羽田憲司	DF 2 三田光
MF 17 ダシルバ	DF 3 千葉和彦
MF 23 興梠慎三	MF 15 本間勲
MF 26 増田誓志	MF 32 田中亜土夢
FW 11 深井正樹	MF 20 岡山哲也
FW 13 柳沢敦	FW 27 河原和寿

【得点】(鹿)35分田代有三 38分アレックスミネイロ 62分新井場徹 64分ファビオサントス 66分オウンゴール　(新)45分本間勲
【交代】(鹿)77分田代有三→柳沢敦 86分ファビオサントス→増田誓志 89分本山雅志→興梠慎三　(新)45分シルビーニョ→本間勲 67分ファビーニョ→河原和寿 76分鈴木慎吾→田中亜土夢
【警告】(新)71分エジミウソン 87分エジミウソン
【退場】(新)87分エジミウソン

●主審／高山啓義　副審／原田秀昭、中原美智雄

第33節　11月26日(日)　14時02分

●会場／広島ビ　●入場者数／11,214人
●天候／雨　●気温／13.8℃　●湿度／91%　●風／弱

サンフレッチェ広島 2 [1−0 / 1−1] 1 アルビレックス新潟

サンフレッチェ広島	アルビレックス新潟
GK 1 下田崇	GK 1 北野貴之
DF 8 森﨑和幸	DF 2 三田光
DF 4 ダバツ	DF 19 海本慶治
DF 19 盛田剛平	DF 3 千葉和彦
MF 5 駒野友一	DF 17 内田潤
MF 23 青山敏弘	MF 35 松下年宏
MF 17 服部公太	MF 16 寺川能人
MF 27 柏木陽介	MF 8 シルビーニョ
MF 7 森﨑浩司	MF 18 鈴木慎吾
FW 24 前田俊介	FW 32 田中亜土夢
FW 11 佐藤寿人	FW 11 矢野貴章
GK 21 木寺浩一	GK 21 野澤洋輔
DF 18 吉弘充志	DF 5 梅山修
DF 28 槙野智章	DF 26 中野洋司
DF 33 中尾真那	MF 15 本間勲
MF 15 中里宏司	MF 9 ファビーニョ
MF 32 桒田慎一朗	MF 20 岡山哲也
FW 20 大木勉	FW 27 河原和寿

【得点】(広)14分駒野友一 89分佐藤寿人　(新)64分矢野貴章
【交代】(広)60分柏木陽介→桒田慎一朗 62分青山敏弘→中里宏司 77分前田俊介→大木勉　(新)71分鈴木慎吾→ファビーニョ 76分田中亜土夢→河原和寿 81分松下年宏→岡山哲也
【警告】(広)53分青山敏弘 89分佐藤寿人

●主審／柏原丈二　副審／唐木田徹、二俣敏明

第34節　12月2日(土)　14時04分

●会場／新潟ス　●入場者数／33,993人
●天候／雨　●気温／8.1℃　●湿度／72%　●風／無

アルビレックス新潟 1 [0−0 / 1−2] 2 大宮アルディージャ

アルビレックス新潟	大宮アルディージャ
GK 1 北野貴之	GK 20 荒谷弘樹
DF 17 内田潤	DF 22 波戸康広
DF 19 海本慶治	DF 4 トニーニョ
DF 3 千葉和彦	DF 17 土屋征夫
DF 26 中野洋司	DF 5 冨田大介
MF 32 田中亜土夢	MF 19 片岡洋介
MF 16 寺川能人	MF 32 小林慶行
MF 8 シルビーニョ	MF 16 久永辰徳
MF 18 鈴木慎吾	MF 24 橋本早十
FW 10 エジミウソン	FW 8 小林大悟
FW 11 矢野貴章	FW 14 森田浩史
GK 21 野澤洋輔	GK 21 江角浩司
DF 2 三田光	DF 2 奥野誠一郎
MF 15 本間勲	DF 18 西村卓朗
MF 35 松下年宏	MF 11 藤本主税
MF 9 ファビーニョ	MF 15 斉藤雅人
MF 20 岡山哲也	FW 9 吉原宏太
FW 27 河原和寿	FW 27 若林学

【得点】(新)89分ファビーニョ　(大)47分藤本主税 62分小林大悟
【交代】(新)62分鈴木慎吾→ファビーニョ 75分中野洋司→松下年宏 81分田中亜土夢→岡山哲也　(大)45分久永辰徳→藤本主税 77分森田浩史→斉藤雅人 89分小林大悟→若林学
【警告】(新)51分中野洋司 89分エジミウソン　(大)75分森田浩史 89分藤本主税

●主審／奥谷彰男　副審／安食弘幸、武田進

2006
2006 Jリーグ ヤマザキナビスコカップ (Cグループ)
アルビレックス新潟 公式記録

第1日　3月29日(水)　19時00分

●会場／新潟ス　●入場者数／25,666人
●天候／曇時々雪　●気温／3.9℃　●湿度／44%　●風／弱

アルビレックス新潟 3 [2−1 / 1−2] 3 清水エスパルス

アルビレックス新潟	清水エスパルス
GK 21 野澤洋輔	GK 21 西部洋平
DF 2 三田光	DF 11 森岡隆三
DF 19 海本慶治	DF 26 青山直晃
DF 26 中野洋司	DF 4 高木和道
DF 4 鈴木健太郎	DF 3 山西尊裕
MF 8 シルビーニョ	MF 8 平松康平
MF 16 寺川能人	MF 16 枝村匠馬
MF 32 田中亜土夢	MF 6 杉山浩太
MF 18 鈴木慎吾	MF 14 高木純平
FW 10 エジミウソン	FW 9 矢島卓郎
FW 11 矢野貴章	FW 15 久保山由清
GK 1 北野貴之	GK 29 山本海人
DF 31 藤井大輔	DF 19 和田拓三
DF 5 梅山修	DF 24 平岡康裕
DF 17 海本幸治郎	MF 22 太田圭輔
MF 15 本間勲	MF 10 藤本淳吾
MF 20 岡山哲也	FW 18 チョジェジン
FW 27 河原和寿	FW 23 岡崎慎司

【得点】(新)24分田中亜土夢 31分エジミウソン 89分エジミウソン　(清)07分矢島卓郎 48分久保山由清 82分太田圭輔
【交代】(新)68分寺川能人→本間勲 82分鈴木慎吾→岡山哲也 85分本間勲→藤井大輔　(清)59分矢島卓郎→チョジェジン 68分高木純平→藤本淳吾 77分平松康平→太田圭輔
【警告】(新)31分シルビーニョ 35分三田光 43分田中亜土夢　(清)18分青山直晃 75分杉山浩太 89分西部洋平

●主審／岡田正義　副審／手塚洋、中込均

第2日　4月12日(水)　19時00分

●会場／フクアリ　●入場者数／5,298人
●天候／曇　●気温／17.3℃　●湿度／83%　●風／無

ジェフユナイテッド千葉 3 [1−1 / 2−1] 2 アルビレックス新潟

ジェフユナイテッド千葉	アルビレックス新潟
GK 17 櫛野亮	GK 21 野澤洋輔
DF 4 水本裕貴	DF 2 三田光
DF 5 ストヤノフ	DF 31 藤井大輔
DF 3 斎藤大輔	DF 26 中野洋司
MF 23 楽山孝志	DF 4 鈴木健太郎
MF 15 中島浩司	MF 3 千葉和彦
MF 6 阿部勇樹	MF 8 シルビーニョ
MF 2 坂本將貴	MF 18 鈴木慎吾
MF 20 工藤浩平	MF 13 宮沢克行
MF 9 クルプニコビッチ	FW 20 岡山哲也
FW 18 巻誠一郎	FW 14 中原貴之
GK 1 立石智紀	GK 1 北野貴之
DF 36 竹田忠嗣	DF 19 海本慶治
MF 16 山岸智	MF 9 ファビーニョ
MF 19 伊藤淳嗣	MF 16 寺川能人
MF 22 羽生直剛	MF 32 田中亜土夢
FW 11 要田勇一	FW 11 矢野貴章
FW 32 金東秀	FW 27 河原和寿

【得点】(千)39分中島浩司 69分羽生直剛 82分巻誠一郎　(新)20分鈴木慎吾 63分岡山哲也
【交代】(千)65分工藤浩平→要田勇一 65分クルプニコビッチ→羽生直剛 76分楽山孝志→山岸智　(新)45分シルビーニョ→寺川能人 62分鈴木慎吾→ファビーニョ 75分中原貴之→矢野貴章
【警告】(千)65分中島浩司　(新)17分シルビーニョ 61分岡山哲也 77分藤井大輔

●主審／前田拓哉　副審／武田進、中原美智雄

第3日　4月26日(水)　19時00分

●会場／日本平　●入場者数／6,367人
●天候／曇　●気温／14.3℃　●湿度／65%　●風／無

清水エスパルス 1 [1−1 / 0−1] 2 アルビレックス新潟

清水エスパルス	アルビレックス新潟
GK 21 西部洋平	GK 1 北野貴之
DF 25 市川大祐	DF 17 海本幸治郎
DF 26 青山直晃	DF 29 喜多靖
DF 4 高木和道	DF 26 中野洋司
DF 3 山西尊裕	DF 4 鈴木健太郎
MF 10 藤本淳吾	MF 3 千葉和彦
MF 16 枝村匠馬	MF 34 六車拓也
MF 7 伊東輝悦	MF 13 宮沢克行
MF 13 兵働昭弘	MF 9 ファビーニョ
FW 17 マルキーニョス	FW 14 中原貴之
FW 18 チョジェジン	FW 11 矢野貴章
GK 29 山本海人	GK 21 野澤洋輔
DF 2 斉藤俊秀	DF 2 三田光
DF 19 和田拓三	DF 31 藤井大輔
MF 6 杉山浩太	MF 7 青野大介
MF 8 平松康平	MF 23 大谷昌司
FW 9 矢島卓郎	MF 20 岡山哲也
FW 15 久保山由清	FW 24 中村幸聖

【得点】(清)11分枝村匠馬　(新)38分矢野貴章 52分中原貴之
【交代】(清)57分山西尊裕→平松康平 57分チョジェジン→矢島卓郎 75分藤本淳吾→斉藤俊秀　(新)76分六車拓也→青野大介 82分宮沢克行→岡山哲也 89分ファビーニョ→藤井大輔
【警告】(清)42分伊東輝悦　(新)69分鈴木健太郎 83分ファビーニョ

●主審／西村雄一　副審／中井恒、山口博司

第4日　5月14日(日)　15時00分

●会場／広島ス　●入場者数／4,287人
●天候／晴　●気温／21.8℃　●湿度／49%　●風／中

サンフレッチェ広島 0 [0−0 / 0−0] 0 アルビレックス新潟

サンフレッチェ広島	アルビレックス新潟
GK 1 下田崇	GK 1 北野貴之
DF 2 八田康介	DF 2 三田光
DF 18 吉弘充志	DF 19 海本慶治
DF 19 盛田剛平	DF 26 中野洋司
MF 15 中里宏司	DF 5 梅山修
MF 14 戸田和幸	MF 16 寺川能人
MF 6 ベット	MF 8 シルビーニョ
MF 17 服部公太	MF 18 鈴木慎吾
FW 7 森﨑浩司	MF 9 ファビーニョ
FW 9 上野優作	FW 20 岡山哲也
FW 10 ウェズレイ	FW 11 矢野貴章
GK 21 木寺浩一	GK 21 野澤洋輔
DF 22 西河翔吾	DF 29 喜多靖
MF 25 髙柳一誠	DF 31 藤井大輔
MF 16 李漢宰	MF 13 宮沢克行
FW 32 桒田慎一朗	MF 32 田中亜土夢
FW 26 橋内優也	FW 14 中原貴之
FW 29 趙佑鎮	FW 27 河原和寿

【交代】(広)74分中里宏司→李漢宰 83分盛田剛平→西河翔吾　(新)68分三田光→田中亜土夢 78分鈴木慎吾→中原貴之 85分岡山哲也→宮沢克行
【警告】(広)18分中里宏司　(新)74分梅山修

●主審／片山義継　副審／山口博司、抱山公彦

第6日　5月18日(木)　19時00分

●会場／新潟ス　●入場者数／32,552人
●天候／晴　●気温／19.4℃　●湿度／49%　●風／

アルビレックス新潟 0 [0−0 / 0−0] 0 ジェフユナイテッド千葉

アルビレックス新潟	ジェフユナイテッド千葉
GK 1 北野貴之	GK 17 櫛野亮
DF 2 三田光	DF 3 斎藤大輔
DF 19 海本慶治	DF 5 ストヤノフ
DF 26 中野洋司	DF 4 水本裕貴
DF 5 梅山修	MF 2 坂本將貴
MF 16 寺川能人	MF 6 阿部勇樹
MF 8 シルビーニョ	MF 7 佐藤勇人
MF 13 宮沢克行	MF 16 山岸智
MF 18 鈴木慎吾	MF 22 羽生直剛
FW 20 岡山哲也	MF 9 クルプニコビッ
FW 11 矢野貴章	FW 10 ハース
GK 21 野澤洋輔	GK 30 岡本昌弘
DF 29 喜多靖	MF 8 水野晃樹
DF 31 藤井大輔	MF 15 中島浩司
MF 7 青野大介	MF 20 工藤浩平
MF 32 田中亜土夢	MF 23 楽山孝志
FW 27 河原和寿	MF 37 松ヶ枝泰介
FW 14 中原貴之	FW 11 要田勇一

【交代】(新)58分宮沢克行→田中亜土夢 68分三田光→大輔 79分岡山哲也→中原貴之　(千)61分山岸智→楽山志 67分クルプニコビッチ→水野晃樹 79分ハース→要田一
【警告】(新)77分シルビーニョ　(千)80分阿部勇樹

●主審／東城穣　副審／安食弘幸、金田大吉

7日　5月21日(日) 15時00分

会場/新潟ス ●入場者数/37,200人
天候/晴 ●気温/20.5℃ ●湿度/34% ●風/弱

アルビレックス新潟 0 [0-1 / 0-0] 1 サンフレッチェ広島

アルビレックス新潟	サンフレッチェ広島
K 1 北野貴之	GK 1 下田崇
F 5 梅山修	DF 2 八田康介
F 19 海本慶治	DF 18 吉弘充志
F 26 中野洋司	DF 19 盛田剛平
F 4 鈴木健太郎	MF 16 李漢宰
F 16 寺川能人	MF 14 戸田和幸
F 8 シルビーニョ	MF 6 ベット
F 18 鈴木慎吾	MF 17 服部公太
F 9 ファビーニョ	FW 10 ウェズレイ
W 14 中原貴之	FW 9 上野優作
W 11 矢野貴章	FW 11 佐藤寿人
K 21 野澤洋輔	GK 21 木寺浩一
F 29 喜多靖	DF 4 ジニーニョ
F 31 藤井大輔	MF 25 髙柳一誠
F 3 千葉和彦	MF 23 青山敏弘
F 13 宮沢克行	FW 7 森﨑浩司
F 32 田中亜土夢	FW 32 桒田慎一朗
F 20 岡山哲也	FW 26 橋内優也

得点】(広)16分佐藤寿人
交代】(新)42分鈴木慎吾→宮沢克行 63分鈴木健太郎→田中亜土夢 77分梅山修→岡山哲也　(広)45分ベット→髙柳一誠 76分ウェズレイ→森﨑浩司 87分佐藤寿人→橋内優也
警告】(新)71分梅山修　(広)75分服部公太

主審/松村和彦　副審/原田秀昭、平野伸一

2006 第86回 天皇杯 全日本サッカー選手権大会

アルビレックス新潟 公式記録

4回戦　11月4日(土) 13時00分

●会場/新潟ス ●入場者数/12,724人
●天候/晴 ●気温/20.6℃ ●湿度/52% ●風/無

アルビレックス新潟 2 [0-0 / 2-0] 0 徳島ヴォルティス

アルビレックス新潟	徳島ヴォルティス
GK 1 北野貴之	GK 1 山口篤史
DF 2 三田光	DF 25 谷池洋平
DF 3 千葉和彦	DF 33 西河翔吾
DF 26 中野洋司	DF 20 大森健作
DF 17 内田潤	MF 34 小野雄平
MF 35 松下年宏	MF 19 岡本竜之介
MF 16 寺川能人	MF 6 大場啓
MF 8 シルビーニョ	MF 32 玉乃淳
MF 18 鈴木慎吾	MF 11 片岡功二
FW 10 エジミウソン	FW 10 大島康明
FW 11 矢野貴章	FW 18 羽地登志晃
GK 21 野澤洋輔	GK 31 高橋範夫
DF 31 藤井大輔	DF 4 井手口純
DF 5 梅山修	DF 14 石田祐樹
MF 15 本間勲	MF 8 伊藤彰
MF 9 ファビーニョ	FW 13 小林康剛
MF 20 岡山哲也	
FW 14 中原貴之	

【得点】(新)46分三田光 89分ファビーニョ
【交代】(新)81分エジミウソン→ファビーニョ　(徳)60分大森健作→井手口純 60分羽地登志晃→小林康剛 71分小野雄平→伊藤彰
【警告】(新)40分内田潤　(徳)47分西河翔吾 66分玉乃淳

●主審/松村和彦　副審/武田進、下村昌昭

5回戦　12月9日(土) 13時04分

●会場/フクアリ ●入場者数/5,235人
●天候/雨 ●気温/9.6℃ ●湿度/71% ●風/無

コンサドーレ札幌 2 [1-1 / 1-1] 2 アルビレックス新潟
(延0-0)(PK8-7)

コンサドーレ札幌	アルビレックス新潟
GK 31 佐藤優也	GK 1 北野貴之
DF 15 加賀健一	DF 17 内田潤
DF 4 曽田雄志	DF 19 海本慶治
DF 6 西嶋弘之	DF 3 千葉和彦
MF 16 大塚真司	DF 26 中野洋司
MF 18 芳賀博信	MF 32 田中亜土夢
MF 25 藤田征也	MF 16 寺川能人
MF 8 砂川誠	MF 8 シルビーニョ
MF 22 川崎健太郎	MF 18 鈴木慎吾
FW 11 相川進也	FW 10 エジミウソン
FW 10 フッキ	FW 11 矢野貴章
GK 1 林卓人	GK 21 野澤洋輔
DF 3 西澤淳二	DF 2 三田光
DF 7 和波智広	MF 15 本間勲
MF 29 西谷正也	MF 35 松下年宏
MF 21 金子勇樹	MF 20 岡山哲也
MF 20 上里一将	MF 9 ファビーニョ
FW 13 中山元気	FW 27 河原和寿

【得点】(札)34分砂川誠 51分砂川誠　(新)13分エジミウソン 83分矢野貴章
【交代】(札)66分フッキ→中山元気 69分川崎健太郎→和波智広 81分藤田征也→金子勇樹　(新)56分中野洋司→松下年宏 68分田中亜土夢→ファビーニョ 80分鈴木慎吾→河原和寿
【警告】(札)37分大塚真司 43分川崎健太郎 59分西嶋弘之　(新)37分千葉和彦 62分海本慶治 85分矢野貴章 108分内田潤 112分ファビーニョ

●主審/東城穣　副審/下村昌昭、金田大吉

その他 1996-2006

アルビレックス新潟 公式記録

6年 2002ワールドカップ ンドリーマッチ　10月26日(土) 13時00分

会場/新潟陸 ●入場者数/－
天候/－ ●気温/－ ●湿度/－ ●風/強

アルビレオ新潟 3 [2-2 / 1-1] 3 国民銀行

アルビレオ新潟	国民銀行
K 1 小林哲也	1 チェイッキョン
F 6 近彰彦	6 ハンサンマン
F 18 古俣健次	22 ムンキソン
F 24 奥山達之	17 イヒョンチョル
F 8 神田勝利	19 イムジェドック
F 7 マイケル	12 キムハンウック
F 9 ロイ	15 イムワンソップ
F 2 濱田祥裕	14 チャスンニョン
F 14 松田和也	11 キムジョンヒョン
W 16 杉山学	18 チャサンフン
W 3 パトリック	7 ファンクワンスン
F 5 宮島伸好	16 イウヒョン
W 11 長島敦久	10 パクサンロック
W 12 木村隆二	
W 21 藤田敬三	

得点】(新)16分松田和也 35分杉山学 73分長島敦久　(国)33分チャスンニョン 43分ファンクワンスン 76分ファンクワンスン
交代】(新)46分神田勝利→宮島伸好 71分マイケル→長島敦久 82分杉山学→木村隆二 83分ロイ→藤田敬三　(国)5分チャサンフン→イウヒョン 37分イムワンソップ→パクサンロック

主審/中村直輝　副審/下村昌昭、阿部浩士

1997年 朝・日親善サッカー大会　3月30日(日) 11時01分

●会場/新潟陸 ●入場者数/－
●天候/雨 ●気温/－ ●湿度/－ ●風/強

在日本朝鮮蹴球団 3 [2-0 / 1-3] 3 アルビレオ新潟

在日本朝鮮蹴球団	アルビレオ新潟
21 キム・ミョンジュン	GK 25 浜野征哉
8 チョン・ヨンナム	DF 8 神田勝利
6 シン・ジェナム	DF 6 近彰彦
7 キム・ヨンチョン	DF 4 平岡宏章
14 パク・ソンイン	DF 15 垣内友二
9 コ・ムサ	MF 9 ロイ
4 クォン・チュンイ	MF 18 古俣健次
19 キム・ソンチョル	MF 14 松田和也
11 チェ・ソンゴン	MF 28 池田誠
10 パク・リョンウ	FW 12 パトリック
16 キム・ジョンソン	FW 10 マース
15 リャン・キュサ	GK 30 玉田真人
	MF 20 木村良
	FW 11 原祐俊

【得点】(朝)29分パク・リョンウ 41分キム・ジョンソン 65分コ・ムサ　(新)52分ロイ 64分原祐俊 77分原祐俊
【交代】(朝)09分チェ・ソンゴン→リャン・キュサ　(新)46分浜野征哉→玉田真人 46分松田和也→木村良 46分パトリック→原祐俊
【警告】(朝)18分キム・ジョンソン 87分キム・ヨンチョン

●主審/阿部浩士　副審/上野照夫、佐野克彦

1997年 2002年FIFAワールドカップ日韓共同開催フレンドリーマッチ　10月25日(土) 13時00分

●会場/新潟陸 ●入場者数/約1,800人
●天候/雨 ●気温/－ ●湿度/－ ●風/－

アルビレックス新潟 2 [1-2 / 1-1] 3 韓一生命

アルビレックス新潟	韓一生命
GK 25 菊地修	21 OH.GI.MAM
DF 4 葛野昌宏	2 KWON.KI-WON
DF 3 平岡宏章	14 KIM.DONG-HAE
DF 2 濱田祥裕	4 SEO.YOUNG-SUK
DF 6 近彰彦	20 CHUNG.SUNG-BANG
MF 15 池田誠	7 KIM.CHANG-HAN
MF 7 マイケル	16 LEE.JUNG-KODK
MF 20 小林高道	12 SEO.HYO-SEOK
FW 16 原祐俊	3 PARK.BYUNG-SUN
FW 14 イグナス	10 OHOI.SUN-GUL
FW 12 ニートン	11 AN.SEUNG-IN
FW 8 太田裕和	6 JUNG.KANG-JIN
DF 23 鈴木洋平	8 JURG.YOURG-HYUG
FW 21 藤田敬三	15 YOU.CHUL-MO
MF 5 垣内友二	13 CHOI.HYO-KANG
MF 27 岡田秀市	19 KUM.DOG-YONG

【得点】(新)28分イグナス 88分イグナス　(韓)04分LEE.JUNG-KODK 37分KIM.DONG-HAE 46分JUNG.KANG-JIN
【交代】(新)45分原祐俊→太田裕和 45分池田誠→鈴木洋平 45分小林高道→藤田敬三 66分濱田祥裕→垣内友二 75分マイケル→岡田秀市　(韓)45分SEO.YOUNG-SUK→JUNG.KANG-JIN 45分KIM.CHANG-HAN→JURG.YOURG-HYUG 54分AN.SEUNG-IN→YOU.CHUL-MO 61分KIM.DONG-HAE→CHOI.HYO-KANG 61分OHOI.SUN-GUL→KUM.DOG-YONG
【警告】(新)25分近彰彦　(韓)85分PARK.BYUNG-SUN

●主審/下村昌昭　副審/上野照夫、佐野克彦

1998年 チャレンジマッチ '98NIIGATA　7月4日(土) 16時04分

●会場/新潟陸 ●入場者数/13,989人
●天候/雨のち曇 ●気温/24.3℃ ●湿度/89% ●風/強

アルビレックス新潟 2 [1-0 / 1-2] 2 ヴェルディ川崎

アルビレックス新潟	ヴェルディ川崎
GK 1 浜野征哉	GK 1 菊池新吉
DF 25 田畑輝樹	DF 3 エンリケ
DF 6 近彰彦	DF 5 柱谷哲二
DF 21 藤田慎一	DF 6 中村忠
MF 13 水越潤	MF 2 モアシール
MF 5 垣内友二	MF 15 三浦泰年
MF 12 岡田秀市	MF 8 北澤豪
MF 24 中野圭一郎	MF 7 前園真聖
MF 7 マイケル	MF 20 石塚啓次
FW 16 原祐俊	FW 18 高木琢也
FW 14 イグナス	FW 30 藪田光教
GK 27 木寺浩一	GK 19 小針清允
DF 3 平岡宏章	DF 4 林健太郎
MF 15 池田誠	DF 16 菊池利三
MF 19 藤田敬三	FW 11 三浦知良
FW 8 太田裕和	FW 12 栗原圭介

【得点】(新)42分原祐俊 57分マイケル　(川)59分エンリケ 81分高木琢也
【交代】(新)64分原祐俊→太田裕和 67分近彰彦→平岡宏章 70分水越潤→藤田敬三 83分イグナス→池田誠　(川)45分藪田光教→菊池利三 62分エンリケ→林健太郎 75分前園真聖→栗原圭介
【警告】(新)42分イグナス　(川)14分高木琢也 75分林健太郎

●主審/越山賢一　副審/佐藤満、下村昌昭

1998年 2002年ワールドカップ日韓共同開催記念親善試合　11月15日(日) 9時30分

●会場/蚕室スタジアム ●入場者数/－
●天候/－ ●気温/－ ●湿度/－ ●風/－

ソウル市役所 2 [0-1 / 2-1] 2 アルビレックス新潟

ソウル市役所	アルビレックス新潟
	GK 27 木寺浩一
	DF 25 田畑輝樹
	DF 3 平岡宏章
	DF 21 藤田慎一
	MF 5 垣内友二
	MF 13 水越潤
	MF 20 小林高道
	MF 24 中野圭一郎
	MF 7 マイケル
	FW 16 原祐俊
	FW 14 イグナス

【得点】(ソ)52分高明権 59分高明権　(新)44分イグナス 64分イグナス
【交代】(ソ)－　(新)平岡宏章→杉山学 原祐俊→太田裕和
【警告】(ソ)－　(新)－

●主審/－　副審/－、－

99年 Jリーグエキ イティングマッチ　7月28日(水) 19時00分

会場/新潟陸 ●入場者数/7,749人
天候/晴 ●気温/30.0℃ ●湿度/70% ●風/弱

ルビレックス新潟 2 [2-1 / 0-0] 1 ジュビロ磐田

アルビレックス新潟	ジュビロ磐田
K 20 吉原慎也	GK 1 尾崎勇史
F 2 木澤正徳	DF 3 古賀琢磨
F 3 セルジオ	DF 22 箕輪義信
F 14 高橋直樹	DF 25 喜多靖
F 12 中野圭一郎	MF 20 金沢浄
F 7 瀬戸春樹	MF 10 藤田俊哉
F 22 秋葉忠宏	MF 23 福西崇史
F 6 水越潤	MF 6 服部年宏
F 9 リカルド	MF 8 奥大介
W 11 鳴尾直軌	FW 13 川口信男
W 18 島田周輔	FW 18 清水範久
K 1 木寺浩一	GK 16 小林弘記
F 4 柴暢彦	DF 14 山西尊裕
F 5 藤田慎一	MF 15 今野章
F 8 筒井紀章	MF 26 西紀寛
F 23 長谷川太一	FW 24 坂本紘司
W 10 サウロ	
W 17 鈴木慎吾	

得点】(新)12分セルジオ 17分リカルド　(磐)22分清水範久
交代】(新)45分吉原慎也→木寺浩一 45分鳴尾直軌→鈴木慎吾 62分秋葉忠宏→長谷川太一 62分木澤正徳→筒井紀章 66分島田周輔→サウロ　(磐)45分尾崎勇史→小林弘記 45分藤田俊哉→今野章 45分服部年宏→山西尊裕 45分奥大介→坂本紘司 71分福西崇史→西紀寛
警告】(磐)80分山西尊裕

主審/砂川恵一　副審/下村昌昭、阿部浩士

2004年 ワールドチャレンジマッチ2004　7月27日(火) 19時00分

●会場/新潟ス ●入場者数/28,857人
●天候/晴 ●気温/28.3℃ ●湿度/71% ●風/無

アルビレックス新潟 2 [1-1 / 1-0] 1 ボカ・ジュニアーズ

アルビレックス新潟	ボカ・ジュニアーズ
GK 1 木寺浩一	GK 12 ウィルフレード カバジェロ
DF 17 安英学	DF 4 パブロ ヘレス
DF 19 三田光	DF 2 ロランド エスキアビ
DF 33 松尾直人	DF 3 ホセ カルボ
MF 7 栗原圭介	DF 6 デビッド レアノ
MF 20 桑原裕義	MF 8 ディエゴ カーニャ
MF 35 梅山修	MF 7 ファビアン バルガス
MF 4 鈴木健太郎	MF 9 アンドレス グゲエルミンピ
FW 10 エジミウソン	MF 5 パブロ レディスマ
FW 28 船越優蔵	FW 10 フランコ カンヘル
FW 9 ファビーニョ	FW 11 アリエル カレーニョ
DF 5 神田勝夫	DF 13 セザール ゴンザレス
MF 8 山口素弘	MF 14 ビクトール オルマザハル
FW 11 上野優作	MF 15 ネリ カルドッソ
MF 13 阿部敏之	FW 16 マルティン パレルモ
MF 15 本間勲	FW 17 マウロ ボセーリ
MF 16 寺川能人	MF 18 ラウール カシーニ
GK 22 北野貴之	MF 19 マルティス シルベストレ
MF 23 深澤仁博	DF 20 ミカエル ヨウラゾウスキー
DF 29 喜多靖	DF 21 パブロ アルバレス
FW 31 ホベルト	MF 22 カルロス マリネッリ
MF 32 平間智和	GK 25 グスタボ エバート

【得点】(新)29分ファビーニョ 74分船越優蔵　(ボ)40分セザール ゴンザレス
【交代】(新)62分梅山修→深澤仁博 62分エジミウソン→平間智和 70分松尾直人→喜多靖 70分桑原裕義→本間勲 76分ファビーニョ→ホベルト 84分鈴木健太郎→神田勝夫　(ボ)30分ホセ カルボ→セザール ゴンザレス 45分フランコ カンヘル→マルティン パレルモ 62分アリエル カレーニョ→ネリ カルドッソ 67分アンドレス グゲエルミンピ→マウロ ボセーリ 77分ファビアン バルガス→カルロス マリネッリ
【警告】(新)28分栗原圭介 39分船越優蔵　(ボ)39分ロランド エスキアビ 49分アンドレス グゲエルミンピ 51分ディエゴ カーニャ 76分ファビアン バルガス 79分パブロ レディスマ

●主審/布瀬直次　副審/手塚博、下村昌昭

2004年 ワールドチャレンジマッチ2004　8月1日(日) 18時59分

●会場/新潟ス ●入場者数/34,287人
●天候/晴 ●気温/30.2℃ ●湿度/61% ●風/無

アルビレックス新潟 5 [4-2 / 1-0] 2 バレンシアCF

アルビレックス新潟	バレンシアCF
GK 21 野澤洋輔	GK 1 カニサレス
DF 17 安英学	DF 2 クーロ トーレス
DF 29 喜多靖	DF 3 カルボーニ
DF 33 松尾直人	DF 4 マルコ カネイラ
MF 15 本間勲	DF 5 ペジェグリーノ
MF 8 山口素弘	MF 6 アルベルダ
MF 16 寺川能人	MF 7 ルフェテ
MF 18 鈴木慎吾	MF 8 デ ロス サントス
FW 10 エジミウソン	MF 9 シスコ
FW 34 オゼアス	FW 10 アングロ
FW 9 ファビーニョ	FW 11 ミスタ
GK 1 木寺浩一	DF 12 ハビエル ガリード
MF 4 鈴木健太郎	GK 13 パロップ
DF 5 梅山修	MF 14 ペドロ ロペス
DF 14 高橋直樹	MF 15 パッリ
MF 7 栗原圭介	MF 16 フイオレ
MF 13 阿部敏之	DF 17 ダヴィド ナバーロ
MF 20 桑原裕義	MF 18 ホルヘ ロペス
MF 32 平間智和	FW 19 サルバ
FW 11 上野優作	FW 20 ディ バイオ
FW 28 船越優蔵	FW 21 アイマール
FW 31 ホベルト	MF 22 レドンド

【得点】(新)15分安英学 19分オゼアス 32分オゼアス 42分安英学 83分栗原圭介　(バ)12分ミスタ 26分アングロ
【交代】(新)68分本間勲→桑原裕義 68分エジミウソン→梅山修 71分オゼアス→上野優作 78分ファビーニョ→ホベルト 81分寺川能人→栗原圭介 81分鈴木慎吾→阿部敏之　(バ)45分カニサレス→パロップ 45分ルフェテ→フイオレ 45分ミスタ→ディ バイオ 65分デ ロス サントス→ホルヘ ロペス 65分シスコ→パッリ
【警告】(新)17分ミスタ　(バ)75分ファビーニョ

●主審/太田潔　副審/上荒敬司、佐幸欣治

2004年 新潟県中越地震復興支援チャリティーマッチ がんばれ新潟!　12月4日(土) 14時03分

●会場/新潟ス ●入場者数/40,167人
●天候/曇 ●気温/17.3℃ ●湿度/57% ●風/無

ジーコジャパンドリームチーム 0 [0-0 / 0-0] 0 アルビレックス新潟

ジーコジャパンドリームチーム	アルビレックス新潟
GK 1 楢﨑正剛	GK 1 木寺浩一
DF 5 小村徳男	DF 2 丸山良明
DF 3 秋田豊	DF 4 鈴木健太郎
DF 13 服部年宏	DF 19 三田光
DF 4 森岡隆三	DF 33 松尾直人
DF 17 駒野友一	MF 6 秋葉忠宏
MF 6 山口素弘	MF 9 ファビーニョ
MF 7 本田泰人	MF 17 安英学
MF 10 名波浩	MF 18 鈴木慎吾
FW 11 三浦知良	FW 31 ホベルト
FW 9 中山雅史	FW 34 オゼアス
GK 12 下田崇	GK 21 野澤洋輔
MF 8 澤登正朗	DF 29 喜多靖
MF 14 伊東輝悦	MF 7 栗原圭介
MF 2 村井慎二	MF 13 阿部敏之
MF 15 阿部勇樹	FW 10 エジミウソン
FW 18 城彰二	FW 23 深澤仁博
FW 16 大黒将志	FW 28 船越優蔵

【交代】(ジ)45分楢﨑正剛→下田崇 45分服部年宏→村井慎二 45分名波浩→澤登正朗 45分中山雅史→大黒将志 61分山口素弘→阿部勇樹 61分本田泰人→伊東輝悦 61分三浦知良→城彰二　(新)45分木寺浩一→野澤洋輔 45分ホベルト→エジミウソン 59分三田光→栗原圭介 59分オゼアス→船越優蔵 72分ファビーニョ→阿部敏之 72分安英学→喜多靖 72分鈴木慎吾→深澤仁博

●主審/片山義継　副審/下村昭、八木あかね

2005年 新潟市合併記念国際親善マッチ　7月28日(木) 19時30分

●会場/新潟ス ●入場者数/31,074人
●天候/晴 ●気温/25.3℃ ●湿度/－ ●風/無

アルビレックス新潟 2 [1-1 / 1-1] 2 大連実徳足球倶楽部

アルビレックス新潟	大連実徳足球倶楽部
GK 1 木寺浩一	GK 1 チェン トン
DF 5 梅山修	DF 2 ヤン クン
DF 31 藤井大輔	DF 12 ワン シォン
DF 14 高橋直樹	DF 3 アヂウソン ドス サントス
DF 4 鈴木健太郎	DF 4 チャイ イエンポォン
MF 15 本間勲	MF 6 リ ミン
MF 25 青野大介	MF 14 フ チャオジュン
MF 13 宮沢克行	MF 13 チュワン レイ
FW 17 海本幸治郎	FW 9 ゾラン ヤンコビッチ
FW 11 上野優作	FW 8 チュ ティン
FW 23 末岡龍二	FW 11 イエン ソン
GK 22 北野貴之	GK 22 ユ ヅチアン
DF 3 萩村滋則	MF 10 ミオドラグ パンテリッチ
DF 7 アンデルソンリマ	MF 15 ゾウ ヨウ
DF 29 喜多靖	MF 21 リ ヤオ
DF 32 田中秀哉	MF 34 チャオ ミンジエン
MF 8 山口素弘	FW 18 リウ シアオフォン
MF 26 大谷昌司	FW 19 マ シュアイ
MF 33 吉澤正悟	
MF 35 田中亜土夢	
FW 27 河原和寿	
FW 34 ネット	

【得点】(新)21分上野優作 68分末岡龍二　(大)18分イエン ソン 86分ゾラン ヤンコビッチ
【交代】(新)45分本間勲→田中亜土夢 59分海本幸治郎→河原和寿 59分上野優作→ネット 64分鈴木健太郎→田中秀哉 73分末岡龍二→吉澤正悟 83分宮沢克行→大谷昌司　(大)54分チュ ティン→マ シュアイ 60分ヤン クン→リ ヤオ 75分イエン ソン→ゾウ ヨウ 78分リ ミン→チャオ ミンジエン
【警告】(大)3分フ チャオジュン 35分ゾラン ヤンコビッチ 76分リ ヤオ

●主審/長田和久　副審/名木利幸、伊東知哉

年 ワールドチャレンジマッチ リアFC JAPAN TOUR 2006　8月4日(金) 19時30分

会場/新潟陸 ●入場者数/12,554人
天候/晴 ●気温/27.9℃ ●湿度/69% ●風/無

ルビレックス新潟 0 [0-3 / 0-3] 6 セビリアFC

アルビレックス新潟	セビリアFC
K 1 北野貴之	GK 1 アンドレス パロップ
17 内田潤	DF 2 ハビ ナバッロ
31 藤井大輔	DF 3 ダビ
19 海本慶治	DF 4 イヴィツァ ドラグティノビッチ
5 梅山修	DF 6 アンドレアス ヒンケル
35 松下年宏	DF 10 ダニエル アルヴェス
15 本間勲	MF 5 ペップ ルイス マルティ
8 シルビーニョ	MF 8 アントニオ プエルタ
18 鈴木慎吾	MF 11 レナート
10 エジミウソン	FW 7 ケパ
14 中原貴之	FW 9 フレデリク カヌーテ
21 野澤洋輔	GK 13 コベーニョ
29 喜多靖	DF 14 ジュリアン エスクーデ
2 三田光	DF 21 パブロ
16 寺川能人	MF 12 ブルーノ
20 岡山哲也	MF 15 アルファロ
11 矢野貴章	MF 16 エンツォ マレスカ
	MF 17 ヘスーリ
	MF 18 クリスチャン ポールセン
	MF 19 アドリアーノ コレイア
	MF 22 フェルナンド サレス
	FW 20 マククラ
	FW 23 エルネスト チェバントン

点】(セ)05分ケパ 27分ケパ 43分フレデリク カヌーテ 79分ブルーノ 86分ファロ 87分マククラ
代】(新)45分北野貴之→野澤洋輔 45分梅山修→喜多靖 58分シルビーニョ川能人 67分内田潤→岡山哲也 75分海本慶治→三田光　(セ)45分フレデリヌーテ→アルファロ 45分ダニエル アルヴェス→ヘスーリ 60分イヴィツァ ドティノビッチ→ジュリアン エスクーデ 60分ペップ ルイス マルティ→ブルー3分ケパ→エルネスト チェバントン 73分アントニオ プエルタ→マククラ
告】(新)34分梅山修 77分本間勲

主審/西村雄一　副審/高橋佳久、伊藤力喜雄

公式記録集は日本サッカー協会やJリーグが発表のものに、アルビレックス新潟の情報を加え、2007年5月1日時点で判明しているものを掲載しました。

アルビレックス新潟11年史

発行日	2007年(平成19年)6月30日
編集	アルビレックス新潟11年史編集委員会 ㈱アルビレックス新潟
取材・文	阿部ともこ 飯塚　健司 石坂智恵美 大橋　純子 神村亜矢子 斎藤慎一郎 笹川　浩一 高橋真理子 矢崎　弘一 涌井　幹雄
写真	㈱新潟日報社 山田　　清 山本　　徹 ㈱アルビレックス新潟 その他、多くのサポーターの皆さまから ご協力をいただきました。
デザイン	アトリエ野良 落合武尚デザイン室 ナビデザイン事務所
DVD制作	㈱時空映像
ディレクター	吉村　卓也
ナレーション	須山　　司
協力	㈱新潟日報社 ㈱TeNY　テレビ新潟放送網 ㈱アイ・シー・オー 新潟デザイン専門学校 取材にご協力いただきました皆さま 寄稿をお寄せいただきました皆さま
制作・販売	㈱新潟日報事業社 〒951-8131 新潟市中央区白山浦2-645-54 TEL 025-233-2100　FAX 025-230-1833
発行	㈱アルビレックス新潟 〒950-0954 新潟市中央区美咲町2-1-10 TEL 025-282-0011　FAX 025-282-0013
印刷所	㈱第一印刷所 〒950-8724 新潟市中央区和合町2-4-18　第一和合ビル TEL 025-285-7161　FAX 025-282-1776

ISBN 978-4-86132-221-1